Kohlhammer

Eingriffsrecht

Maßnahmen der Polizei nach der
Strafprozessordnung und dem
Polizeigesetz Baden-Württemberg

Dr. Christoph Trurnit
Professor an der Hochschule für Polizei
Baden-Württemberg

4., aktualisierte Auflage

Verlag W. Kohlhammer

4., aktualisierte Auflage 2017

Alle Rechte vorbehalten
© W. Kohlhammer GmbH, Stuttgart
Gesamtherstellung: W. Kohlhammer GmbH, Stuttgart

Print:
ISBN 978-3-17-032886-0

E-Book-Formate:
pdf: ISBN 978-3-17-032887-7
epub: ISBN 978-3-17-032888-4
mobi: ISBN 978-3-17-032889-1

Für den Inhalt abgedruckter oder verlinkter Websites ist ausschließlich der jeweilige Betreiber verantwortlich. Die W. Kohlhammer GmbH hat keinen Einfluss auf die verknüpften Seiten und übernimmt hierfür keinerlei Haftung.

Vorwort

Die Entwicklungen der Gesetzgebung, der Rechtsprechung und der Fachliteratur seit Mai 2013 haben eine Aktualisierung meines Lehrbuchs zum Eingriffsrecht erforderlich gemacht. Die positive Resonanz, die das Buch insbesondere bei den Studierenden der Hochschule für Polizei Baden-Württemberg und in der polizeilichen Praxis gefunden hat, waren für mich ein Ansporn bei der Arbeit an der Neuauflage. Diese berücksichtigt die Rechtsprechung und Literatur bis März 2017. Bei Kritik oder Anregungen für Verbesserungen bin ich unter ChristophTrurnit@hfpol-bw.de zu erreichen.

Villingen-Schwenningen, im April 2017   Christoph Trurnit

Inhaltsverzeichnis

Abkürzungsverzeichnis XVII
Literaturverzeichnis XXII

A. **Grundlagen des Eingriffsrechts** 1
   I. Begriff und Bedeutung des Eingriffsrechts 1
   II. Begriff des Eingriffs 1
   III. Verfassungsrechtliche Vorgaben 2
      1. Grundrechte 2
      2. Schutz des Kernbereichs der privaten Lebensgestaltung . 3
      3. Grundsatz der Gesetzmäßigkeit der Verwaltung 5
      4. Bestimmtheitsgrundsatz 5
      5. Grundsatz der Verhältnismäßigkeit 6
   IV. Unterschiede zwischen dem präventiven und repressiven Aufgabenbereich 6
      1. Begriff und Stellung der Polizei 7
      2. Legalitäts- und Opportunitätsprinzip 7
      3. Eingriffsschwellen 9
      4. Adressaten/Betroffene 14
      5. Formen des polizeilichen Handelns 16
      6. Verfahrens- und Formvorschriften 16
      7. Schutz privater Rechte 17
      8. Rechtsschutz gegen polizeiliche Maßnahmen 18
   V. Wahl der Rechtsgrundlage 19
   VI. Offene und verdeckte polizeiliche Maßnahmen 21
      1. Überblick über offene Maßnahmen 21
      2. Überblick über verdeckte Maßnahmen 21
   VII. Besondere Problematik verdeckter Maßnahmen 22
   VIII. Schutz von Berufsgeheimnisträgern 24
      1. Regelung des § 160a StPO 25
      2. Regelung des § 9a PolG 27
   IX. Eilzuständigkeiten des Polizeivollzugsdienstes 28
      1. Eilzuständigkeiten im repressiven Aufgabenbereich 28
      2. Eilzuständigkeiten im präventiven Aufgabenbereich 29

B. **Die Generalklauseln** 33
   I. Die polizeirechtliche Generalklausel der §§ 1 I, 3 PolG 33
      1. Allgemeines 33
      2. Voraussetzungen 34
      3. Anwendungsbereiche 35

Inhaltsverzeichnis

II.	Die präventiv-polizeilichen Generalklauseln für die Datenerhebung des § 20 II und III PolG	38
	1. Regelung des § 20 II PolG	38
	2. Regelung des § 20 III PolG	39
	3. Grundsätze der Datenerhebung nach § 19 PolG	39
III.	Die Ermittlungsgeneralklausel des § 163 I StPO	39
	1. Allgemeines	39
	2. Voraussetzungen	41
	3. Anwendungsbereiche	41

C. Befragung/Vernehmung ... 43
- I. Allgemeines ... 43
- II. Strafverfahrensrechtliche Vernehmungen ... 44
  1. Begriff der Vernehmung ... 44
  2. Polizeiliche Vernehmung des Beschuldigten ... 46
  3. Polizeiliche Vernehmung von Zeugen ... 48
  4. Polizeiliche Vernehmung von Sachverständigen ... 50
  5. Verbotene Vernehmungsmethoden nach § 136a StPO ... 50
- III. Vernehmungen im Bußgeldverfahren ... 55
- IV. Befragung gemäß § 20 I PolG ... 55
  1. Allgemeines ... 55
  2. Voraussetzungen ... 56
  3. Auskunftspflicht ... 56
  4. Durchsetzung der Auskunftspflicht ... 57

D. Identitätsfeststellungen ... 59
- I. Allgemeines ... 59
- II. Identitätsfeststellungen gemäß § 163b StPO ... 59
  1. Identitätsfeststellung beim Verdächtigen (§ 163b I StPO) ... 60
  2. Identitätsfeststellung beim Nichtverdächtigen (§ 163b II StPO) ... 62
  3. Festhalten zur Identitätsfeststellung (§ 163c StPO) ... 62
- III. Identitätsfeststellung im Bußgeldverfahren ... 63
- IV. Personenfeststellungen gemäß § 26 PolG ... 64
  1. § 26 I Nr. 1 PolG ... 65
  2. § 26 I Nr. 2 PolG ... 66
  3. § 26 I Nr. 3 PolG ... 66
  4. § 26 I Nr. 4 PolG ... 67
  5. § 26 I Nr. 5 PolG ... 67
  6. § 26 I Nr. 6 PolG ... 68
  7. Zulässige Maßnahmen zur Feststellung der Identität (§ 26 II PolG) ... 68
  8. Prüfung von Berechtigungsscheinen (§ 26 III PolG) ... 69

Inhaltsverzeichnis

- E. Untersuchungen und DNA-Analyse. 71
  - I. Allgemeines 71
  - II. Strafverfahrensrechtliche Untersuchungen 71
    1. Unterbringung des Beschuldigten nach § 81 StPO 71
    2. Körperliche Untersuchung des Beschuldigten gemäß § 81a StPO 72
    3. Gegenüberstellung zum Wiedererkennen. 75
    4. Untersuchung anderer Personen (§ 81c StPO) 77
  - III. Untersuchungen im Bußgeldverfahren. 79
  - IV. Untersuchung zur Gefahrenabwehr 80
  - V. DNA-Analyse. 80
    1. Molekulargenetische Untersuchung gemäß §§ 81e und 81f StPO. 81
    2. DNA-Analyse gemäß § 81g StPO 83
    3. Molekulargenetische Reihenuntersuchung gemäß § 81h StPO 85

- F. Erkennungsdienstliche Maßnahmen. 88
  - I. Allgemeines 88
  - II. ED-Behandlung gemäß § 81b StPO 88
    1. Datenerhebung nach § 81b 1. und 2. Alt. StPO. 89
    2. Formelle Rechtmäßigkeit. 91
    3. Weitere Datenverarbeitung. 92
  - III. ED-Behandlung im Strafverfahren zur Identitätsfeststellung . . 92
  - IV. ED-Behandlung im Bußgeldverfahren 93
  - V. ED-Behandlung gemäß § 36 PolG 93
    1. Anordnungsvoraussetzungen des § 36 I PolG 93
    2. Zulässige Maßnahmen nach § 36 II PolG. 94
    3. Weitere Datenverarbeitung. 94

- G. Sicherstellungen und Beschlagnahmen 96
  - I. Allgemeines 96
  - II. Sicherstellung und Beschlagnahme nach § 94 StPO. 96
    1. Sicherstellung gemäß § 94 I StPO 97
    2. Beschlagnahme gemäß § 94 II i. V. m. § 94 I StPO 98
    3. Beschlagnahme von Führerscheinen gemäß § 94 III StPO 99
  - III. Herausgabepflicht gemäß § 95 StPO 100
  - IV. Beschränkungen der strafverfahrensrechtlichen Beschlagnahme. 101
    1. Beschlagnahmeverbote des § 97 StPO 101
    2. Beschlagnahmeverbot aus § 148 StPO 103
    3. Beschlagnahmeverbote aus Art. 2 I i. V. m. Art. 1 I GG. . 103
    4. Sperrerklärung nach § 96 StPO. 104
  - V. Postbeschlagnahme (§§ 99, 100 StPO) 104

Inhaltsverzeichnis

	1.	Materielle Rechtmäßigkeit	104
	2.	Formelle Rechtmäßigkeit	105
VI.	Einstweilige Beschlagnahme von Zufallsfunden nach § 108 StPO		105
	1.	Regelung des § 108 I StPO	105
	2.	Beschlagnahmeverbot gemäß § 108 II StPO	106
	3.	Beschlagnahmeverbot gemäß § 108 III StPO	107
VII.	Sicherstellung von Gegenständen nach §§ 111b ff. StPO		107
	1.	Voraussetzungen der Beschlagnahme und des dinglichen Arrestes gemäß § 111b StPO	108
	2.	Sicherstellung durch Beschlagnahme (§ 111c StPO)	108
	3.	Sicherstellung durch dinglichen Arrest (§ 111d StPO)	109
	4.	Anordnungskompetenz	110
	5.	Durchführungsvorschriften	110
	6.	Beschlagnahme von Druckwerken	111
	7.	Rückgewinnungshilfe (§ 111b V StPO)	111
VIII.	Sicherstellungen im Bußgeldverfahren		112
IX.	Polizeirechtliche Maßnahmen		112
	1.	Sicherstellung (§ 32 PolG)	112
	2.	Beschlagnahme nach § 33 I PolG	114
	3.	Beschlagnahme von Forderungen gemäß § 33 II PolG	117
	4.	Einziehung (§ 34 PolG)	117

H.	Durchsuchungen		120
	I.	Allgemeines	120
	II.	Durchsuchung gemäß §§ 102 ff. StPO	121
		1. Durchsuchung beim Verdächtigen (§ 102 StPO)	122
		2. Durchsuchung bei Nichtverdächtigen (§ 103 I 1 StPO)	125
		3. Gebäudedurchsuchung (§ 103 I 2 StPO)	127
		4. Raumdurchsuchung bei Ergreifung oder Verfolgung des Beschuldigten (§ 103 II StPO)	127
		5. Nächtliche Haussuchung (§ 104 StPO)	128
		6. Anordnungsbefugnis (§ 105 I StPO)	128
		7. Durchsuchungszeugen (§ 105 II StPO)	130
		8. Zuziehung des Inhabers (§ 106 I StPO)	131
		9. Bekanntgabe des Durchsuchungszwecks (§ 106 II StPO)	132
		10. Schriftliche Mitteilung und Beweismittelverzeichnis (§ 107 StPO)	132
		11. Beschlagnahme von Zufallsfunden (§ 108 StPO)	132
		12. Kennzeichnung beschlagnahmter Gegenstände (§ 109 StPO)	132
		13. Durchsicht von Papieren (§ 110 I und II StPO)	132
		14. Durchsicht elektronischer Speichermedien (§ 110 III StPO)	134

Inhaltsverzeichnis

	III.	Durchsuchungen im Bußgeldverfahren	134
	IV.	Polizeirechtliche Durchsuchungen	135
		1. Durchsuchung von Personen (§ 29 PolG)	135
		2. Durchsuchung von Sachen (§ 30 PolG)	138
		3. Betreten und Durchsuchung von Wohnungen (§ 31 PolG)	140
I.	Freiheitsentziehungen		146
	I.	Allgemeines	146
	II.	Vorläufige Festnahmen nach der Strafprozessordnung	147
		1. Vorläufige Festnahme gemäß § 127 I StPO	147
		2. Vorläufige Festnahme gemäß § 127 II StPO	149
		3. Weiteres Verfahren nach der vorläufigen Festnahme	153
		4. Hauptverhandlungshaft gemäß § 127b StPO	154
	III.	Keine Freiheitsentziehungen im Bußgeldverfahren	155
	IV.	Gewahrsam nach § 28 PolG	155
		1. Verhinderungs- und Beseitigungsgewahrsam (§ 28 I Nr. 1 PolG)	156
		2. Schutzgewahrsam (§ 28 I Nr. 2 PolG)	158
		3. Identitätsgewahrsam (§ 28 I Nr. 3 PolG)	158
		4. Verfahrensregelungen	159
		5. Unzulässigkeit des Verbringungsgewahrsams	161
		6. Zulässigkeit der einfachen Verbringung	161
J.	Aufenthaltssteuernde Maßnahmen		163
	I.	Allgemeines	163
	II.	An- und Festhaltebefugnisse	163
		1. Polizeirechtliche An- und Festhaltebefugnisse	164
		2. Strafverfahrensrechtliche An- und Festhaltebefugnisse	164
		3. Regelungen des Bußgeldverfahrens	166
	III.	Vorladung	166
		1. Vorladung gemäß § 27 PolG	166
		2. Strafverfahrensrechtliche Vorladungen der Polizei	167
	IV.	Platzverweis, Aufenthaltsverbot und Wohnungsverweis gemäß § 27a PolG	168
		1. Platzverweis (§ 27a I PolG)	168
		2. Aufenthaltsverbot (§ 27a II PolG)	169
		3. Wohnungsverweis, Rückkehrverbot und Annäherungsverbot (§ 27a III bis V PolG)	171
	V.	Aufenthaltssteuernde Maßnahmen nach §§ 1 I, 3 PolG	172
K.	Vollstreckung polizeilicher Maßnahmen		174
	I.	Allgemeines	174
	II.	Abgrenzung zur unmittelbaren Ausführung nach § 8 PolG	174

Inhaltsverzeichnis

  III. Die Vollstreckung von Polizeiverfügungen 176
    1. Die einzelnen Zwangsmittel 176
    2. Vollstreckungsfähigkeit der Polizeiverfügung. 178
    3. Vollstreckbarkeit der Polizeiverfügung 178
    4. Formelle Rechtmäßigkeit der Vollstreckung 180
    5. Materiell-rechtliche Vollstreckungsvoraussetzungen 182
  IV. Vollstreckung strafverfahrensrechtlicher Maßnahmen 183
  V. Die Anwendung unmittelbaren Zwangs nach §§ 49 II ff.
    PolG 184
    1. Begriff und Mittel des unmittelbaren Zwangs 184
    2. Zuständigkeit des Polizeivollzugsdienstes nach § 51
      PolG. 185
    3. Voraussetzungen und Durchführung des unmittelbaren
      Zwangs gemäß § 52 PolG 185
  VI. Schusswaffengebrauch (§§ 53, 54 PolG) 188
    1. Voraussetzungen des Schusswaffengebrauchs (§ 53
      PolG) 189
    2. Schusswaffengebrauch gegenüber Personen (§ 54 PolG) . 190

L. Fahndungsmaßnahmen 194
  I. Allgemeines 194
  II. Einfacher Datenabgleich. 194
    1. Datenabgleich nach § 39 PolG 195
    2. Datenabgleich nach § 98c StPO 195
  III. Rasterfahndung. 196
    1. Rasterfahndung nach § 40 PolG 197
    2. Rasterfahndung nach §§ 98a, 98b StPO. 198
  IV. Kontrollstellen und Kontrollbereiche 199
    1. Kontrollstellen gemäß § 111 StPO 200
    2. Kontrollen gemäß § 163 I StPO 202
    3. Gefahrenabwehrrechtliche Kontrollen 202
  V. Netzfahndung (§ 163d StPO) 202
    1. Materielle Rechtmäßigkeit 203
    2. Formelle Rechtmäßigkeit 204
  VI. Polizeiliche Beobachtung 204
    1. Polizeiliche Beobachtung gemäß § 163e StPO 205
    2. Ausschreibung von Personen und Kraftfahrzeugen (§ 25
      PolG) 206
  VII. Einsatz automatischer Kennzeichenlesesysteme (§ 22a PolG) . 207
  VIII. Ausschreibungen gemäß §§ 131 ff. StPO 208
    1. Ausschreibung zur Festnahme (§ 131 StPO) 209
    2. Ausschreibung zur Aufenthaltsermittlung (§ 131a StPO). 210
    3. Aufklärungs- und Identitätsfahndung (§ 131b StPO) . . . 211

Inhaltsverzeichnis

- M. Bild- und Tonaufzeichnungen außerhalb von Wohnungen 212
  - I. Allgemeines 212
  - II. Bild- und Tonaufzeichnungen zur Strafverfolgung 213
    1. Bild- und Tonaufnahmen nach § 163 I StPO 213
    2. Bildaufnahmen nach § 100h I 1 Nr. 1 StPO 213
    3. Abhören außerhalb von Wohnungen (§ 100f StPO) 214
  - III. Bild- und Tonaufzeichnungen zur Gefahrenabwehr 215
    1. Bild- und Tonaufzeichnungen bei öffentlichen Veranstaltungen und Ansammlungen (§ 21 I PolG) 216
    2. Bild- und Tonaufzeichnungen an gefährdeten Objekten (§ 21 II PolG) 218
    3. Videoüberwachung an Kriminalitätsbrennpunkten (§ 21 III PolG) 218
    4. Einsatz der Body-Cam (§ 21 IV und V PolG) 220
    5. Bildübertragungen zur Überwachung des Gewahrsams (§ 21 VI PolG) 221
    6. Verdeckte Anfertigung von Lichtbildern und Bildaufzeichnungen (§ 22 I Nr. 2 und II PolG) 221
    7. Verdeckter Einsatz technischer Mittel zum Abhören und Aufzeichnen des nichtöffentlich gesprochenen Wortes auf Tonträger (§ 22 I Nr. 2 und III PolG) 223
    8. Zulässigkeit von Bild- und Tonaufzeichnungen nach § 20 II PolG 225
  - IV. Bild- und Tonaufzeichnungen bei Versammlungen 225
    1. Bild- und Tonaufzeichnungen bei öffentlichen Versammlungen nach §§ 12a, 19a VersG 225
    2. Zulässigkeit von Bild- und Tonaufzeichnungen zur Gefahrenabwehr bei nichtöffentlichen Versammlungen.... 227
    3. Repressive Maßnahmen 227

- N. Observationen und Einsatz sonstiger technischer Mittel 228
  - I. Allgemeines 228
  - II. Observationen zur Strafverfolgung 229
    1. Kurzfristige Observation 229
    2. Längerfristige Observation (§ 163f StPO) 230
    3. Einsatz weiterer technischer Mittel nach § 100h I 1 Nr. 2 StPO 231
  - III. Polizeirechtliche Observationen 232
    1. Kurzfristige Observationen nach § 20 II PolG 232
    2. Kurzfristige Observation nach § 20 III PolG 233
    3. Längerfristige Observation nach § 22 I Nr. 1 i. V. m. III PolG 233
    4. Einsatz technischer Mittel nach § 22 I Nr. 3 und III PolG 235

Inhaltsverzeichnis

- O. Wohnraumüberwachung 237
  - I. Allgemeines 237
  - II. Akustische Wohnraumüberwachung gemäß §§ 100c ff. StPO . 238
    1. Materiell-rechtliche Voraussetzungen des § 100c StPO .. 239
    2. Verfahrensvorschriften des § 100d StPO 241
    3. Verwertung der Erkenntnisse aus einer repressiven Wohnraumüberwachung 241
  - III. Optische und akustische Wohnraumüberwachung nach § 23 PolG 242
    1. Materiell-rechtliche Anordnungsvoraussetzungen...... 242
    2. Formelle Rechtmäßigkeit 244
    3. Weitere Datenverarbeitung bei der Wohnraumüberwachung... 244

- P. Maßnahmen mit Bezug zur Telekommunikation 246
  - I. Allgemeines 246
  - II. Telekommunikationsüberwachung gemäß §§ 100a und 100b StPO 247
    1. Anordnungsvoraussetzungen des § 100a StPO 248
    2. Verfahrens- und Durchführungsvorschriften des § 100b StPO 249
    3. Verwertbarkeit der Erkenntnisse aus einer TKÜ 250
    4. Einführung der TKÜ in die Hauptverhandlung 251
    5. Problem der sogenannten Hörfalle 252
    6. Angekommene Nachrichten 252
    7. Kommunikationsforen........................ 252
    8. Überwachung von E-Mails..................... 253
    9. Online-Durchsuchung 253
    10. Quellen-TKÜ.............................. 254
  - III. Telekommunikationsverkehrsdatenerhebung 254
    1. TKVDE nach § 100g StPO 256
    2. TKVDE gemäß § 23a I bis V PolG 260
  - IV. Telekommunikationsbestandsdatenerhebung 263
    1. TKBDE gemäß § 100j StPO..................... 265
    2. TKBDE gemäß § 23a IX PolG 265
  - V. Einsatz des IMSI-Catchers 266
    1. Einsatz des IMSI-Catchers gemäß § 100i StPO 267
    2. Einsatz des IMSI-Catchers gemäß § 23a VI PolG...... 267
  - VI. Unterbrechung und Verhinderung der Telekommunikation nach § 23a VII PolG 268

- Q. Verdeckt ermittelnde Personen 269
  - I. Allgemeines 269
  - II. Problem der verdeckten Befragung................. 270

Inhaltsverzeichnis

III.	VE-Einsatz	271
	1. Legende (§§ 110a II 1 StPO, 22 I Nr. 4 PolG)	272
	2. Teilnahme am Rechtsverkehr	272
	3. Betreten von Wohnungen	273
	4. Unzulässigkeit einsatzbedingter Straftaten	273
	5. Sonstige Befugnisse	274
	6. VE-Einsatz zur Strafverfolgung nach §§ 110a ff. StPO	275
	7. Präventiv-polizeilicher VE-Einsatz (§§ 22 I Nr. 4 und III, 24 PolG)	277
IV.	Nicht offen ermittelnde Polizeibeamte (NoeP)	278
	1. NoeP-Einsatz zur Strafverfolgung	279
	2. Präventiv-polizeilicher NoeP-Einsatz	280
V.	Einsatz von VP	280
	1. VP-Einsatz zur Strafverfolgung	281
	2. Präventiv-polizeilicher VP-Einsatz	282
VI.	Lockspitzeleinsatz (Tatprovokation)	282
VII.	Beweiserhebung bei verdeckt ermittelnden Personen	284
	1. Sperrerklärung (§ 96 StPO)	284
	2. Sonstiger strafverfahrensrechtlicher Schutz des VE/der VP	284
	3. Aussage des VP-/VE-Führers als Zeuge vom Hörensagen	285

R.	Weitere Datenverarbeitung	286
I.	Allgemeines	286
II.	Weitere Verarbeitung von Präventivdaten zur Gefahrenabwehr gemäß § 37 PolG	288
	1. Regelung des § 37 I PolG	288
	2. Zweckbindungsgebot und Zweckänderung nach § 37 II PolG	288
	3. Datennutzung zur polizeilichen Aus- und Fortbildung (§ 37 III PolG)	289
	4. Datennutzung zur Statistik, Dokumentation und Vorgangsverwaltung (§ 37 IV PolG)	290
	5. Weitere Verarbeitung von Protokolldaten (§ 37 V PolG)	290
III.	Die Verwendung von Präventivdaten zur Strafverfolgung	290
IV.	Die Verwendung von Repressivdaten zur Strafverfolgung	291
	1. Datenverarbeitung für Zwecke des Strafverfahrens nach § 483 StPO	291
	2. Verwendung von Zufallsfunden	292
V.	Die Verwendung von Repressivdaten zur Gefahrenabwehr und vorbeugenden Bekämpfung von Straftaten	293
	1. Regelung des § 481 StPO	293
	2. Regelung des § 484 III StPO	293
	3. Regelung des § 38 PolG	294
VI.	Verwendung rechtswidrig erhobener Daten	297

Inhaltsverzeichnis

       1. Die Lehre von den Beweisverboten im Strafverfahrensrecht 297
       2. Die Zulässigkeit der Nutzung rechtswidrig erhobener Daten zur Gefahrenabwehr 300
VII. Datenabgleich................................. 300
VIII. Datenübermittlung 301
       1. Datenübermittlung gemäß §§ 41 ff. PolG 301
       2. Datenübermittlung nach der Strafprozessordnung 303
IX. Berichtigung, Löschung und Sperren.................. 304
       1. Berichtigung 304
       2. Löschung 304
       3. Sperren................................. 304
X. Auskunftsansprüche............................. 305
       1. Auskunftsanspruch gemäß § 45 PolG 305
       2. Ansprüche auf Auskunft und Akteneinsicht nach der Strafprozessordnung........................ 305

Stichwortverzeichnis 307

Abkürzungsverzeichnis

A
a. A.	anderer Ansicht
AG	Amtsgericht
a. F.	alte Fassung
AKLS	Automatisches Kennzeichenlesesystem
Alt.	Alternative
Anl.	Anlage
ÄndG 2008	Gesetz vom 18.11.2008 zur Änderung des Polizeigesetzes
ÄndG 2012	Gesetz vom 20.11.2012 zur Änderung des Polizeigesetzes
Art.	Artikel
AsylG	Asylgesetz
Aufl.	Auflage
AufenthG	Aufenthaltsgesetz
AWG	Außenwirtschaftsgesetz

B
BayPOG	Bayerisches Polizeiaufgabengesetz
BayOLG	Bayerisches Oberlandesgericht
BBodSchG	Bundes-Bodenschutzgesetz
BBG	Bundes-Beamtengesetz
BbGPolG	Polizeigesetz des Landes Brandenburg
BDSG	Bundesdatenschutzgesetz
BeamtStG	Beamten-Statusgesetz
BeckOK	Beckscher Online-Kommentar
BGB	Bürgerliches Gesetzbuch
BGBl.	Bundesgesetzblatt
BGH	Bundesgerichtshof
BGHSt	Entscheidungen des Bundesgerichtshofs in Strafsachen
BImSchG	Bundes-Immissionsschutzgesetz
BKA	Bundeskriminalamt
BKAG	Bundeskriminalamtgesetz
BPolG	Bundespolizeigesetz
BRAO	Bundesrechtsanwaltsordnung
BR-Drs.	Bundesratsdrucksache
BT-Drs.	Bundestagsdrucksache
BtM	Betäubungsmittel
BtMG	Betäubungsmittelgesetz
BVerfG	Bundesverfassungsgericht
BVerfGE	Entscheidungen des Bundesverfassungsgerichts
BVerwG	Bundesverwaltungsgericht
BVerwGE	Entscheidungen des Bundesverwaltungsgerichts
BW	Baden-Württemberg
bzw.	beziehungsweise

C
ChemG	Chemikaliengesetz

D
DIE POLIZEI	Zeitschrift, zitiert nach Jahr und Seite
DNA	Desoxyribonukleinsäure

Abkürzungsverzeichnis

DÖV	Die Öffentliche Verwaltung, Zeitschrift, zitiert nach Jahr und Seite
DVBl.	Deutsches Verwaltungsblatt, Zeitschrift, zitiert nach Jahr und Seite
DVO PolG	Durchführungsverordnung zum Polizeigesetz

E

ED-Behandlung	Erkennungsdienstliche Behandlung
ED-Maßnahme	Erkennungsdienstliche Maßnahme
EDV	Elektronische Datenverarbeitung
EGGVG	Einführungsgesetz zum Gerichtsverfassungsgesetz
EGMR	Europäischer Gerichtshof für Menschenrechte
Einl.	Einleitung
EMRK	Konvention zum Schutz der Menschenrechte und Grundfreiheiten
EuGH	Europäischer Gerichtshof
EuGRZ	Europäische Grundrechte, Zeitschrift, zitiert nach Jahr und Seite

F

f.	folgende Seite
ff.	folgende Seiten
FamFG	Gesetz über das gerichtliche Verfahren in Familiensachen und Angelegenheiten der freiwilligen Gerichtsbarkeit
Fn.	Fußnote
FPolDG	Gesetz über den freiwilligen Polizeidienst

G

GABl.	Gemeinsames Amtsblatt des Innenministeriums BW und anderer Ministerien
GastG	Gaststättengesetz
GBl.	Gesetzblatt für Baden-Württemberg
GebVerz IM	Gebührenverzeichnis Innenministerium
GebVO IM	Gebührenverordnung Innenministerium
GemO	Gemeindeordnung für Baden-Württemberg
GewO	Gewerbeordnung
GewSchG	Gewaltschutzgesetz
GG	Grundgesetz
ggf.	gegebenenfalls
GPS	Global Positioning System
GüKG	Güterkraftverkehrsgesetz
GVG	Gerichtsverfassungsgesetz

H

HandwO	Handwerksordnung
HessVGH	Hessischer Verwaltungsgerichtshof
HGB	Handelsgesetzbuch
HIV	Humanes Immundefizienz-Virus
HRRS	Onlinezeitschrift für Höchstrichterliche Rechtsprechung zum Strafrecht. Internetzeitung für Strafrecht – www.hrr-strafrecht.de
Hs.	Halbsatz
HSOG	Hessisches Gesetz über die öffentliche Sicherheit und Ordnung

I

IM	Innenministerium

Abkürzungsverzeichnis

IMEI	International Mobile Equipment Identity
IMSI	International Mobile Subscriber Identity
InfSG	Gesetz zur Verhütung und Bekämpfung von Infektionskrankheiten beim Menschen
INPol	Informationssystem der Polizei
IP-Adresse	Internet Protokoll-Adresse
IPBPR	Internationaler Pakt über bürgerliche und politische Rechte
i. S. d.	im Sinne des
i. S. v.	im Sinne von
i. V. m.	in Verbindung mit
J	
JA	Juristische Arbeitsblätter, Zeitschrift, zitiert nach Jahr und Seite
JR	Juristische Rundschau, Zeitschrift, zitiert nach Jahr und Seite
JSchG	Jugendschutzgesetz
JURA	Juristische Ausbildung, Zeitschrift, zitiert nach Jahr und Seite
JuS	Juristische Schulung, Zeitschrift, zitiert nach Jahr und Seite
JVA	Justizvollzugsanstalt
JVEG	Justizvergütungs- und Entschädigungsgesetz
JZ	Juristenzeitung, Zeitschrift, zitiert nach Jahr und Seite
K	
KAG	Kommunalabgabengesetz
KAN	Kriminalaktennachweis
Kap.	Kapitel
Kfz	Kraftfahrzeug
Kriminalistik	Zeitschrift für die gesamte kriminalistische Wissenschaft und Praxis, zitiert nach Jahr und Seite
KrWG	Kreislaufwirtschaftsgesetz
KunstUrhG	Kunsturhebergesetz
L	
LAbfG	Landesabfallgesetz
LBO	Landesbauordnung
LDSG	Landesdatenschutzgesetz
LG	Landgericht
LGebG	Landesgebührengesetz
LKA	Landeskriminalamt
Lkw	Lastkraftwagen
LMBG	Lebensmittel- und Bedarfsgegenständegesetz
LPresseG	Landespressegesetz
LT-Drs.	Landtagsdrucksache
LVwVfG	Landesverwaltungsverfahrensgesetz
LVwVG	Landesverwaltungsvollstreckungsgesetz
LWG	Landeswassergesetz
M	
MEK	Mobiles Einsatzkommando
MRK	Menschenrechtskonvention
m. w. N.	mit weiteren Nachweisen
N	
NdsOVG	Niedersächsisches Oberverwaltungsgericht
NJW	Neue Juristische Wochenschrift, Zeitschrift, zitiert nach Jahr und Seite

Abkürzungsverzeichnis

NoeP	Nicht offen ermittelnder Polizeibeamter
Nr.	Nummer
NStZ	Neue Zeitschrift für Strafrecht, Zeitschrift, zitiert nach Jahr und Seite
NStZ-RR	NStZ-Rechtsprechungsreport, Zeitschrift, zitiert nach Jahr und Seite
NVwZ	Neue Zeitschrift für Verwaltungsrecht, Zeitschrift, zitiert nach Jahr und Seite
NVwZ-RR	NVwZ-Rechtsprechungsreport, Zeitschrift, zitiert nach Jahr und Seite
NZV	Neue Zeitschrift für Verkehrsrecht, Zeitschrift, zitiert nach Jahr und Seite

O

OK	Organisierte Kriminalität
OLG	Oberlandesgericht
OrgKG	Gesetz zur Bekämpfung des illegalen Rauschgifthandels und anderer Erscheinungsformen der Organisierten Kriminalität
OWi	Ordnungswidrigkeit
OWiG	Ordnungswidrigkeitengesetz
OVG H	Oberverwaltungsgericht Hamburg
OVG NW	Oberverwaltungsgericht Nordrhein-Westfalen
OVG RP	Oberverwaltungsgericht Rheinland-Pfalz
OVG S	Oberverwaltungsgericht Saarland
OVG SA	Oberverwaltungsgericht Sachsen-Anhalt

P

PC	Personalcomputer
PIN	Personal Identification Number
Pkw	Personenkraftwagen
POG RP	Polizei- und Ordnungsbehördengesetz des Landes Rheinland-Pfalz
PolG	Polizeigesetz des Landes Baden-Württemberg
PolG NW	Polizeigesetz des Landes Nordrhein-Westfalen
PostG	Postgesetz
PSychKHG	Psychisch-Kranken-Hilfe-Gesetz
PUK	Personal Unblocking Key

R

RiStBV	Richtlinien für das Straf- und Bußgeldverfahren
Rn.	Randnummer

S

S.	Seite
s.	siehe
SDÜ	Schengener Durchführungsübereinkommen
SEK	Sondereinsatzkommando
SIS	Schengener Informationssystem
SOKO	Sonderkommission
StGB	Strafgesetzbuch
StPO	Strafprozessordnung
StraFo	Strafverteidiger Forum, Zeitschrift, zitiert nach Jahr und Seite
StV	Strafverteidiger, Zeitschrift, zitiert nach Jahr und Seite
StVG	Straßenverkehrsgesetz

Abkürzungsverzeichnis

StVO	Straßenverkehrsordnung
StVollzG	Strafvollzugsgesetz
T	
TKG	Telekommunikationsgesetz
TKBDE	Telekommunikationsbestandsdatenerhebung
TKVDE	Telekommunikationsverkehrsdatenerhebung
TKÜ	Telekommunikationsüberwachung
TMG	Telemediengesetz
TierSchG	Tierschutzgesetz
V	
VBlBW	Verwaltungsblätter für Baden-Württemberg, Zeitschrift, zitiert nach Jahr und Seite
VE	Verdeckter Ermittler
VersG	Versammlungsgesetz
VG	Verwaltungsgericht
VGH BW	Verwaltungsgerichtshof Baden-Württemberg
VP	Vertrauensperson
VS-NfD	Verschlusssache – Nur für den Dienstgebrauch
VwGO	Verwaltungsgerichtsordnung
VwV	Verwaltungsvorschrift
VwV PolG	Verwaltungsvorschrift des IM zur Durchführung des Polizeigesetzes
W	
WaffG	Waffengesetz
WHG	Wasserhaushaltsgesetz
Z	
z. B.	zum Beispiel
ZPO	Zivilprozessordnung
ZRP	Zeitschrift für Rechtspolitik, Zeitschrift, zitiert nach Jahr und Seite

Literaturverzeichnis

Belz, Reiner/Mußmann, Eike/Kahlert, Henning/Sander, Gerald G., Polizeigesetz für Baden-Württemberg, 8. Aufl. 2015 *(zitiert: BMKS Norm Rn.)*
Benfer, Jost/Bialon, Jörg, Rechtseingriffe von Polizei und Staatsanwaltschaft Voraussetzungen und Grenzen, 4. Aufl. 2010
Beulke, Werner, Strafprozessrecht, 13. Aufl. 2016
Bohnert, Joachim, Kommentar zum Ordnungswidrigkeitengesetz, 40. Aufl. 2016
Burhoff, Detlef, Handbuch des strafrechtlichen Ermittlungsverfahrens, 7. Aufl. 2015
Dahs, Hans, Handbuch des Strafverteidigers, 8. Aufl. 2015
Deger, Johannes, Grundrechte, 7. Aufl. 2017
Detterbeck, Steffen, Allgemeines Verwaltungsrecht mit Verwaltungsprozessrecht, 14. Aufl. 2016
Dietel, Alfred/Gintzel, Kurt/Kniesel, Michael, Versammlungsgesetz, 17. Aufl. 2016
Dörschuck, Michael, Polizeiliches Eingriffsrecht, 2000
Drews, Bill/Wacke, Gerhard/Vogel, Klaus/Martens, Wolfgang, Gefahrenabwehr, Allgemeines Polizeirecht des Bundes und der Länder, 9. Aufl. 1986
Dürig-Friedl, Cornelia/Enders, Christoph, Versammlungsrecht, Die Versammlungsgesetze des Bundes und der Länder, 2016
Eisenberg, Ulrich, Beweisrecht der StPO, 9. Aufl. 2015
Erhardt, Elmar, Strafrecht für Polizeibeamte, 5. Aufl. 2016
Fischer, Thomas, Strafgesetzbuch mit Nebengesetzen, 64. Aufl. 2017
Gercke, Björn/Julius, Karl-Peter/Temming, Dieter/Zöller Mark A., Heidelberger Kommentar, Strafprozessordnung, 5. Aufl. 2012 (zitiert: HK/*Bearbeiter* Norm Rn.)
Göhler, Erich/Gürtler, Franz/Seitz, Helmut, Gesetz über Ordnungswidrigkeiten, 16. Aufl. 2012 (zitiert: Göhler/*Bearbeiter* Norm Rn.)
Götz, Volkmar/Gleis Max-Emanuel, Allgemeines Polizei- und Ordnungsrecht, 16. Aufl. 2017
Graf, Jürgen-Peter, Beckscher Online-Kommentar StPO mit RiStBV und MiStra, 27. Edition Stand: Januar 2017 (zitiert: BeckOK StPO/*Bearbeiter* StPO Norm Rn.)
Gusy, Christoph, Polizei- und Ordnungsrecht, 10. Aufl. 2017
Hannich, Rolf, Karlsruher Kommentar zur Strafprozessordnung, 7. Aufl. 2013 (zitiert: KK/*Bearbeiter* Norm Rn.)
Heghmanns, Michael/Scheffler, Uwe, Handbuch zum Strafverfahren, 2008 (zitiert: Heghmanns/Scheffler/*Bearbeiter* Rn.)
Heintschel-Heinegg, Bernd von/Stöckel, Heinz, KMR – Kommentar zur Strafprozessordnung (zitiert: KMR/*Bearbeiter* Norm Rn.)
Hentschel, Peter/König, Peter/Dauer, Peter, Straßenverkehrsrecht, 44. Aufl. 2016 (zitiert: Hentschel/*Bearbeiter* Norm Rn.)
Jarass, Hans D./Pieroth, Bodo, Grundgesetz für die Bundesrepublik Deutschland, 14. Aufl. 2016
Joecks, Wolfgang, Strafprozessordnung, 4. Aufl. 2015
Kingreen, Thorsten/Poscher, Ralf, Grundrechte, Staatsrecht II, 32. Aufl. 2016
Körner, Hans Harald/Patzak, Jörn/Volkmer, Mathias, Kommentar zum Betäubungsmittelgesetz, 8. Aufl. 2016 (zitiert: Körner/*Bearbeiter* Norm Rn.)
Kramer, Bernhard, Grundlagen des Strafverfahrensrechts, 8. Aufl. 2014
Kühne, Hans-Heiner, Strafprozessrecht, 9. Aufl. 2015
Lisken, Hans/Denninger, Erhard, Handbuch des Polizeirechts, 5. Aufl. 2012 (zitiert: Lisken/Denninger/*Bearbeiter* Kap. Rn.)
Löwe, Ewald/Rosenberg, Werner, Die Strafprozessordnung und das Gerichtsverfassungsgesetz, Erster Band 27. Aufl. 2014, Zweiter Band 26. Aufl. 2008, Dritter

Literaturverzeichnis

Band 26. Aufl. 2014, Vierter Band 26. Aufl. 2007, Fünfter Band 26. Aufl. 2008 (zitiert: LR/*Bearbeiter* Norm Rn.)
Maunz, Theodor/Dürig, Günter/Herzog, Roman/Scholz, Rupert/Herdegen, Matthias/ Klein, Hans H., Kommentar zum Grundgesetz, Stand: 78. Ergänzungslieferung September 2016 (zitiert: Maunz/Dürig/*Bearbeiter* Norm Rn.)
Meyer-Goßner, Lutz/Schmitt, Bertram, Strafprozessordnung, 59. Aufl. 2016
Möstl, Markus/Trurnit, Christoph, Beckscher Online-Kommentar Polizeirecht Baden-Württemberg, 5. Edition Stand: November 2016 *(zitiert: BeckOK PolR BW/Bearbeiter PolG Norm Rn.)*
Oberrath, Jörg-Dieter, Öffentliches Recht, 5. Aufl. 2015
Ott, Sieghart/Wächtler, Helmut/Heinold, Hubert, Gesetz über Versammlungen und Aufzüge, 7. Aufl. 2010
Pfeiffer, Gerd, Strafprozessordnung, Kommentar, 5. Aufl. 2005
Pieroth, Bodo/Schlink, Bernhard/Kniesel, Michael, Polizei- und Ordnungsrecht, 9. Aufl. 2016
Rebmann, Kurt/Roth, Werner/Hermann, Siegfried, Gesetz über Ordnungswidrigkeiten, Band 1 Stand: September 2016
Roxin, Claus/Schünemann, Bernd, Strafverfahrensrecht, 28. Aufl. 2014
Ruder, Karl-Heinz, Polizeirecht Baden-Württemberg, 8. Aufl. 2015
Schenke, Wolf-Rüdiger, Polizei- und Ordnungsrecht, 9. Aufl. 2016
Schoch, Friedrich, Besonderes Verwaltungsrecht, 15. Aufl. 2013 (zitiert: Schoch/*Bearbeiter* Kap. Rn.)
Schoch, Friedrich/Schneider, Jens-Peter/Bier, Wolfgang, Verwaltungsgerichtsordnung, Stand: 31. Ergänzungslieferung Juni 2016 (zitiert: Schoch/Schneider/Bier/*Bearbeiter* Norm Rn.)
Senge, Lothar, Karlsruher Kommentar zum Gesetz über Ordnungswidrigkeiten, 4. Aufl. 2014 (zitiert: KK-OWiG/*Bearbeiter* Norm Rn.)
Sodan, Helge/Ziekow, Jan, Grundkurs Öffentliches Recht, Staats- und Verwaltungsrecht, 7. Aufl. 2016
Soiné, Michael, Strafprozessordnung, Kommentar für Polizeibeamte im Ermittlungsdienst, 115. Aktualisierung September 2016
Stephan, Ulrich/Deger, Johannes, Polizeigesetz für Baden-Württemberg, 7. Aufl. 2014
Volk, Klaus/Engländer, Armin, Grundkurs StPO, 8. Aufl. 2013
Wolter, Jürgen, Systematischer Kommentar zur Strafprozessordnung, 5. Aufl. 2016 (zitiert: SK/*Bearbeiter* Norm Rn.)
Würtenberger, Thomas/Heckmann, Dirk/Tannenberger, Steffen, Polizeirecht in Baden-Württemberg, 7. Aufl. 2007 (zitiert: WHT § Rn.)
Zeitler/Stefan, Aufenthaltsrecht für die Polizei, 12. Aufl. 2014
Zeitler, Stefan/Trurnit, Christoph, Polizeirecht für Baden-Württemberg, 3. Aufl. 2014

A. Grundlagen des Eingriffsrechts

I. Begriff und Bedeutung des Eingriffsrechts

Das **Eingriffsrecht** umfasst die polizei- und strafverfahrensrechtlichen Normen, die den Polizeivollzugsdienst zur Erfüllung seiner Aufgaben nach § 1 PolG (Gefahrenabwehr und Verfolgung von Straftaten und Ordnungswidrigkeiten) zu Eingriffen in die Grundrechte ermächtigen. Das **Polizeirecht** sind alle verwaltungsrechtlichen Regelungen, die sich auf diejenige Staatstätigkeit erstrecken, die die öffentliche Sicherheit und Ordnung schützt, Gefahren von ihr abwendet und eingetretene Störungen beseitigt.[1] Es ist in den Polizei- und Ordnungsgesetzen der einzelnen Bundesländer geregelt. Diese haben hierfür nach Art. 70 I GG die Gesetzgebungskompetenz.[2] In Baden-Württemberg ist das Polizeirecht im Polizeigesetz (PolG) enthalten. Das **Strafverfahrensrecht** dient als formelles Strafrecht der Verwirklichung des Strafverfolgungsanspruchs des Staates. Es ist das rechtliche Instrumentarium zur praktischen Umsetzung der Strafbestimmungen des materiellen Strafrechts und befasst sich mit der Art und Weise, nach der die staatlichen Strafverfolgungsorgane die Feststellung treffen, ob und wie eine Person zu bestrafen ist.[3] Der Bund hat nach Art. 74 I Nr. 1 GG die Gesetzgebungskompetenz für das gerichtliche Verfahren und damit auch für das Strafverfahrensrecht.[4] Das Strafverfahrensrecht ist im Wesentlichen in der Strafprozessordnung (StPO) geregelt. Weitere strafverfahrensrechtliche Regelungen ergeben sich zusätzlich aus einer Vielzahl anderer Gesetze, wie z. B. der Europäischen Menschenrechtskonvention (EMRK), dem Gerichtsverfassungsgesetz (GVG), dem Strafgesetzbuch (StGB) oder dem Gesetz über Ordnungswidrigkeiten (OWiG).[5] Polizeibeamte müssen zur Erfüllung ihrer Aufgaben sowohl das Polizei- als auch das Strafverfahrensrecht beherrschen. Wegen der **großen praktischen Bedeutung** des Polizei- und des Strafverfahrensrechts für den Polizeivollzugsdienst müssen beide Gebiete innerhalb der polizeilichen Ausbildung zusammengeführt werden, um Gemeinsamkeiten und Unterschiede aufzuzeigen.

1

II. Begriff des Eingriffs

Ein **Eingriff** ist jedes staatliche Handeln, das dem Einzelnen ein Verhalten, das in den Schutzbereich eines Grundrechts fällt, ganz oder teilweise unmöglich macht. Diese Wirkung kann final oder unbeabsichtigt, unmittelbar oder mittelbar, rechtlich oder tatsächlich und mit oder ohne Befehl und Zwang erfolgen.[6]

2

---

1 Schoch/*Schoch* 2. Kap. Rn. 1.
2 BVerfG NJW 2005, 2603 (2605).
3 Kramer Rn. 2.
4 BVerfG NJW 2005, 2603 (2605); NJW 2001, 879.
5 Näher zu den Rechtsquellen des Strafverfahrensrechts Roxin/Schünemann § 3 Rn. 1 ff.; Kramer Rn. 5 ff.
6 Näher hierzu Sodan/Ziekow § 24 Rn. 5 ff.; Kingreen/Poscher Rn. 259 ff.

Beispiele:
Einsatz einer Videokamera oder einer Vertrauensperson zur polizeilichen Aufgabenerfüllung.

3   Es liegt kein Eingriff vor, wenn die von der polizeilichen Maßnahme betroffene Person in diese **freiwillig einwilligt**.

Beispiel:
Durchsuchung mit Einwilligung des Betroffenen.

Die **Voraussetzungen der Freiwilligkeit** sind, die Kenntnis von der Maßnahme und der Sachlage. Außerdem darf keine Gewalt, kein Zwang, keine Drohung und keine arglistige Täuschung angewandt werden.[7] Die **Einwilligung** kann jederzeit widerrufen werden. Die bis zum Widerruf erlangten Erkenntnisse bleiben jedoch verwertbar.[8] In bestimmten Fällen ist eine Einwilligung nicht wirksam.

Beispiel:
Einwilligung zur Hypnose bei einer polizeilichen Vernehmung (vgl. § 136a III 1 StPO).

III. Verfassungsrechtliche Vorgaben

4   Das Eingriffsrecht ist sehr stark durch das Verfassungsrecht geprägt; insbesondere von den Grundrechten. Als Teil der vollziehenden Gewalt ist der Polizeivollzugsdienst nach Art. 1 III GG an die Grundrechte als unmittelbar geltendes Recht gebunden.

1. Grundrechte

5   Die meisten Grundrechte des Grundgesetzes sind **Freiheitsrechte**. Sie schützen den Bürger vor Verkürzungen seiner Freiheit. Ihre Hauptfunktion ist die **Abwehr staatlicher Eingriffe** in den Freiraum des Bürgers. Die Freiheitsrechte begründen Ansprüche des Bürgers auf Unterlassen staatlicher Maßnahmen.[9]

Beispiel:
A wird von der Polizei festgenommen. Art. 2 II 2 GG begründet einen Anspruch von A gegen die Polizei dies zu unterlassen.

6   Die Freiheit des Einzelnen in der staatlichen Gemeinschaft kann nicht grenzenlos sein. Bis auf die **Menschenwürde des Art. 1 I GG** sind deswegen alle Grundrechte einschränkbar. Eingriffe in die Menschenwürde sind **verfassungsrechtlich nicht zu rechtfertigen**. Dies gilt selbst dann, wenn der Betroffene damit einverstanden ist. Jeder Eingriff in die Menschenwürde stellt zugleich unweigerlich einen Verstoß gegen sie dar.[10]

---

7 Dörschuck S. 23.
8 Dörschuck S. 24.
9 Näher zur Funktion der Grundrechte Deger S. 11 ff.
10 Jarass/Pieroth Art. 1 Rn. 16.

Beispiel:
Der Polizeivollzugsdienst droht einem festgenommenen Kindesentführer die Zuführung erheblicher körperlicher Schmerzen an, wenn dieser weiterhin den Aufenthaltsort des Kindes verschweigt. Die Androhung der Folter ist ein Verstoß gegen Art. 1 I GG, der nicht mit dem Ziel der Maßnahme, das Kind zu retten, gerechtfertigt werden kann.[11]

Für die Polizei mit ihren besonderen Aufgaben und Befugnissen gibt es immer wieder Konfliktsituationen, in denen die Achtung und der Schutz der Menschenwürde für jeden Beamten eine besonders wichtige und schwierige Aufgabe wird. Insbesondere dann, wenn sich die Tätigkeit gegen Personen richtet, die die Menschwürde anderer in verbrecherischer Weise missachten.[12]

2. Schutz des Kernbereichs der privaten Lebensgestaltung

Aus Art. 1 I GG hat das Bundesverfassungsgericht als absolute Grenze für polizeiliche Maßnahmen den verfassungsrechtlich gebotenen **Schutz des Kernbereichs der privaten Lebensgestaltung** abgeleitet.[13] Wegen des Bezugs zu Art. 1 I GG können selbst überragend wichtige Interessen der Allgemeinheit, wie z. B. die Bekämpfung des Terrorismus und der organisierten Kriminalität, einen Eingriff in den Kernbereich der privaten Lebensgestaltung nicht rechtfertigen.[14] Der Kernbereich der privaten Lebensgestaltung ist **unantastbar**. Der Kernbereich der privaten Lebensgestaltung ist besonders bei den verdeckten präventiven und repressiven polizeilichen Maßnahmen zu beachten.[15] Er ist aber auch bei den offenen Maßnahmen des Polizei- und Strafverfahrensrechts zu berücksichtigen.

Sowohl im baden-württembergischen Polizei- als auch im Strafverfahrensrecht gibt es keine allgemeine gesetzliche Regelung zum Schutz des Kernbereichs der privaten Lebensgestaltung.[16] Lediglich bei der repressiven und präventiven Wohnraumüberwachung existieren spezielle gesetzliche Bestimmungen zum Schutz des Kernbereichs der privaten Lebensgestaltung (§ 100c IV und V StPO sowie § 23 II und V PolG). Gleiches gilt für die TKÜ zur Strafverfolgung (§ 100a IV StPO). Auch wenn für die zur polizeilichen Aufgabenerfüllung jeweils in Betracht kommende Maßnahme keine ausdrückliche gesetzliche Regelung zum Schutz des Kernbereichs der privaten Lebensgestaltung besteht, muss dieser verfassungsrechtliche Aspekt immer beachtet werden.

Ob ein Sachverhalt dem unantastbaren Kernbereich der privaten Lebensgestaltung zuzuordnen ist, hängt davon ab, ob er nach seinem Inhalt höchstpersönlichen Charakter hat. Der **höchstpersönliche Charakter** bestimmt sich danach, in welcher Art und Intensität er die Sphäre anderer oder Belange der Gemein-

---

11 Speziell hierzu EGMR NStZ 2008, 699 ff.; BVerfG EuGRZ 2004, 807 f.; LG Frankfurt NJW 2005, 321 ff.; Herzberg JZ 2005, 321; Brugger JZ 2000, 164 ff.; Gebauer NVwZ 2005, 692 ff.
12 Stephan/Deger § 4 Rn. 57.
13 BVerfG NJW 2016, 1781 (1786 ff.) m. w. N. Grundlegend BVerfG NJW 2004, 999 ff. Speziell zum Schutz des Kernbereichs der privaten Lebensgestaltung Trurnit VBlBW 2010, 424 ff.; Baldus JZ 2008, 218 ff.
14 BVerfG NJW 2016, 1781 (1786).
15 Warg NVwZ 2012, 237 (241).
16 Anders z. B. § 16 PolG NW und § 29 VI BbgPolG.

schaft berührt.[17] Folgende Situationen gehören typischerweise zum Kernbereich der privaten Lebensgestaltung:
- Äußerungen über innere Vorgänge wie Empfindungen und Gefühle sowie Überlegungen, Ansichten und Erlebnisse höchstpersönlicher Art sowie Ausdrucksformen der Sexualität;[18]
- Kommunikation mit dem Ehepartner und anderen engsten Familienangehörigen, etwa Geschwistern und Verwandten in gerader Linie, insbesondere, wenn sie im selben Haushalt leben;[19]
- Kommunikation mit anderen Personen des besonderen Vertrauens, wie z. B. Gespräche mit engen persönlichen Freunden, seelsorgerische Gespräche mit Geistlichen, Gespräche mit Strafverteidigern und im Einzelfall auch Arztgespräche.[20]

11 Nicht zum Kernbereich der privaten Lebensgestaltung gehören Gespräche in Betriebs- und Geschäftsräumen mit geschäftlichem Charakter[21] und Gespräche mit Presseangehörigen und Parlamentsabgeordneten, da ihre Zeugnisverweigerungsrechte wegen der Funktionsfähigkeit der Institutionen und nicht wegen des Persönlichkeitsschutzes gewährt werden[22]. Auch Gespräche über begangene oder geplante Straftaten gehören nicht zum Kernbereich der privaten Lebensgestaltung.[23] Dies gilt jedoch nicht, wenn diese Gespräche mit einem Strafverteidiger geführt werden. Ein nichtöffentlich geführtes Selbstgespräch, das sich auf eine Straftat bezieht, gehört nach der Rechtsprechung des Bundesgerichtshofs ebenfalls zum Kernbereich der privaten Lebensgestaltung und begründet ein Beweisverwertungsverbot.[24]

Beispiel:
In einem Strafverfahren wegen Verdacht des Mordes an der Ehefrau eines der drei Beschuldigten hat der Bundesgerichtshof entschieden, dass ein für die Täterschaft sprechendes Selbstgespräch des Ehemanns zum absolut geschützten Kernbereich der privaten Lebensgestaltung gehört und deswegen einem Beweisverwertungsverbot unterliegt. In dem Selbstgespräch des Ehemanns, das in dessen Pkw gemäß § 100f StPO abgehört wurde, fiel u. a. die Aussage: „Wir haben sie tot gemacht." Für den Kernbereichsschutz des Selbstgesprächs sprechen nach dem Bundesgerichtshof die Eindimensionalität der Selbstkommunikation, die Nichtöffentlichkeit, die mögliche Unbewusstheit der Äußerung, die Identität der Äußerung mit den inneren Gedanken und die Flüchtigkeit des Worts.[25]

12 Eine zeitliche und räumliche **Rundumüberwachung** (auch **Totalüberwachung** genannt) ist mit dem Kernbereichsschutz nicht zu vereinbaren, weil dann alle

---
17 BVerfG NJW 2005, 2603 (2612).
18 BVerfG NJW 2004, 999 (1002).
19 BVerfG NJW 2004, 999 (1004).
20 BVerfG NJW 2004, 999 (1004).
21 BVerfG NJW 2004, 999 (1004).
22 BVerfG NJW 2004, 999 (1004).
23 BVerfG NJW 2004, 999 (1003); NJW 2005, 2603 (2612).
24 BGH NStZ 2012, 277 ff. Hierzu Warg NVwZ 2012, 237 ff.
25 BGH NStZ 2012, 277 (278).

Bewegungen und Lebensäußerungen des Betroffenen registriert und zur Grundlage für ein Persönlichkeitsprofil gemacht werden können.[26] In der Rechtsprechung ist bisher jedoch noch kein Fall einer verfassungsrechtlich unzulässigen Rundumüberwachung angenommen worden.[27] Eine Verletzung des Kernbereichs der privaten Lebensgestaltung hat die Rechtsprechung auch in den Fällen der sog. Rund-um-die-Uhr-Überwachung der aus der Sicherungsverwahrung entlassenen ehemaligen Sicherungsverwahrten durch offene längerfristige Observationen nicht angenommen, weil eine Beobachtung der Betroffenen in ihrer Wohnung nicht stattfand. Allerdings mussten die oberservierenden Polizeibeamten zur Gewährleistung des Schutzes des Kernbereichs der privaten Lebensgestaltung bei Gesprächen der Betroffenen mit Ärzten, Rechtsanwälten und Bediensteten von Behörden Abstand halten.[28]

3. Grundsatz der Gesetzmäßigkeit der Verwaltung

Aus dem in Art. 20 III GG verankerten **Grundsatz der Gesetzmäßigkeit der Verwaltung** folgt, dass der Polizeivollzugsdienst, Grundrechtseingriffe nur aufgrund einer **verfassungsgemäßen gesetzlichen Rechtsgrundlage** (auch **Ermächtigungsgrundlage** genannt) vornehmen darf (**Vorbehalt des Gesetzes**). Weiterhin müssen die Voraussetzungen dieser Rechtsgrundlage erfüllt sein (**Vorrang des Gesetzes**). Gesetze im materiellen Sinne sind förmliche Parlamentsgesetze, Rechtsverordnungen und Satzungen.[29] **Keine Gesetze** sind Verwaltungsvorschriften, wie z. B. PDV, VwV PolG und RiStBV. Diese gelten nur innerbehördlich und binden die Gerichte nicht.[30] Wenn das polizeiliche Handeln nicht mit einem Eingriff in Grundrechte einhergeht, ist hierfür keine Rechtsgrundlage erforderlich. Für die Maßnahme genügt dann die Aufgabenzuweisungsnorm (§ 1 I PolG und § 163 I 1 StPO).[31]

Beispiele:
Streifen, schlichtes Mitführen der Dienstwaffe, Planung der Bereitstellung von Einsatzkräften für eine Razzia, zufälliges Beobachten und Mithören und Entgegennahme von Informationen von Privaten.

4. Bestimmtheitsgrundsatz

Eingriffsrechtliche Ermächtigungsgrundlagen müssen den rechtsstaatlichen Anforderungen der **Bestimmtheit und Klarheit** einer gesetzlichen Ermächtigung genügen (sog. **Bestimmtheitsgrundsatz**). Hierzu hat der Gesetzgeber Anlass, Zweck und Grenzen des Eingriffs hinreichend bereichsspezifisch, präzise und normenklar festzulegen.[32] Außerdem muss die **im Einzelfall** von der Polizei getroffene Maßnahme hinreichend bestimmt genug sein. Eine polizeiliche Maßnahme ist dann **hinreichend bestimmt** genug, wenn sie aus sich heraus verständlich ist und ohne weitere Konkretisierung Grundlage einer Vollstreckungsmaßnahme sein kann.[33]

---

26 BVerfG NJW 2004, 999 (1004).
27 Hierzu BGH Urteil vom 14.8.2009 – 3 StR 52/08 – juris Rn. 97 ff; NStZ 2001, 386 (388).
28 VG Freiburg VBlBW 2011, 239 (241). Hierzu auch Guckelberger VBlBW 2011, 209 (214 f.).
29 Detterbeck Rn. 88 ff.; Oberrath Rn. 8.
30 Detterbeck Rn. 100 ff.; Oberrath Rn. 721.
31 VGH BW NVwZ 1989, 279 (280).
32 BVerfG NJW 2008, 822 (827 f.) m. w. N.
33 Ruder Rn. 299.

5. Grundsatz der Verhältnismäßigkeit

15 Die Verfassungsmäßigkeit einer polizeilichen Maßnahme setzt die Beachtung des **Grundsatzes der Verhältnismäßigkeit** voraus. Dieser verlangt, dass der Staat mit dem Grundrechtseingriff einen legitimen Zweck mit geeigneten, erforderlichen und angemessenen Mitteln (**Verhältnismäßigkeit im engeren Sinne**) verfolgt.[34] **Legitim** ist grundsätzlich jedes öffentliche Interesse, das verfassungsrechtlich nicht ausgeschlossen ist. Das Bundesverfassungsgericht hat immer wieder betont, dass die Gefahrenabwehr und die Strafverfolgung zentrale Aufgaben des Rechtsstaats sind.[35] Die **Geeignetheit** einer Maßnahme ist gegeben, wenn sie zur Erreichung des Ziels der Maßnahme erfolgversprechend erscheint.[36] **Erforderlichkeit** bedeutet, dass es kein milderes Mittel zur Erreichung des Ziels gibt.[37] **Angemessenheit** liegt vor, wenn durch die Maßnahme kein Nachteil herbeigeführt wird, der erkennbar außer Verhältnis zu dem beabsichtigten Erfolg steht.[38]

16 Für polizeirechtliche Maßnahmen ist der **Grundsatz der Verhältnismäßigkeit** in § 5 PolG geregelt. Teilweise wird er darüber hinaus in einigen Ermächtigungsgrundlagen des PolG nochmals ausdrücklich im Tatbestand angesprochen.

Beispiel:
Eine Beschlagnahme ist nach § 33 I PolG nur zulässig, wenn diese erforderlich ist.

In der Strafprozessordnung ist der Verhältnismäßigkeitsgrundsatz anders als in § 5 PolG nicht in einer allgemeinen Norm ausdrücklich geregelt. Einzelne strafverfahrensrechtliche Rechtsgrundlagen enthalten jedoch **spezialgesetzliche Ausprägungen der Verhältnismäßigkeit**.

Beispiel:
Eine körperliche Untersuchung ist nach § 81a I 2 StPO nur zulässig, wenn hierdurch kein Nachteil für die Gesundheit des Beschuldigten entsteht.

Wenn eine solche Regelung fehlt, ergibt sich aus dem Rechtsstaatsprinzip, dass der Grundsatz der Verhältnismäßigkeit bei der jeweiligen Maßnahme zu beachten ist.

Beispiel:
Eine Durchsuchung nach §§ 102 ff. StPO muss immer verhältnismäßig sein.

IV. Unterschiede zwischen dem präventiven und repressiven Aufgabenbereich

17 Die Polizei hat nach § 1 PolG die Aufgaben der Abwehr von Gefahren (§ 1 I PolG = **präventiver Aufgabenbereich**) und der Verfolgung von Straftaten und Ordnungswidrigkeiten (§ 1 II PolG i. V. m. § 163 I StPO bzw. § 53 I OWiG =

---

34 BVerfG NJW 2000, 55 (61); NJW 2004, 999 (1008); NJW 2006, 1939 (1941); NJW 2008, 822 (828).
35 BVerfG NJW 2010, 833 (838); NJW 2008 822, (829 f.); NJW 2005, 1917 (1921); NJW 2003, 1787 (1789).
36 BVerfG NJW 2003, 1787 (1789 f.).
37 BVerfG NJW 2003, 1787 (1790).
38 BVerfG NJW 2003, 1787 (1790).

repressiver Aufgabenbereich) Die Rechtsgrundlagen für die polizeiliche Aufgabenerfüllung ergeben sich aus dem Polizei- und Strafverfahrensrecht. Beide Rechtsgebiete weisen bei folgenden Aspekten erhebliche Unterschiede auf:
- Begriff und Stellung der Polizei
- Legalitäts- und Opportunitätsprinzip
- Eingriffsschwellen
- Betroffene Personen
- Formen des polizeilichen Handelns
- Verfahrens- und Formvorschriften
- Schutz privater Rechte
- Rechtsschutz.

Wegen der Unterschiede zwischen dem Polizei- und Strafverfahrensrecht stehen präventive und repressive Eingriffsbefugnisse im **Verhältnis wechselseitiger Exklusivität**. Der Polizeivollzugsdienst kann sein Handeln also nicht gleichzeitig auf polizei- und strafverfahrensrechtliche Rechtsgrundlagen stützen, sondern muss sich entscheiden, ob er hierfür eine präventive oder repressive Rechtsgrundlage heranzieht.[39]

1. Begriff und Stellung der Polizei

Der polizeirechtliche **Begriff der Polizei** ist weiter als der strafverfahrensrechtliche. Nach § 59 PolG gehören die **Polizeibehörden** und die **Beamten des Polizeivollzugsdienstes** zur Polizei.[40] Im Strafverfahrensrecht wird unter der Polizei **nur der Polizeivollzugsdienst** verstanden.[41] Im präventiven und repressiven Aufgabenbereich ist die **Stellung der Polizei** jeweils anders ausgestaltet. Bei der Strafverfolgung ist die Polizei an die Staatsanwaltschaft gebunden. Neben der Staatsanwaltschaft steht zwar auch der Polizei gemäß § 163 I StPO bei einem Anfangsverdacht die Befugnis zu, ein Ermittlungsverfahren einzuleiten (sog. **Recht des ersten Zugriffs**). Im strafrechtlichen Ermittlungsverfahren ist die Staatsanwaltschaft jedoch die „Herrin des Verfahrens". Die Beamten des Polizeidienstes sind nach § 161 I 2 StPO verpflichtet, dem Ersuchen oder Auftrag der Staatsanwaltschaft zu genügen.[42] Dagegen kann die Staatsanwaltschaft der Polizei zu präventivpolizeilichen Maßnahmen, wie der Verhinderung von Straftaten, keine Weisungen erteilen.[43]

2. Legalitäts- und Opportunitätsprinzip

Das Strafverfahrensrecht ist vom Legalitätsprinzip beherrscht.[44] Im Polizeirecht gilt dagegen das Opportunitätsprinzip.

a) **Das Legalitätsprinzip.** Das **Legalitätsprinzip** kommt in §§ 152 II, 160 I, 163 I StPO zum Ausdruck. Es begründet die Pflicht der Strafverfolgungsbe-

---

[39] Roggan DIE POLIZEI 2008, 112 (113); Knape/Schönrock DIE POLIZEI 2011, 245 (249).
[40] Näher zum Polizeibegriff Zeitler/Trurnit Rn. 2 ff.
[41] Meyer-Goßner/Schmitt Einl. Rn. 39; Kramer Rn. 106a.
[42] Ausführlich zum Verhältnis zwischen der Staatsanwaltschaft und der Polizei Roxin/Schünemann § 9 Rn. 21 ff.
[43] Anl. A RiStBV A.
[44] Näher hierzu Pommer JURA 2007, 662 ff.

hörden, bei Vorliegen zureichender Anhaltspunkte wegen aller strafbaren Handlungen einzuschreiten. Das Legalitätsprinzip ist über §§ 258, 258a StGB (Strafvereitelung im Amt) materiell-rechtlich abgesichert. Wegen des Legalitätsprinzips steht dem Polizeivollzugsdienst bei der Strafverfolgung **kein Ermessen** zu. Das Legalitätsprinzip zwingt den Polizeivollzugsdienst zur Strafverfolgung. Im Rahmen des Legalitätsprinzips ist der Polizeivollzugsdienst jedoch dazu berechtigt, ein Ermittlungsverfahren nach kriminaltaktischen Gesichtspunkten zu führen (sog. **Grundsatz der freien Gestaltung des Ermittlungsverfahrens**).[45]

Beispiel:
Erfährt der Polizeivollzugsdienst durch eine verdeckt durchgeführte längerfristige Observation nach § 163f StPO von neuen Straftaten, müssen nicht sofort Ermittlungsmaßnahmen ergriffen werden, die die Gefahr eines Erkennens der Observation durch den Betroffenen begründen. Das Legalitätsprinzip zwingt die Ermittler nur dazu, dafür zu sorgen, dass die neu bekannten Straftaten überhaupt verfolgt werden. Aufgrund der freien Gestaltung des Ermittlungsverfahrens kann die Verfolgung der neu bekannt gewordenen Tatsachen zunächst zurückgestellt werden.

22 Eine Durchbrechung des Legalitätsprinzips findet in der Strafprozessordnung in den §§ 153 ff. StPO statt, die eine Einstellung des Verfahrens durch das Gericht und die Staatsanwaltschaft nach Gesichtspunkten der Opportunität ermöglichen.[46]

23 b) **Das Opportunitätsprinzip.** Das bei der Gefahrenabwehr geltende **Opportunitätsprinzip** begründet keine Pflicht zum polizeilichen Handeln, sondern stellt dieses in das **pflichtgemäße Ermessen** (§ 3 PolG). Für den Polizeivollzugsdienst gilt das Opportunitätsprinzip nach § 53 I 1 OWiG auch bei der Verfolgung von Ordnungswidrigkeiten. Im Polizeirecht kommt das Opportunitätsprinzip in den Formulierungen der polizeigesetzlichen Rechtsgrundlagen zum Ausdruck, nach denen die Polizei beim Vorliegen der Tatbestandsvoraussetzungen handeln **kann**. Dies heißt nicht, dass sie handeln **muss** oder **soll**. Ermessen bedeutet, dass der Polizei die Entscheidung freigestellt wird, ob (**Entschließungsermessen**) und wie (**Auswahlermessen**) sie handelt. Das Ermessen begründet keine absolute Freiheit. Es muss **pflichtgemäß** ausgeübt werden (§ 3 PolG). Dieses ist der Fall, wenn **kein Ermessensfehler** vorliegt. Als Ermessensfehler kommen **Ermessensnichtgebrauch**, **Ermessensfehlgebrauch** oder **Ermessensüberschreitung** in Betracht.

24 Ein **Ermessensnichtgebrauch** liegt vor, wenn die Polizei das ihr zustehende Ermessen überhaupt nicht ausübt. Ein **Ermessenfehlgebrauch** ist gegeben, wenn sachfremde Überlegungen in die polizeiliche Entscheidung einfließen. Die Setzung einer Rechtsfolge, die die Rechtsgrundlage nicht vorsieht, wird als **Ermessensüberschreitung** bezeichnet.[47] In der polizeilichen Praxis kommt es häufig vor, dass eine sog. **Ermessensreduzierung auf Null** vorliegt. Dieses ist dann der

---

45 BVerfG NJW 1996, 771 (772); LR/*Rieß* § 163 Rn. 31; KK/*Wache* § 163 Rn. 11; Meyer-Goßner/ Schmitt § 163 Rn. 47.
46 Hierzu Roxin/Schünemann § 14 Rn. 5 ff.
47 Näher hierzu Zeitler/Trurnit Rn. 216 ff.; Ruder Rn. 293 ff.

Fall, wenn zum Schutz von besonders wichtigen Rechtsgütern sich nur die Entscheidung zum Einschreiten als richtig erweist.[48]

Beispiel:
A droht damit, B umzubringen. Um das Leben von B zu schützen, muss die Polizei handeln.

3. Eingriffsschwellen

Die Zulässigkeit strafverfahrensrechtlicher Maßnahmen wird an das Vorliegen eines **Verdachts** geknüpft. In der Strafprozessordnung gibt es **drei Stufen des Verdachts**: den **Anfangsverdacht**, den **hinreichenden Tatverdacht** und den **dringenden Tatverdacht**. Im Polizeirecht wird die Schwelle für die Zulässigkeit einer polizeilichen Maßnahme (**Eingriffsschwelle**) dagegen grundsätzlich durch die **Gefahr** markiert. Einige polizeigesetzliche Rechtsgrundlagen erstrecken die polizeiliche Aufgabenerfüllung aber auch auf die **vorbeugende Bekämpfung von Straftaten**.

a) Der Verdacht als strafverfahrensrechtliche Eingriffsschwelle. Die Strafprozessordnung knüpft die Strafverfolgungspflicht von Staatsanwaltschaft und Polizei an das Vorliegen eines **Anfangsverdachts** (§ 152 II StPO). Wenn ein Anfangsverdacht besteht, ist ein Ermittlungsverfahren einzuleiten. Ein **Anfangsverdacht** liegt vor, wenn zureichende tatsächliche Anhaltspunkte für eine verfolgbare Straftat vorliegen. Aus **konkreten Tatsachen** muss sich ergeben, dass möglicherweise eine Straftat vorliegt. **Kriminalistische Erfahrungen** können berücksichtigt werden. **Bloße Vermutungen** reichen nicht aus. Bei der Frage, ob ein Anfangsverdacht vorliegt, haben Staatsanwaltschaft und Polizei einen gewissen **Beurteilungsspielraum**.[49]

Beispiel:
Nach einem Überfall auf eine Tankstelle flüchtet der vermummte Täter mit der Beute im Pkw. Der Tankwart erkennt das Kennzeichen. Eine Anfrage der Polizei beim Kraftfahrzeugbundesamt ergibt, dass V der Halter des Fahrzeugs ist. Diese Tatsache berechtigt zu dem Verdacht, dass V den Überfall auf die Tankstelle (§§ 249 ff. StGB) begangen haben könnte.

Richtet sich der Verdacht noch nicht gegen eine bestimmte Person ist das **Ermittlungsverfahren gegen Unbekannt** zu führen.[50]

Beispiel:
A zeigt bei der Polizei den Diebstahl seines Fahrrads an. Er hat keine Ahnung, wer das Fahrrad gestohlen hat.

Für die Feststellung des Anfangsverdachts tritt zur Prüfung des Sachverhalts eine rechtliche Prüfung.[51] Der Anfangsverdacht muss sich auf **alle Elemente einer Straftat** (Tatbestand, Rechtswidrigkeit und Schuld) beziehen.

---

48 Zeitler/Trurnit Rn. 221 ff.; Ruder Rn. 295 f.
49 BGH NStZ 1988, 510; BVerfG NJW 1984, 1451.
50 LR/*Rieß* § 152 Rn. 23; Meyer-Goßner/Schmitt § 152 Rn. 5.
51 Joecks § 152 Rn. 10; Meyer-Goßner/Schmitt § 152 Rn. 4c.

Beispiel:
Gegen ein erkennbar strafunmündiges Kind kann kein Anfangsverdacht bestehen (§ 14 StGB). Wenn also ein 10-jähriger Junge bei einem Ladendiebstahl entdeckt wird, sind strafverfahrensrechtliche Maßnahmen grundsätzlich unzulässig. Etwas anders gilt nur dann, wenn Anhaltspunkte dafür bestehen, dass der Junge von Strafmündigen als Werkzeug benutzt worden ist. Zum Schutz der Rechte des Ladeninhabers sind allenfalls polizeirechtliche Maßnahmen (§§ 2 II i. V. m. 26 I Nr. 1, 32 PolG) möglich.

29 Innerhalb des Anfangsverdachts gibt es eine Abstufung, die durch den **Grundsatz der Verhältnismäßigkeit** bewirkt wird. Je intensiver der Grundrechtseingriff ist, desto konkreter muss der Tatverdacht sein. Es ist immer zu prüfen, ob der im Einzelfall vorliegende Verdacht zu dem in Aussicht genommenen Eingriff in einem angemessenen Verhältnis steht.[52]

30 Nach der Rechtsprechung löst auch das **private Wissen** eines Polizeibeamten oder eines Staatsanwalts von einer Straftat einen die Strafverfolgungspflicht begründenden Anfangsverdacht aus, wenn durch Art und Umfang der Straftat Belange der Öffentlichkeit in besonderem Maße berührt werden.[53] Hierbei kann auf den Katalog des § 100a II StPO zurückgegriffen werden.[54]

31 Einige strafverfahrensrechtliche Maßnahmen sind nur bei einem **dringenden Verdacht** zulässig (z. B. §§ 112 ff., 127 I StPO). Ein dringender Tatverdacht ist gegeben, wenn mit **großer Wahrscheinlichkeit** eine Straftat vorliegt.[55] Dies ist z. B. bei gesicherten Zeugenaussagen oder bei entsprechenden objektiven Beweisen der Fall.

Beispiel:
Bei einer Kontrolle nach § 26 I Nr. 4 PolG wird ein Pkw durchsucht. Die Polizeibeamten finden im Handschuhfach einen Schlagring und 400 g Cannabis. Aufgrund dieser Tatsachen ist der Fahrer dringend verdächtig, ein Verbrechen nach § 30a II Nr. 2 BtMG verübt zu haben.

32 Am Ende des Ermittlungsverfahrens entscheidet die Staatsanwaltschaft, ob ein **hinreichender Tatverdacht** vorliegt. Ein hinreichender Tatverdacht besteht, wenn eine **überwiegende Verurteilungswahrscheinlichkeit** besteht.[56] Ist das der Fall, hat die Staatsanwaltschaft die öffentliche Klage zu erheben (§ 170 I i. V. m. § 203 StPO). Wenn kein hinreichender Tatverdacht besteht, stellt die Staatsanwaltschaft das Verfahren ein (§ 170 II StPO).

33 Der Verdacht ist im Strafverfahrensrecht nur maßgeblich für das Ermittlungs- und Zwischenverfahren (§§ 199 ff. StPO). Im Hauptverfahren (§§ 212 ff. StPO) tritt nach § 261 StPO die freie, aus dem Inbegriff der Verhandlung geschöpfte **Überzeugung des Gerichts** von der Täterschaft des Angeklagten an

---

52 BVerfG NJW 2012, 833 (843) m. w. N.
53 BGH NStZ 1993, 383.
54 Ausführlich hierzu Kramer Rn. 177.
55 KK/*Graf* § 112 Rn. 3.
56 Meyer-Goßner/Schmitt § 203 Rn. 2.

seine Stelle. Für diese genügt die an Sicherheit grenzende Wahrscheinlichkeit, der gegenüber vernünftige Zweifel nicht mehr aufkommen.[57]

Diskutiert wird, ob im **Vorfeld eines Anfangsverdachts** strafverfahrensrechtliche Maßnahmen zulässig sind. Zu unterscheiden sind in diesem Zusammenhang **Vorermittlungen** und **Vorfeldermittlungen**.[58] Unter **Vorermittlungen** versteht man Maßnahmen, die der Abklärung dienen, ob ein Ermittlungsverfahren einzuleiten ist. **Vorfeldermittlungen** zielen darauf ab, Anhaltspunkte für einen Anfangsverdacht zu gewinnen.[59] Da strafverfahrensrechtliche Maßnahmen einen Anfangsverdacht voraussetzen, können Vorfeldermittlungen nicht auf § 163 I StPO gestützt werden.[60] Strafverfahrensrechtlich sind nur folgende Maßnahmen im Vorfeld eines Anfangsverdachts zulässig: erkennungsdienstliche Behandlung (§ 81b 2. Alt. StPO), molekulargenetische Untersuchung (§ 81g StPO), Entgegennahme und Protokollierungspflicht für Strafanzeigen und -anträge (§ 158 StPO), Anzeigeverpflichtung bei nicht-natürlichen Todesfällen (§ 159 StPO) und die Datenverarbeitung für künftige Strafverfahren (§ 484 StPO).[61] Vorermittlungen sind dagegen zulässig. Dies wird zu Recht damit begründet, dass es einer Behörde möglich sein muss, Maßnahmen zur Feststellung ihrer Zuständigkeit zu treffen.[62] Zu den zulässigen Vorermittlungen kann man auch die sog. **informatorische Befragung** zählen. Sie dient der Feststellung, ob der Verdacht einer Straftat besteht und wer als Beschuldigter oder als Zeuge in Betracht kommt.[63]

Beispiel:
Polizeibeamte werden zu einem Unfall oder zu einer Familienstreitigkeit gerufen und klären ab, ob es zu Straftaten gekommen ist.

Im Einzelfall kann die Abgrenzung zwischen einer informatorischen Befragung und einer eine Belehrungspflicht auslösenden Vernehmung (z. B. §§ 163a IV i. V. m. 136 I, 55 II StPO) schwierig sein (Rn. 131 ff.). Um das Risiko eines Beweisverwertungsverbots zu vermeiden, sollte die informatorische Befragung durch die Polizei nicht zu weit ausgedehnt und rechtzeitig mit einer Vernehmung begonnen werden.

b) Die Gefahr als polizeirechtliche Eingriffsschwelle. Ein polizeiliches Handeln zur Gefahrenabwehr setzt grundsätzlich eine **konkrete Gefahr** voraus. Eine solche liegt vor, wenn ein bestimmter einzelner Sachverhalt bei ungehindertem Ablauf des objektiv zu erwartenden Geschehens mit hinreichender Wahrscheinlichkeit zu einem Schaden für die Schutzgüter der öffentlichen Sicherheit oder Ordnung führen würde.[64] Die öffentliche Sicherheit umfasst die objektive

---

57 Meyer-Goßner/Schmitt § 261 Rn. 2 m. w. N.
58 Hierzu z. B. auch Roxin/Schünemann Rn. 17 f.; Joecks § 152 Rn. 7 ff.; Meyer-Goßner/Schmitt § 152 Rn. 4a; Kramer Rn. 172.
59 Joecks § 152 Rn. 9; Meyer-Goßner/Schmitt § 152 Rn. 4a.
60 Joecks § 152 Rn. 9; Meyer-Goßner/Schmitt § 152 Rn. 4a.
61 Kramer Rn. 172.
62 Volk/Engländer § 8 Rn. 6; Pfeiffer § 163 Rn. 4; KK/*Griesbaum* § 163 Rn. 8; Kramer Rn. 172.
63 Meyer-Goßner/Schmitt § 163 Rn. 9; Beulke Rn. 113.
64 VGH BW VBlBW 2010, 468 (473).

Rechtsordnung, die Individualrechtsgüter des Einzelnen und den Bestand des Staates und die Funktionsfähigkeit seiner Einrichtungen.[65] Zur **öffentlichen Ordnung** gehören die ungeschriebenen Regeln für das Verhalten des einzelnen in der Öffentlichkeit, deren Beachtung nach den jeweils herrschenden Anschauungen als unerlässliche Voraussetzung für ein geordnetes staatsbürgerliches Zusammenleben betrachtet wird.[66] Der Begriff der Gefahr wird im Polizeigesetz in verschiedenen Abstufungen verwendet. Differenziert wird nach dem Grad der Wahrscheinlichkeit, der zeitlichen Nähe des Schadenseintritts und nach dem geschützten Rechtsgut.[67]

Beispiele:
Eine **konkrete Gefahr** ist die Eingriffsschwelle bei Maßnahmen auf der Grundlage der Generalklausel gemäß §§ 1 I, 3 PolG, Maßnahmen der Datenerhebung gemäß § 20 II PolG und einer Identitätsfeststellung gemäß § 26 I Nr. 1 PolG. Eine **abstrakte Gefahr** ist die Voraussetzung für den Erlass einer Polizeiverordnung nach §§ 10 ff. PolG. Sie ist aber auch die Eingriffsschwelle bei einigen Maßnahmen der Datenerhebung, wie dem offenen Einsatz technischer Mittel bei Veranstaltungen und Ansammlungen nach § 21 I PolG und der Personenfeststellung gemäß § 26 I Nr. 2 PolG. Die **erhebliche Gefahr** ist Voraussetzung für Maßnahmen nach §§ 20 IV Nr. 2, 28 I und 43 III 3 PolG. Bei einer **dringenden Gefahr** kann gemäß § 31 I PolG eine Wohnung zur Tageszeit betreten werden. Das Polizeigesetz fordert eine **unmittelbare Gefahr** für Maßnahmen gegenüber Nichtstörern nach § 9 PolG, dem Einsatz technischer Mittel in oder aus Wohnungen nach § 23 I PolG (kombiniert mit einer Gefahr für bestimmte Rechtsgüter), dem Präventivgewahrsam gemäß § 28 I PolG und der Beschlagnahme nach § 33 I PolG. **Gefahr im Verzug** verlangen die §§ 2 I 1, 23 II, 31 II, 60 II, 67 I, 77 III PolG.

37 Die einzelnen Arten der Gefahr werden im Zusammenhang mit den Rechtsgrundlagen für die polizeilichen Maßnahmen erläutert. Die Feststellung einer Gefahr erfordert eine prognostische Einschätzung über einen künftigen Geschehensablauf.[68] Für die Praxis sind die **Anforderungen an die Gefahrenprognose** besonders wichtig. Als Grundlage der Gefahrenprognose sind konkrete und nachvollziehbare tatsächliche Anhaltspunkte erforderlich. **Bloße Verdachtsmomente** oder **Vermutungen** reichen nicht aus.[69] Bei der Feststellung der Gefahr hängt der zu fordernde Maßstab für die Wahrscheinlichkeit eines Schadenseintritts von der Bedeutung der gefährdeten Rechtsgüter und vom Ausmaß des möglichen Schadens ab. Je bedeutender das zu schützende Rechtsgut ist, desto geringer sind die Anforderungen an das Maß der Wahrscheinlichkeit des Schadenseintritts (sog. **Je-desto-Formel**).[70] Für die Beurteilung der Rechtmäßigkeit einer Gefahrenprognose ist der Kenntnisstand der

---

65 Näher hierzu BMKS § 1 Rn. 7 ff.
66 BMKS § 1 Rn. 29 ff.
67 Zeitler/Trurnit Rn. 215 ff.; Ruder Rn. 181 ff.
68 VGH BW VBlBW 2010, 468 (473).
69 BVerfG NVwZ-RR 2010, 625 (626).
70 VGH BW VBlBW 2010, 468 (473).

Polizei zum Zeitpunkt ihres Einschreitens maßgeblich (sog. **subjektiver Gefahrenbegriff**). Wenn die Polizei die Lage zum Zeitpunkt ihres Einschreitens zutreffend eingeschätzt hat, wird die getroffene Maßnahme nachträglich nicht deshalb rechtswidrig, weil die Entwicklung anders als prognostiziert verlaufen ist (sog. **Anscheinsgefahr**).[71] Etwas anderes gilt nur, mit der Folge, dass polizeiliche Maßnahmen rechtswidrig sind, wenn die Polizei in vorwerfbarer Art und Weise über das Vorliegen einer Gefahr irrt (sog. **Schein- oder Putativgefahr**).[72]

c) Vorbeugende Bekämpfung von Straftaten. Einige polizeigesetzliche Rechtsgrundlagen erstrecken die polizeiliche Aufgabe neben der Abwehr von Gefahren auf die **vorbeugende Bekämpfung von Straftaten**.[73]

Beispiele:
§§ 20 III, 22 II und III Nr. 2, 22a I 1 PolG, 25 I, 36 I Nr. 2, 38 PolG.

Das Polizeigesetz definiert den Begriff der vorbeugenden Bekämpfung von Straftaten nicht. Die **vorbeugende Bekämpfung von Straftaten** umfasst nach traditionellem Verständnis sowohl die **Verhütung von Straftaten** als auch die **Vorsorge für die Verfolgung künftiger Straftaten**.[74] Durch die **Verhütung von Straftaten** sollen mögliche Schäden verhindert werden, die durch Straftaten eintreten würden.[75]

Beispiel:
Der Polizeivollzugsdienst oberserviert A gemäß § 22 I Nr. 1 und III PolG, um zu verhindern, dass dieser Straftaten begeht.

Die **Vorsorge für die Verfolgung künftiger Straftaten** bezweckt die Sicherung von Beweisen für ein künftiges Strafverfahren.[76]

Beispiel:
Der Polizeivollzugsdienst speichert Daten aus einem Ermittlungsverfahren nach § 38 I 1 PolG, um eine eventuelle Wiederholungstat besser aufklären zu können.

Durch die Erstreckung der polizeilichen Aufgabe auf die vorbeugende Bekämpfung von Straftaten im Polizeigesetz verschwimmt die Grenze zwischen Prävention und Repression. Dies ist kompetenzrechtlich problematisch. Nach dem Bundesverfassungsgericht hat das Land Baden-Württemberg die Gesetzgebungskompetenz nur für die Verhütung von Straftaten. Hierbei handelt es sich um Gefahrenabwehr, für die das Land nach Art. 70 I GG zuständig ist. Das Bundesverfassungsgericht hat die Strafverfolgungsvorsorge als Teilaufgabe der vorbeugenden Bekämpfung von Straftaten jedoch der konkurrierenden Gesetzgebungskompetenz des Bundes für das Strafverfahren nach Art. 74 I Nr. 1 GG zugesprochen. Gemäß Art. 72 I GG haben die Länder im Bereich der konkur-

---

71 VGH BW Urteil vom 17.3.2011 – 1 2513 – juris Rn. 24.
72 Ruder Rn. 190; Zeitler/Trurnit Rn. 199.
73 Ausführlich hierzu Trurnit VBlBW 2011, 458 ff.
74 VwV PolG zu § 1.
75 BVerfG NJW 2005, 2603 (2605).
76 BVerfG NJW 2005, 2603 (2605).

rierenden Gesetzgebung die Befugnis zur Gesetzgebung nur, solange und soweit der Bund von seiner Gesetzgebungszuständigkeit nicht durch Gesetz Gebrauch gemacht hat.[77] Dies wird teilweise für den Bereich der Strafverfolgungsvorsorge – ausgehend von einem umfassenden Regelungskonzept der Strafprozessordnung – bejaht.[78] Für die Befugnisse der Polizei zur vorbeugenden Bekämpfung von Straftaten nach § 22 II und III Nr. 2 PolG hat der VGH Baden-Württemberg daher auch entschieden, dass diese Vorschriften nur Bestand haben können, wenn eine verfassungskonforme Auslegung des Begriffs der vorbeugenden Bekämpfung von Straftaten dahingehend erfolgt, dass er nur die Verhütung von Straftaten erfasst.[79]

4. Adressaten/Betroffene

40 Im Polizeirecht wird die Person, gegen die sich eine polizeiliche Maßnahme richtet, als **Adressat** bezeichnet. Das Strafverfahrensrecht spricht dagegen von dem **Betroffenen**. Der Begriff des Betroffenen wird aber auch im Polizeigesetz verwendet (vgl. z. B. § 22 VI PolG).

41 a) **Die Adressaten polizeirechtlicher Maßnahmen.** Die **Adressaten** gefahrenabwehrrechtlicher Maßnahmen der Polizei sind **Störer, Nichtstörer** und **Dritte**. Bei den **Störern** unterscheidet man **Verhaltens-** (§ 6 PolG) und **Zustandsstörer** (§ 7 PolG). Die Eigenschaft als Störer wird auch als **Verantwortlichkeit** oder **Polizeipflicht** bezeichnet. Anknüpfungspunkt für die Polizeipflicht ist die Verursachung einer Gefahr oder Störung durch ein Verhalten bzw. den Zustand einer Sache. Die **Verursachung** wird dabei nicht rein naturwissenschaftlich kausal verstanden, sondern von der h. M. aufgrund einer wertenden Betrachtung nach der **Theorie der unmittelbaren Verursachung** bestimmt. Danach ist nur das Verhalten bzw. der Zustand einer Sache ursächlich, durch das bzw. den die Grenze zur Gefahr unmittelbar überschritten wird.[80] Eine **Inanspruchnahme von Nichtstörern** ist nur in den engen Voraussetzungen von § 9 PolG möglich.[81] Einem Nichtstörer steht ein Entschädigungsanspruch nach § 55 PolG zu.[82] Einige polizeigesetzliche Rechtsgrundlagen erstrecken die polizeirechtliche Verantwortlichkeit auch auf **dritte Personen**. So begründen z. B. § 26 I Nr. 2 bis 6 PolG eine sog. **Ortshaftung**. Adressaten von Maßnahmen der Datenerhebung nach § 20 II und III PolG können **Dritte**, wie z. B. **Kontakt- und Begleitpersonen**, sein.

42 b) **Die Betroffenen bei strafverfahrensrechtlichen Maßnahmen.** Im Strafverfahrensrecht sind die Betroffenen der **Verdächtige** (§§ 102 und 163b I StPO), der **Beschuldigte** oder **Dritte**. Die Begriffe des Verdächtigen und des Beschuldigten werden in der Strafprozessordnung nicht definiert. **Verdächtiger** ist, wer als Täter oder Teilnehmer einer verfolgbaren Straftat in Betracht kommt.[83] Der

---

77 BVerfG NJW 2005, 2603 (2606 f.).
78 Möstl DVBl. 2010, 808 (814); Volkmann NVwZ 2009, 216 (221).
79 VGH BW VBlBW 2015, 167 (169 ff.).
80 Drews/Wacke/Vogel/Martens S. 310 ff.; Stephan/Deger § 6 Rn. 8; WHT § 5 Rn. 307.
81 Zeitler/Trurnit Rn. 280 ff.
82 Zeitler/Trurnit Rn. 1046 ff.
83 KK/*Wache* § 163b Rn. 9; LR/*Rieß* § 163b Rn. 10; Kramer Rn. 22.

Beschuldigte ist die Person, gegen die sich das Strafverfahren richtet. Ein Verdächtiger wird zum Beschuldigten, wenn die Strafverfolgungsbehörden gegen ihn konkrete Ermittlungsmaßnahmen ergreifen, die der Feststellung dienen, ob und gegebenenfalls wie diese Person strafrechtlich verurteilt werden kann. Dieser Akt ist nicht an besondere formelle Voraussetzungen gebunden. Es genügen faktische Maßnahmen der Strafverfolgungsbehörden gegen einen Verdächtigen, die erkennbar darauf abzielen, gegen ihn wegen einer Straftat vorzugehen.[84]

Beispiel:
Ein Pkw kommt bei Glätte von der Fahrbahn ab und rutscht in den Straßengraben. Eine Polizeistreife stellt fest, dass alle vier Insassen unter Alkoholeinwirkung stehen. Der verantwortliche Fahrer lässt sich nicht feststellen. Bei allen vier Personen werden Blutproben nach § 81a StPO angeordnet. Hierdurch werden alle vier Personen Beschuldigte.

Der Beschuldigte darf nicht zum **Objekt des Verfahrens** werden. Aufgrund des aus Art. 2 I i. V. m. Art. 1 I GG resultierenden **Grundsatzes der Selbstbelastungsfreiheit** ist er nicht dazu verpflichtet, aktiv an seiner Überführung mitzuwirken.[85] Allerdings trifft ihn die Pflicht, vor der Staatsanwaltschaft und dem Gericht zu erscheinen (§§ 133, 134, 163a III, 230 I und II StPO) und Untersuchungshandlungen zu dulden (z. B. § 81a StPO). Die **wesentlichen Rechte des Beschuldigten** im Strafverfahren sind die **Aussagefreiheit** und das **Recht auf Verteidigerkonsultation**. Die Polizei muss den Beschuldigten bei Beginn der ersten Vernehmung über seine Rechte **belehren** (§§ 163a IV i. V. m. 136 I 2 StPO). Verstöße gegen die **Belehrungspflicht** können ein Beweisverwertungsverbot begründen (Rn. 136). Deswegen ist es wichtig, sich darüber im Klaren zu sein, ob es sich bei der von polizeilichen Vernehmungen betroffenen Person um einen Beschuldigten handelt.

Beispiel:
Bei einer Vernehmung des verdächtigen Zeugen B in einem Mordfall stellen die Ermittler diesem Fragen, die in dieser Situation nur einem Beschuldigten gestellt werden. Der Zeuge wird dadurch zum Beschuldigten, ohne dass es hierzu eines anderen Aktes bedarf. Vor den Fragen muss B daher als Beschuldigter belehrt werden, auch wenn er zuvor nach § 55 II StPO belehrt worden ist. Ist die erforderliche Belehrung unterblieben, sind weder die Angaben des Betroffenen noch die des Vernehmungsbeamten verwertbar.[86]

Der Beschuldigte kann in dem gegen ihn geführten Verfahren nicht gleichzeitig Zeuge oder Sachverständiger sein. Die Eigenschaft als Beschuldigter endet mit der Einstellung des Verfahrens (§ 170 I oder §§ 153 ff. StPO) oder mit dem rechtskräftigen Abschluss des Hauptverfahrens.[87] Der Beschuldigte wird mit der Erhebung der Anklage zum **Angeschuldigten** und wenn das Gericht die

---

84 Meyer-Goßner/Schmitt Einl. Rn. 76; Kramer Rn. 19; Beulke Rn. 111 ff.
85 BGH NJW 2007, 3138 (3140 f.); BVerfGE 56, 37 (43 ff.).
86 BGH NJW 2007, 2706.
87 Kramer Rn. 20; Meyer-Goßner /Schmitt Einl. Rn. 81.

Anklage zur Hauptverhandlung zulässt und das Hauptverfahren eröffnet (§ 203 StPO) zum **Angeklagten** (§ 157 StPO). Endet das Strafverfahren mit einer rechtskräftigen Verurteilung des Angeklagten (§§ 449 ff. StPO) wird er zum **Verurteilten**.[88]

45 Teilweise lässt die Strafprozessordnung auch Ermittlungsmaßnahmen gegen Personen zu, die weder Beschuldigte noch Verdächtige sind.

Beispiele:
§ 81c StPO regelt die Untersuchung anderer Personen als Beschuldigte. Eine Beschlagnahme nach § 94 StPO ist gegen jede Person zulässig, die einen Gegenstand, der von Beweisbedeutung ist, in ihrem Gewahrsam hat. § 103 StPO ermächtigt zur Durchsuchung von Nichtverdächtigen und § 163b II StPO erlaubt die Identitätsfeststellung von Nichtverdächtigen. Bei den verdeckten Ermittlungsmaßnahmen gibt es Normen, die es in engen Grenzen zulassen, diese auch gegen Dritte, insbesondere Kontaktpersonen des Beschuldigten, zu richten (z. B. §§ 100a III, 100c III 2, 100f II 2, 100g II 1 i. V. m. §§ 100a III, 100h II 2 StPO).

5. Formen des polizeilichen Handelns

46 Die **Formen des polizeilichen Handelns** sind bei der Gefahrenabwehr und der Strafverfolgung unterschiedlich. Auf der Grundlage des Polizeigesetzes wehrt die Polizei Gefahren mit Polizeiverordnungen, Polizeiverfügungen und Realakten ab. **Polizeiverordnungen** sind Rechtsverordnungen, die die Polizeibehörden auf der Grundlage von §§ 10 ff. PolG erlassen.[89] **Polizeiverfügungen** sind Verwaltungsakte i. S. v. § 35 LVwVfG. Hierzu gehören die meisten in §§ 26 ff. PolG geregelten Standardmaßnahmen. Kennzeichnend für sie ist, dass diese Maßnahmen einen Regelungscharakter haben. Polizeiverfügungen setzen eine Rechtsfolge, weil sie ein an den Polizeipflichtigen adressiertes Gebot oder Verbot enthalten.[90] Diese Eigenschaft fehlt den **Realakten**, die lediglich ein tatsächliches polizeiliches Handeln darstellen. Hierzu gehören – bis auf die Befragung nach § 20 I PolG – die Maßnahmen der Datenverarbeitung (§§ 20 II ff., 37 ff. PolG).[91] Strafverfahrensrechtliche Maßnahmen der Staatsanwaltschaft und ihrer Ermittlungspersonen, die in Grundrechte eingreifen, sind dagegen sog. **Justizverwaltungsakte**.[92]

6. Verfahrens- und Formvorschriften

47 Aus den unterschiedlichen materiell-rechtlichen Rechtsgrundlagen für das präventive und repressive Handeln der Polizei ergeben sich Folgen für die anzuwendenden **Verfahrens-** und **Formvorschriften**. Für gefahrenabwehrrechtliche Maßnahmen der Polizei gelten die Verfahrens- und Formvorschriften des Polizeigesetzes.

---

88 Meyer-Goßner/Schmitt § 157 Rn. 5.
89 Hierzu Zeitler/Trurnit Rn. 990 ff.
90 Zeitler/Trurnit Rn. 107.
91 Zeitler/Trurnit Rn. 564.
92 BVerwGE 47, 255; OLG Stuttgart NStZ 2008, 359 (360).

Beispiele:
§§ 21 V, 22 VI, VII und VII, 28 II bis V, 32 II oder 33 III PolG.
Da Polizeiverfügungen Verwaltungsakte i. S. v. § 35 LVwVfG sind, müssen bei ihrem Erlass außerdem die Verfahrens- und Formvorschriften des Landesverwaltungsverfahrensgesetzes (LVwVfG) eingehalten werden.

Beispiele:
§ 28 LVwVfG (Anhörung), § 37 LVwVfG (Form), §§ 41, 43 LVwVfG (Bekanntgabe).

Für strafverfahrensrechtliche Maßnahmen gelten ausschließlich die Verfahrens- und Formvorschriften der Strafprozessordnung.

Beispiele:
§§ 81a II, 81f, 98, 98c und §§ 104 bis 110 StPO.

7. Schutz privater Rechte

Im repressiven Aufgabenbereich der Polizei geht es um die Durchsetzung des staatlichen Strafanspruchs. Der **Schutz privater Rechte** spielt hier keine Rolle.[93] Im präventiven Aufgabenbereich ist die Polizei nach § 2 II PolG für den Schutz privater Rechte zumindest **subsidiär** zuständig, wenn gerichtlicher Schutz nicht rechtzeitig zu erlangen ist und wenn ohne polizeiliche Hilfe die Gefahr besteht, dass die Verwirklichung des Rechts vereitelt oder wesentlich erschwert wird.[94] Ein **privates Recht** ist ein Recht, das seinen Ursprung ausschließlich in der Privatrechtsordnung (z. B. BGB, HGB oder Arbeitsrecht) hat.

Beispiel:
Der Polizeivollzugsdienst wird von dem Friseur F angerufen. F berichtet, dass er einem Kunden, dessen Namen und Adresse er nicht kennen würde, die Haare geschnitten hätte. Als F mit seiner Arbeit fertig gewesen sei, hätte der Kunde seine neue Frisur völlig unakzeptabel gefunden und er würde sich weigern, die von F geforderten € 12,– zu bezahlen sowie seinen Namen und seine Anschrift mitzuteilen. Der Polizeivollzugsdienst kann hier zur Absicherung der zivilrechtlichen Forderung des Friseurs gegen seinen Kunden nach § 2 II PolG tätig werden und die Identität des Kunden gemäß § 26 I Nr. 1 PolG feststellen.

Die **Subsidiaritätsklausel** des § 2 II PolG hindert ein polizeiliches Tätigwerden nur dann, wenn es **ausschließlich** um den Schutz privater Rechte geht.[95] Kein Fall des Schutzes privater Rechte liegt vor, wenn das private Recht auch durch öffentlich-rechtliche Normen geschützt ist.[96]

Beispiele:
Bei einem Polizeieinsatz werden Polizeibeamte fotografiert. Es besteht die Gefahr, dass die Bilder entgegen der Strafbestimmung des § 33 KunstUrhG veröffentlicht werden. In diesem Fall kann die Polizei auf der Grundlage

---
93 Kramer Rn. 17.
94 Ausführlich hierzu Brenneisen DIE POLIZEI 2011, 171 ff.; Ruder Rn. 127 ff.; Zeitler/Trurnit Rn. 82 ff.
95 VGH BW VBlBW 2011, 468 (470).
96 BMKS § 2 Rn. 12.

des Polizeigesetzes in Ausübung ihrer originären Zuständigkeit Maßnahmen gegen die Störer ergreifen. Wenn kein Verstoß gegen § 33 KunstUrhG droht, kann die Polizei zum Schutz des Rechts am eigenen Bild der Polizeibeamten nur unter den Voraussetzungen von § 2 II PolG tätig werden. Zu beachten ist hier, dass das Filmen oder Fotografieren eines polizeilichen Einsatzes allein noch nicht die Gefahr begründet, dass die Aufnahmen unter Verstoß gegen §§ 22, 23 und 33 KunstUrhG verbreitet werden.[97]

50 Der Schutz privater Rechte wird nach der Aufgabenzuweisungsnorm des § 2 II PolG nur auf **Antrag des Berechtigten** gewährt. Dies verbietet es der Polizei, dem Inhaber des Rechts den Schutz aufzudrängen, um so Konzepte zur Gefahrenabwehr durchzusetzen, die auf Rechtsgrundlagen des Polizeigesetzes wegen des Fehlens der Tatbestandsvoraussetzungen nicht zu realisieren sind.[98]

Beispiel:
Eine Gruppe Rechtsradikaler plant ein Fest und hat hierzu ein Grundstück gemietet. Wenn die Voraussetzungen von §§ 1 I, 3 PolG nicht vorliegen, um das Fest zu verbieten, kann das polizeiliche Einsatzkonzept nicht vorsehen, den Vermieter des Grundstücks zur Kündigung des Mietvertrags zu bewegen und die Veranstaltung unter Berufung auf die Beendigung des Vertrags zum Schutz der Rechte des Vermieters nach §§ 2 II, 1 I und 3 PolG aufzulösen.[99]

51 Außerdem darf die Polizei zum Schutz privater Rechte nur **vorläufig absichernde Maßnahmen** auf der Grundlage des Polizeigesetzes treffen. Typische Eingriffsbefugnisse zum Schutz privater Rechte sind daher die Identitätsfeststellung nach § 26 I Nr. 1 PolG (Rn. 186 ff.) und die Sicherstellung einer Sache gemäß § 32 PolG (Rn. 327 ff.), um den Eigentümer oder sonst Berechtigten vor dem Verlust oder der Beschädigung der Sache zu schützen.[100]

8. Rechtsschutz gegen polizeiliche Maßnahmen

52 Der **Rechtsschutz** gegen polizei- und strafverfahrensrechtliche Maßnahmen ist unterschiedlich ausgestaltet. Gemäß Art. 19 IV GG steht für jeden, der durch die öffentliche Gewalt in seinen Rechten verletzt wird, der Rechtsweg offen. Soweit eine andere Zuständigkeit nicht begründet ist, ist der ordentliche Rechtsweg gegeben.

53 Eine andere Zuständigkeit i. S. v. Art. 19 IV GG begründet § 40 I 1 VwGO für verwaltungsrechtliche Streitigkeiten nicht verfassungsrechtlicher Art. Diese werden von den Verwaltungsgerichten entschieden. Zu diesen Streitigkeiten gehören polizeirechtliche Sachverhalte. Rechtsschutz gegen polizeiliche Maßnahmen zur Gefahrenabwehr wird danach mit den Rechtsmitteln der Verwaltungsgerichtsordnung gewährt.[101]

---

97 OVG NW DÖV 2001, 476 f. Zu diesem Problem s. auch VGH BW VBlBW 2008, 375 ff.; VBlBW 2001, 102 ff.; Eckstein VBlBW 2001, 97 ff.
98 Trurnit JURA 2012, 365 (369).
99 VG Karlsruhe Urteil vom 17.5.2010 – 9 K 1513 – juris Rn. 24 f.
100 Ebenso Lisken/Denninger/*Denninger* D Rn. 247.
101 Zum Rechtsschutz gegen gefahrenabwehrrechtliche polizeiliche Maßnahmen Zeitler/Trurnit Rn. 1094 ff.

Beispiel:
Der Adressat einer Beschlagnahme nach § 33 PolG kann sich hiergegen mit Widerspruch und Anfechtungsklage nach §§ 68 ff. VwGO bzw. § 42 VwGO wehren.

Über die Rechtmäßigkeit polizeilicher Maßnahmen zur Strafverfolgung entscheiden dagegen die Strafgerichte als Teil der ordentlichen Gerichtsbarkeit (§§ 12, 13 GVG).[102]

54

Beispiel:
Der Adressat einer Beschlagnahme nach §§ 94 ff. StPO durch die Polizei kann hiergegen einen Antrag auf gerichtliche Überprüfung der Rechtmäßigkeit nach § 98 II 2 StPO stellen.

V. Wahl der Rechtsgrundlage

Der Polizeivollzugsdienst benötigt aufgrund des Vorbehalts des Gesetzes (Art. 20 III GG) für Eingriffe in den Schutzbereich eines Grundrechts eine gesetzliche Rechtsgrundlage. Wegen der Unterschiede zwischen dem Polizei- und Strafverfahrensrecht (Rn. 17 ff.) stehen präventive und repressive Eingriffsbefugnisse im **Verhältnis wechselseitiger Exklusivität**.[103] Der Polizeivollzugsdienst kann sein Handeln also nicht gleichzeitig auf polizei- und strafverfahrensrechtliche Rechtsgrundlagen stützen. Er muss sich immer entscheiden, ob seine Maßnahme die Rechtsgrundlage im Polizei- oder im Strafverfahrensrecht findet. Diese rechtsstaatliche Notwendigkeit führt in der Praxis teilweise zu erheblichen Abgrenzungsschwierigkeiten. Der Polizeivollzugsdienst ist häufig in der Situation, dass sowohl Anhaltspunkte für eine polizeirechtliche Gefahr als auch für einen strafverfahrensrechtlichen Anfangsverdacht vorliegen (sog. **Gemengelage**). In dieser Situation stellen in der Regel sowohl das Polizeigesetz als auch die Strafprozessordnung identisch bezeichnete Standardmaßnahmen, wie z. B. Identitätsfeststellung und Durchsuchung, für das polizeiliche Handeln zur Verfügung (sog. **doppelfunktionale Maßnahmen**).[104] Aus Sicht des Polizeidienstes liegt es deswegen nahe, die entsprechende polizei- und strafverfahrensrechtliche Ermächtigungsgrundlage gleichzeitig heranzuziehen.[105] Dies ist jedoch wegen der wechselseitigen Exklusivität präventiver und repressiver Eingriffsbefugnisse nicht zulässig.[106]

55

Bei einer **Gemengelage** ist bei der Wahl der Rechtsgrundlage daher eine sog. **Dominanzentscheidung** zu treffen. Die Rechtsprechung hat **Kriterien für die Dominanzentscheidung** entwickelt. Für die Qualifizierung einer doppelfunktionalen Maßnahme der Polizei als polizei- oder strafverfahrensrechtliche Maßnahme kommt es zum einen auf das **Schwergewicht des polizeilichen Handelns**

56

---

102 Zum Rechtsschutz gegen strafprozessuale Zwangsmaßnahmen Krach JURA 2001, 737 ff.
103 Roggan DIE POLIZEI 2008, 112 (113); Knape/Schönrock DIE POLIZEI 2011, 245 (249). Zur Abgrenzung Prävention/Repression s. auch Benfer/Bialon Rn. 16 ff.
104 Hierzu Zeitler/Trurnit Rn. 99 ff.
105 Hierfür z. B. Dörschuck S. 33 f.
106 VGH BW VBlBW 2005, 63 f.

und zum anderen auf den damit **verbundenen Zweck** an. Wenn der Grund des polizeilichen Handelns dabei dem Betroffenen nicht bereits bei der Maßnahme genannt wurde, ist für die Abgrenzung maßgebend, wie sich der konkrete Sachverhalt einem verständigen Bürger in der Lage des Betroffenen bei natürlicher Betrachtung darstellt.[107] Lässt sich ein Geschehensablauf in verschiedene Handlungen aufspalten, ist ein Wechseln zwischen den Maßnahmen möglich und üblich.[108]

Beispiel:
Der Polizeivollzugsdienst plant bei einer Veranstaltung in einer Diskothek zur Bekämpfung der Rauschgiftszene eine Razzia. Während der Razzia will der Polizeivollzugsdienst u. a. die Identität der Anwesenden feststellen und Durchsuchungen durchführen. Hier handelt es sich um präventiv-polizeiliche und nicht um strafverfahrensrechtliche Maßnahmen. Die Razzia dient mit der Zerschlagung, Verunsicherung und Abschreckung der Rauschgiftszene sowie der Verhinderung weiterer Straftaten hauptsächlich der Gefahrenabwehr.[109] Zeigt sich allerdings bei einzelnen gefahrenabwehrrechtlichen Maßnahmen, dass der Anfangsverdacht einer Straftat besteht, kann die Zielrichtung des polizeilichen Handelns von der Gefahrenabwehr zur Strafverfolgung umschlagen.

57 Führt die **Dominanzentscheidung** dazu, dass der Schwerpunkt des polizeilichen Handelns bei der Gefahrenabwehr liegt, ist bei der Wahl der Rechtsgrundlage in drei Schritten vorzugehen (sog. **dreistufige Subsidiarität**). Zunächst ist zu fragen, ob sich die Rechtsgrundlage aus einem speziellen Bundes- oder Landesgesetz ergibt, das der Gefahrenabwehr dient (**1. Stufe**).

Beispiel:
Für die Auflösung einer Versammlung ist § 15 III VersG das spezielle Gesetz.

Wenn keine spezialgesetzliche Rechtsgrundlage existiert, können spezielle Regelungen des Polizeigesetzes herangezogen werden (**2. Stufe**).

Beispiele:
§§ 20 ff., 26 ff., 37 ff. und 49 ff. PolG.

Existiert keine spezielle Rechtsgrundlage für die Gefahrenabwehr im Polizeigesetz, ist der Rückgriff auf die Generalklausel der §§ 1 I 1, 3 PolG möglich (**3. Stufe**).

Beispiel:
Für das während einer Razzia in einer Diskothek zum Schutz der eingesetzten Beamten ausgesprochene Verbot des Trinkens von Alkohol gibt es weder außerhalb noch innerhalb des Polizeigesetzes eine spezielle Rechtsgrundlage. Das Verbot kann daher auf §§ 1 I 1, 3 PolG gestützt werden.

58 Wenn der **Schwerpunkt der Maßnahme** im repressiven Aufgabenbereich liegt, ist zunächst zu fragen, ob es für die Maßnahme eine spezielle Ermächtigungs-

---

107 VGH BW VBlBW 2005, 63 f.
108 Knape/Schönrock DIE POLIZEI 2011, 245 (249).
109 VG Freiburg Urteil vom 8.7.2010 – 6 K 1388/08; Urteil vom 8.7.2010 – 6 K 1389/08.

grundlage außer- oder innerhalb der Strafprozessordnung gibt. Ist dieses nicht der Fall, kommt der Rückgriff auf die Ermittlungsgeneralklausel des § 163 I StPO in Betracht.

Beispiel:
Während die längerfristige Observation zur Strafverfolgung in § 163f StPO geregelt ist, gibt es für die kurzfristige Observation keine spezielle Rechtsgrundlage. Sie kann daher auf § 163 I StPO gestützt werden.

VI. Offene und verdeckte polizeiliche Maßnahmen

Der Polizeivollzugsdienst kann sowohl im präventiven als auch im repressiven Aufgabenbereich offen und verdeckt handeln. Er handelt **offen**, wenn seine Maßnahme als polizeiliche erkennbar sein soll. Der Polizeivollzugsdienst handelt **verdeckt**, wenn seine Maßnahme nicht als polizeiliche erkennbar sein soll (vgl. § 19 II 2 PolG). Maßgeblich für die Abgrenzung zwischen einem offenen und einem verdeckten polizeilichen Handeln ist in erster Linie der Wille der Polizei. Eine verdeckte Maßnahme liegt daher vor, wenn es der Polizei darauf ankommt, sie ohne Wissen des Betroffenen durchzuführen. Andererseits muss bei der Abgrenzung zwischen einem offenen und einem verdeckten polizeilichen Handeln aber auch auf die Sicht des Betroffenen abgestellt werden.[110]

Beispiele:
Wenn der Polizeivollzugsdienst eine Observation ohne Wissen des Betroffenen durchführen will, bleibt die Maßnahme auch dann verdeckt, wenn die Zielperson diese bemerkt hat. Erhebt ein Polizeibeamter in Zivil Daten und vergisst er dabei darauf hinzuweisen, dass er Polizeibeamter ist, liegt eine verdeckte Datenerhebung vor.

1. Überblick über offene Maßnahmen

Offene polizeiliche Maßnahmen sind:
- Untersuchungen (§§ 81 ff. StPO, § 60 IV PolG)
- DNA-Analysen (§§ 81e ff. StPO)
- Erkennungsdienstliche Behandlung (§ 81b StPO, § 36 PolG)
- Sicherstellung und Beschlagnahme (§§ 94 ff. StPO, §§ 32 ff. PolG)
- Durchsuchungen (§§ 102 ff. StPO, §§ 29 ff. PolG)
- Personenkontrollen (§ 163b StPO, § 26 PolG)
- Offener Einsatz von Bild- und Tonaufzeichnungen (§ 100h I 1 Nr. 1 StPO, § 21 PolG)
- Freiheitsentziehungen (§ 127 StPO, § 28 PolG).

2. Überblick über verdeckte Maßnahmen

Für eine **verdeckte Informationsgewinnung** zur Gefahrenabwehr und Strafverfolgung durch den Polizeivollzugsdienst kommen folgende Maßnahmen in Betracht:

---

110 Stephan/Deger § 19 Rn. 10. A.A. BMKS § 19 Rn. 24, die nur auf die Sicht des Betroffenen oder Dritter abstellen wollen.

- Verdeckt ermittelnde Personen (§§ 110a ff. StPO, §§ 22 I Nr. 4 und Nr. 5, III, 24 PolG)
- Rasterfahndung (§§ 98a ff. StPO, § 40 PolG)
- Netzfahndung (§ 163d StPO)
- Polizeiliche Beobachtung (§ 163e StPO, § 25 PolG)
- Automatische Kennzeichenlesesysteme (§ 22a PolG)
- Längerfristige Observationen (§ 163f StPO, § 22 I Nr. 1 und III PolG)
- Einsatz technischer Mittel (§ 100f, § 100h I 1 Nr. 1 und Nr. 2 StPO, § 22 I N. 2 und 3, II und III PolG)
- Maßnahmen mit Bezug zur Telekommunikation (§§ 100a ff., § 100g, § 100i, § 100j StPO, § 23a PolG)
- Wohnraumüberwachung (§§ 100c ff. StPO, § 23 PolG).

VII. Besondere Problematik verdeckter Maßnahmen

62 Die **verdeckten Maßnahmen** haben für die polizeiliche Aufgabenerfüllung eine große Bedeutung. Bei ihrem Einsatz geht es darum, Straftaten zu verhindern und/oder aufzuklären. Da Straftäter in der Regel verdeckt agieren, dient der Einsatz verdeckter Maßnahmen für die Polizei als Instrument zur Wiederherstellung von Kontrolle. Verdeckte polizeiliche Maßnahmen sollen den natürlichen Wettbewerbsvorteil nicht offen vorgehender Straftäter wieder ausgleichen.[111] Sie sind grundsätzlich verfassungsrechtlich zulässig. Ein heimliches Vorgehen des Staates verstößt nicht gegen die Menschenwürde des Art. 1 I GG. Alleine durch ein heimliches Vorgehen wird der Betroffene nicht zum Objekt des staatlichen Handelns.[112] Verdeckte polizeiliche Maßnahmen können jedoch intensiv in die Grundrechte der Betroffenen auf Unverletzlichkeit der Wohnung (Art. 13 I GG), in das Fernmeldegeheimnis (Art. 10 I GG) oder in das hierzu subsidiäre Recht auf informationelle Selbstbestimmung (Art. 2 I i. V. m. Art. 1 I GG) eingreifen. Die Intensivität des Eingriffs folgt daraus, dass verdeckte Maßnahmen ohne Kenntnis und vorherige Anhörung des Betroffenen durchgeführt werden. Dem Betroffenen wird dadurch vorheriger Rechtsschutz verwehrt und nachträglicher Rechtsschutz zumindest erschwert.[113] Außerdem werden teilweise viele Personen von verdeckten Maßnahmen betroffen, die keinen Anlass für die Maßnahmen gegeben haben.[114]

Beispiel:
Gegen einen Beschuldigten wird eine TKÜ durchgeführt. Dabei werden auch Gespräche zwischen dem Beschuldigten und einem Handwerker aufgezeichnet, der nicht in das Strafverfahren involviert ist.

63 Verdeckte polizeiliche Maßnahmen gehen insbesondere auch mit der Gefahr einher, dass in den Kernbereich der privaten Lebensgestaltung (Rn. 8 ff.) eingegriffen wird.

---
111 Zöller StraFO 2008, 15 (16 f.).
112 BVerfG NJW 2004, 999 (1001).
113 BVerfG NJW 2008, 1505 (1508).
114 BVerfG NJW 2006, 1939 (1944).

Beispiel:
Ein Verdeckter Ermittler ist bei einem vertraulichen Gespräch zwischen der Zielperson und dessen Vater anwesend.

Die verfassungsrechtlichen Vorgaben für die heimliche Beschaffung von Informationen durch die Polizei müssen daher beachtet werden.[115] Um die Folgen verdeckter Maßnahmen zu kompensieren, muss der Gesetzgeber aus Gründen der Verhältnismäßigkeit eine **Beschränkung des Anwendungsbereichs** vornehmen. Dieser umfasst nur die **Bekämpfung bestimmter Gefahren** und die **Aufklärung bestimmter Straftaten**. Einfache Gefahren und der Bereich der leichten Kriminalität müssen vom Anwendungsbereich verdeckter Maßnahmen ausgeschlossen sein.[116] Gleiches gilt für das Bußgeldverfahren.[117]

64

Beispiele:
Eine TKÜ zur Strafverfolgung kommt nach § 100a I Nr. 1 und 2 StPO nur bei einer schweren Straftat, die auch im Einzelfall schwer wiegt in Betracht. Eine längerfristige Observation ist gemäß § 163f I StPO nur bei einer Straftat von erheblicher Bedeutung zulässig. Eine Wohnraumüberwachung nach § 23 I PolG ist nur bei einer unmittelbar bevorstehenden Gefahr für den Bestand oder die Sicherheit des Bundes oder eines Landes oder für Leben, Gesundheit oder Freiheit einer Person möglich.

Wegen des Grundsatzes der Verhältnismäßigkeit kommen verdeckte Maßnahmen **nur subsidiär** in Betracht. Dies wird bei den einzelnen Ermächtigungsgrundlagen für verdeckte Maßnahmen durch die sog. **Subsidiaritätsklauseln** gewährleistet.[118]

65

Beispiele:
Die Wohnraumüberwachung zur Gefahrenabwehr nach § 23 I PolG ist nur zulässig, wenn anderenfalls die Abwehr der unmittelbaren Gefahr für die geschützten hochwertigen Rechtsgüter gefährdet oder erheblich erschwert würde. Eine TKÜ ist nach § 100a I Nr. 3 StPO nur möglich, wenn die Erforschung des Sachverhalts oder die Ermittlung des Aufenthaltsortes des Beschuldigten auf andere Weise wesentlich erschwert oder aussichtslos wäre.

Verdeckte Maßnahmen zur Strafverfolgung müssen grundsätzlich durch ein Gericht angeordnet werden.

66

Beispiele:
§§ 100b I und 163f III StPO.

Durch die **Richtervorhalte** soll Grundrechtsschutz durch eine neutrale unabhängige Instanz gewährt werden.[119] Im präventiven Aufgabenbereich stehen verdeckte Maßnahmen zum Grundrechtsschutz entweder unter einem **Behördenleiter-** oder einem **Richtervorbehalt**.

---

115 Speziell hierzu Gurlit NJW 2010, 1035 ff.; Puschke/Singelnstein NJW 2005, 3524.
116 BVerfG NJW 2006, 1939 (1941 f.).
117 Göhler/*Seitz* § 46 Rn. 8.
118 Zöller StraFO 2008, 15 (19 f.).
119 Zöller StraFO 2008, 15 (20 f.).

Beispiele:
§§ 22 VI und 23 III PolG.

67 Bestimmte Inhalte der Kommunikation sind durch den Gesetzgeber der **staatlichen Überwachung entzogen**. Es bestehen Vorschriften zum **Schutz des Kernbereichs der privaten Lebensgestaltung** (Rn. 8 ff.) und zum **Schutz von Berufsgeheimnisträgern** (Rn. 71 ff.).[120]

Beispiele:
Der Schutz des Kernbereichs der privaten Lebensgestaltung soll durch §§ 100a IV und 100c IV StPO sowie § 23 II und V PolG gewährleistet werden. Dem Schutz des Vertrauensverhältnisses zwischen dem Berufsgeheimnisträger und seinem Auftraggeber dienen § 160a StPO und § 9a PolG.

68 Um grundrechtlichen Anforderungen zu genügen, werden **Kennzeichnungs-, Benachrichtigungs- und Löschungspflichten** normiert.

Beispiele:
§ 101 III, IV, VIII StPO, § 23 VI und VII PolG.

69 Die **Benachrichtigungspflichten** ermöglichen es dem Betroffenen, die Rechtmäßigkeit der Maßnahme im Nachhinein gerichtlich überprüfen zu lassen.[121] Der Anspruch auf Benachrichtigung von verdeckten Ermittlungsmaßnahmen gehört zu den wesentlichen Erfordernissen effektiven Grundrechtsschutzes (Art. 19 IV GG) im Bereich sowohl des behördlichen als auch des gerichtlichen Verfahrens.[122]

Beispiel:
Nachdem A über den gegen ihn nach § 22 I Nr. 4 und III PolG geführten Einsatz eines VE gemäß § 22 VIII PolG informiert worden ist, will er die Rechtswidrigkeit mit einer Klage gemäß § 43 VwGO vor dem Verwaltungsgericht feststellen lassen. Wenn der VE-Einsatz nach §§ 110a ff. StPO erfolgte, kann A gemäß § 101 VII 2 StPO die Rechtmäßigkeit der Maßnahme vor dem nach § 162 I 1 StPO zuständigen Amtsgericht überprüfen lassen.

70 Besonders wichtig sind auch **Verwendungsregeln**, die die weitere Verarbeitung von Daten regeln, die bei einer verdeckten Maßnahme erhoben worden sind.[123]

Beispiele:
§§ 477 II 2 und 3, 161 II StPO; § 38 I 2 und 3 PolG.

VIII. Schutz von Berufsgeheimnisträgern

71 Der Gesetzgeber muss gewährleisten, dass die Polizei bei ihren Maßnahmen gegenüber bestimmten Berufsgruppen, deren Tätigkeit eine besondere Vertraulichkeit voraussetzt, die sich aus Art. 12 I GG ergebenden Grenzen beachtet.[124] So-

---

120 Zöller StraFO 2008, 15 (21 ff.).
121 Zöller StraFO 2008, 15 (23 f.).
122 BVerfG NJW 2012, 833 (835) m. w. N.
123 Zöller StraFO 2008, 15 (24).
124 BVerfG NJW 2016, 1781 (1788).

wohl im präventiven als auch im repressiven Aufgabenbereich der Polizei ist das Vertrauensverhältnis zu Berufsgeheimnisträgern durch § 160a StPO bzw. § 9a PolG speziell geschützt. Der **Schutz von Berufsgeheimnisträgern** nach § 160a StPO und § 9a PolG gilt für offene und verdeckte polizeiliche Maßnahmen. § 160a StPO und § 9a PolG finden bei der Vernehmung eines Berufsgeheimnisträgers als Zeugen in einem Strafverfahren keine Anwendung. Hierbei ergibt sich das Zeugnisverweigerungsrecht des Berufsgeheimnisträgers aus § 53 StPO.[125] Auf § 160a StPO und § 9a PolG kommt es für den Adressaten nicht an, wenn sich die Unzulässigkeit einer polizeilichen Maßnahme bereits aus dem verfassungsrechtlich gebotenen Schutz des Kernbereichs der privaten Lebensgestaltung (Rn. 8 ff.) ergibt.

Beispiel:
Bei einer längerfristigen Observation zeigt sich, dass sich der Betroffene mit seinem Strafverteidiger trifft. Eine Datenerhebung, die auf die Erfassung des Gesprächsinhalts abzielt, ist unzulässig, weil Gespräche mit dem Strafverteidiger zum Kernbereich der privaten Lebensgestaltung gehören. Auf § 160a StPO oder § 9a PolG kommt es für den Betroffenen nicht an. Der zufällig mitbetroffene Strafverteidiger wird jedoch zusätzlich über § 160a I 5 StPO oder § 9a I 5 PolG geschützt.

1. Regelung des § 160a StPO

§ 160a StPO enthält ein abgestuftes System von **Beweiserhebungs- und Verwendungsverboten** bei Berufsgeheimnisträgern, das für offene und verdeckte Ermittlungsmaßnahmen gilt.[126] Gemäß § 160a I 1 StPO ist eine Ermittlungsmaßnahme, die sich gegen einen Seelsorger, Verteidiger, Rechtsanwalt, eine nach § 206 BRAO in einer Rechtsanwaltskammer aufgenommene Person oder einen Kammerbeistand richtet und die voraussichtlich Erkenntnisse erbringen würde, über die diese Person das Zeugnis verweigern dürfte, unzulässig. Die Reichweite des Erhebungsverbots hängt vom Umfang des Zeugnisverweigerungsrechts ab. Dieser ist auf die bei der Berufsausübung anvertrauten oder bekanntgewordenen Tatsachen begrenzt.[127]

Beispiel:
Eine gegen einen Geistlichen gerichtete TKÜ gemäß §§ 100a und 100b StPO ist unzulässig, wenn diese darauf abzielt, seelsorgerische Gespräche mit einem Beschuldigten abzuhören und aufzuzeichnen (§ 160a I 1 i. V. m. § 53 I 1 Nr. 1 StPO). Wenn die TKÜ gegen den Beschuldigten durchgeführt wird, ergibt sich das Beweisverwertungsverbot für das Gespräch mit dem Geistlichen aus § 100a IV 2 StPO.

§ 160a I 2 bis 4 StPO enthalten ein **Verwendungsverbot** für dennoch erlangte Erkenntnisse sowie eine **Löschungs- und Dokumentationspflicht**. § 160a I 5 StPO regelt die **zufällige Betroffenheit** eines absolut geschützten Berufsgeheim-

---

[125] So für § 160a StPO Meyer-Goßner/Schmitt § 160a Rn. 1.
[126] BVerfG NJW 2012, 833 (841 f.). Zu der am 1.1.2008 in Kraft getretenen Regelung (BGBl. I 2007, 3198) Igor NJW 2007, 3403 ff.; Reiß StV 2008, 539 ff. Zu der seit dem 1.2.2011 geltenden Regelung (BGBl. I 2010, 2261) Müller-Jacobsen NJW 2011, 257 ff.
[127] Meyer-Goßner/Schmitt § 160a Rn. 3.

niträgers bei einer gegen einen Dritten gerichteten Ermittlungsmaßnahme. Die Vorschrift ordnet in diesem Fall eine entsprechende Geltung des Verwendungsverbots, der Löschungs- und der Dokumentationspflicht des § 160a I 2 bis 4 StPO an.

Beispiel:
Der Pkw des Beschuldigten B wird gemäß § 100f StPO mit technischen Mitteln überwacht. B spricht in dem Pkw mit seinem Rechtsanwalt über die gegen ihn erhobenen Vorwürfe. Die Erkenntnisse aus diesem Gespräch dürfen gemäß § 160a I 2 und 5 StPO nicht verwendet werden.

74 § 160a I 5 StPO greift allerdings nicht für Erkenntnisse, die der Berufsgeheimnisträger von sich aus an Dritte weitergegeben hat.[128]

Beispiel:
Spricht der Rechtanwalt in dem obigen Beispiel unter Verletzung seiner anwaltlichen Schweigepflicht mit einem Dritten über den Inhalt des mit B geführten Gesprächs, kann der Dritte als Zeuge vernommen werden.

75 Für die Angehörigen der in § 53 I 1 Nr. 3 bis 3b und 5 StPO genannten Berufsgruppen enthält § 160a II StPO ein **relatives Beweiserhebungsverbot** nach dem **Grundsatz der Verhältnismäßigkeit**.

Beispiele:
Ärzte, Psychotherapeuten, Schwangerschaftsberater und Berater für Betäubungsmittelabhängige sowie Mitarbeiter von Presse und Rundfunk. Bei dem Gespräch mit einem Arzt ist jedoch zu beachten, dass dies nach der Rechtsprechung des Bundesverfassungsgerichts im Einzelfall dem Schutz des Kernbereichs der privaten Lebensgestaltung zuzuordnen sein kann und sein Inhalt deswegen nicht zur Strafverfolgung verwertet werden darf.[129]

76 Im Fall von § 160a II StPO ist das Interesse der Allgemeinheit an einer wirksamen Strafrechtspflege gegen das öffentliche Interesse an den von dem Berufsgeheimnisträger wahrgenommenen Aufgaben und das individuelle Interesse an der Geheimhaltung der ihm anvertrauten Tatsachen abzuwägen. Betrifft das Verfahren keine **Straftat von erheblicher Bedeutung**, ist in der Regel nicht von einem Überwiegen des Strafverfolgungsinteresses auszugehen. Eine **Straftat von erheblicher Bedeutung** muss mindestens der mittleren Kriminalität zuzurechnen sein, den Rechtsfrieden empfindlich stören und geeignet sein, das Gefühl der Rechtssicherheit der Bevölkerung erheblich zu beeinträchtigen.[130] Die in § 160a I und II StPO enthaltene Differenzierung zwischen den einzelnen Berufsgruppen ist nach dem Bundesverfassungsgericht mit Art. 3 I GG und Art. 12 I GG vereinbar.[131]

77 § 160a III StPO erstreckt die Erhebungsverbote von § 160a I und II StPO auf die **Berufshelfer** des § 53a StPO. Nach § 160a IV StPO entfällt der Schutz von

---

128 Meyer-Goßner/Schmitt § 160a Rn. 7.
129 BVerfG NJW 2004, 999 (1002).
130 BVerfG NJW 2004, 999 (1110).
131 BVerfG NJW 2012, 833 (842 f.).

§ 160a I und II StPO, wenn bestimmte Tatsachen den Verdacht begründen, dass die zeugnisverweigerungsberechtigte Person an der Tat oder an einer Begünstigung, Strafvereitelung oder Hehlerei beteiligt ist. Diese sog. **Verstrickungsregelung** ist verfassungsrechtlich unbedenklich. Sie trägt dem Umstand Rechnung, dass der Schutz des Vertrauensverhältnisses zwischen einem Berufsgeheimnisträger und einem bei ihm Rat und Hilfe Suchenden nicht darauf gerichtet ist, den Berufsgeheimnisträger im Falle des Verdachts, sich selbst strafbar gemacht zu haben, vor Strafverfolgungsmaßnahmen zu schützen. Der Verdacht i. S. v. § 160a IV StPO muss nicht hinreichend oder dringend sein, erfordert jedoch eine konkretisierte Verdachtslage.[132] Nach § 160a V StPO bestimmt sich bei einer Sicherstellung und einer Wohnraumüberwachung der Schutz des Vertrauensverhältnisses zu einem Berufsgeheimnisträger nach § 97 bzw. § 100c VI StPO. Im Fall der Kommunikation mit einem Verteidiger ist § 148 StPO die speziellere Vorschrift zu § 160a StPO.[133]

Beispiel:
Die Unzulässigkeit einer gegen einen Strafverteidiger gerichteten TKÜ, um Erkenntnisse über seinen beschuldigten Mandanten zu erhalten, ergibt sich aus § 148 StPO.

2. Regelung des § 9a PolG

§ 9a PolG regelt die Zulässigkeit gefahrenabwehrrechtlicher Maßnahmen der Polizei gegen Berufsgeheimnisträger. Die Vorschrift orientiert sich inhaltlich an § 160a StPO.[134] § 9a I und II Pol enthalten ein absolutes und relatives **Datenerhebungs- und -verarbeitungsverbot**. Nach § 9a I 1 PolG sind Maßnahmen nach §§ 20 bis 23, 25 bis 27, 29 bis 33, 35 und 36, die sich gegen eine in § 53 I StPO genannte Person richten und voraussichtlich Erkenntnisse erbringen würden, über die diese Person das Zeugnis verweigern dürfte, unzulässig. Dennoch erlangte Erkenntnisse dürfen **nicht verwertet** werden (§ 9a I 2 PolG). Aufzeichnungen über unzulässige Maßnahmen i. S. v. § 9a I 2 PolG sind unverzüglich zu **löschen** (§ 9a I 3 PolG). Die Tatsache ihrer Erlangung und Löschung sind gemäß § 9a I 4 PolG zu **dokumentieren**. Soweit sich die Maßnahme nicht gegen den Berufsgeheimnisträger richtet, gelten die Regelungen des § 9a I 1 bis 4 PolG nach § 9a I 5 PolG entsprechend, wenn von dem Berufsgeheimnisträger Erkenntnisse erlangt werden, über die dieser das Zeugnis verweigern dürfte.

Der **absolute Schutz von § 9a I PolG** gilt gemäß § 9a II 2 PolG nur für Seelsorger, Strafverteidiger, Rechtsanwälte sowie diesen gleichgestellte Personen und Abgeordnete, wenn sie im Wirkungsbereich ihres jeweiligen Zeugnisverweigerungsrechts tätig werden. Gegen andere Berufsgeheimnisträger sind polizeiliche Maßnahmen, die voraussichtlich Erkenntnisse erbringen, über die sie das Zeugnis verweigern dürften, nach § 9a II 1 PolG zulässig, soweit dies zur Abwehr einer **unmittelbar bevorstehenden Gefahr für Leben, Gesundheit oder Freiheit** erforderlich ist. Das öffentliche Interesse an einer wirksamen Gefahrenabwehr

---

132 BVerfG NJW 2012, 833 (843).
133 Meyer-Goßner/Schmitt § 160a Rn. 3.
134 LT-Drs. 15/2434 S. 29 f.

rechtfertige – so die Gesetzesbegründung – in diesen Fällen einen Eingriff in die entsprechenden Berufsgeheimnisse.[135]

Beispiel:
Befragung eines Journalisten, dem gegenüber Angaben über einen unmittelbar bevorstehenden Bombenanschlag gemacht worden sind.

80 § 9a III PolG erstreckt die Regelungen von § 9a I und II PolG auf die Berufshelfer i. S. v. § 53a StPO. § 9a IV PolG enthält eine § 160a IV StPO nachgestaltete **Verstrickungsregelung**. Danach gilt der Schutz der Berufsgeheimnisträger des § 9a I bis III PolG nicht, wenn Tatsachen die Annahme rechtfertigen, dass die zeugnisverweigerungsberechtigte Person die Gefahr verursacht hat. Nach dem Willen des Gesetzgebers soll der Schutz des betroffenen Vertrauensverhältnisses oder der Institution an sich nicht zur Begründung von Geheimbereichen führen, in denen die Verursachung von Gefahren einer staatlichen Aufklärung entzogen ist.[136]

IX. Eilzuständigkeiten des Polizeivollzugsdienstes

81 Dem Polizeivollzugsdienst stehen im repressiven und im präventiven Aufgabenbereich Eilzuständigkeiten zu. Unter einer **Eilzuständigkeit** ist die Befugnis zu verstehen, anstelle der eigentlich zuständigen Behörde zu handeln.[137]

1. Eilzuständigkeiten im repressiven Aufgabenbereich

82 In der Strafprozessordnung gibt es nur wenige Ermächtigungsgrundlagen, die eine originäre Anordnungskompetenz des Polizeivollzugsdienstes begründen.

Beispiele:
§§ 81b, 100h I 1, 127 und 163b StPO.

Die Strafprozessordnung geht überwiegend davon aus, dass Ermittlungsmaßnahmen grundsätzlich durch den Richter anzuordnen sind.

Beispiele:
§§ 81a II, 105 I 1, 163f III 1 StPO.

83 Sinn und Zweck eines **Richtervorbehalts** ist der Grundrechtsschutz. Eine unabhängige neutrale Instanz soll darüber entscheiden, ob in die Grundrechte des Beschuldigten eingegriffen wird.[138] Der durch den Richtervorbehalt intendierte Grundrechtsschutz hat lediglich bei Gefahr im Verzug zurückzutreten.[139]

84 **Gefahr im Verzug** liegt immer dann vor, wenn die vorherige Einholung der richterlichen Anordnung den Erfolg der Maßnahme verhindern würde.[140] In diesem Fall können auch die Staatsanwaltschaft und ihre Ermittlungspersonen (§ 152 GVG)

---

135 LT-Drs. 14/3165 S. 36.
136 LT-Drs. 14/3165 S. 36.
137 Trurnit DIE POLIZEI 2009, 96.
138 BVerfG NJW 2001, 1121 ff.; BVerfG NJW 2007, 1345 (1346).
139 Speziell zu den Eilzuständigkeiten im repressiven Aufgabenbereich auch Müller/Trurnit StraFO 2008, 144 ff.
140 BVerfG NJW 2001, 1121.

die Zwangsmaßnahmen anstelle des eigentlich zuständigen Richters anordnen. Teilweise besteht auch eine ausschließliche Eilzuständigkeit der Staatsanwaltschaft (§ 105 I 2 StPO). Nach dem Bundesverfassungsgericht fordern der Ausnahmecharakter der nichtrichterlichen Anordnung und die Schutzfunktion des Richtervorbehalts eine **enge Auslegung** des Begriffs Gefahr im Verzug. Gefahr im Verzug muss im Einzelfall mit **Tatsachen** begründet werden. Die bloße Möglichkeit eines Beweismittelverlusts genügt nicht. Die Strafverfolgungsbehörden dürfen Gefahr im Verzug nicht selbst herbeiführen. Sie müssen regelmäßig **rechtzeitig** versuchen, eine Anordnung des Richters zu erlangen. Strafverfolgungsbehörden, Ermittlungsrichter und Gerichtsorganisation müssen sicherstellen, dass auch in der Masse der Alltagsfälle der Richtervorbehalt gewahrt bleibt. Dies bedeutet auch, dass die Gerichte die Erreichbarkeit eines Ermittlungsrichters durch die Errichtung eines Eil- und **Notdienstes** sichern müssen. Die Inanspruchnahme der Eilzuständigkeit unterliegt der **vollen gerichtlichen Überprüfung**. Es besteht **kein Gestaltungs-, Ermessens-** oder **Beurteilungsspielraum** der Strafverfolger. Bei der richterlichen Kontrolle sind jedoch die faktischen Bedingungen polizeilichen und staatsanwaltlichen Handelns in der Situation, um die es geht, zu berücksichtigen. Aus der umfassenden gerichtlichen Kontrolle folgt für die Strafverfolger bei der Wahrnehmung einer Eilzuständigkeit nach der StPO eine umfassende **Dokumentations-** und **Begründungspflicht** für die Annahme von Gefahr im Verzug.[141] Wenn die Ermittler ihrer umfassenden Begründungs- und Dokumentationspflicht nicht genügen, besteht das Risiko, dass die Gerichte die Maßnahme allein deswegen als rechtswidrig ansehen. Dies ist deswegen problematisch, weil Verstöße gegen einen Richtervorbehalt ein Beweisverwertungsverbot (Rn. 845 f.) begründen können.[142]

Der Polizei steht eine Eilzuständigkeit erst zu, wenn sowohl Richter als auch Staatsanwalt nicht zu erreichen sind. Die Eilzuständigkeit der Polizei ist **nachrangig** zu der Eilzuständigkeit der Staatsanwaltschaft.[143] Hierfür spricht, dass die Staatsanwaltschaft die Herrin des Ermittlungsverfahrens ist (§ 160 I StPO). Für die polizeiliche Praxis heißt dies, dass die Polizei vor der Durchführung der Ermittlungsmaßnahme zunächst versuchen muss, bei der Staatsanwaltschaft die Einholung der richterlichen Anordnung anzuregen. Ist der Richter nicht erreichbar, kann der Staatsanwalt die Maßnahme anordnen. Wenn die Staatsanwaltschaft nicht erreichbar ist, muss die Polizei grundsätzlich versuchen, die richterliche Anordnung selbst einzuholen. Lediglich, wenn dies nicht möglich ist oder eine völlig überraschende Verfahrenssituation mit einem drohenden Beweismittelverlust gegeben ist, besteht eine polizeiliche Eilzuständigkeit.[144]

2. Eilzuständigkeiten im präventiven Aufgabenbereich

Die Gefahrenabwehr darf nicht daran scheitern, dass die zuständige Behörde nicht erreichbar ist. Deswegen besteht nach § 2 I PolG eine Eilzuständigkeit

---

141 BVerfG NJW 2001, 1121 (1124).
142 Ausführlich hierzu Müller/Trurnit StraFo 2008, 144 (147 ff.).
143 BVerfG NJW 2007, 1345 (1346). Speziell zum Rangverhältnis der Staatsanwaltschaft zu ihren Ermittlungspersonen bei Gefahr im Verzug Metz NStZ 2012, 242 ff.
144 Müller/Trurnit StraFO 2008, 144 (147).

der Polizei (Polizeibehörden und Polizeivollzugsdienst § 59 PolG) gegenüber anderen Stellen. Im Verhältnis zu den Polizeibehörden ergibt sich eine Eilzuständigkeit des Polizeivollzugsdienstes im präventiven Aufgabenbereich aus § 60 II PolG.[145]

87 Nach § 2 I PolG hat die Polizei die notwendigen vorläufigen Maßnahmen zu treffen, wenn zur Wahrnehmung einer polizeilichen Aufgabe nach gesetzlicher Vorschrift eine andere Stelle zuständig ist und deren rechtzeitiges Tätigwerden bei Gefahr im Verzug nicht erreichbar erscheint. **Andere Stellen** i. S. v. § 2 I PolG sind z. B. Gefahrenabwehrbehörden des Bundes, Feuerwehr und Rettungsdienst.[146] Hierzu gehören aber auch Verwaltungsbehörden, die Aufgaben der Gefahrenabwehr auf der Grundlage spezieller Gesetze wahrnehmen.[147]

Beispiele:
Abfall-, Immissionsschutz-, Wasser- oder Straßenverkehrsbehörde.

88 Nach § 60 II PolG nimmt der Polizeivollzugsdienst – vorbehaltlich anderer Anordnungen der Polizeibehörde – die polizeilichen Aufgaben wahr, wenn ein sofortiges Tätigwerden erforderlich erscheint. Die Eilzuständigkeit wird im Verhältnis zwischen Polizeibehörden und Polizeivollzugsdienst für alle Maßnahmen relevant, die nicht in der Parallelzuständigkeit des § 60 III PolG enthalten sind. Dies gilt insbesondere für Maßnahmen gemäß §§ 1 I, 3 PolG und § 27a II und III PolG.

Beispiel:
A stört die öffentliche Sicherheit auf einem am Wochenende stattfindenden Weinfest. Der Polizeivollzugsdienst verfügt deswegen gegen A gestützt auf § 27a II i. V. m. § 60 II PolG ein Aufenthaltsverbot.

89 Gemäß § 60 II PolG darf der Polizeivollzugsdienst **subsidiär** nur tätig werden, wenn ein sofortiges Tätigwerden erforderlich erscheint. Die Erforderlichkeit des sofortigen Tätigwerdens setzt nach der Rechtsprechung Gefahr im Verzug voraus.[148] **Gefahr im Verzug** liegt dann vor, wenn zur Verhinderung eines drohenden Schadens sofort eingeschritten werden muss, weil ein Abwarten bis zum Eingreifen der an sich zuständigen Behörde den Erfolg der notwendigen Maßnahme erschweren oder vereiteln würde.[149] Im Gegensatz zum repressiven Aufgabenbereich gesteht die Rechtsprechung dem Polizeivollzugsdienst bei der Annahme von Gefahr im Verzug im präventiven Aufgabenbereich einen **Einschätzungsspielraum** zu. Der VGH Baden-Württemberg entnimmt dies dem Wortlaut von § 60 II PolG („erforderlich erscheint"). Aus der Sicht des Polizeivollzugsdienstes muss das rechtzeitige Tätigwerden der zuständigen Polizeibehörde unerreichbar erscheinen. Seine Einschätzung kann gerichtlich nur dann beanstandet werden, wenn sie offensichtlich von unzutreffenden Voraussetzun-

---

145 Speziell zu den Eilzuständigkeiten im präventiven Aufgabenbereich auch Trurnit DIE POLIZEI 2009, 96 ff.
146 Stephan/Deger § 2 Rn. 4.
147 Stephan/Deger § 2 Rn. 4. A. A. BMKS § 2 Rn. 2.
148 VGH BW VBlBW 2004, 213 (214).
149 VGH BW VBlBW 1990, 300 (301); VBlBW 2004, 213 (214); 2005, 386 (387).

gen ausgeht, die sich bereits im Zeitpunkt der Entscheidung erkennen ließen.[150] Der Polizeivollzugsdienst muss daher vor einem eigenen Einschreiten nicht versuchen, die eigentlich zuständige Behörde zu informieren, wenn klar ist, dass die Behörde nicht erreichbar ist oder deren Einschreiten zu spät kommen würde. Der Versuch der sofortigen Information der Behörde außerhalb der regelmäßigen Arbeitszeit kann nur verlangt werden, wenn diese einen Notdienst eingerichtet hat, wozu sie verfassungsrechtlich nicht verpflichtet ist.[151]

90 Wegen des verfassungsrechtlich gebotenen effektiven Rechtsschutzes (Art. 19 IV GG) besteht für den Polizeivollzugsdienst auch bei der Wahrnehmung einer Eilzuständigkeit im präventiven Aufgabenbereich für die Annahme der Gefahr im Verzug eine **Dokumentations- und Begründungspflicht**.[152]

91 Liegen die Voraussetzungen der Eilzuständigkeit des Polizeivollzugsdienstes im Verhältnis zu einer Behörde vor, die aufgrund spezialgesetzlicher Grundlage Aufgaben der Gefahrenabwehr wahrnimmt, stellt sich die Frage, ob der Polizeivollzugsdienst seine Maßnahme auf die originär zuständige Behörde ermächtigende spezialgesetzliche Rechtsgrundlage[153] oder die polizeiliche Generalklausel stützen kann. Für die Anwendung der Generalklausel spricht die pragmatische Überlegung, dem Polizeivollzugsdienst zur Gefahrenabwehr in einer dringlichen Lage das ihm vertraute allgemeine Polizeirecht zur Verfügung zu stellen.[154] Hiergegen spricht jedoch, dass der Vorrang des spezielleren vor dem allgemeinen Gesetz eine Anwendung der Generalklausel verbietet. Der Umstand, dass im Eilfall der Polizeivollzugsdienst anstelle der eigentlich zuständigen Behörde tätig wird, kann daher nicht dazu führen, dass in die Grundrechte des Bürgers unter weniger strengen Voraussetzungen eingegriffen wird.[155]

Beispiel:
Wenn der Polizeivollzugsdienst anstelle der eigentlich zuständigen Versammlungsbehörde in Ausübung der Eilzuständigkeit nach § 60 II PolG eine Versammlung auflösen will, müssen die Voraussetzungen von § 15 III VersG (unmittelbare Gefahr für die öffentliche Sicherheit) vorliegen. Die einfache Gefahr i. S. v. §§ 1 I, 3 PolG reicht hierfür nicht aus.

92 Wenn der Polizeivollzugsdienst nach § 2 I 1 PolG für eine andere Stelle handelt, hat er die notwendigen vorläufigen Maßnahmen zu treffen. Nach § 60 II PolG stehen die Maßnahmen unter dem Vorbehalt, dass die zuständige Behörde diese ändert oder aufhebt. Der Polizeivollzugsdienst darf also bei Inanspruchnahme seiner Eilzuständigkeit grundsätzlich nur **vorläufig sichernde Maßnahmen** anordnen. Er ist für die Abwehr der Gefahr nicht mehr zuständig, sobald sich die zuständige Behörde der Gefahrenbekämpfung angenommen hat. Der Polizeivollzugsdienst kann nur dann eine eigene Maßnahme treffen, die über eine bereits zuvor gegen einen Störer getroffene Anordnung der Polizeibehörde hi-

---

150 VGH BW VBlBW 2004, 213 (214).
151 Trurnit DIE POLIZEI 2009, 96 (97 f.).
152 Trurnit DIE POLIZEI 2009, 96 (99 f.).
153 Z.B. §§ 10 I BBodSchG, 63 KrWG, 24 BImSchG, 16a TierSchG, 23 I ChemG.
154 Hierfür WHT § 4 Rn. 78 und § 5 Rn. 35.
155 Zeitler/Trurnit Rn. 138.

nausgeht, wenn neue Umstände dies erfordern. Der Polizeivollzugsdienst darf eine endgültige Maßnahme nur ergreifen, wenn diese die einzig effektive Maßnahme zur Beseitigung der Gefahr oder Störung für die öffentliche Sicherheit und Ordnung ist.

Beispiel:
Anordnung des Abschleppens eines verbotswidrig geparkten Kraftfahrzeuges, wenn die zuständige Straßenverkehrsbehörde nicht erreichbar erscheint.[156]

93   Durch die **Pflicht** des Polizeivollzugsdienstes **zur unverzüglichen Unterrichtung** der zuständigen Behörde nach § 2 II 2 PolG (gegenüber einer Verwaltungsbehörde) und § 74 II PolG (gegenüber der Polizeibehörde) ist gewährleistet, dass diese über die Gefahr informiert wird.

---

156   Speziell hierzu VGH BW VBlBW 2004, 213 ff.

B. Die Generalklauseln

Sowohl im Polizeigesetz als auch in der Strafprozessordnung gibt es sog. Generalklauseln. Ein eingriffsrechtliches Handeln der Polizei kann nur dann auf eine Generalklausel gestützt werden, wenn es hierfür keine spezielle Rechtsgrundlage gibt. Im Polizeigesetz bilden die §§ 1 I und 3 PolG die **allgemeine Generalklausel**. § 20 II PolG ist die Generalklausel für die Datenerhebung zur Abwehr einer Gefahr. In § 20 III PolG hat der Polizeivollzugsdienst eine allgemeine Befugnis zur vorbeugenden Bekämpfung von Straftaten. § 163 I StPO ist dagegen die **Ermittlungsgeneralklausel** der Polizei für die Strafverfolgung.

94

I. Die polizeirechtliche Generalklausel der §§ 1 I, 3 PolG

1. Allgemeines

Die Generalklausel der §§ 1 I, 3 PolG ist die **allgemeine Befugnis** der Polizei zur Gefahrenabwehr. §§ 1 I, 3 PolG haben eine Auffangfunktion. Die Polizei soll durch die allgemeine Generalklausel flexibel auf Gefahren reagieren können.[1]

95

Beispiel:
Während einer Razzia in einer Diskothek verbietet der Polizeivollzugsdienst den anwesenden Gästen zum Schutz der eingesetzten Polizeibeamten, alkoholische Getränke aus Gläsern zu trinken. Da eine spezialgesetzliche Rechtsgrundlage für das Trinkverbot fehlt, sind §§ 1 I, 3 PolG die Rechtsgrundlage hierfür.

Die speziellen Regelungen außerhalb des Polizeigesetzes in Bundes- und Landesgesetzen sowie die in §§ 20 ff., 26 ff. und 37 ff. PolG geregelten Eingriffsbefugnisse zur Gefahrenabwehr gehen der Generalklausel vor.[2]

96

Beispiele:
§ 15 I und III VersG, §§ 48, 49, 62 V AufenthG, §§ 9 und 10 I BBodSchG, § 62 KrWG und § 19 LAbfG, §§ 17, 20, 21, 24 BImSchG, § 100 WHG und § 82 LWG.

Der **Vorrang der spezialgesetzlichen Ermächtigungsgrundlage** gilt auch dann, wenn der Polizeivollzugsdienst in Ausübung seiner Eilzuständigkeit nach §§ 2 I, 60 II PolG Gefahrenabwehr für eine andere eigentlich primär zuständige Behörde betreibt (Rn. 91). Er schließt den Rückgriff auf die Generalklausel aus. Wenn die Voraussetzungen einer speziellen Ermächtigungsgrundlage nicht vorliegen, kann der Eingriff nicht auf die Generalklausel gestützt werden.[3]

97

---

1 Ruder Rn. 285.
2 Stephan/Deger § 3 Rn. 7 ff.
3 Zeitler/Trurnit Rn. 149.

Beispiele:
Der Polizeivollzugsdienst löst eine Versammlung anstelle der eigentlich zuständigen Versammlungsbehörde auf. Ermächtigungsgrundlage sind dann nicht §§ 1 I, 3 PolG, sondern § 15 III VersG. Liegen die Voraussetzungen für einen Gewahrsam nach § 28 I PolG nicht vor, kann eine Freiheitsentziehung zur Gefahrenabwehr nicht auf §§ 1 I, 3 PolG gestützt werden.

2. Voraussetzungen

98 Zuständig für ein polizeiliches Handeln auf der Grundlage der **Generalklausel** sind grundsätzlich die Polizeibehörden (§ 60 I PolG). §§ 1 I, 3 PolG sind nicht in den Parallelzuständigkeiten des § 60 III PolG enthalten. Der Polizeivollzugsdienst muss daher beachten, dass er seine Maßnahmen nur auf §§ 1 I, 3 PolG stützen kann, wenn die Voraussetzungen von § 60 II PolG vorliegen (Rn. 88 ff.).

99 Ein polizeiliches Handeln auf der Grundlage von §§ 1 I, 3 PolG setzt eine **Gefahr** oder **Störung** für die öffentliche Sicherheit oder Ordnung voraus. Eine **Gefahr** liegt vor, wenn ein bestimmter einzelner Sachverhalt bei ungehindertem Ablauf des objektiv zu erwarten Geschehens mit hinreichender Wahrscheinlichkeit zu einem Schaden für die Schutzgüter der öffentlichen Sicherheit oder Ordnung führen würde.[4] Eine **Störung** ist gegeben, wenn der Schaden bereits eingetreten ist.[5] Die **öffentliche Sicherheit** umfasst die objektive Rechtsordnung, die Individualrechtsgüter des Einzelnen und den Bestand des Staates und die Funktionsfähigkeit seiner Einrichtungen.[6] Zur **öffentlichen Ordnung** gehören die ungeschriebenen Regeln für das Verhalten des Einzelnen in der Öffentlichkeit, deren Beachtung nach den jeweils herrschenden Anschauungen als unerlässliche Voraussetzung für ein geordnetes staatsbürgerliches Zusammenleben betrachtet wird.[7]

100 Die Gefahrenabwehr muss außerdem **im öffentlichen Interesse geboten** sein. Dies ist immer dann der Fall, wenn Schutzgüter der öffentlichen Sicherheit betroffen sind. Problematisch sind in diesem Zusammenhang **freiwillige Selbstgefährdungen**. Werden selbstgefährdende Handlungen, wie z. B. Fallschirmspringen oder Sportklettern, in freier Selbstbestimmung vorgenommen, sind sie gemäß Art. 2 I GG zulässig und können nicht als Gefahr für die öffentliche Sicherheit angesehen werden. Bei Einschränkungen der freien Willensbestimmung (z. B. Kinder, Betrunkene) darf und muss die Polizei zum Schutz von Leben und Gesundheit handeln. Das Gleiche gilt – wie auch in § 28 I Nr. 2c PolG klar zum Ausdruck kommt – im Fall einer drohenden Selbsttötung.[8]

101 Wenn die Tatbestandsvoraussetzungen von § 1 I PolG vorliegen, hat die Polizei nach § 3 PolG die nach **pflichtgemäßem Ermessen** erforderlichen Maßnahmen zu treffen. In § 3 PolG kommt zum Ausdruck, dass das Polizeirecht vom Opportunitätsprinzip beherrscht wird. Das **Opportunitätsprinzip** begründet keine

---

4 VGH BW VBlBW 2010, 468 (473).
5 Stephan/Deger § 1 Rn. 20.
6 Näher hierzu BMKS § 1 Rn. 7 ff.
7 BMKS § 1 Rn. 29 ff.
8 BMKS § 1 Rn. 51.

Pflicht zum polizeilichen Handeln, sondern stellt dieses in das Ermessen. Die Polizei kann handeln, muss oder soll dies aber nicht. Ermessen bedeutet, dass der Polizei die Entscheidung freigestellt wird, ob und wie sie handelt. Dabei herrscht keine absolute Freiheit. Das Ermessen muss pflichtgemäß ausgeübt werden (Rn. 23). Die nach § 3 PolG erforderlichen Maßnahmen können sowohl Verwaltungs- als auch Realakte sein. Die **Adressaten** der Maßnahmen richten sich nach §§ 6 ff. PolG (Rn. 41). Die Maßnahmen müssen nach §§ 3 und 5 PolG **verhältnismäßig** sein (Rn. 15 f). Der **Grundsatz der Geeignetheit** ist in § 3 PolG normiert. Die **Grundsätze der Erforderlichkeit und Angemessenheit** haben eine spezialgesetzliche Regelung in § 5 PolG erfahren. Kommen für die Wahrnehmung einer polizeilichen Aufgabe mehrere Maßnahmen in Betracht, so hat die Polizei nach § 5 I PolG die Maßnahmen zu treffen, die den Einzelnen und die Allgemeinheit voraussichtlich am wenigsten beeinträchtigen (**Erforderlichkeit**). Nach § 5 II PolG darf durch eine polizeiliche Maßnahme kein Nachteil herbeigeführt werden, der erkennbar außer Verhältnis zu dem beabsichtigten Erfolg steht (**Angemessenheit**).

3. Anwendungsbereiche

In Ermangelung spezialgesetzlicher Rechtsgrundlagen kann bei Vorliegen der Tatbestandsvoraussetzungen von §§ 1 I, 3 PolG das **Verbot einer Veranstaltung** auf die polizeiliche Generalklausel gestützt werden. Ebenso ist auf der Grundlage von §§ 1 I, 3 PolG die Anordnung bestimmter **Ge- und Verbote während einer Veranstaltung** möglich.[9]

Beispiele:
Verbot der Durchführung einer Facebook-Party, Verbot des Mitführens von Trinkgefäßen aus Glas während einer Veranstaltung zur Vermeidung von Schnittverletzungen[10] oder Verbot der Abgabe von Karten für ein Fußballspiel an Gastverein[11].

Außerdem werden in der polizeilichen Praxis **Annäherungs- und Kontaktverbote**, z. B. in Fällen des Stalkings, und sog. **Gefährderansprachen** auf die polizeiliche Generalklausel der §§ 1 I, 3 PolG gestützt. Durch Gefährderansprachen werden Störer schriftlich oder mündlich auf die Rechtswidrigkeit geplanter Aktionen hingewiesen und die gezielte Überwachung ihrer Person angekündigt.[12]

Beispiel:
„Nach polizeilichen Erkenntnissen wurden Sie in der Vergangenheit im Zusammenhang mit Störungen der öffentlichen Sicherheit und Ordnung festgestellt. Im Rahmen dieser Gefährderansprache fordern wir Sie daher dazu auf, zur Vermeidung weiterführender Maßnahmen gegen Ihre Person, keine Störungen der öffentlichen Sicherheit oder Ordnung vorzunehmen, nicht zu solchen aufzufordern und sich nicht an diesen zu beteiligen. Hierzu gehört insbesondere folgende Verhaltensweisen zu unterlassen: Öffentliches Auf-

---

9 Hierzu auch Trurnit JURA 2012, 365 (368).
10 OVG NW NVwZ-RR 2012, 470 ff.; Heckel NVwZ 2012, 88 ff.
11 OVG H DVBl. 2012, 784 ff.
12 Speziell hierzu Meyn Kriminalistik 2008, 672 ff.

rufen zu Straftaten, Provokationen und Tätlichkeiten gegenüber anderen Personen und Beschädigung oder Zerstörung fremden Eigentums."

104 Wenn sich die Gefährderansprache nicht auf warnende Hinweise beschränkt, sondern dem Adressaten – wie in dem obigen Beispiel – aufgibt bestimmte Verhaltensweisen zu unterlassen, liegt ein Verwaltungsakt i. S. v. § 35 LVwVfG vor. Wird die Gefährderansprache mündlich durchgeführt, steht dies der Eigenschaft eines Verwaltungsakts nicht entgegen, weil Verwaltungsakte auch mündlich erlassen werden können (§ 37 II LVwVfG).[13] Voraussetzung der Rechtmäßigkeit einer Gefährderansprache ist eine mit Tatsachen belegte Prognose, dass der Adressat mit hinreichender Wahrscheinlichkeit eine anlassbezogene Straftat begeht. Dies setzt keine rechtskräftige strafgerichtliche Verurteilung voraus. Frühere Ermittlungsverfahren reichen aus. Weit zurückliegende Ereignisse oder in keinem Zusammenhang mit dem Anlass für die Gefährderansprache stehende Ereignisse dürfen nicht berücksichtigt werden.[14]

105 Die Generalklausel der §§ 1 I und 3 PolG ist die Rechtsgrundlage für **aufenthaltssteuernde Maßnahmen** (Rn. 501 f.), wie z. B. eine Meldeauflage. Durch eine **Meldeauflage** wird dem Adressaten aufgegeben, sich zu bestimmten Zeitpunkten bei bestimmten Polizeidienststellen zu melden, um z. B. die Einhaltung von Ausreiseverboten oder Aufenthaltsverboten zu überwachen.[15]

106 Auch **verkehrsbezogene Maßnahmen** können auf §§ 1 I, 3 PolG gestützt werden.

Beispiele:
Versetzen eines den Verkehr behindernden Fahrzeugs, Gebot zur Weiterfahrt bis zur nächstgelegenen Reparaturstelle unter Polizeibegleitung oder das Untersagen der Weiterfahrt bis zur Behebung eines Mangels. Dagegen ist die Durchführung eines sog. **künstlich verursachten Staus** auf der Grundlage von §§ 1 I, 3 PolG grundsätzlich unzulässig, weil hierdurch in der Regel unbeteiligte Verkehrsteilnehmer gefährdet werden.[16]

107 §§ 1 I und 3 PolG sind keine Rechtsgrundlage für **polizeiliche Warnungen**. Eine **Warnung** ist eine Aufforderung zu einem bestimmten Tun oder Unterlassen. Wenn sich das polizeiliche Handeln dabei auf eine bestimmte Informationsübermittlung beschränkt, ohne dass sie sich auf individualisierbare Grundrechtsträger bezieht (z. B. allgemeine Warnung vor Einbrüchen), liegt kein Grundrechtseingriff vor. Das polizeiliche Handeln kann dann auf die Aufgabenzuweisungsnorm des § 1 I PolG gestützt werden.[17] Liegt ein Eingriff vor, wie z. B. bei der Warnung vor einem bestimmten Produkt oder einer religiösen Gruppe, kommt als die im Verhältnis zu §§ 1 I, 3 PolG speziellere Ermächtigungsgrundlage § 44 I PolG in Betracht, weil es um die Übermittlung von Daten geht.[18]

---

13 OVG SA NVwZ-RR 2012, 720. Anders NdsOVG NJW 2006, 391.
14 NdsOVG NJW 2006, 391 (394).
15 Trurnit JURA 2012, 365 (371).
16 LG Bückeburg NJW 2005, 3014 ff.
17 Stephan/Deger § 3 Rn. 15.
18 Hierzu näher Ruder Rn. 173 ff.

Der Polizeivollzugsdienst versucht teilweise, **Film- und Fotografierverbote** während eines polizeilichen Einsatzes auf §§ 1 I, 3 PolG zu stützen. Hierbei ist Zurückhaltung zu empfehlen. Grundsätzlich kommt die Generalklausel der §§ 1 I, 3 PolG zwar als Rechtsgrundlage für Film- und Fotografierverbote in Betracht, wenn die Gefahr einer Straftat nach §§ 22, 23, 33 KunstUrhG besteht. Nach § 33 KunstUrhG ist es strafbar, wenn entgegen §§ 22, 23 KunstUrhG ein Bildnis verbreitet oder öffentlich zur Schau gestellt wird. Allein das Herstellen von Fotografien ist jedoch keine strafbare Handlung und führt somit noch nicht zu einer Gefahr oder Störung der öffentlichen Sicherheit oder Ordnung. Eine Gefahr liegt nur dann vor, wenn konkrete Anhaltspunkte dafür bestehen, dass Lichtbilder entgegen den Vorschriften des KunstUrhG und unter Missachtung des Rechts der Polizeibeamten und/oder Dritter am eigenen Bild auch veröffentlicht werden. Dafür reicht es nicht aus, dass generell solche Aufnahmen von Polizeibeamten häufig im Internet veröffentlicht werden. Insbesondere ist auch die Weitergabe eines Bildes an eine Person zum Zwecke der Beweissicherung für die Rechtswidrigkeit eines Polizeieinsatzes keine Straftat nach §§ 22, 23, 33 KunstUrhG.[19]

Die Polizei kann **Film- und Fotografierverbote** in der Regel auch nicht mit dem Schutz des allgemeinen Persönlichkeitsrechts der eingesetzten Polizeibeamten begründen. Im Verhältnis zum allgemeinen Persönlichkeitsrecht sind die Vorschriften der §§ 22 und 23 KunstUrhG für ihren Geltungsbereich die spezielleren Vorschriften, die den Rückgriff auf das allgemeine Persönlichkeitsrecht ausschließen.[20] Außerdem hat die Polizei das Subsidiaritätsprinzip des § 2 II PolG zu beachten, wenn sie zum Schutz privater Rechte tätig wird. Dies gilt auch dann, wenn es um den Schutz eines Persönlichkeitsrechts eines Amts- oder Funktionsträgers geht.[21]

Bei polizeilichen Film- und Fotografierverboten gegenüber Journalisten sind die Vorgaben der Rechtsprechung zu beachten.

Beispiel:
Ein Untersuchungsgefangener wird von 8 Beamten des SEK aus der JVA zu einer Augenarztpraxis gebracht. Während des Arztbesuchs bleiben 2 Beamte bei dem Gefangenen und die anderen Beamten beziehen vor dem Gebäude Stellung. Ein Journalist erfährt von dem Einsatz und will Bilder von dem Einsatz anfertigen. Der Einsatzleiter untersagt die Anfertigung von Bildaufnahmen im Hinblick auf die Aufrechterhaltung der Anonymität der eingesetzten Beamten. Die Wahrung der Anonymität sei erforderlich, um die Einsatzfähigkeit des SEK etwa bei verdeckten Maßnahmen und den Schutz der SEK-Kräfte vor Repressalien zu gewährleisten. Die Anfertigung und Veröffentlichung von Bildern sei mit diesen Interessen nicht vereinbar. Nach der Rechtsprechung kann das Anfertigen von Bildaufnahmen während eines Polizeieinsatzes zwar das Schutzgut der öffentlichen Sicherheit hinsichtlich der Sicherheit des durchgeführten Polizeieinsatzes, einer be-

---

19 VG Meiningen NVwZ-RR 2012, 551 (552 f.).
20 VG Meiningen NVwZ-RR 2012, 551 (552 f.).
21 VGH BW VBlBW 1995, 282 (283 f.).

fürchteten Bedrohung der Funktionsfähigkeit des SEK durch Enttarnung sowie des Rechts der eingesetzten Beamten am eignen Bild tangieren. Die einander gegenüberstehenden Rechtspositionen der Presse und der Gefahrenabwehr müssen jedoch angemessen ausgeglichen werden. Die Polizei muss insbesondere die Pressefreiheit des Art. 5 I 2 GG berücksichtigen. Ausgehend hiervon hat das Bundesverwaltungsgericht das in dem obigen Beispiel verhängte Verbot der Anfertigung von Bildaufnahmen als unverhältnismäßig angesehen. Verhältnismäßig sei es in einem solchen Fall nicht, die durch einen Journalisten beabsichtigten Fotoaufnahmen selbst zu verhindern, sondern nur, Vorkehrungen für die befürchtete anschließende Verletzung eines Rechtsgutes durch den Gebrauch des Bildes zu treffen. Dies kann insbesondere dadurch geschehen, dass die Polizei ihren Rechtsstandpunkt dem Journalisten oder dem ihn beschäftigten Presseunternehmen mitteilt und auf eine Verständigung über das Ob und Wie der Veröffentlichung drängt.[22]

II. Die präventiv-polizeilichen Generalklauseln für die Datenerhebung des § 20 II und III PolG

1. Regelung des § 20 II PolG

111 § 20 II PolG ist für die Polizei die **Generalklausel zur Informationsgewinnung** für die Gefahrenabwehr. Danach kann die Polizei Daten der in §§ 6 und 7 PolG genannten Personen und anderer Personen erheben, soweit dies zur Abwehr einer Gefahr oder zur Beseitigung einer Störung der öffentlichen Sicherheit oder Ordnung erforderlich ist und die Befugnisse der Polizei nicht anderweitig geregelt sind. Speziellere Befugnisse der Polizei zur Datenerhebung i. S. v. § 20 II PolG sind zunächst die Befragung nach § 20 I PolG (Rn. 158 ff.) und die Rechtsgrundlagen zur Datenerhebung nach § 20 III bis VI PolG. § 20 III PolG ist die Generalklausel für den Polizeivollzugsdienst zur vorbeugenden Bekämpfung von Straftaten (Rn. 38 f). § 20 IV PolG ermächtigt die Polizei zur Datenerhebung für die Vorbereitung auf die Gefahrenabwehr. Nach § 20 V und VI PolG kann die Polizei personenbezogene Daten erheben, wenn dies zum Schutz privater Rechte (§ 2 II PolG), zur Vollzugshilfe (§ 60 V PolG) oder zur Erfüllung anderer Aufgaben (z. B § 36 V StVO) erforderlich ist. Weitere im Verhältnis zu § 20 II und III PolG speziellere polizeiliche Informationsbefugnisse ergeben sich aus §§ 21 bis 25 PolG, § 26 PolG und § 36 PolG.

Beispiel:
Rechtsgrundlage für eine kurzfristige Observation zur Gefahrenabwehr ist § 20 II PolG, da hierfür im Polizeigesetz eine spezielle Regelung fehlt. Die längerfristige Observation zur Gefahrenabwehr ist dagegen in § 22 I Nr. 1 i. V. m. § 22 III PolG geregelt.

112 Die Erhebung von personenbezogenen Daten ist **erforderlich**, wenn ihre Kenntnis für die Polizei notwendig ist, um eine bestimmte polizeiliche Aufgabe recht-

---
22 BVerwG NJW 2012, 2676 ff.

mäßig, vollständig und rechtzeitig wahrzunehmen.[23] Betroffene der Datenerhebung nach § 20 II PolG sind die in §§ 6 und 7 PolG genannten Störer und sonstige Personen, also jedermann, vorausgesetzt, die Gefahrenabwehr erfordert die Erhebung von Daten einer bestimmten Person.

2. Regelung des § 20 III PolG

§ 20 III PolG ist die allgemeine Rechtsgrundlage des Polizeivollzugsdienstes zur vorbeugenden Bekämpfung von Straftaten. Die **vorbeugende Bekämpfung von Straftaten** umfasst die Verhütung von Straftaten und die Vorsorge für die Verfolgung künftiger Straftaten (Rn. 38). Ebenso wie bei § 20 II PolG muss auch bei § 20 III PolG die Datenerhebung erforderlich sein (Rn. 112). Adressaten der Maßnahme sind nach § 20 III Nr. 1 bis 5 PolG potentielle Straftäter, deren Kontakt und Begleitpersonen, potentielle Opfer von Straftaten, Personen im räumlichen Umfeld einer besonders gefährdeten Person, Zeugen, Hinweisgeber und andere Auskunftspersonen.

Beispiel:
Geht es bei einer kurzfristigen Observation um die Verhinderung einer Straftat, kann § 20 III PolG als Rechtsgrundlage herangezogen werden.

3. Grundsätze der Datenerhebung nach § 19 PolG

Bei einer Datenerhebung nach § 20 II und III PolG sind die folgenden **Grundsätze der Datenerhebung** des § 19 PolG zu beachten:
– Grundsatz der Unmittelbarkeit (§§ 19 I 1 PolG)
– Grundsatz der Offenheit (§§ 19 II 1 PolG)
– Grundsatz der Rechtsbelehrung (§ 19 III PolG).

Beispiel:
Bei einer verdeckten kurzfristigen Observation zur Gefahrenabwehr müssen die Voraussetzungen von § 20 II und § 19 II 2 PolG vorliegen.

Nach § 19 II 2 PolG ist eine verdeckte Datenerhebung nur zulässig, wenn sonst die Wahrnehmung der polizeilichen Aufgabe gefährdet oder nur mit unverhältnismäßig hohem Aufwand möglich oder wenn anzunehmen ist, dass dies den überwiegenden Interessen des Betroffenen entspricht. Von den drei Fallgruppen des § 19 II 2 PolG ist die **Gefährdung der polizeilichen Aufgabe** die praxisrelevanteste. Hierfür muss die hinreichende Wahrscheinlichkeit bestehen, dass sich bei einer offenen Datenerhebung die Gefahr verwirklicht oder die vorbeugende Bekämpfung einer Straftat vereitelt wird.[24]

III. Die Ermittlungsgeneralklausel des § 163 I StPO

1. Allgemeines

Nach § 163 I 1 StPO haben die Behörden und Beamten des Polizeidienstes Straftaten zu erforschen und alle keinen Aufschub gestattenden Anordnungen zu treffen, um die Verdunkelung der Sache zu verhüten. Zu diesem Zweck sind

---
23 VGH BW DÖV 1995, 424 (426).
24 BMKS § 19 Rn. 16.

sie befugt, alle Behörden um Auskunft zu ersuchen, bei Gefahr im Verzug auch die Auskunft zu verlangen, sowie Ermittlungen jeder Art vorzunehmen, soweit nicht andere gesetzliche Vorschriften ihre Befugnisse besonders regeln (§ 163 I 2 StPO). § 163 I 1 StPO befugt und verpflichtet die Polizei bei einem Anfangsverdacht zu einer eigen initiativ bedingten Einleitung eines Ermittlungsverfahrens. Hierzu muss sie nicht die Weisung der Staatsanwaltschaft abwarten (sog. **Recht des ersten Zugriffs**).[25] Im Gegensatz zu § 163 I StPO regelt § 161 I 2 StPO die durch die Staatsanwaltschaft veranlasste Tätigkeit der Polizei bei der Strafverfolgung. Die Staatsanwaltschaft trägt in beiden Fällen als Herrin des Ermittlungsverfahrens die Verantwortung für die Durchführung des Verfahrens in rechtlicher und tatsächlicher Hinsicht (sog. **Sachleitungsbefugnis**).[26] Deswegen hat die Staatsanwaltschaft auch das Recht auf Teilnahme an polizeilichen Ermittlungshandlungen.[27] Deshalb unterrichtet die Polizei im Einzelfall die Staatsanwaltschaft sofort. Dies gilt insbesondere dann, wenn erkennbar ist, dass Ermittlungsmaßnahmen notwendig werden, die einem Richtervorbehalt unterliegen, damit die Staatsanwaltschaft die erforderlichen Anträge stellen kann. Die Polizei darf die Sache nicht so lange bei sich behalten, bis Gefahr im Verzug eintritt.[28]

117 § 163 I 1 StPO überträgt das für die Staatsanwaltschaft nach §§ 160, 152 II StPO geltende Strafverfolgungspflicht und damit das Legalitätsprinzip auf die Polizei.[29] Die Art und Weise ist dabei jedoch nicht vorgeschrieben. Die Polizei kann daher im Rahmen der Gesetze das Ermittlungsverfahren frei gestalten (sog. **Grundsatz der freien Gestaltung des Ermittlungsverfahrens**).[30]

Beispiel:
Die Polizei kann den Zugriff auf vermummte Demonstrationsteilnehmer, die sich nach § 27 II VersG strafbar machen, auf das Ende der Versammlung verschieben, wenn mit dieser Zurückhaltung Eskalationen während der Versammlung vermieden werden können.

118 § 163 I 2 StPO enthält neben der gegenüber allen Behörden bestehenden polizeilichen Informationsbefugnis eine Ermächtigungsgrundlage für alle Ermittlungen, die nicht spezialgesetzlich geregelt sind (sog. **Ermittlungsgeneralklausel**). Spezialgesetzliche Ermächtigungsgrundlagen sind die Vorschriften der Strafprozessordnung zu den offen durchgeführten Zwangsmaßnahmen und den verdeckten Ermittlungen (Rn. 60 f.). Wenn die Voraussetzungen dieser Normen (z. B. §§ 102 ff. oder §§ 94 ff. StPO) nicht vorliegen, kann die Maßnahme nicht auf § 163 I 2 StPO gestützt werden.[31] § 163 I 2 StPO berechtigt im Übrigen nicht zur Ausübung körperlichen Zwangs.[32] Wegen des Grundsatzes der freien Gestaltung des Ermittlungsverfahrens ermächtigt § 163 I 2 StPO

---

25 Kramer Rn. 107.
26 BGH NJW 2003, 3142 (3143).
27 Joecks § 163 Rn. 4 f.; KK/*Griesbaum* § 163 Rn. 2.
28 LR/*Rieß* § 163 Rn. 10 und 26.
29 LR/*Rieß* § 163 Rn. 1; Pfeiffer § 163 Rn. 1; KK/*Griesbaum* § 163 Rn. 1.
30 Joecks § 163 Rn. 22; Meyer-Goßner/Schmitt § 163 Rn. 47; KK/*Griesbaum* § 163 Rn. 11.
31 LR/*Rieß* § 163 Rn. 42.
32 Joecks § 163 Rn. 16; KK/*Griesbaum* § 163 Rn. 12.

neben einem offenen polizeilichen Handeln grundsätzlich auch zu einem verdeckten Ermitteln.[33]

2. Voraussetzungen

Anordnungsbefugt für Ermittlungsmaßnahmen nach § 163 I StPO sind die Behörden und Beamten des Polizeidienstes. Gemeint sind damit nur der Polizeivollzugsdienst und nicht die Polizeibehörden. Die Eigenschaft der Ermittlungsperson der Staatsanwaltschaft ist nicht erforderlich. Innerhalb des Polizeivollzugsdienstes gilt § 163 I StPO sowohl für die Kriminal- als auch für die Schutzpolizei.[34] Wegen der Leitungsbefugnis der Staatsanwaltschaft im Ermittlungsverfahren müssen besonders eingriffsintensive Ermittlungsmaßnahmen, wie z. B. der Einsatz eines Nicht offen ermittelnden Polizeibeamten als Scheinaufkäufer in Betäubungsmittelfällen, mit der Staatsanwaltschaft abgesprochen werden.[35]

Eine auf § 163 I 2 StPO gestützte polizeiliche Maßnahme erfordert einen Anfangsverdacht (§ 152 II StPO).[36] Ein **Anfangsverdacht** liegt vor, wenn zureichende tatsächliche Anhaltspunkte für eine verfolgbare Straftat vorliegen. Aus konkreten Tatsachen muss sich ergeben, dass möglicherweise eine Straftat vorliegt. Kriminalistische Erfahrungen können berücksichtigt werden. Bloße Vermutungen reichen nicht aus. Bei der Frage, ob ein Anfangsverdacht vorliegt, hat die Polizei einen gewissen **Beurteilungsspielraum**.[37] Die Maßnahme kann sich gegen den Beschuldigten und gegen Dritte, wie z. B. mögliche Zeugen, richten. Ansonsten ist der **allgemeine Verhältnismäßigkeitsgrundsatz** zu beachten.

3. Anwendungsbereiche

Auf die Ermittlungsgeneralklausel des § 163 I StPO können folgende **offenen Ermittlungsmaßnahmen** gestützt werden:
– Sicherung von Tatspuren am Tatort
– Informatorische Befragungen zur Gewinnung eines groben Bildes
– manueller Datenabgleich
– Wahllichtbildvorlagen
– Wahlgegenüberstellungen mit Einwilligung des Beschuldigten
– Fahndungsmaßnahmen unterhalb der Schwellen von §§ 131 ff. StPO.

In der Praxis werden folgende **verdeckte Ermittlungsmaßnahmen** auf § 163 I StPO gestützt:
– Kurzfristige Observation (Rn. 660)
– Einsatz von Vertrauenspersonen (Rn. 790 f.)
– Vertraulichkeitszusagen gegenüber Informanten (Rn. 790)
– Einsatz von Nicht offen ermittelnden Polizeibeamten (Rn. 786)
– Einsatz von Lockspitzeln (Rn. 794).

---

33 LR/*Rieß* § 163 Rn. 40 ff. A. A. Hefendehl StV 2001, 700 (704).
34 LR/*Rieß* § 163 Rn. 11 ff.; Kramer Rn. 106.
35 Anl. D RiStBV.
36 Meyer-Goßner/Schmitt § 163 Rn. 9.
37 BGH NStZ 1988, 510; BVerfG NJW 1984, 1451.

123 Der **Grundsatz der Verhältnismäßigkeit** führt dazu, dass auf § 163 I StPO gestützte verdeckte polizeiliche Maßnahmen, die intensiv in Grundrechte eingreifen können, wie z. B. der Einsatz von Vertrauenspersonen und Nicht offen ermittelnden Polizeibeamten (NoeP), nur rechtmäßig sind, wenn sie der Aufklärung einer Straftat von erheblicher Bedeutung dienen und die Ermittlungen ansonsten aussichtslos oder wesentlich erschwert sind (sog. **Subsidiaritätsgrundsatz**).[38] Eine **Straftat von erheblicher Bedeutung** muss mindestens der mittleren Kriminalität zuzurechnen sein, den Rechtsfrieden empfindlich stören und geeignet sein, das Gefühl der Rechtssicherheit der Bevölkerung erheblich zu beeinträchtigen.[39] Die Ermittlungen sind **aussichtslos**, wenn andere Aufklärungsmittel nicht vorhanden sind. Eine **wesentliche Erschwerung** liegt vor, wenn die Benutzung anderer Aufklärungsmittel einen erheblich größeren Zeitaufwand erfordern und daher zu einer wesentlichen Verfahrensverzögerung führen würde. Größerer Arbeitsaufwand rechtfertigt die Maßnahme nur, wenn er so umfangreich wäre, dass die Strafverfolgungsinteressen eindeutig überwiegen.[40]

---

[38] Anl. D RistBV.
[39] BVerfG NJW 2004, 999 (1110).
[40] Meyer-Goßner/Schmitt § 100a Rn. 13.

C. Befragung/Vernehmung

I. Allgemeines

Die Begriffe **Befragung** und **Vernehmung** haben die gleiche Bedeutung. Hierunter ist ein offenes gezieltes polizeiliches Informationsverlangen zu verstehen.[1] Im Polizeirecht ist der Begriff der **Befragung** gebräuchlicher als der der Vernehmung (vgl. § 20 I PolG). Der Begriff der Vernehmung wird hier jedoch in § 35 PolG verwendet. Im Strafverfahrensrecht spricht man eher von einer **Vernehmung** als von einer Befragung. Allerdings tauchen hier die Begriffe der **vernehmungsähnlichen Befragung** (Rn. 129) und der **informatorischen Befragung** auf (Rn. 131 f.).

124

Befragungen/Vernehmungen können in das **Recht auf informationelle Selbstbestimmung** (Art. 2 I i. V. m. Art. 1 I GG) eingreifen. Das **Recht auf informationelle Selbstbestimmung** gewährleistet die aus dem Gedanken der Selbstbestimmung folgende Befugnis des Einzelnen, grundsätzlich selbst zu entscheiden, wann und innerhalb welcher Grenzen persönliche Lebenssachverhalte offenbart werden. Es gewährt seinen Trägern Schutz gegen unbegrenzte Erhebung, Speicherung, Verwendung oder Weitergabe der auf sie bezogenen, individualisierten oder individualisierbaren Daten. Das Recht auf informationelle Selbstbestimmung ist jedoch nicht vorbehaltlos gewährleistet. Es kann zum Schutz überwiegender Allgemeininteressen beschränkt werden. Dazu bedarf es eines Gesetzes, das Voraussetzungen und Umfang der Beschränkung hinreichend klar umschreibt und dem Grundsatz der Verhältnismäßigkeit genügt.[2]

125

Außerdem kann die Polizei durch Befragungen/Vernehmungen den **Grundsatz der Selbstbelastungsfreiheit** verletzen. Der **Grundsatz der Selbstbelastungsfreiheit** besagt, dass niemand gezwungen werden darf, sich selbst zu belasten (nemo tenetur se ipsum accusare; deswegen auch **nemo-tenetur-Grundsatz** genannt). Die Menschwürde gebietet es, dass der Einzelne selbst frei darüber entscheiden darf, ob er sich einer strafbaren Handlung bezichtigt. Der in Art. 2 I i. V. m. Art. 1 I GG verfassungsrechtlich verbürgte Grundsatz der Selbstbelastungsfreiheit gehört zu den anerkannten Prinzipien des Strafverfahrens.[3] Er hat in der Strafprozessordnung in §§ 55, 136, 136a, 163a III bis VI und § 243 V 1 StPO Niederschlag gefunden und hat in Art. 14 III g IPBPR i. V. m. mit dem Zustimmungsgesetz zu diesem Pakt eine ausdrückliche gesetzliche Verankerung erhalten.[4] Wenn der Befragte während der Befragung/Vernehmung angehalten oder festgehalten wird, ist dies außerdem eine **Freiheitsbeschränkung i. S. v. Art. 2 II 2 GG**.

126

---

1 Gusy Rn. 220.
2 BVerfG NJW 1984, 419 ff.
3 BVerfGE 56, 37 (41 ff.).
4 BGH NJW 1996, 2940 (2942).

127 Rechtsgrundlage für eine **polizeiliche Befragung** zur Gefahrenabwehr ist § 20 I PolG. Diese Norm wird ergänzt von § 35 PolG, der die **verbotenen Vernehmungsmethoden** regelt. In einem Strafverfahren kann die **Vernehmung** des Beschuldigten sowie von Zeugen und Sachverständigen durch die Polizei erforderlich sein. Die **Vernehmung des Beschuldigten** durch Beamte des Polizeidienstes ist in § 163a IV i. V. m. § 136 StPO geregelt. Die polizeiliche **Vernehmung von Zeugen** richtet sich nach § 163 III 1 bis 3 StPO. § 163 III 4 StPO enthält Vorgaben für die polizeiliche **Vernehmung eines Sachverständigen**.

II. Strafverfahrensrechtliche Vernehmungen

1. Begriff der Vernehmung

128 Eine strafverfahrensrechtliche Vernehmung ist eine gezielte Befragung durch eine zu den Strafverfolgungsorganen zählende Person zum Zweck der Strafverfolgung in nach außen erkennbarer amtlicher Eigenschaft.[5]

Beispiel:
Ein uniformierter Beamter der Schutzpolizei befragt B zu dem gegen diesen erhobenen Vorwurf eines Ladendiebstahls.

129 **Keine Vernehmungen** sind Gespräche eines verdeckt ermittelnden Polizeibeamten (VE oder NoeP) mit Beschuldigten oder Zeugen, weil für diese die amtliche Eigenschaft des Beamten nicht erkennbar ist.[6] Gleiches gilt für Gespräche zwischen einer Vertrauensperson mit Beschuldigten oder Zeugen, weil hier die amtliche Eigenschaft fehlt.[7] Bei Gesprächen dieser Art liegen jedoch sog. **vernehmungsähnliche Befragungen** vor, weil diese Auskunftsverlangen polizeilich initiiert sind und der Aufklärung von Straftaten dienen. Bei vernehmungsähnlichen Befragungen gelten die Vorschriften für Vernehmungen zwar nicht. Zur Vermeidung von Beweisverwertungsverboten darf der **Grundsatz der Selbstbelastungsfreiheit** (Rn. 126) nicht verletzt werden.[8]

Beispiel:
Ein VE darf einen Beschuldigten, der sich auf sein Schweigerecht berufen hat, nicht unter Ausnutzung eines Vertrauensverhältnisses beharrlich zu einer Aussage drängen und ihm in einer vernehmungsähnlichen Befragung Äußerungen zum Tatgeschehen entlocken.

130 **Keine Vernehmungen** sind auch die sog. **Spontanäußerungen**. Hierunter versteht man Äußerungen, die ungefragt an die Polizei herangetragen werden.[9]

Beispiele:
Beim Eintreffen einer Streife macht der sich noch am Tatort befindende Täter Angaben zum Geschehen, ohne dass er zuvor von den Polizeibeamten

---

5 BGH NJW 1996, 2940.
6 BGH NJW 2007, 3138.
7 BGH NStZ 2011, 596 (597).
8 BGH StV 2009, 225 f.; BGH NJW 2007, 3138 (3139 ff.).
9 Joecks § 136 Rn. 3; BGH NStZ 2010, 464; BGHSt 34, 365 (369); OLG Saarbrücken NStZ 2008, 585.

gefragt werden konnte. Eine Person wendet sich an eine Polizeidienststelle und macht Mitteilungen. Ein vorläufig festgenommener Beschuldigter redet von sich aus auf der Fahrt zur Polizeidienststelle mit den Polizeibeamten. Nach Abschluss einer Vernehmung redet der Beschuldigte, der zuvor von seinem Schweigerecht Gebrauch gemacht hatte, von sich aus plötzlich über den gegen ihn erhobenen Vorwurf.

Bei Spontanäußerungen besteht keine Pflicht der Polizei, die Äußerungen zu unterbrechen und eine Vernehmung einzuleiten. Außerdem sollen einzelne Verständnisfragen eines Beamten, die den Redefluss unterbrechen, den Charakter einer Spontanäußerung noch nicht entfallen lassen.[10] Für die Praxis ist jedoch zu empfehlen, bei Spontanäußerungen mit Fragen an Verdächtige sehr zurückhaltend zu sein, um Beweisverwertungsverbote wegen eines Verstoßes gegen die Rechte des Beschuldigten zu vermeiden.

Die Vernehmung ist weiterhin abzugrenzen von der sog. **informatorischen Befragung**. Hierunter ist ein polizeiliches Fragen mit dem Ziel der Orientierung und einer ersten Einordnung eines Sachverhalts, insbesondere zur Ermittlung darüber, welche verfahrensrechtliche Stellung einzelne Personen (Beschuldigter oder Zeuge) haben, zu verstehen.[11]

Beispiel:
Die Polizei wird zu einer Schlägerei gerufen. Beim Eintreffen der Beamten liegt ein Verletzter auf der Straße und Passanten kümmern sich um ihn. Die Beamten fragen, was passiert ist, und wer von den Anwesenden was gesehen hat.

Nach der Rechtsprechung ist eine informatorische Befragung grundsätzlich nach § 163 I StPO zulässig.[12] Die **Abgrenzung** zwischen einer **informatorischen Befragung** und einer Belehrungspflichten auslösenden **Vernehmung** kann im Einzelfall schwierig sein. Dies gilt insbesondere dann, wenn mehrere Verdächtige vorhanden sind und nur einer der Täter sein kann.[13]

Beispiel:
Beim Eintreffen der Polizei nach einem Verkehrsunfall mit einem Kfz stellen die Beamten bei zwei anwesenden Personen starken Alkoholgeruch und alkoholbedingte Ausfallerscheinungen fest. In dieser Situation kommt die an beide Personen gerichtete Frage nach dem Fahrer des Wagens sehr in die Nähe einer Vernehmung. Ziel des polizeilichen Handelns ist es, zu ermitteln, wer von beiden Verdächtigen der Täter einer Straftat nach §§ 315b ff. StGB ist. Um die polizeilichen Aufgaben zu erfüllen, müssen die eingesetzten Beamten jedoch die Möglichkeit zu einer ersten Orientierung und zur Konkretisierung des Verdachts haben. Deswegen kann die Frage der Polizeibeamten nach dem Geschehen in diesem Fall noch nicht als Vernehmung angesehen werden.

Bisher ist das Problem der Abgrenzung zwischen einer informatorischen Befragung und einer Vernehmung in der Rechtsprechung und dem Schrifttum noch

---

10 Kramer Rn. 28a.
11 BGH NJW 1992, 1463 (1466).
12 BGH NStZ 1983, 86.
13 Hierzu auch Kramer Rn. 28b f.

nicht abschließend geklärt. Der Bundesgerichtshof hat jedenfalls entschieden, dass ein Polizeibeamter, der am Tatort oder in seiner Umgebung Personen fragt, ob sie ein bestimmtes Geschehen beobachtet haben, keinen Beschuldigten vernehme, auch wenn er dabei hoffe, neben geeigneten Zeugen auch den Täter zu finden. Der Polizeibeamte brauche deswegen auch nicht nach § 163a IV i. V. m. § 136 I 2 StPO zu belehren. Bedeutsam sei die Stärke des Tatverdachts, den der Polizeibeamte gegenüber dem Befragten hege. Hierbei habe der Beamte einen Beurteilungsspielraum, den er nicht mit dem Ziel missbrauchen dürfe, den Zeitpunkt der Belehrung möglichst weit hinauszuschieben.[14] Insgesamt darf eine informatorische Befragung daher wegen ihrer Nähe zur Vernehmung nicht ausgenutzt werden, um Belehrungspflichten zu umgehen. Ein solches Vorgehen kann ein Beweisverwertungsverbot zur Folge haben.

2. Polizeiliche Vernehmung des Beschuldigten

133 Der Beschuldigte (Rn. 42 ff.) ist spätestens vor Abschluss der Ermittlungen zu vernehmen, wenn das Verfahren gegen ihn nicht eingestellt wird. In einfachen Sachen genügt es, dass ihm Gelegenheit gegeben wird, sich schriftlich zu äußern (§ 163a I StPO).[15] Die Vernehmung (Rn. 128 ff.) kann von der Staatsanwaltschaft oder von der Polizei durchgeführt werden. Eine polizeiliche Vernehmung des Beschuldigten ist aufgrund eines Ersuchens der Staatsanwaltschaft (§ 161 I 1 StPO) oder im Rahmen des ersten Zugriffs (§ 163 I StPO) möglich. Der Beschuldigte muss bei seiner Vernehmung **verhandlungsfähig** sein, d. h. er muss dazu in der Lage sein, seine Interessen vernünftig wahrzunehmen. Beurteilungsmaßstab ist dabei das Ermittlungsverfahren mit seinen spezifischen Anforderungen an die physische und psychische Leistungsfähigkeit des Beschuldigten.[16] Die **Vernehmungsfähigkeit** kann durch schwere körperliche und psychische Mängel entfallen. Stark angetrunkene oder anderweitig berauschte Personen sind deshalb erst nach dem Abklingen des Rauschs zu vernehmen.[17]

134 a) **Rechte des Beschuldigten.** Der Beschuldigte hat bei einer polizeilichen Vernehmung – im Gegensatz zu der staatsanwaltlichen Vernehmung – **keine Pflicht zum Erscheinen** (§ 163a III 1 StPO). Bei der ersten Vernehmung des Beschuldigten durch Beamte des Polizeidienstes steht dem Beschuldigten ein **Informationsrecht** bezüglich des gegen ihn erhobenen Tatvorwurfs zu (§ 163a IV 1 StPO). Anders als bei einer richterlichen und staatsanwaltlichen Vernehmung müssen dabei die in Betracht kommenden Strafvorschriften nicht genannt werden, weil dem vernehmenden Beamten die Angabe im Einzelfall schwierig sein kann.[18] Weiterhin hat der Beschuldigte nach § 137 I 1 StPO das **Recht auf Beiziehung eines Verteidigers**. Bei der polizeilichen Vernehmung soll dem Beschuldigten nach § 163a IV 2 i. V. m. § 136 II StPO Gelegenheit gegeben werden, die gegen ihn vorliegenden Verdachtsgründe zu beseitigen und die zu seinen Gunsten sprechenden Tatsachen geltend zu machen (**Recht zur Beantragung entlastender Be-**

---

14 BGH NJW 1992, 1463 (1466).
15 Zur polizeilichen Vernehmung von Beschuldigten s. Adler/Hermanutz Kriminalistik 2009, 535 ff.
16 BVerfG NJW 2005, 2382 (2383).
17 Lisken/Denninger/*Frister* F Rn. 35.
18 Meyer-Goßner/Schmitt § 163a Rn. 4.

weise). Bei der ersten Vernehmung des Beschuldigten ist zugleich auf die **Ermittlung seiner persönlichen Verhältnisse** Bedacht zu nehmen (§ 163a IV 2 i. V. m. § 136 III StPO). Wegen des **Grundsatzes der Selbstbelastungsfreiheit** (Rn. 126) besteht für den Beschuldigten **keine Aussagepflicht**, sondern ein **Schweigerecht**. Vor dem Beginn der Vernehmung ist der Beschuldigte als Verdächtiger nach § 163b I StPO lediglich dazu verpflichtet, an der Feststellung seiner Identität mitzuwirken. Eine Verletzung dieser Pflicht ist ein Verstoß gegen § 111 OWiG. Entschließt sich der Beschuldigte zur Aussage, hat er **keine Wahrheitspflicht**. Er darf lügen. Die Grenzen ergeben sich dabei aus dem materiellen Strafrecht (z. B. § 164 StGB).

b) Belehrungspflicht der Polizei. Die Polizei hat bei einer Beschuldigtenvernehmung eine **Belehrungspflicht**. Sie muss den Beschuldigten bei seiner Vernehmung über sein **Schweigenrecht**, sein **Recht auf Konsultation eines Verteidigers** und sein **Beweisantragsrecht** belehren. Darüber hinaus soll der Beschuldigte in geeigneten Fällen darauf hingewiesen werden, dass er sich schriftlich äußern kann, und auf die **Möglichkeit eines Täter-Opfer-Ausgleichs** hingewiesen werden (§ 163a IV 1 und § 163a IV i. V. m. § 136 I 2 bis 4 StPO). Nach dem Bundesgerichtshof hat der vernehmende Polizeibeamte die Pflicht, einen Hinweis gemäß § 163a IV i. V. m. § 136 I 2 StPO unabhängig davon zu geben, ob der Beschuldigte seine Rechte kennt oder nicht. Das Gericht hat dies damit begründet, dass im Gesetz keine Ausnahmen von der Belehrungspflicht vorgesehen seien. Das sei auch sinnvoll, weil auch derjenige, der mit der Rechtslage vertraut sei, unter Umständen wegen der besonderen Situation der Vernehmung im Ermittlungsverfahren des Hinweises nach § 136 I 2 StPO bedürfe, um klare Gedanken zu fassen.[19]

Verstöße gegen die Belehrungspflichten nach § 163a IV 1 und § 163a IV 2 i. V. m. § 136 I 2 bis 3 StPO begründen ein Beweisverwertungsverbot, wenn der Verteidiger oder der nicht verteidigte Angeklagte nach entsprechendem Hinweis durch das Gericht in der Hauptverhandlung der Verwertung der polizeilichen Vernehmung bis zu dem in § 257 StPO genannten Zeitpunkt widerspricht.[20] Die Belehrung ist daher zu dokumentieren, um im Nachhinein Zweifel über ihre Ausführung zu vermeiden.[21] Von der polizeilichen Vernehmung des Beschuldigten ist ein **Protokoll** anzufertigen. § 168b StPO gilt nach dem Bundesgerichtshof entsprechend.[22] Die Art der Protokollierung richtet sich nach § 168a StPO.[23] Heimliche Tonaufnahmen der Vernehmung sind grundsätzlich unzulässig. Die Vernehmung ist nichtöffentlich (§ 201 StGB) und darf ohne Einwilligung des Betroffenen nicht aufgenommen werden.[24] Über die Aushändigung einer Abschrift des Protokolls an den Beschuldigten muss die Staatsanwaltschaft entscheiden.[25]

---

[19] BGH NJW 1992, 1463 (1465).
[20] BGH NJW 1992, 1463 (1466).
[21] Nr. 45 RiStBV.
[22] BGH NStZ 1997, 11.
[23] Meyer-Goßner/Schmitt § 163a Rn. 25.
[24] Meyer-Goßner/Schmitt § 163a Rn. 18.
[25] Meyer-Goßner/Schmitt § 163b Rn. 26.

137 c) **Verwertung der Einlassungen des Beschuldigten. Einlassungen des Beschuldigten** in einem Strafverfahren sind keine Beweismittel. Sie unterliegen jedoch der freien richterlichen Beweiswürdigung (§ 261 StPO). Das Schweigen des Beschuldigten darf nicht zu seinem Nachteil verwendet werden.[26] Lässt sich der Beschuldigte dagegen teilweise zur Sache ein und schweigt er nur zu einigen Fragen, kann dieses sog. **partielle Schweigen** gegen ihn verwertet werden.[27] Hat der Beschuldigte bei seiner polizeilichen Vernehmung im Ermittlungsverfahren Angaben gemacht und schweigt er in der Hauptverhandlung, kann der vernehmende Polizeibeamte als **Zeuge vom Hörensagen** vernommen werden. Eine Verlesung des Protokolls der polizeilichen Vernehmung ist unzulässig. Aus § 254 StPO wird gefolgert, dass Protokolle einer polizeilichen und staatsanwaltlichen Beschuldigtenvernehmung in der Hauptverhandlung nicht verlesen werden dürfen (sog. **Vorrang des Zeugenbeweises vor dem Urkundenbeweis**).[28] Das Vorhalten aus polizeilichen Vernehmungsprotokollen soll § 254 StPO jedoch nicht entgegenstehen.[29]

3. Polizeiliche Vernehmung von Zeugen

138 Der Ablauf der Vernehmung eines Zeugen durch die Polizei ist in § 163 III i. V. m. § 58, § 68 I und § 69 StPO geregelt. **Zeuge** ist, wer seine Wahrnehmung über beweiserhebliche Tatsachen bekunden kann, ohne Sachverständiger oder Beschuldigter zu sein.[30] Entscheidend für die **Zeugnisfähigkeit** ist die natürliche Fähigkeit zum Bericht. Ein Zeuge muss nicht geschäftsfähig sein. Auch Kinder und geisteskranke Menschen können daher zeugnisfähig sein.[31] Ein Zeuge mit einem besonderen Sachverstand ist ein sog. **sachverständiger Zeuge** (§ 85 StPO).

Beispiel:
Ein Arzt, der das Opfer einer Straftat behandelt hat.

Ein sachverständiger Zeuge ist Zeuge, sofern er nicht zum Sachverständigen bestellt wird.[32] Ein **Augenscheinsgehilfe** (§ 81d StPO) ist ebenfalls Zeuge.[33] Zeuge ist auch diejenige Person, die etwas nicht selbst erlebt, sondern nur berichtet bekommen hat (sog. **Zeuge vom Hörensagen**). Nach der Rechtsprechung erfordert der Bericht eines Zeugen vom Hörensagen jedoch eine besonders kritische Berücksichtigung des Beweiswertes.[34]

Beispiel:
Der VE-Führer berichtet dem Gericht als Zeuge über die ihm von dem VE mitgeteilten Erkenntnisse.

139 a) **Rechte und Pflichten des Zeugen.** Für Zeugen besteht vor der Polizei **keine Erscheinens-** und **Aussagepflicht** (§ 161a I StPO). Eine Erscheinens- und Aussa-

---

[26] BGH NJW 2000, 1426. Ausführlich hierzu Roxin/Schünemann § 25 Rn. 31 f.
[27] BGH NJW 2002, 2260 m. w. N.
[28] BGHSt 14, 310 (311).
[29] BGHSt 14, 310 (314).
[30] Kramer Rn. 121 m. w. N.
[31] Roxin/Schünemann § 26 Rn. 2.
[32] Kramer Rn. 121.
[33] Kramer Rn. 121.
[34] BVerfG NJW 1996, 448.

gepflicht ist für Zeugen nur bei einer staatsanwaltlichen und richterlichen Zeugenvernehmung gegeben. Gegenüber der Polizei haben Zeugen nach § 163b II StPO nur die **Pflicht zur Angabe der Personalien**, die in § 111 OWiG genannt sind. Macht der Zeuge vor der Polizei eine Aussage, unterliegt er der **Wahrheitspflicht** (§§ 164, 257, 258 StGB). Hierüber ist er gemäß § 163 III 1 i. V. m. § 57 1 StPO zu belehren. Eine **Eidespflicht** besteht für Zeugen nur gegenüber dem Gericht (§ 59 StPO).

140 Zu den wichtigen Rechten eines Zeugen gehören die **Zeugnisverweigerungsrechte** nach §§ 52, 53, 53a, 54 und 56 StPO sowie das **Aussageverweigerungsrecht** gemäß § 55 StPO.[35] Bei der Vernehmung von Zeugen durch die Polizei ist nach § 163 III 1 StPO die Pflicht zur Belehrung über ein Zeugnisverweigerungsrecht (§ 52 III StPO) und die Pflicht zur Belehrung über ein Aussageverweigerungsrecht (§ 55 II StPO) zu beachten. Außerdem gilt die Regelung des § 136a StPO zu den verbotenen Vernehmungsmethoden (Rn. 144 ff.) über §§ 163 III 1 i. V. m. 69 III StPO entsprechend. Verstöße gegen § 52 III StPO führen grundsätzlich zu einem Beweisverwertungsverbot.[36] Aus Verstößen gegen § 55 II StPO folgt nach dem Bundesgerichtshof grundsätzlich nur ein Beweisverwertungsverbot zu Gunsten des Zeugen nicht dagegen zu Gunsten des Beschuldigten, weil § 55 StPO nur den Zeugen und nicht den Beschuldigten vor Nachteilen schützt (sog. **Rechtskreistheorie**).[37]

141 Der Zeuge hat bei einer polizeilichen Vernehmung ein **Recht auf Schutz**. § 163 III StPO erklärt die Vorschriften § 68a StPO (Fragen nach entehrenden Tatsachen und Vorstrafen), § 68b StPO (Zeugenbeistand), § 69 II bis V StPO (Beschränkung der Angaben zur Person) und § 55a StPO (Videovernehmung im Ermittlungsverfahren) bei der polizeilichen Zeugenvernehmung für entsprechend anwendbar.

142 b) **Verwertung der polizeilichen Zeugenvernehmung.** Wegen des **Vorrangs des Zeugenbeweises vor dem Urkundenbeweis** (§ 250 StPO) wird das Ergebnis einer polizeilichen Zeugenvernehmung grundsätzlich durch eine Zeugenvernehmung des Vernehmungsbeamten in die Hauptverhandlung eingeführt (Ausnahmen hiervon: § 251 I StPO). Der Vernehmungsbeamte ist **Zeuge vom Hörensagen**. Eine Vernehmung des Polizeibeamten kommt nach § 252 StPO auch nicht in Betracht, wenn ein zeugnisverweigerungsberechtigter Zeuge bei der Polizei in Kenntnis seines Zeugnisverweigerungsrechts Angaben gemacht hat und sich dann in der Hauptverhandlung auf sein Zeugnisverweigerungsrecht beruft.[38] Dagegen kann ein Richter, der den vor der Hauptverhandlung noch aussagebereiten Zeugen vernommen hat, in der Hauptverhandlung als Zeuge gehört werden.[39] Daraus folgt für die Polizei bei der Vernehmung von nach § 52 StPO Zeugnisverweigerungsberechtigen die ermittlungstaktische Notwen-

---

35 Ausführlich hierzu z. B. Roxin/Schünemann § 26 Rn. 13 ff.
36 BGHSt 45, 203 (205).
37 BGHSt 11, 213.
38 BGH NJW 2003, 2619; NJW 2000, 596.
39 BGHSt 36, 384 f.

digkeit zu überlegen, ob eine richterliche Vernehmung des Zeugen herbeizuführen ist.

4. Polizeiliche Vernehmung von Sachverständigen

143 Der **Sachverständige** (§§ 72 ff. StPO) hilft kraft seiner Sachkunde dem Gericht bei der Beurteilung einer Beweisfrage.[40] Die Bestellung zum Sachverständigen erfolgt durch das Gericht (§ 73 I 1 StPO). Die Polizei kann im Ermittlungsverfahren zwar grundsätzlich auch einen Sachverständigen hinzuziehen. Dies sollte jedoch wegen der Leitungsfunktion der Staatsanwaltschaft nicht ohne deren Zustimmung erfolgen.[41] Das Gericht ist an die Auswahl eines Sachverständigen im Vorverfahren nicht gebunden. Die Polizei kann die Pflicht des Sachverständigen zur Begutachtung auch nicht mit Ordnungs- und Zwangsmitteln durchsetzen. Diese Kompetenz steht nur der Staatsanwaltschaft zu (§ 161a II StPO). Bei einer polizeilichen Vernehmung des Sachverständigen gelten nach § 163 III 4 StPO die Belehrungspflichten des § 52 III und § 55 II StPO entsprechend.

5. Verbotene Vernehmungsmethoden nach § 136a StPO

144 In einem Strafverfahren darf die Wahrheit nicht um jeden Preis unter Verstoß von Art. 1 I GG ermittelt werden. § 136a StPO regelt daher die **verbotenen Vernehmungsmethoden**. In § 136a I 1 StPO sind die bei Vernehmungen verbotenen **physisch** und **psychisch wirkenden Mittel** aufgeführt. **Zwang** darf nach § 136a I 2 StPO nur angewandt werden, soweit das Strafverfahrensrecht dies zulässt. Die **Drohung mit einer unzulässigen Maßnahme** und das **Versprechen eines gesetzlich nicht vorgesehenen Vorteils** sind nach § 136a I 3 StPO verboten. Bei Vernehmungen sind gemäß § 136a II StPO **Maßnahmen, die das Erinnerungsvermögen oder die Einsichtsfähigkeit des Beschuldigten beeinträchtigen**, nicht gestattet. § 136a II StPO wird neben den verbotenen Vernehmungsmethoden des § 136a I 1 StPO jedoch nur eine geringe praktische Bedeutung zugesprochen.[42] § 136a III StPO enthält ein gesetzlich ausdrücklich geregeltes **Beweisverwertungsverbot**. § 136a StPO stellt die prozessrechtliche Ausformung des Leitgedankens der Rechtsstaatlichkeit dar, unter dem nach Art. 20 III GG das gesamte Strafverfahren steht.[43]

145 a) **Anwendungsbereiche von § 136a StPO.** § 136a StPO gilt nach seiner systematischen Stellung in der Strafprozessordnung für die richterliche Vernehmung des Beschuldigten. Über Verweisungsnormen findet die Vorschrift auch Anwendung bei der Vernehmung von Zeugen (§ 69 III StPO) und Sachverständigen (§ 72 StPO) sowie bei staatsanwaltlichen und polizeilichen Vernehmungen (§§ 161a I 2, 163a III 2, IV 2 StPO). Materiell-rechtlich wird § 136a StPO durch §§ 240 (Nötigung), 340 (Körperverletzung im Amt) und 343 (Aussageerpressung) StGB abgesichert.[44] Die staatlichen Vernehmungsorgane dürfen die verbotenen Vernehmungsmethoden weder selbst anwenden noch durch Private anwenden lassen.[45]

---

40 Roxin/Schünemann § 27 Rn. 1.
41 Hierzu auch Nr. 70 RiStBV; Kramer Rn. 148.
42 Meyer-Goßner/Schmitt § 136a Rn. 25; Kramer Rn. 51.
43 BGH NJW 1998, 3506 (3507).
44 Kramer Rn. 52a.
45 BGH NJW 1998, 3506 (3507).

Beispiele:
Der Bundesgerichtshof hat eine unzulässige Beeinträchtigung der Freiheit der Willensentschließung und damit einen Verstoß gegen § 136a StPO in entsprechender Anwendung mit der Folge eines Beweisverwertungsverbots für die Erkenntnisse angenommen, die ein von der Polizei engagierter Mitgefangener (sog. **Polizeispitzel**) einem Beschuldigten während der Untersuchungshaft entlockt hatte.[46] Gleiches hat der Bundesgerichtshof in einem Fall entschieden, in dem die Polizei veranlasst hatte, dass eine sich in Untersuchungshaft befindende Beschuldigte von einer sich als **Wahrsagerin** ausgebenden Mitgefangenen ausgeforscht worden ist. Die Wahrsagerin hatte der Beschuldigten unter Ausnutzung abergläubischer Vorstellung vorgespiegelt, bei Ablegen eines Geständnisses einen günstigen Einfluss auf das Strafverfahren nehmen zu können, und ihr darüber hinaus mit der Rache höherer Mächte gedroht, falls sie sich nicht rückhaltlos offenbare.[47] Der Bundesgerichtshof hat die Anwendung von § 136a StPO dagegen im Fall der sog. **Hörfalle** verneint. Hier hatte eine Privatperson auf Veranlassung der Ermittler mit dem Tatverdächtigen telefoniert, um Angaben zur Tat zu erhalten. Der Inhalt des Gesprächs kann im Wege des Zeugenbeweises verwertet werden, wenn es um die Aufklärung einer Straftat von erheblicher Bedeutung geht und die Erforschung des Sachverhalts unter Einsatz anderer Ermittlungsmethoden erheblich weniger erfolgversprechend oder wesentlich erschwert gewesen wäre.[48]

b) Die verbotenen Mittel. § 136a I StPO verbietet physisch und psychisch wirkende Mittel. Zu den **physisch wirkenden Mitteln** gehören die Misshandlung, die Ermüdung, körperliche Eingriffe, die Verabreichung von Mitteln und rechtswidriger körperlicher Zwang. **Psychisch wirkenden Mittel** sind Quälerei, Täuschung, Hypnose, Drohung mit einer unzulässigen Maßnahme und das Versprechen gesetzlich nicht vorgesehener Vorteile. Nicht unter § 136a StPO fällt der Einsatz eines Lügendetektors (Polygraph). Hierbei handelt es sich nach dem Bundesgerichtshof jedoch um ein völlig ungeeignetes Beweismittel.[49]

Eine **Misshandlung** ist jede erhebliche Beeinträchtigung der körperlichen Unversehrtheit und des körperlichen Wohlbefindens.[50] Die Grenze zu körperlichen Eingriffen ist fließend. **Körperliche Eingriffe** sind Maßnahmen, die sich unmittelbar auf den Körper des Beschuldigten auswirken.[51]

Beispiele:
Schläge, Vorenthaltung dringend benötigter Medikamente, Vorenthaltung von Nahrung und Getränken.

---

46 BGH NJW 1987, 2525.
47 BGH NJW 1998, 3506 ff.
48 BGH NJW 1996, 2940 (2943).
49 BGH NJW 1999, 657 (658 ff.). Näher hierzu Roxin/Schünemann § 18 Rn. 18; Lisken/Denninger/
   Frister E Rn. 101 ff.
50 SK/*Rogall* § 136a Rn. 43; LR/*Gleß* § 136a Rn. 22; Meyer-Goßner/Schmitt § 136a Rn. 7.
51 Meyer-Goßner/Schmitt § 136a Rn. 9.

148 Im Gegensatz zur körperlichen Misshandlung wirkt sich eine **Quälerei** nicht auf das körperliche, sondern auf das seelische Wohlbefinden aus.[52]

Beispiele:
Beschimpfungen, Erzeugung von Angst und Hoffnungslosigkeit oder Isolationshaft. Der Bundesgerichtshof hat es auch als Quälerei angesehen, wenn einem unter Mordverdacht stehenden Beschuldigten angedroht wird, dass er zur Leiche des Opfers geführt werde, wenn er nicht weitere Einzelheiten der Tatbegehung angebe.[53]

149 Eine **Ermüdung** liegt bei einer Beeinträchtigung der Willensfreiheit durch Vernehmungen bis zur Erschöpfung der Willenskraft oder bei Ausnutzung eines solchen Zustandes vor. Dem Vernehmenden ist der Beginn oder die Fortsetzung einer Vernehmung nicht nur dann untersagt, wenn es den Zustand der Ermüdung absichtlich herbeigeführt hat, sondern auch dann, wenn durch die bestehende Ermüdung eine Beeinträchtigung der Willensfreiheit zu besorgen war.[54]

Beispiel:
Dauerverhör oder Vernehmung nach 30 Stunden ohne Schlaf.

Eine Ermüdung hindert eine Vernehmung nur in Extremfällen. Deswegen sind auch Vernehmungen zur Nachtzeit nicht unzulässig. Gerade die Aufklärung von Kapitaldelikten erfordert sofortige polizeiliche Ermittlungen. Dazu sind ohne Rücksicht auf die Tages- oder Nachtzeit auch wiederholte Vernehmungen von Beschuldigten nötig.[55]

150 **Verabreichung von Mitteln** ist jede Einführung von festen, flüssigen oder gasförmigen Stoffen in den Körper.[56] Hierzu gehört nicht das Angebot von Mitteln zur Stärkung und Erfrischung (Kaffee, Tee und Zigaretten) bei gesunden Menschen.[57] Ob die Mittel von dem Vernehmenden verabreicht worden sind oder der Beschuldigte diese selbst eingenommen hat, ist für die Anwendung von § 136a StPO unerheblich.[58]

Beispiele:
Verabreichung von Rauschgift oder Alkohol.

151 Eine **Täuschung** ist das bewusste Aufstellen unrichtiger Behauptungen durch den Vernehmungsbeamten.[59] Der Begriff der Täuschung wird eng ausgelegt. Wegen der engen Auslegung des Begriffs der Täuschung hat der Bundesgerichtshof keinen Verstoß gegen § 136a I StPO darin gesehen, wenn eine Privatperson unter Verheimlichung ihres Ermittlungsinteresses einen Tatverdächtigen dazu veranlasst, mit ihr ein Gespräch über die Tat zu führen.[60] Keine Täu-

---

52 KK/*Diemer* § 136a Rn. 18; LR/*Gleß* § 136a Rn. 22.
53 BGHSt 15, 187.
54 BGH NJW 1992, 2903 (2904).
55 BGH NJW 1992, 2903 (2904).
56 Meyer-Goßner/Schmitt § 136a Rn. 10.
57 LR/*Gleß* § 136a Rn. 29.
58 BGHSt 35, 328.
59 Meyer-Goßner/Schmitt § 136a Rn. 12.
60 BGH NStZ 2011, 596 ff.

schung ist die kriminalistische List, die in der bloßen Ausnutzung vorhandener Irrtümern besteht. § 136a StPO verbietet der Polizei nicht jede List.[61]

Beispiele:
Bei seiner polizeilichen Vernehmung wird dem Beschuldigten wahrheitswidrig gesagt, dass ein Mittäter bereits ein Geständnis abgelegt habe. Hier liegt eine Täuschung vor. Eine Täuschung liegt auch vor, wenn ein Vernehmungsbeamter einem nicht unter dringendem Tatverdacht stehenden Beschuldigten bei seiner Vernehmung pauschal und ohne Beweismittel zu benennen wahrheitswidrig mitteilt, dass gegen ihn erdrückende Beweise vorliegen würden, um den Beschuldigten zu einem Geständnis zu bewegen.[62] Bemerkt der vernehmende Polizeibeamte bei einer Vernehmung dagegen, dass der Beschuldigte fälschlich davon ausgeht, dass sein Mittäter bereits ein Geständnis abgelegt habe, ist der Beamte nicht dazu verpflichtet, den Beschuldigten über seinen Irrtum aufzuklären. Vielmehr kann er diesen ausnutzen und seine Frage entsprechend stellen.[63]

152 **Hypnose** ist die Einwirkung auf einen anderen, durch die unter Ausschaltung des bewussten Willens eine Einengung des Bewusstseins auf die von dem Hypnotisierenden gewünschte Vorstellungsrichtung erreicht wird.[64]

153 **Zwang** ist z. B. nach §§ 51, 79, 112 ff., 134 und 163a III StPO zugelassen und ansonsten verboten. Kein Zwang geht von dem Stellen unangenehmer Fragen aus.[65]

154 Die **Drohung mit einer verfahrensrechtlich unzulässigen Maßnahme** ist das Inaussichtstellen einer Maßnahme auf deren Anordnung der Vernehmende Einfluss zu haben behauptet.[66]

Beispiele:
Drohen mit der Verhaftung, obwohl kein Haftgrund besteht.[67] Zulässige Maßnahmen, die sachlich gerechtfertigt sind, dürfen dagegen angedroht werden.[68]

155 Das **Versprechen von gesetzlich nicht vorgesehenen Vorteilen** ist die Abgabe einer bindenden Zusage, auf deren Einhaltung der Empfänger vertrauen kann.[69]

Beispiele:
Bei einer polizeilichen Vernehmung wird einem ausländischen Beschuldigten in Aussicht gestellt, dass er bei einem Geständnis nicht ausgewiesen

---

61 BGH NJW 1992, 2903 (2904) m. w. N.
62 BGHSt 35, 328 ff.
63 LR/*Gleß* § 136a Rn. 43; KK/*Diemer* § 136a Rn. 20; Joecks § 136a Rn. 16 f.; Meyer-Goßner/Schmitt § 136a Rn. 15 f. A. A. Lisken/Denninger/*Frister* E Rn. 93.
64 Meyer-Goßner/Schmitt § 136a Rn. 19.
65 Meyer-Goßner/Schmitt § 136a Rn. 20.
66 LR/*Gleß* § 136a Rn. 56; Meyer-Goßner/Schmitt § 136a Rn. 21; SK/*Rogall* § 136a Rn. 72.
67 BGH StV 2004, 529.
68 Lisken/Denninger/*Frister* E Rn. 87; Meyer-Goßner/Schmitt § 136a Rn. 22.
69 BGHSt 14, 189 (191); KK/*Diemer* § 136a Rn. 32; SK/*Rogall* § 136a Rn. 76.

werde. Hier liegt ein Verstoß gegen § 136a I 1 StPO vor, weil die Polizei nicht über die Ausweisung entscheidet, sondern die Ausländerbehörde. Der Hinweis an den Beschuldigten darauf, dass ein Geständnis von den Gerichten in der Regel strafmildernd berücksichtigt wird, ist dagegen zulässig. Allerdings sollte ein Polizeibeamter dabei keine Angaben über den quantitativen Umfang machen.[70]

156 c) **Beweisverwertungsverbot des § 136a III 2 StPO.** Ein Verstoß gegen § 136a I und II StPO hat gemäß § 136a III 2 StPO ein **Beweisverwertungsverbot** zur Folge. Dies gilt für belastende und entlastende Aussagen.[71] Eine nachträgliche Einwilligung des Beschuldigten zur Verwertung der Aussage ist unerheblich.[72] Ein Verstoß gegen § 136a I und II StPO kann nur dadurch geheilt werden, dass die Vernehmung wiederholt wird. Dabei darf der Verstoß nicht latent nachwirken.[73] Der Beweis des Verfahrensverstoßes muss von Amts wegen nach den Regeln des Freibeweises geführt werden.[74] Der Grundsatz in dubio pro reo gilt hier nicht. Daher ist die Aussage verwertbar, wenn der Verfahrensverstoß nicht erwiesen ist.[75] Das Beweisverwertungsverbot des § 136a III 2 StPO setzt einen ursächlichen Zusammenhang zwischen Verstoß und Aussage voraus. Der Ursachenzusammenhang muss dabei nicht erwiesen sein. Es genügt, dass der Verstoß möglicherweise Auswirkungen auf die Aussage gehabt hat.[76] Nach der Rechtsprechung hat der Verstoß gegen § 136a I und II StPO grundsätzlich keine **Fernwirkung** in der Weise, dass mittelbar erlangte Beweismittel nicht genutzt werden dürfen.[77]

Beispiel:
Nach dem Bundesgerichtshof ist die Aussage eines Zeugen, den die Polizei aufgrund von Angaben des Beschuldigten unter Verstoß gegen § 136a StPO ermittelt hat, verwertbar. Der Bundesgerichtshof begründet dies mit dem Interesse an einer wirksamen Verbrechensbekämpfung und weil sich kaum feststellen lasse, ob die Polizei den Zeugen ohne den Verstoß gegen § 136a StPO nicht auch gefunden hätte.[78] Diese Auffassung überzeugt nicht. Sie ist mit dem Wortlaut von § 136a III StPO und mit der Funktion von § 136a StPO nicht zu vereinbaren. § 136a StPO schützt die Menschenwürde des Art. 1 I GG. Verstöße gegen § 136a I StPO sind immer auch Verstöße gegen die Menschenwürde des Art. 1 I GG, die verfassungsrechtlich nicht gerechtfertigt sein können. Die Verwertung von mittelbar erlangten Beweisen kann daher im Zusammenhang mit § 136a StPO nicht mit dem Strafverfolgungsinteresse des Rechtsstaats begründet werden.[79]

---

70 Lisken/Denninger/*Frister* E Rn. 89.
71 BGH NStZ 2008, 706; LR/*Gleß* § 136a Rn. 71.
72 Joecks § 136a Rn. 25; Meyer-Goßner/Schmitt § 136a Rn. 27.
73 BGHSt 35, 328 (332 f.); BGH NJW 1995, 2047 m. w. N.
74 BGH NJW 1998, 3506 (3507).
75 BGH NStZ 2008, 643 (644).
76 BGHSt 34, 365 (369) m. w. N.
77 BGHSt 34, 362 (364 f.). Gegen eine Fernwirkung z. B. auch Kramer Rn. 52.
78 BGHSt 34, 362 (364 f.).
79 Im Ergebnis ebenso Eisenberg Rn. 714 ff.; Kühne Rn. 911.

III. Vernehmungen im Bußgeldverfahren

Der Polizeivollzugsdienst hat bei der Erforschung von Ordnungswidrigkeiten dieselben Rechte und Pflichten wie im Strafverfahren, soweit das OWiG nichts anders bestimmt (§ 53 I 2 OWiG). Für die Anhörung des Betroffenen gilt § 163a StPO über § 46 I OWiG im Bußgeldverfahren entsprechend. Allerdings ist § 55 OWiG zu beachten.[80] Danach ist § 163a StPO mit der Einschränkung anzuwenden, dass es genügt, wenn dem Betroffenen Gelegenheit gegeben wird, sich zur Beschuldigung zu äußern (§ 55 I OWiG). Der Betroffene braucht nicht darauf hingewiesen werden, dass er auch schon vor seiner Vernehmung einen von ihm zu wählenden Verteidiger befragen kann. Er ist auch nicht darüber zu belehren, dass er zu seiner Entlastung einzelne Beweiserhebungen beantragen kann (§ 55 II OWiG). Die Vernehmung von Zeugen richtet sich im Bußgeldverfahren nach § 163 III StPO i. V. m. § 46 I OWiG.[81] Die im Strafverfahren geltenden Beweiserhebungs- und -verwertungsverbote gelten grundsätzlich auch im Bußgeldverfahren sinngemäß. Hierzu gehören die §§ 52 bis 55 StPO und § 136a StPO.[82]

IV. Befragung gemäß § 20 I PolG

1. Allgemeines

Die Rechtsgrundlage für eine polizeiliche Befragung zur Gefahrenabwehr ist § 20 I PolG. Die **Befragung** ist die Aufforderung der Polizei gegenüber einer bestimmten Person, eine Auskunft zu erteilen.[83] § 20 I PolG ist die speziellere Rechtsgrundlage im Verhältnis zu § 20 II bis VI PolG.[84]

Beispiel:
Die Polizei ist mit einer Bombendrohung konfrontiert. Zur Aufklärung der Sache sprechen Beamte des Polizeivollzugsdienstes mit den Anwohnern des betroffenen Stadtviertels. Rechtsgrundlage hierfür ist § 20 I 1 PolG und nicht § 20 II PolG.

Die **Befragung** nach § 20 I PolG ist abzugrenzen von einer Personenfeststellung nach § 26 I PolG (Rn. 183 ff.). Bei der Befragung geht es um die über die Feststellung der Personalien hinausgehende Informationsgewinnung. Geht es dagegen allein um die Feststellung der Identität einer Person, ist § 26 I PolG die speziellere Rechtsgrundlage.[85]

Die Befragung ist ein **Verwaltungsakt** i. S. v. § 35 Satz 1 LVwVfG, weil der Befragte anhalten und das Informationsverlangen der Polizei dulden muss. Außerdem ist er nach § 20 I 2 PolG zumindest auch zur Nennung der Personalien

---

80 Rebmann/Roth/Hermann § 46 Rn. 4a.
81 KK-OWiG/*Lutz* § 53 Rn. 15.
82 Rebmann/Roth/Hermann § 46 Rn. 4a.
83 Stephan/Deger § 20 Rn. 2.
84 Zeitler/Trurnit Rn. 585.
85 Ruder Rn. 625.

verpflichtet.[86] Bei einer Befragung tritt die Polizei dem Bürger **offen** gegenüber.[87] Wenn sich der fragende Beamte bewusst nicht als Polizeibeamter zu erkennen gibt, liegt eine verdeckte Datenerhebung vor. Rechtsgrundlage hierfür sind dann §§ 20 II oder III i. V. m. 19 II 2 PolG.[88]

161 Nach § 35 I PolG darf die Polizei bei Vernehmungen zur Herbeiführung einer Aussage **keinen Zwang** anwenden. Gemäß § 35 II PolG i. V. m. § 68a StPO sind Fragen nach entehrenden Tatsachen und Vorstrafen grundsätzlich unzulässig. Außerdem ergibt sich aus § 35 II PolG i. V. m. §§ 69 III, 136a StPO die rechtsstaatliche Selbstverständlichkeit, dass auch bei einer gefahrenabwehrrechtlichen Befragung durch die Polizei die nach der StPO verbotenen Vernehmungsmethoden (Rn. 144 ff.) keine Anwendung finden dürfen. Damit kommt die Folter oder ihre Androhung als Maßnahme der Polizei gegenüber einem Störer im Rechtsstaat selbst dann nicht in Betracht, wenn es um die Rettung eines Menschenlebens geht.[89]

2. Voraussetzungen

162 Nach § 20 I 1 PolG kann die Polizei jede Person befragen, wenn anzunehmen ist, dass sie sachdienliche Angaben machen kann, die zur Wahrnehmung einer bestimmten polizeilichen Aufgabe erforderlich sind. **Sachdienliche Angaben** i. S. v. § 20 I 1 PolG sind personen- und sachbezogene Daten.[90] Die polizeiliche Aufgabe, um deren Wahrnehmung es bei der Befragung geht, kann in der Abwehr einer konkreten Gefahr, der vorbeugenden Bekämpfung von Straftaten, der Vorbereitung auf die Gefahrenabwehr, dem Schutz privater Rechte oder der Vollzugshilfe bestehen.[91] Die Befragung ist **erforderlich**, wenn sie notwendig ist, um eine bestimmte polizeiliche Aufgabe rechtmäßig, vollständig und rechtzeitig wahrzunehmen.[92] Adressat der Maßnahme nach § 20 I 1 PolG ist jede Person, also nicht nur der Störer nach §§ 6 und 7 PolG, sondern auch ein Nichtstörer.

3. Auskunftspflicht

163 § 20 I 2 PolG verpflichtet die betroffene Person grundsätzlich nur dazu, Name, Vorname, Datum und Ort der Geburt, Wohnanschrift und Staatsangehörigkeit anzugeben (sog. **einfache Auskunftspflicht**). Bei einer schriftlichen Befragung ist die befragte Person gemäß § 19 III 1 PolG auf die Rechtsgrundlage der Befragung und darauf hinzuweisen, dass sie grundsätzlich nur zur Angabe ihrer Personalien verpflichtet ist. Ein Verstoß gegen die einfache **Auskunftspflicht** ist eine Ordnungswidrigkeit nach § 111 OWiG. § 46 I OWiG i. V. m. § 163b I StPO befugen den Polizeivollzugsdienst in diesem Fall zur Identitätsfeststel-

---

86 Ebenso BMKS § 20 Rn. 4; Ruder Rn. 437. A.A. Gusy Rn. 221, der die Befragung als Realakt qualifiziert.
87 Stephan/Deger § 20 Rn. 2.
88 Zeitler/Trurnit Rn. 587.
89 Speziell hierzu EGMR NStZ 2008, 699 ff.; BVerfG EuGRZ 2004, 807 f.; LG Frankfurt NJW 2005, 321 ff.; Herzberg JZ 2005, 321; Brugger JZ 2000, 164 ff.; Gebauer NVwZ 2005, 692 ff.
90 BMKS § 20 Rn. 45; Stephan/Deger § 20 Rn. 5.
91 Zeitler/Trurnit Rn. 589.
92 Zeitler/Trurnit Rn. 559.

lung.[93] Eine sog. **gesteigerte Auskunftspflicht** besteht nach § 20 I 3 PolG, wenn die Befragung der Abwehr einer Gefahr für Leben, Gesundheit, oder Freiheit einer Person oder für bedeutende fremde Sach- oder Vermögensgüter dient. Der Betroffene ist dann dazu verpflichtet, über § 20 I 2 PolG hinausgehende Angaben zu machen.

Beispiel:
Der Polizeivollzugsdienst befragt in einem Entführungsfall den unbeteiligten A, der Angaben zu dem Geschehen machen kann. Da die Befragung der Abwehr einer Gefahr für Leben und Gesundheit dient, besteht für A eine gesteigerte Auskunftspflicht gemäß § 20 I 3 PolG.

Einschränkungen der Auskunftspflicht ergeben sich aus § 20 I 4 und 5 PolG. Nach § 20 I 4 PolG ist bei einer Befragung der **Schutz der Berufsgeheimnisträger** nach § 9a PolG (Rn. 78 ff.) zu beachten. § 20 I 5 PolG regelt in Anknüpfung an § 52 I und II und § 55 StPO **Auskunftsverweigerungsrechte**, die gemäß § 20 I 7 PolG eine **Belehrungspflicht** begründen. Nach § 20 I 6 PolG besteht ein Auskunftsverweigerungsrecht jedoch nicht, wenn die Auskunft zur Abwehr einer unmittelbar bevorstehenden Gefahr für Leben, Gesundheit oder Freiheit einer Person erforderlich ist. Eine Gefahr steht unmittelbar bevor, wenn der Schaden an dem geschützten Rechtsgut sofort oder in allernächster Zeit als gewiss anzusehen ist, falls nicht eingeschritten wird.[94]

Beispiel:
In dem obigen Beispielsfall ist A an der Entführung beteiligt. Er weiß, wo das Opfer versteckt wird. Da die Befragung der Abwehr einer unmittelbar bevorstehenden Gefahr für Leben und Gesundheit einer Person dient, steht A kein Auskunftsverweigerungsrecht zu. Er muss daher bekannt geben, wo das Opfer versteckt ist.

In der Situation des § 20 I 6 PolG von der Polizei erhobene Daten dürfen nach § 20 I 8 PolG nur zur Abwehr einer dringenden Gefahr für Leben, Gesundheit oder Freiheit weiter verarbeitet werden. Daher scheidet eine Verwertung von selbstbelastenden Angaben, die aufgrund von § 20 I 6 PolG erhoben worden sind, zu Beweiszwecken in einem Strafverfahren gegen den Befragten aus. Die gegenteilige Konsequenz wäre auch mit dem aus Art. 2 I i. V. m. Art. 1 I GG resultierenden Grundsatz der Selbstbelastungsfreiheit (Rn. 126) nicht zu vereinbaren.[95]

4. Durchsetzung der Auskunftspflicht

Gemäß § 20 I 9 PolG kann die Polizei ein **Zwangsgeld** festsetzen, wenn die Auskunft unberechtigt verweigert wird. Nach § 20 I 10 PolG ist das Zwangsgeld zuvor in bestimmter Höhe **anzudrohen**. Hierbei gelten § 49 II PolG i. V. m. §§ 19 I Nr. 1, 20 I bis IV, 21, 23 LVwVG. § 20 I 11 PolG gibt der Polizei für die Dauer der Befragung eine **Befugnis zum Anhalten** der betroffenen Person. Das Anhalten ist eine Freiheitsbeschränkung i. S. v. Art. 104 I GG. Um die

---

93 Stephan/Deger § 20 Rn. 11; Zeitler/Trurnit Rn. 592.
94 Zeitler/Trurnit Rn. 215.
95 Zeitler/Trurnit Rn. 600.

Grenze zu einer bei einer Befragung unzulässigen Freiheitsentziehung nicht zu überschreiten, darf die befragte Person von der Polizei nicht länger als eine Stunde dazu gezwungen werden, gegen ihren Willen an dem Ort der Befragung zu verweilen.[96] Wenn die befragte Person nicht anhält, kann die Polizei **unmittelbaren Zwang** nach §§ 49 II ff. PolG anwenden, um die Person daran zu hindern, sich zu entfernen. Eine polizeiliche **Befugnis zum Festhalten** besteht nach § 52 III PolG jedoch nicht, wenn die betroffene Person ihre Personalien nach § 20 I 2 PolG mitgeteilt hat, keine gesteigerte Auskunftspflicht nach § 20 I 3 PolG vorliegt und klar ist, dass sie weiter nicht antworten wird.[97] Nach § 27 I Nr. 1 PolG kann die Polizei eine Person weiterhin **vorladen**, wenn Tatsachen die Annahme rechtfertigen, dass die Person sachdienliche Angaben machen kann, die zur Wahrnehmung einer polizeilichen Aufgabe erforderlich sind. Bei der Vorladung soll deren Grund angegeben werden. Bei der Festsetzung des Zeitpunkts soll auf die beruflichen Verpflichtungen und die sonstigen Lebensverhältnisse des Betroffenen Rücksicht genommen werden (§ 27 II PolG). Die **Vorladung** kann nach § 27 III Nr. 1 PolG zwangsweise mit einer sog. **Vorführung** durchgesetzt werden, wenn dies zur Abwehr einer Gefahr für Leben, Gesundheit oder Freiheit einer Person oder für bedeutende fremde Sach- und Vermögenswerte erforderlich ist (Rn. 485 f.). § 35 PolG steht den hier aufgezeigten Instrumenten für die zwangsweise Durchsetzung der sich aus § 20 I ergebenden Pflichten nicht entgegen.[98] Die Rechtsgrundlagen für diese Instrumente durchbrechen als speziellere Vorschriften das Verbot des § 35 PolG.

---

96 BMKS § 20 Rn. 30.
97 Ruder Rn. 439.
98 Zeitler/Trurnit Rn. 602 ff.

D. Identitätsfeststellungen

I. Allgemeines

Die **Identitätsfeststellung** (Personenfeststellung) ist die Ermittlung der wichtigsten Personalien des Betroffenen. Die **wichtigsten Personalien** sind die in § 111 OWiG aufgeführten personenbezogenen Daten: Vor-, Familien- oder Geburtsname, Ort und Tag der Geburt, Familienstand, Beruf, Wohnort, Wohnung und Staatsangehörigkeit. **Identitätsfeststellungen** sind Eingriffe in das Recht auf informationelle Selbstbestimmung (Art. 2 I i. V. m. Art. 1 I GG).[1] Das **Anhalten** als notwendige Voraussetzung für die Durchführung einer Kontrolle ist ein Eingriff in die Freiheit der Person (Art. 2 II 2 GG) in Form einer **Freiheitsbeschränkung** (Art. 104 I GG). Ein **Festhalten** liegt immer dann vor, wenn der Betroffene durch Aufforderung oder Anwendung von Zwang daran gehindert wird, sich zu entfernen.[2] Das **kurzfristige Festhalten** (bis zu einer Stunde) stellt noch **keine Freiheitsentziehung** (Art. 104 II GG) dar, sondern ist ebenfalls eine **Freiheitsbeschränkung**. Dies gilt auch dann, wenn der Betroffene im Rahmen einer sog. **Sistierung** auf die Dienststelle gebracht wird. Zwar ist die Bewegungsfreiheit nach allen Seiten aufgehoben, der Betroffene wird aber regelmäßig nicht in eine Zelle gesperrt. Außerdem dient das Festhalten in erster Linie nicht der vollständigen Aufhebung der körperlichen Bewegungsfreiheit, sondern lediglich der Durchführung einer Identitätsfeststellung. Der Zweck, die Intensität und die Dauer eines Festhaltens zur Durchführung einer Identitätsfeststellung rechtfertigen es daher nicht, dieses als Freiheitsentziehung anzusehen.[3] Eine **Freiheitsentziehung** liegt erst vor, wenn der Betroffene länger als eine Stunde festgehalten wird.[4] Rechtsgrundlagen für eine Identitätsfeststellung zur Strafverfolgung sind §§ 163b und 163c StPO. § 26 PolG ist die Rechtsgrundlagen für gefahrenabwehrrechtliche Identitätsfeststellungen.

167

II. Identitätsfeststellungen gemäß § 163b StPO

§ 163b I und II StPO ermächtigen die Staatsanwaltschaft und die Polizei zur **Identitätsfeststellung Verdächtiger** und **Unverdächtiger**. Beim Festhalten einer von einer Identitätsfeststellung betroffenen Person ist § 163c StPO zu beachten. § 163b I StPO gilt auch bei der identifizierungssichernden vorläufigen Festnahme durch die Staatsanwaltschaft und alle Beamten des Polizeidienstes (§ 127 I 2 StPO). Die Identitätsfeststellung an einer Kontrollstelle nach § 111 StPO (Rn. 580 ff.) richtet sich ebenfalls nach §§ 163b und 163c StPO (§ 111 III StPO).

168

---

1 BVerfG NJW 1995, 3110 (3111).
2 LR/*Erb* § 163b Rn. 23.
3 So aber LR/*Erb* § 163b Rn. 23; Meyer-Goßner/Schmitt § 163b Rn. 7.
4 Zeitler/Trurnit Rn. 402 ff; WHT § 5 Rn. 154; Stephan/Deger § 26 Rn. 27; BMKS § 26 Rn. 31.

1. Identitätsfeststellung beim Verdächtigen (§ 163b I StPO)

169 **a) Materiell-rechtliche Voraussetzungen.** Materiell-rechtliche Voraussetzung für eine Identitätsfeststellung des Verdächtigen nach § 163b I 1 StPO ist ein **Anfangsverdacht**. Es müssen also zureichende tatsächliche Anhaltspunkte für den Verdacht einer Straftat vorliegen (§ 152 II StPO). Der **Verdächtige** ist die Person, die als Täter oder Teilnehmer einer Straftat in Betracht kommt. Ein Verdächtiger wird zum **Beschuldigten**, wenn ein Strafverfolgungsorgan gegen ihn vorgeht. Eine Identitätsfeststellung nach § 163b I StPO begründet daher die Beschuldigteneigenschaft.[5]

Beispiel:
Ein Passant verständigt die Polizei, zwei junge Männer hätten einer alten Frau die Handtasche geraubt. Die Männer seien auf einem Fußweg nach Westen geflüchtet. Zwei Kilometer vom Tatort entfernt hält eine Streife zwei junge Männer auf dem Fußweg an und kontrolliert diese. Obwohl die Täterbeschreibung hier äußerst dürftig war, ergab sich durch den örtlichen und zeitlichen Zusammenhang zur Tat ein ausreichender Verdacht. Die beiden Männer konnten als Verdächtige nach § 163b I StPO kontrolliert werden. Hierdurch werden sie zu Beschuldigten.

170 **Kinder** unter 14 Jahren können grundsätzlich keine Verdächtigen sein, da sie strafunmündig (§ 19 StGB) sind. Da ihnen kein Schuldvorwurf gemacht werden kann, fehlt es am Anfangsverdacht einer Straftat. Identitätsfeststellungen nach § 163b I und II StPO scheiden bei ihnen daher aus. Die Polizei kann die Identität von Kindern unter 14 Jahren allenfalls zum Schutz privater Rechte nach §§ 2 II, 26 I Nr. 1 PolG feststellen. Identitätsfeststellungen nach §§ 163b I StPO kommen bei **Jugendlichen unter 14 Jahren** nur dann in Betracht, wenn man ihnen nicht sofort ansieht, dass sie noch im Kindesalter sind. Nach § 163b II StPO kann die Identität eines Kindes festgestellt werden, wenn Anhaltspunkte dafür vorliegen, dass Erwachsene tatbeteiligt sind. Das Kind kommt dann als Zeuge in Betracht.[6]

171 Zur Begründung eines Tatverdachts i. S. v. § 163b StPO reicht die subjektive Annahme des Amtsträgers, dass ein Straftatbestand erfüllt worden sei, nicht aus. Es muss vielmehr mindestens möglich sein, dass der Verdächtige durch das Verhalten, das ihm vorgeworfen wird, eine nach materiellem Strafrecht strafbare Tat begangen hat. Ein eine Identitätsfeststellung nach § 163b I StPO rechtfertigender Anfangsverdacht besteht daher nicht, wenn die Polizei unter völliger Verkennung der Rechtslage eine Strafbarkeit annimmt.[7]

Beispiel:
Der Einsatzleiter bei einer Demonstration meint in völliger Verkennung der Rechtslage, Personen, die ihre gegenteilige Meinung durch Hochhalten von Transparenten äußern, würden sich durch eine nicht genehmigte Gegendemonstration strafbar machen. Die im Auftrag des Einsatzleiters durchge-

---

5 LR/*Erb* § 163b Rn. 10a.
6 Meyer-Goßner/Schmitt § 163b Rn. 4.
7 BVerfG NJW 1995, 3110 (3112).

führte Identitätsfeststellung ist rechtswidrig, weil Versammlungen keiner Genehmigung bedürfen.

b) Zulässige Maßnahmen. § 163b I 1 StPO ermächtigt dazu, die zur Identitätsfeststellung erforderlichen Maßnahmen zu treffen, wie z. B. ein **Anhalten und Fragen nach Personalien und Ausweisen.** Schwerer wiegende Eingriffe, wie ein **Festhalten**, eine **Durchsuchung** und eine **ED-Behandlung**, sind nach § 163b I 2 und 3 StPO nur zulässig, wenn sonst die Identität nicht oder nur unter erheblichen Schwierigkeiten festgestellt werden kann. Diese Vorschriften sind gesetzliche Konkretisierungen des verfassungsrechtlichen Verhältnismäßigkeitsgebots. Sie sollen sicherstellen, dass ein Eingriff in die persönliche Freiheit nur erfolgt, wenn er zur Feststellung der Identität unerlässlich ist. Weitere Eingriffe in die Grundrechte dürfen nur dann erfolgen, wenn die Polizei auf der Basis der bereits bekannten Daten berechtigte Zweifel an der Identität der Person hat.[8]

Beispiel:
Hat der Verdächtige einen Personalausweis vorgelegt, der die strafrechtlich relevante Erfassung seiner Person ermöglicht und bestehen keine Anhaltspunkte für eine Fälschung, scheiden weitergehende Maßnahmen nach § 163b I 2 und 3 StPO aus.

Ein **Festhalten** geht über das Anhalten zwecks Befragung der Personalien hinaus und beginnt schon bei der Aufforderung, sich nicht vom Kontrollort zu entfernen, wenn der Betroffene zur Verfügung gehalten werden soll, weil die Identitätsfeststellung wegen dringender anderer Maßnahmen erst später durchgeführt werden kann. Es umfasst das Festhalten am Kontrollort und das Mitnehmen zur Dienststelle. Bei einem Festhalten zur Identitätsfeststellung ist § 163c StPO zu beachten (Rn. 180).

Eine **Durchsuchung** der Person des Verdächtigen ist die Suche in der Kleidung und auf der Körperoberfläche nach Ausweisen oder sonstigen Papieren oder Identifikationsmerkmalen, wie z. B. Tätowierungen. Mitgeführte Sachen sind z. B. Taschen, Koffer oder Fahrzeuge. Die Durchsuchung ist von Personen **gleichen Geschlechts** durchzuführen, da § **81d StPO** auch für Durchsuchungen gilt.[9] Die Durchsuchung nach Waffen und anderen gefährlichen Werkzeugen zum Schutz der Polizeibeamten oder eines Dritten gegen eine Gefahr für Leib oder Leben ist in § 29 II PolG geregelt. Beide Durchsuchungsarten können nebeneinander angewandt werden.

Unter **erkennungsdienstlichen Maßnahmen** sind die Maßnahmen zu verstehen, die nach § 81b StPO (Rn. 253 ff.) zulässig sind. Zur Durchführung der Maßnahmen wird der Betroffene in der Regel zu einer Polizeidienststelle gebracht werden müssen.[10]

c) Formelle Rechtmäßigkeit. Die Beamten des Polizeivollzugsdienstes sind befugt, die Maßnahmen zur Identitätsfeststellung durchzuführen. Nach § 163b I

---
[8] BVerfG NJW 2011, 743 (745).
[9] Meyer-Goßner/Schmitt § 163b Rn. 1.
[10] LR/*Erb* § 163b Rn. 42.

1. 2. Halbsatz StPO besteht gegenüber dem Verdächtigen eine **Belehrungspflicht** darüber, welche Tat ihm zur Last gelegt wird. Dies ist eine wesentliche Förmlichkeit. Eine unterbliebene Belehrung macht die Identitätsfeststellung rechtswidrig; wehrt sich der Betroffene mit Gewalt, begeht er keine Straftat nach § 113 StGB (Widerstand gegen Vollstreckungsbeamte).[11]

2. Identitätsfeststellung beim Nichtverdächtigen (§ 163b II StPO)

177 Wenn und soweit dies zur Aufklärung einer Straftat geboten ist, kann der Polizeivollzugsdienst nach § 163b II 1 StPO die Identität eines Nichtverdächtigen feststellen. Gemäß § 163b II 1 2. Halbsatz und § 69 I 2 StPO ist dem Nichtverdächtigen der Gegenstand der Untersuchung und die Person des Beschuldigten, sofern ein solcher vorhanden ist, zu bezeichnen. **Nichtverdächtige** sind Personen, die weder als Täter noch als Teilnehmer einer Straftat in Frage kommen.

Beispiele:
Zeugen und Personen, bei denen die Verdachtsfrage noch nicht geklärt ist.

178 Gibt der Nichtverdächtige unrichtige Personalien an oder verweigert er die erforderlichen Angaben, so liegt der Verdacht eines Verstoßes gegen § 111 OWiG vor. Dies kann es rechtfertigen, gegen den bis dahin Nichtverdächtigen nunmehr nach §§ 163b I StPO, 46 I OWiG vorzugehen. **Festhalten** darf die Polizei einen Nichtverdächtigen nach § 163b II 2 1. Halbsatz StPO nur, wenn dies zur Bedeutung der Sache nicht außer Verhältnis steht. Eine Freiheitsentziehung in Bagatellfällen ist unzulässig.

Beispiel:
Ein Passant, der einen Verkehrsunfall ohne größere Folgen beobachtet hat, darf zwar angehalten und nach seinen Personalien gefragt werden. Wenn er sich nicht ausweisen kann, kann er nicht am Weggehen gehindert werden. Macht der Passant dagegen keine Angaben oder ist aufgrund von Tatsachen anzunehmen, dass seine Angaben unrichtig sind, besteht der Verdacht eines Verstoßes gegen § 111 OWiG. Die Identitätsfeststellung richtet sich dann nach § 163b I 1 i. V. m. § 46 I OWiG mit der Folge, dass der Passant auch festgehalten werden darf.

179 Eine **Durchsuchung** und eine **ED-Behandlung** dürfen gemäß § 163b II 2 2. Halbsatz StPO nicht gegen den Willen des Nichtverdächtigen durchgeführt werden.

3. Festhalten zur Identitätsfeststellung (§ 163c StPO)

180 Nach § 163c I 1 StPO darf die von einer Identitätsfeststellung betroffene Person nur so lange festgehalten werden, wie dies zur Feststellung ihrer Identität unerlässlich ist. Der Betroffene darf daher ausschließlich zum Zwecke der Überprüfung seiner Person festgehalten werden. Er ist wieder auf freien Fuß zu setzen, wenn seine Personalien feststehen. Gemäß § 163c II StPO darf die Festhaltedauer 12 Stunden nicht überschreiten. Die Frist beginnt mit dem Zeit-

---

[11] Meyer-Goßner/Schmitt § 163b Rn. 3.

punkt, ab dem der Betroffene gegen seinen Willen am Weggehen gehindert wurde.[12]

§ 163c I 2 StPO sieht eine **unverzügliche Richtervorführung** vor. Die Zuständigkeit des Gerichts ergibt sich dabei aus § 162 StPO. Von der richterlichen Vorführung darf nur abgesehen werden, wenn die Herbeiführung einer richterlichen Entscheidung voraussichtlich längere Zeit in Anspruch nehmen würde, als zur Feststellung der Identität notwendig wäre. Da nach der Rechtsprechung des Bundesverfassungsgerichts regelmäßig ein richterlicher Notdienst (Bereitschaftsdienst) bestehen muss, muss auch außerhalb der Dienststunden eine Vorführung möglich sein. Die Vorführung ist entbehrlich, wenn der Betroffene freiwillig in der Dienststelle bleibt.[13] Nach § 163c I 3 StPO gelten die **Mitteilungs-, Belehrungs- und Benachrichtigungspflichten** der §§ 114a bis 114c StPO für den Fall des Festhaltens durch die Polizei zur Identitätsfeststellung entsprechend. Die **Vernichtung der Identifizierungsunterlagen** bei Unverdächtigen ist nach § 163c III StPO zwingend vorgeschrieben. Bei Verdächtigen gelangen diese zu den Strafakten.[14]

III. Identitätsfeststellung im Bußgeldverfahren

Wenn im Bußgeldverfahren zur Aufklärung einer Ordnungswidrigkeit die Personalien von Verdächtigen oder Zeugen festgestellt werden sollen, gelten § 163b I und II StPO entsprechend (§ 46 I OWiG).[15] Besonders wichtig ist in diesem Zusammenhang die Abgrenzung zwischen einer Identitätsfeststellung gemäß §§ 163b StPO, 46 I OWiG und einer Weisung der Polizei nach § 36 I 1 StVO sowie der Durchführung einer allgemeinen Verkehrskontrolle nach § 36 V StVO. **Verkehrskontrollen** i. S. v. § 36 V StVO sind präventive **verkehrsbezogene Maßnahmen**, die zur Prüfung der Fahrtüchtigkeit, der Fahrzeugführer, der mitzuführenden Papiere des Zustandes sowie der Ausrüstung und der Beladung der Fahrzeuge ergriffen werden, um vorbeugend die Ordnung und Sicherheit des Verkehrs zu gewährleisten.[16] Vom Regelungszweck des § 36 I 1 und des § 36 V StVO sind nur solche Weisungen umfasst, die einem augenblicklichen Bedürfnis zur Regelung des Straßenverkehrs oder zur Erhaltung seiner Sicherheit entspringen. Für Weisungen zum Anhalten, die der Aufklärung einer allgemeinen, mit dem Straßenverkehr nicht zusammenhängenden Straftat dienen sollen, muss auf strafverfahrensrechtliche Befugnisse (§§ 111, 127, 163b StPO) zurückgegriffen werden. Dasselbe gilt für eine Weisung zum Anhalten gegenüber einem Verkehrsteilnehmer, der eine verkehrsbezogene Straftat oder Ordnungswidrigkeit begangen hat. In diesem Fall muss die Weisung auf § 163b StPO (bei Verkehrsstraftaten) bzw. § 46 I OWiG i. V. m. § 163b StPO (bei Verkehrsordnungswidrigkeiten) gestützt werden.[17] Die prak-

---

12 Meyer-Goßner/Schmitt § 163b Rn. 15.
13 Joecks § 163c Rn. 2 m. w. N.
14 Meyer-Goßner/Schmitt § 163c Rn. 17.
15 BGH NJW 1984, 1568 (1569); Meyer-Goßner/Schmitt § 163b Rn. 1.
16 Hentschel/*König* § 36 StVO Rn. 24.
17 BGH NJW 1984, 1568 (1569 f.).

tische Bedeutung dieser Unterscheidung liegt darin, dass bei Identitätsfeststellungen nach §§ 163b I StPO, 46 I OWiG ein unterbliebener Tatvorhalt zur Rechtswidrigkeit der Maßnahme führt (Rn. 176) und ein Nichtbefolgen der Weisungen von Polizeibeamten i. S. v. § 36 I und V StVO bußgeldbewehrt ist (§§ 49 III Nr. 1 StVO i. V. m. 24 StVG).

Beispiel:
Einer Polizeistreife fällt ein PKW-Fahrer auf, der eine Geschwindigkeitsüberschreitung begangen hat. Um den Verkehrsverstoß zu ahnden, wird das Fahrzeug angehalten und der Fahrer um Führerschein und Fahrzeugschein gebeten. Rechtsgrundlage hierfür ist § 46 I OWiG i. V. m. § 163b I StPO. Die Beamten müssen daran denken, dem Betroffenen mitzuteilen, welche Tat ihm vorgeworfen wird. Eine unterbliebene Belehrung würde zur Rechtswidrigkeit der Maßnahme führen mit der Konsequenz, dass der Pkw-Fahrer bei einer Widerstandshandlung straflos bleibt (§ 113 III StGB) und die Beamten sich bei der Anwendung von unmittelbarem Zwang eventuell strafbar machen könnten (Körperverletzung im Amt nach § 340 StGB).

IV. Personenfeststellungen gemäß § 26 PolG

183 § 26 PolG regelt die polizeiliche **Personenfeststellung** zur Gefahrenabwehr. Die Zuständigkeit des Polizeivollzugsdienstes für Personenfeststellungen gemäß § 26 PolG ergibt sich aus § 60 III PolG. Personenfeststellungen nach § 26 PolG sind Verwaltungsakte i. S. v. § 35 LVwVfG. Daher finden hierbei die Verfahrens- und Formvorschriften des LVwVfG Anwendung.

184 § 26 I Nr. 1 PolG setzt eine konkrete Gefahr voraus. § 26 I Nr. 2 bis 6 PolG dienen dagegen der vorbeugenden Bekämpfung von Straftaten. § 26 PolG wird ergänzt durch §§ 29 und 30 PolG, die die Durchsuchung von Personen und Sachen bei Personenkontrollen regeln. Spezielle Vorschriften wie §§ 48 und 49 AufenthG gehen § 26 PolG vor.[18] Zur Identitätsfeststellung nach § 26 PolG können die in § 111 OWiG genannten Personaldaten erhoben werden. Weigert sich der Betroffene oder gibt er falsche Personalien an, so begeht er eine Ordnungswidrigkeit nach § 111 OWiG. Weitergehende Maßnahmen zur Identitätsfeststellung wie festhalten, durchsuchen und ed-behandeln richten sich dann nach §§ 163b I StPO, 46 I OWiG (Rn. 182).

185 Auch im Rahmen einer Befragung nach § 20 I PolG (Rn. 158 ff.) kann die Polizei Personalien ermitteln. §§ 26 I und 20 I PolG sind wie folgt voneinander abzugrenzen: Dient die polizeiliche Maßnahme allein dazu, die Identität festzustellen, ist hierfür § 26 I PolG die Rechtsgrundlage. Zielt das polizeiliche Auskunftsverlangen dagegen von vornherein darauf ab, über die Personalien hinausgehende Informationen zu verlangen, dient § 20 I PolG als Rechtsgrundlage.[19]

---

18 Hierzu Zeitler Rn. 247 ff.
19 Zeitler/Trurnit Rn. 390 f.

1. § 26 I Nr. 1 PolG

§ 26 I Nr. 1 PolG ermächtigt die Polizei zur Personenfeststellung zur Abwehr einer konkreten Gefahr. Eine **konkrete Gefahr** liegt vor, wenn ein bestimmter einzelner Sachverhalt bei ungehindertem Ablauf des objektiv zu erwarten Geschehens mit hinreichender Wahrscheinlichkeit zu einem Schaden für die Schutzgüter der öffentlichen Sicherheit oder Ordnung führen würde.[20]

Beispiele:
Einer Polizeistreife fällt mitten in der Nacht in einer Seitenstraße ein Mann auf, der an den geparkten Pkws entlanggeht und offenkundig etwas sucht. In diesem Fall liegt eine konkrete Gefahr vor. Wer nachts an geparkten Pkws entlanggeht und offenkundig etwas sucht, bereitet möglicherweise einen Pkw-Aufbruch vor. Die Streife kann daher die Identität des Mannes gemäß § 26 I Nr. 1 PolG feststellen.

Die Identitätsfeststellung nach § 26 I Nr. 1 PolG darf nur gegenüber einem **Störer** nach §§ 6 oder 7 PolG angeordnet werden. Gegenüber einem **Nichtstörer** ist die Maßnahme nur unter den Voraussetzungen von § 9 PolG zulässig. Der Störer soll durch die Feststellung seiner Personalien aus der Anonymität gerissen werden und wissen, dass er fortan für jede weitere ihm zurechenbare Störung verantwortlich gemacht werden kann.[21] **Verhaltensstörer** i. S. v. § 6 I PolG ist auch der **Anscheinsstörer**.

Beispiel:
Wer sich in engem zeitlichem Zusammenhang mit vorherigen Ausschreitungen an einem widerrechtlich auf einer öffentlichen Straße entzündeten Feuer aufhält, kann unter Berücksichtigung der Besonderheiten des Einzelfalls als Anscheinsstörer angesehen werden, mit der Folge, dass eine Identitätsfeststellung gemäß § 26 I Nr. 1 PolG rechtmäßig ist.[22]

Auch zum **Schutz privater Rechte** nach § 2 II PolG (Rn. 48 ff.) ist eine Personenfeststellung nach § 26 I Nr. 1 PolG zulässig und geboten, wenn sonst eine zivilrechtliche Forderung nicht durchgesetzt werden könnte.

Beispiel:
Der Friseur F ruft bei der Polizei an, weil ein ihm unbekannter Kunde mit seinem Haarschnitt nicht zufrieden ist und den Laden deswegen ohne Bezahlung und ohne Preisgabe seiner Personalien verlassen will. Die Polizei kann nach ihrem Eintreffen die Identität des Kunden gemäß §§ 2 II, 26 I Nr. 1 PolG feststellen, damit der Friseur seine Forderung gegen den Kunden gerichtlich geltend machen kann.

Bei einer Identitätsfeststellung nach § 26 I Nr. 1 PolG besteht keine generelle Befugnis der Polizei für eine Durchsuchung der betroffenen Person und der von ihr mitgeführten Sachen. Rechtsgrundlagen für Durchsuchungen können jedoch aus §§ 29 I Nr. 1 und 2, 29 II sowie § 30 Nr. 1 und 2 PolG resultieren (Rn. 392 ff.).

---

20 VGH BW VBlBW 2010, 468 (473).
21 VGH BW Urteil vom 14.12.2010 – 1 S 338/10 – juris Rn. 28.
22 VGH BW Urteil vom 14.12.2010 – 1 S 338/10 – juris Rn. 26 f.

2. § 26 I Nr. 2 PolG

190 § 26 I Nr. 2 PolG erfordert keine konkrete Gefahr als Kontrollvoraussetzung. Hierfür reicht das Vorliegen eines sog. **gefährlichen Ortes** (auch **verrufener Ort** oder **Razzia-Ort** genannt). Ein **gefährlicher Ort** ist eine Örtlichkeit, an der sich erfahrungsgemäß Straftäter verbergen, Personen Straftaten verabreden, vorbereiten oder verüben, sich ohne erforderliche Aufenthaltserlaubnis treffen oder der Prostitution nachgehen. Die polizeiliche Erfahrung muss sich auf tatsächliche Anhaltspunkte stützen. Bloße Vermutungen genügen nicht.[23]

Beispiel:
Aufgrund mehrerer Ermittlungsverfahren hat die Polizei die Erfahrung, dass sich Jugendliche vorwiegend am Wochenende in einem Jugendhaus zu Diebstählen verabreden, gelegentlich in Gruppen losziehen und hinterher wettbewerbsmäßig ihre jeweilige Beute vergleichen.

191 Adressat der Maßnahme nach § 26 I Nr. 2 PolG ist jede Person, die sich an dem gefährlichen Ort aufhält. Eine Eigenschaft als Störer ist nicht erforderlich (sog. **Ortshaftung**). § 26 I Nr. 2 PolG ermöglicht sowohl die Kontrolle einzelner Personen als auch die Sammelkontrolle mehrerer Personen (sog. **Razzia**). Aus §§ 29 I Nr. 3 und 30 Nr. 4 PolG ergeben sich bei einer Personenkontrolle an einem gefährlichen Ort polizeiliche Durchsuchungsbefugnisse (Rn. 398 und 407).

3. § 26 I Nr. 3 PolG

192 § 26 I Nr. 3 PolG befugt die Polizei zur Feststellung der Identität von Personen, die in **besonders gefährdeten Objekten** oder **in deren unmittelbarer Nähe** angetroffen werden. Die Vorschrift zählt einige der in Betracht kommenden Objekte auf. Genannt sind Verkehrs- oder Versorgungsanlagen, Verkehrseinrichtungen, öffentliche Verkehrsmittel und Amtsgebäude. Anordnungsvoraussetzung sind Tatsachen, die die Annahme rechtfertigen, dass an oder in Objekten dieser Art Straftaten begangen werden sollen. Die Prognose einer Straftat muss sich nach dem Gesetzeswortlaut nicht auf das überwachte Objekt beziehen, sondern auf „Objekte dieser Art".

Beispiel:
Gab es Anschläge auf Asylbewerberunterkünfte in Mannheim, so können an entsprechenden Einrichtungen in Stuttgart Personenkontrollen durchgeführt werden.

193 Die Personenkontrollen können **im Objekt** oder **in unmittelbarer Nähe hiervon** durchgeführt werden. Der Begriff **unmittelbare Nähe** setzt einen räumlichen Bezug zwischen der Person und dem Objekt voraus. Dabei können sich je nach Lage, Größe und örtlichen Besonderheiten des einzelnen Objekts Besonderheiten ergeben. Bei Personenkontrollen innerhalb der Einflugschneise eines Flughafens ist die unmittelbare Nähe z. B. auch noch bei einer Entfernung von 2 km zum Flughafengebäude gegeben.[24] Ebenso wie bei § 26 I Nr. 2 PolG besteht auch bei § 26 I Nr. 3 PolG eine sog. **Ortshaftung**. Im Zusammenhang mit § 26

---

23 BMKS § 26 Rn. 6.
24 BMKS § 26 Rn. 11.

I Nr. 3 PolG ergeben sich spezielle polizeiliche Durchsuchungsbefugnisse aus §§ 29 I Nr. 4 und 30 Nr. 5 PolG (Rn. 399 und 408).

4. § 26 I Nr. 4 PolG

Gemäß § 26 I Nr. 4 PolG kann die Polizei die Identität einer Person feststellen, wenn sie an einer **Kontrollstelle** angetroffen wird, die von der Polizei zum Zwecke der Fahndung nach Straftätern eingerichtet worden ist. **Fahndung** i. S. v. § 26 I Nr. 4 PolG ist die allgemeine, von einem konkreten Ermittlungsverfahren unabhängige (ereignisunabhängige) Suche nach Straftätern, um die Begehung von Straftaten zu verhindern.[25] Die Fahndung in einem konkreten Ermittlungsverfahren richtet sich nach der Strafprozessordnung. Daher ist § 26 I Nr. 4 PolG im Anwendungsbereich von § 111 StPO nicht anwendbar. § 111 StPO greift immer dann ein, wenn der Schwerpunkt der Maßnahme bei der Fahndung nach dem Täter einer bestimmten begangenen Straftat liegt.[26]

194

> **Beispiele:**
> Es liegen Erkenntnisse vor, dass zu einem Fußballspiel gewaltbereite Hooligans anreisen. Deswegen werden auf den Zufahrtswegen zum Stadion Kontrollstellen gemäß § 26 I Nr. 4 StPO eingerichtet, um Straftaten der Hooligans zu verhindern. Nach einem Bankraub werden zur Fahndung nach den Tätern Kontrollstellen gemäß § 111 StPO eingerichtet.

Anders als bei § 26 I Nr. 2 und 3 PolG sind für die Einrichtung einer Kontrollstelle nach § 26 I Nr. 4 PolG an den Kontrollort keinerlei Vorbedingungen geknüpft. Auch die Art der Kontrollstelle ist gesetzlich nicht beschrieben. Daher kann auch eine einzige Streifenwagenbesatzung eine Kontrollstelle einrichten. An einer Kontrollstelle kann **jedermann** kontrolliert werden. Allein das Antreffen an der Kontrollstelle reicht aus. Es besteht eine sog. **Ortshaftung**. An die Kontrollstelle nach § 26 I Nr. 4 PolG schließt sich anders als bei § 26 I Nr. 2 und Nr. 3 PolG keine generelle Durchsuchungsmöglichkeit von Personen an. Nur im Einzelfall, bei einer konkreten Gefahrenlage (§ 29 II PolG) oder wenn jemand festgehalten werden darf (§ 29 I Nr. 1 PolG), dürfen Personen durchsucht werden. Die **Durchsuchung von Fahrzeugen und mitgeführten Sachen** ist jedoch generell nach § 30 Nr. 6 und 7 PolG zulässig (Rn. 409 und 410).

195

5. § 26 I Nr. 5 PolG

§ 26 I Nr. 5 PolG ermöglicht die Personenfeststellung von jeder in einem Kontrollbereich angetroffenen Person. Ein **Kontrollbereich** erstreckt sich ist im Gegensatz zu einer Kontrollstelle, die punktuell wirkt, flächenmäßig über ein ganzes Gebiet.[27] Kontrollbereiche können nur zur Fahndung nach Straftätern einer in § 100a StPO genannten **Katalogtat** eingerichtet werden. In Abgrenzung zu § 111 StPO können hier nur ereignisunabhängige Fahndungsmaßnahmen gemeint sein.[28] **Zuständig** für die Einrichtung von Kontrollbereichen sind das

196

---

25 Stephan/Deger § 26 Rn. 18 und 19.
26 Stephan/Deger § 26 Rn. 21; Ruder Rn. 635.
27 BMKS § 26 Rn. 18.
28 A. A. Stephan/Deger § 26 Rn. 22, die neben § 111 StPO für § 26 I Nr. 5 PolG keine Anwendung sehen.

Innenministerium und die Polizeipräsidien. Bei **Gefahr im Verzug** kann auch jede Polizeidienststelle den Kontrollbereich einrichten (§ 26 I Nr. 5 2 PolG). Bei Identitätsfeststellungen nach § 26 I Nr. 5 PolG kann sich eine Befugnis für die Durchsuchung einer Person aus §§ 29 I Nr. 1 und 2 sowie § 29 II PolG ergeben (Rn. 396 f. und 401). Sachen können gemäß § 30 Nr. 6 und 7 PolG durchsucht werden (Rn. 409 und 410).

6. § 26 I Nr. 6 PolG

197 § 26 I Nr. 6 PolG regelt die sog. **Schleierfahndung.** Diese Norm, deren Verfassungsmäßigkeit im Hinblick auf das Gebot der Bestimmtheit und den Grundsatz der Normenklarheit teilweise angezweifelt wird,[29] ermächtigt die Polizei zu einer ereignisunabhängigen Identitätsfeststellung zum Zwecke der Bekämpfung der grenzüberschreitenden Kriminalität. **Kontrollorte** sind öffentliche Einrichtungen des internationalen Verkehrs.

Beispiele:
Bahnhöfe, Züge, Flughäfen, Tankstellen, Rastanlagen, Häfen, Anlegestellen, Kanäle und Schleusen.

198 Weitere Kontrollorte sind Durchgangsstraßen. Hier nennt das Gesetz Bundesautobahnen, Europastraßen und andere Straßen von erheblicher Bedeutung für die **grenzüberschreitende Kriminalität.** Die erhebliche Bedeutung für die grenzüberschreitende Kriminalität ist durch Fakten zu belegen.[30] Zur **grenzüberschreitenden Kriminalität** gehören alle Straftaten, bei denen sich die Täter den Grenzkontrollabbau innerhalb der Europäischen Union sowie die Öffnung der Grenzen zu den Staaten des ehemaligen Ostblocks nutzbar machen.[31]

Beispiele:
Straftaten, bei denen Tatbeiträge in mehreren Staaten geleistet werden; Einschleusung und illegale Einreise ins Bundesgebiet.

199 § 26 I Nr. 6 PolG ermächtigt die Polizei zu **mobilen Fahndungsmaßnahmen** außerhalb von Kontrollstellen. Nach § 26 I Nr. 6 PolG darf kontrolliert werden, wer sich an den in der Vorschrift genannten Örtlichkeiten aufhält (sog. **Ortshaftung**). Die Eigenschaft als Störer wird nicht verlangt. Eine generelle Befugnis zur Durchsuchung von Personen und Sachen ist im Zusammenhang mit einer Schleierfahndung nach § 26 I Nr. 6 PolG nicht vorgesehen. Die Durchsuchung von Personen ist nach §§ 29 I Nr. 1 und 29 II PolG zulässig (Rn. 396 und 401). Die Durchsuchung mitgeführter Sachen richtet sich nach § 30 Nr. 1 PolG (Rn. 404).

7. Zulässige Maßnahmen zur Feststellung der Identität (§ 26 II PolG)

200 Nach § 26 II 1 PolG kann die Polizei die zur Feststellung der Identität einer Person erforderlichen Maßnahmen treffen. Sie kann den Betroffenen insbesondere **anhalten** und verlangen, dass er mitgeführte **Ausweispapiere vorzeigt und zur Prüfung aushändigt** (§ 26 II 2 PolG). Als weitere Maßnahmen kommen

---

29 Ruder Rn. 638 m. w. N.
30 Stephan/Deger § 26 Rn. 22a.
31 BMKS § 26 Rn. 24.

z. B. Rückfragen zur Überprüfung der Angaben im Ausweis, Absperrungen und Maßnahmen zur Unterscheidung kontrollierter von noch nicht kontrollierten Personen in Betracht. Gemäß § 26 II 3 PolG kann der Betroffene **festgehalten** und seine Person sowie die von ihm mitgeführten Sachen können **durchsucht** oder er kann zur Dienststelle (sog. **Sistierung**) gebracht werden, wenn seine Identität auf andere Weise nicht oder nur unter erheblichen Schwierigkeiten feststellbar ist. Bei einer Personendurchsuchung ist § 26 II 4 PolG zu beachten (Durchführung der Durchsuchung von einer Person des gleichen Geschlechts). Das Anhalten, Festhalten und die Sistierung sind, wenn sie nicht länger als eine Stunde dauern, **Freiheitsbeschränkungen** und **keine Freiheitsentziehungen**. Die Voraussetzungen für eine Sistierung nach § 26 II 3 PolG („nicht oder nur unter erheblichen Schwierigkeiten") decken sich mit denen des § 163b I 2 StPO. Sie stellen eine gesetzliche Konkretisierung des Übermaßverbotes dar und sollen sicherstellen, dass ein Eingriff in die persönliche Freiheit nur in Fällen erfolgt, in denen er zur Feststellung der Identität unerlässlich ist.[32]

Beispiele:
A zeigt der Polizei bei einer Personenfeststellung gemäß § 26 I Nr. 1 PolG seinen gültigen Personalausweis vor. Anhaltspunkte für eine Fälschung, Verfälschung oder sonstige Unstimmigkeiten liegen nicht vor. Da damit die Personenfeststellung vor Ort erfolgt ist, scheidet eine Sistierung des A aus. Eine Sistierung ist dagegen zulässig, wenn die Ausweise oder die Angaben des Betroffenen auf der Dienststelle überprüft werden müssen oder wenn eine unfriedliche Menge die Kontrolle an Ort und Stelle behindert.

Ein Festhalten über den Zeitraum von einer Stunde hinaus ist als **Freiheitsentziehung** nur unter den Voraussetzungen des Identitätsgewahrsams (§ 28 I Nr. 3 PolG) zulässig.[33]

8. Prüfung von Berechtigungsscheinen (§ 26 III PolG)

Nach § 26 III PolG kann die Polizei verlangen, dass ein **Berechtigungsschein** vorgezeigt und zur Prüfung ausgehändigt wird, wenn der Betroffene aufgrund einer Rechtsvorschrift verpflichtet ist, diesen Berechtigungsschein mitzuführen. § 26 III PolG dient nicht der Identitätsfeststellung, sondern der Kontrolle, ob der Betroffene einen Berechtigungsschein besitzt und mitführt, der ihn zu einer bestimmten Tätigkeit berechtigt.[34]

Beispiele:
Jagdschein, Waffenschein und Reisegewerbekarte.

§ 26 III PolG setzt voraus, dass der Betroffene die Tätigkeit ausübt, bei der er den Berechtigungsschein mitführen muss, oder dass die Ausübung unmittelbar bevorsteht.[35] Die Vorschrift ermächtigt nur zum Anhalten der zu kontrollierenden Person. Das Anhalten und die Kontrolle können gemäß §§ 49 II, 50 ff. PolG durchgesetzt werden. Ein Recht zum Einbehalten der vorgelegten Papiere

---

32 VGH BW Urteil vom 14.12.2010 – 1 S 338/10 – juris Rn. 33.
33 Stephan/Deger § 26 Rn. 27; Ruder Rn. 642.
34 Stephan/Deger § 26 Rn. 28.
35 BMKS § 26 Rn. 33.

kann sich aus §§ 32, 33 PolG oder beim Anfangsverdacht einer Straftat aus §§ 94 ff. StPO ergeben.[36] Spezielle Regelungen gehen § 26 III PolG vor.

Beispiel:
§ 4 II 2 FeV verpflichtet dazu, die Fahrerlaubnis auf Verlangen vorzuzeigen.

---

36 BMKS § 26 Rn. 35; Ruder Rn. 643.

E. Untersuchungen und DNA-Analyse

I. Allgemeines

Körperliche Untersuchungen sind alle Maßnahmen, die sich auf die Feststellung der Beschaffenheit des menschlichen Körpers richten.[1] Zu unterscheiden sind **einfache Untersuchungen** und **Eingriffe**. Im Gegensatz zu einer einfachen Untersuchung geht ein Eingriff mit einer Substanzverletzung des Körpers einher. Körperliche Untersuchungen tangieren den Schutzbereich des Rechts auf informationelle Selbstbestimmung (Art. 2 I i. V. m. Art. 1 I GG). **204**

> **Beispiele:**
> Beobachten alkoholbedingter Ausfallerscheinungen, Atemalkoholtests und die Entnahme von Speichel.

DNA-Analysen greifen ebenfalls in das Recht auf informationelle Selbstbestimmung ein.[2] Bei körperlichen Eingriffen ist außerdem der Schutzbereich von Art. 2 II 1 GG (körperliche Unversehrtheit) betroffen.[3]

> **Beispiele:**
> Entnahme von Blutproben, Röntgenaufnahmen oder Verabreichen von Brechmitteln.

Kurzfristige Freiheitsbeschränkungen für die Dauer der Durchführung der Maßnahme, wie z. B. das Verbringen zur Dienststelle oder ins Krankenhaus zum Zwecke einer Blutentnahme, sind Freiheitsbeschränkungen nach Art. 2 II 2 und Art. 104 I GG. Erfolgt eine längere Unterbringung zur Beobachtung, ist dies eine Freiheitsentziehung i. S. v. Art. 104 II 1 GG. **205**

Rechtsgrundlagen für Untersuchungen zur Strafverfolgung sind in § 81 StPO (Unterbringung zur Beobachtung), § 81a StPO (körperliche Untersuchung des Beschuldigten) und § 81c StPO (Untersuchung anderer Personen) enthalten. Die §§ 81e, 81f und 81g StPO regeln die DNA-Analyse zur Strafverfolgung. Die Rechtsgrundlagen für eine körperliche Untersuchung zur Gefahrenabwehr ergeben sich aus § 60 IV PolG i. V. m. §§ 25 I bis III Infektionsschutzgesetz (IfSG). Eine polizeigesetzliche Rechtsgrundlage für den Einsatz der DNA-Analyse existiert nicht. **206**

II. Strafverfahrensrechtliche Untersuchungen

1. Unterbringung des Beschuldigten nach § 81 StPO

§ 81 StPO regelt die Unterbringung des Beschuldigten zur psychischen Beobachtung in einem Strafverfahren. Nach § 81 I StPO kann das Gericht zur Vorbereitung eines Gutachtens über den psychischen Zustand des Beschuldigten nach An- **207**

---

1 Kramer Rn. 259.
2 BVerfG NJW 2008, 281; NJW 1996, 771 (772).
3 Maunz/Dürig/*Di Fabio* Art. 2 II GG Rn. 64.

hörung eines Sachverständigen und des Verteidigers anordnen, dass der Beschuldigte in ein öffentliches psychiatrisches Krankenhaus gebracht und dort beobachtet wird. Die Unterbringung dient der Klärung verfahrenserheblicher Tatsachen, wie z. B. Schuldfähig- oder Verhandlungsfähigkeit.[4] Voraussetzung für eine Unterbringungsbeobachtung ist gemäß § 81 II StPO ein **dringender Tatverdacht** (Rn. 31) und die **Verhältnismäßigkeit** der Maßnahme. Der Beschuldigte darf nicht festgehalten und beobachtet werden. Körperliche Untersuchungen sind ohne sein Einverständnis nur mit einer besonderen Anordnung nach § 81a StPO zulässig.[5] Zuständig für die Anordnung der Maßnahme ist im Vorverfahren das Gericht, das für die Eröffnung des Hauptverfahrens zuständig ist (§ 81 III StPO). Es besteht keine Eilzuständigkeit der Staatsanwaltschaft und der Polizei. Gegen den Unterbringungsbeschluss ist die sofortige Beschwerde statthaft. Diese hat entgegen § 307 I StPO aufschiebende Wirkung (§ 81 IV StPO). Die Dauer der Unterbringung darf nach § 81 V StPO sechs Wochen nicht überschreiten, selbst mit dem Einverständnis des Beschuldigten nicht. Eine Unterbringung anderer Personen als der eines Beschuldigten gegen deren Willen ist nicht zulässig.

2. Körperliche Untersuchung des Beschuldigten gemäß § 81a StPO

208 § 81a StPO ist die Rechtsgrundlage für eine körperliche Untersuchung des Beschuldigten. § 81a I StPO enthält die materiell-rechtlichen Anordnungsvoraussetzungen. Die Anforderungen an die formelle Rechtmäßigkeit ergeben sich aus § 81a II StPO. § 81a III StPO regelt die weitere Datenverarbeitung.

209 a) **Anordnungsvoraussetzungen des § 81a I StPO.** Nach § 81a StPO darf die körperliche Untersuchung des Beschuldigten zur Feststellung verfahrenserheblicher Tatsachen angeordnet werden. Der Beschuldigte muss dulden, dass sein Körper zum Augenscheinobjekt wird. Deswegen ist der **Grundsatz der Verhältnismäßigkeit** besonders zu berücksichtigen.[6] Da der Beschuldigte Untersuchungen nur dulden muss,[7] kann eine aktive Beteiligung, die z. B. bei Atemalkoholtests erforderlich ist, nicht erzwungen werden. Neben der Anordnung der Maßnahme gestattet § 81a StPO auch die mit der Untersuchung zwangsläufig verbundene Freiheitsbeschränkung.[8] Bei der körperlichen Untersuchung ist zum Schutz des Schamgefühls des Beschuldigten § 81d StPO zu beachten.

210 **Einfache körperliche Untersuchungen** i. S. v. § 81a I 1 StPO sind alle Maßnahmen, die sich auf die vom Willen des Beschuldigten unabhängige Beschaffenheit seines Körpers oder seines psychischen Zustandes richten. Einfache Untersuchungen können auch von Polizeibeamten vorgenommen werden.[9]

Beispiele:
Tests zur Feststellung der Drogen- oder Alkoholbeeinflussung und das Anschauen von Verletzungen.

---

4 Joecks § 81 Rn. 2.
5 LR/*Krause* § 81a Rn. 4; Meyer-Goßner/Schmitt § 81 Rn. 20.
6 Meyer-Goßner/Schmitt § 81a Rn. 1; LR/*Krause* § 81a Rn. 19; KK/*Senge* § 81a Rn. 3 jeweils m. w. N.
7 LR/*Krause* § 81a Rn. 22.
8 BVerfGE 16, 194 (202).
9 Meyer-Goßner/Schmitt § 81a Rn. 9.

Keine körperliche Untersuchung ist die Wahrnehmung des Erscheinungsbildes **211**
des Beschuldigten durch einen Zeugen ohne ein methodisches Vorgehen und
ohne nähere Nachschau.[10] Im Gegensatz zu einer Untersuchung liegt eine
Durchsuchung gemäß §§ 102 ff. StPO vor, wenn nach Gegenständen gesucht
wird, die in oder unter der Kleidung, auf der Körperoberfläche oder in den
natürlichen Körperöffnungen (Ohren, Mund, Scheide, After) versteckt sind.[11]
Blutentnahmen und **andere körperliche Eingriffe** nach § 81a I 2 StPO sind
Sonderformen der Untersuchung. Der Unterschied zur einfachen Untersuchung
besteht in der Beibringung von Verletzungen des Körpers oder der Zuführung
körperfremde Stoffe.[12]

Beispiele:
Entnahme körperlicher Bestandteile wie Körperzellen, Blut, Liquor, Samen,
Harn und Speichel, Magenaushebungen, Röntgenaufnahmen oder Verabreichen von Brechmitteln.

Betroffener der Maßnahme ist der **Beschuldigte**. Das können z. B. auch meh- **212**
rere unter Alkoholeinwirkung stehende Personen sein, die sich in oder auf einem Fahrzeug befinden oder befunden haben und gegen die der Tatverdacht
besteht, das Fahrzeug geführt zu haben.[13] Zweck der Maßnahme muss die
Feststellung verfahrenserheblicher Tatsachen sein. Hierzu gehört neben Tatsachen, die die Tat, die Täterschaft und Schuld des Beschuldigten beweisen, auch
seine Verhandlungsfähigkeit.[14] In diesem Zusammenhang ist besonders zu beachten, dass sich § 81a StPO nicht auf Maßnahmen zur Abwendung einer drohenden Gefahr für die Gesundheit einer Person bezieht.[15]

Körperliche Eingriffe müssen nach § 81a I 2 StPO **von einem Arzt nach den** **213**
Regeln der ärztlichen Kunst vorgenommen werden. Der Arzt wird dabei nach
§§ 75 ff. StPO als Sachverständiger tätig. **Gesundheitliche Nachteile** dürfen gemäß § 81a I 2 StPO nicht zu befürchten sein. Außerdem muss die Maßnahme
verhältnismäßig sein. Ausgehend hiervon werden das Einspritzen eines Kontrastmittels in die Halsschlagader für Röntgenaufnahmen des Gehirns (Angiografie), die zwangsweise Harnentnahme mit einem Katheder und das Aufzeichnen der Penisreaktion auf sexuelle Reize (Phallografie) als unzulässig
angesehen.[16] Eine Entnahme der Gehirn- und Rückenmarksflüssigkeit ist nur
zur Aufklärung schwerer Straftaten zulässig.[17] Die zwangsweise Verabreichung
von Brech- und Abführmitteln zur Aufklärung von BtM-Straftaten hat das
Bundesverfassungsgericht zwar als grundsätzlich verfassungsrechtlich unbedenklich angesehen.[18] Der Europäische Gerichtshof für Menschenrechte hat
jedoch entschieden, dass dieses Vorgehen gegen einen Beschuldigten, der BtM

---

10 Kramer Rn. 259.
11 Roxin/Schünemann § 33 Rn. 6; Meyer-Goßner/Schmitt § 81a Rn. 9.
12 LR/*Krause* § 81a Rn. 27.
13 LR/*Krause* § 81a Rn. 10.
14 Meyer-Goßner/Schmitt § 81a Rn. 6.
15 EGMR NJW 2006, 3117 (3120).
16 Näher hierzu LR/*Krause* § 81a Rn. 38 ff.
17 Meyer-Goßner/Schmitt § 81a Rn. 22.
18 BVerfG NStZ 2000, 96.

in sog. Body Packs verschluckt hat, zur Erlangung von Beweisen nicht notwendig und ein Verstoß gegen Art. 3 und Art. 6 EMRK ist, wenn das Ausscheiden auf natürlichem Weg abgewartet werden kann.[19]

214 Verstöße gegen § 81a I StPO machen die Untersuchungsergebnisse i. d. R. nicht unverwertbar. Bei einem bewussten und willkürlichen Verstoß gegen § 81a I StPO liegt dagegen ein Beweisverwertungsverbot vor.

Beispiel:
Ein Beweisverwertungsverbot besteht, wenn die Polizeibeamten A und B den Beschuldigten C zur Blutentnahme ins Krankenhaus bringen, und C dort mit dem Wissen und Wollen von A und B eine Krankenschwester die Blutprobe, ohne Leitung eines Arztes, entnimmt. Halten A und B die Krankenschwester dagegen versehentlich für eine Ärztin, soll kein Beweisverwertungsverbot für das Ergebnis der Blutprobe bestehen.[20]

215 b) Regelung des § 81a II StPO. Nach § 81a II StPO steht die Anordnung der körperlichen Untersuchung dem Richter und bei Gefahr im Verzug der Staatsanwaltschaft und ihren Ermittlungspersonen zu. Die richterliche Anordnung ist nicht erforderlich, wenn der Beschuldigte einwilligt. Die **Einwilligung** muss ausdrücklich, eindeutig und aus freiem Entschluss erklärt werden. Der Beschuldigte muss über die Sachlage, sein Weigerungsrecht und über die Konsequenzen einer Weigerung informiert werden.[21]

Beispiel:
Das Anbieten eines Atemalkoholtests muss mit einer Belehrung darüber verbunden sein, ob im Fall der Weigerung die Voraussetzungen für eine durch den Richter anzuordnende Blutentnahme vorliegen oder nicht.

216 Die für die Einwilligung erforderliche Verstandesreife kann durch Alkohol- und Drogenkonsum eingeschränkt sein. Im Zweifel muss die richterliche Anordnung eingeholt werden. Die Einwilligungsfähigkeit kann je nach den Umständen des Einzelfalls jedoch auch bei BKA-Werten bis zu 2 Promille vorliegen.[22]

217 **Gefahr im Verzug** müssen die Ermittlungsbehörden mit auf den Einzelfall bezogenen Tatsachen begründen und in den Ermittlungsakten dokumentieren.[23]

Beispiele:
Gefahr im Verzug liegt vor bei Nichterreichbarkeit des richterlichen Bereitschaftsdiensts oder bei Verweigerung der Entscheidung durch den Richter sowie der Entfernung des Beschuldigten vom Ort des Anhaltens bevor die richterliche Anordnung eingeholt werden kann.[24]

---

19 EGMR NJW 2006, 3117 (3120 ff.).
20 LR/*Krause* § 81a Rn. 96 ff.
21 Meyer-Goßner/Schmitt § 81a Rn. 3 f.
22 Meyer-Goßner/Schmitt § 81a Rn. 4.
23 BVerfG NJW 2007, 1345.
24 Nach Müller DIE POLIZEI 2010, 129 (130).

Bewusste und willkürliche Verstöße gegen § 81a II StPO führen zu einem Beweisverwertungsverbot.[25] In diesem Zusammenhang ist insbesondere zu beachten, dass der Richtervorbehalt auch für die Routinefälle der Entnahme einer Blutprobe wegen des Verdachts einer Straftat nach §§ 315c I Nr. a, II und III sowie 316 I und II StGB wegen des Führens eines Fahrzeuges unter Alkoholeinfluss gilt.[26] In diesen Fällen kann die Berufung auf einen drohenden Beweismittelverlust durch Verzögerung nur in wenigen Fällen Erfolg haben, weil die Abbaugeschwindigkeit bei Alkohol allgemein bekannt und daher eine Rückrechnung über viele Stunden möglich ist.[27]

c) Weitere Datenverarbeitung nach § 81a III StPO. Entnommene Blutproben oder andere Körperzellen dürfen nach § 81a III 1. Halbsatz StPO nur für das Ausgangs- oder ein anderes anhängiges Strafverfahren verwendet werden. Auch gegen Mitbeschuldigte ist die Verwendung zulässig. **Für andere Zwecke** dürfen Blutproben oder sonstige dem Beschuldigten entnommene Körperzellen **nicht** verwendet werden. Damit scheidet die Verwendung zur Gefahrenabwehr, z. B. um eine ansteckende Krankheit festzustellen, aus. Ebenso ist die Verwendung des Materials zu wissenschaftlichen Forschungszwecken oder im zivilrechtlichen Verfahren ausgeschlossen. Wenn das Strafverfahren in ein Bußgeldverfahren übergeht, ist eine Blutprobe nach § 46 IV 1 und 2 OWiG verwendbar, sonstige Körperzellen nur dann, wenn deren Entnahme zulässig gewesen wäre. § 81a III 2. Halbsatz StPO schreibt die Vernichtung der Untersuchungsmaterialien vor, sobald sie für ein Strafverfahren nicht mehr benötigt werden. Dieses ist mit Rechtskraft des Urteils der Fall. Das Vernichtungsgebot gilt nur für das Körpermaterial und nicht für die Ergebnisse der Untersuchung, die Bestandteil der Akten werden.[28]

3. Gegenüberstellung zum Wiedererkennen

Bei einer **Gegenüberstellung zum Wiedererkennen (Rekognition)** wird der Beschuldigte einem Zeugen gezeigt, um festzustellen, ob der Zeuge den Beschuldigten identifiziert. Hierbei muss der Beschuldigte nicht aktiv mitwirken. Er muss es jedoch dulden, dass sein Äußeres, z. B. durch Rasieren oder Aufsetzen einer Perücke, zwangsweise in einen gegenüberstellungsfähigen Zustand gebracht wird.[29] Um den **Beweiswert** einer Wiedererkennung zu steigern, ist der Zeuge vor dem Wiedererkennungsverfahren über die Umstände der behaupteten Wahrnehmung (z. B. Entfernung und Lichtverhältnisse) und zu den Merkmalen der betreffenden Person zu vernehmen.[30]

Wenn der Beschuldigte in die Gegenüberstellung einwilligt, kann diese nach § 163 I StPO durchgeführt werden. Eine zwangsweise Gegenüberstellung greift dagegen in das Recht auf informationelle Selbstbestimmung (Art. 2 I i. V. m. Art. 1 I GG) ein. Teile des Schrifttums sehen die Rechtsgrundlage hierfür in § 58 II StPO.[31]

---

25 BVerfG Beschluss vom 24.2.2011 – 2 BvR 1596/10 und 2 BvR 2346/10 – juris Rn. 12 ff.
26 Ausführlich hierzu Müller DIE POLIZEI 2010, 129 ff.
27 OLG Stuttgart NStZ 2008, 238 (239).
28 Kramer Rn. 260a m. w. N.
29 LR/*Krause* § 81a Rn. 47; Kramer Rn. 186a.
30 BGH NStZ 2009, 283 (284).
31 Meyer-Goßner/Schmitt § 58 Rn. 9.

Diese Auffassung überzeugt jedoch nicht. § 58 II StPO regelt die Vernehmungsgegenüberstellung. Eine **Vernehmungsgegenüberstellung (Konfrontation)** dient nicht der Identifizierung, sondern der Klärung von Widersprüchen zwischen einer Zeugenaussage und den Angaben des Beschuldigten oder eines anderen Zeugen durch Rede und Gegenrede, Fragen und Vorhalte. Hierbei handelt es sich um eine besondere Art der Vernehmung.[32] Da bei Vernehmungen nach § 136a I StPO kein Zwang angewendet werden darf, kann der Beschuldigte über § 58 II StPO nicht dazu gezwungen werden, gegen seinen Willen an einer Gegenüberstellung zum Wiedererkennen im Rahmen einer Vernehmung mitzuwirken. Wegen des Verbots von Zwang bei Vernehmungen scheidet auch § 163b III StPO als Rechtsgrundlage für eine Gegenüberstellung aus, der eine Erscheinungspflicht des Beschuldigten bei einer staatsanwaltlichen Vernehmung begründet.[33] Eine Rekognition kann auch nicht auf § 81b 1. Alt. StPO gestützt werden.[34] Die Täterschaft zählt nicht zu den unveränderlichen körperlichen Merkmalen, um deren Feststellung es bei einer erkennungsdienstlichen Behandlung geht (Rn. 253 ff.). Die h. M. sieht die Gegenüberstellung zur Wiedererkennung daher zu Recht als einen Sonderfall der körperlichen Untersuchung an und zieht hierfür § 81a StPO als Rechtsgrundlage heran.[35] Für diese Auffassung spricht insbesondere, dass der mit der Gegenüberstellung verbundene intensive Eingriff in das allgemeine Persönlichkeitsrecht des Beschuldigten damit dem Richtervorbehalt des § 81a II StPO unterstellt wird.

222 Eine Gegenüberstellung zum Wiedererkennen ist nach Nr. 18 RiStBV als **Wahlgegenüberstellung** durchzuführen.[36] Danach ist einem Zeugen eine Reihe von Vergleichspersonen gegenüberzustellen, wobei nicht zu erkennen sein darf, wer der Beschuldigte ist. Nach dem Bundesgerichtshof ist hierbei eine Zahl von mindestens acht Vergleichspersonen empfehlenswert, die dem Zeugen nacheinander präsentiert werden (sog. **sequentielle Wahlgegenüberstellung**).[37] Gegenüberstellungen sind offen durchzuführen. Daher weiß der Beschuldigte, dass er einem Zeugen präsentiert wird, um ihn als Täter zu erkennen oder auszuschließen. Eine offene Gegenüberstellung soll auch dann vorliegen, wenn ein Sichtkontakt zwischen dem Beschuldigten und dem Zeugen (z. B. durch einen sog. Venezianischen Spiegel) unterbunden ist.[38] Eine im Ermittlungsverfahren vorgenommene Wahlgegenüberstellung schließt eine Wiederholung in der Hauptverhandlung nicht aus. Allerdings hat ein Wiederkennen in Fällen vorangegangener Wiedererkennungsverfahren nur einen fragwürdigen Beweiswert. Zweifelhaft ist, ob der Zeuge noch unterscheiden kann, ob er die vorgezeigte Person nur deshalb wiedererkennt, weil er sie bei der Tat oder im Wiedererkennungsverfahren erkannt hat (sog. **Selbstfestlegungseffekt**).[39] Der **Dokumentation** einer im Ermittlungsverfahren durchgeführten Wahlgegenüberstellung mit

---

32 Lisken/Denninger/*Frister* F 76; Joecks § 81b Rn. 5.
33 Im Ergebnis ebenso Kramer Rn. 186.
34 So aber z. B. Roxin/Schünemann § 33 Rn. 16.
35 BVerfG NJW 1978, 1149 (1150); KK/*Senge* § 81a Rn. 6; LR/*Krause* § 81a Rn. 44; Kramer Rn. 186a.
36 Zur Durchführung der Identifizierungsgegenüberstellung auch Lisken/Denninger/*Frister* E 79 ff.
37 BGH NStZ 2012, 172 (173).
38 Meyer-Goßner/Schmitt § 58 Rn. 11; LR/*Krause* § 81a Rn. 46.
39 BGH NStZ 1996, 350.

Fotos und Protokollen kommt daher große Bedeutung zu, um den Transfer des Wiedererkennungsverfahrens in die Hauptverhandlung zu gewährleisten.[40]

4. Untersuchung anderer Personen (§ 81c StPO)

Die Untersuchung anderer Personen als Beschuldigter in einem Strafverfahren regelt § 81c StPO.

223

a) Regelung des § 81c StPO. § 81c I StPO ist geprägt vom **Zeugen-** und **Spurengrundsatz**. Nach dem **Zeugengrundsatz** trifft die Duldungspflicht zur Untersuchung nur Personen, die als Zeugen in Betracht kommen. Dabei kommt es nicht auf die Aussagefähigkeit der Person an. Daher dürfen auch Personen untersucht werden, die aufgrund ihres Alters (Kleinkinder) oder ihres Geisteszustandes keine Zeugenaussage machen können. Auch wer zur Tatzeit bewusstlos war, kann untersucht werden.[41] Der **Spurengrundsatz** kommt darin zum Ausdruck, dass der Zweck der Untersuchung die Feststellung von Spuren oder Tatfolgen am Körper sein muss.

224

Beispiele:
Stichwunden, Spermienreste, Blutspuren, Hautreste, Hautabschürfungen, Zahnlücken und Verletzungen.

Untersuchungen am Körper sind auch **gegen den Willen** des Zeugen zulässig. Eine Untersuchung am Körper ist insbesondere das Begutachten von Verletzungen. Auch die Untersuchung der natürlichen Körperöffnungen, deren Inneres ohne ärztliche Hilfe sichtbar gemacht werden kann, wie z. B. Scheidenabstriche und das Öffnen des Mundes zur Besichtigung der Zähne, ist zulässig.[42] Untersuchungen von Zeugen auf ihre Glaubwürdigkeit oder ihren allgemeinen Geisteszustand gegen ihren Willen sind nicht gestattet. Das Gericht kann ihre Glaubwürdigkeit nur dadurch überprüfen, dass es zu ihrer Vernehmung in der Hauptverhandlung einen Sachverständigen hinzuzieht.[43] **Körperliche Eingriffe**, wie z. B. das Auspumpen des Magens, Untersuchungen unter Narkose und Röntgenaufnahmen, sind **ohne Einwilligung unzulässig**.[44] Eine Einwilligung ist nur die freiwillige, ernstliche und in Kenntnis der Sachlage und des Weigerungsrechts erteilte ausdrückliche Zustimmung. Deshalb muss der Betroffene darüber belehrt werden, welche Maßnahme vorgenommen werden soll und dass sie ohne seine Einwilligung nicht zulässig ist. Bis zum Schluss der Untersuchung ist die Einwilligung widerrufbar. Was bis dahin ermittelt worden ist, bleibt aber verwertbar.[45]

225

b) Regelung des § 81c II StPO. § 81c II StPO verpflichtet zur Duldung von **Abstammungsuntersuchungen** und **Blutprobenentnahmen**. Untersuchungen zur Feststellung der Abstammung sind Lichtbildaufnahmen, Messungen und Fingerabdrücke.[46] Maßnahmen nach § 81c II StPO darf nur ein Arzt vorneh-

226

---

40 Ebenso Lisken/Denninger/*Frister* E Rn. 79.
41 LR/*Krause* § 81a Rn. 12.
42 Meyer-Goßner/Schmitt § 81c Rn. 16.
43 Näher hierzu Roxin/Schünemann § 33 Rn. 26 m. w. N.
44 Joecks § 81c Rn. 5.
45 LR/*Krause* § 81c Rn. 5 und 6 m. w. N.
46 Joecks § 81c Rn. 6.

men. Anders als bei § 81c I gilt bei § 81c II weder der Zeugengrundsatz noch der Spurengrundsatz.[47] Die Maßnahmen sind nur zulässig, wenn kein Nachteil für die Gesundheit des Betroffenen zu befürchten und sie zur Erforschung der Wahrheit unerlässlich sind.

Beispiel:
A ist Opfer eines Raubes geworden und zeigt die Tat gleich nach dem Vorfall bei der Polizei an. Da A unter Alkoholeinwirkung steht, wird eine Blutprobe angeordnet. Diese Blutentnahme ist nach § 81c II StPO zulässig, da die Feststellung des Grades der Alkoholbeeinflussung des Opfers zur Tataufklärung erforderlich ist.

227   c) **Untersuchungsverweigerungsrecht** des § 81c III StPO. § 81c III StPO regelt ein **Untersuchungsverweigerungsrecht**. Nach § 81c III 1 StPO können Untersuchungen oder Entnahmen von Blutproben aus den gleichen Gründen wie das Zeugnis verweigert werden. Dieses Untersuchungsverweigerungsrecht knüpft an das Zeugnisverweigerungsrecht des § 52 StPO an. In den Fällen von §§ 53, 53a, 54 und 55 StPO gilt es nicht.[48] Bei Minderjährigen oder Betreuten entscheidet der gesetzliche Vertreter, wenn diese über die Bedeutung ihres Untersuchungsverweigerungsrechts keine genügende Vorstellung haben (§ 81c III 2 1. Halbsatz StPO). Diese Bestimmung hat insbesondere Bedeutung für die Untersuchung von Kindern als Opfer von Kindesmisshandlungen. Es gibt keine feste Altersgrenze, ab wann eine ausreichende Verstandesreife anzunehmen ist. Bei 7-jährigen wird sie in der Regel fehlen,[49] bei 14-jährigen wird sie in der Regel vorhanden sein.[50] In der Praxis wird man davon ausgehen können, dass **Kinder im Alter von 10–12 Jahren** selbst entscheiden können, ob sie sich untersuchen lassen wollen. Die gesetzliche Vertretung bestimmt sich nach dem Bürgerlichen Gesetzbuch (§§ 1896, 1902, 1789 und 1626 ff. BGB). Ist der gesetzliche Vertreter selbst Beschuldigter, kann er über die Ausübung des Zeugnisverweigerungsrechts nicht entscheiden. Das Gleiche gilt für den nicht beschuldigten Elternteil, wenn die gesetzliche Vertretung beiden Eltern zusteht.

228   Über das Untersuchungsverweigerungsrecht besteht eine **Belehrungspflicht** (§ 81c III 2 2. Halbsatz StPO). Zuständig für die Erteilung der Belehrung ist der Richter, wenn er die Untersuchung oder den Eingriff anordnet. Erfolgt die Anordnung der Maßnahme nach § 81c V 1 StPO durch die Staatsanwaltschaft oder die Polizei haben sie die Belehrung auszusprechen.[51] Widerruft der Betroffene den Verzicht auf das Weigerungsrecht noch vor Abschluss der Untersuchung, so muss die Untersuchung abgebrochen werden. Das bis dahin erlangte Untersuchungsergebnis ist nur bei einer richterlichen Belehrung über das Untersuchungsverweigerungsrecht verwertbar.[52] Bei **Ausschluss des gesetzlichen Vertreters** muss das Vormundschaftsgericht einen Ergänzungspfleger gemäß § 1909 BGB bestellen, dem dann die Entscheidung obliegt. Den Antrag beim

---

47 Meyer-Goßner/Schmitt § 81c Rn. 18.
48 KK/*Senge* § 81c Rn. 10; Meyer-Goßner/Schmitt § 81c Rn. 23.
49 BGHSt 14, 159 (162).
50 BGHSt 20, 234 (235).
51 KK/*Senge* § 81c Rn. 12; LR/*Krause* § 81c Rn. 35 m. w. N.
52 LR/*Krause* § 81c Rn. 36.

Vormundschaftsgericht stellt das die Maßnahme anordnende Gericht.[53] § 81c III 3 und 5 StPO regeln bei Ausschluss oder Verhinderung des gesetzlichen Vertreters an einer rechtzeitigen Entscheidung ein **Beweissicherungsverfahren.** Wenn die sofortige Untersuchung oder die Entnahme der Blutprobe erforderlich erscheint, sind diese Maßnahmen nur auf besondere und nicht anfechtbare Anordnung des Gerichts zulässig (§ 81c III 3 und 4 StPO). Die in dem Beweissicherungsverfahren erhobenen Beweise dürfen nach § 81c III 5 StPO in dem weiteren Verfahren nur mit Einwilligung des hierzu befugten gesetzlichen Vertreters (Erziehungsberechtigter oder Ergänzungspfleger) verwertet werden.

d) Verhältnismäßigkeit nach § 81c IV StPO. Nach § 81c IV StPO sind Maßnahmen nach Absatz 1 und 2 unzulässig, wenn sie dem Betroffenen bei Würdigung aller Umstände nicht zugemutet werden können. Dies ist eine besondere Formulierung des **Grundsatzes der Verhältnismäßigkeit.** Zu berücksichtigen sind die persönlichen Verhältnisse der Beteiligten und die Art und Folgen der Untersuchung.[54]

229

e) Formell-rechtliche Anforderungen. Die Maßnahmen nach § 81c I und II StPO stehen gemäß § 81c V 1 StPO unter **Richtervorbehalt.** Bei Gefahr im Verzug besteht eine Eilzuständigkeit der Staatsanwaltschaft und ihrer Ermittlungspersonen. Dies gilt nicht für die Fälle des § 81c III 3 StPO. Aus § 81c V 2 i. V. m. § 81a III StPO ergibt sich ein Verwertungsverbot hinsichtlich des entnommenen Materials für andere Zwecke als für ein anhängiges Strafverfahren. Außerdem gilt die Vernichtungsregelung des § 81a III StPO entsprechend. **Unmittelbarer Zwang** darf nach § 81c VI StPO nur auf besondere Anordnung des Richters angewandt werden. Um **Verletzungen des Schamgefühls** zu vermeiden, sind bei einer Untersuchung nach § 81c StPO die Vorgaben von § 81d StPO zu beachten.

230

III. Untersuchungen im Bußgeldverfahren

§ 81a I StPO ist über § 46 IV 1 OWiG auch im Bußgeldverfahren mit der Einschränkung anzuwenden, dass nur die Entnahme von Blutproben und andere geringfügige Eingriffe zulässig sind.

231

Beispiel:
Entnahme einer Blutprobe zur Verfolgung von Verkehrsordnungswidrigkeiten nach § 24a StVG.

In einem Strafverfahren entnommene Blutproben und sonstige Körperzellen, deren Entnahme im Bußgeldverfahren zulässig gewesen wäre, dürfen gemäß § 46 IV 2 OWiG im Bußgeldverfahren verwendet werden. Ansonsten kommt eine körperliche Untersuchung im Bußgeldverfahren nur in seltenen Fällen in Betracht, weil sie für die Feststellung von Ordnungswidrigkeiten regelmäßig entbehrlich und mit dem Grundsatz der Verhältnismäßigkeit nicht zu vereinbaren ist.[55]

---

53 LR/*Krause* § 81c Rn. 47.
54 SK/*Rogall* § 81c Rn. 72 ff.
55 Göhler/*Seitz* § 46 Rn. 21 ff.

IV. Untersuchung zur Gefahrenabwehr

232 § 60 IV PolG enthält eine Befugnis des Polizeivollzugsdienstes für eine **Untersuchung zur Gefahrenabwehr**. Nach § 60 IV PolG ist der Polizeivollzugsdienst neben den Gesundheitsämtern zuständig (Parallelzuständigkeit) für die Anordnung von Maßnahmen nach § 25 I bis III IfSG, wenn Tatsachen die Annahme rechtfertigen, dass eine Übertragung besonders gefährlicher Krankheitserreger, wie insbesondere Hepatitis B-Virus, Hepatitis C-Virus oder Humanes Immundefiziens-Virus (HIV), auf eine andere Person stattgefunden hat, für diese daher eine Gefahr für Leib oder Leben bestehen könnte und die Kenntnis des Untersuchungsergebnisses für die Abwehr der Gefahr erforderlich ist. Durch § 60 IV PolG sollen Geschädigte (z. B. Beamte des Polizeivollzugsdienstes, Beschäftigte des Rettungsdienstes, Opfer von Straftaten oder medizinisches Personal), die einer Infektionsgefahr ausgesetzt waren, in die Lage versetzt werden, umgehend geeignete Maßnahmen der sog. **Postexpositionsprophylaxe** zu ergreifen.[56] Hierzu muss eine gewisse Wahrscheinlichkeit bestehen, dass die zu untersuchende Person mit einem entsprechen Krankheitserreger infiziert ist und der Betroffene so mit der zu untersuchenden Person in Kontakt gekommen ist.[57]

Beispiel:
Bei einer Durchsuchung des Drogenabhängigen D zieht sich der Polizeibeamte P eine Stichverletzung an einer von D in seiner Kleidung mitgeführten Spritze zu. Der Polizeivollzugsdienst kann die Entnahme einer Blutprobe von D und ihre Untersuchung nach § 60 IV PolG i. V. m. § 25 I und II i. V. m. § 16 I 1 und II IfSG anordnen, um eine Gesundheitsgefahr für P auszuschließen und erforderlichenfalls möglichst frühzeitig geeignete Gegenmaßnahmen ergreifen zu können.

233 Neben der sich aus § 25 I IfSG ergebenden Befugnis zur Anordnung von Untersuchungen und Entnahme von Untersuchungsmaterial verweist § 60 IV PolG noch auf die Befugnisse der §§ 25 II und III IfSG zur Durchführung der Ermittlungen. Hierdurch werden dem Polizeivollzugsdienst insbesondere ein **Betretungs-** und **Auskunftsrecht** (§ 25 II i. V. m. § 16 II IfSG) und eine Befugnis zur **Vorladung** der krankheits- und ansteckungsverdächtigen Person (§ 25 III IfSG) eingeräumt.

V. DNA-Analyse

234 Die **DNA (Desoxyribonukleinsäure)-Analyse** ist ein molekularbiologisches Verfahren. Es ermöglicht anhand von Gewebsteilen, die in Form von Blut, Sperma, Haaren etc. vorliegen können, ein genetisches Profil eines Menschen festzustellen, das zu seiner Identifizierung verwendet werden kann (sog. **genetischer Fingerabdruck**).[58] Die zwangsweise Entnahme der zu untersuchenden Körperzellen ist ein Eingriff in das Recht auf körperliche Unversehrtheit (Art. 2 II 1 GG).

---

56 LT-Drs. 15/2434 S. 42.
57 LT-Drs. 15/2434 S. 42.
58 Pommer JA 2008, 621. Ausführlich zu den wissenschaftlichen Grundlagen der DNA-Analyse LR/ Krause § 81e Rn. 6 ff.

Die Feststellung, Speicherung und weitere Verwendung eines DNA-Identifizierungsmusters ohne Einwilligung des Betroffenen greift in das Recht auf informationelle Selbstbestimmung (Art. 2 I i. V. m. Art. 1 I GG) ein.[59] Nach dem Bundesverfassungsgericht bestehen keine verfassungsrechtlichen Bedenken gegen eine DNA-Analyse, soweit dadurch keine Erbinformationen offengelegt werden. Der Kernbereich der privaten Lebensgestaltung wird hierdurch nicht tangiert, da sich die Untersuchung ausschließlich auf das formale Muster des nicht codierten Bereichs der DNA bezieht. Dieses ist als Identifikationsmerkmal nicht anders zu bewerten als Fingerabdrücke, Blutmerkmale oder Haarstruktur.[60]

Der Einsatz der DNA-Analyse zur Strafverfolgung ist in §§ 81e bis 81h StPO geregelt. §§ 81e und 81f StPO ermöglichen die **molekulargenetische Untersuchung von Vergleichsmaterial und Tatortspurenmaterial** in einem anhängigen Strafverfahren. Eine **DNA-Identitätsfeststellung für künftige Strafverfahren** ist unter den Voraussetzungen von § 81g StPO zulässig. Die Rechtsgrundlage für eine **molekulargenetische Reihenuntersuchung** ist § 81h StPO. Bei Maßnahmen nach §§ 81e ff. StPO entnimmt und untersucht in der Regel ein Arzt die Körperzellen nach den Regeln der ärztlichen Kunst. Wenn der Betroffene zur Mitwirkung bereit ist, erfolgt dies durch eine Speichelprobe. Ist dieses nicht der Fall, muss eine Blutprobe entnommen werden.[61] Der **Beweiswert** einer DNA-Analyse ist sehr hoch. Nach dem Bundesgerichtshof kann bei einem Seltenheitswert im Millionenbereich wegen der inzwischen erreichten Standardisierung der molekulargenetischen Untersuchung das Ergebnis der DNA-Analyse für die Überzeugung des Tatrichters dahin, dass die am Tatort gesicherte DNA-Spur vom Angeklagten herrührt, ausreichen. Davon unabhängig hat die Tatgericht jedoch die Frage zu beurteilen, ob zwischen der DNA-Spur und der Tat ein Zusammenhang besteht.[62] Das Polizeigesetz enthält keine Befugnis zur DNA-Analyse.[63] Im Bußgeldverfahren ist nach § 46 IV 3 OWiG die Verwendung von Blutproben und sonstigen Körperzellen zur Durchführung einer molekulargenetischen Untersuchung unzulässig.

1. Molekulargenetische Untersuchung gemäß §§ 81e und 81f StPO

a) Anordnungsvoraussetzungen des § 81e StPO. § 81e StPO regelt die molekulargenetische Untersuchung an durch Maßnahmen nach §§ 81a I und 81c StPO erlangtem sowie an aufgefundenem, sichergestelltem oder beschlagnahmtem Material zur Identitätsfeststellung in einem **anhängigen Strafverfahren**. Eingriffsschwelle ist dabei jeweils lediglich ein **Anfangsverdacht** nach § 152 II StPO. Wenn das Material von dem Beschuldigten stammt, darf dieses gemäß § 81e I 1 StPO nur zur Feststellung der Abstammung oder der Tatsache untersucht werden, ob das Spurenmaterial von dem Beschuldigten oder dem Verletzten stammt. Hierbei darf auch das Geschlecht der Person be-

---

59 BVerfG NJW 2008, 281; NJW 1996, 771 (772).
60 BVerfG NJW 1996, 771 (773); NJW 1996, 1587 (1588).
61 Joecks § 81g Rn. 3.
62 BGH NStZ 2009, 285 (286).
63 Anders z. B. § 19 III HSOG.

stimmt werden. Diese Untersuchungen sind nach § 81e I 2 StPO auch zulässig für entsprechende Feststellungen an dem durch Maßnahmen nach § 81c StPO erlangtem Material. Weitergehende Untersuchungen auf andere körperliche Merkmale, wie z. B. Krankheiten oder ethnischer Herkunft, sind nach § 81e I 3 StPO verboten. Verstöße hiergegen führen zu einem Beweisverwertungsverbot.[64]

Beispiel:
Gegen A besteht der Verdacht eines Mordes. Unter den Fingernägeln des Opfers sind Hautreste festgestellt worden, die vom Täter stammen könnten. A kann gemäß § 81a StPO eine Blutprobe entnommen werden, die anschließend gemäß § 81e I 1 StPO daraufhin molekulargenetisch untersucht wird, ob die Hautreste unter den Fingernägeln des Opfers von A stammen.

237 § 81e II StPO regelt die **Untersuchung des Spurenmaterials.** Nach § 81e II 1 StPO dürfen die nach § 81e I StPO zulässigen Untersuchungen auch an aufgefundenem, sichergestelltem oder beschlagnahmtem Spurenmaterial durchgeführt werden. Bei diesem Material handelt es sich in der Regel um das Material, das mit demjenigen verglichen werden soll, das dem Beschuldigten entnommen worden ist.[65] Auch hierbei darf die Untersuchung nur der Feststellung der Abstammung oder der Tatsache dienen, ob aufgefundenes Spurenmaterial von dem Beschuldigten oder dem Verletzten stammt (§ 81e II 2 i. V. m. § 81e I 3 StPO). Außerdem darf das Material nur für Zwecke des zugrundeliegenden oder eines anderen anhängigen Strafverfahrens verwendet werden. Es ist unverzüglich zu vernichten, sobald es hierfür nicht mehr erforderlich ist (§ 81e II 2 i. V. m. § 81a III StPO). In der Regel werden die Körperzellen, die dem Beschuldigten oder Dritten entnommen worden sind, und das aufgefundene Spurenmaterial gleichzeitig untersucht. Erst durch die anschließende Vergleichsuntersuchung kann festgestellt werden, ob aufgefundene Spuren von dem Beschuldigten oder von einer dritten Person stammen.[66]

238 b) **Formelle Rechtmäßigkeit nach § 81f StPO.** Gemäß § 81f I 1 StPO dürfen Untersuchungen nach § 81e I StPO ohne schriftliche Einwilligung der betroffenen Person nur durch das Gericht, bei Gefahr im Verzug auch durch die Staatsanwaltschaft und ihre Ermittlungspersonen angeordnet werden. Die **schriftliche Einwilligung** der betroffenen Person macht die richterliche Anordnung entbehrlich. Dem **Schriftformerfordernis** des § 81 f. I 1 StPO kommt eine **Dokumentations-** und **Aufklärungsfunktion** zu. Es sollen Unsicherheiten darüber vermieden werden, ob eine Einwilligung von der betroffenen Person abgegeben wurde, und zugleich gewährleistet werden, dass der Betroffene sich seiner Entscheidung hinreichend bewusst ist.[67] Deswegen ist die einwilligende Person nach § 81f I 2 StPO auch darüber zu belehren, für welchen Zweck die zu erhebenden Daten verwendet werden.

---

64 Meyer-Goßner/Schmitt § 81e Rn. 4.
65 Meyer-Goßner/Schmitt § 81e Rn. 9.
66 LR/*Krause* § 81e Rn. 37.
67 BT-Drs. 15/5674 S. 11.

Beispiel:
In dem obigen Beispiel kann die Polizei die Maßnahmen nach § 81e I grundsätzlich nur dann ohne vorherige richterliche Anordnung durchführen, wenn A zuvor nach ordnungsgemäßer Belehrung schriftlich einwilligt.

Für eine Untersuchung von aufgefundenem, sichergestelltem oder beschlagnahmtem Spurenmaterial besteht kein Richtervorbehalt. Die molekulargenetische Untersuchung des Spurenmaterials kann daher von der Staatsanwaltschaft oder der Polizei angeordnet werden.[68] Die Durchführung der molekulargenetischen Untersuchung ist in § 81f II StPO unter Berücksichtigung des Datenschutzes geregelt. **239**

2. DNA-Analyse gemäß § 81g StPO

§ 81g StPO ist die Rechtsgrundlage für eine **DNA-Identitätsfeststellung in künftigen Strafverfahren**. Die Norm ist die Grundlage für die beim Bundeskriminalamt gemäß § 8 VI Nr. 1 und § 2 IV Nr. 1 BKAG geführte DNA-Analyse-Datei. § 81g StPO dient – ebenso wie § 81b 2. Alt. StPO – der **Strafverfolgungsvorsorge**. Ziel der Norm ist die Bereitstellung von Beweismitteln zur Aufklärung künftiger Straftaten. § 81g I, II und IV StPO regeln die Entnahme und Untersuchung der Körperzellen zur DNA-Identitätsfeststellung. § 81g V StPO enthält die normativen Vorgaben für die Speicherung und Verwendung der erhobenen Daten. Die Anordnungsbefugnis für die Maßnahme ergibt sich aus § 81g III StPO. Das Bundesverfassungsgericht hat § 81g StPO als verfassungsgemäß angesehen. Die Gesetzgebungskompetenz des Bundes für Maßnahmen der Strafverfolgungsvorsorge ergibt sich aus Art. 74 I Nr. 1 GG.[69] **240**

a) Anordnungsvoraussetzungen des § 81g I StPO. Anordnungsvoraussetzung ist nach § 81g I 1 StPO der Anfangsverdacht einer Straftat von erheblicher Bedeutung oder eine Straftat gegen die sexuelle Selbstbestimmung. Eine **Straftat von erheblicher Bedeutung** liegt vor, wenn sie mindestens dem Bereich der mittleren Kriminalität zuzurechnen ist, den Rechtsfrieden empfindlich stört und geeignet ist, das Gefühl der Rechtssicherheit der Bevölkerung erheblich zu beeinträchtigen.[70]

Beispiele:
Verbrechen oder schwerwiegende Vergehen nach §§ 224, 243, 253 StGB.

Die **Straftaten gegen die sexuelle Selbstbestimmung** ergeben sich aus §§ 174 ff. StGB. Gemäß § 81g I 2 StPO kann die **wiederholte Begehung sonstiger Straftaten** im Unrechtsgehalt einer Straftat von erheblicher Bedeutung gleichstehen. Damit wird klagestellt, dass die Schwelle der Erheblichkeit auch durch die wiederholte Begehung von Straftaten unterhalb dieser Schwelle erreicht werden kann. Da die Straftaten nicht gleichartig sein müssen und schon ein einfacher Tatverdacht ausreicht, ist eine restriktive Anwendung von § 81g I 2 StPO gebo- **241**

---

[68] LG Potsdam NJW 2006, 1224.
[69] BVerfGE 103, 21.
[70] BVerfGE 103, 21 (34) m. w. N.

ten. Die Vorschrift soll nicht der weitläufigen Erfassung von kleiner und mittlerer Kriminalität dienen.[71]

Beispiele:
Wiederholte Begehung von Hausfriedensbrüchen oder sog. Stalking. Nicht dagegen bei einem wiederholten Schwarzfahren.[72]

242 Betroffener der Maßnahme ist der **Beschuldigte**. Unter den Voraussetzungen von § 81g IV StPO kann sich die Maßnahme auch gegen Verurteilte, Schuldunfähige und Jugendliche richten. Gegen Kinder ist sie nicht zulässig.[73] Es muss Grund zu der Annahme bestehen, dass gegen den Betroffenen künftig Strafverfahren wegen einer Straftat von erheblicher Bedeutung zu führen sind (**Wiederholungsgefahr**). Parameter für diese sog. **Negativprognose** sind die Art oder Ausführung der Tat, die Persönlichkeit des Betroffenen oder sonstige Erkenntnisse. Hierzu gehören kriminalistisch und kriminologisch anerkannte Erfahrungssätze.[74] Die Prognoseentscheidung setzt eine zureichende Sachaufklärung, insbesondere durch Beiziehung der maßgeblichen Akten und zeitnaher Auskünfte aus dem Bundeszentralregister voraus. Erforderlich ist eine auf den Einzelfall bezogene Entscheidung, die auf schlüssigen, verwertbaren und in der Entscheidung nachvollziehbar dokumentierten Tatsachen beruht und die Wahrscheinlichkeit künftiger Straftaten von erheblicher Bedeutung belegt.[75]

Beispiele:
A ist des versuchten Totschlags schuldig. Sein Vorstrafenregister enthält mehrere Verurteilungen wegen Körperverletzungsdelikten. A hat den versuchten Totschlag in der Bewährungszeit sieben Wochen nach der Entlassung aus der Untersuchungshaft begangen. Das Opfer hat versucht, A von der Tat abzuhalten. Angesichts dieser Verhaltensweisen ist die zukünftige Begehung von Straftaten von erheblicher Bedeutung hinreichend wahrscheinlich und eine Maßnahme gemäß § 81g I StPO zulässig.

243 Bei der bloßen Verwicklung eines Beschuldigten in ein Strafverfahren ohne die Wahrscheinlichkeit der Begehung von Straftaten mit erheblicher Bedeutung ist eine Maßnahme nach § 81g StPO nicht zulässig.[76] Dagegen schließt die Verurteilung zu einer Bewährungsstrafe, die eine günstige Sozialprognose voraussetzt, eine Negativprognose und damit die Annahme einer Wiederholungsgefahr nicht aus, weil beide Rechtsinstitute unterschiedlichen Zwecken dienen und entsprechend auch verschiedenen Prüfungsmaßstäben unterliegen.[77]

244 **b) Verfahrens- und Durchführungsvorschriften des § 81g II bis V StPO.** Nach § 81g II StPO dürfen die entnommenen Körperzellen nur für die molekulargenetische Untersuchung verwendet werden. Sie sind unverzüglich zu vernichten, wenn sie hierfür nicht mehr erforderlich sind. Bei der Untersuchung sind an-

---

71 Pommer JA 2007, 621 (625) m. w. N. Ebenso Senge NJW 2005, 3028 (3031).
72 BT-Drs. 15/5674 S. 11.
73 Meyer-Goßner/Schmitt § 81g Rn. 5.
74 Joecks § 81g Rn. 9.
75 BVerfG 103, 21 (35 f.).
76 BVerfG NJW 2008, 281 (282).
77 BVerfG StV 2009, 1 (2); OLG Celle NJW 2006, 3155 (3156) m. w. N.

dere Feststellungen als die des DNA-Identitätsmusters und des Geschlechts unzulässig.

Die Entnahme der Körperzellen bedarf gemäß § 81g III 1 StPO **ohne schriftliche Einwilligung** des Betroffenen grundsätzlich der richterlichen Anordnung. Bei **Gefahr im Verzug** besteht eine Eilzuständigkeit der Staatsanwaltschaft und ihrer Ermittlungspersonen. Die molekulargenetische Untersuchung der Körperzellen darf nach § 81g III 2 StPO ohne schriftliche Einwilligung nur durch das Gericht angeordnet werden (sog. **absoluter Richtervorbehalt**). Gemäß § 81g III 3 ist die einwilligende Person darüber zu belehren, für welchen Zweck die zu erhebenden Daten verwendet werden. Für die Untersuchung gelten nach § 81g III 4 StPO die Anforderungen von § 81f II StPO. § 81g III 5 StPO stellt die Anforderungen für die richterliche Begründung des Beschlusses auf.

245

§ 81g V StPO regelt die Speicherung und Verwendung der bei der DNA-Analyse erhobenen Daten. Nach § 81g V 1 StPO dürfen die erhobenen Daten beim Bundeskriminalamt gespeichert und nach Maßgabe des BKAG verwendet werden. Die Speicherung bedarf nicht einer nochmaligen gerichtlichen Anordnung. Sie erfolgt in der DNA-Analyse-Datei, die das Bundeskrimanalamt auf der Grundlage von § 8 VI Nr. 1 und § 2 IV Nr. 1 BKAG gemeinsam mit Landeskriminalämtern als Verbunddatei führt. Der Verweis auf das BKAG führt dazu, dass bei der Verwendung der Daten dessen Regelungen über die Datenverarbeitung, Datenschutzkontrolle und Schadenersatz gelten. Zeitliche Begrenzungen für die Speicherung bestehen nicht.[78] Nach § 11 IV 2 Nr. 3 BKAG sind die Staatsanwaltschaften dazu befugt, Daten aus dieser Datei für Zwecke der Strafrechtspflege in einem automatisierten Verfahren abzurufen. Nach § 81g V 2 StPO können auch die bei Maßnahmen nach § 81e I und II StPO erhobenen Daten unter den Voraussetzungen von § 81g I SPO beim Bundeskriminalamt gespeichert und nach Maßgabe des BKAG verwendet werden. Die Daten dürfen nach § 81g V 3 StPO nur für Zwecke eines Strafverfahrens, der Gefahrenabwehr und der internationalen Rechtshilfe verwendet werden. Bei der Speicherung von Daten, die bei einer Maßnahmen nach § 81e I StPO von dem Beschuldigten erhoben worden sind, ist dieser nach § 81g V 4 StPO von der speichernden Stelle (also dem Bundeskriminalamt) unverzüglich hiervon zu informieren und darauf hinzuweisen, dass er die gerichtliche Entscheidung beantragen kann.

246

3. Molekulargenetische Reihenuntersuchung gemäß § 81h StPO

§ 81h StPO steuert die **molekulargenetische Reihenuntersuchung** (sog. **Massenscreening** oder **Massengentest**) auf der Basis der freiwilligen Mitwirkung der betroffenen Personen nach einer vorherigen gerichtlichen Anordnung. Hierbei bitten die Strafverfolgungsbehörden eine Vielzahl von Personen, auf die die vermutlichen Tätermerkmale zutreffen, um die freiwillige Abgabe von Speichelproben und lassen diese dann molekulargenetisch zur Ermittlung des DNA-Identifizierungsmusters und zum Abgleich des aufgefundenen Spurenmaterials

247

---

[78] Pommer JA 2007, 621 (627).

(z. B. Blut, Haare, Sperma) untersuchen.[79] Die Maßnahme bedarf der **schriftlichen Einwilligung** der betroffenen Personen (§ 81h I i. V. m. § 81h IV StPO). Die Einwilligung darf nicht durch Zwang herbeigeführt werden. Außerdem besteht für eine molekulargenetische Reihenuntersuchung ein **absoluter Richtervorbehalt** (§ 81h II StPO). Eine Eilzuständigkeit der Staatsanwaltschaft und ihrer Ermittlungspersonen ist nicht gegeben. Die näheren Einzelheiten für die Durchführung sind in § 81h III StPO geregelt.

248 Nach § 81h I StPO ist die Durchführung einer molekulargenetischen Reihenuntersuchung beim Anfangsverdacht eines Verbrechens gegen das Leben, die körperliche Unversehrtheit, die persönliche Freiheit oder die sexuelle Selbstbestimmung zulässig. In diesem Fall dürfen Personen, die bestimmte, auf den Täter vermutlich zutreffende **Prüfungsmerkmale** erfüllen, Körperzellen entnommen, diese zur Feststellung des DNA-Identifizierungsmusters und des Geschlechts molekulargenetisch untersucht und die festgestellten DNA-Identifizierungsmuster mit den DNA-Identifizierungsmustern von Spurenmaterial automatisiert abgeglichen werden.

Beispiele:
Prüfungsmerkmale sind Alter, Geschlecht, Wohnort, Haar- und Augenfarbe, Kahlköpfigkeit, Eigenschaft als Halter eines bestimmten Fahrzeugtyps oder Zugehörigkeit zu einem bestimmten Unternehmen.[80]

249 Eine hinreichende Abgrenzung des betroffenen Personenkreises ist dadurch zu gewährleisten, dass möglichst viele **eingrenzende Merkmale** zu bestimmen sind, die auf den mutmaßlichen Täter zutreffen. Es ist nicht erforderlich, dass bei der Anordnung sämtliche Personen, die sich dem Reihentest unterziehen sollen, bereits namentlich feststehen. So ist es möglich, bei der Auswahl einer konkreten Person über die Prüfungsmerkmale hinaus Umstände (z. B. zweifelsfreies Alibi) zu berücksichtigen, die eine Verbindung zur Straftat ausschließen und eine Mitwirkung am Reihengentest entbehrlich machen.[81] Der molekulargenetische Reihentest muss zur Feststellung **erforderlich** sein. Die **Erforderlichkeit** besteht, wenn alle anderen Ermittlungsmaßnahmen nicht zum Erfolg geführt haben. Der Massengentest muss also **ulitma ratio** sein. Er kann in der Regel nicht direkt am Anfang der Ermittlungen durchgeführt werden[82] Außerdem darf das Massenscreening insbesondere im Hinblick auf die Anzahl der von ihm betroffenen Personen nicht außer Verhältnis zur Schwere der Tat stehen. Hierbei können auch die Kosten des Tests berücksichtigt werden.[83] § 81h I StPO normiert eine eindeutige Zweckbindung von Untersuchung und Ableich der DNA-Proben. Die Ermittlung von Identifizierungsmustern und ihr Abgleich mit dem des Spurenmaterials darf nur vorgenommen werden, soweit dies für die Feststellung erforderlich ist, ob das Spurenmaterial von den Teilnehmern des Reihengentests stammt. Die nach § 81h III 1 StPO entsprechend

---

79 Saliger/Ademi JuS 2008, 193. Zu den erfolgskritischen Faktoren molekulargenetischer Reihentests Kuhne DIE POLIZEI 2011, 19 ff.
80 Senge NJW 2005, 3028 (3032).
81 BT-Drs. 15/5674 S. 13.
82 Saliger/Ademi JuS 2008, 193 (195) m. w. N.
83 Näher hierzu z. B. LR/*Krause* § 81h Rn. 22; Meyer-Goßner/Schmitt § 81h Rn. 5.

geltende Vorschrift des § 81g II 2 StPO verbietet es, darüberhinausgehende Untersuchungen vorzunehmen und weitergehende Feststellungen zu treffen. Verwandschaftsabgleichungen von sog. Beinahetreffern bei DNA-Reihenuntersuchungen sind daher unzulässig.[84]

Für die Ermittler ist ansonsten insbesondere fraglich, ob die **Verweigerung der Mitwirkung** an einem Massenscreening einen Anfangsverdacht begründen kann, der dann Maßnahmen nach §§ 81a, 81e und 81f StPO zulässt. Hierfür reicht die Nichtteilnahme für sich alleine nicht aus. Hinzukommen müssen vielmehr noch weitere verdachtsbegründende Umstände.[85]

250

Beispiel:
In einem Strafverfahren wegen eines Sexualdelikts wird ein Reihengentest durchgeführt. Obwohl B die Prüfungsmerkmale erfüllt, nimmt er an dem Test nicht teil. B ist den Ermittlern zuvor durch widersprüchliche Äußerungen zu einem Alibi aufgefallen. Gegen B könnten nun Maßnahmen nach §§ 81a, 81e StPO ergriffen werden. Dieses ist dagegen nicht der Fall, wenn außer der Weigerung der Mitwirkung an dem Test gegen B keine weiteren verdachtsbegründenden Umstände vorliegen.

---

84 BGH NJW 2013, 1827 (1829).
85 BT-Drs. 15/5674 S. 14; BGH NStZ 2004, 392; BVerfG NJW 1996, 1587 (1588); NJW 1996, 3071 (3072).

F. Erkennungsdienstliche Maßnahmen

I. Allgemeines

251 Erkennungsdienstliche Maßnahmen (sog. ED-Behandlung) dienen der Feststellung unveränderlicher körperlicher Merkmale des Betroffenen.[1]
Beispiele:
Abnahme von Finger-, Handflächen- und Fußabdrücken, Aufnahme von Lichtbildern und Bildaufzeichnungen, Feststellung von Narben und Tätowierungen, Feststellung von Körpergröße und Gewicht.[2]

252 Eine ED-Behandlung ist eine **offene Erhebung personenbezogener Daten** und daher ein Eingriff in das Recht auf informationelle Selbstbestimmung (Art. 2 I i. V. m. Art. 1 I GG). Das kurzfristige Festhalten einer Person für die Dauer der Durchführung erkennungsdienstlicher Maßnahmen, auch das Mitnehmen zur Dienststelle, ist außerdem eine Freiheitsbeschränkung i. S. v. Art. 2 II 2 GG und Art. 104 I GG.[3] Eine verdeckte ED-Behandlung ist nicht zulässig. Unzulässig im Rahmen einer ED-Behandlung sind auch körperliche Eingriffe, also Maßnahmen, durch die die körperliche Unversehrtheit verletzt wird, wie die Entnahme einer Blutprobe.[4] Die Rechtsgrundlagen für erkennungsdienstliche Maßnahmen sind § 81b StPO und § 36 PolG. Während § 81b 1. Alt. StPO mit der ausdrücklichen Benennung der tatbestandlichen Voraussetzung „für die Zwecke des Strafverfahrens" der Strafverfolgung dient, soll § 81b 2. Alt. StPO der zukünftigen Verfolgung von möglichen späteren oder später bekanntwerdenden Straftaten zu Gute kommen.[5] § 36 PolG regelt die Durchführung erkennungsdienstlicher Maßnahmen zur Identitätsfeststellung (§ 36 I Nr. 1 PolG) und zur vorbeugenden Bekämpfung von Straftaten (§ 36 I Nr. 2 PolG). Bei § 81b 2. Alt. StPO und § 36 I Nr. 2 PolG stellt sich das Problem der Abgrenzung (Rn. 271). § 81b StPO und § 36 PolG werden durch spezielle bundesgesetzliche Regelungen für eine ED-Behandlung verdrängt.
Beispiele:
§ 15 II Nr. 7 AsylG, §§ 49, 89 AufenthG, § 24 BPolG, § 20e BKAG, § 6 III 2 PassG und § 86 StVollzG.

II. ED-Behandlung gemäß § 81b StPO

253 Gemäß § 81b StPO dürfen Lichtbilder und Fingerabdrücke des Beschuldigten auch gegen seinen Willen aufgenommen und Messungen und ähnliche Maßnahmen an ihm vorgenommen werden, soweit es für die Zwecke des Strafverfahrens (1. Alt.) oder für die Zwecke des Erkennungsdienstes (2. Alt.) notwen-

---

1 Kramer Rn. 184.
2 Meyer-Goßner/Schmitt § 81b Rn. 8.
3 LR/*Krause* § 81b Rn. 15.
4 Stephan/Deger § 36 Rn. 13; BMKS § 36 Rn. 11.
5 BVerwG NJW 2006, 1225 (1226).

dig ist. § 81b 1. Alt. StPO regelt Maßnahmen zur Identifizierung des Beschuldigten in einem anhängigen Strafverfahren. Maßnahmen für erkennungsdienstliche Zwecke in zukünftigen Strafverfahren erfasst dagegen § 81b 2. Alt. StPO.

1. Datenerhebung nach § 81b 1. und 2. Alt. StPO

Identifizierungsmaßnahmen nach § 81b 1. Alt. StPO sollen be- oder entlastende Fakten in einem anhängigen Strafverfahren gegen einen Beschuldigten liefern.

Beispiel:
Ein Einbrecher ist durch ein enges Kellerfenster eingestiegen und hat wertvollen Wein entwendet. Es wird ein Beschuldigter mit durchschnittlicher Statur ermittelt. Auf § 81b 1. Alt. StPO gestützte Messungen seines Körperumfanges können belegen, ob er überhaupt durch das Fenster gepasst hätte.

Zur Vorbereitung von Identifizierungsmaßnahmen nach § 81b 1. Alt. StPO kann die Veränderung des Erscheinungsbildes des Beschuldigten angeordnet und zwangsweise durchgeführt werden.[6]

Beispiele:
Entfernen und Aufsetzen von Perücken oder Veränderung der Haar- und Barttracht.

Der Zweck von **Maßnahmen des Erkennungsdienstes nach § 81b 2. Alt. StPO** ist nicht die Überführung des Beschuldigten in einem anhängigen Strafverfahren, sondern die vorsorgliche Bereitstellung von Beweismitteln für die Erforschung und Aufklärung künftiger Straftaten.[7]

Beispiel:
A wird beschuldigt, mehrere Wochenendhäuser aufgebrochen zu haben. Er wird von der Polizei nach § 81b 2. Alt. StPO erkennungsdienstlich behandelt, um zukünftige ähnliche Straftaten besser aufklären zu können.

Maßnahmen nach § 81b StPO richten sich gegen den **Beschuldigten**. Das ist der Tatverdächtige, gegen den zureichende tatsächliche Anhaltspunkte für den Verdacht einer Straftat vorliegen und gegen den deshalb ein Strafverfahren eingeleitet wird (Rn. 42). Daher scheiden rechtskräftig Verurteilte oder Kinder als Adressaten der Maßnahmen nach § 81b StPO aus. Auch nach einer endgültigen Verfahrenseinstellung gemäß §§ 153 ff. und 170 II StPO ist § 81b StPO nicht mehr anwendbar.[8] Gegen Verdächtige, die noch keine Beschuldigten sind, dürfen Maßnahmen der Identitätsfeststellung nur nach § 163b I 2 und 3 StPO durchgeführt werden. Die Regelung des § 81b 2. Alt. StPO für die ED-Behandlung von Beschuldigten für künftige Strafverfahren verdrängt in ihrem Anwendungsbereich § 36 I Nr. 2 PolG. Adressat einer ED-Behandlung nach § 36 I Nr. 2 PolG kann daher nur eine Person sein, die kein Beschuldigter in einem Strafverfahren ist (Rn. 271).[9]

---

6 BGH NStZ 1993, 47.
7 BVerwG NVwZ-RR 2011, 710.
8 Meyer-Goßner/Schmitt § 81b Rn. 7.
9 VGH BW VBlBW 2004, 215.

Beispiel:
In einem Strafverfahren ist B rechtkräftig freigesprochen worden. Eine ED-Behandlung von B ist nun nicht mehr nach § 81b 2. Alt. StPO möglich, da B kein Beschuldigter mehr ist. Rechtsgrundlage für eine ED-Behandlung des B könnte allenfalls § 36 I Nr. 2 PolG sein.

258 Zulässige Maßnahmen i. S. v. § 81b StPO sind nur solche, die, ohne dass es einer körperlichen Untersuchung bedarf, der Feststellung der körperlichen Beschaffenheit dienen. Zu den zulässigen Maßnahmen s. Rn. 251. Maßnahmen, die die Feststellung der DNA-Identität bezwecken, sind nicht nach § 81b zulässig. Diese richten sich nach §§ 81a, 81e und 81g StPO.[10]

Beispiel:
Nicht zulässig ist daher die zwangsweise Entnahme von Speichel im Rahmen einer ED-Behandlung nach § 81b StPO zur Feststellung der DNA-Identität.

259 Die **Notwendigkeit** der Maßnahmen beurteilt sich bei § 81b 1. Alt. StPO nach § 244 II StPO.[11] Sind also alle Beweise erhoben, so ist eine ED-Behandlung nach § 81b 1. Alt. StPO ausgeschlossen. Notwendig aufgrund der Beweislage ist eine ED-Behandlung jedoch schon, wenn ihre Brauchbarkeit zur Sachaufklärung nicht ausgeschlossen werden kann oder wenn die Maßnahme zumindest einen gewissen Beweiswert hat.

Beispiel:
Nach einer Festzeltschlägerei, bei der der Beschuldigte mit einem abgebrochenen Bierglas als Waffe seinen Kontrahenten schwer verletzt hat, wird der Beschuldigte nach § 81b 1. Alt. StPO erkennungsdienstlich behandelt. § 81b 1. Alt. StPO ist anwendbar, da möglicherweise noch Zeugen unter Vorlage des Lichtbildes des Beschuldigten befragt werden müssen.

260 Die Anfertigung erkennungsdienstlicher Unterlagen nach § 81b 2. Alt. StPO ist **notwendig**, wenn nach kriminalistischer Erfahrung angesichts aller Umstände des Einzelfalls Anhaltspunkte dafür bestehen, dass der Beschuldigte zukünftig in den Kreis Verdächtiger einer noch aufzuklärenden anderen strafbaren Handlung einbezogen werden könnte (**Wiederholungsgefahr**) und dass die erkennungsdienstlichen Unterlagen die dann zu führenden Ermittlungen – den Betroffenen letztlich überführend oder entlastend – fördern können.[12] Der unbestimmte Rechtsbegriff der Notwendigkeit unterliegt der vollen gerichtlichen Kontrolle.[13] Für eine Wiederholungsgefahr sprechen insbesondere: Gewohnheits-, Serien-, Gewerbs- und Bandenmäßigkeit, Professionalität, Täterschaft aus Überzeugung, reisende Täter, sucht- oder triebbedingtes Verhalten, einschlägige Vortaten und Straftaten von erheblicher Bedeutung.[14] Die Rechtmäßigkeit der Prognose wird nicht durch einen späteren Wegfall der Beschuldigteneigenschaft durch eine Beendigung des Straf-

---

10 VG Aachen Beschluss vom 6.4.2006 – 6 L 63/06 – juris Rn. 10 ff.; Lisken/Denninger/*Rachor* E Rn. 397.
11 Joecks § 81b Rn. 7.
12 BVerwG NVwZ-RR 2012, 342 (343); NJW 2006, 1225 (1226).
13 VGH BW NJW 2008, 3082 (3083).
14 Meyer-Goßner/Schmitt § 81b Rn. 12 f.

verfahrens aufgrund von Einstellung, Verurteilung oder Freispruch tangiert.[15] Die von einem Strafgericht ausgesprochene Strafaussetzung zur Bewährung mit der darin vorausgesetzten günstigen Sozialprognose steht einer Maßnahmen nach § 81b 2. Alt. StPO nicht entgegen, da die anzulegenden Maßstäbe unterschiedlich sind.[16] Die **Notwendigkeit** der ED-Behandlung richtet sich nach den Straftaten, für die Wiederholungsgefahr prognostiziert wird. Dies gilt insbesondere auch für den Umfang der Maßnahmen.[17]

> **Beispiel:**
> Wenn die Wiederholungsgefahr für ein Vermögensdelikt besteht, sind im Rahmen einer ED-Behandlung nach § 81b 2. Alt. StPO Maßnahmen, die auf die Feststellungen unveränderlicher Merkmale, wie Tätowierungen und Narben, im Intimbereich abzielen, nicht notwendig.

Liegen die Voraussetzungen von § 81b 2. Alt. StPO vor, können auch ursprünglich nach § 81b 1. Alt. StPO für Zwecke eines laufenden Strafverfahrens erstellte erkennungsdienstliche Unterlagen für die Identifizierung in künftigen Verfahren genutzt werden.[18]

2. Formelle Rechtmäßigkeit

Die **Anordnungsbefugnis** für Maßnahmen nach § 81b 1. Alt. StPO steht im Ermittlungsverfahren der Staatsanwaltschaft und der Polizei zu.[19] Nach der Anklageerhebung ist das Gericht zuständig, das mit der Sache befasst ist. Für Maßnahmen gemäß § 81b 2. Alt. StPO ist die Polizei anordnungsbefugt.[20] Obwohl § 81b 2. Alt. StPO mit der Bereitstellung von Beweismitteln zur Aufklärung künftiger Straftaten der **Strafverfolgungsvorsorge** dient und deswegen eigentlich Strafverfahrensrecht ist,[21] sieht das Bundesverwaltungsgericht in § 81b 2. Alt. StPO eine polizeirechtliche Regelung.[22] Dies hat zur Konsequenz, dass die Anordnung einer ED-Behandlung ein Verwaltungsakt i. S. v. § 35 1 LVwVfG ist, für dessen Erlass die Vorschriften des LVwVfG gelten und gegen den die Rechtsmittel der VwGO (Widerspruch nach §§ 68 ff. VwGO und Anfechtungsklage nach § 42 I 1. Alt. VwGO) statthaft sind. §§ 23 ff. EGGVG sollen nicht anwendbar sein.[23] Widerspruch und Anfechtungsklage gegen die Anordnung der ED-Behandlung nach § 81b 2. Alt. StPO haben daher gemäß § 80 I 1 VwGO aufschiebende Wirkung. Dies hat zur Folge, dass die Maßnahme bis zu einer rechtskräftigen gerichtlichen Entscheidung über die Rechtsmittel des Adressaten nicht gegen dessen Willen durchführbar ist, wenn die Polizei die Anordnung der ED-Behandlung nicht gemäß § 80 II 1 Nr. 4 VwGO

---

15 BVerwG NJW 2006, 1225 (1226).
16 VGH BW VBlBW 2016, 424 (425); NJW 2008, 3082 (3083).
17 OVG NW DVBl. 2010, 852; VGH BW VBlBW 2004, 214 (216 f.).
18 Lisken/Denninger/*Frister* F Rn. 290.
19 LR/*Krause* § 81b Rn. 22.
20 BVerwG NJW 2006, 1225 (1226).
21 So auch HessVGH Beschluss vom 8.12.2010 – 8 E 1698/10 – juris Rn. 12; Lisken/Denninger/ *Rachor* E Rn. 416 ff.; Schenke JZ 2006, 707 ff.; Kramer JR 1994 224 (230 f.).
22 BVerwG NVwZ-RR 2014, 848 f.; NVwZ-RR 2011, 710. Ebenso z. B. Meyer-Goßner/Schmitt § 81b Rn. 3; Joecks § 81b Rn. 3.
23 BVerwG NVwZ-RR 2011, 710.

für sofort vollziehbar erklärt.[24] Für die Vollstreckung einer Anordnung der ED-Behandlung nach § 81b 2. Alt. StPO gelten §§ 49 II ff. PolG. Die Anordnung einer ED-Behandlung nach § 81b 2. Alt. StPO kann auch mit einer Vorladung gemäß § 27 I Nr. 2 PolG (Rn. 485 f.) durchgesetzt werden.

3. Weitere Datenverarbeitung

263 Die nach § 81b 1. Alt. StPO gewonnenen Unterlagen werden Bestandteil der Ermittlungsakten. Die Speicherung der Daten in Dateien für Zwecke des Strafverfahrens ist gemäß § 483 StPO zulässig. Die **Speicherung** von ED-Unterlagen i. S. v. § 81b 2. Alt. StPO richtet sich gemäß § 484 IV StPO nach § 38 PolG.[25]

264 Die **Nutzung** der nach § 81b StPO erhobenen personenbezogenen Daten erfolgt in der Regel über § 163 I StPO. In der Praxis spielt dabei die **Lichtbildvorlage** eine wichtige Rolle. Die Lichtbildvorlage kommt zur Fahndung nach unbekannten Tätern und zur Identifizierung des Beschuldigten in Betracht.

Beispiele:
Ein Exhibitionist (§ 183 StGB) hat mehrere Frauen belästigt. Eine Zeugin gibt eine ziemlich genaue Personenbeschreibung ab. Aufgrund ihrer Angaben werden diejenigen Lichtbilder früherer Beschuldigter aus der Lichtbildvorzeigekartei ausgewählt, die dem jetzt beschriebenen Täter nach dem Gesamtbild der äußeren Erscheinung ähneln, und der Zeugin vorgezeigt. Rechtsgrundlage für das Anfertigen der Bilder ist § 81b 2. Alt. StPO. Die Vorlage der Bilder ist auf § 163 I StPO zu stützen.

265 Um den Beweiswert nicht zu mindern, ist eine Vorlage von Lichtbildern nach Nr. 18 RiStBV als **Wahllichtbildvorlage** durchzuführen. Hierbei sollen nach dem Bundesgerichtshof wie bei der Wahlgegenüberstellung (Rn. 222) mindestens 8 Lichtbilder von Vergleichspersonen eingesetzt werden. Die Lichtbilder müssen dem Zeugen nicht gleichzeitig, sondern nacheinander (sequentiell) vorgelegt werden. Um den Beweiswert der Wahllichtbildvorlage nicht zu mindern, müssen dem Zeugen auch dann mindestens acht Vergleichspersonen gezeigt werden, wenn er den Täter z. B. schon auf dem fünften Lichtbild erkannt hat.[26] Insgesamt ist damit eine Einzelbildvorlage nicht unzulässig. Sie hat jedoch regelmäßig einen geringeren Beweiswert als eine ordnungsgemäße Wahllichtbildvorlage.[27]

III. ED-Behandlung im Strafverfahren zur Identitätsfeststellung

266 Eine ED-Behandlung zur Identitätsfeststellung ist im Strafverfahren nach § 163b I 3 StPO beim Verdächtigen und nach § 163b II 3 StPO StPO beim Unverdächtigen (nur mit dessen Einwilligung) zulässig.

---

24 Hierzu VGH BW VBlBW 2016, 424.
25 VGH BW VBlBW 2004, 214 (217).
26 BGH NStZ 2012, 172 (173).
27 OLG Koblenz NStZ-RR 2008, 81 (82).

Beispiel:
B wird bei dem Aufbrechen eines Automaten auf frischer Tat gestellt. Er hat keinen Ausweis bei sich, als Wohnort gibt er Dortmund an. Es bestehen Zweifel, ob seine Personalangaben korrekt sind. B wird gemäß § 163b I 3 StPO erkennungsdienstlich behandelt.

267 Bei Kontrollstellen nach § 111 StPO gilt § 163b StPO entsprechend (§ 111 III StPO). Umstritten ist, ob hier auch § 163b II 2 2. Halbsatz StPO (Erfordernis der Einwilligung Unverdächtiger) anwendbar ist. Hiergegen spricht, dass die Unterscheidung zwischen Verdächtigen und Unverdächtigen bei Kontrollen nach § 111 StPO aufgegeben worden ist.[28]

IV. ED-Behandlung im Bußgeldverfahren

268 Zur Beweissicherung (§ 81b 1. Alt. StPO) oder zur Identitätsfeststellung Verdächtiger einer Ordnungswidrigkeit sind ED-Maßnahmen nach § 46 I OWiG unter Beachtung des Grundsatzes der Verhältnismäßigkeit zulässig. Eine ED-Behandlung nach § 81b 2. Alt. StPO scheidet im Bußgeldverfahren aus Gründen der Verhältnismäßigkeit aus.[29]

V. ED-Behandlung gemäß § 36 PolG

269 § 36 PolG ist die polizeigesetzliche Rechtsgrundlage für die Durchführung erkennungsdienstlicher Maßnahmen zur Identitätsfeststellung und zur vorbeugenden Bekämpfung von Straftaten. Zuständig ist der Polizeivollzugsdienst. Die Anordnung zur Durchführung einer ED-Behandlung kann schriftlich oder mündlich ergehen. Sie verpflichtet den Betroffenen nicht zur aktiven Mitwirkung, sondern nur zur Duldung der Maßnahmen, und kann mit einer Vorladung nach § 27 PolG verbunden sein. Die Anordnung zur Durchführung einer ED-Behandlung nach § 36 PolG und die Vorladung nach § 27 PolG sind Verwaltungsakte, die nach §§ 49 ff. PolG vollstreckt werden können.[30]

1. Anordnungsvoraussetzungen des § 36 I PolG

270 Gemäß § 36 I Nr. 1 PolG kann der Polizeivollzugsdienst ED-Maßnahmen ohne Einwilligung des Betroffenen nur vornehmen, wenn eine nach § 26 PolG zulässige Identitätsfeststellung auf andere Weise nicht zuverlässig durchgeführt werden kann. Bei § 36 I Nr. 1 PolG handelt es sich also um eine Folgemaßnahme zu § 26 PolG: Ist die Feststellung der Identität einer Person nach § 26 PolG zulässig, aber auf andere Weise nicht zuverlässig möglich, so ist der schwerere Eingriff, die ED-Behandlung, zur Durchführung eines Personenfeststellungsverfahrens zulässig. Eine weitere Folgemaßnahme mit höherer Eingriffsintensität ist der Identitätsgewahrsam nach § 28 I Nr. 3 PolG (Rn. 460).

---

28 Meyer-Großner/Schmitt § 111 Rn. 11 m. w. N.
29 Göhler/*Seitz* § 46 Rn. 32.
30 Stephan/Deger § 36 Rn. 2.

271 Nach § 36 I Nr. 2 PolG kann der Polizeivollzugsdienst erkennungsdienstliche Maßnahmen vornehmen, wenn dies zur vorbeugenden Bekämpfung von Straftaten erforderlich ist. Dies ist der Fall, wenn der Betroffene verdächtig ist, eine Straftat begangen zu haben, und die konkreten Umstände des Einzelfalls die Annahme rechtfertigen, dass er auch in Zukunft Straftaten begehen wird (**Wiederholungsgefahr**). Wegen des Vorrangs des Bundesrechts (Art. 31 GG) ist § 36 I Nr. 2 PolG nur anwendbar, soweit § 81b 2. Alt. StPO keine Regelung trifft. Der Betroffene darf also kein Beschuldigter sein. Maßnahmen gemäß § 36 I Nr. 2 PolG kommen daher bei Schuldunfähigen (z. B. strafunmündigen Kindern) und bei Personen in Frage, bei denen die Beschuldigteneigenschaft durch rechtskräftige gerichtliche Entscheidung oder endgültige Verfahrenseinstellung entfallen ist (Rn. 257).[31]

> **Beispiele:**
> Ein aus der Haftanstalt entlassener Strafgefangener kann gemäß § 36 I Nr. 2 PolG erneut erkennungsdienstlich behandelt werden, wenn sich sein Äußeres wesentlich verändert hat. § 36 I Nr. 2 PolG kommt auch dann zur Anwendung, wenn die Beschuldigteneigenschaft während eines Widerspruchsverfahrens gegen eine auf § 81b 2. Alt. StPO gestützte Anordnung zur Durchführung einer ED-Behandlung wegen einer endgültigen Einstellung des Strafverfahrens wegfällt. Die Anordnung kann dann unter Heranziehung von § 36 I Nr. 2 PolG aufrechterhalten werden.[32]

272 Bezüglich der **Erforderlichkeit** der ED-Behandlung und den Umständen des Einzelfalls, die die Annahme rechtfertigen müssen, dass der Verdächtige zukünftig eine Straftat begehen wird, gelten die gleichen Anforderungen wie bei § 81b 2. Alt. StPO (Rn. 260).

2. Zulässige Maßnahmen nach § 36 II PolG

273 Die im Rahmen einer ED-Behandlung **zulässigen Maßnahmen** sind in § 36 II PolG beispielhaft aufgezählt. Hierzu zählen insbesondere die Abnahme von Finger- und Handflächenabdrücken, die Aufnahme von Lichtbildern einschließlich Bildaufzeichnungen, die Feststellung äußerer körperlicher Merkmale und Messungen und ähnliche Maßnahmen.

3. Weitere Datenverarbeitung

274 Gemäß § 36 III PolG sind die bei der erkennungsdienstlichen Behandlung erhobenen personenbezogenen Daten zu **löschen** und die entstandenen Unterlagen zu **vernichten**, wenn die Voraussetzungen nach § 36 I PolG entfallen sind. Dies ist bei § 36 I Nr. 1 PolG dann gegeben, wenn die Identität festgestellt ist, und bei § 36 I Nr. 2 PolG, wenn sich entweder der Verdacht als unbegründet erwiesen hat oder die Wiederholungsgefahr nicht mehr vorliegt. Die Pflicht zur Löschung und Vernichtung entfällt, wenn die Aufbewahrung nach anderen Rechtsvorschriften zulässig ist.

> **Beispiele:**
> § 49 AufenthG und § 16 AsylG.

---

31 Lisken/Denninger/*Rachor* E Rn. 409 und 412; BMKS § 36 Rn. 1.
32 VGH BW VBlBW 2016, 424 (425).

275 § 36 III 2 PolG verweist auf § 38 II und III PolG. Hierdurch ist gewährleistet, dass für die nach § 36 I Nr. 2 PolG erhobenen Daten dieselben Prüf- und Speicherfristen gelten wie für die in strafrechtlichen Ermittlungsverfahren nach § 81b 2. Alt. StPO gewonnenen Daten (Rn. 263).[33]

---

33 BMKS § 36 Rn. 18.

G. Sicherstellungen und Beschlagnahmen

I. Allgemeines

276 Eine **Sicherstellung** ist die Begründung staatlichen Gewahrsams an einem Gegenstand (sog. **amtliche Inverwahrnahme**). Durch sie entsteht ein **öffentlich-rechtliches Verwahrungsverhältnis**. Dieses verpflichtet den Staat zu einer sorgfältigen Verwahrung des sichergestellten Gegenstandes.[1] Eine **Beschlagnahme** ist als **zwangsweise Sicherstellung** eine besondere Form der Sicherstellung. Sie ist die Begründung staatlichen Gewahrsams an einer Sache gegen den Willen des Betroffenen.[2] Die Beschlagnahme begründet die durch § 136 StGB geschützte **öffentlich-rechtliche Verstrickung** des beschlagnahmten Gegenstandes. Die mit einer Beschlagnahme einhergehende fortdauernde Entziehung des Besitzes des Gegenstandes gegen den Willen des Rechtsinhabers berührt dessen Eigentumsgrundrecht aus Art. 14 I 1 GG.[3] Außerdem kann gleichzeitig auch ein Eingriff in den Schutzbereich anderer Grundrechte vorliegen.[4]

Beispiele:
Die Beschlagnahme eines Tagebuchs greift in den Schutzbereich des Rechts auf informationelle Selbstbestimmung (Art. 2 I i. V. m. Art. 1 I GG) ein. Werden in den Räumen einer Redaktion Unterlagen beschlagnahmt, liegt ein Eingriff in die Pressefreiheit des Art. 5 I 2 GG vor. Die Postbeschlagnahme nach § 99 StPO greift in das Post- und Briefgeheimnis des Art. 10 I GG ein.

277 Die Rechtsgrundlagen für eine **Sicherstellung von Beweismitteln im Strafverfahren** (sog. **beweissichernde Beschlagnahme**) ergeben sich aus §§ 94 ff. StPO. Erfolgt die Sicherstellung zur Absicherung eines Verfalls (§§ 73 ff. StGB) oder einer Einziehung (§§ 74 ff. StGB) sind §§ 111b ff. StPO einschlägig (sog. **vollstreckungssichernde Beschlagnahme**). Die polizeirechtliche Sicherstellung ist in § 32 PolG geregelt. Polizeirechtlich hat der Begriff Sicherstellung eine andere Bedeutung als bei §§ 94 ff. StPO. Nach § 32 PolG wird ein Gegenstand sichergestellt, um den Eigentümer vor Verlust oder Wertminderung zu schützen. Die Rechtsgrundlage für eine **Beschlagnahme zur Gefahrenabwehr** ist § 33 PolG. § 34 PolG ist die Rechtsgrundlage für eine **Einziehung zur Gefahrenabwehr**.

II. Sicherstellung und Beschlagnahme nach § 94 StPO

278 Die **Sicherstellung** i. S. v. § 94 StPO umfasst die **einfache Sicherstellung** nach § 94 I StPO und die **Beschlagnahme** gemäß § 94 II StPO. Zweck der Maßnahmen ist die Begründung staatlichen Gewahrsams an einem Gegenstand zu Beweiszwecken in einem Strafverfahren. Die **einfache Sicherstellung** ist die Begründung

---

1 Roxin/Schünemann § 34 Rn. 14.
2 Dolderer VBlBW 2003, 222.
3 Dolderer VBlBW 2003, 222 (224).
4 BVerfG NJW 2011, 1863 (1864); HK/*Gercke* § 94 Rn. 4.

staatlicher Gewalt an einem Gegenstand, der freiwillig herausgegeben wird oder herrenlos ist.[5] Die **Beschlagnahme** ist die förmliche Sicherstellung von Gegenständen, die nicht freiwillig herausgegeben werden. Für Maßnahmen nach § 94 StPO ist es gleichgültig, ob sich der Gegenstand im Eigentum oder im Gewahrsam des Beschuldigten oder eines Dritten befindet.[6]

Voraussetzung für Sicherstellungen nach § 94 StPO ist ein **Anfangsverdacht** nach § 152 II StPO. Im Gegensatz zu § 111b StPO ist die Anordnung der Sicherstellung nach § 94 StPO obligatorisch.[7] Maßnahmen nach § 94 StPO bewirken **kein Veräußerungsverbot**.[8] Das Eigentum an einem als Beweismittel beschlagnahmten Gegenstand kann also an einen Dritten übertragen werden. Ein Veräußerungsverbot besteht nach § 111c V StPO nur bei einer Anordnung nach §§ 111b ff. StPO. Wenn Gegenstände sowohl als Beweismittel als auch als Objekte der Einziehung und des Verfalls in Betracht kommen, können Maßnahmen nach §§ 94 ff. StPO und §§ 111b ff. StPO gleichzeitig angeordnet werden.[9] Ein nach § 94 StPO sichergestellter Gegenstand steht für den Verfall (§§ 73 ff. StGB) und die Einziehung (§§ 74 ff. StGB) zur Verfügung. Ein nach §§ 111b ff. StPO sichergestellter Gegenstand kann als Beweismittel genutzt werden.[10]

1. Sicherstellung gemäß § 94 I StPO

Nach § 94 I StPO sind Gegenstände, die als Beweismittel für die Untersuchung von Bedeutung sein können, in Verwahrung zu nehmen oder in anderer Weise sicherzustellen. **Gegenstände** sind bewegliche und unbewegliche Sachen (z. B. Unterlagen in Papierform, Räume, Grundstücke). Hierzu gehören aber ebenfalls Leichen, Leichenteile sowie Körperteile und Körperinhalte. Die §§ 94 ff. StPO erlauben auch die Sicherstellung und Beschlagnahme von Datenträgern und den hierauf gespeicherten Daten als Beweisgegenstände im Strafverfahren.[11] Der Gegenstand muss als **Beweismittel für die Untersuchung von Bedeutung** sein (sog. **potentielle Beweisbedeutung**). **Beweismittel** sind alle beweglichen und unbeweglichen Sachen, die unmittelbar oder mittelbar für die Tat oder die Umstände ihrer Begehung Beweis erbringen. Die **potentielle Beweisbedeutung** liegt vor, wenn die Möglichkeit besteht, dass der Gegenstand zu Untersuchungszwecken verwendet werden kann.[12]

Beispiele:
Tatwerkzeuge, Tatprodukte und Spurenträger. Die verdeckte Anbringung eines GPS-Senders an einem fremden Kfz durch eine Detektei zur Erstellung eines Bewegungsprofils kann eine Straftat nach §§ 44 I, 43 II Nr. 1 BDSG darstellen. Der GPS-Sender unterliegt daher der Beschlagnahme gemäß §§ 94 ff. StPO.[13]

---

5 Kühne Rn. 509.
6 Meyer-Goßner/Schmitt § 94 Rn. 1.
7 Roxin/Schünemann § 34 Rn. 5.
8 Volk/Engländer § 10 Rn. 34.
9 HK/*Gercke* § 94 Rn. 5.
10 Meyer-Goßner/Schmitt § 94 Rn. 2.
11 BVerfG NJW 2007, 3343 (3344); NJW 2005, 1917 (1919 f.).
12 Meyer-Goßner/Schmitt § 94 Rn. 4.
13 LG Lüneburg NStZ 2012, 55 f.

281 Die **Untersuchung** umfasst das gesamte Strafverfahren. Beweisbedeutung hat ein Gegenstand grundsätzlich bis zum Abschluss des Verfahrens. Vielfach erledigt sich der Beweischarakter, wenn Spuren gesichert sind, die Gegenstände katalogisiert oder fotografiert sind. Dann ist die Sicherstellung aufzuheben. Bei Datenträgern, die nach §§ 94 ff. StPO sichergestellt werden können, kommt als weniger einschneidende Maßnahme das Kopieren der Daten des Betroffenen auf Datenträger der Strafverfolgungsbehörden in Betracht.[14]

282 Der **Grundsatz der Verhältnismäßigkeit** ist zu beachten. Die Sicherstellung muss in einem angemessenem Verhältnis zur Schwere der Tat und zur Stärke des Tatverdachts stehen und für die Ermittlungen notwendig sein.[15] Der Grundsatz der Verhältnismäßigkeit gilt auch für die Dauer der Aufrechterhaltung der Sicherstellung. Gerade für Unternehmen können sich durch die Beschlagnahme von Unterlagen große Probleme ergeben. Deswegen ist immer zu überlegen, ob das Anfertigen von Kopien beschlagnahmter Unterlagen gestattet werden kann.[16]

283 Die Sicherstellung nach § 94 I StPO kann formlos erfolgen, wenn der Inhaber des Gewahrsams nicht bekannt oder er damit einverstanden ist.

Beispiele:
Polizeibeamte finden auf der Straße ein Messer mit Blut. Ein Täter übergibt der Polizei nach einer von ihm verübten Körperverletzung seine Waffe. Die Gegenstände sind nach § 94 I StPO sicherzustellen.

284 Die §§ 97 und 98 StPO gelten bei einer einfachen Sicherstellung nicht.[17] Da § 98 StPO nicht gilt, sind zu einer Sicherstellung alle mit der Strafverfolgung befassten Beamten befugt. Die Sicherstellung wird durch die **amtliche Verwahrung** (Überführung der Sache in den behördlichen Besitz) bewirkt. Eine Sicherstellung **in anderer Weise** ist nur bei einer förmlichen Beschlagnahme zulässig, wenn Gegenstände (z. B. Grundstücke und Räume) nicht in Verwahrung genommen werden können oder der Zweck auch ohne Inverwahrnahme erreicht werden kann.[18] Die Sicherstellung von Grundstücken, Räumen und Wohnungen geschieht durch Betretungsverbote und Versiegelung.[19]

2. Beschlagnahme gemäß § 94 II i. V. m. § 94 I StPO

285 Die Beschlagnahme i. S. v. § 94 II StPO ist die **förmliche Sicherstellung** eines Gegenstandes mit potentieller Beweisbedeutung, der von dem Gewahrsamsinhaber nicht freiwillig herausgegeben wird. Zu den materiell-rechtlichen Voraussetzungen s. Rn. 280 ff. Die freiwillige Herausgabe des Gegenstandes schließt die Beschlagnahme nicht aus.[20] Die Anordnung der Beschlagnahme steht gemäß § 98 I 1 StPO unter **Richtervorbehalt**. Zuständig ist der Ermitt-

---

14 BVerfG NJW 2007, 3343 (3344); Roxin/Schünemann § 34 Rn. 4.
15 BVerfG NJW 2005, 1917 (1922).
16 Kühne Rn. 516.
17 HK/*Gercke* § 94 Rn. 37.
18 Meyer-Goßner/Schmitt § 94 Rn. 16.
19 Roxin/Schünemann § 34 Rn. 13.
20 HK/*Gercke* § 94 Rn. 37.

lungsrichter (§ 98 II 3 i. V. m. § 162 StPO). Bei **Gefahr im Verzug** (Rn. 84) besteht eine **Eilzuständigkeit** der Staatsanwaltschaft und ihrer Ermittlungspersonen. Nach § 98 I 2 StPO darf die Beschlagnahme nach § 97 V 2 StPO in den Räumen einer Redaktion nur durch das Gericht angeordnet werden. Die weiteren **formell-rechtlichen Anforderungen** bei einer Beschlagnahme ergeben sich aus § 98 II bis IV StPO. Hervorzuheben ist hier insbesondere die Regelung des § 98 II 2 StPO. Danach kann der von einer Beschlagnahme ohne vorherige richterliche Anordnung Betroffene jederzeit die gerichtliche Entscheidung beantragen. Die große praktische Bedeutung dieser Vorschrift besteht darin, dass sie bei anderen in Ausübung der Eilzuständigkeit durch Staatsanwaltschaft und ihre Ermittlungspersonen angeordneten Zwangsmaßnahmen analog angewandt wird, wenn kein spezieller Rechtsschutz vorgesehen ist.[21]

Die Beschlagnahme steht in einem engen Zusammenhang mit der Durchsuchung. In der Praxis gehen Beschlagnahmen regelmäßig Durchsuchungen voraus. Die richterliche Beschlagnahme kann schon mit der Durchsuchung angeordnet werden. Dabei müssen die zu beschlagnahmenden Beweismittel genau bezeichnet werden.[22] Rechtsfehler bei einer Durchsuchung stehen der Beschlagnahme und der **Verwertung**, der durch sie erlangten Beweismittel grundsätzlich nur dann entgegen, wenn ein bewusster und willkürlicher Verfahrensverstoß besteht. Dies kann insbesondere bei einer Umgehung des Richtervorbehalts der Fall sein (Rn. 845). Ebenso wie bei der Anordnung einer Durchsuchung (Rn. 378), ist auch die Gültigkeit der Anordnung einer Beschlagnahme auf maximal sechs Monate zeitlich befristet. Innerhalb dieser Frist muss die Anordnung umgesetzt werden; anderenfalls ist sie verbraucht.[23] Die **Beschlagnahme endet spätestens** mit der Rechtskraft des Urteils, das das Verfahren abschließt. Vorher muss sie aufgehoben werden, wenn die Gegenstände für das Strafverfahren nicht mehr benötigt werden.[24] Bei der Rückgabe der Gegenstände ist § 111k StPO zu beachten. Danach sind bewegliche Sachen dem Verletzten herauszugeben, wenn nicht entgegenstehende Ansprüche Dritter bekannt sind.

3. Beschlagnahme von Führerscheinen gemäß § 94 III StPO

Führerscheine, die der Einziehung unterliegen (§ 69 III 2 StGB) werden gemäß § 94 III StPO auch nach §§ 94 ff. StPO sichergestellt. Die Sicherstellung eines Führerscheins hat ein Verbot zum Führen von Kraftfahrzeugen nach § 22 II Nr. 2 StVG zur Folge. Die Beschlagnahme des Führerscheins bewirkt jedoch nicht die Entziehung der Fahrerlaubnis. Die Fahrerlaubnis kann im Ermittlungsverfahren nach § 111a StPO nur durch den Richter vorläufig entzogen werden. Staatsanwaltschaft und Polizei können die Fahrerlaubnis nicht entziehen, sondern den Führerschein nach § 98 I 1 StPO bei Gefahr im Verzug lediglich beschlagnahmen. Der Begriff **Gefahr im Verzug** in § 98 I StPO ist bei der Beschlagnahme von Führerscheinen nicht auf die Fälle beschränkt, in denen ohne die Beschlagnahme der Verlust des Führerscheins als Beweismittel oder

---

21 BVerfG NJW 1997, 2165; Kühne Rn. 563; HK/*Gercke* § 98 Rn. 36 m. w. N.
22 KK/*Greven* § 98 Rn. 2.
23 BVerfG NJW 1997, 2165 (2166).
24 Roxin/Schünemann § 34 Rn. 15.

die Vereitelung seiner späteren Einziehung zu befürchten ist. Vielmehr ist die Beschlagnahme des Führerscheins eines bei einer Trunkenheitsfahrt betroffenen Kraftfahrers auch dann zulässig, wenn die Gefahr besteht, er werde ohne die Abnahme des Führerscheins weitere Trunkenheitsfahrten unternehmen oder sonst Verkehrsvorschriften in schwerwiegender Weise verletzen.[25] Durch die Beschlagnahme des Führerscheins lässt sich ein Kraftfahrer aber nicht immer von einem weiteren verkehrswidrigen Verhalten abhalten. Wenn hierzu die Wegnahme des Zündschlüssels oder des Fahrzeugs erforderlich ist, kann dies über § 33 PolG (Rn. 333 ff.) erreicht werden.

III. Herausgabepflicht gemäß § 95 StPO

288 Nach § 95 I StPO ist der Inhaber eines Beweisgegenstandes dazu verpflichtet, diesen auf Erfordern vorzulegen und auszuliefern. Diese sog. **Herausgabepflicht** erleichtert den Ermittlungsbehörden den Zugriff auf Beweisgegenstände, die sie sonst nur aufgrund einer aufwendigen Durchsuchung oder gar nicht finden würden, deren Gewahrsamsinhaber sie aber kennen.[26] **Betroffener** einer Herausgabepflicht ist jeder Gewahrsamsinhaber. Auf die Eigentumsverhältnisse kommt es nicht an.[27] Die Herausgabepflicht trifft wegen der Selbstbelastungsfreiheit jedoch nicht den Beschuldigten.[28] Zu den herausgabepflichtigen Personen gehören auch zeugnisverweigerungsberechtigte Personen. Allerdings gilt § 97 StPO. Ein Herausgabeverlangen darf also nicht bezüglich eines Gegenstandes gestellt werden, der einem Beschlagnahmeverbot (Rn. 291 ff.) unterliegt.[29] Auch eine wirksame Sperrerklärung kann einem Herausgabeverlangen entgegenstehen.[30] Ebenso wie bei § 94 StPO ist bei einem Herausgabeverlangen der **Grundsatz der Verhältnismäßigkeit** zu beachten. Als mildere Mittel kommen eine Auskunft des Verpflichteten oder das Überlassen von Fotokopien in Betracht,[31] Ein Vorgehen nach § 95 I StPO ist für die Ermittler **nur sinnvoll**, wenn nicht damit gerechnet werden muss, dass die Beweismittel beiseite geschafft werden.[32]

289 **Zuständig** für das Herausgabeverlangen sind im Ermittlungsverfahren neben dem Gericht auch die Staatsanwaltschaft und die Polizei; während des gerichtlichen Verfahrens nur das Gericht.[33] Nach § 95 II StPO können im Falle der Weigerung die in § 70 StPO festgesetzten Ordnungs- und Zwangsmittel durch das Gericht festgesetzt werden. Das gilt nicht bei Personen, die zeugnisverweigerungsberechtigt sind. Wenn ein Beweisgegenstand nach § 95 StPO herausgegeben worden ist, kann er anschließend gemäß § 94 i. V. m. § 98 StPO beschlagnahmt werden.

---

25 BGHSt 22, 385 ff.
26 Meyer-Goßner/Schmitt § 95 Rn. 1; Kramer Rn. 210.
27 Meyer-Goßner/Schmitt § 95 Rn. 4.
28 Meyer-Goßner/Schmitt § 95 Rn. 5; Joecks § 95 Rn. 2.
29 Kramer Rn. 211.
30 HK/*Gercke* § 97 Rn. 7.
31 SK/*Wohlers* § 95 Rn. 8; HK/*Gercke* § 95 Rn. 9.
32 Kramer Rn. 211.
33 Joecks § 95 Rn. 4; Meyer-Goßner/Schmitt § 95 Rn. 2; Kramer Rn. 212. A. A. KK/*Greven* § 95 Rn. 3; LR/*Menges* § 95 Rn. 20.

IV. Beschränkungen der strafverfahrensrechtlichen Beschlagnahme

Teilweise sind Gegenstände von einer Beschlagnahme ausgeschlossen, obwohl sie Beweisbedeutung haben. Beschlagnahmeverbote können sich aus dem einfachen Gesetz und unmittelbar aus dem allgemeinen Persönlichkeitsrecht (Art. 2 I i. V. m. Art 1 I GG) ergeben.

1. Beschlagnahmeverbote des § 97 StPO

Die Beschlagnahmeverbote des § 97 StPO sind eine **Ergänzung der Zeugnisverweigerungsrechte nach §§ 52, 53 und 53a StPO** und sollen deren Umgehung verhindern.[34] Verstöße gegen § 97 StPO führen zu einem Beweisverwertungsverbot.[35] Eine **Durchsuchung**, die auf das Auffinden beschlagnahmefreier Gegenstände abzielt, ist unzulässig.[36] § 97 StPO gilt auch für ein **Herausgabeverlangen** nach § 95 StPO[37] und für das **Auffinden von Zufallsfunden** nach § 108 StPO.[38] § 97 StPO gilt dagegen nicht bei der einfachen Sicherstellung. Gegenüber **§ 160a StPO** hat § 97 StPO nach § 160a V StPO Vorrang. § 97 StPO gilt jedoch **nur für die Beweismittelbeschlagnahme** und **nicht für die Sicherstellung nach §§ 111b ff. StPO**.[39] Die Norm ist nicht anwendbar, wenn der Zeugnisverweigerungsberechtigte selbst Beschuldigter der Straftat ist.[40]

Beispiel:
Gegen Rechtsanwalt R besteht der Verdacht der versuchten Strafvereitelung. Die Crafträume seines Mandanten M werden deswegen gemäß §§ 103, 105 StPO durchsucht. Da R Beschuldigter ist, gilt § 97 StPO nicht in dem Verfahren gegen R für die bei M aufgefundenen Beweismittel. In einem Strafverfahren gegen M würde § 97 StPO jedoch gelten.[41]

§ 97 StPO steht der Sicherstellung eines Beweismittels nicht entgegen, wenn der Zeugnisverweigerungsberechtigte den Gegenstand freiwillig herausgibt. Dies gilt selbst bei einem Verstoß gegen § 203 StGB. Allerdings setzt eine Verwertbarkeit die Belehrung darüber voraus, dass der Gegenstand nicht herausgegeben werden muss. Dies gilt auch bei einer spontanen Herausgabe.[42]

Folgende Gegenstände unterliegen gemäß § 97 I Nr. 1 bis 3 StPO einem Beschlagnahmeverbot:
- **Schriftliche Mitteilungen** zwischen dem Beschuldigten und den Personen, die nach § 52 oder § 53 I Nr. 1 bis 3b das Zeugnis verweigern dürfen (§ 97 I Nr. 1 StPO).

Beispiel:
Briefe des Beschuldigten an Verwandte.

---

34 BGHSt 38, 144 (146); KK/*Greven* § 97 Rn. 1.
35 BGHSt 18, 227 ff.
36 Volk/Engländer § 10 Rn. 55.
37 HK/*Gercke* § 95 Rn. 7.
38 Soiné § 108 Rn. 8.
39 Meyer-Goßner/Schmitt § 97 Rn. 3.
40 BGHSt 53, 257 (60).
41 BGHSt 53, 257 (62).
42 Meyer-Goßner/Schmitt § 97 Rn. 5 und 6.

- **Aufzeichnungen** der Berufsgeheimnisträger nach § 53 I Nr. 1 bis 3b StPO.
  Beispiel:
  Notizen des Anwalts aus einem Beratungsgespräch mit dem Beschuldigten.
- **Andere Gegenstände** einschließlich der ärztlichen Untersuchungsbefunde, auf die sich ein Zeugnisverweigerungsrecht der in § 53 I 1 Nr. 1 bis 3b StPO Genannten erstreckt.
  Beispiele:
  Fremdkörper, die der Arzt bei der Behandlung des Beschuldigten entfernt hat; Unterlagen, die einem Anwalt im Rahmen eines Beratungsvertrages anvertraut worden sind.

294 Die Beschlagnahmefreiheit des § 97 I StPO gilt gemäß § 97 II 1 StPO nur, wenn sich der Gegenstand im Gewahrsam des Zeugnisverweigerungsberechtigten befindet. **Gewahrsam** ist die tatsächliche Verfügungsmacht über das Beweismittel. Mitgewahrsam ist ausreichend. Allerdings greift das Beschlagnahmeverbot nicht, wenn der Zeugnisverweigerungsberechtigte und der Beschuldigte den Gewahrsam gemeinsam haben.[43] Bei Berufsgeheimnisträgern, die in einer Krankenanstalt oder einer Beratungsstelle arbeiten, gilt die Sonderregelung des § 97 I 2 StPO. **Kein Beschlagnahmeverbot** besteht nach § 97 II 3 StPO beim Verdacht der Tatbeteiligung des Zeugnisverweigerungsberechtigten und bei Deliktsgegenständen. Das Beschlagnahmeverbot des § 97 StPO entfällt auch bei einer **Entbindung von der Schweigepflicht** nach § 53 II 1 StPO durch den Beschuldigten und verpflichtet zur Herausgabe nach § 95 StPO.[44] Gemäß § 97 III StPO gelten die § 97 I und II StPO entsprechend, soweit die Hilfspersonen (§ 53a StPO) der in § 53 I 1 Nr. 1 bis 3b StPO Genannten das Zeugnis verweigern dürfen.

295 Bei **Abgeordneten** und ihren Hilfspersonen gilt das Beschlagnahmeverbot des § 97 IV StPO. Die Vorschrift steht in einem Zusammenhang mit Art. 47 2 GG. Danach ist die Beschlagnahme von Schriftstücken, auf die sich das Zeugnisverweigerungsrecht eines Abgeordneten bezieht, unzulässig. Allerdings bezieht sich § 97 IV StPO nicht nur auf Schriftstücke, sondern auf sämtliche Gegenstände, soweit sie vom Schutzbereich des Zeugnisverweigerungsrechts des Abgeordneten und seinen Hilfspersonen umfasst sind.[45] Der Abgeordnete muss keinen Gewahrsam an den Gegenständen haben. Gegenstände, die ein Abgeordneter in dieser Eigenschaft anderen Personen anvertraut hat, sind ebenfalls geschützt.[46] § 97 II 3 StPO ist nicht anwendbar. Damit entfällt das Beschlagnahmeverbot nicht bei dem Verdacht der Tatbeteiligung des Abgeordneten oder seiner Hilfsperson. Dies ist jedoch der Fall, wenn der Abgeordnete selbst Beschuldigter ist und der Bundestag nach Art. 46 II GG die Voraussetzungen für die Strafverfolgung geschaffen hat.[47]

---

43 KK/*Greven* § 97 Rn. 8.
44 Meyer-Goßner/Schmitt § 97 Rn. 24; KK/*Greven* § 97 Rn. 5.
45 SK/*Wohlers* § 97 Rn. 51.
46 Joecks § 97 Rn. 18.
47 Meyer-Goßner/Schmitt § 97 Rn. 44; LR/*Menges* § 97 Rn. 128; Joecks § 97 Rn. 18.

Bei **Mitarbeitern von Presse und Rundfunk** kann sich ein Beschlagnahmeverbot aus § 97 V StPO ergeben. Soweit das Zeugnisverweigerungsrecht nach § 53 I Nr. 5 StPO reicht, ist die Beschlagnahme von Schriftstücken, Ton-, Bild- und Datenträgern unzulässig. Der Gewahrsam der Redaktion, des Verlages, der Druckerei oder der Rundfunkanstalt an dem Gegenstand reicht für das Beschlagnahmeverbot aus, wenn ein beauftragter Mitarbeiter den Gewahrsam ausübt.[48] Der Beteiligungsverdacht lässt nach § 97 V 2 StPO das Beschlagnahmeverbot nur entfallen, wenn ein dringender Verdacht (Rn. 31) besteht und dies im Hinblick auf die Pressefreiheit des Art. 5 I 2 GG unter Gesichtspunkten der Verhältnismäßigkeit geboten ist.[49] Bei Antrags- und Ermächtigungsdelikten gilt die Verstrickungsregelung nach § 97 V 2 i.V. m. § 160a IV 2 StPO erst, wenn die entsprechende Erklärung vorliegt.

2. Beschlagnahmeverbot aus § 148 StPO

Aus § 148 StPO (Verkehr mit dem Verteidiger) ist ein über § 97 StPO hinausgehendes Beschlagnahmeverbot abzuleiten. Danach sind Schriftstücke im Gewahrsam des Beschuldigten, die vom Verteidiger herrühren, beschlagnahmefrei. Etwas anderes gilt nur beim Verdacht der Tatbeteiligung des Verteidigers.[50]

> **Beispiel:**
> Rechtsanwalt R verteidigt B in einem Strafverfahren. R hat ein Schreiben an B geschickt, in dem sich R zu dem gegen B erhobenen Vorwurf äußert. Hier besteht bezüglich des Schreibens kein Beschlagnahmeverbot nach § 97 I Nr. 1 StPO, weil sich das Schreiben nicht mehr im Gewahrsam von R befindet (§ 97 II 1 StPO). Das Beschlagnahmeverbot folgt jedoch direkt aus § 148 StPO.

3. Beschlagnahmeverbote aus Art. 2 I i.V.m. Art. 1 I GG

Im Einzelfall kann ein Beweisverwertungsverbot mit der Konsequenz eines Beschlagnahmeverbotes unmittelbar aus dem allgemeinen Persönlichkeitsrecht des Art. 2 I i.V.m. Art. 1 I GG resultieren.[51] So dürfen Unterlagen, die der Beschuldigte zu seiner Verteidigung angefertigt hat, weder beschlagnahmt noch gegen seinen Widerspruch verwertet werden.[52] Die Auswertung von Tagebüchern greift nach der Rechtsprechung zwar nicht in den Kernbereich der privaten Lebensgestaltung ein, sie unterliegt jedoch dem Grundsatz der Verhältnismäßigkeit. Nur wenn im Einzelfall das Strafverfolgungsinteresse des Staates gegenüber dem Persönlichkeitsrecht des Inhabers des Tagebuches bei schweren Straftaten, wie z.B. Mord, Sexualverbrechen oder auch der Mitgliedschaft in einer terroristischen Vereinigung überwiegt, sind sie verwertbar.[53] Die gleichen Grundsätze gelten für die Verwertbarkeit von Tonaufnahmen, die von einem Privaten heimlich aufgenommen worden sind.[54] Auch ein intimer Brief, den

---

48 SK/*Wohlers* § 97 Rn. 69.
49 Hierzu BVerfG NJW 2011, 1859 ff.
50 Meyer-Goßner/Schmitt § 148 Rn. 8.
51 Hierzu auch Kramer Rn. 198 m.w.N.
52 BGHSt 44, 46 ff.
53 BVerfG NJW 2000, 563 (564).
54 BVerfGE 34, 238 ff.

ein Drogenabhängiger an seinen Arzt geschrieben und noch nicht abgesandt hat, ist bei ihm aus Gründen des Persönlichkeitsschutzes nicht zu beschlagnahmen soweit es sich nicht um Fälle schwerer Kriminalität handelt.[55]

4. Sperrerklärung nach § 96 StPO

299 Der Beschlagnahme von behördlichen Akten und anderen amtlichen Schriftstücken kann eine **Sperrerklärung** nach § 96 StPO entgegenstehen. Die Sperrerklärung darf nur mit der Gefahr von Nachteilen für das Wohl des Bundes oder eines deutschen Landes begründet werden. Bei Auskunftsverlangen nach Namen und Anschrift von verdeckt ermittelnden Personen ist die Vorschrift entsprechend anwendbar, soweit nicht § 110b III StPO eingreift (Rn. 798). Zuständig für die Erteilung der Sperrerklärung ist nur die oberste Dienstbehörde. Dies ist in der Regel der zuständige Fachminister. Für Sperrerklärungen der Polizei ist also der Innenminister zuständig.[56] Die Sperrerklärung muss begründet werden.[57] Für das Gericht ist sie grundsätzlich bindend. Das Beweismittel ist dann gemäß § 244 III 2 StPO nicht erreichbar. Die Verfahrensbeteiligten können die Sperrerklärung vor dem Verwaltungsgericht anfechten.[58] Ein Verstoß gegen § 96 StPO führt nicht zu einem Beweisverwertungsverbot, da die Vorschrift nicht dem Schutz des Beschuldigten dient.[59]

V. Postbeschlagnahme (§§ 99, 100 StPO)

300 Eine **Postbeschlagnahme** ist die Weisung an ein Postunternehmen, die bereits vorliegenden und/oder künftig zu erwartenden Postsendungen und Telegramme oder einzelne von ihnen auszusondern und auszuliefern.[60] Rechtsgrundlage hierfür sind § 99 i. V. m. § 100 StPO.

1. Materielle Rechtmäßigkeit

301 Nach § 99 1 StPO ist die Beschlagnahme der **an den Beschuldigten gerichteten** Postsendungen (§ 4 Nr. 5 PostG) und Telegramme, die sich im Gewahrsam von Personen oder Unternehmen befinden, die geschäftsmäßig Post- oder Telekommunikationsdienste erbringen oder daran mitwirken, zulässig. Ebenso ist nach § 99 2 StPO eine Beschlagnahme von Postsendungen und Telegrammen zulässig, bei denen aus vorliegenden Tatsachen zu schließen ist, dass sie **von dem Beschuldigten herrühren** oder **für ihn bestimmt sind und dass ihr Inhalt für die Untersuchung Bedeutung** hat.

302 In der Befugnis für eine Postbeschlagnahme ist das geringere Recht enthalten, von einem Postunternehmen Auskunft über die äußeren Merkmale der Sendung (Absender, Empfänger Art der Sendung) und die Daten der Sendung zu

---

55 BayOLG NStZ 1992, 556 f.
56 Joecks § 96 Rn. 9
57 Näher hierzu Joecks § 96 Rn. 6.
58 BGHSt 44, 107 ff.; BVerwG DVBl. 2006, 851; NJW 1984, 2233 ff.; NJW 1987, 202 ff.
59 LR/*Menges* § 96 Rn. 114.
60 LR/*Menges* § 99 Rn. 17; Joecks § 97 Rn. 3.

verlangen.[61] In den Fällen des § 99 1 StPO braucht die **Beweisbedeutung** der an den Beschuldigten gerichteten Sendungen nicht geprüft zu werden.[62] **Vom Beschuldigten herrührende Sendungen** sind dagegen nach § 99 2 StPO nur beschlagnahmefähig, wenn ihr Inhalt für die Untersuchung von Bedeutung ist. Bei Postsendungen an den Beschuldigten **unter einer Deckanschrift** findet ebenfalls § 99 2 StPO Anwendung.[63] Noch **vor der Übergabe**, etwa im Schalterraum der Post, und nach der Auslieferung gelten die Beschränkungen der §§ 99 und 100 nicht. Hier erfolgt eine Beschlagnahme nach §§ 94, 98 StPO.[64] Der **Grundsatz der Verhältnismäßigkeit** verlangt, dass die Postbeschlagnahme in einem angemessenen Verhältnis zur Konkretisierung des Verdachts und der Schwere der Tat steht.[65] **Verteidigerpost** ist nach § 148 StPO nicht beschlagnahmefähig, sofern gegen den Verteidiger kein Verdacht der Tatbeteiligung besteht.[66] Für **andere Berufsgeheimnisträger** gilt § 160a StPO.[67]

2. Formelle Rechtmäßigkeit

Anordnungsbefugt ist nach § 100 I StPO nur das Gericht, bei Gefahr im Verzug auch die Staatsanwaltschaft. Es besteht **keine Eilzuständigkeit der Polizei**. § 100 II bis VI StPO enthalten weitere **formell-rechtliche Anforderungen**. Da es sich bei der Postbeschlagnahme um eine **verdeckte Maßnahme** handelt, sind auch die **grundrechtssichernden Verfahrensregelungen** des § 101 I, III, IV Nr. 2 sowie V bis VIII StPO zu beachten.

VI. Einstweilige Beschlagnahme von Zufallsfunden nach § 108 StPO

§ 108 StPO regelt die einstweilige Beschlagnahme von sog. **Zufallsfunden** bei einer Durchsuchung. Die Vorschrift zeigt den engen Zusammenhang zwischen Durchsuchungen und Beschlagnahmen. Zufallsfunde sind Gegenstände, die bei einer Durchsuchung gefunden werden und keinen Bezug zu der Durchsuchung haben, aber auf eine andere Straftat hindeuten (vgl. § 108 I 1 StPO). § 108 StPO ist nach § 111b IV StPO für Gegenstände, die in demselben oder einem anderen Verfahren für verfallen erklärt werden oder eingezogen werden können (Rn. 311 ff.), entsprechend anwendbar. Die einstweilige Beschlagnahme ist unzulässig, wenn ein Beschlagnahmeverbot nach § 97 StPO (Rn. 231 ff.) besteht.[68]

1. Regelung des § 108 I StPO

Nach § 108 I 1 StPO sind **Zufallsfunde** bei einer Durchsuchung einstweilen in Beschlag zu nehmen. Die **einstweilige Beschlagnahme** nach § 108 I StPO soll

---

61 Meyer-Goßner/Schmitt § 99 Rn. 14.
62 Soiné § 99 Rn. 12.
63 Meyer-Goßner/Schmitt § 99 Rn. 10.
64 Soiné § 99 Rn. 5.
65 Joecks § 99 Rn. 8.
66 KK/*Greven* § 99 Rn. 12.
67 Meyer-Goßner/Schmitt § 99 Rn. 13.
68 BGHSt 53, 257 (262).

der Staatsanwaltschaft die Prüfung ermöglichen, ob gegen den von der Durchsuchung Betroffenen oder einen Dritten ein neues Ermittlungsverfahren einzuleiten ist und die einstweilig beschlagnahmten Gegenstände hierfür als Beweismittel gebraucht werden.[69] Deswegen ist die Staatsanwaltschaft nach § 108 I 2 StPO von dem Zufallsfund zu informieren. Für ein **Hindeuten auf eine andere Straftat** i. S. v. § 108 I 1 StPO reicht der ungewisse Verdacht und die naheliegende Möglichkeit, dass die Gegenstände für den Beweis einer Straftat geeignet sind. Nicht die Gegenstände selbst müssen verdächtig sein, es genügen verdächtige Umstände, unter denen sie gefunden werden.[70]

Beispiel:
Bei einer Pkw-Durchsuchung wegen des Verdachts des illegalen Waffenhandels wird im Handschuhfach eine größere Menge Münzgeld (insgesamt € 375,–) aufgefunden. Eine plausible Erklärung hierfür wird nicht vorgebracht. Diese Umstände deuten auf einen Automatenaufbruch hin. Dieses Hindeuten reicht für eine Beschlagnahme des Münzgeldes nach § 108 I StPO.

306 Ein **gezieltes Suchen** nach Zufallsfunden ist unzulässig. Die Polizei darf auch nicht gezielt oder systematisch nach weiteren Beweismitteln suchen, die von einem Durchsuchungsbeschluss nicht umfasst sind.[71] Verstöße hiergegen führen zu einem Beweisverwertungsverbot.

Beispiel:
Wenn eine Autowerkstatt nach einem beschädigten Pkw durchsucht wird, darf die Polizei nicht nebenbei eine Schreibtischschublade nach Zufallsfunden überprüfen.

307 **Zuständig** für die einstweilige Beschlagnahme ist jeder Richter, Staatsanwalt und jeder Polizeibeamte, der bei der Durchsuchung beteiligt ist. Bei Polizeibeamten ist die Eigenschaft als Ermittlungsperson nicht erforderlich.[72]

308 Bei **Gebäudedurchsuchungen** gilt § 108 I 1 nach § 108 I 3 StPO nicht, da diese nur der Ergreifung des Beschuldigten dienen. Zeigt sich während der Gebäudedurchsuchung jedoch der konkrete Verdacht einer anderen Straftat, ist eine Beschlagnahme nach §§ 94 ff. StPO durchzuführen.[73]

Beispiel:
Bei einer Gebäudedurchsuchung kann ein Polizeibeamter eine wertvolle Vase als Diebesgut identifizieren. Gemäß § 103 I 3 StPO gilt § 108 I 1 StPO nicht. Eine einstweilige Beschlagnahme des Zufallsfundes scheidet daher aus. Die Beschlagnahme ist jedoch gemäß §§ 94, 98 StPO durchzuführen.

2. Beschlagnahmeverbot gemäß § 108 II StPO

309 Werden während einer Durchsuchung bei einem Arzt Zufallsfunde gemacht, die den Schwangerschaftsabbruch einer Patientin betreffen, ist ihre Verwertung

---

69 Meyer-Goßner/Schmitt § 108 Rn. 1.
70 LR/*Tsambikakis* § 108 Rn. 8.
71 Meyer-Goßner/Schmitt § 108 Rn. 1; Soiné § 108 Rn. 2.
72 Meyer-Goßner/Schmitt § 108 Rn. 6.
73 Meyer-Goßner/Schmitt § 108 Rn. 5.

zu Beweiszwecken in einem Strafverfahren gegen die Patientin wegen einer Straftat nach § 218 StGB unzulässig. Die Verwertung dieser Zufallsfunde als Ansatz für weitere Ermittlungen soll hierdurch jedoch nicht ausgeschlossen sein.[74]

3. Beschlagnahmeverbot gemäß § 108 III StPO

Wenn bei einem Medienmitarbeiter Zufallsfunde gemacht werden, die dem Zeugnisverweigerungsrecht nach § 53 I 1 Nr. 5 StPO unterliegen, dürfen diese nach § 108 III StPO zu Beweiszwecken nur verwertet werden, wenn sie sich auf eine Straftat beziehen, die im Höchstmaß mindestens 5 Jahre Freiheitsstrafe androht. Weiterhin ist ihre Verwertung zu Beweiszwecken in einem Strafverfahren wegen einer Straftat nach § 353b StGB (Verletzung des Dienstgeheimnisses und einer besonderen Geheimhaltungspflicht) ausgeschlossen. Der Zweck von § 108 III StPO ist der Schutz von Informanten und die Stärkung der Pressefreiheit.[75] **310**

VII. Sicherstellung von Gegenständen nach §§ 111b ff. StPO

§§ 111b bis 111n StPO regeln die Sicherstellung von Gegenständen zur Absicherung des Verfalls (§§ 73 ff. StGB) und der Einziehung (§§ 74 ff. StGB). Nachdem das Bundesverfassungsgericht die Vermögensstrafe gemäß § 43a StGB für verfassungswidrig erklärt hat[76], sind §§ 111o und 111p StPO nicht mehr anwendbar. **311**

Der **Verfall** (§§ 73 ff. StGB) nimmt dem Empfänger das durch eine rechtswidrige Tat Erlangte. **312**

Beispiele:
Gewinne aus Straftaten gemäß §§ 29 ff. BtMG oder §§ 324 ff. StGB.

Die **Einziehung** (§§ 74 ff. StGB) begründet staatliches Eigentum an Gegenständen, die zur Begehung von Straftaten genutzt worden sind. **313**

Beispiele:
Gefälschte Urkunden, Tatwaffen oder das bei der Begehung einer Straftat benutzte Kfz.

Die Sicherstellung von Gegenständen nach §§ 111b ff. StPO erfolgt durch **Beschlagnahme** oder **dinglicher Arrest**. Die Beschlagnahme nach § 111b I StPO dient der Absicherung von Verfall (§§ 73 ff. StGB) und Einziehung (§§ 74 ff. StGB). Der dingliche Arrest bezweckt gemäß § 111b II StPO die Absicherung des Verfalls von Wertersatz (§ 73a StGB) und der Einziehung von Wertersatz (§ 74c StGB). Verfall von Wertersatz ist insbesondere anzuordnen, soweit der Verfall eines bestimmten Gegenstandes wegen der Beschaffenheit des Erlangten (z. B. Vermischung von Geld) oder aus einem anderen Grund (z. B. Verbrauch, Verlust oder Beseitigung) nicht möglich ist. Die Einziehung des Wertersatzes **314**

---

74 SK/*Wohlers* § 108 Rn. 9.
75 Meyer-Goßner/Schmitt § 108 Rn. 10.
76 BVerfG NJW 2002, 1779 ff.

kann das Gericht anordnen, wenn der einer Einziehung unterliegende Gegenstand vor der Entscheidung über die Einziehung verwertet (z. B. Veräußerung oder Verbrauch) oder die Einziehung sonst vereitelt (z. B. Beseitigung) worden ist.

315 Für die Sicherstellung von Gegenständen nach §§ 111b ff. StPO gelten die Vorschriften der Durchsuchung nach §§ 102 bis 110 StPO gemäß § 111b IV StPO entsprechend. Die Sicherstellung erstreckt sich nach § 111b V StPO auch auf Gegenstände, deren Verfall nach § 73 I 2 StGB nur deswegen nicht angeordnet werden kann, weil sonst Regressansprüche des Verletzten aus der Tat gegen Tatbeteiligte vereitelt werden würden (sog. **Rückgewinnungshilfe**).

1. Voraussetzungen der Beschlagnahme und des dinglichen Arrestes gemäß § 111b StPO

316 Neben dem Anfangsverdacht einer Straftat müssen für eine Sicherstellung von Gegenständen nach §§ 111b ff. StPO Gründe für die Annahme vorhanden sein, dass die Voraussetzungen von Maßnahmen nach §§ 73 ff. und 74 ff. StGB vorliegen. Hierfür reicht die Wahrscheinlichkeit, dass das Gericht den Verfall oder die Einziehung anordnen wird.[77]

> **Beispiel:**
> Aufgrund von Observationen und Videoaufzeichnungen in einer Rauschgiftsache ist festgestellt, dass A für den Verkauf von Heroin an B Geld bekommen hat. Das Heroin und das Geld sind Beweismittel in den Strafverfahren gegen A und B und werden nach §§ 94, 98 StPO beschlagnahmt. Zugleich kann auch die Beschlagnahme beider Gegenstände nach §§ 111b ff. StPO erfolgen, um die Einziehung des Rauschgifts und den Verfall des Geldes abzusichern.

317 Die Maßnahme darf zeitlich nur unbegrenzt aufrechterhalten werden, wenn dringende Gründe für die Annahme i. S. v. § 111b I 1 und II StPO vorliegen. Ist dieses nicht der Fall, muss die Maßnahme spätestens nach 12 Monaten aufgehoben werden (§ 111b III StPO).

2. Sicherstellung durch Beschlagnahme (§ 111c StPO)

318 Unter den Voraussetzungen von § 111b I 1 StPO kann die Beschlagnahme an den in § 111c I bis IV aufgeführten Gegenständen in der dort jeweils genannten Art und Weise durchgeführt werden. Danach werden bewegliche Sachen in Gewahrsam genommen oder durch Siegel oder sonst kenntlich gemacht. **Grundstücke und grundstücksgleiche Rechte** werden durch Eintrag ins Grundbuch beschlagnahmt. **Forderungen und andere Vermögensrechte** werden gepfändet. **Schiffe, Schiffsbauwerke und Luftfahrzeuge** werden wie bewegliche Sachen beschlagnahmt. Aus § 111b 12 StPO folgt, dass die §§ 111b ff. StPO Führerscheine nicht erfassen. Diese werden nach § 94 III StPO beschlagnahmt. Die vorläufige Entziehung der Fahrerlaubnis richtet sich nach § 111a StPO. Die vollstreckungssichernde Beschlagnahme gemäß § 111b I 1 StPO und die Beschlagnahme zur Be-

---

[77] BGH NStZ 2008, 419 f.

weissicherung nach §§ 94 ff. StPO können gleichzeitig angeordnet werden.[78] Anders als Sicherstellungen nach §§ 94 ff. StPO hat die vollstreckungssichernde Beschlagnahme nach § 111c V StPO jedoch die Wirkung eines **Veräußerungsverbotes** im Sinne des § 136 BGB. Verfügungen, die den Rechtsübergang des beschlagnahmten Gegenstandes nach §§ 73e I, 74e I StGB auf den Staat vereiteln würden, sind daher unwirksam. Hierdurch wird die Absicherung von Verfall und Einziehung erreicht. Daher ist zur vollstreckungssichernden Beschlagnahme von Gegenständen anders als bei der beweissichernden Beschlagnahme nach § 94 StPO die förmliche Beschlagnahme vorgeschrieben.[79] Zur Wahrung der Interessen des Betroffenen kommt unter den Voraussetzungen von § 111c VI StPO eine Rückgabe bzw. Überlassung des beschlagnahmten Gegenstandes an diesen in Betracht.

3. Sicherstellung durch dinglichen Arrest (§ 111d StPO)

Der dingliche Arrest dient der **Sicherung von Forderungen der Staatskasse** gegen den Beschuldigten. Eine solche Arrestforderung kann sich neben dem Verfall und der Einziehung von Wertersatz (§§ 73a, 73d II, 74c StPO) auch wegen einer Geldstrafe oder den voraussichtlich entstehenden Kosten des Strafverfahrens ergeben (§ 111d 1 und 2 StPO). Nach § 111d I 3 StPO dürfen geringfügige Beträge nicht durch Arrest gesichert werden. Neben der **Arrestforderung** muss ein **Arrestgrund** (§ 111d II StPO i. V. m. § 917 ZPO) vorliegen. Dieser besteht in der Besorgnis, dass ohne die Anordnung des dinglichen Arrestes die Vollstreckung vereitelt oder wesentlich erschwert werden würde. Der Arrestgrund kann sich insbesondere aus einem Verschleiern, Verstecken und Verschleudern von Vermögenswerten, aber auch aus einem aufwendigen Lebenswandel des Beschuldigten ergeben.[80]

> **Beispiel:**
> B hat sich mit dem Gewinn aus Verstößen gegen §§ 29 ff. BtMG einen Pkw für € 40.000,- gekauft. Dieser hat zur Zeit des Ermittlungsverfahrens noch einen Wert von € 30.000,-. Der Pkw ist Surrogat für das aus der Straftat erlangte Geld und unterliegt dem Verfall nach § 73 II 2 StGB. Daneben hat das Gericht gemäß § 73a StGB den Verfall von Wertersatz in Höhe von € 10.000,- anzuordnen. Mit der Anordnung des Wertersatzverfalls entsteht ein staatlicher Zahlungsanspruch. Die Sicherung dieses Zahlungsanspruchs im Ermittlungsverfahren kann bei Vorliegen eines Arrestgrundes durch dinglichen Arrest nach §§ 111b II, 111d StPO erfolgen.

Der dingliche Arrest wird in das bewegliche Vermögen durch **Pfändung** bewirkt (§ 111d II StPO i. V. m. § 930 I 1 ZPO). Dadurch entsteht für den Staat ein Pfandrecht. Gepfändetes Geld wird hinterlegt (§ 930 II ZPO). Grundstücke und grundstücksgleiche Rechte werden durch **Eintragung einer Sicherungshypothek** im Grundbuch gesichert. Notlagen des Beschuldigten werden über § 111d III StPO berücksichtigt.

---

78 HK/*Gercke* § 94 Rn. 5.
79 Roxin/Schünemann § 34 Rn. 34.
80 Meyer-Goßner/Schmitt § 111d Rn. 8.

4. Anordnungskompetenz

321 Für die Anordnung von Maßnahmen nach §§ 111c und 111d StPO ist nach § 111e I 1 StPO nur das Gericht, bei Gefahr im Verzug auch die Staatsanwaltschaft befugt. Eine Eilzuständigkeit der Ermittlungspersonen der Staatsanwaltschaft gemäß § 111e I 2 StPO besteht nur für die Beschlagnahme einer beweglichen Sache (§ 111c I StPO), nicht für die Anordnung eines dinglichen Arrestes.

Beispiel:
Der Autolackierer X hilft Y gestohlene Fahrzeuge für den Weiterverkauf herzurichten. X kennt die Herkunft der Fahrzeuge von Y und lässt sich die Lackierarbeiten bezahlen. Ein paar Stunden vor einer polizeilichen Durchsuchung hatte X von Y für seine Arbeit € 1000,- bekommen. € 500,- hat er bei der Durchsuchung noch in der Jackentasche, den Rest hatte er schon auf ein Sparkonto eingezahlt. Es sind Gründe gegeben, dass die gesamten € 1000,- dem Verfall unterliegen. Sie stammen aus der Hehlerei des X in Form von Absatzhilfe. Die Beschlagnahme der € 500,- in der Tasche von X kann nach §§ 111b, 111c I StPO neben einer Beschlagnahme nach §§ 94, 98 StPO erfolgen. Für die Anordnung der Beschlagnahme der € 500,- in der Jackentasche nach § 111e I 2 StPO besteht nur dann Gefahr im Verzug, wenn X schneller eine vermögensrechtliche Verfügung über das Geld treffen könnte als die Polizei mit dem Richter telefonieren kann. Bezüglich der € 500,- auf dem Sparkonto hat die Polizei keine Anordnungskompetenz, da es sich nicht um eine bewegliche Sache nach § 111c I StPO, sondern um eine Forderung nach § 111 III StPO handelt.

322 Anders als bei der Beweismittelbeschlagnahme müssen Ermittlungspersonen, die die Maßnahme selbst anordnen und ausführen, mit Rücksicht auf die Rechtsfolgen nach § 111c V StPO, dem Betroffenen erklären und aktenkundig machen, dass die Sache nach §§ 111b ff. StPO beschlagnahmt wird.[81] Bei der Beschlagnahme einer beweglichen Sache im Wege der Eilzuständigkeit ist eine **richterliche Bestätigung** nach § 111e II 1 und 2 StPO nicht erforderlich. Der Betroffene kann jedoch in allen Fällen jederzeit die richterliche Entscheidung beantragen (§ 111e II 3 StPO). Eine Belehrung hierüber ist in Analogie zu § 98 II StPO erforderlich.[82]

5. Durchführungsvorschriften

323 Nach § 111e III und IV StPO ist eine Mitteilung des Vollzugs der Beschlagnahme und des Arrestes an den durch die Tat Verletzten vorgeschrieben. Dies soll es ihm ermöglichen, seine Schadensersatzansprüche durchzusetzen. Die Vollstreckungskompetenz ist in § 111f StPO geregelt. Weitere Durchführungsvorschriften enthalten die §§ 111g bis 111l StPO. Besonders praxisrelevant ist hier **§ 111k StPO**. Grundsätzlich sind sichergestellte Sachen an den letzten Gewahrsamsinhaber zurückzugeben. Hiervon macht § 111k StPO eine Ausnahme, wenn Ansprüche Verletzter gegeben sind. Die Sache soll dann an den Verletzten zurückgegeben werden. Die Vorschrift gilt sowohl für die Beweis-

---

[81] Meyer-Goßner/Schmitt § 111e Rn. 4.
[82] LR/*Johann* § 111e Rn. 11.

mittelbeschlagnahme als auch für die vollstreckungssichernde Beschlagnahme. Voraussetzungen für die Rückgabe sind, dass der Verletzte bekannt ist, Ansprüche Dritter nicht entgegenstehen und die Sachen für Zwecke des Strafverfahrens nicht mehr benötigt werden. Für die Anordnung der Herausgabe ist im Ermittlungsverfahren und nach Rechtskraft des Urteils die Staatsanwaltschaft zuständig. Nach Ergebung der öffentlichen Klage ist das Gericht zuständig.

6. Beschlagnahme von Druckwerken

Bei der Sicherung der Einziehung von Druckwerken gemäß § 74d StGB und sonstigen Schriften und der Unbrauchbarmachung von Mitteln zu ihrer Herstellung nach § 111b I 1 StPO sind §§ 111m und 111n StPO zu beachten. Wegen des Vorrangs des Bundesrechts vor dem Landesrecht (Art. 31 GG) gehen diese Vorschriften den §§ 13 ff. Landespressegesetz BW vor. **Schriften** sind nach § 11 III StGB auch Ton- und Bildträger, Datenspeicher, Abbildungen und andere Darstellungen. §§ 111m und 111n StPO gelten nicht bei der beweissichernden Beschlagnahme von Druckwerken und ihren Herstellungsmitteln nach §§ 94 ff. StPO.[83] Aus § 111 m StPO ergibt sich, dass bei der Beschlagnahme von Schriften und ihren Herstellungsmitteln der Grundsatz der **Verhältnismäßigkeit** wegen der Schwere des damit verbundenen Eingriffs in die Pressefreiheit des Art. 5 I 2 GG besonders zu beachten ist. Für die Beschlagnahme eines periodischen Druckwerkes oder seines Herstellungsmittels ist nur der Richter zuständig (§ 111n I 1 StPO). Ein periodisches Druckwerk ist eine Zeitung, Zeitschrift oder eine in anderer Form in ständiger Folge und im Abstand von höchstens sechs Monaten erscheinende Publikation (§ 7 IV Landespressegesetz BW). Bei nichtperiodischen Druckerzeugnissen und ihren Herstellungsmitteln hat bei Gefahr im Verzug auch die Staatsanwaltschaft die Anordnungskompetenz, nicht jedoch ihre Ermittlungspersonen (§ 111n I 2 StPO). Die Anordnung der Staatsanwaltschaft tritt außer Kraft, wenn sie nicht binnen drei Tagen von dem Richter bestätigt wird (§ 111n I 3 StPO). Die Dauer der Beschlagnahme ergibt sich im Übrigen aus § 111n II und III StPO.

Beispiel:
A hat Plakate mit rechtsextremistischen Texten an mehreren Stellen der Freiburger Innenstadt angeklebt. Die Plakate sind Beweismittel für eine Straftat nach § 86a StGB und nach §§ 94 ff. StPO zu beschlagnahmen. Jedoch hat nicht die gesamte Auflage Beweisbedeutung, sondern nur 1 bis 3 Exemplare. Die Beschlagnahme aller anderen Plakate kann nach §§ 111b I 1, 111m und 111n StPO erfolgen. Gründe für die Annahme, dass § 74d StGB (Einziehung von Schriften und Unbrauchbarmachung) hier eingreift, liegen vor.

7. Rückgewinnungshilfe (§ 111b V StPO)

Gegenstände, die aus Eigentums- und Vermögensdelikten stammen, sind zwar auch aus einer Straftat erlangt i. S. v. § 73 I 1 StGB. Sie dürfen jedoch nach § 73 I 2 StGB nicht für verfallen erklärt werden, da die vermögensrechtlichen Ansprüche des Geschädigten vorgehen. Dabei kommt es nur auf das Bestehen

---

83 Meyer-Goßner/Schmitt § 111b Rn. 1.

eines Entschädigungsanspruchs an, ob er geltend gemacht wird, ist gleichgültig.[84] In diesen Fällen lässt § 111b V StPO die Sicherstellung trotzdem zu. Dadurch wird den Strafverfolgungsbehörden die zuweilen schwierige Prüfung erspart, ob Ansprüche Geschädigter entgegenstehen. Der Beschlagnahmebeschluss kann es also offen lassen, ob der Verfall oder die **Ansprüche des Geschädigten** gesichert werden sollen.[85]

VIII. Sicherstellungen im Bußgeldverfahren

326 Im Bußgeldverfahren sind die §§ 94 ff. StPO i. V. m. § 46 I OWiG entsprechend anwendbar.[86] Nach dem Grundsatz der Verhältnismäßigkeit ist jedoch zu prüfen, ob die Beschlagnahme der Bedeutung der Ordnungswidrigkeit angemessen ist.[87] Auch die vollstreckungssichernde Beschlagnahme gemäß §§ 111b ff. StPO findet gemäß § 46 I OWiG im Bußgeldverfahren entsprechende Anwendung.[88] § 99 StPO ist nach § 46 III OWiG im Bußgeldverfahren nicht anwendbar.

IX. Polizeirechtliche Maßnahmen

1. Sicherstellung (§ 32 PolG)

327 Während bei § 94 StPO der Begriff Sicherstellung die einfache Sicherstellung und die Beschlagnahme umfasst, meint er in § 32 PolG die Inobhutnahme einer gefährdeten Sache durch die Polizei im Interesse des Berechtigten.[89] § 32 PolG ist eine Spezialvorschrift zu § 2 II PolG für den Schutz privater Rechte.[90] Durch die Sicherstellung entsteht ein öffentlich-rechtliches Verwahrungsverhältnis, das die Polizei zur ordnungsgemäßen Verwahrung der sichergestellten Sache verpflichtet.[91] Um sicherzustellende Gegenstände aufzufinden, kann die Polizei Personen, Sachen und Wohnungen durchsuchen (§§ 29 I Nr. 2, 30 Nr. 3 und 31 II Nr. 2 PolG).

328 a) **Materielle Rechtmäßigkeit.** Gemäß § 32 I PolG ist eine Sicherstellung zulässig, wenn dies erforderlich ist, um den Eigentümer oder den rechtmäßigen Inhaber der tatsächlichen Gewalt vor Verlust oder Beschädigung der Sache zu schützen. Ein **Antrag** des Berechtigten ist anders als bei § 2 II PolG nicht notwendig. Die Sicherstellung muss aber **erforderlich** sein, um den Verlust oder eine Beschädigung der Sache abzuwenden oder einen Schaden gering zu halten.[92]

---

84 Soiné § 111b Rn. 35; Meyer-Goßner/Schmitt § 111b Rn. 5 m. w. N.
85 Joecks § 111b Rn. 7; Meyer-Goßner/Schmitt § 111b Rn. 7.
86 Göhler/*Seitz* Vor § 59 Rn. 67; Bohnert § 46 Rn. 90.
87 HK/*Gercke* § 94 Rn. 3.
88 KK-OWiG/*Lutz* Vor § 53 Rn. 96 ff.
89 BMKS § 32 Rn. 1.
90 Stephan/Deger § 32 Rn. 2.
91 Näher hierzu z. B. Ruder Rn. 736 f.; Stephan/Deger § 32 Rn. 12 ff.
92 Stephan/Deger § 32 Rn. 6.

Beispiele:
Nach einem Verkehrsunfall wird das Gepäck schwer verletzter Personen oder nach einem Einbruch in ein Geschäft wird die Schaufensterauslage sichergestellt. Ein an einem abgelegenen Ort geparkter Pkw wird aufgebrochen vorgefunden und der Halter kann nicht verständigt werden. Der Pkw wird sichergestellt.

Eine Sicherstellung nach § 32 I PolG kann auch zum Schutz des wahren noch **329** nicht bekannten Eigentümers im Anschluss an eine strafverfahrensrechtliche Beweismittelbeschlagnahme nach §§ 94 ff. StPO erforderlich sein, wenn alle Beweisanzeichen gegen das Eigentum des letzten Gewahrsamsinhabers der Sache sprechen. Nach § 1006 I 1 BGB wird zugunsten des Besitzers einer beweglichen Sache zwar vermutet, dass er auch Eigentümer ist. Die Beweisvermutungsregel des § 1006 I 1 BGB kann jedoch als widerlegt angesehen werden, wenn zahlreiche Indizien dafür sprechen, dass ein Besitzer von beweglichen Sachen diese nicht rechtmäßig erworben hat. Dies gilt auch dann, wenn es der Polizei nicht gelingt, den wahren Eigentümer ausfindig zu machen.[93]

Beispiel:
Gegen K bestand der Verdacht des Diebstahls an einem Starkstrom-Kupfer-Kabel. Das Kabel wurde bei ihm gemäß §§ 94 ff. StPO beschlagnahmt. Das Strafverfahren gegen K endete mit einer Einstellung gemäß § 154 I StPO. Alle Beweisanzeichen sprachen gegen das Eigentum von K an dem Kabel. Insbesondere konnte K die Herkunft des Kabels nicht nachweisen. Außerdem war das ursprünglich 138 m lange Kabel in deliktstypische zwei bis drei Meter lange Stücke zerteilt bei ihm aufgefunden worden und damit nicht mehr für seinen ursprünglichen Zweck verwendbar. Das VG Freiburg sah die von der Polizei angeordnete Sicherstellung gemäß § 32 I PolG als rechtmäßig an.[94]

Eine Sicherstellung ist dagegen nicht erforderlich bei einem in einem Parkhaus **330** mit geöffnetem Seitenfenster abgestellten Pkw.[95] Ist ein Fahrzeug tagsüber an einer belebten innerörtlichen Stelle geparkt worden, ohne dass alle Fenster geschlossen wurden, so rechtfertigt dies für sich allein ebenfalls noch nicht die polizeirechtliche Sicherstellung.[96] Die Sicherstellung eines geparkten Pkw ist nicht erforderlich, wenn die Alarmanlage wiederholt durch heftige Windböen ausgelöst wird.[97]

Gemäß § 32 V PolG kommt auch die Sicherstellung einer Fundsache durch die **331** Polizei in Betracht. Dies ist immer dann der Fall, wenn eine Behandlung als Fundsache nach den §§ 965 ff. BGB nicht ausreichend erscheint, um den Berechtigten vor dem Verlust der Sache zu bewahren.[98] Eine Verwaltungsvor-

---

[93] VG Freiburg Urteil vom 28.10.20120 – 4 K 389/09 – juris Rn. 16 ff.; VG Karlsruhe Urteil vom 10.5.2001 – 9 K 2018/99 – juris Rn. 15; VG Hannover NVwZ-RR 2008, 616 f.
[94] VG Freiburg Urteil vom 28.10.20120 – 4 K 389/09 – juris Rn. 16 ff.
[95] VG München NZV 1999, 487 f.
[96] VG Frankfurt NJW 2000, 3224 f.
[97] VG Stuttgart NVwZ-RR 2000, 591 f.
[98] BMKS § 32 Rn. 6; Stephan/Deger § 32 Rn. 19.

schrift regelt den Informationsaustausch zwischen den Fundbehörden und der Polizei.[99]

Beispiel:
Der Polizeivollzugsdienst bekommt während eines Einsatzes mit, dass F vor einer Diskothek eine Brieftasche mit € 560,– gefunden hat. Es bestehen Zweifel, dass F die Brieftasche bei der Fundbehörde nach §§ 965 ff. BGB anzeigen wird. Die Brieftasche kann daher gemäß § 32 I und V PolG sichergestellt werden.

332 b) **Verfahrens- und Durchführungsvorschriften.** Zuständig für eine Sicherstellung sind die Polizeibehörden (§ 60 I PolG) und der Polizeivollzugsdienst (§ 60 III PolG). Nach § 32 II PolG ist der Berechtigte unverzüglich über die Sicherstellung zu **unterrichten**. Bei der Verwahrung sichergestellter Sachen ist den **Belangen des Berechtigten** Rechnung zu tragen (§ 32 III PolG). Die Sicherstellung ist gemäß § 32 IV PolG **aufzuheben**, wenn der Berechtigte dies verlangt oder wenn ein Schutz nicht mehr erforderlich ist, spätestens jedoch nach zwei Wochen. Die Zweiwochenfrist beginnt jedoch erst mit der Kenntnis des Berechtigten von der Sicherstellung.[100] Für die **Verwahrung und Verwertung** der Sache gilt § 3 DVO PolG.[101]

2. Beschlagnahme nach § 33 I PolG

333 Die Rechtsgrundlage für eine polizeirechtliche Beschlagnahme ist § 33 PolG. Während die Sicherstellung nach § 32 PolG dem Schutz von Hab und Gut des Berechtigten dient, zielt die Beschlagnahme gemäß § 33 PolG auf die Gefahrenabwehr oder auf die Verhinderung einer missbräuchlichen Verwendung einer Sache.[102] Nach § 33 II und V PolG können auch **Forderungen** und **andere Vermögensrechte** beschlagnahmt werden. Die Beschlagnahme ist ein Verwaltungsakt, der den Inhaber des Gewahrsams an der Sache zur Herausgabe verpflichtet. Diese Herausgabepflicht kann mit Zwangsmitteln durchgesetzt werden. In Betracht kommt insbesondere die Wegnahme nach § 6 LVwVG als besonderes Mittel des unmittelbaren Zwangs.[103] § 33 PolG wird von spezialgesetzlichen Rechtsgrundlagen verdrängt.[104]

Beispiele:
§ 46 III WaffG, § 42 LMBG, § 16a 2 Nr. 2 TierSchG, §§ 13, 19 LPresseG.

334 Zum Zweck der Beschlagnahme sind polizeiliche **Durchsuchungen** von Personen, Sachen und Wohnungen zulässig (§§ 29 I Nr. 2, 30 Nr. 3, 31 II Nr. 2 PolG).[105] Die **Nutzung** von fremden Sachen durch die Polizei ist nur dann eine Beschlagnahme, wenn aufgrund der Dauer und der Art der Nutzung ein amtliches Verwahrverhältnis entsteht.

---

99 VwV des IM über den Informationsaustausch zwischen den Fundbehörden und der Polizei vom 24.8.2004 GABl. S. 674.
100 BMKS § 32 Rn. 4.
101 Näher hierzu Zeitler/Trurnit Rn. 499 ff.
102 Stephan/Deger § 33 Rn. 1.
103 Dolderer VBlBW 2003, 222.
104 Ausführlich hierzu Ruder Rn. 743 ff.; Stephan/Deger § 33 Rn. 33 ff.
105 Stephan/Deger § 33 Rn. 9.

Beispiele:
Ein privates Auto wird von der Polizei nach § 33 PolG beschlagnahmt, um bei einem größeren Schadensereignis Verletzte ins Krankenhaus zu bringen. Eine nur vorübergehende Nutzung eines Feuerlöschers ist dagegen eine Maßnahme nach §§ 1 I, 3 PolG.

a) Materiell-rechtliche Anordnungsvoraussetzungen. Eine **Beschlagnahme nach** **335** § 33 I PolG bezieht sich auf eine Sache. Sachen sind bewegliche und unbewegliche Gegenstände.

Beispiele:
Bargeld, Musikinstrumente, Gebäude, Räume, Bau- und Wohnwagen einer Wagenburg.

Auch **Tiere** können beschlagnahmt werden. Nach § 90a BGB finden die für **336** Sachen geltenden Regelungen auf sie entsprechende Anwendung.

Beispiel:
Ein gefährlicher Kampfhund kann gemäß § 33 I PolG beschlagnahmt werden.

Nach § 33 I Nr. 1 PolG ist eine Beschlagnahme zulässig, wenn dies zum Schutz **337** eines Einzelnen oder des Gemeinwesens gegen eine unmittelbar bevorstehende Störung der öffentlichen Sicherheit oder Ordnung oder zur Beseitigung einer bereits eingetretenen Störung erforderlich ist. Eine **unmittelbar bevorstehende Störung** liegt vor, wenn der Eintritt der Störung nach allgemeiner Erfahrung sofort oder in allernächster Zeit bevorsteht und als gewiss anzusehen ist, falls nicht eingeschritten wird.[106]

Beispiele:
Beschlagnahme einer Wohnung gemäß § 33 I Nr. 1 i. V. m. § 9 PolG zur Verhinderung einer drohenden Obdachlosigkeit;[107] Beschlagnahme von Bau- und Wohnwagen einer nicht genehmigten Wagenburg;[108] Beschlagnahme von Zelten eines nicht genehmigten Lagers von Demonstranten;[109] Beschlagnahme eines Liegefahrrades, mit dem sein Besitzer wiederholt gegen die Radwegbenutzungspflicht verstoßen hat;[110] Beschlagnahme von mitgeführten Radarwarngeräten;[111] Beschlagnahme eines Kfz oder eines Zündschlüssels zur Verhinderung weiterer Verkehrsverstöße; Beschlagnahme von nicht genehmigten Fotos einer Privatperson zum Schutz privater Rechte. Die Beschlagnahme des Speichermediums mit Bildern eines SEK-Einsatzes ist nur dann rechtmäßig, wenn tatsächliche Anhaltspunkte für eine missbräuchliche Verwendung der Bilder gegeben sind, die den berechtigten Sicherheitsinteressen des SEK und seiner Beamten nicht gerecht wird.[112] Das Herstellen und Verbreiten von Porträtfotos von Polizeibeam-

---

106 VGH BW NJW 2006, 635 (636) m. w. N.
107 Hierzu Ruder VBlBW 2017, 1 ff.; NVwZ 2012, 1283 ff.
108 VGH BW VBlBW 1997, 349 ff.
109 VGH BW VBlBW 2005, 431 ff.
110 VGH BW VBlBW 2001, 100 ff.
111 VGH BW VBlBW 2003, 192 ff.
112 VGH BW VBlBW 2011, 23 (24 ff.).

ten ohne Bezug zum jeweiligen Ereignis und ohne Publikationsinteresse verletzt dagegen das Persönlichkeitsrecht der Beamten.[113]

338 § 33 I Nr. 2 PolG erlaubt die Beschlagnahme einer Sache zur Verhinderung einer missbräuchlichen Verwendung durch eine Person, die nach dem PolG oder nach anderen Rechtsvorschriften in Gewahrsam genommen worden ist.

Beispiele:
Beschlagnahme von mitgeführten Waffen oder anderer gefährlicher Gegenstände, wie z. B. Gürtel, Flasche oder Feuerzeug, mit denen der Betroffene andere oder sich selbst gefährden kann.

Eine unmittelbar bevorstehende Störung oder auch nur eine konkrete Gefahr ist bei § 33 I Nr. 2 PolG nicht erforderlich.[114] Die Befugnis für einen polizeirechtlichen Gewahrsam im Zusammenhang mit § 33 I Nr. 2 PolG ergibt sich aus § 28 PolG (Rn. 454 ff.). Ein Gewahrsam nach anderen Rechtsvorschriften sind strafverfahrensrechtliche Festnahmen (Rn. 430 ff.).

339 Gemäß § 33 I Nr. 3 PolG kann eine Sache zum Schutz eines Einzelnen oder des Gemeinwesens vor der Gefahr einer Straftat von erheblicher Bedeutung nach § 22 V Nr. 1 und 2a und b PolG beschlagnahmt werden. Im Gegensatz zu § 33 I Nr. 1 PolG ist hier nicht eine unmittelbare Gefahr erforderlich, sondern es genügt die einfache konkrete Gefahr einer Straftat von erheblicher Bedeutung.

Beispiel:
Beschlagnahme einer Chemikalie, die für den Bau einer Bombe verwendet werden kann.

340 Eine Beschlagnahme nach § 33 I Nr. 1 bis 3 PolG ist nur zulässig, wenn ihre **Erforderlichkeit** gegeben ist. Dies ist der Fall, wenn kein anderes, die Rechtsstellung des Betroffenen weniger berührendes, aber gleichermaßen wirksames Mittel ersichtlich ist.

Beispiel:
Das Abschleppen eines verkehrsrechtswidrig geparkten Fahrzeugs im Wege der Beschlagnahme nach § 33 I Nr. 1 i. V. m. § 8 PolG ist daher nur dann rechtmäßig, wenn dieses zur Beseitigung der Störung nicht nach §§ 1 I, 3, 8 PolG versetzt werden kann. In diesem Zusammenhang ist zu beachten, dass das Abschleppen keine Beschlagnahme, sondern eine **Ersatzvornahme** (§ 25 LVwVG) darstellt, wenn gegen ein Verkehrszeichen verstoßen worden ist.[115]

341 b) **Formelle Rechtmäßigkeit. Zuständig** für eine Beschlagnahme nach § 33 I PolG sind die Polizeibehörden (§ 60 I PolG) und der Polizeivollzugsdienst (§ 60 III PolG). Nach § 33 III PolG sind dem Betroffenen der Grund der Beschlagnahme und die gegen sie zulässigen Rechtsbehelfe (Widerspruch und Anfechtungsklage gemäß §§ 68 ff. und 42 ff. VwGO) unverzüglich **bekanntzugeben**. Auf Verlangen ist ihm eine **Bescheinigung** zu erteilen. Bei der Verwahrung ist den **Belangen** des Eigentümers oder des rechtmäßigen Inhabers der tatsächli-

---

113 OVG RP DVBl. 1998, 101 (192).
114 BMKS § 33 Rn. 4; Stephan/Deger § 33 Rn. 20.
115 VGH BW VBlBW 2003, 74 f.

chen Gewalt Rechnung zu tragen. Außerdem gelten nach § 3 III DVO PolG für die Durchführung der Beschlagnahme § 3 I und II DVO PolG entsprechend. § 33 IV 1 PolG verpflichtet die Polizei zur dauernden **Prüfung**, ob die Beschlagnahme noch erforderlich ist.[116] Danach ist die Beschlagnahme aufzuheben, sobald ihr Zweck erreicht ist. Die **maximale Dauer** einer Beschlagnahme ist nach § 33 IV 2 PolG auf sechs Monate befristet. Bestehen die Gründe für die Beschlagnahme nach Ablauf dieser Frist fort, kann die Sache gemäß § 34 durch die zuständige allgemeine Polizeibehörde eingezogen werden (Rn. 343 ff.).

3. Beschlagnahme von Forderungen gemäß § 33 II PolG

342 Nach § 33 II 1 PolG kann der Polizeivollzugsdienst zum Schutz des Einzelnen oder des Gemeinwesens vor der Gefahr einer Straftat von erheblicher Bedeutung nach § 22 V Nr. 1 und 2a und b PolG eine Forderung (z. B. Bankkonten) oder andere Vermögensrechte beschlagnahmen. Die Vorschrift soll die Verwendung von Vermögenswerten für terroristische und extremistische Aktivitäten verhindern.[117] Die Beschlagnahme der Vermögensrechte wird gemäß § 33 II 2 PolG **durch Pfändung** bewirkt. Für die Pfändung gelten gemäß § 33 II 3 PolG die §§ 829 ff. ZPO. Umstritten ist, ob der Polizeivollzugsdienst oder das Amtsgericht für die Pfändung zuständig sind.[118] Für eine eigenständige Pfändungsbefugnis des Polizeivollzugsdienstes sprechen der Wortlaut von § 33 I 1 PolG und der Vergleich mit § 33 V 2 PolG, wonach über die Verlängerung der Beschlagnahme einer Forderung oder eines anderen Vermögensrechts das Amtsgericht zu entscheiden hat.[119] Die Pfändung bewirkt das Zahlungs- und das Verfügungsverbot nach § 829 I ZPO für die Dauer der Beschlagnahme. Bei der Pfändung einer Forderung sind die Pfändungsfreigrenzen der §§ 850 ff. ZPO zu beachten.[120] Anders als bei Sachen ist die Pfändung von Forderungen und anderen Vermögensrechten nicht auf sechs Monate befristet (§ 33 IV 2 PolG). Vielmehr kann hier nach § 33 V 1 PolG die Beschlagnahme um jeweils sechs weitere Monate, längstens bis zu einer Gesamtdauer von zwei Jahren verlängert werden. Über die Verlängerung entscheidet das Amtsgericht, in dessen Bezirk der Inhaber seinen Wohnsitz oder ständigen Aufenthalt hat. Der Gesetzgeber hat bei der Beschlagnahme von Vermögensrechten die Verlängerung der ansonsten bei einer Beschlagnahme geltenden Höchstfrist von sechs Monaten als erforderlich angesehen, um hinreichend verifizieren zu können, ob und inwieweit diese für terroristische und extremistische Zwecke verwendet werden sollen.[121]

4. Einziehung (§ 34 PolG)

343 Nach § 34 I 1 PolG kann die zuständige allgemeine Polizeibehörde eine beschlagnahmte Sache einziehen, wenn diese nicht mehr herausgegeben werden kann, ohne dass die Voraussetzungen der Beschlagnahme erneut eintreten. Die **polizei-**

---

116 VGH BW VBlBW 2001, 100.
117 LT-Drs. 14/3165 S. 71.
118 Für die Zuständigkeit des Gerichts Stephan/Deger § 33 Rn. 22. Für die Zuständigkeit des Polizeivollzugsdienstes BMKS § 33 Rn. 8; Ruder Rn. 489; Zeitler/Trurnit Rn. 748.
119 Ruder Rn. 489.
120 LT-Drs. 14/3165 S. 71.
121 LT-Drs. 14/3165 S. 71.

rechtliche Einziehung ist ein **privatrechtsgestaltender Verwaltungsakt**. Mit ihr geht das Eigentum an der eingezogenen Sache vom bisherigen Eigentümer auf die Körperschaft über, der die einziehende Polizeibehörde angehört.[122] Einer Einziehung nach § 34 I 1 PolG unterliegen wegen der in § 34 II 1 PolG enthaltenen Verweisung auf § 383 III BGB im Gegensatz zu einer Beschlagnahme nach § 33 PolG nur bewegliche Sachen und Tiere (§ 90a BGB).[123] Die Einziehung gemäß § 34 PolG ist von den strafrechtlichen Einziehungen nach §§ 74 bis 74f StGB, § 54 WaffG und § 30 VersG zu unterscheiden. Während strafrechtliche Einziehungen vom Gericht als Folge einer Straftat angeordnet werden, ist die Einziehung gemäß § 34 PolG eine Maßnahme der Polizei zur Gefahrenabwehr.[124] Die Einziehung kommt als **ultima ratio** nur in Frage, wenn die Gefahren, die von der Sache ausgehen, auf andere Weise nicht zu beseitigen sind.[125]

Beispiel:
Der bissige und verwahrloste Hund des A hat wiederholt Passanten angegriffen und gebissen. Er wird von der Ortspolizeibehörde beschlagnahmt und eingezogen. Die Einziehung ist hier rechtmäßig, weil bei einer Rückgabe des Hundes die alte Gefahrenlage wieder bestehen würde.[126]

344 Das **Verhältnis zwischen einer Einziehung und einer Beschlagnahme** ist dadurch gekennzeichnet, dass die Polizei grundsätzlich zunächst eine Sache beschlagnahmt und sich den Besitz an der Sache verschafft. Innerhalb der Beschlagnahmefrist des § 33 IV 2 PolG von sechs Monaten hat sie sich Klarheit darüber zu verschaffen, ob die Beschlagnahme aufzuheben oder die Sache einzuziehen ist. Ist bereits im Zeitpunkt der Beschlagnahme zu prognostizieren, dass die Sache auch nach Ablauf der Beschlagnahmefrist von sechs Monaten nicht mehr an den Besitzer herausgegeben werden kann, ohne dass die Voraussetzungen der Beschlagnahme erneut eintreten, können beide polizeiliche Maßnahmen auch in einem Bescheid zusammengefasst werden.[127]

345 **Zuständig** für eine Einziehung ist ausschließlich die Ortspolizeibehörde als allgemeine Polizeibehörde (§§ 66 II, 62 IV PolG). Eine Eilzuständigkeit des Polizeivollzugsdienstes nach § 60 II PolG kommt nicht in Betracht, da die Polizei bereits Gewahrsam an der Sache hat.[128] Die Einziehung bedarf als **belastender privatrechtsgestaltender Verwaltungsakt** nach § 34 I 2 PolG der Schriftform. Die **Wirkung der Einziehung** (Eigentumsübergang auf die Körperschaft, der die einziehende Polizeibehörde angehört) tritt mit Bekanntgabe (§ 43 I LVwVfG) der Einziehung ein.[129] Ordnet die Behörde die Einziehung einer Sache zusammen mit der Beschlagnahme an, geht das Eigentum an der Sache erst dann über, wenn die Beschlagnahmeanordnung – sei es durch eine freiwillige Heraus-

---

122 VGH BW VBlBW 2007, 351 f.; VG Stuttgart NVwZ-RR 2005, 408.
123 Stephan/Deger § 34 Rn. 6.
124 Hierzu auch BMKS § 34 Rn. 1; Stephan/Deger § 34 Rn. 2.
125 Stephan/Deger § 34 Rn. 7.
126 Zu einem ähnlichen Beispiel Cordes Beilage VBlBW 04/2011, 14 ff.
127 VGH BW VBlBW 2010, 240; Cordes Beilage VBlBW 04/2011, 14 (16); Dolderer VBlBW 2003, 222 (225).
128 Ebenso BMKS § 34 Rn. 6.
129 VGH BW VBlBW 2007, 351 f.; Dolderer VBlBW 2003, 222 (224).

gabe der Sache oder durch eine Vollstreckung der Herausgabepflicht – vollzogen worden ist und die Behörde amtlichen Gewahrsam begründet hat.[130] § 34 II und III PolG regeln die **Verwertung, Unbrauchbarmachung** und **Vernichtung** der eingezogenen Sache. Die Pflicht zur Tragung der hierdurch verursachten **Kosten** bestimmt § 34 IV PolG.

---

130 VGH BW VBlBW 2010, 240.

H. Durchsuchungen

I. Allgemeines

346 Eine **Durchsuchung** ist das planmäßige Suchen nach verborgenen Personen oder Sachen, deren räumliche Lage den staatlichen Organen nicht bekannt ist.[1] **Objekte einer Durchsuchung** können Wohnungen und andere Räume, sonstige Sachen und Personen sein. Zu den Durchsuchungsobjekten zählen auch persönliche Datenspeicher, wie z. B. PC und mobile Speichermedien.[2] Die **Durchsuchung einer Person** ist abzugrenzen von einer **körperlichen Untersuchung**. Die Durchsuchung einer Person dient dem Auffinden von Sachen oder Spuren in oder unter der Kleidung oder auch auf der Körperoberfläche und in den leicht zugänglichen natürlichen Körperöffnungen.[3] Die **körperliche Untersuchung** zielt dagegen auf das Auffinden und die Feststellung körpereigener Merkmale oder hat körperliche Eingriffe zum Gegenstand (Rn. 204).[4]

347 Die **Durchsuchung einer Wohnung** ist ein Eingriff in den Schutzbereich von Art. 13 I GG. Im Interesse eines wirksamen Schutzes von Art. 13 I GG hat das Bundesverfassungsgericht den **Begriff der Wohnung** weit ausgelegt. Er umfasst auch Arbeits-, Betriebs- und Geschäftsräume.[5] Bei der Durchsuchung dieser Räume kann auch die Berufsfreiheit des Art. 12 I GG tangiert sein. Daneben können auch die **Durchsuchung einer Person und ihrer Sachen** ein schwerwiegender Eingriff in das allgemeine Persönlichkeitsrecht des Art. 2 I i. V. m. Art. 1 I GG sein. Dies gilt insbesondere, wenn sie mit einem Entkleiden der betroffenen Person verbunden ist.[6] Das **kurzfristige Festhalten einer Person** für die Durchsuchung ist eine Freiheitsbeschränkung (Art. 2 II 2 GG i. V. m. Art. 104 I GG). Rechtsgrundlagen für Durchsuchungen zur Strafverfolgung sind §§ 102 ff. StPO. Durchsuchungen und das Betreten von Wohnungen zur Gefahrenabwehr sind in §§ 29 bis 31 PolG geregelt. Mitumfasst von einer Durchsuchung sind diejenigen Maßnahmen, die zur ziel- und zweckgerichteten Suche erforderlich sind.[7]

Beispiele:
Das Betreten von Räumen, Öffnen von Türen, Schränken und anderen Behältnissen sowie der Betrieb von EDV-Anlagen.

348 Der **Grundsatz der Verhältnismäßigkeit** ist bei der Anordnung und Durchführung von präventiven und repressiven Durchsuchungen besonders zu beachten. Die Maßnahme muss zur Aufklärung des Tatverdachts bzw. zur Abwehr der Gefahr geeignet und erforderlich sein. Außerdem muss sie angemessen im Hin-

---

1 BVerfG NJW 2000, 943 (944); BVerwG NJW 2005, 454 (455).
2 Speziell hierzu Herrmann/Soiné NJW 2011, 2922 ff.
3 Joecks § 102 Rn. 7.
4 Ausführlich hierzu BeckOK PolR BW/*Nachbaur* PolG § 29 Rn. 10 ff.
5 BVerfG NJW 2011, 2275.
6 BVerfG StV 2004, 145.
7 BMKS § 31 Rn. 13.

blick auf die Schwere der Tat und die Stärke des Verdachts bzw. die Schwere der Gefahr sein.[8]

II. Durchsuchung gemäß §§ 102 ff. StPO

§ 102 StPO regelt die Durchsuchung beim Verdächtigen. Die Rechtsgrundlage für eine Durchsuchung beim Nichtverdächtigen ist § 103 StPO. Zweck einer Durchsuchung nach §§ 102 ff. StPO ist die Ergreifung des Beschuldigten (**Ergreifungsdurchsuchung**) oder das Auffinden von Beweismitteln (**Ermittlungsdurchsuchung**). Die Anforderungen der formellen Rechtmäßigkeit für eine repressive Durchsuchung ergeben sich aus §§ 104 ff. StPO. Nach § 111b IV StPO gelten die §§ 102 bis 110 StPO auch bei der Sicherstellung von Gegenständen, die dem Verfall oder der Einziehung unterliegen. **349**

Anders als § 30 und § 31 PolG unterscheiden §§ 102 ff. StPO nicht zwischen dem **Betreten** und der **Durchsuchung einer Wohnung**. Rechtsgrundlage für das bloße **Betreten einer Wohnung** (sog. **Nachschau**) ist im Strafverfahrensrecht die jeweilige Maßnahme, die durchgeführt werden soll. Eine zusätzliche Durchsuchungsanordnung ist nur erforderlich, wenn die räumliche Lage des Bezugsobjektes unbekannt ist und Räumlichkeiten deswegen systematisch durchsucht werden müssen.[9] **350**

Beispiele:
Die Befugnis zum Betreten einer Wohnung, um den Beschuldigten zur Blutentnahme abzuholen, ergibt sich aus § 81a StPO, wenn genau bekannt ist, dass sich der Beschuldigte zu Hause aufhält. Wenn sich der Beschuldigte dagegen in seiner Wohnung versteckt hält, um sich der Maßnahme zu entziehen, bedarf es einer Durchsuchung nach §§ 102 ff. StPO.

Haftbefehle (§§ 112, 126a, 453c, 457 StPO), Vorführungsbefehle (§§ 134, 230 II, 236, 329 IV StPO) sowie rechtskräftige Strafurteile und Strafbefehle enthalten gleichzeitig die Anordnung zur Durchsuchung der Wohnung des Beschuldigten zu seiner Ergreifung.[10] Die richterliche Anordnung der Freiheitsentziehung enthält aber nicht die Befugnis, die Räume Dritter zu durchsuchen. Hierfür müssen die Voraussetzungen der §§ 103 ff. StPO vorliegen.[11] **351**

§§ 102 ff. StPO gestatten **nur offene Ermittlungsmaßnahmen**. Das **Verbot der Heimlichkeit** bei Durchsuchungen ergibt sich aus §§ 105 II, 106 und 107 StPO. Die sog. **Online-Durchsuchung** kann daher nicht auf §§ 102 ff. StPO gestützt werden. Hierunter versteht man die heimliche Ausforschung der Daten auf EDV-Systemen des Verdächtigen. Die Online-Durchsuchung zur Strafverfolgung bedarf einer eigenständigen Rechtsgrundlage, die bisher in der Strafprozessordnung nicht existiert.[12] Lediglich § 20k BKAG enthält eine gefahrenab- **352**

---
[8] BVerfG NJW 2011, 2275.
[9] Kramer Rn. 230.
[10] BeckOK StPO/*Hegmann* StPO § 105 Rn. 3.
[11] Meyer-Goßner/Schmitt § 105 Rn. 6.
[12] BGH NStZ 2007, 279 f.

wehrrechtliche Ermächtigungsgrundlage des Bundeskriminalamtes für die Online-Durchsuchung zur Terrorismusbekämpfung. Die sich dabei ergebenden Erkenntnisse können nach § 161 II StPO zwar nicht unmittelbar als Beweise zur Strafverfolgung genutzt werden, solange die Strafprozessordnung keine Rechtsgrundlage für die Online-Durchsuchung kennt. Sie können jedoch den Ansatz für strafverfahrensrechtliche Ermittlungen liefern.[13]

353 Bei **Störungen** einer Durchsuchung nach §§ 102 ff. StPO findet § 164 StPO (Rn. 480 ff.) Anwendung. Ein Gewahrsam nach § 28 I Nr. 1 PolG ist nicht zulässig, um eine Durchsuchung ungestört durchführen zu können. Der präventive Freiheitsentzug ist kein Mittel, um kriminaltaktische Defizite zu beheben.[14]

354 Die **formell-rechtlichen Anforderungen** einer Durchsuchung zur Strafverfolgung ergeben sich aus §§ 104 ff. StPO. Diese Vorschriften gelten sowohl für Durchsuchungen beim Verdächtigen nach § 102 StPO als auch beim Nichtverdächtigen nach § 103 StPO. Verstöße gegen §§ 104 I, 105 II, 106 I 1 und 2, 107 1, 110 I und II sollen keine Beweisverwertungsverbote nach sich ziehen.[15] Dies kann jedoch nur gelten, wenn die Ermittler nicht bewusst und nicht willkürlich gegen diese Normen verstoßen haben. Zu beachten ist, dass bei Durchsuchungen nach §§ 102 und 103 StPO zum Schutz des Schamgefühls des Betroffenen § 81d StPO entsprechend gilt.[16]

1. Durchsuchung beim Verdächtigen (§ 102 StPO)

355 Voraussetzung jeder Durchsuchung ist ein **Anfangsverdacht** i. S. v. § 152 II StPO. Eine Beschränkung auf bestimmte Straftaten nimmt § 102 StPO nicht vor. Vielmehr erstreckt sich die Norm neben der Täterschaft und der Teilnahme auch auf die typischen Folgetaten Begünstigung, Strafvereitelung und Hehlerei. Der Anfangsverdacht muss hinreichend konkretisiert sein. Die wesentlichen Merkmale des gesetzlichen Tatbestandes der maßgeblichen Strafrechtsnorm müssen berücksichtigt werden. Bloße Vermutungen, die sich nicht auf tatsächliche Anhaltspunkte oder kriminalistische Erfahrung stützen lassen, reichen nicht aus.[17]

> Beispiele:
> Die in einer Tageszeitung erscheinende Annonce für eine preisgünstige internationale Ehevermittlung genügt nicht, um den Verdacht von Verstößen gegen das AufenthG zu begründen.[18] In einem Mordfall ermittelt die Polizei, dass A eine mit der Tatwaffe identische Pistole besitzt, die häufig geführt wird. Dies reicht allein nicht aus, um den eine Durchsuchung nach § 102 StPO rechtfertigenden Anfangsverdacht zu begründen.[19]

---

13 Meyer-Goßner/Schmitt § 161 Rn. 18e.
14 LG Fankfurt NStZ 2008, 591 f.
15 Roxin/Schünemann § 35 Rn. 9.
16 Meyer-Goßner/Schmitt § 81d Rn. 1.
17 BVerfG NJW 2011, 2275.
18 BVerfG NJW 1991, 690 f.
19 BVerfGE 59, 95 ff.

356 Gegen **Kinder unter 14 Jahren** kann kein Anfangsverdacht i. S. v. § 152 II StPO vorliegen, da sie schuldunfähig sind. Durchsuchungen von Kindern unter 14 Jahren nach § 102 StPO sind deswegen unzulässig.[20] Da in diesen Fällen ein Anfangsverdacht grundsätzlich fehlt, scheidet auch eine Durchsuchung nach § 103 StPO aus. Ein Durchsuchen nach §§ 102 ff. StPO rechtfertigender Anfangsverdacht kann nur bei einer Tatbeteiligung Strafmündiger bestehen.[21]

Beispiel:
Die zwölfjährige B begeht einen Ladendiebstahl und versteckt die entwendeten Gegenstände in ihrer Jacke. Eine Durchsuchung nach § 102 und auch nach § 103 StPO scheitert daran, dass wegen der fehlenden Strafmündigkeit von B kein Anfangsverdacht vorliegt. B kann jedoch gemäß § 29 I Nr. 2 PolG durchsucht werden, weil sie Sachen mit sich führt, die gemäß § 32 I PolG sichergestellt werden können. Liegen Anhaltspunkte dafür vor, dass B von ihren Eltern benutzt wird, um Ladendiebstähle zu begehen, kommt bei den Eltern eine Durchsuchung gemäß § 102 StPO und bei B eine Durchsuchung gemäß § 103 StPO in Betracht.

357 **Betroffener** einer Durchsuchung nach § 102 StPO ist der **Verdächtige**. Das ist die Person, die als Täter oder Teilnehmer einer Straftat in Betracht kommt. Spätestens mit der Durchführung der Durchsuchung wird der Verdächtige jedoch zum Beschuldigten, da nun das Strafverfahren gegen ihn betrieben wird.[22] Wenn er während der Durchsuchung zur Sache befragt wird, ist er daher auch als Beschuldigter nach §§ 136 I, 163a IV StPO zu belehren, um Beweisverwertungsverbote zu vermeiden (Rn. 136).

358 **Durchsuchungsobjekte** sind bei der Ergreifungsdurchsuchung die Wohnung und andere Räume des Verdächtigen. Bei der Ermittlungsdurchsuchung ist daneben auch die Durchsuchung des Verdächtigen selbst und der ihm gehörenden Sachen zulässig. Eine Wohnung des Verdächtigen liegt vor, wenn er die tatsächliche Verfügungsgewalt über die Räumlichkeiten hat. Gleichgültig ist, ob er Allein- oder Mitbesitz hat.[23]

Beispiel:
Gegen A besteht der Verdacht, mehrere Einbrüche begangen zu haben. Er wohnt zusammen in einer Wohngemeinschaft mit drei Freunden. Die Ermittler vermuten, dass A Diebesgut in die 4-Zimmer-Wohnung gebracht hat. Das von A allein genutzte Zimmer und die gemeinsam benutzten Räumlichkeiten können nach § 102 StPO durchsucht werden. Die Zimmer der Freunde sind Räume nach § 103 StPO.

359 Die Durchsuchung der Person des Verdächtigen erlaubt die Suche an der Körperoberfläche und in natürlichen Körperöffnungen (ohne körperlichen Eingriff) nach körperfremden Gegenständen. Erlaubt ist auch die Durchsuchung der am Körper getragenen Kleidungsstücke. Zur Wahrung des Schamgefühls

---

20 KK/*Bruns* § 102 Rn. 5; Meyer-Goßner/Schmitt § 102 Rn. 4.
21 Meyer-Goßner/Schmitt § 103 Rn. 1.
22 BGH StV 1997, 281.
23 BGH NStZ 1986, 84 (85).

gilt § 81d StPO entsprechend.[24] Die dem Verdächtigen gehörenden Sachen sind solche, die er nicht am Körper trägt wie Taschen, Koffer oder Fahrzeuge. Hierbei kommt es nicht auf die Eigentumsverhältnisse an, sondern darauf, ob der Verdächtige Gewahrsam oder Mitgewahrsam über die Sachen hat.[25] Zu den Sachen i. S. v. § 102 StPO gehören auch **Computer, andere EDV-Anlagen** und **Datenträger.** § 102 StPO erfasst das **Aktivieren und Betreiben** der EDV-Anlage, um beweisrelevante Daten aufzuspüren.[26] Für die Durchsicht externer Speichermedien gilt § 110 III StPO (Rn. 390). Wenn im Rahmen von Durchsuchungen und Beschlagnahmen auf elektronisch gespeicherte Datenbestände zugegriffen wird, ist der **Grundsatz der Verhältnismäßigkeit** zu berücksichtigen. Dies führt dazu, dass die Gewinnung für das Verfahren bedeutungsloser Daten nach Möglichkeit zu vermeiden ist.[27]

360 Zweck der Durchsuchung ist das **Ergreifen des Verdächtigen** oder das **Auffinden von Beweismitteln. Ergreifen** i. S. v. § 102 StPO ist jede Festnahme zur Durchführung einer gesetzlich zugelassenen Zwangsmaßnahme. Hierzu gehören neben den Festnahmen nach §§ 112, 126a, 127, 134, 230 II, 236 und 329 IV 1 StPO z. B. auch eine Untersuchung nach § 81a StPO, eine ED-Behandlung nach § 81b StPO oder auch nur eine Identitätsfeststellung nach § 163b StPO.[28] **Beweismittel** sind Gegenstände, die nach § 94 StPO beschlagnahmt werden können, sowie die in § 103 erwähnten Spuren und Personen, die zu Beweiszwecken in Augenschein genommen werden sollen.[29] Unzulässig ist es nach Beweismitteln zu suchen, die einem **Beschlagnahmeverbot** (Rn. 291 ff.) unterliegen.[30] Durchsuchungen und Beschlagnahmen in einem Ermittlungsverfahren sind weiterhin unzulässig, wenn sie ausschließlich oder vorwiegend dem Zweck dienen, die Person des Informanten zu ermitteln. Anderenfalls könnte der von der Pressefreiheit des Art. 5 I 2 GG umfasste Informantenschutz unterlaufen werden.[31]

361 Bei der Ermittlungsdurchsuchung ist nach § 102 StPO die Vermutung erforderlich, dass die Durchsuchung zur Auffindung von Beweismitteln führen wird. Diese sog. **Auffindungsvermutung** muss (entgegen des gesetzlichen Wortlauts) aus Gründen der Verhältnismäßigkeit auch bei der Ergreifungsdurchsuchung bestehen.[32] Für die Auffindungsvermutung genügen keine rein gefühlsmäßigen oder spekulativen Erwägungen. Die Auffindungsvermutung muss auf gesicherter kriminalistischer Erfahrung beruhen.[33]

Beispiel:
In einem Stadtteil häufen sich die Pkw-Aufbrüche. Die Art und Weise der Tatausführung (Türen werden mit einem Eisen aufgestemmt; entwendet

---

24 Meyer-Goßner/Schmitt § 81d Rn. 1.
25 SK/*Wohlers*/*Jäger* § 102 Rn. 14.
26 BeckOK StPO/*Hegmann* StPO § 102 Rn. 12.
27 BVerfG NJW 2009, 2431 (2434); NJW 2005, 1917 (1920 ff.).
28 Meyer-Goßner/Schmitt § 102 Rn. 12.
29 Meyer-Goßner/Schmitt § 102 Rn. 13; BeckOK StPO/*Hegmann* StPO § 102 Rn. 5.
30 SK/*Wohlers*/*Jäger* § 102 Rn. 22.
31 BVerfG NJW 2007, 1117 (1120).
32 KK/*Bruns* § 102 Rn. 3.
33 Kramer Rn. 232 m. w. N.

wird nur Bargeld) lässt auf einen Serientäter schließen. Eine Streife kann B bei einem Pkw-Aufbruch auf frischer Tat stellen. Die Tatausführung stimmt mit den vorausgehenden Taten überein. Einbruchswerkzeug und gerade entwendetes Geld kann beschlagnahmt werden. Hier wäre eine Durchsuchung der Wohnung des B gemäß § 102 StPO zulässig. Die übereinstimmende Tatausführung begründet den Verdacht, dass B die vorausgehenden Pkw-Aufbrüche verübt hat. Zu diesen anderen Diebstählen können aufgrund gesicherter Polizeierfahrung Beweismittel in der Wohnung vermutet werden.

Der **Grundsatz der Verhältnismäßigkeit** muss bei Durchsuchungen besonders beachtet werden. Die Durchsuchung muss im Blick auf den bei der Anordnung verfolgten gesetzlichen Zweck erfolgversprechend sein. Ferner muss gerade diese Zwangsmaßnahme zur Ermittlung und Verfolgung der vorgeworfenen Tat erforderlich sein. Das ist nicht der Fall, wenn weniger einschneidende Mittel zur Verfügung stehen. Schließlich muss der jeweilige Eingriff in angemessenem Verhältnis zu der Schwere der Tat und der Stärke des Tatverdachts stehen. Dies gilt insbesondere bei der Durchsuchung einer Wohnung, die ein gravierender Eingriff in den Schutzbereich von Art. 13 I GG ist.[34]

Beispiele:
Beim Erwerb und Besitz von geringen Mengen Cannabis (§ 29 I und V BtMG) ist eine Wohnungsdurchsuchung unverhältnismäßig, da in diesen Fällen nach § 31a BtMG grundsätzlich von der Strafverfolgung abzusehen ist.

2. Durchsuchung bei Nichtverdächtigen (§ 103 I 1 StPO)

§ 103 I 1 StPO regelt die **Durchsuchung bei anderen Personen als Verdächtigen (Nichtverdächtigen).** Dabei sind die Voraussetzungen enger als für eine Durchsuchung beim Verdächtigen nach § 102 StPO. Dies schließt nicht aus, dass zugleich Durchsuchungen nach § 102 und § 103 StPO gegen mehrere Betroffene durchgeführt werden, wenn eine Auffindungsvermutung bezüglich derselben Beweismittel besteht.[35]

Beispiel:
Gegen A wird ein Ermittlungsverfahren wegen des Verdachts des Verstoßes gegen § 17 UWG und § 203 StGB geführt. Die Tat soll A in seiner Eigenschaft als Bilanzbuchhalter bei der S Wirtschafts- und Steuerberatungsgesellschaft mbH ausgeübt haben. Gesucht werden Lohnbuchhaltungs-Datensätze von Mandaten der S, entsprechende Disketten und Telefax-Sendeberichte. Eine Durchsuchung ist bei A gemäß § 102 StPO und bei S nach § 103 I 1 StPO grundsätzlich möglich.

Andere Personen i. S. v. § 103 I 1 StPO sind solche, die nicht tatverdächtig sind. Der Begriff ist weit zu fassen und umfasst auch strafunmündige Kinder und juristische Personen.[36] Betroffene einer Durchsuchung nach § 103 I 1 StPO

---
34 BVerfG NJW 2011, 2075.
35 BVerfG NJW 2003, 2670.
36 Joecks § 103 Rn. 1.

können grundsätzlich auch zeugnisverweigerungsberechtige Personen sein. Die Durchsuchung darf jedoch nicht auf Gegenstände abzielen, die einem Beschlagnahmeverbot nach § 97 StPO unterliegen. Bei Berufsgeheimnisträgern ist außerdem § 160a StPO zu beachten.[37]

Beispiel:
Gegen V besteht der Verdacht der Untreue. Ermittlungsrelevante Unterlagen könnten sich bei seinem Rechtsanwalt R befinden. Eine Durchsuchung der Kanzlei von R nach § 103 I 1 StPO ist nach § 160a I 1 i. V. m. § 53 I Nr. 3 StPO unzulässig.

365 **Durchsuchungsobjekte** sind entgegen des Wortlauts von § 103 I 1 StPO nicht nur Räume, sondern auch die Person und die Sachen des Nichtverdächtigen. Hierzu gehören auch EDV-Anlagen.[38] Auch eine körperliche Durchsuchung des Nichtverdächtigen ist zulässig. Dies wird damit begründet, dass § 81c StPO sogar die eingriffsintensivere körperliche Untersuchung von Nichtverdächtigen zulässt.[39]

366 **Zweck der Durchsuchung** muss die Ergreifung des Beschuldigten, die Verfolgung von Spuren einer Straftat oder die Beschlagnahme bestimmter Gegenstände sein. Bei einer **Ergreifungsdurchsuchung** nach § 103 I 1 StPO ist damit nur die Suche nach einem Beschuldigten, nicht mehr nach einem Verdächtigen zulässig. Gegen den Gesuchten muss daher bereits ein Strafverfahren eingeleitet worden sein, was allerdings mit der Durchsuchungsanordnung erfolgen kann.[40] Bei einer **Ermittlungsdurchsuchung** nach § 103 I 1 StPO genügt es anders als bei § 102 StPO nicht, irgendwelche Beweismittel zur Anlasstat zu suchen. Das Beweismittel muss **individualisiert** sein.[41] Ausreichend hierfür ist es, wenn die Beweismittel der Gattung nach näher bestimmt sind. Sie müssen nicht in allen Einzelheiten bezeichnet werden.[42] Weiterhin müssen Tatsachen vorliegen, aus denen zu schließen ist, dass die gesuchten Gegenstände oder Personen im Durchsuchungsbereich aufgefunden werden können. Kriminalistische Erfahrung genügt hier nicht.[43]

Beispiel:
Wird der Beschuldigte B nicht in seiner eigenen Wohnung gesucht, sondern in der Wohnung des nichtverdächtigen N, braucht man für eine Durchsuchung der Wohnung des N nach § 103 I 1 StPO konkrete Fakten (evtl. eine Zeugenaussage), die den Schluss zulassen, dass B sich in der Wohnung des N aufhält.

367 Der **Grundsatz der Verhältnismäßigkeit** erfordert, dass vor einer Durchsuchung beim Nichtverdächtigen nach § 103 I 1 StPO der Betroffene grundsätzlich zunächst zu einer freiwilligen Herausgabe des Beweisgegenstandes nach § 95 StPO (Rn. 288 ff.) aufgefordert wird.[44] Ermittlungstaktisch ist dies jedoch

---

37 Meyer-Goßner/Schmitt § 103 Rn. 7.
38 KK/*Bruns* § 103 Rn. 3; Meyer-Goßner/Schmitt § 103 Rn. 3.
39 Meyer-Goßner/Schmitt § 103 Rn. 3; KK/*Bruns* § 103 Rn. 3.
40 Meyer-Goßner /Schmitt § 103 Rn. 5.
41 Kramer Rn. 232.
42 BVerfG NJW 2003, 2669 (2670).
43 SK/*Wohlers/Jäger* § 103 Rn. 15; Kramer Rn. 232.
44 Meyer-Goßner/Schmitt § 103 Rn. 1a.

nur sinnvoll, wenn von einer Kooperationsbereitschaft des Betroffenen auszugehen ist.

3. Gebäudedurchsuchung (§ 103 I 2 StPO)

§ 103 I 2 StPO regelt die Durchsuchung eines ganzen **Gebäudes**, also einer Baulichkeit mit mehreren Einzelwohnungen, wie z. B. eines Hochhauses, mit jeweils nichtverdächtigen Wohnungsinhabern. Der **Zweck der Gebäudedurchsuchung** ist auf die Ergreifung des Beschuldigten beschränkt. Daraus folgt, dass Behältnisse, in denen sich niemand verbergen kann, nur durchsucht werden dürfen, wenn der Verdacht besteht, dass dort Unterlagen zu finden sind, die die Ergreifung des Beschuldigten ermöglichen.[45] Gegen den Beschuldigten muss der **dringende Verdacht** (Rn. 31) einer Straftat nach § 89a StGB (Vorbereitung einer schweren staatsgefährdenden Gewalttat) oder § 129a StGB (Bildung terroristischer Vereinigungen), auch in Verbindung mit § 129b I StGB, oder einer der in diesen Vorschriften genannten Straftaten bestehen. Aufgrund von Tatsachen muss anzunehmen sein, dass sich der Beschuldigte in dem Gebäude befindet.

> **Beispiel:**
> Gegen B besteht der dringende Verdacht eines Mordes. Die Polizei geht aufgrund von Zeugenaussagen davon aus, dass sich B irgendwo in einem bestimmten Hochhaus aufhält. Die genaue Wohnung ist nicht bekannt. Sämtliche Wohnungen und alle sonstigen Räume in dem Gebäude können gemäß § 103 I 2 StPO durchsucht werden. § 211 StGB ist in § 129a I Nr. 1 StGB genannt.

Nach § 105 I 2 StPO ist bei einer Gebäudedurchsuchung **der Richter anordnungsbefugt**. Bei Gefahr im Verzug (Rn. 84) steht lediglich der Staatsanwaltschaft und nicht auch ihren Ermittlungspersonen eine Eilzuständigkeit zu. Polizeibeamte sind also zur Anordnung einer Gebäudedurchsuchung niemals befugt. Bei einer Gebäudedurchsuchung ist außerdem gemäß § 108 I 3 StPO die **Beschlagnahme von Zufallsfunden unzulässig**. Dies heißt aber lediglich, dass die sehr weit gefasste Regelung des § 108 (hindeuten auf eine Straftat, d. h. dass Vermutungen ausreichen) nicht angewandt werden darf. Liegen jedoch konkrete Tatsachen dafür vor, dass ein Gegenstand Beweisbedeutung hat, sind die §§ 94 ff. StPO (Beweismittelbeschlagnahme) anwendbar. Gleiches gilt für §§ 111b ff. StPO (vollstreckungssichernde Beschlagnahme), wenn die große Wahrscheinlichkeit besteht, dass Gegenstände dem Verfall oder der Einziehung unterliegen.

> **Beispiel:**
> Bei der Gebäudedurchsuchung in dem obigen Beispiel (Rn. 368) findet ein Polizeibeamter in einer Wohnung Betäubungsmittel. Die Betäubungsmittel können gemäß §§ 94 ff. StPO beschlagnahmt werden.

4. Raumdurchsuchung bei Ergreifung oder Verfolgung des Beschuldigten (§ 103 II StPO)

§ 103 II StPO hebt die Beschränkungen des § 103 I 1 StPO für Räume auf, in denen der Beschuldigte ergriffen worden ist oder die er während der Verfol-

---

45 Meyer-Goßner/Schmitt § 103 Rn. 14.

gung betreten hat. Dies hat zur Konsequenz, dass keine Tatsachen vorliegen müssen, aus denen sich ergibt, dass die Durchsuchung zum Erfolg führen wird. Es genügt die **Auffindungsvermutung**. Außerdem müssen keine bestimmten Beweismittel gesucht werden. Ausreichend ist, wie bei § 102 StPO, die Suche nach irgendwelchen Beweismitteln zur Anlasstat. Ferner muss die Durchsuchung auch nicht der Ergreifung des Beschuldigten dienen. Sie ist auch mit dem Ziel zulässig, Personen aufzufinden, die als Zeugen in Betracht kommen.[46]

Beispiel:
Die Polizei stellt nachts auf dem Gelände einer Baustoffhandlung einen Einbrecher. Das Gelände der Baustoffhandlung kann gemäß § 103 II StPO durchsucht werden, um eventuell weggeworfenes Diebesgut oder Einbruchwerkzeug (oder auch Zeugen) zu finden.

5. Nächtliche Haussuchung (§ 104 StPO)

371 Nach § 104 I StPO dürfen die Wohnung, die Geschäftsräume und das befriedete Besitztum zur Nachtzeit nur bei Verfolgung auf frischer Tat oder bei Gefahr im Verzug oder dann durchsucht werden, wenn es sich um die Wiederergreifung eines entwichenen Gefangenen handelt. Eine **Verfolgung auf frischer Tat** ist gegeben, wenn der Täter unmittelbar nach der Tat verfolgt wird oder wenn die Ermittlungen unmittelbar nach der Tat aufgenommen werden.[47] **Gefahr im Verzug** besteht, wenn die Aufschiebung der Durchsuchung bis zur Tageszeit den Erfolg der Maßnahme gefährden könnte.[48] § 104 StPO gilt für Wohnungsdurchsuchungen nach § 102 und nach § 103 StPO. Ausdrücklich ausgenommen vom Schutz des § 104 I StPO sind nach § 104 II StPO jedermann zugängliche Räume und verrufene Räume.

Beispiele:
Gaststätten während der Öffnungszeiten, Kinos, Bahnhofshallen, Hehler- und Rauschgiftkneipen, Bordelle oder illegale Spielclubs.[49]

372 Die **Nachtzeit** umfasst gemäß § 104 III StPO in dem Zeitraum vom ersten April bis dreißigsten September die Zeit von 21 Uhr bis 4 Uhr und im Zeitraum vom ersten Oktober bis einunddreißigsten März die Stunden von 21 Uhr bis 6 Uhr. Entscheidend ist, ob der Beginn der Durchsuchung in die Nachtzeit fällt.

Beispiel:
Wird eine Durchsuchung um 20 Uhr begonnen und bis 22 Uhr fortgeführt, so handelt es sich um eine Durchsuchung zur Tageszeit.[50]

6. Anordnungsbefugnis (§ 105 I StPO)

373 Nach § 105 I 1 StPO dürfen Durchsuchungen nur durch den Richter, bei Gefahr im Verzug auch durch die Staatsanwaltschaft und ihre Ermittlungspersonen angeordnet werden. Der **Richtervorbehalt** des § 105 I 1 StPO ist verfassungsrechtlich nur bei der Durchsuchung von Wohnungen (Art. 13 II GG)

---

46 Meyer-Goßner/Schmitt § 103 Rn. 15.
47 Joecks § 104 Rn. 2.
48 Meyer-Goßner/Schmitt § 104 Rn. 4.
49 Meyer-Goßner/Schmitt § 104 Rn. 9.
50 BVerfGE 44, 353 (369).

geboten. Er gilt nach § 105 I 1 StPO einfachgesetzlich jedoch auch bei der Durchsuchung einer Person und deren Sachen. Der Richtervorbehalt zielt auf eine vorbeugende Kontrolle der Durchsuchungsanordnung durch eine unabhängige neutrale Instanz ab.[51] Zuständig ist im Ermittlungsverfahren der Ermittlungsrichter (§§ 162, 169 StPO).

Eine Durchsuchungsanordnung ist nicht erforderlich, wenn zur Vollstreckung eines rechtskräftigen Strafurteils und bei Haft- und Vorführungsbefehlen nach dem Beschuldigten gesucht wird.[52] Bei Freiwilligkeit kann die richterliche Anordnung ebenfalls unterbleiben. Die Einwilligung muss frei von Zwang zu Stande gekommen sein. Sie bezieht sich nur auf den Einzelfall und setzt die eindeutige Kenntnis der Verweigerungsmöglichkeit voraus. Eine stillschweigende Duldung genügt nicht. Die sonstigen Voraussetzungen der §§ 102 ff. StPO müssen bei einer freiwilligen Durchsuchung vorliegen.[53]

374

Die richterliche Durchsuchungsanordnung bedarf keiner bestimmten Form. Sie kann auch mündlich, telefonisch oder per Fax erteilt werden.[54] Der **Inhalt** der Durchsuchungsanordnung muss hinreichend bestimmt sein. Der Beschluss muss tatsächliche Angaben über den Inhalt des Tatvorwurfs beinhalten und die zu beschlagnahmenden Gegenstände so genau bezeichnen, wie es nach Lage der Dinge geschehen kann.[55] Mit der Durchsuchung kann zugleich eine Beschlagnahmeanordnung getroffen werden.[56]

375

Gefahr im Verzug besteht, wenn die richterliche Anordnung nicht eingeholt werden kann, ohne den Zweck der Maßnahme zu gefährden. Für die Annahme von Gefahr im Verzug hat das Bundesverfassungsgericht folgende Maßstäbe aufgestellt: Der Begriff Gefahr im Verzug ist eng auszulegen. Gefahr im Verzug muss im Einzelfall mit Tatsachen begründet werden. Die bloße Möglichkeit eines Beweismittelverlusts genügt nicht. Die Strafverfolgungsbehörden dürfen Gefahr im Verzug nicht selbst herbeiführen. Sie müssen regelmäßig versuchen, eine Anordnung des Richters zu erlangen. Die Erreichbarkeit eines Ermittlungsrichters muss durch die Errichtung eines Eil- und Notdienstes auch außerhalb der regelmäßigen Gerichtszeiten gewährleistet sein.[57]

376

Beispiel:
Ein Einbrecher wird nachts auf frischer Tat festgenommen und zur Polizeiwache gebracht. Aufgrund seines Vorgehens haben die Beamten den konkreten Verdacht, dass der Festgenommene noch andere Diebstähle begangen hat. Sie vermuten entsprechendes Diebesgut in seiner Wohnung und wollen diese noch während der Nacht durchsuchen. Hier ist eine richterliche Durchsuchungsanordnung erforderlich. Über den richterlichen Bereitschaftsdienst lässt sich in wenigen Minuten eine richterliche Durchsu-

---

51 BVerfG NJW 2001, 1121.
52 Meyer-Goßner/Schmitt § 105 Rn. 6; BeckOK StPO/*Hegmann* StPO § 105 Rn. 3.
53 Kramer Rn. 230.
54 BeckOK StPO/*Hegmann* StPO § 105 Rn. 8.
55 BVerfG NJW 2003, 2669.
56 Joecks § 105 Rn. 10.
57 BVerfG NJW 2001, 1121 ff.

chungsanordnung herbeiführen. Anders kann die Situation zu beurteilen sein, wenn tatsächliche Anhaltspunkte dafür bestehen, dass durch die Festnahme flüchtende Mittäter dazu veranlasst werden, in kürzester Zeit Diebesgut aus der Wohnung zu beseitigen.

377 Bei **Gebäudedurchsuchungen** (§ 103 I 2 StPO) haben bei Gefahr im Verzug die Ermittlungspersonen der Staatanwaltschaft nach § 105 I 2 StPO keine Anordnungskompetenz. Für die Vollstreckung der richterlichen Durchsuchungsanordnung ist gemäß § 36 II 1 StPO die Staatsanwaltschaft zuständig, die damit regelmäßig die Polizei beauftragt.[58] Bei einer Durchsuchung von Dienstgebäuden oder einer nicht allgemein zugänglichen Einrichtung oder Anlage der Bundeswehr wird nach § 105 III StPO grundsätzlich die vorgesetzte Dienststelle um ihre Durchführung ersucht.

378 Mit der **Beendigung** der Durchsuchung ist die Anordnung verbraucht. Die Anordnung berechtigt nur zu einer einmaligen Durchsuchung.[59] Der **Zeitpunkt** der Durchführung einer richterlichen Anordnung kann nach taktischen Gesichtspunkten gewählt werden. Spätestens nach **sechs Monaten** verliert der Durchsuchungsbeschluss jedoch seine rechtfertigende Kraft.[60] Bei einer **bewussten und willkürlichen Missachtung des Richtervorbehalts** nach § 105 I 1 StPO besteht ein **Beweisverwertungsverbot** hinsichtlich der bei der Durchsuchung gewonnenen Beweismittel. Dabei ist es bedeutungslos, wie schwer die begangene Tat ist und ob das Beweismittel auch auf gesetzmäßigem Wege hätte erlangt werden können. Bei Anerkennung des sog. **hypothetisch rechtmäßigen Ersatzeingriffs** als Abwägungskriterium bei der Prüfung des Vorliegens eines Beweisverwertungsverbots könnte der Richtervorbehalt stets unterlaufen und sogar letztlich sinnlos werden.[61]

7. Durchsuchungszeugen (§ 105 II StPO)

379 Werden Wohnungen, Geschäftsräume oder befriedetes Besitztum nicht im Beisein des Richters oder Staatsanwalts durchsucht (was in der Praxis der Regelfall ist), sind nach § 105 II StPO, wenn möglich, ein Gemeindebeamter oder zwei Mitglieder der Gemeinde, in deren Bezirk die Durchsuchung erfolgt, zuzuziehen. Zweck von § 105 II StPO ist der Schutz des von der Durchsuchung Betroffenen vor Übergriffen der Staatsorgane und der Schutz der Strafverfolgungsorgane vor unberechtigten Vorwürfen.[62] **Unmöglich** ist die Zuziehung eines Durchsuchungszeugen, wenn der eintretende Zeitverlust den Erfolg der Durchsuchung vereiteln würde.[63] Auch eine Gefährdung der Zeugen macht ihre Zuziehung unmöglich.

Beispiel:
Unmöglichkeit i. S. v. § 105 II StPO besteht, wenn zu befürchten ist, der Wohnungsinhaber werde sich mit Waffen gegen die Maßnahme zur Wehr setzen.

---

58 Kramer Rn. 247.
59 BVerfG StV 2004, 633 (634).
60 BVerfG NJW 1997, 2165 (2166).
61 BGH NStZ 2012, 104 (105) m. w. N.
62 Meyer-Goßner/Schmitt § 105 Rn. 12; Kramer Rn. 250.
63 BGH NStZ 1986, 84 (85).

Ein **Verzicht** des Wohnungsinhabers auf die Zuziehung von Zeugen ist möglich.[64] Ein entsprechender Vorgang ist im Interesse einer späteren Überprüfbarkeit zu protokollieren. § 105 II StPO wird nicht nur als bloße Ordnungsvorschrift, sondern als wesentliche Formvorschrift i. S. v. § 113 StGB angesehen.[65] **380**

Beispiel:
Der Verstoß gegen § 105 II StPO macht die Durchsuchung rechtswidrig. Wehrt sich der Wohnungsinhaber mit Gewalt gegen die Durchsuchung, liegt kein Widerstand gegen Vollstreckungsbeamte vor (§ 113 III StGB), vielmehr ist die Strafbarkeit des Durchsuchungsbeamten zu prüfen.

Die **Verwertbarkeit** der Durchsuchungsergebnisse soll von der Beachtung des § 105 II StPO dagegen nicht abhängen.[66] Zu Recht wird darauf hingewiesen, dass dies mit der Einschätzung, die Zuziehung sei wesentliche Förmlichkeit der Durchsuchung, nicht zu vereinbaren ist.[67] **381**

8. Zuziehung des Inhabers (§ 106 I StPO)

Nach § 106 I 2 StPO haben der Inhaber der zu durchsuchenden Räume oder Gegenstände bei der Durchsuchung ein Anwesenheitsrecht. Ist der Inhaber abwesend, so ist, wenn möglich, gemäß § 106 I 2 StPO sein Vertreter oder ein erwachsener Angehöriger, Hausgenosse oder Nachbar zuzuziehen. **Vertreter** ist, wer den Inhaber aufgrund besonderer Vollmacht, kraft allgemeinen Auftrags (Hausverwalter) oder üblicherweise (Ehefrau) vertritt.[68] **Erwachsener Angehöriger** kann auch ein Minderjähriger sein, der nach seiner körperlichen Entwicklung und äußeren Erscheinung den Eindruck eines Erwachsenen macht. Dies kann bei einem 14-jährigen Jugendlichen der Fall sein.[69] **Hausgenosse** ist ein ständiger Mitbewohner, nicht jedoch nur Mitinhaber der zu durchsuchenden Räumlichkeiten ist.[70] Der Durchsuchungsbeamte ist nicht dazu verpflichtet, auf das Erscheinen der in § 106 I StPO genannten Personen zu warten oder diese herbeiholen zu lassen.[71] Der **Verteidiger** hat keinen Rechtsanspruch auf Anwesenheit bei der Durchsuchung. In der Praxis wird die Anwesenheit des Verteidigers in der Regel gestattet, wenn hierdurch der Durchsuchungszweck nicht gefährdet wird. Wenn der Inhaber der zu durchsuchenden Räume oder Gegenstände dem Verteidiger die Anwesenheit gestattet, so darf sie ihm nicht versagt werden.[72] Bei Störungen der Amtshandlung sind Maßnahmen nach § 164 StPO zulässig (Rn. 480). **Nicht erforderlich** ist die **Zuziehung Dritter**, wenn der Wohnungsinhaber darauf verzichtet oder wenn er wegen einer Störung der Durchsuchung nach § 164 StPO entfernt wurde.[73] Verzichtet der anwesende Vertreter auf die Teilnahme, müssen keine weiteren Vertreter zuge- **382**

---

64 Meyer-Goßner/Schmitt § 105 Rn. 12.
65 Joecks § 105 Rn. 1.
66 Meyer-Goßner/Schmitt § 105 Rn. 11.
67 Joecks § 105 Rn. 12.
68 Meyer-Goßner/Schmitt § 106 Rn. 4.
69 Meyer-Goßner/Schmitt § 37 Rn. 10.
70 SK/*Wohlers/Jäger* § 106 Rn. 16.
71 LR/*Tsambikakis* § 106 Rn. 3; Joecks § 106 Rn. 2.
72 KK/*Bruns* § 106 Rn. 3; Dahs Rn. 383; Buhrhoff Rn. 1436.
73 Meyer-Goßner/Schmitt § 106 Rn. 4.

zogen werden, auch nicht, wenn ein Vertreter wegen Störung entfernt wurde. Die Zuziehung Dritter ist eine bloße Ordnungsvorschrift, aus deren Verletzung keine Rechtsfolgen hergeleitet werden können.[74]

9. Bekanntgabe des Durchsuchungszwecks (§ 106 II StPO)

383 § 106 II 1 StPO sieht vor, dass dem Nichtverdächtigen nach § 103 I StPO vor der Durchsuchung ihr Zweck bekanntzugeben ist. Eine Ausnahme gilt nach § 106 I 2 StPO bei den allgemeinzugänglichen Räumen nach § 104 II StPO. Für Verdächtige gilt § 106 I 1 StPO nicht. Hier ist § 107 StPO einschlägig. § 106 II StPO ist eine bloße Ordnungsvorschrift, deren Verletzung die Maßnahme nicht rechtswidrig macht.[75]

10. Schriftliche Mitteilung und Beweismittelverzeichnis (§ 107 StPO)

384 Auf Verlangen ist Verdächtigen und Nichtverdächtigen nach der Durchsuchung gemäß § 107 1 StPO ein Durchsuchungsprotokoll auszuhändigen. Es muss den Grund der Durchsuchung, im Falle des § 102 auch die Straftat, beinhalten. Ferner werden in ihm nach § 107 2 StPO die beschlagnahmten Beweismittel aufgeführt. Es muss auch bescheinigt werden, wenn keine Beweismittel gefunden worden sind (sog. **Negativbescheinigung**).

11. Beschlagnahme von Zufallsfunden (§ 108 StPO)

385 § 108 StPO regelt die Beschlagnahme von sog. **Zufallsfunden** bei einer Durchsuchung. Bei § 108 StPO handelt es sich um eine Beschlagnahmevorschrift. Die Erläuterung erfolgt bei der Beschlagnahme (Rn. 304 ff.).

12. Kennzeichnung beschlagnahmter Gegenstände (§ 109 StPO)

386 Das Erstellen eines Beweismittelverzeichnisses kombiniert mit der entsprechenden Kenntlichmachung der einzelnen Beweisstücke ist nach § 109 StPO in allen Fällen des § 94 und des § 111b StPO zwingend vorgeschrieben. Es handelt sich um eine bloße Ordnungsvorschrift, deren Verletzung keine Auswirkung auf die Rechtmäßigkeit der Beschlagnahme hat.[76]

13. Durchsicht von Papieren (§ 110 I und II StPO)

387 § 110 StPO ermöglicht bei einer Durchsuchung die Prüfung, ob Papiere als Beweismittel beschlagnahmt oder ob sie zurückgegeben werden müssen (sog. **Sichtungsverfahren**). Nach § 110 I StPO steht die Durchsicht der Papiere des von der Durchsuchung Betroffenen der Staatsanwaltschaft und auf deren Anordnung ihren Ermittlungspersonen zu. Der Begriff Papier wird weit ausgelegt. **Papiere** sind auch gedankliche Äußerungen, die nicht auf Papier, sondern in anderer Weise niedergelegt sind.[77]

Beispiele:
Briefe, Tagebücher, Buchführungsunterlagen, Telefonnotizen, Videobänder, Tonbänder, Disketten oder EDV-Anlagen.

---

74 BGH StV 2007, 60 (61); Meyer-Goßner/Schmitt § 106 Rn. 1. A. A. SK/*Wohlers/Jäger* § 106 Rn. 27.
75 Joecks § 106 Rn. 1.
76 Meyer-Goßner/Schmitt § 109 Rn. 2.
77 Lisken/Denninger/*Frister* F Rn. 256; LR/*Tsambikakis* § 110 Rn. 5.

§ 110 StPO ist **keine Beschlagnahmevorschrift.** Das Sichtungsverfahren ist Teil **388**
der Durchsuchung. Das Verfahrensstadium der Durchsicht gemäß § 110 StPO
ist der Entscheidung über den Umfang der Beschlagnahme vorgelagert. Zweck
der Vorschrift ist es, im Rahmen des Vertretbaren lediglich diejenigen Informationen einem dauerhaften Eingriff zuzuführen, die verfahrensrelevant und verwertbar sind.[78] Die Durchsuchung ist erst abgeschlossen, wenn die Papiere
durchgesehen sind.[79] Die Durchsuchung muss jedoch zügig erfolgen und in
einer angemessenen Frist beendet sein.[80] Wenn bereits zum Zeitpunkt der
Durchsuchung klar ist, dass ein bestimmtes Papier Beweisbedeutung hat, gilt
§ 110 StPO nicht. Das Papier wird dann nach §§ 94 ff. StPO beschlagnahmt.[81]

Beispiel:
In einem Ermittlungsverfahren wegen des Verdachts des Betruges wird aufgrund von Zeugenaussagen nach einem bestimmten Vertragstext gesucht.
Bei der Durchsuchung wird auf dem Schreibtisch des Verdächtigen ein
Schriftstück gefunden, das aufgrund der äußeren Merkmale als der gesuchte Vertrag identifiziert werden kann. Das Papier kann gemäß §§ 94 ff.
beschlagnahmt werden.

Liegt keine Anordnung der Staatsanwaltschaft i. S. v. § 110 I StPO vor, sind **389**
Polizeibeamte gemäß § 110 II StPO zur Durchsicht der aufgefundenen Papiere
nur befugt, wenn der Inhaber die Durchsicht genehmigt. Anderenfalls haben
sie die Papiere, deren Durchsicht sie für geboten erachten, in einem Umschlag,
der in Gegenwart des Inhabers mit einem Amtssiegel zu verschließen ist, an
die Staatsanwaltschaft abzuliefern. **Durchsicht** heißt von den vorgefundenen
Unterlagen diejenigen nach äußeren Merkmalen auszusondern, bei denen eine
inhaltliche Prüfung durch die Staatsanwaltschaft erforderlich erscheint. Eine
inhaltliche Grobsicht ist unzulässig.[82] Als **Umschlag** i. S. v. § 110 I StPO
kommt jedes Behältnis, das versiegelt werden kann, in Betracht.[83]

Beispiel:
Im Verlauf der Ermittlungen wegen des Verdachts des unerlaubten Handelns mit Betäubungsmitteln wird die Wohnung des Beschuldigten durchsucht. Neben dem Telefon liegt ein Terminkalender. Die Polizeibeamten
schlagen ihn auf und stellen auf den ersten Blick fest, dass er handschriftliche Eintragungen enthält. Sie blättern nicht weiter, sondern geben ihn – in
Anwesenheit des Beschuldigten – in einen Umschlag, versiegeln ihn und
übersenden ihn der Staatsanwaltschaft. Die Beamten haben § 110 I und II
StPO korrekt angewandt. Der Terminkalender mit handschriftlichen Eintragungen ist ein Papier i. S. v. § 110 I StPO. Es ist zu vermuten, dass der
Kalender Beweisbedeutung hat. Dies festzustellen ist jedoch ausschließlich
Sache der Staatsanwaltschaft. Etwas anderes gilt nur dann, wenn die Staatsanwaltschaft die Durchsicht von Papieren durch die Ermittlungspersonen

---

78 BVerfG NJW 2005, 1917 (1921).
79 BGH NJW 1999, 730 (732).
80 Joecks § 110 Rn. 5; SK/*Wohlers/Jäger* § 110 Rn. 24.
81 SK/*Wohlers/Jäger* § 110 Rn. 1.
82 Joecks § 110 Rn. 7; LR/*Schäfer* § 110 Rn. 5; SK/*Wohlers* § 110 Rn. 17.
83 Meyer-Goßner/Schmitt § 110 Rn. 5.

angeordnet hat oder der Beschuldigte den Durchsuchungsbeamten das Lesen des Terminkalenders ausdrücklich gestattet.

14. Durchsicht elektronischer Speichermedien (§ 110 III StPO)

390 Die **Durchsicht elektronischer Speichermedien** außerhalb des eigentlichen Durchsuchungsobjekts ist in § 110 III StPO geregelt. Praktische Anwendungsfälle ergeben sich z. B. bei dem (offenen) Zugriff auf E-Mails, die sich noch auf dem Server des Anbieters befinden, oder auch beim sog. **Cloud Computing**. Hierbei werden Programme und Daten nicht auf dem Rechner des Benutzers, sondern dezentral im Netz gespeichert.[84] § 110 III StPO setzt voraus, dass von dem durchsuchten Zugangsgerät auf ein räumlich getrenntes Speichermedium zugegriffen werden kann und anderenfalls der Verlust der gesuchten Daten zu besorgen ist. Letzteres ist der Fall, wenn zu erwarten ist, dass vor einer physischen Sicherstellung des externen Datenträgers, die auf diesem befindlichen Datenträger gelöscht werden können.[85] Gemäß § 110 III 2 StPO dürfen Daten, die für die Untersuchung von Bedeutung sein können, gesichert, d. h. auf einem Datenträger der Strafverfolgungsorgane abgespeichert werden. Über die sich ebenfalls aus § 110 III 2 StPO ergebende entsprechende Anwendbarkeit von § 98 II StPO ist gewährleistet, dass für die Sicherung der Daten innerhalb von drei Werktagen die gerichtliche Bestätigung herbeigeführt werden muss. Damit erlangt der Inhaber des externen Speichermediums über § 33 III StPO von der Maßnahme Kenntnis und er kann seine rechtlichen Interessen wahrnehmen. Bestätigt das gemäß § 98 II 3 bis 5 StPO zuständige Gericht die Sicherstellung nicht, sind die gespeicherten Daten zu löschen.[86] Nicht erlaubt wird durch § 110 III StPO der heimliche Online-Zugriff auf zugangsgeschützte Datenbestände. Soweit § 110 III 1 StPO darauf abstellt, dass der Betroffene den Zugang zu gewähren berechtigt sein muss, bedeutet dies nicht, dass die Maßnahme nur zulässig wäre, wenn der Betroffene der Strafverfolgungsbehörde den Zugriff auch tatsächlich gewährt. Vielmehr handelt es sich auch bei diesem Teil der Durchsuchung um eine gegenüber dem Betroffenen zwangsweise durchsetzbare Maßnahme.[87]

III. Durchsuchungen im Bußgeldverfahren

391 Die Durchsuchungsvorschriften der Strafprozessordnung gelten im Bußgeldverfahren nach § 46 I StPO. Eine Ergreifungsdurchsuchung kann jedoch nur das Ziel der Identitätsfeststellung oder einer Blutentnahme erfolgen, da eine Festnahme nach § 46 III OWiG unzulässig ist. Der Grundsatz der Verhältnismäßigkeit ist besonders zu beachten.[88]

Beispiele:
Bei einer nicht schwer wiegenden Verkehrsordnungswidrigkeit oder einer Ordnungswidrigkeit nach § 98 AufenthG verstößt eine Durchsuchung der

---

[84] Hierzu Obenhaus NJW 2010, 651 ff.
[85] Joecks § 110 Rn. 10.
[86] Meyer-Goßner/Schmitt § 110 Rn. 8.
[87] BT-Drs. 16/5846 S. 64.
[88] Göhler/*Seitz* Vor § 59 Rn. 108.

Wohnung und Geschäftsräume des Betroffenen zur Auffindung von Beweismitteln gegen den Verhältnismäßigkeitsgrundsatz.[89] Die Anordnung der Durchsuchung steht der Verfolgungsbehörde und der Polizei als Organ der Verfolgungsbehörde nach § 46 I OWiG i. V. m. § 105 I 1 StPO nur bei Gefahr im Verzug zu. Die übrigen Verfahrensvorschriften der §§ 104 ff. StPO sind zu beachten. Insbesondere ist für die Durchsicht von Papieren nach § 46 I i. V. m. § 110 StPO grundsätzlich die Verfolgungsbehörde zuständig.

IV. Polizeirechtliche Durchsuchungen

Anders als im Strafverfahrensrecht ist die Durchsuchung im Polizeigesetz je nach der Art des Objekts in unterschiedlichen Bestimmungen an unterschiedliche Voraussetzungen geknüpft. Außerdem wird zwischen dem Betreten und der Durchsuchung von Wohnungen unterschieden. § 29 PolG regelt die **Durchsuchung von Personen**. § 30 PolG ist die Rechtsgrundlage für **Durchsuchungen von Sachen**. Das **Betreten** und die **Durchsuchung von Wohnungen** richtet sich nach § 31 PolG. Polizeirechtliche Durchsuchungen sind belastende Verwaltungsakte (Polizeiverfügungen), für die der Polizeivollzugdienst neben den Polizeibehörden nach § 60 III PolG zuständig ist.

1. Durchsuchung von Personen (§ 29 PolG)

§ 29 I PolG regelt fünf Fälle der Durchsuchung einer Person zur Gefahrenabwehr. Die Durchsuchung zur Eigensicherung und zum Schutz Dritter bei Identitätsfeststellungen ist nach § 29 II PolG zulässig. § 29 III PolG enthält eine Vorschrift zum Schutz des Schamgefühls des Betroffenen. Spezielle Vorschriften, wie z. B. § 26 II 3 AufenthG für die Suche nach Ausweisdokumenten, gehen § 29 PolG vor. Die Durchsuchung einer Person darf sich nur auf die Kleidung, die Körperoberfläche und auf die Körperöffnungen erstrecken, die wie Mund, Nase und Ohren ohne weiteres zugänglich sind.[90]

Aus § 29 ergibt sich auch die Befugnis für das **Anhalten, Festhalten** und die **Mitnahme zur Dienststelle**, falls die Durchsuchung an Ort und Stelle nicht oder nicht sachgerecht durchgeführt werden kann.[91] Die Durchsuchung kann manuell oder mit Suchgeräten (z. B. Metalldetektoren) erfolgen.[92]

Die Durchsuchung einer Person ist ein intensiver Eingriff in das allgemeine Persönlichkeitsrecht (Art. 2 I i. V. m. Art. 1 I GG). Der **Grundsatz der Verhältnismäßigkeit** ist besonders zu beachten. Problematisch ist dies in der polizeilichen Praxis insbesondere, wenn es darum geht, kleine Gegenstände, die ehrfahrungsgemäß eng am Körper versteckt werden, wie z. B. Betäubungsmittel oder pyrotechnisches Material, aufzufinden. Fraglich ist, ob ein vollständiges Entkleiden der betroffe-

---

89 BVerfG NJW 1999, 2176.
90 VwV PolG Nr. 1 zu § 29 I PolG.
91 Ruder Rn. 694.
92 Stephan/Deger § 29 Rn. 6.

nen Person verlangt werden kann.⁹³ Die Rechtsprechung hat dies bei einer Razzia zur Zerschlagung einer BtM-Szene mit dem Argument bejaht, dass Betäubungsmittel nach den Erfahrungen der Polizei auch unmittelbar am Körper mitgeführt werden.⁹⁴ Grundsätzlich darf ein Entkleiden von der betroffenen Person zur Durchsuchung nur dann verlangt werden, wenn und soweit ein Abtasten kein eindeutiges Ergebnis erwarten lässt. Das Entkleiden darf nur bis zur Unterwäsche gehen. Ein Freilegen des Intimbereichs kann nur ausnahmsweise unter besonderen Umständen – etwa bei auffälligen Reaktionen der durchsuchten Person oder bei besonderer Beschaffenheit der Unterwäsche – bei gleichzeitiger größtmöglicher Schonung der Intimsphäre gefordert werden.⁹⁵

396 a) § 29 I Nr. 1 PolG. Nach § 29 I Nr. 1 PolG kann die Polizei eine Person durchsuchen, die nach dem Polizeigesetz (z. B. §§ 26, 28 PolG) oder anderen Rechtsvorschriften (z. B. §§ 163b, 127 StPO) festgehalten oder in Gewahrsam genommen werden darf. Die Vorschrift dient dem Schutz derjenigen, die festgehalten oder in Gewahrsam genommen werden dürfen, vor Selbstverletzungen oder Selbsttötung. Sie dient aber insbesondere auch der Eigensicherung der eingesetzten Beamten.⁹⁶ Eine konkrete Gefahr ist nicht gefordert. Deswegen können generell alle Personen durchsucht werden, bevor sie z. B. im Polizeifahrzeug zur Wache mitgenommen und bevor sie in die Arrestzelle gebracht werden. Einzige Voraussetzung der Maßnahme ist, dass eine Rechtsgrundlage für das Festhalten oder für den Gewahrsam gegeben ist.

397 b) § 29 I Nr. 2 PolG. Gemäß § 29 I Nr. 2 PolG kann die Polizei eine Person durchsuchen, wenn Tatsachen die Annahme rechtfertigen, dass sie Sachen mit sich führt, die sichergestellt oder beschlagnahmt werden dürfen. Nach dem Sinn und Zweck des Gesetzes muss es sich um eine Sicherstellung bzw. Beschlagnahme zur Gefahrenabwehr handeln.⁹⁷ Eine Sicherstellung und Beschlagnahme nach §§ 94 ff. StPO kommen nicht als Grund für eine polizeirechtliche Durchsuchung in Betracht. Bei dem Anfangsverdacht einer Straftat richtet sich die Durchsuchung nach §§ 102 ff. StPO.⁹⁸

> **Beispiele:**
> Mitglieder einer als gewalttätig bekannten Fangruppe werden vor dem Betreten des Fußballstadions polizeilich durchsucht, ob sie Gegenstände mitführen, mit denen Personen verletzt oder Sachen beschädigt werden können (z. B. Messer, Kanthölzer, Schleudern, Steine, Bierflaschen u. s. w.). Die in § 29 I Nr. 2 PolG geforderten Tatsachen können sowohl Erkenntnisse über frühere Ausschreitungen als auch direkte Beobachtungen (z. B. ausgebeulte Jacke) sein.

398 c) § 29 I Nr. 3 PolG. Gemäß § 29 I Nr. 3 PolG kann die Polizei eine Person durchsuchen, die sich an einem der in § 26 I Nr. 2 PolG genannten Orte auf-

---

93 Hierzu auch Trurnit JURA 2012, 365 (371).
94 VG Freiburg Urteil vom 8.7.2010 – 6 K 1388/08 und Urteil vom 8.7.2010 – 6 K 1389/08.
95 OVG Saarland Urteil vom 30.11.2007 – 3 R 9/06 – juris Rn. 50 ff.
96 Ruder Rn. 697; Stephan/Deger § 29 Rn. 7.
97 Stephan/Deger § 29 Rn. 8; BMKS § 29 Rn. 6.
98 BMKS § 29 Rn. 6.

hält. Orte i. S. v. § 26 I Nr. 2 PolG sind die sog. **gefährlichen Orte** (Rn. 190). Alle Personen, die sich an einem gefährlichen Ort aufhalten, können ohne Vorliegen weiterer Voraussetzungen durchsucht werden (sog. **Ortshaftung**). Die Durchsuchung kann auch unabhängig von der Identitätsfeststellung nach § 26 I Nr. 2 PolG durchgeführt werden. Wenn z. B. die Durchsuchung nichts ergeben hat, kann auf die Identitätsfeststellung verzichtet werden.[99]

Beispiel:
Wenn in einer Diskothek erfahrungsgemäß Straftaten nach dem BtMG begangen werden und deshalb eine Rauschgift-Razzia durchgeführt wird, dürfen alle anwesenden Besucher der Diskothek durchsucht werden.

d) § 29 I Nr. 4 PolG. § 29 I Nr. 4 PolG ermöglicht die Durchsuchung von Personen an einem sog. **gefährdeten Ort** i. S. v. § 26 I Nr. 3 PolG oder in dessen unmittelbarer Nähe (Rn. 192). Es müssen Tatsachen vorliegen, die die Annahme rechtfertigen, dass in oder an Objekten dieser Art Straftaten begangen werden sollen. Ebenso wie bei § 29 I Nr. 3 PolG besteht auch bei § 29 I Nr. 4 PolG eine **Ortshaftung**.

Beispiel:
Der Polizei liegen konkrete Hinweise vor, dass Anschläge auf Gerichte oder sonstige Behörden geplant sind. Die sich in, vor und in der unmittelbaren Nähe der entsprechenden Gebäude aufhaltenden Personen können nach § 29 I Nr. 4 PolG durchsucht werden.

e) § 29 I Nr. 5 PolG. Eine nach § 25 PolG oder nach Art. 99 SDÜ ausgeschriebene Person kann von der Polizei nach § 29 I Nr. 5 PolG durchsucht werden. Bei § 29 I Nr. 5 rechtfertigt allein die Ausschreibung zur Kontrolle die Durchsuchung. Die Vorschrift zielt auf politisch motivierte Straftäter (Terroristen) ab, die sehr mobil sind, und bei denen mögliche Tatmittel, Unterlagen über internationale Kontakte und Tatpläne festgestellt werden sollen.[100] Die Mitteilung über das Antreffen der ausgeschriebenen Person und die Übermittlung der dabei gewonnenen Erkenntnisse an die ausschreibende Polizeidienststelle bestimmen § 25 I 2 und 3 PolG.

f) Durchsuchung zur Eigensicherung gemäß § 29 II PolG. § 29 II PolG erlaubt der Polizei eine **Durchsuchung zur Eigensicherung und zum Schutz Dritter** gegen eine Gefahr für Leib und Leben. Adressat der Maßnahme ist eine Person, deren Identität nach § 26 oder nach anderen Rechtsvorschriften (z. B. § 163b StPO) festgestellt werden soll. Ziel der Durchsuchung ist das Auffinden von Waffen, anderen gefährlichen Werkzeugen und Sprengstoffen. Die Durchsuchung muss nach den Umständen erforderlich sein. Diese können sich z. B. aus der Abgelegenheit des Ortes, der Nachtzeit, dem Verhalten der zu kontrollierenden Person oder einem personenbezogenen Hinweis aus POLAS, dass die Person bewaffnet ist, ergeben. Eine Durchsuchung zur Eigensicherung bei einer Identitätsfeststellung kann daher sowohl auf § 29 I Nr. 1 als auch auf § 29 II PolG gestützt werden.

---

99 BMKS § 29 Rn. 7.
100 LT-Drs. 14/3165 S. 70.

402 g) **Schutz des Schamgefühls nach § 29 III PolG.** § 29 III PolG regelt zum **Schutz des Schamgefühls** des Betroffenen, dass die Durchsuchung grundsätzlich nur von Personen gleichen Geschlechts vorgenommen werden darf. Eine Ausnahme besteht bei einer ärztlichen Durchsuchung und wenn die sofortige Durchsuchung nach den Umständen zum Schutz gegen eine Gefahr für Leib oder Leben erforderlich erscheint. Da § 29 III PolG eine verzichtbare Schutzvorschrift ist, kann hiervon bei einer freiwilligen Einwilligung des Betroffenen abgewichen werden.[101]

> **Beispiel:**
> Grundsätzlich darf ein Mann nur von einem Mann, einem Arzt oder einer Ärztin durchsucht werden. Wenn er – etwa um Wartezeiten zu sparen – einwilligt, kann ein Mann auch von einer Frau, die keine Ärztin ist, durchsucht werden.

2. Durchsuchung von Sachen (§ 30 PolG)

403 § 30 ermächtigt die Polizei zur Durchsuchung von Sachen. **Durchsuchen** bedeutet hier das Suchen in einer Sache nach anderen Sachen oder Personen. Es umfasst auch das Öffnen der Sache.[102] **Sache** ist jeder körperhafte Gegenstand (§ 90 BGB).

> **Beispiele:**
> Taschen, Schränke, Fahrzeuge, Grundstücke oder Gebäude.

Die Durchsuchung von am Körper getragenen Kleidungsstücken richtet sich nach § 29 PolG. Wenn die Durchsuchung in den Schutzbereich des Art. 13 I GG (Unverletzlichkeit der Wohnung) eingreift, ist § 31 PolG einschlägig.[103]

> **Beispiele:**
> Die Durchsuchung eines Wohnbereichs im Campingbus, eins Wohnwagens oder einer Schlafkabine im Lkw richtet sich nach § 31 PolG.

Für die Durchsuchung eines Tieres gilt § 30 PolG entsprechend. Tiere sind zwar nach § 90a Satz 1 BGB keine Sachen. Auf sie sind aber nach § 90a Satz 3 BGB grundsätzlich die für Sachen geltenden Vorschriften entsprechend anzuwenden.[104]

404 a) **§ 30 Nr. 1 PolG.** Nach § 30 Nr. 1 PolG kann die Polizei eine Sache durchsuchen, wenn sie von einer Person mitgeführt wird, die nach § 29 I oder II PolG durchsucht werden darf. § 30 Nr. 1 PolG orientiert sich an der Personendurchsuchung: Darf eine Person durchsucht werden, dann dürfen immer auch mitgeführte Sachen durchsucht werden. Weitere Voraussetzungen brauchen nicht vorzuliegen. Die Durchsuchung der mitgeführten Sachen setzt nicht voraus, dass die Person durchsucht wird. Es genügt, dass zum Zeitpunkt der Durchsuchung die rechtlichen Voraussetzungen für die Personendurchsuchung vorliegen. **Mitgeführt** ist eine Sache, wenn eine Person die tatsächliche Gewalt darüber ausübt oder ausüben kann.[105]

---

101 BMKS § 29 Rn. 13; Stephan/Deger § 29 Rn. 14.
102 BeckOK PolR BW/*Nachbaur* PolG § 30 Rn. 4.
103 VwV PolG Nr. 1 zu § 30 PolG.
104 Stephan/Deger § 30 Rn. 6.
105 VwV PolG Nr. 2 zu § 30 PolG.

Beispiele:
An der Hand getragenen Taschen oder Gepäckstücken; bestimmten Personen zuordenbare Kleidungsstücke oder Taschen in der Garderobe oder bestimmten Personen zuordenbare Fahrzeugen, die in der Nähe abgestellt sind.

b) § 30 Nr. 2 PolG. Gemäß § 30 Nr. 2 PolG kann die Polizei eine Sache durchsuchen, wenn Tatsachen die Annahme rechtfertigen, dass sich in ihr eine gesuchte Person befindet, die nach § 28 oder einer anderen der Gefahrenabwehr dienenden Vorschrift in Gewahrsam genommen werden kann (z. B. eine selbstmordgefährdete Person), die widerrechtlich festgehalten wird (z. B. bei einer Entführung) oder die hilflos und deshalb an Leib oder Leben gefährdet ist (z. B. ein Betrunkener).

c) § 30 Nr. 3 PolG. Nach § 30 Nr. 3 PolG kann eine Sache von der Polizei nach Gegenständen, die sichergestellt (z. B. verlorene Wertgegenstände) oder beschlagnahmt (z. B. ein streunender gefährlicher Hund) werden dürfen, durchsucht werden. Hierfür ist es nicht erforderlich, dass bereits eine Sicherstellungs- bzw. Beschlagnahmeanordnung vorliegt. Es müssen lediglich die Voraussetzungen hierfür nach §§ 32 oder 33 PolG erfüllt sein.[106]

d) § 30 Nr. 4 PolG. Die Polizei kann nach § 30 Nr. 4 PolG eine Sache durchsuchen, die sich an einem der in § 26 I Nr. 2 PolG genannten Orte befindet. Orte i. S. v. § 26 I Nr. 2 PolG sind die sog. **gefährlichen Orte** (Rn. 190). Da mitgeführte Sachen nach § 30 Nr. 1 PolG durchsucht werden, ist § 30 Nr. 4 PolG nur bei nicht zuordenbaren Sachen anwendbar.[107] Bei einer Razzia können daher alle Sachen im örtlichen Bereich der Maßnahme durchsucht werden.[108]

Beispiel:
Bei einer Kontrolle der Drogenszene nach § 26 I Nr. 2 PolG liegen Plastiktüten und Taschen herum, bei denen nicht erkennbar ist, wem sie gehören.

e) § 30 Nr. 5 PolG. Eine Sache kann nach § 30 Nr. 5 PolG von der Polizei auch durchsucht werden, wenn sie sich an einem Objekt i. S. v. § 26 I Nr. 3 PolG oder in dessen unmittelbarer Nähe befindet (sog. **gefährdeter Ort**; Rn. 192) und Tatsachen die Annahme rechtfertigen, dass Straftaten in oder an Objekten dieser Art begangen werden sollen. Auch diese Vorschrift bezieht sich nur auf Sachen, die keiner bestimmten Person zugeordnet werden können, da sonst § 30 Nr. 1 PolG angewandt wird.[109]

Beispiel:
Ein herrenloser Koffer befindet sich in einem gefährdeten Objekt i. S. v. § 26 I Nr. 3 PolG.

f) § 30 Nr. 6 PolG. § 30 Nr. 6 PolG ermächtigt die Polizei zur Durchsuchung eines Fahrzeuges (Land-, Wasser- oder Luftfahrzeug), wenn sich in ihm eine

---

106 BMKS § 30 Rn. 9.
107 VwV PolG Nr. 4 zu § 30.
108 Ruder Rn. 709; Stephan/Deger § 30 Rn. 11.
109 VwV PolG Nr. 4 zu § 30.

Person befindet, deren Identität nach § 26 I Nr. 4 (**Kontrollstelle**) oder Nr. 5 PolG (**Kontrollbereich**) festgestellt werden darf. Die Durchsuchung kann sich auch auf die in dem Fahrzeug enthaltenen oder mit ihm verbundenen Sachen erstrecken. Über § 30 Nr. 6 PolG können das gesamte Fahrzeuginnere, der Kofferraum, die Sachen im Fahrzeug, der Dachgepäckträger, Gepäckboxen sowie Gepäcktaschen von Zweiradfahrzeugen durchsucht werden. § 30 Nr. 6 PolG soll auch anwendbar sein, wenn sich eine Person nicht im, sondern auf dem Fahrzeug befindet (Kraftrad, Fahrrad).[110] Die Durchsuchung von Fahrzeugen, die zu Wohnzwecken bestimmt sind, ist nur nach § 31 PolG zulässig (Rn. 418 ff.).

410 g) **§ 30 Nr. 7 PolG.** Gemäß § 30 Nr. 7 PolG kann die Polizei eine Sache durchsuchen, wenn sie von einer Person mitgeführt wird, deren Identität nach § 26 I Nr. 4 (**Kontrollstelle**) und Nr. 5 PolG (**Kontrollbereich**) festgestellt werden darf. Damit ist sichergestellt, dass auch die von einem Fußgänger an einer Kontrollstelle oder einem Kontrollbereich mitgeführten Sachen durchsucht werden können. Einer vorherigen Identitätsfeststellung oder Durchsuchung der Person bedarf es nicht.[111]

411 h) **§ 30 Nr. 8 PolG.** § 30 Nr. 8 PolG ermächtigt die Polizei zur Durchsuchung von Kraftfahrzeugen, die nach § 25 PolG oder nach Art. 99 I SDÜ zur gezielten Kontrolle ausgeschrieben sind. Wenn eine Person, die zur gezielten Kontrolle ausgeschrieben ist, ein Fahrzeug mit sich führt, darf diese nach § 30 I Nr. 1 i. V. m. § 29 I Nr. 5 PolG durchsucht werden. § 30 I Nr. 8 PolG ist daher nur anwendbar, wenn nur das Fahrzeug gemäß § 25 PolG oder Art. 99 I SDÜ ausgeschrieben ist.[112]

3. Betreten und Durchsuchung von Wohnungen (§ 31 PolG)

412 Im Gegensatz zu §§ 102 ff. StPO unterscheidet § 31 PolG zwischen dem Betreten (§ 31 I PolG) und der Durchsuchung (§ 31 II PolG) von Wohnungen und knüpft die beiden Maßnahmen an je unterschiedliche Voraussetzungen. Der durch Art. 13 I GG geschützte Bereich der **Wohnung** umfasst neben der Wohnung im engeren Sinne auch Arbeits-, Betriebs- und Geschäftsräume. Zu den geschützten Räumlichkeiten gehören auch diejenigen Teile, die der Hausrechtsinhaber aus eigenem Entschluss der Öffentlichkeit zugänglich gemacht hat. Auch in diesem Fall gewährleistet das Grundrecht Schutz gegen Eingriffe in seine Entscheidung über das Zutrittsrecht im Einzelnen und über die Zweckbestimmung des Aufenthalts.[113] Eine **Durchsuchung einer Wohnung** ist das ziel- und zweckgerichtete Suchen staatlicher Organe nach Personen oder Sachen oder zur Ermittlung eines Sachverhalts, um etwas aufzuspüren, was der Inhaber der Wohnung nicht von sich aus offen legen oder herausgeben will.[114] Das **Betreten einer Wohnung** ist das Eintreten oder Eindringen in die Wohnung, um dort Feststellungen durch einfaches Nachschauen oder Umschauen zu tref-

---

110 VwV PolG Nr. 4 zu § 30.
111 VwV PolG Nr. 5 zu § 30.
112 Stephan/Deger § 30 Rn. 15 mit Verweis auf LT-Drs. 14/3165 S. 70.
113 BVerwG NJW 2005, 454 f. m. w. N.
114 BVerwG NJW 1975, 130.

fen, ohne Behältnisse zu öffnen oder Veränderungen in der Wohnung vorzunehmen.[115] § 31 PolG ermächtigt auch dazu, Hindernisse (z. B. verschlossene Türen) zu beseitigen, die dem Betreten oder der Durchsuchung einer Wohnung entgegenstehen. Das Betreten von Grundstücken und Räumen, die nicht zu den Wohnungen i. S. des § 31 PolG gehören (z. B. Container für Waren), richtet sich nach §§ 1 I, 3 PolG. Die Durchsuchung solcher Grundstücke und Räume ist nach § 30 PolG zulässig.[116] Spezialvorschriften, die das Betreten und die Durchsuchung von Räumen zur Gefahrenabwehr regeln, gehen § 31 PolG vor.

Beispiele:
§ 139b VI GewO, § 22 II GastG, § 39 II WaffG, § 52 II BImSchG, § 49 LBO.

§ 31 PolG wird insbesondere auch von § 6 LVwVG verdrängt, der das Betreten und die Durchsuchung von Wohnungen **zu Zwecken der Vollstreckung** regelt.[117]

a) Betreten von Wohnungen (§ 31 I PolG). Die Polizei kann gemäß § 31 I 1 PolG eine Wohnung gegen den Willen des Inhabers nur betreten, wenn dies zum Schutz eines Einzelnen oder des Gemeinwesens gegen dringende Gefahren für die öffentliche Sicherheit oder Ordnung erforderlich ist. **Inhaber der Wohnung** ist die Person, die die tatsächliche Gewalt über die Wohnung rechtmäßig ausübt.[118]

Beispiele:
Inhaber einer Wohnung sind der in der Wohnung wohnende Eigentümer, der Mieter, der Untermieter oder ein Hotelgast.

Dringend ist eine Gefahr, wenn der baldige Eintritt eines Schadens an einem bedeutenden Rechtsgut droht. Eine Gefahr für bedeutende Rechtsgüter besteht immer dann, wenn die Verletzung von Strafgesetzen wahrscheinlich ist.[119]

Beispiel:
Polizeibeamte hören aus einer Wohnung Schreie. Da auf Klingeln nicht geöffnet wird, brechen sie die Tür auf, um die Ursache zu ermitteln.

Die Befugnis zum Betreten einer Wohnung schließt die Befugnis ein, von Personen, Sachen oder Zuständen, die ohne weiteres wahrgenommen werden können, Kenntnis zu nehmen. Soweit es für die Erfüllung der polizeilichen Aufgabe erforderlich ist, umfasst das Betretungsrecht bei Grundstücken auch das Recht zum Befahren mit Fahrzeugen.[120]

Während der Nachtzeit ist das Betreten gemäß § 31 I 2 PolG nur zur Abwehr einer gemeinen Gefahr oder einer Lebensgefahr oder schweren Gesundheitsgefahr für einzelne Personen zulässig. § 31 IV PolG definiert die Nachtzeit. Die Regelung entspricht § 104 III StPO (Rn. 372). Eine **gemeine Gefahr** liegt vor,

---

115 BMKS § 31 Rn. 7.
116 BMKS § 31 Rn. 2.
117 Hierzu Zeitler/Trurnit Rn. 547 f.
118 BeckOK PolR BW/*Nachbaur* PolG § 31 Rn. 18 ff.
119 BMKS § 31 Rn. 7.
120 VwV PolG Nr. 3 zu § 30.

wenn ein Schaden für eine unbestimmte Vielzahl von Personen oder Sachen droht und wenn die Entwicklung des Geschehens nicht absehbar ist.[121]

Beispiele:
Brände und Gasexplosionen.

Eine **Lebensgefahr** und eine **schwere Gesundheitsgefahr** bestehen, wenn die Vernichtung eines Menschenlebens bzw. eine erhebliche Beeinträchtigung des körperlichen Wohlbefindens einer Person droht.[122]

Beispiele:
Selbstmordgefahr, Entführungen und Geiselnahmen.

416 b) **Betreten von Geschäftsräumen (§ 31 VI PolG).** § 31 VI PolG erleichtert das Betreten von Arbeits-, Betriebs- und Geschäftsräumen während der jeweiligen Geschäftszeiten. Diese Räume dürfen während der Geschäftszeit zur Erfüllung einer polizeilichen Aufgabe betreten werden. Als polizeiliche Aufgaben kommen nur solche der Gefahrenabwehr in Betracht.[123] Bei Arbeits-, Betriebs- und Geschäftsräumen besteht wegen ihrer Öffnung nach außen ein geringeres Schutzbedürfnis als bei Wohnungen im engeren Sinne. Die Rechtsprechung qualifiziert behördliche Betretungsbefugnisse wie § 31 VI PolG daher auch nicht als Eingriffe und Beschränkungen i. S. v. Art. 13 VII GG, sondern unterstellt sie einem geringeren verfassungsrechtlichen Rechtfertigungsstandard: Ausreichend für das Betreten ist eine hinreichend bestimmte und verhältnismäßige gesetzliche Ermächtigungsgrundlage.[124] Diesen Anforderungen genügt § 31 VI PolG. Die Vorschrift begründet allerdings kein allgemeines polizeiliches Nachschau- und Kontrollrecht. Sie setzt voraus, dass tatsächliche Anhaltspunkte dafür bestehen, dass in den zu betretenden Räumen eine polizeiliche Aufgabe zu erfüllen ist.[125] Bei der Beurteilung der Arbeits-, Betriebs- und Geschäftszeit kommt es auf die faktischen Gegebenheiten, nicht etwa auf gesetzliche Regelungen, an.

Beispiel:
Eine Gaststätte kann nach § 31 VI PolG betreten werden, auch wenn die Sperrzeit überschritten ist.

417 **Außerhalb der üblichen Geschäftszeiten** richtet sich das Betreten von Geschäftsräumen nach § 31 I PolG. Wenn der Geschäftsraum gleichzeitig auch Wohnzwecken dient, kann er nach § 31 VI PolG nur zu den üblichen Geschäftszeiten betreten werden.[126]

418 c) **Durchsuchung von Wohnungen (§ 31 II PolG).** Da eine Durchsuchung einer Wohnung ein schwerer Eingriff in den Schutzbereich von Art. 13 I GG ist, knüpft § 31 II PolG die Zulässigkeit dieser Maßnahme an enge Voraussetzungen. Gemäß **§ 31 II Nr. 1 PolG** ist die Durchsuchung einer Wohnung zulässig,

---

121 BMKS § 31 Rn. 8.
122 Zeitler/Trurnit § 31 Rn. 525 f.
123 Näher hierzu BeckOK PolR BW/*Nachbaur* PolG § 31 Rn. 38 m. w. N.
124 Zur Vereinbarkeit von § 31 VI PolG mit Art. 13 VII PolG vgl. BVerwG NJW 2005, 454 ff.
125 BMKS § 31 Rn. 10.
126 Zeitler/Trurnit § 31 Rn. 546.

wenn Tatsachen die Annahme rechtfertigen, dass sich in ihr eine gesuchte Person befindet, die nach § 28 PolG oder einer anderen der Gefahrenabwehr dienenden Vorschrift in Gewahrsam genommen werden kann, die widerrechtlich festgehalten wird oder die infolge Hilflosigkeit an Leib oder Leben gefährdet ist.

Beispiele:
Tatsachen rechtfertigen die Annahme, dass sich in einer Wohnung eine suizidgefährdete Person (§ 31 I Nr. 1a PolG), das Opfer einer Entführung (§ 31 I Nr. 1b PolG) oder ein Betrunkener (§ 31 I Nr. 1c PolG) befinden.

Nach § 31 II Nr. 2 PolG ist die Wohnungsdurchsuchung zulässig, wenn Tatsachen die Annahme rechtfertigen, dass sich in ihr eine gesuchte Sache befindet, die nach § 32 PolG sichergestellt oder nach § 33 PolG beschlagnahmt werden darf.

Beispiele:
Tatsachen rechtfertigen die Annahme, dass sich in einer Wohnung Wertgegenstände befinden, die im Interesse des Eigentümers vor Verlust oder Wertminderung geschützt werden sollen. In einer Hochhauswohnung ist ein andauernd und überlaut bellender Hund.

Bei § 31 II PolG gibt es anders als in § 31 I 2 und § 31 III 2 PolG **keine Nachtzeitregelung**. Teilweise wird vertreten, dass eine Durchsuchung zur Nachtzeit nur unter den Voraussetzungen von § 31 I 2 PolG zulässig sei.[127] Dies ist jedoch mit dem Wortlaut des Gesetzes nicht zu vereinbaren. Allerdings ist bei einer Durchsuchung zur Nachtzeit der **Grundsatz der Verhältnismäßigkeit** besonders zu beachten.[128]

d) **Gebäudedurchsuchung in Entführungsfällen (§ 31 III PolG).** § 31 III PolG ermöglicht eine Durchsuchung von Wohnungen bei Entführungen. Eine **Entführung** liegt vor, wenn eine Person gegen ihren Willen oder gegen den Willen der Sorgeberechtigten an einen anderen Ort verbracht worden ist und dort widerrechtlich festgehalten wird.[129] Weitere Voraussetzung ist, dass sich die entführte Person in Lebensgefahr befindet oder dass Gefahr für ihre Gesundheit besteht. Außerdem müssen Tatsachen die Annahme rechtfertigen, dass sich die entführte Person in einem Gebäude oder einer Gebäudegruppe befindet. Ein **Gebäude** sind Baulichkeiten, die mehr als eine Wohnung umfassen. Eine **Gebäudegruppe** ist eine nach objektiven Gesichtspunkten räumlich abgrenzbare Anzahl von Gebäuden.[130]

Beispiel:
Eine Gebäudegruppe sind mehrere nebeneinanderliegende Hochhäuser. Ein baulicher Zusammenhang, z. B. durch gemeinsame Tiefgaragen, muss nicht bestehen.

---

127 Ruder Rn. 725.
128 Zeitler/Trurnit Rn. 535.
129 Ruder Rn. 726.
130 VwV PolG Nr. 1 zu § 31 III PolG.

422 Wenn die Voraussetzungen von § 31 III PolG vorliegen, dürfen alle Einzelwohnungen durchsucht werden. Die Durchsuchung muss jedoch das einzige Mittel sein, um die Lebensgefahr oder Gesundheitsgefahr von der entführten Person oder von einem Dritten abzuwehren. Zur **Nachtzeit** (§ 31 IV PolG) darf die Gebäudedurchsuchung nach § 31 III 2 PolG nur angeordnet werden, wenn sie zur Abwehr der in § 31 III 1 PolG genannten Gefahren unumgänglich notwendig ist. Dies ist der Fall, wenn ein Verschieben der Durchsuchung auf den nächsten Tag mit einem unvertretbaren Risiko für das Leben oder die Gesundheit des Entführten verbunden wäre.[131]

423 e) **Verfahrensvorschriften.** Nach § 31 V 1 PolG darf die Durchsuchung einer Wohnung (nicht das Betreten) **nur durch das Amtsgericht angeordnet** werden, in dessen Bezirk die Durchsuchung vorgenommen wird. Für die Antragstellung sind sowohl die Polizeibehörden als auch der Polizeivollzugsdienst (Parallelzuständigkeit nach § 60 III PolG) zuständig. Bei Gefahr im Verzug besteht eine **Eilzuständigkeit** der Polizei. **Gefahr im Verzug** liegt dann vor, wenn durch den mit der Herbeiführung einer richterlichen Entscheidung verbundenen Zeitverlust der Erfolg der Maßnahme gefährdet würde. Die Polizei hat dies zu begründen und zu dokumentieren (Rn. 90).

424 Für das **gerichtliche Verfahren** gelten nach § 31 I 2 PolG die Vorschriften des FamFG.[132] Gegen die gerichtliche Entscheidung ist gemäß § 31 V 3 PolG die Beschwerde nach §§ 58 ff. FamFG statthaft, die keine aufschiebende Wirkung hat. Gegen die Entscheidung über die Beschwerde ist die Rechtsbeschwerde (§§ 70 ff. FamFG) statthaft. Wenn die Wohnungsdurchsuchung bei Gefahr im Verzug von der Polizei angeordnet worden ist, erfolgt die Überprüfung der Rechtmäßigkeit der abgeschlossenen Durchsuchung durch eine Fortsetzungsfeststellungsklage gemäß § 113 I 4 VwGO entsprechend.[133]

425 Nach § 31 V 4 PolG bedarf eine die Durchsuchung anordnende Entscheidung des Gerichts zu ihrer Wirksamkeit **nicht der Bekanntgabe** an den Betroffenen. Der Wohnungsinhaber hat gemäß § 31 VII 1 PolG ein **Anwesenheitsrecht** bei der Durchsuchung. Bei seiner Abwesenheit kann trotzdem durchsucht werden. Dann schreibt § 31 VII 2 PolG die **Beiziehung eines Vertreters** (z. B. erwachsene Angehörige) oder **eines Zeugen** (z. B. Gemeindebedienstete oder Nachbarn) vor, wenn dies möglich ist.

426 Gemäß § 31 VIII PolG müssen dem Wohnungsinhaber oder seinem Vertreter der Grund der Durchsuchung und die gegen sie zulässigen Rechtsbehelfe **unverzüglich bekanntgegeben** werden. Unverzüglich heißt, dass dies im Regelfall vor der Durchsuchung zu erfolgen hat. Bei Gefährdung des Durchsuchungszwecks kann die Belehrung auch hinterher erfolgen.[134]

427 Über jede Wohnungsdurchsuchung (nicht für das Betreten) ist gemäß § 2 I 1 DVO PolG eine **Niederschrift** zu fertigen. Die inhaltlichen Anforderungen erge-

---

131 BMKS § 31 Rn. 17.
132 Hierzu Debus DIE POLIZEI 2010, 134 ff.
133 Hierzu Zeitler/Trurnit Rn. 1115 ff.
134 Stephan/Deger § 31 Rn. 34.

ben sich aus § 2 I 2 und 3 DVO PolG. Das Formblatt ist an Ort und Stelle nach der Durchsuchung auszufüllen. Dies gilt auch dann, wenn der Betroffene keinen Wert darauf legt oder ausdrücklich verzichtet. Das Protokoll dient nämlich auch als Beleg für ein ordnungsgemäßes Vorgehen der Polizei.[135] Eine Mehrfertigung ist dem Wohnungsinhaber nach § 2 II DVO PolG auf Verlangen auszuhändigen.

---

[135] BMKS § 31 Rn. 29.

I. Freiheitsentziehungen

I. Allgemeines

428 Gemäß Art. 2 II 2 GG ist die **Freiheit der Person** unverletzlich. Der Schutzbereich des Grundrechts umfasst sowohl freiheitsbeschränkende als auch freiheitsentziehende Maßnahmen. Die Abgrenzung zwischen einer **Freiheitsbeschränkung** und einer **Freiheitsentziehung** ist entscheidend für die anzuwendenden Verfahrensvorschriften. Für Freiheitsentziehungen gelten die Art. 104 II, III und IV GG. Danach hat insbesondere ein Richter über die Zulässigkeit und Dauer einer Freiheitsentziehung zu entscheiden (Art. 104 II GG). Eine **Freiheitsentziehung** ist nur dann gegeben, wenn die körperliche Bewegungsfreiheit durch staatliche Maßnahmen nach jeder Richtung hin aufgehoben wird.[1] Die Abgrenzung zwischen einer Freiheitsbeschränkung und Freiheitsentziehung erfolgt nach der Intensität der Maßnahme anhand der Kriterien **Art, Zweck** und **Dauer** der Maßnahme.[2] Eine **Freiheitsbeschränkung** ist gegeben, wenn die Bewegungsfreiheit nur kurzfristig beschränkt wird und sie lediglich die Nebenfolge einer anderen staatlichen Maßnahme ist. Das An- und Festhalten zur Durchführung einer polizeilichen Maßnahme sind daher grundsätzlich keine Freiheitsentziehungen.[3] Freiheitsentziehungen sind dagegen z. B. das Einsperren des Betroffenen gegen seinen Willen in einem Haftraum[4] und das Einkesseln von Demonstranten im Freien[5].

429 Die **Freiheit der Person** kann gemäß Art. 104 I 1 GG nur aufgrund eines förmlichen Gesetzes und nur unter Beachtung der darin vorgeschriebenen Formen beschränkt werden. Festgehaltene Personen dürfen nach Art. 104 I 2 GG weder seelisch noch körperlich misshandelt werden. Ein **förmliches Gesetz** i. S. v. Art. 104 I 1 GG ist ein Parlamentsgesetz. Hierzu gehören das Polizeigesetz und die Strafprozessordnung. Die Rechtsgrundlagen für eine Freiheitsentziehung durch die Polizei zum Zwecke der Strafverfolgung sind §§ 127 und 127b StPO. Daneben besteht eine Rechtsgrundlage zur kurzfristigen Festnahme bei Störungen der Amtstätigkeit nach § 164 StPO (Rn. 480 ff.). Die in § 28 PolG enthaltene Regelung zum Gewahrsam ist dagegen die Rechtsgrundlage für eine Freiheitsentziehung zur Gefahrenabwehr. Da die Freiheit der Person als Basis der allgemeinen Rechtsstellung und Entfaltungsmöglichkeit des Bürgers einen hohen Rang unter den Grundrechten einnimmt, ist bei jeder Freiheitsentziehung der **Grundsatz der Verhältnismäßigkeit** besonders zu beachten.[6]

---

1 BVerfG NVwZ 2011, 743 (744 f.) m. w. N.
2 Deger S. 26.
3 Kramer Rn. 53.
4 BVerfG NVwZ 2016, 1079; NVwZ 2011, 743 (746).
5 VG Mainz NVwZ-RR 1991, 242 ff.; VG Berlin NVwZ-RR 1990, 188 (189 f.); VG Hamburg NVwZ 1987, 829 (833).
6 BVerfG NVwZ 2016, 1079; NVwZ 2011, 743 (745) m. w. N.

II. Vorläufige Festnahmen nach der Strafprozessordnung

Bei einer **vorläufigen Festnahme** wird der Betroffene in einer Eilsituation verhaftet, bevor ein richterlicher Haftbefehl vorliegt, um eine Entscheidung des Richters über die Anordnung der Untersuchungshaft zu ermöglichen.[7] Eine **Festnahme** ist jede Einwirkung, die über die Frage nach Name, Anschrift und die Einsicht in freiwillig vorgelegte Ausweispapiere hinausgeht und eine Entziehung der Fortbewegungsfreiheit bewirkt.[8] § 127 StPO enthält für eine vorläufige Festnahme zwei unterschiedliche Regelungen. Wird jemand auf frischer Tat betroffen oder verfolgt, so kann ihn nach § 127 I StPO **jedermann**, also auch eine Privatperson, vorläufig festnehmen. § 127 II StPO befugt die **Staatsanwaltschaft** und die **Beamten des Polizeidienstes** bei Gefahr im Verzug zur vorläufigen Festnahme, wenn die Voraussetzungen eines Haft- oder Unterbringungsbefehls vorliegen. § 127b StPO ergänzt § 127 StPO. Diese Vorschrift ermöglicht der Staatsanwaltschaft und den Beamten des Polizeidienstes eine vorläufige Festnahme zur Absicherung der Hauptverhandlung im beschleunigten Verfahren (§§ 417 bis 420 StPO). § 127 StPO ist ein Rechtfertigungsgrund. Die Vorschrift lässt die straf- und zivilrechtlichen Bestimmungen über Notwehr und Notstand (§§ 32, 34, 35 StGB; §§ 228 ff., 904 BGB) unberührt.[9] §§ 128 und 129 StPO regeln das Verfahren nach der vorläufigen Festnahme.

1. Vorläufige Festnahme gemäß § 127 I StPO

§ 127 I 1 StPO berechtigt jedermann zu einer **vorläufigen Festnahme** (sog. **Flagranzfestnahme** oder **Jedermanns-Recht**). Das Festnahmerecht des § 127 I 1 StPO gilt auch für die Polizei.[10] Für Privatpersonen endet es beim Eintreffen der Polizei. Der Festnehmende kann die betroffene Person direkt zur Polizeiwache bringen oder aber z. B. auch in seiner Wohnung festhalten, um von dort telefonisch die Polizei zu verständigen.[11] Voraussetzung ist das Betreffen oder Verfolgen auf frischer Tat. **Auf frischer Tat betroffen** ist jemand, wenn er bei der Tatbegehung oder unmittelbar danach noch am Tatort oder in dessen unmittelbarer Nähe gestellt wird. Dies gilt für alle Straftaten. Das Festnahmerecht knüpft nicht an die „Schwere" der Tat an, sondern an die „Frische" der Tat.[12] **Auf frischer Tat verfolgt** ist, wer sich zwar bereits vom Tatort entfernt hat, dessen Verfolgung aber auf Sicht und Gehör oder aber aufgrund von Ermittlungen nach der Tat aufgenommen wurde. Die Dauer der Verfolgung ist nicht begrenzt, sie kann bis zur Ergreifung des Täters fortgesetzt werden. Der Verfolgende braucht nicht der Entdecker zu sein. Er kann vom Entdecker der frischen Tat informiert worden sein oder die von diesem mittelbar nach der Tat begonnene Verfolgung übernommen haben.[13]

Beispiel:
A entdeckt B bei einem Diebstahl. B flieht und A verfolgt ihn. Als A merkt, dass er B nicht mehr stellen kann, informiert A den C per Handy. C kann B daraufhin identifizieren und diesen gemäß § 127 I 1 StPO festnehmen.

---

7 KK/*Schultheis* § 127 Rn. 1.
8 LR/*Hilger* § 127 Rn. 28.
9 KK/*Schultheis* § 127 Rn. 4.
10 KMR/*Wankel* § 127 Rn. 7; Meyer-Goßner/Schmitt § 127 Rn. 1.
11 LR/*Hilger* § 127 Rn. 27.
12 BGH NJW 2000, 1348 f. m. w. N.
13 LR/*Hilger* § 127 Rn. 16; KK/*Schultheis* § 127 Rn. 13.

432 Umstritten ist, ob die Straftat, wegen der die vorläufige Festnahme nach § 127 I 1 StPO erfolgt, wirklich begangen worden sein muss.

Beispiel:
A nimmt fälschlicher Weise an, dass B einen Diebstahl begangen hat und nimmt diesen vorläufig fest. Fraglich ist, ob die von A an B begangene Freiheitsberaubung (§ 239 I StGB) durch § 127 I 1 StPO gerechtfertigt ist. Nach einer Auffassung genügt hierfür der dringende Tatverdacht. Entscheidend sei, wie sich die Situation für den Festnehmenden darstelle und nicht wie sie sich aus einer ex-post Betrachtung nach eventuell langwierigen Ermittlungen herausstelle.[14] Überzeugender ist es jedoch, § 127 I 1 StPO nur greifen zu lassen, wenn die Straftat, wegen der die vorläufige Festnahme erfolgt, wirklich begangen worden ist.[15] Wenn man den dringenden Verdacht der Straftat für das vorläufige Festnahmerecht ausreichen lassen würde, würde dem unschuldigen B das Notwehrrecht gegen die von A ausgeübte Freiheitsberaubung genommen werden. A ist dadurch geschützt, dass er sich gegebenenfalls auf einen Erlaubnistatbestandsirrtum berufen kann.[16]

433 § 127 I 1 StPO enthält mit dem Fluchtverdacht und der Unmöglichkeit der sofortigen Identitätsfeststellung **zwei Gründe für eine vorläufige Festnahme**. **Fluchtverdacht** ist gegeben, wenn nach den Umständen des Einzelfalls die Annahme gerechtfertigt ist, der Betroffene werde sich der Verantwortung durch Flucht entziehen.[17] **Feststellbar ist die Identität einer Person** anhand amtlicher Ausweise, also Personalausweis oder Reisepass. Ein Durchsuchungsrecht zum Auffinden von Ausweisen besteht für Privatpersonen nicht. Nach § 127 I 2 StPO richtet sich die Identitätsfeststellung durch Staatsanwaltschaft und Polizei nach § 163b I StPO.[18]

Beispiel:
Ein Kaufhausdetektiv informiert die Polizei, er habe einen Mann beim Diebstahl von Sportschuhen auf frischer Tat ertappt. Der Täter wolle sich nicht ausweisen. Zwei Polizeibeamte fahren zu dem Kaufhaus und stellen die Personalien des Verdächtigen fest. In diesem Fall nimmt der Kaufhausdetektiv den Dieb nach § 127 I 1 StPO auf frischer Tat betroffen fest. Festnahmegründe sind sowohl die Unmöglichkeit der Identitätsfeststellung als auch Fluchtverdacht. Bei Eintreffen der Polizei endet das Festhalterecht der Privatperson. Die Identitätsfeststellung durch die Polizei erfolgt nach § 163b I StPO.

434 Das Festnahmerecht Privater ist begrenzt durch den **Grundsatz der Verhältnismäßigkeit**.[19] Das **Festnahmemittel** muss zum **Festnahmezweck** in einem **angemessenen Verhältnis** stehen. Die Anwendung körperlicher Gewalt zur Durch-

---

14 BGH NJW 1981, 745; LR/*Hilger* § 127 Rn. 9 ff.; KMR/*Wankel* § 127 Rn. 2 m. w. N.
15 Ebenso Meyer-Goßner/Schmitt § 127 Rn. 4; Kramer Rn. 60 m. w. N.
16 Hierzu Erhardt Rn. 160 ff.
17 KMR/*Wankel* § 127 Rn. 4; Meyer-Goßner/Schmitt § 127 Rn. 10.
18 SK/*Paeffken* § 127 Rn. 24; LR/*Hilger* § 127 Rn. 25.
19 Ausführlich hierzu Schröder Jura 1999, 10 (11 ff.); Kargl NStZ 2000, 8 (14 ff.).

setzung der Festnahme ist zulässig. Sie muss nicht angedroht werden. Unzulässig ist es daher, die Flucht eines Straftäters durch Handlungen zu verhindern, die zu einer ernsthaften Beschädigung seiner Gesundheit oder zu einer unmittelbaren Gefährdung seines Lebens führen, wie z. B. das lebensgefährdende Würgen eines auf frischer Tat Betroffenen. Der durch § 127 StPO geschützte staatliche Strafanspruch hat nämlich grundsätzlich hinter der Gesundheit des Straftäters zurückzutreten.[20] Auch der **gezielte Schusswaffengebrauch** kommt zur Durchsetzung einer Festnahme nach § 127 I 1 StPO **für Private** nicht in Betracht. Das **Drohen mit der Schusswaffe** und die Abgabe von Warnschüssen sollen dagegen zulässig sein.[21] Wenn sich der Festzunehmende dem Einsatz zulässiger Mittel mit Gewalt widersetzt, steht dem Festnehmenden § 32 StGB mit weiterreichenden Notwehrbefugnissen zur Seite.[22]

Für **Polizeibeamte** gilt § 127 I 1 StPO mit der Maßgabe, dass die Grenzen der Festnahmemittel durch §§ 49 II ff. PolG bestimmt werden. Damit richtet sich insbesondere auch der Einsatz der Dienstwaffe zur Durchsetzung einer Festnahme nach § 54 I PolG.[23] Das OLG Karlsruhe hat hierfür klare Kriterien herausgearbeitet. Danach ist der **Schusswaffengebrauch** nur in den Grenzen von § 54 I Nr. 2a und b PolG zulässig. Hierfür müssen zunächst die allgemeinen Voraussetzungen der §§ 52 und 53 PolG vorliegen. Weiterhin darf die Schusswaffe bei einer Festnahme nur eingesetzt werden, um eine Person, die sich der Festnahme oder der Feststellung ihrer Person durch die Flucht zu entziehen versucht, anzuhalten, wenn sie bei einer rechtswidrigen Tat betroffen wird, die sich den Umständen nach als ein Verbrechen darstellt oder sie eines Verbrechens dringend verdächtig ist. Auch bei Vorliegen sämtlicher Voraussetzungen für den Schusswaffengebrauch ist dieser aber nur zulässig, um den Flüchtenden fluchtunfähig zu machen, so dass insbesondere Schüsse in den Beinbereich vom Festnahmerecht gedeckt sind. **Gezielte Schüsse** auf **zentrale Bereiche des Menschen** zum Zwecke der Festnahme sind dagegen wegen ihrer besonderen Gefährlichkeit mit dem **Grundsatz der Verhältnismäßigkeit nicht vereinbar**. Sie sind nicht durch das Festnahmerecht gerechtfertigt.[24] Damit können gezielte Schüsse auf zentrale Bereiche des Menschen aus der Dienstwaffe eines Polizeibeamten im Zusammenhang mit einer Festnahme allenfalls durch § 32 StGB gerechtfertigt sein. Das individuelle Notwehrrecht wird für Polizeibeamte nicht durch die Vorschriften zum Schusswaffengebrauch eingeschränkt.[25]

2. Vorläufige Festnahme gemäß § 127 II StPO

Gemäß § 127 II StPO sind die Staatsanwaltschaft und die Beamten des Polizeidienstes bei Gefahr im Verzug zur vorläufigen Festnahme befugt, wenn die Voraussetzungen eines Haft- (§§ 112 ff. StPO) oder eines Unterbringungsbefehls (§ 126a StPO) vorliegen. Polizeibeamte müssen bei § 127 II StPO keine

---

20 BGH NJW 2000, 1348 (1349).
21 LR/*Hilger* § 127 Rn. 29.
22 BGH NJW 2000, 1348 (1349).
23 OLG Karlsruhe Beschluss vom 10.2.2011 – 2 Ws 181/10 – juris Rn. 10 m. w. N.
24 OLG Karlsruhe Beschluss vom 10.2.2011 – 2 Ws 181/10 – juris Rn. 10 f.
25 OLG Karlsruhe Beschluss vom 10.2.2011 – 2 Ws 181/10 – juris Rn. 16.

Ermittlungspersonen der Staatsanwaltschaft (§ 152 GVG) sein.[26] **Gefahr im Verzug** liegt vor, wenn die Festnahme durch das Abwarten der richterlichen Entscheidung über den Haft- oder Unterbringungsbefehl gefährdet wäre.[27]

437 a) **Voraussetzungen für den Erlass eines Haftbefehls (§§ 112 und 112a StPO).** §§ 112 ff. StPO regeln die **Untersuchungshaft**. Die Untersuchungshaft soll die Durchführung eines geordneten Strafverfahrens gewährleisten und die spätere Strafvollstreckung sicherstellen. Ist sie zu einem dieser Zwecke nicht oder nicht mehr nötig, ist sie unverhältnismäßig und unzulässig.[28] Die **Voraussetzungen der Untersuchungshaft** sind nach § 112 I StPO dringender Tatverdacht, Vorliegen eines Haftgrundes und Verhältnismäßigkeit. Ein dringender Tatverdacht besteht, wenn der Beschuldigte mit großer Wahrscheinlichkeit Täter oder Teilnehmer einer Straftat ist. Der Tatverdacht muss sich auf ein prozessual verfolgbares, tatbestandsmäßiges, rechtswidriges und schuldhaftes Verhalten beziehen. Er darf nur aus Tatsachen, nicht aus bloßen Vermutungen hergeleitet werden.[29] Die **Haftgründe** sind **Flucht** (§ 112 II Nr. 1 StPO), **Fluchtgefahr** (§ 112 II Nr. 2 StPO), **Verdunklungsgefahr** (§ 112 II Nr. 3 StPO), **Schwere der Tat** (§ 112 III StPO) und **Wiederholungsgefahr** (§ 112a StPO).

438 **Flucht i. S. v. § 112 II Nr. 1 StPO** liegt vor, wenn der bisherige räumliche Lebensmittelpunkt aufgegeben wird, um für die Strafverfolgungsbehörden unerreichbar zu sein.[30] Ein Beschuldigter **hält sich verborgen i. S. V. § 112 I Nr. 1 StPO**, wenn er unangemeldet, unter falschem Namen oder an einem unbekannten Ort lebt, um sich dem Verfahren zu entziehen.[31] Eine klare Trennung zwischen beiden Modalitäten ist schwer, aber auch entbehrlich, weil ein Beschuldigter beide gleichzeitig verwirklichen kann.[32]

439 **Fluchtgefahr nach § 112 II Nr. 2 StPO** besteht, wenn die Würdigung der Umstände des Einzelfalls es wahrscheinlicher erscheinen lässt, dass sich der Beschuldigte dem Strafverfahren entziehen, als dass er sich ihm zur Verfügung halten wird.[33] Die für und gegen Fluchtgefahr sprechenden Umstände müssen gegeneinander abgewogen werden. Für Fluchtgefahr sprechen insbesondere eine hohe Straferwartung, fehlende familiäre und berufliche Bindungen, frühere Fluchtfälle, ein fehlender fester Wohnsitz im Inland, konkrete Fluchtvorbereitungen, Verwendung falscher Namen oder Ausweise sowie Beziehungen zum und Vermögen im Ausland. Gegen Fluchgefahr sprechen insbesondere eine geringe Straferwartung, starke familiäre oder berufliche Bindungen, hohes Alter, schlechter Gesundheitszustand und ein fester Wohnsitz.[34]

---

26 KK/*Schultheis* § 127 Rn. 39.
27 Meyer-Goßner/Schmitt § 127 Rn. 19.
28 BVerfGE 32, 87 (93); SK/*Paeffgen* Vor § 112 Rn. 11.
29 SK/*Paeffgen* § 112 Rn. 4 ff.; Meyer-Goßner/Schmitt § 112 Rn. 5 und 6.
30 LR/*Hilger* § 112 Rn. 28.
31 LR/*Hilger* § 112 Rn. 28.
32 SK/*Paeffgen* § 112 Rn. 22.
33 LR/*Hilger* § 112 Rn. 28.
34 SK/*Paeffgen* § 112 Rn. 27.

Verdunkelungsgefahr gemäß § 112 II Nr. 3 StPO besteht, wenn das Verhalten **440** des Beschuldigten den dringenden Verdacht begründet, dass durch bestimmte Handlungen auf sachliche oder persönliche Beweismittel eingewirkt und dadurch die Sachaufklärung erschwert wird. Die in § 112 II Nr. 3a bis c StPO aufgeführten Verdunklungshandlungen müssen mit großer Wahrscheinlichkeit zu erwarten sein, falls der Beschuldigte nicht verhaftet wird. Die bloße Möglichkeit der Verdunkelung genügt nicht.[35] Verdunkelungsgefahr kann begründet werden, wenn der Beschuldigte Verdunkelungshandlungen bereits vorbereitet, versucht oder begangen hat und damit den dringenden Verdacht begründet, dass er es auch in Zukunft tun werde, auch bei früheren Verurteilungen wegen Meineids oder Vortäuschung einer Straftat oder wegen anderer Delikte, die ihrer Natur nach auf Irreführung angelegt sind oder wenn die ganze Lebensführung des Beschuldigten auf Drohung, Täuschung und Gewalt abgestellt ist.[36] **Keine** Verdunkelungsgefahr liegt vor, wenn die Beweise derart gesichert sind, dass der Beschuldigte die Wahrheitsfindung nicht behindern kann.[37]

Die **Schwere der Tat** reicht nach § 112 III StPO bei bestimmten, im Gesetzes- **441** text abschließend aufgezählten, Straftaten der Schwerkriminalität als Haftgrund unter Befreiung von den strengen Anforderungen des § 112 II StPO aus. Das Bundesverfassungsgericht fordert jedoch, dass auch hier Umstände vorliegen müssen, die die Gefahr begründen, dass ohne die Festnahme des Beschuldigten die alsbaldige Aufklärung und Ahndung der Tat gefährdet sein könnte. Hierfür kann die nach den Umständen des Falles nicht auszuschließende Flucht-, Verdunklungs- oder Wiederholungsgefahr ausreichen.[38]

§ 112a StPO enthält den **Haftgrund der Wiederholungsgefahr**. Die Vorschrift er- **442** laubt die sog. **Sicherungshaft** als vorbeugende Maßnahme zum Schutz der Allgemeinheit vor weiteren erheblichen Straftaten besonders gefährlicher Straftäter. Das Bundesverfassungsgericht hat den Haftgrund der Wiederholungsgefahr anerkannt, obwohl hierbei nicht die Sicherung des Strafverfahrens, sondern der Schutz der Allgemeinheit vor weiteren Straftaten, also ein präventiver Gesichtspunkt, maßgebend ist.[39] Die Sicherungshaft gilt nach § 112a II StPO nur subsidiär. Auf einen Haftgrund nach § 112a StPO kann ein Haftbefehl nur dann gestützt werden, wenn Haftgründe nach § 112 StPO nicht vorliegen und die Voraussetzungen für die Aussetzung des Vollzugs des Haftbefehls nach § 116 I und II StPO nicht gegeben sind. Nach § 112a I 1 StPO besteht ein Haftgrund, wenn der Beschuldigte dringend verdächtig ist, bestimmten abschließend aufgezählten Sexualdelikte (§ 112a I 1 Nr. 1 StPO) oder wiederholt oder fortgesetzt andere bestimmte abschließend aufgezählte die Rechtsordnung schwerwiegend beeinträchtigende Straftaten (§ 112a I 1 Nr. 2 StPO) begangen zu haben. **Wiederholt** ist eine Tat begangen worden, wenn sie mindestens zweimal durch rechtlich selbständige Handlungen (§ 53 StGB) verübt wurde.[40] Die fortgesetzte Tatbegehung hat bei § 112a

---

35 SK/*Paeffgen* § 112 Rn. 30a.
36 LR/*Hilger* § 112 Rn. 44 ff.; SK/*Paeffgen* § 112 Rn. 31.
37 SK/*Paeffgen* § 112 Rn. 40.
38 BVerfGE 19, 342 (350 f.).
39 BVerfGE 19, 342 (349 f.); 35, 185 (190 f.).
40 SK/*Paeffgen* § 112a Rn. 11.

I Nr. 2 StPO keine praktische Bedeutung mehr. Sie bezog sich auf die Rechtsfigur der fortgesetzten Handlung, die der Bundesberichtshof mittlerweile aufgegeben hat.[41] Eine **schwerwiegende Beeinträchtigung der Rechtsordnung** ist gegeben, wenn der durch die Anlasstat verursachte Schaden nach Art und Ausmaß erheblich ist. Damit ist § 112a StPO im Bereich der leichteren Kriminalität nicht anwendbar.[42] Weiterhin müssen bestimmte Tatsachen die Gefahr begründen, dass der Beschuldigte vor rechtskräftiger Aburteilung weitere erhebliche Straftaten gleicher Art begehen oder die Straftat fortsetzen werde. Die **Wiederholungsgefahr** muss durch bestimmte Tatsachen begründet sein. Diese können sich aus dem Vorleben des Beschuldigten, seinen Lebensumständen (z. B. Arbeitslosigkeit, Drogenabhängigkeit, sozialem Umfeld) und dessen Persönlichkeitsstruktur ergeben.[43] Schließlich muss die Haft zur Abwendung der drohenden Gefahr **erforderlich** sein. Diese Erforderlichkeit ist nicht gegeben, wenn andere Maßnahmen ausreichend erscheinen, wie z. B. eine Drogentherapie oder die Anstaltsbehandlung.[44] In den Fällen des § 112a I 1 Nr. 2 StPO muss eine Freiheitsstrafe von mehr als einem Jahr zu erwarten sein. Nach § 112a I 2 StPO sind in die Beurteilung des dringenden Tatverdachts einer Tatbegehung nach § 112a I 1 Nr. 2 StPO auch solche Taten einzubeziehen, die Gegenstand anderer, auch rechtskräftig abgeschlossener, Verfahren sind oder waren.

443 b) **Voraussetzungen für einen Unterbringungsbefehl (§ 126a StPO).** § 126a StPO regelt die **einstweilige Unterbringung.** Die Vorschrift dient nicht wie § 112 StPO der Verfahrenssicherung, sondern dem Schutz der Allgemeinheit vor gemeingefährlichen Rechtsbrechern, und ermöglicht die Vorwegnahme der Unterbringung nach §§ 63 und 64 StGB.[45] Der Erlass eines **Unterbringungsbefehls** setzt dringende Gründe für die Annahme voraus, dass jemand eine rechtswidrige Tat im Zustand der Schuldunfähigkeit (§ 20 StGB) oder verminderter Schuldfähigkeit (§ 21 StGB) begangen hat. Es muss zu erwarten sein, dass der Betreffende deswegen in einem psychiatrischen Krankenhaus (§ 63 StGB) oder einer Entziehungsanstalt (§ 64 StGB) untergebracht wird. Weiterhin muss die öffentliche Sicherheit die einstweilige Unterbringung in einer dieser Anstalten erfordern. Dies ist der Fall, wenn die Wahrscheinlichkeit dafür spricht, der Beschuldigte werde weitere rechtswidrige Taten von solcher Schwere begehen, dass der Schutz der Allgemeinheit die einstweilige Unterbringung gebietet.[46]

444 c) **Verhältnismäßigkeit.** Die vorläufige Festnahme nach § 127 II StPO muss verhältnismäßig sein. Dies ergibt sich neben dem allgemeinen Verhältnismäßigkeitsgrundsatz auch aus § 112 I 2 StPO. Danach darf die Untersuchungshaft nicht angeordnet werden, wenn sie zur Bedeutung der Sache und der zu erwartenden Strafe oder Maßregel der Besserung und Sicherung außer Verhältnis steht. Eine weitere Einschränkung der Untersuchungshaft stellt § 113 StPO auf. Bei den Straftaten mit der hier genannten geringen Strafandrohung darf

---

41 Hierzu BeckOK StPO/*Krauß* StPO § 112a Rn. 3.
42 BVerfGE 35, 185 (191).
43 SK/*Paeffgen* § 112 Rn. 16.
44 BeckOK StPO/*Krauß* StPO § 112a Rn. 8.
45 KK/*Schultheis* § 126a Rn. 1.
46 Meyer-Goßner/Schmitt § 126a Rn. 5.

Untersuchungshaft nur eingeschränkt angeordnet werden. Die Grenzen der bei der vorläufigen Festnahme durch Polizeibeamte eingesetzten Mittel ergeben sich aus §§ 49 ff. PolG (Rn. 146 u. 147).

d) Sonstiges. § 127 III StPO stellt klar, dass bei einem Antragsdelikt die vorläufige Festnahme auch vor Stellung des Strafantrages zulässig ist. Dies gilt entsprechend, wenn eine Straftat nur mit Ermächtigung oder auf Strafverlangen verfolgbar ist. Nach § 127 IV StPO gelten für die vorläufige Festnahme durch die Staatsanwaltschaft und die Polizei die §§ 114a bis 114c StPO entsprechend. Der Beschuldigte ist also über den Grund der vorläufigen Festnahme zu **informieren** (§ 114a StPO). Außerdem ist er über seine Rechte **unverzüglich** und **schriftlich** in einer für ihn verständlichen Sprache zu **belehren** (§ 114b I StPO) und es müssen die in § 114c StPO vorgesehenen **Benachrichtigungen** vorgenommen werden. Nach § 114b II 1 StPO ist der Beschuldigte in der **Belehrung nach § 114b I StPO** darauf hinzuweisen, dass er

1. unverzüglich, spätestens am Tag nach der Ergreifung, dem Gericht vorzuführen ist, das ihn zu vernehmen und über seine weitere Inhaftierung zu entscheiden hat,
2. das Recht hat, sich zur Beschuldigung zu äußern oder nicht zur Sache auszusagen,
3. zu seiner Entlastung einzelne Beweiserhebungen beantragen kann,
4. jederzeit, auch schon vor seiner Vernehmung einen von ihm zu wählenden Verteidiger befragen kann,
5. das Recht hat, die Untersuchung durch einen Arzt oder eine Ärztin seiner Wahl zu verlangen,
6. einen Angehörigen oder eine Person seines Vertrauens benachrichtigen kann, soweit der Zweck der Untersuchung hierdurch nicht gefährdet wird.

Ein Beschuldigter, der der deutschen Sprache nicht hinreichend mächtig ist, ist darauf hinzuweisen, dass er im Verfahren die unentgeltliche Hinzuziehung eines Dolmetschers verlangen kann (§ 114b II 2 StPO). Ein ausländischer Staatsangehöriger ist darüber zu belehren, dass er die Unterrichtung der konsularischen Vertretung seines Heimatstaates verlangen und dieser Mitteilungen zukommen lassen kann (§ 114b II 3 StPO).

3. Weiteres Verfahren nach der vorläufigen Festnahme

Nach der vorläufigen Festnahme erfolgt die Identitätsfeststellung (§ 163b I StPO) durch die Polizei und im Anschluss daran in der Regel die Vernehmung des Beschuldigten (§ 163a IV StPO). Danach ist zu entscheiden, ob der Beschuldigte freigelassen oder dem Richter nach § 128 I 1 StPO bei dem Amtsgericht, in dessen Bezirk er festgenommen worden ist, zur Entscheidung über einen Haftbefehl nach §§ 112 ff. StPO vorzuführen ist.

Eine Freilassung des Beschuldigten durch die Polizei kann auch unter den Voraussetzungen des § 127a StPO oder des § 132 StPO gegen **Sicherheitsleistung** (**Kaution**) erfolgen. Der Unterschied zwischen beiden Vorschriften besteht darin, dass § 127a StPO anzuwenden ist, wenn die Voraussetzungen für den Erlass eines Haftbefehls wegen Fluchtgefahr vorliegen. § 132 StPO regelt dagegen das Verlangen einer Sicherheitsleistung, wenn die Voraussetzungen eines Haftbefehls nicht vorliegen. Außerdem sind für die Anordnung nach § 127a die Staatsanwaltschaft und die Polizei zuständig, während bei einer Maßnahme gemäß § 132 StPO ein Richtervorbehalt (§ 132 II StPO) besteht.

Beispiel:
Gegen A liegt der dringende Verdacht des illegalen Aufenthalts vor. Der Erlass eines Haftbefehls wäre nicht verhältnismäßig. § 127a StPO ist nicht anwendbar. Unter den Voraussetzungen von § 132 I StPO könnte von A jedoch eine angemessene Sicherheit für die zu erwartende Geldstrafe und die Kosten des Verfahrens verlangt werden. Zu beachten ist hierbei der Richtervorbehalt des § 132 II StPO und die Befugnis zur Beschlagnahme in § 132 III StPO.

449 Nach der vorläufigen Festnahme hat die **richterliche Vorführung** nach § 128 I 1 StPO unverzüglich, spätestens am Tage nach der Festnahme zu erfolgen. **Unverzüglich** heißt sobald wie möglich, ohne eine nicht durch die Sachlage begründete Verzögerung.[47] Kommt die richterliche Vorführung in Betracht, ist die **Staatsanwaltschaft** von der Polizei **zu beteiligen**, denn sie ist für die Beantragung eines Haftbefehls zuständig (§ 128 I 2 StPO). Bei Nichterreichbarkeit der Staatsanwaltschaft ist der Richter berechtigt und verpflichtet als Notstaatsanwalt nach § 165 StPO einen Haftbefehl oder Unterbringungsbefehl zu erlassen, wenn die Voraussetzungen dafür vorliegen (§ 128 I 2 StPO).

4. Hauptverhandlungshaft gemäß § 127b StPO

450 Die Regelung des § 127b StPO zur sog. **Hauptverhandlungshaft** ermöglicht der Staatsanwaltschaft und den Beamten des Polizeidienstes eine vorläufige Festnahme zur Absicherung der Hauptverhandlung im **beschleunigten Verfahren** (§§ 417 bis 420 StPO). Ziel des beschleunigten Verfahrens ist es, die Strafe auf dem Fuße folgen zu lassen.[48] Wesentliche Merkmale dieser besonderen Verfahrensart sind, dass das Zwischenverfahren entfällt (§ 418 StPO) und Erleichterungen für die Beweisaufnahme gelten (§ 420 StPO).[49] Die Durchführung von beschleunigten Verfahren kommt insbesondere bei Straftaten im Zusammenhang mit großen Demonstrationen und Sportveranstaltungen in Betracht. Die Regelungen des § 127 I und II StPO bleiben neben § 127b StPO anwendbar.[50] Die Kautionsregelungen der §§ 127a und 132 StPO (Rn. 448) gehen vor.[51] Bei Jugendlichen ist § 127b StPO gemäß § 79 II JGG **nicht** anwendbar. Liegen Straftaten vor, die nur mit Antrag, Ermächtigung oder Strafverlangen verfolgt werden, ist § 127 III StPO entsprechend anwendbar.[52]

451 Voraussetzung für eine vorläufige Festnahme nach § 127b I StPO ist, dass die Person **auf frischer Tat betroffen oder verfolgt** wird (Rn. 431). Außerdem muss eine **unverzügliche Entscheidung im beschleunigten Verfahren wahrscheinlich** sein (§ 127b I Nr. 1 StPO). Diese **Wahrscheinlichkeit** besteht nur, wenn ein Richter zur Durchführung des beschleunigten Verfahrens bereit ist. Dies erfordert regelmäßig

---

[47] Meyer-Goßner/Schmitt § 25 Rn. 8.
[48] Joecks § 127b Rn. 1.
[49] Hierzu Roxin/Schünemann § 61 Rn. 1 ff.
[50] LR/*Hilger* § 127b Rn. 6.
[51] Meyer-Goßner/Schmitt § 127b Rn. 10.
[52] Meyer-Goßner/Schmitt § 127b Rn. 12.

entsprechende vorherige Absprachen zwischen der Staatsanwaltschaft, der Polizei und dem Gericht, das dann die erforderlichen organisatorischen Maßnahmen ergreift.[53] Weitere Voraussetzung für die Hauptverhandlungshaft ist die **Befürchtung, dass der Festgenommene der Hauptverhandlung fernbleiben** wird (§ 127b I Nr. 2 StPO). Diese Befürchtung besteht, wenn die Möglichkeit des Ausbleibens in der Hauptverhandlung ernsthaft in Betracht kommt. Bestimmte Tatsachen müssen diese Prognose begründen. Diese können sich daraus ergeben, dass der Beschuldigte einer früheren Hauptverhandlung ferngeblieben ist oder ihm wegen eines fehlenden festen Wohnsitzes keine Ladungen zugestellt werden können.[54] Die Anwendung der Kautionsregelungen der §§ 127a und 132 StPO muss ausgeschlossen sein.[55] Der **Grundsatz der Verhältnismäßigkeit** verlangt, dass die vorläufige Festnahme nicht angeordnet werden darf, wenn sie zur Bedeutung der Sache und der zu erwartenden Strafe außer Verhältnis steht.[56]

452 Nach § 127b I 2 StPO gelten die §§ 114a bis 114c StPO entsprechend (Rn. 445). Gemäß § 128 I 1 StPO ist der Festgenommene, sofern er nicht wieder in Freiheit gesetzt wird, unverzüglich, spätestens am Tage nach der Festnahme, dem Richter bei dem Amtsgericht, in dessen Bezirk er festgenommen worden ist, vorzuführen. **Unverzüglich** bedeutet sobald wie möglich; ohne eine nicht durch die Sachlage begründete Verzögerung.[57] Der Richter entscheidet nach einer Vernehmung des Festgenommenen über den Erlass eines Haftbefehls (§ 128 I 2 und II StPO). Über den Erlass des Haftbefehls soll der für die Durchführung des beschleunigten Verfahrens zuständige Richter entscheiden (§ 127b III StPO). Ein Haftbefehl darf nach § 127b II StPO nur ergehen, wenn der zur Absicherung der Hauptverhandlung im beschleunigten Verfahren Festgenommene der Tat **dringend verdächtigt** ist und die Durchführung der Hauptverhandlung **binnen einer Woche** nach der Festnahme zu erwarten ist. Der Haftbefehl ist auf höchstens eine Woche ab dem Tage der Festnahme zu befristen.

III. Keine Freiheitsentziehungen im Bußgeldverfahren

453 Die freiheitsentziehenden Maßnahmen Anstaltsunterbringung, Verhaftung und vorläufige Festnahme sind im Bußgeldverfahren nach § 46 III OWiG unzulässig. Freiheitsbeschränkungen zur Durchführung von Ermittlungsmaßnahmen sind dagegen im Bußgeldverfahren erlaubt (Rn. 428).

IV. Gewahrsam nach § 28 PolG

454 Der **Gewahrsam** nach § 28 PolG ist eine Freiheitsentziehung i. S. v. Art. 2 II 2, Art. 104 II GG zur Gefahrenabwehr.[58] Spezialgesetzliche Freiheitsentziehungen zur Gefahrenabwehr gehen § 28 PolG vor.

---

53 KK/*Schultheis* § 127b Rn. 10.
54 KK/*Schultheis* § 127b Rn. 12; Meyer-Goßner/Schmitt § 127b Rn. 10.
55 Meyer-Goßner/Schmitt § 127b Rn. 10.
56 LR/*Hilger* § 127b Rn. 8; KK/*Schultheis* § 127b Rn. 6.
57 Meyer-Goßner/Schmitt § 25 Rn. 8.
58 VGH BW VBlBW 2012, 268 (269).

Beispiele:
§ 30 IfSG (Anordnung der Quarantäne); § 42 SGB VIII (Inobhutnahme gefährdeter Kinder und Jugendlicher); §§ 13 ff. PsychKHG (Unterbringung); § 62 V AufenthG (Gewahrsam zur Vorbereitung der Abschiebehaft), § 62b AufenthG (Ausreisegewahrsam).[59]

455 Ein polizeirechtlicher Gewahrsam setzt nicht zwingend die Unterbringung des Festgenommenen in einer staatlichen Haft- oder Arrestzelle voraus. Er kann z. B. auch durch ein längeres Festhalten in einem Einsatzwagen oder auch durch eine Einkesselung einer Menschenansammlung vollzogen werden.[60] Bei einer Versammlung ist zu beachten, dass das Versammlungsrecht keine Rechtsgrundlage für einen Gewahrsam aufweist. In den Schutzbereich des Art. 8 I GG darf zur Gefahrenabwehr nur aufgrund des Versammlungsgesetzes eingegriffen werden (sog. **Polizeifestigkeit des Versammlungsrechts**).[61] § 28 PolG kann daher nur dann als Rechtsgrundlage für eine Einkesselung von Teilnehmern einer Versammlung durch die Polizei dienen, wenn die Teilnahme an der Versammlung zuvor rechtmäßig beendet worden ist.[62]

456 § 28 I PolG zählt abschließend die Gründe auf, aus denen eine Person in Gewahrsam genommen werden darf: den **Verhinderungs- und Beseitigungsgewahrsam** (§ 28 I Nr. 1 PolG), den **Schutzgewahrsam** (§ 28 I Nr. 2 PolG) und den **Identitätsgewahrsam** (§ 28 I Nr. 3 PolG). § 28 II bis IV PolG enthalten Verfahrensvorschriften. Hervorzuheben ist hierbei insbesondere der nach Art. 104 II 2 GG erforderliche **Richtervorbehalt** in § 28 III 2 PolG. Wegen des hohen Wertes der Freiheit der Person und der Intensität des Eingriffs eines Gewahrsams in dieses Grundrecht, ist der Gewahrsam **nur als letztes Mittel** (**ultima ratio**) zulässig. Vor der Ingewahrsamnahme einer Person ist daher zu prüfen, ob der Zweck durch weniger beeinträchtigende Maßnahmen, wie z. B. Beschlagnahme von Sachen, Gefährderansprache, Platzverweis, Aufenthaltsverbot, Meldeauflagen oder ein Abholen durch Angehörige, erreicht werden kann.[63]

1. Verhinderungs- und Beseitigungsgewahrsam (§ 28 I Nr. 1 PolG)

457 Voraussetzung für einen sog. **Verhinderungsgewahrsam** nach § 28 I Nr. 1 1. Alt. PolG ist eine unmittelbar bevorstehende erhebliche Störung der öffentlichen Sicherheit oder Ordnung. Die **Erheblichkeit der Störung** ist gegeben, wenn die Begehung von Straftaten droht.[64] Die **Störung steht unmittelbar** bevor, wenn der Eintritt des Schadens für ein polizeiliches Schutzgut in allernächster Zeit mit hoher Wahrscheinlichkeit sofort oder in allernächster Zeit zu erwarten ist, falls nicht eingeschritten wird.[65] Aus der Rechtsprechung des EGMR erge-

---

[59] BMKS § 28 Rn. 2; Stephan/Deger § 28 Rn. 3; Ruder Rn. 665.
[60] VG Hamburg NVwZ 1987, 829 (832 f.); LG Hamburg NVwZ 1987, 833 f.; VG Berlin NVwZ-RR 1990, 188 (189 f.); VG Mainz NVwZ-RR 1991, 242 (243 f.).
[61] Speziell hierzu Kötter/Nolte DÖV 2009, 399 ff.
[62] Trurnit VBlBW 2015, 186 (189 ff.) m. w. N.
[63] Ruder Rn. 664.
[64] VGH BW VBlBW 1986, 308 (310).
[65] Stephan/Deger § 28 Rn. 9; BMKS § 28 Rn. 7.

ben sich Anforderungen an die Gefahrenprognose bei § 28 I Nr. 1 PolG. Danach ist eine Freiheitsentziehung zur Verhinderung einer Straftat nur zulässig, wenn eine nach Ort und Zeit ihrer Begehung und ihrem Opfer genau bestimmte Straftat verhütet werden soll.[66]

Beispiel:
A ist gegenüber seiner Frau gewalttätig geworden. Hiervon hat ihn auch ein Wohnungsverweis nicht abgehalten. Die Polizei nimmt A daher gemäß § 28 I Nr. 1 PolG in Gewahrsam.

Ein sog. **Beseitigungsgewahrsam nach § 28 I Nr. 1 2. Alt. PolG** ist zulässig, wenn eine erhebliche Störung bereits eingetreten ist. Hierbei muss es darum gehen, die weitere Begehung von Straftaten zu verhindern. Auch die Verhinderung von Ordnungswidrigkeiten kann einen Gewahrsam rechtfertigen, wenn umfangreiche und intensive Störungen drohen bzw. bereits vorliegen.[67] Das bundesrechtliche Absehen von Verhaftungen und vorläufigen Festnahmen zur Verfolgung von Ordnungswidrigkeiten in § 46 III 1 OWiG schließt die Anordnung eines präventivpolizeilichen Gewahrsams zur Verhinderung von Ordnungswidrigkeiten nicht aus. Auch Art. 5 I c EMRK steht einer Freiheitsentziehung zur Verhinderung von Ordnungswidrigkeiten, die mit erheblichen Gefahren für ein geschütztes Rechtsgut verbunden sind, nicht entgegen.[68]

Beispiel:
B begeht eine nächtliche Ruhestörung nach § 117 OWiG. Nachdem die Polizei ihn mehrmals dazu aufgefordert hat, dies zu unterlassen, nimmt sie ihn gemäß § 28 I Nr. 1, 2. Alt. PolG in Gewahrsam.[69]

Der Gewahrsam nach § 28 I Nr. 1 PolG ist nur zulässig, wenn auf andere Weise die Gefahr nicht verhindert oder beseitigt werden kann. Dies ist eine **besondere Ausformung des Grundsatzes der Verhältnismäßigkeit**. Daher ist immer erst nach anderen Möglichkeiten der Gefahrenabwehr zu suchen, als potentielle Störer in Gewahrsam zu nehmen.[70]

Beispiele:
Die Ingewahrsamnahme von Teilnehmern einer Versammlung vor der Versammlung, die Transparente mit den Aufschriften „freedom for all prisoners" sowie „free all now" mitführen, die als Aufforderung zu einer Gefangenenbefreiung verstanden werden können, ist unzulässig, wenn eine Beschlagnahme (§ 33 PolG) der Transparente ausreichend erscheint.[71] Bei nächtlichen Ruhestörungen z. B. durch überlaute Musik ist der Gewahrsam nur zulässig, wenn er das einzige Mittel ist, die Lärmbelästigung dauerhaft zu unterbinden.[72] Bei drohenden Auseinandersetzungen gewaltbereiter Fußballgruppen sind Aufenthaltsverbote gegen die Mitglieder zur Gefah-

---

66 EGMR NVwZ 2012, 1089 ff. Kritisch hierzu Scheidler NVwZ 2012, 1083, 1085.
67 Ebenso VGH VBlBW 2005, 63 (64); Ruder Rn. 669.
68 VGH BW VBlBW 2005, 63 (64).
69 VG Schleswig NJW 2000, 970.
70 Scheidler NVwZ 2012, 1083 (1085).
71 EGMR NVwZ 2012, 1089, (1092).
72 VG Schleswig NJW 2000, 970.

renabwehr nicht gleichermaßen geeignet wie Ingewahrsamnahmen. Mit der Zahl der üblicherweise bei einem Fußballspiel der Bundesligavereine eingesetzten Beamten ist es der Polizei nicht möglich, Aufenthaltsverbote zu kontrollieren und durchzusetzen.[73]

2. Schutzgewahrsam (§ 28 I Nr. 2 PolG)

460 Zweck eines **Schutzgewahrsams** nach § 28 I Nr. 2 PolG ist es, die in Gewahrsam genommene Person zu schützen, sofern ihr eine konkrete Gefahr für Leib oder Leben droht. Eine **Gefahr für Leib oder Leben** ist ein Zustand, in dem nach den konkreten Umständen der Tod oder eine nicht unerhebliche Verletzung der körperlichen Unversehrtheit nahe liegt.[74] Zusätzlich muss bei einem Schutzgewahrsam mindestens eine der folgenden Voraussetzungen vorliegen:
- Die Person muss um **Gewahrsam nachsuchen** (§ 28 I Nr. 2a PolG). In diesem Fall liegt keine Freiheitsentziehung i. S. v. Art. 104 II GG vor. Der Betroffene wird nicht gegen seinen Willen festgehalten (sog. **unechter Gewahrsam**). Dennoch gelten auch hier der Richtervorbehalt des § 28 III 2 PolG und sämtliche weiteren Verfahrensbestimmungen des § 28 PolG, um Missbräuche auszuschließen.[75]

Beispiele:
Eine von ihrem betrunkenen Mann bedrohte Ehefrau oder der von aufgebrachten Fußballfans bedrohte Schiedsrichter sucht um Gewahrsam nach.
- Die Person muss sich in einer **hilflosen Lage** befinden (§ 28 I Nr. 2b PolG).

Beispiele:
Betrunkene oder bewusstlose sowie psychisch kranke Personen. Bei psychisch kranken Personen haben Maßnahmen nach dem PsychKHG Vorrang. Die Polizei kann jedoch in diesen Fällen eine betroffene Person unter den Voraussetzungen von § 28 I Nr. 1 oder 2 PolG in Gewahrsam nehmen und eine Begutachtung herbeiführen.[76]
- Die Person eine **Selbsttötung** begehen will (§ 28 I Nr. 2c PolG). Hierzu reicht eine freiwillige Selbstgefährdung nicht aus. § 28 I Nr. 2c PolG soll auch dann nicht anwendbar sein, wenn sich die betroffene Person bewusst und gewollt töten will (z. B. bei einer ärztlich begleiteten Selbsttötung).[77] Diese Auffassung ist mit dem Wortlaut des Gesetzes nicht zu vereinbaren. Außerdem ist es in der polizeilichen Praxis häufig schwer zu erkennen, ob sich die betroffene Person bewusst und gewollt selbst töten will oder ob sie sich in einer psychischen Ausnahmesituation befindet.[78]

3. Identitätsgewahrsam (§ 28 I Nr. 3 PolG)

461 Der **Identitätsgewahrsam** nach § 28 I Nr. 3 PolG ist zulässig, sofern die Identität einer Person auf andere Weise nicht festgestellt werden kann. Die ist der

---

73 VG Hannover DVBl. 2012, 1323 (1326).
74 Ruder Rn. 671.
75 Ruder Rn. 672.
76 BMKS § 28 Rn. 12.
77 BMKS § 28 Rn. 13.
78 Ebenso Stephan/Deger § 28 Rn. 22; Ruder Rn. 674; WHT § 5 Rn. 262.

Fall, wenn Maßnahmen zur Personenfeststellung nach § 26 II PolG nicht kurzfristig vorgenommen werden können, sondern längere Zeit (Grundsatz: über eine Stunde) in Anspruch nehmen.[79]

4. Verfahrensregelungen

Angesichts der Schwere des mit einem Gewahrsam verbundenen Eingriffs in die Freiheit der Person sind bezüglich der Anordnungskompetenz, der Dauer und der Durchführung des Gewahrsams besondere Regelungen vorgesehen.

462

a) Richtervorbehalt. Nach Art. 104 II GG hat über die Zulässigkeit und die Fortdauer einer Freiheitsentziehung nur der Richter zu entscheiden. § 28 III 2 bis 4 PolG entsprechen diesen verfassungsrechtlichen Vorgaben zum **Richtervorbehalt.** Der Gewahrsam darf ohne richterliche Entscheidung nicht länger als bis zum Ende des Tages nach dem Ergreifen aufrechterhalten werden (§ 28 III 2 PolG). Eine richterliche Entscheidung über den Gewahrsam ist unverzüglich herbeizuführen (§ 28 III 3 PolG). Daraus ergibt sich, dass der Antrag auf richterliche Entscheidung von der Polizeibehörde oder dem Polizeivollzugsdienst (Parallelzuständigkeit nach § 60 III PolG) bei einer sog. **geplanten Festnahme** grundsätzlich vor der Ingewahrsamnahme zu stellen ist.[80] Wenn die Umstände dies bei einer sog. **Spontanfestnahme** nicht zulassen, kann die Polizei den Gewahrsam zunächst ohne richterliche Entscheidung anordnen. Diese ist dann unverzüglich herbeizuführen; d. h. ohne jede Verzögerung, die sich nicht aus sachlichen Gründen rechtfertigen lässt.[81] Die Polizei genügt diesem Gebot, indem sie die Sache beim zuständigen Gericht anhängig macht. Dies geschieht dadurch, dass dem Gericht der Sachverhalt vorgetragen wird, mit der Bitte um Entscheidung über die Fortdauer des Gewahrsams.[82] Keiner richterlichen Entscheidung bedarf es nach § 28 III 4 PolG, wenn anzunehmen ist, dass die Entscheidung erst nach dem Wegfall des Grundes des Gewahrsams ergehen würde. Durch diese mit dem ÄndG 2008 in das Polizeigesetz eingefügte Regelung soll sichergestellt werden, dass die Freiheitsentziehung nicht allein zur Realisierung des Richtervorbehalts verlängert wird.[83]

463

Beispiel:
Bei einer Veranstaltung müssen mehrere gewaltbereite Randalierer in Gewahrsam genommen werden. Die Zahl der Störer ist so groß, dass nicht in allen Fällen eine richterliche Entscheidung vor dem Ende der erheblichen Störung für die öffentliche Sicherheit ergehen kann.

b) Gerichtliches Verfahren. Zuständig ist nach § 28 IV 1 PolG das Amtsgericht, in dessen Bezirk eine in Gewahrsam genommene Person festgehalten wird. Die Unmöglichkeit der persönlichen Anhörung etwa in Folge von Trunkenheit des Betroffenen steht einer richterlichen Entscheidung und damit auch der Herbeiführung einer richterlichen Entscheidung über Zulässigkeit und Dauer der Frei-

464

---

[79] Ruder Rn. 675.
[80] Stephan/Deger § 28 Rn. 34.
[81] VGH BW VBlBW 2012, 268 (269 f.).
[82] VGH BW VBlBW 2005, 63 (66 ff.).
[83] LT-Drs. 14/3165 S. 69.

heitsentziehung nicht entgegen.[84] Das gerichtliche Verfahren ist in § 28 IV 2 bis 6 PolG näher ausgestaltet. Insbesondere gelten hierfür nach § 28 IV 2 PolG die Vorschriften des Buches 1 Abschnitte 1 bis 3 sowie 6, 7 und 9 des Gesetzes über das Verfahren in Familiensachen und in den Angelegenheiten der freiwilligen Gerichtsbarkeit (FamFG).[85] Danach ist der Betroffene insbesondere anzuhören (§ 34 I Nr. 1 FamFG). Die persönliche Anhörung der in Gewahrsam genommenen Person kann unterbleiben, wenn hiervon erhebliche Nachteile für ihre Gesundheit zu besorgen sind oder sie offensichtlich nicht in der Lage ist, ihren Willen kundzutun. Nach dem durch das ÄndG 2012 in das Polizeigesetz eingefügten § 28 IV 3 PolG kann die persönliche Anhörung der in Gewahrsam genommenen Person durch das Gericht im Bereitschaftsdienst auch telefonisch durchgeführt werden. Die Nutzung von anderen Formen moderner Kommunikationstechnik soll hierdurch nicht ausgeschlossen werden.[86] Der Einsatz des Telefons soll dazu beitragen, das Verfahren der richterlichen Entscheidung erheblich zu beschleunigen und den mit der Durchführung der persönlichen Anhörung notwendig verbundenen Aufwand für die beteiligten Richter, Polizeibeamten und in Gewahrsam genommenen Personen zu vermindern.[87] Die gerichtliche Entscheidung wird mit Erlass wirksam; sie bedarf zu ihrer Wirksamkeit nicht der Bekanntgabe an die in Gewahrsam genommenen Person (§ 28 IV 4 PolG). Die Entscheidung kann im Bereitschaftsdienst auch mündlich ergehen; in diesem Fall ist sie unverzüglich schriftlich niederzulegen und zu begründen (§ 28 IV 5 PolG).

465 c) **Belehrung des Betroffenen.** Nach § 28 II PolG ist der in Gewahrsam genommenen Person der Grund der Maßnahme und die gegen sie zulässigen Rechtsbehelfe unverzüglich bekannt zu geben. Beruht der Gewahrsam auf einer polizeilichen Anordnung und dauert er noch an, sind Widerspruch (§§ 68 ff. VwGO) und Anfechtungsklage (§ 42 I 1. Alt. VwGO) die statthaften Rechtsmittel. In der Regel wehrt sich der Betroffene aber erst nach der Aufhebung des Gewahrsams gegen das polizeiliche Vorgehen. In diesem Fall kann er eine Fortsetzungsfeststellungsklage in Analogie zu § 113 I 4 VwGO vor dem Verwaltungsgericht mit dem Ziel erheben, die Rechtswidrigkeit des Gewahrsams festzustellen.[88] Bei einer richterlichen Anordnung des Gewahrsams ist eine Beschwerde statthaft. Die Anfechtungsklage ist dann ausgeschlossen (§ 28 IV 6 und 7 PolG).

466 d) **Dauer.** Der Gewahrsam ist nach § 28 III 1 PolG aufzuheben, sobald seine Voraussetzungen entfallen sind. Eine gerichtliche Zustimmung ist hierfür nicht erforderlich. Das Limit eines Gewahrsams ohne richterliche Anordnung ist das Ende des auf die Ergreifung folgenden nächsten Tages (§ 28 II 1 PolG). Bei einer richterlichen Anordnung beträgt die **Dauer maximal zwei Wochen.** In der gerichtlichen Entscheidung ist die Dauer des Gewahrsams zu bestimmen (§ 28 II 5 PolG).

---

84 VGH BW VBlBW 2012, 268 (269).
85 Hierzu Zeitler/Trurnit Rn. 337 ff.
86 LT-Drs. 15/2434 S. 33.
87 LT-Drs. 15/2434 S. 34.
88 Ausführlich zum Rechtsschutz gegen polizeiliche Maßnahmen Zeitler/Trurnit Rn. 1094 ff.

e) **Sonstige Durchführung.** Wichtige Regelungen für die Durchführung des Gewahrsams ergeben sich im Übrigen aus § 1 DVO PolG und aus der VwV PolG zu § 28. Im Wesentlichen ist nach § 1 DVO PolG Folgendes zu beachten: Der in Gewahrsam Genommene soll von anderen festgehaltenen Personen, insbesondere von Untersuchungs- und Strafgefangenen, getrennt verwahrt werden. Er soll unverzüglich Gelegenheit bekommen, einen Angehörigen oder eine Person seines Vertrauens zu benachrichtigen, wenn der Zweck des Gewahrsams dadurch nicht gefährdet wird. Ihm dürfen nur Beschränkungen auferlegt werden, die zur Sicherung des Zwecks des Gewahrsams oder zur Aufrechterhaltung der Ordnung im Gewahrsam erforderlich sind. Ziff. 2 bis 4 VwV PolG zu § 28 I PolG sehen Regelungen über die Haftfähigkeit und deren Prüfung vor.

f) **Kosten.** Die Kosten des gerichtlichen Verfahrens sind in § 6a LJKG i. V. m. Nr. 8 des dazu ergangenen Gebührenverzeichnisses geregelt. Aus §§ 1 S. 1, 4 II 1 LGebG i. V. m. Nr. 15.2 und 15.4 GebVerz IM ergeben sich für den Polizeivollzugsdienst spezielle Rechtsgrundlagen, um einem Störer die Kosten des Gewahrsams auf zu erlegen.

5. **Unzulässigkeit des Verbringungsgewahrsams**

Nicht gedeckt von § 28 PolG ist der sog. **Verbringungsgewahrsam.** Hierbei bringt der Polizeivollzugsdienst einen Störer, gegen den ein Platzverweis oder ein Aufenthaltsverbot verhängt worden ist, mit Hilfe eines Fahrzeugs an einen abgelegenen Ort, an dem der Platzverweis bzw. das Aufenthaltsverbot nicht gilt. Der Störer soll hierdurch davon abgehalten werden, an den verbotenen Ort zurückzukehren.[89]

Beispiel:
Der Polizeivollzugsdienst bringt einen obdachlosen sog. Stadtstreicher, gegen den ein Platzverweis für den Innenstadtbereich verfügt worden ist, aus der Innenstadt in einen ca. 8 km entfernten Wald.

Wegen der Lage des Betroffenen während der Fahrt in dem Polizeifahrzeug und dann nach der Freilassung an einem abgelegenen Ort (z. B. fehlende Orientierung, Suche nach Verkehrsmitteln, Warte- und Fahrtzeiten, Belastungen durch Witterung und eventuell bestehende physische und psychische Probleme) kann der Verbringungsgewahrsam nicht als milderes Mittel gegenüber einem Gewahrsam angesehen werden, der in einem staatlichen Haft- oder Arrestraum vollzogen wird. Wegen des Fehlens einer gesetzlichen Ermächtigungsgrundlage ist der Verbringungsgewahrsam daher unzulässig.[90] Außerdem können durch einen rechtswidrigen Verbringungsgewahrsam Straftaten (z. B. §§ 239 und 221 StGB) verwirklicht werden. Von einem Verbringungsgewahrsam sollte daher in der Praxis abgesehen werden.[91]

6. **Zulässigkeit der einfachen Verbringung**

Von einem Verbringungsgewahrsam ist die sog. **einfache Verbringung** zu unterscheiden. Die **einfache Verbringung** ist die mit einer kurzfristigen Beschrän-

---

[89] Lisken/Denninger/*Rachor* F Rn. 559; Ruder Rn. 676.
[90] Ebenso LG Hamburg NVwZ-RR 1997, 537 (538 f.); Ruder Rn. 676; Schoch/*Schoch* Rn. 299.
[91] Ruder Rn. 676.

kung der Bewegungsfreiheit einhergehende Ortsveränderung des Betroffenen (unter 1 Stunde), die nicht den Grad einer Freiheitsentziehung erreicht.[92] Sie ist wegen ihrer kurzen Dauer, ihrem Zweck und ihrer geringen Intensität lediglich eine Freiheitsbeschränkung und damit keine Freiheitsentziehung in Form eines Gewahrsams.[93]

Beispiele:
Die Polizei verfügt gegen B ein für sofort vollziehbar erklärtes Aufenthaltsverbot. B weigert sich dieses zu akzeptieren. Um das Aufenthaltsverbot durchzusetzen, bringt der Polizeivollzugsdienst B mit einem Einsatzwagen zu seinem ca. 20 Minuten entfernten Wohnort. Um Platzverweise gegenüber Hooligans durchzusetzen, drängt der Polizeivollzugsdienst diese zurück in eine S-Bahn, die sie von dem Ort entfernt, an dem die Platzverweise gelten.

472 Die einfache Verbringung ist eine zulässige Maßnahme des unmittelbaren Zwangs zur Durchsetzung einer Polizeiverfügung. Teilweise wird diese Polizeiverfügung in dem Platzverweis oder in dem Aufenthaltsverbot gesehen.[94] Diese Auffassung überzeugt vollstreckungsrechtlich nicht. Maßgeblich für die Vollstreckung ist der Inhalt der Grundverfügung. Gebot eines Platzverweises und eines Aufenthaltsverbotes ist es, einen bestimmten Ort zu meiden, nicht einen bestimmten Ort aufzusuchen. Überzeugender ist es daher, zur Durchführung einer einfachen Verbringung eine auf §§ 1 I, 3 PolG gestützte Aufforderung zum Aufsuchen eines bestimmten Ortes als notwendig anzusehen (sog. **Platzanweisung**), die dann mit unmittelbarem Zwang durchgesetzt werden kann.[95]

---

92 Trurnit JURA 2012, 365 (371 f.).
93 A. A. wohl Knape/Schönrock DIE POLIZEI 2011, 280 (285) m. w. N.
94 BMKS § 28 Rn. 27; Götz/Geis Rn. 39.
95 Trurnit JURA 2012, 365 (371).

J. Aufenthaltssteuernde Maßnahmen

I. Allgemeines

Die intensivste den Aufenthalt einer Person verändernde polizeiliche Maßnahme ist eine Freiheitsentziehung (Rn. 428 ff.), die mit einem Verbringen des Betroffenen in einen staatlichen Haftraum verbunden ist. Neben einer Freiheitsentziehung gibt es jedoch noch weitere polizeiliche Maßnahmen, die den Aufenthalt einer Person steuern. Hierzu zählen polizeiliche Befugnisse zum **Anhalten, Festhalten** und **Verbringen** an einen anderen Ort. Außerdem gibt es polizeiliche Befugnisse für das **Gebot einen bestimmten Ort aufzusuchen, zu verlassen** und **nicht mehr zu betreten**. Aufenthaltssteuernde Maßnahmen aus dem präventiven Aufgabenbereich der Polizei sind neben den der Durchführung anderer Maßnahmen dienenden An- und Festhalterechte aus §§ 20 I 11, 26 II 3 oder 39 I 4 PolG folgende Standardmaßnahmen: Vorladung (§ 27 PolG), Platzverweis (§ 27a I PolG), Aufenthaltsverbot (§ 27a II PolG) und Wohnungsverweis mit Annäherungs- und Rückkehrverbot (§ 27a III bis IV PolG). Außerdem gibt es im präventiven Aufgabenbereich aufenthaltssteuernde Maßnahmen, die auf die Generalklausel der §§ 1 I und 3 PolG gestützt werden, wie das Gebot zur Aufsuchung eines bestimmten Ortes (sog. Platzanweisung) oder die Meldeauflage. Diese polizeirechtlichen Maßnahmen haben außer § 26 II 3 PolG mit § 163b I 2 und II StPO (Festhalten zur Identitätsfeststellung) keine ausdrücklichen Entsprechungen im Strafverfahrensrecht. Ein weiteres in der StPO ausdrücklich geregeltes Festhalterecht der Polizei ergibt sich bei der Störung einer Amtshandlung aus § 164 StPO. Aber auch in anderen Fällen kann sich für die Polizei während des Vollzuges einer strafverfahrensrechtlichen Maßnahme die Notwendigkeit ergeben, den Aufenthalt einer Person zu verändern. 473

Beispiele:
Zur Durchführung einer körperlichen Untersuchung nach § 81a StPO oder einer ED-Behandlung nach § 81b StPO muss der Beschuldigte B ins Krankenhaus bzw. zur Polizeidienststelle gebracht werden.

Durch aufenthaltssteuernde polizeiliche Maßnahmen können die Grundrechte aus Art. 2 I, Art. 2 II 2 und Art. 11 I GG tangiert werden. Bei einem Wohnungsverweis mit Rückkehr- und Annäherungsverbot nach § 27a III PolG können außerdem die Grundrechte der Art. 6 I, 13 I und 14 I GG betroffen sein. 474

II. An- und Festhaltebefugnisse

Ein **Anhalten** der betroffenen Person für die Dauer einer polizeilichen Maßnahme ermöglicht häufig erst die zu ergreifende Maßnahme.[1] Eine Befugnis zum Anhalten begründet die Pflicht des Betroffenen, sich nicht vor oder wäh- 475

---

[1] Lisken/Denninger/*Rachor* E Rn. 497.

rend der Maßnahme zu entfernen.[2] Weigert sich der Betroffene anzuhalten, kann er notfalls unter Anwendung von unmittelbarem Zwang **festgehalten** werden. Im Rahmen dieses Festhaltens kann es zur Durchführung der Maßnahme notwendig sein, den Betroffenen **auf die Dienststelle zu verbringen** (sog. Sistierung).[3]

Beispiel:
A wird zur Durchführung einer Identitätsfeststellung von einer Polizeistreife angehalten. Weil A kein Ausweispapier vorzeigen kann, will er weitergehen. Deswegen wird A festgehalten. Da die Polizeibeamten die Identität von A vor Ort nicht feststellen können, verbringen diese A mit dem Einsatzwagen zur Dienststelle.

476 Das **Anhalten** und **Festhalten** sind jeweils **Freiheitsbeschränkungen** i. S. v. Art. 2 II 2 GG. Eine **Freiheitsentziehung** liegt in diesen Fällen nur vor, wenn die betroffene Person länger als eine Stunde gegen ihren Willen festgehalten wird (Rn. 428).

1. Polizeirechtliche An- und Festhaltebefugnisse

477 Gesetzlich ausdrücklich geregelte An- und Festhaltebefugnisse der Polizei zur Durchführung gefahrenabwehrrechtlicher Maßnahmen ergeben sich bei der Befragung aus § 20 I 11 PolG, bei der Identitätsfeststellung aus § 26 I 2 und 3 PolG und beim Datenabgleich aus § 39 I 4 PolG. § 26 II 3 PolG erstreckt die Festhaltebefugnis der Polizei auf das Verbringen der betroffenen Person auf die Dienststelle (sog. **Sistierung**), wenn die Identität auf andere Weise nicht oder nur unter erheblichen Schwierigkeiten festgestellt werden kann. Bei anderen polizeirechtlichen Maßnahmen, wie z. B. einer Durchsuchung, ergibt sich die Befugnis zum Anhalten aus der Rechtsgrundlage für die Maßnahme.[4] Das Festhalten ist in diesem Zusammenhang die Anwendung unmittelbaren Zwangs nach §§ 49 II ff. PolG.

2. Strafverfahrensrechtliche An- und Festhaltebefugnisse

478 In der Strafprozessordnung sind ausdrückliche An- und Festhaltebefugnisse in § 163b I 2 und II 1 sowie § 164 StPO geregelt.

479 a) **Festhaltebefugnisse bei der Identitätsfeststellung.** Nach § 163b I 2 StPO darf der Verdächtige festgehalten werden, wenn die Identität sonst nicht oder nur unter erheblichen Schwierigkeiten festgestellt werden kann. § 163b II 2 StPO überträgt diese Befugnis zum Festhalten auf die Identitätsfeststellung eines Nichtverdächtigen. Bei einem Festhalten zur strafverfahrensrechtlichen Identitätsfeststellung ist § 163c StPO zu beachten (Rn. 180 f).

480 b) **Das amtliche Selbsthilferecht gemäß § 164 StPO.** Nach § 164 StPO ist bei Amtshandlungen an Ort und Stelle der Beamte, der sie leitet, befugt, Personen, die seine amtliche Tätigkeit stören oder sich den von ihm getroffenen Anordnungen widersetzen, festnehmen und bis zur Beendigung seiner Amtsverrich-

---

2 Gusy Rn. 232.
3 WHT § 5 Rn. 153.
4 BMKS § 29 Rn. 2.

tungen, jedoch nicht über den nächstfolgenden Tag hinaus, festhalten zu lassen. Das **amtliche Selbsthilferecht** des § 164 StPO gilt für die Polizei bei zulässigen strafverfahrensrechtlichen Amtshandlungen. Die Maßnahme kann sich gegen Betroffene der Amtshandlung und gegen Dritte richten.[5]

Beispiele:
Passanten wollen die Identitätsfeststellung oder Durchsuchung eines Verdächtigen durch die Polizei verhindern. Die Passanten können nach § 164 StPO von der Störung abgehalten und festgehalten werden.

§ 164 StPO erfordert eine bereits vorliegende oder unmittelbar bevorstehende Störung. Die bloße, auch durch Tatsachen gestützte Erwartung, dass es zu einer Störung kommen könnte, rechtfertigt noch keine Maßnahme nach § 164 StPO.[6] Der **Grundsatz der Verhältnismäßigkeit** ist zu beachten. Das Mitnehmen zur Polizeidienststelle kommt nur in Betracht, wenn es erforderlich und angemessen ist. Das Festhalten ist nur bis zur Beendigung der Diensthandlung zulässig. Äußerstes Limit ist nach § 164 StPO das Ende des darauffolgenden Tages (Art. 104 II GG). Die Maßnahme ist in der möglichst wenig belastenden Art und Weise zu vollziehen.[7]

Beispiele:
Absonderung in einen separaten Raum oder im Dienstfahrzeug.

Die **Anordnung** trifft der die Amtshandlung leitende Beamte. § 164 StPO lässt die Befugnis der Polizei zur Platzverweisung nach § 27a I PolG zur Gefahrenabwehr unberührt.[8] Wegen § 164 StPO ist ein Gewahrsam nach § 28 I Nr. 1 PolG mit dem Ziel, eine strafverfahrensrechtliche Maßnahme ungestört durchführen zu können, nicht zulässig.[9]

Beispiel:
Die Polizei muss bei B zum wiederholten Male eine Wohnungsdurchsuchung nach § 102 StPO durchführen. Sie geht davon aus, dass B die Durchsuchung erheblich stören wird, weil er dies auch bei der vorherigen Durchsuchung getan hat. Die Polizei überlegt, B vor der strafverfahrensrechtlichen Durchsuchung nach § 28 I Nr. 1 PolG in Gewahrsam zu nehmen, um die Durchsuchung ungestört durchführen zu können. Wegen § 164 StPO ist der Gewahrsam nach § 28 I Nr. 1 PolG jedoch unzulässig.

c) **Sonstige Befugnisse.** In der Strafprozessordnung gibt es neben den aus § 163b I 2 und II 2 StPO und § 164 StPO resultierenden Festhaltebefugnissen keine weiteren speziellen Rechtsgrundlagen für aufenthaltssteuernde Maßnahmen der Polizei. Bei dem Vollzug strafverfahrensrechtlicher Maßnahmen kann sich jedoch die Notwendigkeit ergeben, den Beschuldigten festzuhalten oder an einen anderen Ort zu verbringen. In diesen Fällen ergibt sich die Befugnis zum Festhalten einschließlich des Verbringens an einen Ort, an dem die Maß-

---

5 Meyer-Goßner/Schmitt § 164 Rn. 1.
6 LG Frankfurt NJW 2008, 2201 (2202).
7 Meyer-Goßner/Schmitt § 164 Rn. 3; Joecks § 164 Rn. 3 f.
8 Meyer-Goßner/Schmitt § 164 Rn. 1.
9 LG Frankfurt NJW 2008, 2201.

nahmen durchgeführt werden soll, aus der strafverfahrensrechtlichen Rechtsgrundlage für die Maßnahme, die vollzogen werden soll.

Beispiele:
Gegen B besteht der Verdacht des Diebstahls. B muss gemäß § 102 StPO durchsucht und hierfür festgehalten werden. Gegen A besteht der Verdacht einer Trunkenheitsfahrt nach § 316 StGB. A muss zur Entnahme einer Blutprobe nach § 81a StPO ins Krankenhaus gebracht werden. In diesen Fällen ergibt sich die Befugnis zur Durchführung der aufenthaltssteuernden Maßnahmen, die für die eigentlich vorzunehmende Maßnahme erforderlich ist, aus der Rechtsgrundlage für die Maßnahme.

3. Regelungen des Bußgeldverfahrens

484 Die freiheitsentziehenden Maßnahmen Anstaltsunterbringung, Verhaftung und vorläufige Festnahme sind im Bußgeldverfahren nach § 46 III 1 OWiG unzulässig. **Freiheitsbeschränkungen** zur Durchführung von Ermittlungsmaßnahmen sind dagegen im Bußgeldverfahren erlaubt.[10]

Beispiele:
Festhalten zur Identitätsfeststellung nach §§ 163b I 2 StPO, 46 I OWiG oder zum Zwecke der Blutentnahme nach §§ 81a StPO, 46 I und IV OWiG. Auch das Festhalten von Störern ist nach §§ 164 StPO, 46 I OWiG im Bußgeldverfahren unter besonderer Beachtung der Verhältnismäßigkeit zulässig.[11]

III. Vorladung

485 Eine **Vorladung** ist die Aufforderung an eine Person, zur Erörterung von Tatsachen bei der Behörde oder an einem anderen Ort zu erscheinen. Sie kann durch die Behörde schriftlich oder mündlich erfolgen.[12] Eine Vorladung ist kein Eingriff in die körperliche Bewegungsfreiheit (Art. 2 II 2 GG), sondern in den Schutzbereich der Allgemeinen Handlungsfreiheit nach Art. 2 I GG.[13] Die Vorladung ist abzugrenzen von der **schlichten Bitte** der Polizei um persönliches Erscheinen bei einer Polizeidienststelle. Außerdem ist die Vorladung von einer Meldeauflage nach §§ 1 I, 3 PolG (Rn. 105) zu unterscheiden. Durch eine **Meldeauflage** wird dem Adressaten aufgegeben, sich zu bestimmten Zeitpunkten bei bestimmten Polizeidienststellen zu melden, um z. B. die Einhaltung von Ausreiseverboten oder Aufenthaltsverboten zu überwachen.[14] § 27 PolG ist die polizeigesetzliche Rechtsgrundlage für eine Vorladung. In der Strafprozessordnung gibt es hierzu kein ausdrückliches Pendant für die Polizei.

1. Vorladung gemäß § 27 PolG

486 Nach § 27 I PolG kann die Polizei eine Person zur **Durchführung einer Befragung** nach § 20 I PolG (§ 27 I Nr. 1 PolG) und zur **Durchführung einer erken-**

---
10 Göhler/*Seitz* § 46 OWiG Rn. 13.
11 Göhler/*Seitz* Vor § 59 OWiG Rn. 126.
12 Gusy Rn. 225.
13 Stephan/Deger § 27 Rn. 1.
14 Trurnit JURA 2012, 365 (371); VG Freiburg Urteil vom 15.4.2016 – 4 K 143/15, BeckRS 2016, 49927.

nungsdienstlichen Behandlung (§ 27 I Nr. 2 PolG) vorladen. Spezialgesetzliche Regelungen für eine Vorladung, wie z. B. § 60 IV PolG i. V. m. § 26 II 1 IfSG oder § 82 IV AufenthG, gehen § 27 PolG vor. § 27 PolG gilt nur für den Bereich der Gefahrenabwehr. Bei der Strafverfolgung und der Verfolgung von Ordnungswidrigkeiten ist § 27 PolG wegen der detaillierten Regelungen der Ladung und Vernehmung von Zeugen (§§ 48 bis 71 und § 161a StPO) und Beschuldigten (§§ 133 bis 136a und 163a StPO) nicht anwendbar.[15] Deswegen gilt § 27 I Nr. 2 PolG auch nur für die Durchführung einer erkennungsdienstlichen Behandlung nach § 36 PolG und nicht für eine erkennungsdienstliche Behandlung nach § 81b 1. Alt. StPO, da es sich hierbei um eine strafverfahrens- und nicht um eine polizeirechtliche Maßnahme handelt. Die Befugnis der Polizei zur Vorladung für eine ED-Behandlung nach § 81b 1. Alt. StPO und ihre zwangsweise Durchsetzung durch eine Vorführung ergibt sich unmittelbar aus der Vorschrift selbst. Wenn man – so wie das Bundesverwaltungsgericht – die Durchführung erkennungsdienstlicher Maßnahmen nach § 81b 2. Alt. StPO der Gefahrenabwehr zuordnet,[16] ist § 27 I Nr. 2 PolG auch die Rechtsgrundlage für die Vorladung zur Durchführung einer ED-Behandlung nach dieser Vorschrift.[17]

Nach § 27 II PolG soll bei der Vorladung deren **Grund** angegeben werden. Bei der Festsetzung des Zeitpunkts soll auf die beruflichen Verpflichtungen und die sonstigen Lebensverhältnisse des Betroffenen **Rücksicht** genommen werden. § 27 III PolG stellt klar, dass eine Vorladung **zwangsweise durchgesetzt** werden kann, wenn ein Betroffener ihr ohne hinreichenden Grund keine Folge leistet und dies zur Abwehr einer Gefahr für Leben, Gesundheit oder Freiheit einer Person oder für bedeutende fremde Sach- oder Vermögenswerte oder zur Durchführung erkennungsdienstlicher Maßnahmen erforderlich ist. Zur zwangsweisen Durchsetzung einer Vorladung kommt die Festsetzung und Beitreibung eines Zwangsgeldes nach §§ 18 bis 23 LVwVG und die Anwendung unmittelbaren Zwangs durch Verbringen zur Dienststelle (sog. **Vorführung**) in Betracht. Die Vorführung einschließlich des erzwungenen Aufenthalts in der Dienststelle ist eine Freiheitsbeschränkung (Art. 2 II 2 GG), wenn ihre Dauer den Zeitraum von einer Stunde nicht übersteigt. Anderenfalls schlägt sie in eine Freiheitsentziehung um, die nur als Gewahrsam nach § 28 I Nr. 3 PolG zulässig ist.[18] Gemäß § 27 IV PolG richtet sich die Entschädigung eines auf Vorladung erscheinenden Zeugen oder Sachverständigen nach dem Justizvergütungs- und Entschädigungsgesetz (JVEG).

2. Strafverfahrensrechtliche Vorladungen der Polizei

Da für Beschuldigte und Zeugen keine Pflicht besteht, vor der Polizei zu erscheinen und auszusagen, bleibt die Ladung zu Vernehmungen und die Anordnung zu ihrer zwangsweisen Durchsetzung durch eine polizeiliche Vorführung der Staatsanwaltschaft (§ 161a StPO) und dem Richter (§§ 133 ff. StPO) vor-

---
15 BMKS § 27 Rn. 3.
16 BVerwG NVwZ-RR 2011, 710.
17 Zeitler/Trurnit Rn. 439.
18 BMKS § 27 Rn. 18.

behalten. Die Polizei kann einen Beschuldigten oder Zeugen nur dann vorladen, wenn sie hierzu von der Staatsanwaltschaft nach § 161 I StPO beauftragt worden ist. Eine originäre strafverfahrensrechtliche Befugnis der Polizei zur Vorladung eines Beschuldigten kann jedoch zur Durchführung einer erkennungsdienstlichen Behandlung nach § 81b 1. Alt. StPO angenommen werden. Für diese Maßnahme ist der Polizeivollzugsdienst anordnungsbefugt. Hieraus resultiert die Befugnis zur Durchführung aller unter Beachtung des **Grundsatzes der Verhältnismäßigkeit** zur Realisierung der Maßnahme erforderlichen Handlungen.

IV. Platzverweis, Aufenthaltsverbot und Wohnungsverweis gemäß § 27a PolG

489 Mit dem ÄndG 2008 ist § 27a PolG in das Polizeigesetz aufgenommen worden. Die Vorschrift regelt als polizeiliche Standardmaßnahmen den **Platzverweis** (§ 27a I PolG), das **Aufenthaltsverbot** (§ 27a II PolG) und den **Wohnungsverweis mit Rückkehr- und Annäherungsverbot** (§ 27 III bis V PolG).[19] Diese Maßnahmen haben keine Entsprechungen in der Strafprozessordnung. Ein Verstoß gegen eine auf § 27a PolG gestützte vollziehbare Polizeiverfügung ist eine Ordnungswidrigkeit nach § 84a PolG. Außerdem können Maßnahmen nach § 27a PolG mit den Mitteln der Verwaltungsvollstreckung durchgesetzt werden (Rn. 503 ff.). Bei einem beharrlichen Verstoß gegen Polizeiverfügungen nach § 27a PolG kommt auch ein Gewahrsam gemäß § 28 I Nr. 1 PolG (Rn. 457 ff.) in Betracht.

1. Platzverweis (§ 27a I PolG)

490 Nach § 27a I PolG kann die Polizei zur Abwehr einer Gefahr oder zur Beseitigung einer Störung eine Person von einem Ort verweisen und ihr vorübergehend das Betreten eines Ortes verbieten. Wegen der Kurzfristigkeit der Maßnahme greift der **Platzverweis** anders als das Aufenthaltsverbot nach § 27a II PolG nicht in das Grundrecht der Freizügigkeit des Art. 11 I GG, sondern nur in die allgemeine Handlungsfreiheit des Art. 2 I GG ein.[20] Mangels Einwirkung auf den körperlichen Bewegungsvorgang liegt kein Eingriff in den Schutzbereich von Art. 2 II 2 GG vor.[21]

491 Nach dem ÄndG 2012 ist der Polizeivollzugsdienst gemäß § 60 III PolG neben der Polizeibehörde für den Erlass eines Platzverweises zuständig. Der Gesetzgeber sah es als zweckmäßig an, dem Polizeivollzugsdienst eine originäre Zuständigkeit für die Erteilung von Platzverweisen einzuräumen. Dies hat er zu Recht damit begründet, dass auch wenn die Voraussetzungen von § 60 II PolG nicht oder noch nicht vorliegen, es Gefahrensituationen geben kann, in denen ein schnelles Einschreiten der Einsatzkräfte vor Ort erforderlich ist und das Ab-

---

19 Speziell hierzu Trurnit VBlBW 2009, 205 ff.
20 Deger S. 28; WHT § 5 Rn. 166.
21 Bösch JURA 2009, 650 (653).

warten auf eine Entscheidung der Polizeibehörde zu vermeidbaren Verzögerungen führen würde.[22]

Ein polizeiliches Handeln auf der Grundlage von § 27a I PolG erfordert eine Gefahr oder Störung (Rn. 99). Die Vorschrift bestimmt nicht, für welches Schutzgut die Gefahr oder Störung bestehen muss. Offen ist, ob eine Gefahr bzw. Störung der öffentlichen Sicherheit gegeben sein muss[23] oder ob auch eine Gefahr bzw. Störung der öffentlichen Ordnung ausreicht. Aus der Aufgabenzuweisungsnorm des § 1 I 1 PolG folgt, dass eine Gefahr bzw. Störung der öffentlichen Ordnung grundsätzlich genügt. Der Begriff der öffentlichen Ordnung muss jedoch verfassungskonform auf wenige Anwendungsfälle beschränkt werden. Bloße Belästigungen reichen nicht aus.[24]

Beispiele:
Im Zentrum einer Stadt laufen ca. 20 Mitglieder einer Rockergruppe in einer die Bevölkerung einschüchternden Art und Weise (Kleidung und geballtes Auftreten) durch die Gegend. Straftaten werden dabei nicht begangen. Das einschüchternde Auftreten ist ein Verstoß gegen die öffentliche Ordnung. Die Polizei kann gestützt auf § 27a I PolG von den Störern verlangen, die Innenstadt zu verlassen. Nicht ausreichend für einen Platzverweis ist dagegen das stille Betteln, der Aufenthalt von Obdachlosen in einer Fußgängerzone und Alkoholkonsum in der Öffentlichkeit.

Ein Platzverweis darf im Gegensatz zu einem Aufenthaltsverbot nur **vorübergehend** wirken. Für die Bemessung der Frist eines Platzverweises ist ein **Zeitraum von bis zu 24 Stunden** vertretbar.[25] Wenn ein Störer für einen längeren Zeitraum von einem Ort ferngehalten werden soll, müssen die Voraussetzungen für ein Aufenthaltsverbot nach § 27a II PolG vorliegen. Der **Ort**, für den der Platzverweis nach § 27a I PolG wirkt, muss **eng umgrenzt** und **genau bezeichnet** sein. Anders als ein Aufenthaltsverbot darf sich ein Platzverweis nicht auf das gesamte Gemeindegebiet erstrecken.[26]

Beispiele:
Straßen, Plätze, Gebäude oder auch die ganze Innenstadt jeweils unter genauer Bezeichnung des Bereichs.

Die **Adressaten** der Maßnahme ergeben sich aus §§ 6 ff. PolG. Die Maßnahme muss im Übrigen **ermessensfehlerfrei** und **verhältnismäßig** sein.

2. Aufenthaltsverbot (§ 27a II PolG)

Nach § 27a II 1 PolG kann die Polizei einer Person verbieten, einen bestimmten Ort, ein bestimmtes Gebiet innerhalb einer Gemeinde oder ein Gemeindegebiet zu

---

22 LT-Drs. 15/2434 S. 42.
23 Hierfür VG Karlsruhe Urteil vom 28.6.2010 – 3 K 2326/09 – juris Rn. 22; Urteil vom 28.6.2010 – 3 K 2356/09 – juris Rn. 24; Urteil vom 28.6.2010 – 3 K 2444/09 – juris Rn. 22.
24 Stephan/Deger § 27a Rn. 6; Zeitler/Trurnit Rn. 464.
25 Schucht DIE POLIZEI 2011, 287 (288); Zeitler/Trurnit Rn. 465. Gegen die Festlegung einer absoluten zeitlichen Grenze und für eine auf die Gefahr bezogene Auslegung Stephan/Deger § 27a Rn. 7; BMKS § 27a Rn. 5.
26 Schucht DIE POLIZEI 2011, 287 (289); Stephan/Deger § 27a Rn. 8.

betreten oder sich dort aufzuhalten, wenn Tatsachen die Annahme rechtfertigen, dass diese Person dort eine Straftat begehen oder zu ihrer Begehung beitragen wird.[27] Das **Aufenthaltsverbot** des § 27a II 1 PolG greift in den Schutzbereich des Art. 11 I GG (Freizügigkeit) ein, weil der Störer langfristig daran gehindert wird, seinen Aufenthalt frei zu wählen.[28] Ebenso wie beim Platzverweis liegt auch bei einem Aufenthaltsverbot mangels Einwirkung auf den körperlichen Bewegungsvorgang kein Eingriff in den Schutzbereich von Art. 2 II 2 GG vor.[29] Anders als der Platzverweis ist das Aufenthaltsverbot nicht in den Parallelzuständigkeiten des § 60 III PolG enthalten. Der Polizeivollzugsdienst ist daher nur in der Situation des § 60 II PolG sachlich für ein Aufenthaltsverbot zuständig.

496 Ein **Aufenthaltsverbot** verlangt, dass Tatsachen die Annahme rechtfertigen, dass der Adressat eine Straftat begehen oder zu ihrer Begehung beitragen wird. Damit werden die Vorgaben von Art. 11 II GG für die verfassungsrechtliche Rechtfertigung eines Eingriffs in die Freizügigkeit des Art. 11 I GG aufgenommen. Die Tatsachen müssen auf den Einzelfall bezogen sein. Spekulationen oder reine Vermutungen reichen hierfür nicht aus. Es müssen aussagekräftige, tatsächliche Hinweise vorliegen, dass die Begehung von Straftaten droht. Dabei darf nicht auf Umstände zurückgegriffen werden, die bereits einige Jahr zurückliegen.[30] Auch allgemein gehaltene Hinweise darauf, dass es gelte Konfrontationen mit Extremisten zu verhindern, oder auch die Aufnahme in eine polizeiliche Datei als gewalttätig, reichen nicht aus.[31] Adressat der Maßnahme ist der potentielle Straftäter.

Beispiel:
Der Polizei liegen gesicherte Erkenntnisse darüber vor, dass S ein Weinfest in X-Dorf besuchen will. S hat auf diesem Fest in den letzten beiden Jahren im betrunkenen Zustand Körperverletzungsdelikte begangen. Die Polizei kann gemäß § 27a II PolG gegen S für die Dauer des Weinfestes ein Aufenthaltsverbot verfügen. Wenn die von S auf dem Weinfest begangenen Straftaten dagegen bereits 4 bis 5 Jahre zurückliegen und keine neuen Umstände hinzugetreten sind, reicht dies nicht aus, um die für § 27 II PolG erforderliche Prognose zu begründen.

497 Das **Aufenthaltsverbot** ist gemäß § 27a II 2 PolG **zeitlich** und **örtlich** auf den zur Verhütung der Straftat erforderlichen Umfang zu beschränken und darf räumlich nicht den Zugang zur Wohnung der betroffenen Person umfassen. Es darf nach § 27a II 3 PolG die **Dauer von drei Monaten** nicht überschreiten. Hierbei handelt es sich um eine maximale Zeitobergrenze. Dies darf auch dann nicht durch den Erlass einer auf dieselben Tatsachen gestützten Folgeverfügung überschritten werden, wenn die Gründe für das Aufenthaltsverbot nach Fristablauf unverändert fortbestehen.[32] Entscheidend für die Frist ist allein der zeit-

---
27 Speziell zu Aufenthaltsverboten Frey/Schönstein VBlBW 2016, 447 ff.; Hecker NVwZ 2016, 1301 ff.
28 VGH BW VBlBW 2005, 138 (139).
29 Bösch JURA 2009, 650 (654).
30 VG Freiburg Urteil vom 15.4.2016 – 4 K 13/15, BeckRS 2016, 49927; VG Stuttgart VBlBW 2007, 67 (68 f.).
31 VG Freiburg Beschluss vom 21.10.2011 – 1 K 2103/11.
32 VG Freiburg Urteil vom 15.4.2016 – 4 K 143/15, BeckRS 2016, 49927 m. w. N.

liche Umfang, in welchem dem Betroffenen der Aufenthalt in einem bestimmten Bereich untersagt ist. Wiederkehrende, jedoch jeweils zeitlich befristete Verbote, können sich daher über einen längeren Zeitraum als drei Monate erstrecken, wenn sie in der Addition drei Monate nicht erreichen.[33] Neben den in § 27a II 2 und 3 PolG spezialgesetzlich normierten Verhältnismäßigkeitsanforderungen ist noch der **allgemeine Verhältnismäßigkeitsgrundsatz** zu beachten. Dieser kann insbesondere dazu führen, dass bei der Anordnung eines Aufenthaltsverbots die besonderen Interessen des Betroffenen, wie z. B. notwendige Arztbesuche oder Einkaufsmöglichkeiten, zu berücksichtigen sind.[34]

3. Wohnungsverweis, Rückkehrverbot und Annäherungsverbot (§ 27a III bis V PolG)

Nach § 27a III 1 PolG kann die Polizei eine Person aus ihrer Wohnung und dem unmittelbar angrenzenden Bereich verweisen, wenn dies zum Schutz einer anderen Bewohnerin oder eines anderen Bewohners dieser Wohnung vor einer unmittelbar bevorstehenden erheblichen Gefahr erforderlich ist (sog. **Wohnungsverweis**). Wenn die erhebliche Gefahr nach Verlassen fortbesteht, kann die Polizei nach § 27a III 2 PolG gegenüber der verwiesenen Person ein **Rückkehr- und Annäherungsverbot** verfügen. § 27a III bis V PolG dienen der Bekämpfung häuslicher Gewalt. Diese Maßnahmen sind Eingriffe in die Schutzbereiche der Grundrechte aus Art. 14 I GG (Eigentum) und Art. 11 I GG (Freizügigkeit). Wenn durch einen Wohnungsverweis das eheliche und familiäre Zusammenleben beeinträchtigt wird, liegt auch ein Eingriff in Art. 6 I GG (Schutz von Ehe und Familie) vor.[35] Da das Besitzrecht an der Wohnung nicht durch Art. 13 I GG (Unverletzlichkeit der Wohnung), sondern durch Art. 14 I GG geschützt ist, liegt ein Eingriff in Art. 13 I GG nur vor, wenn herbeigerufene Polizeibeamte vor dem Wohnungsverweis die Wohnung betreten oder durchsuchen.[36] Der Wohnungsverweis greift nicht in den Schutzbereich von Art. 2 II 2 GG ein, weil die körperliche Bewegungsfreiheit hierdurch nicht beschränkt wird.[37]

Zuständig für Maßnahmen nach § 27a III sind nach § 60 I i. V. m. § 66 II PolG die Ortspolizeibehörden. Für den Polizeivollzugsdienst besteht nur eine Eilzuständigkeit nach § 60 II PolG. Maßnahmen nach § 27a III PolG sind bei Anordnungen durch den Polizeivollzugsdienst auf **höchstens vier Werktage** und bei Anordnungen durch die Polizeibehörde auf **höchstens zwei Wochen** zu befristen (§ 27a IV 1 PolG). In dieser Zeit hat die verletzte oder bedrohte Person die Möglichkeit dazu, zivilrechtliche Maßnahmen nach dem Gewaltschutzgesetz zu ergreifen.[38] Beantragt die verletzte oder bedrohte Person vor Ablauf der Frist Schutzmaßnahmen nach dem Gewaltschutzgesetz, kann die Polizeibe-

---

33 Osteneck Beilage VBlBW 10/2016, 19 (24) m. w. N. A. A. VG Freiburg Urteil vom 15.4.2016 – 4 K 143/15, BeckRS 2016, 49927 m. w. N.
34 LT-Drs. 14/3156 S. 67.
35 Bösch JURA 2009, 650 (653); Zeitler/Trunit Rn. 460.
36 Bösch JURA 2009, 650 (653); Stephan/Deger § 27a Rn. 14. A. A. VG Stuttgart Beschluss vom 5.3.2009 – 5 K 756 – juris Rn. 6.
37 Bösch JURA 2009, 650 (654).
38 Zum Gewaltschutzgesetz Grziwotz NJW 2002, 872 ff.; Hermann NJW 2002, 3062 ff.; Naucke-Lömker NJW 2002, 3525 ff.

hörde nach § 27a IV 2 PolG die Frist um **höchstens zwei Wochen** verlängern, wenn die Voraussetzungen von § 27a III 2 PolG weiter vorliegen. Die Maßnahmen enden mit dem Tag der wirksamen gerichtlichen Entscheidung, eines gerichtlichen Vergleichs oder einer einstweiligen Anordnung (§ 27a IV 3 PolG). § 27a V PolG begründet eine Informationspflicht des Zivilgerichts gegenüber der zuständigen Polizeibehörde und der zuständigen Polizeidienststelle über Anträge nach dem Gewaltschutzgesetz sowie hierauf erfolgte Entscheidungen.

500 Anordnungsvoraussetzung für einen Wohnungsverweis ist nach § 27a III 1 PolG eine **unmittelbar bevorstehende erhebliche Gefahr**. Eine erhebliche Gefahr liegt immer dann vor, wenn die Begehung einer Straftat droht oder diese bereits begangen worden ist. Die erhebliche Gefahr **steht unmittelbar bevor**, wenn mit dem Schadenseintritt in allernächster Zeit oder sofort mit Gewissheit zu rechnen ist, sofern nicht eingeschritten wird.[39] Ebenso wie § 27a II PolG nimmt damit auch § 27a III PolG die Vorgaben von Art. 11 II GG auf und lässt einen Wohnungsverweis nur zur Verhinderung strafbarer Handlungen zu. Bei der **Prognoseentscheidung** ist insbesondere zu berücksichtigen, wie oft, mit welchem zeitlichen Abstand und aus welchen Anlässen es bisher bereits zu Gewalttätigkeiten gekommen ist, welche Intensität die Gewalttätigkeiten hatten, ob die geschädigte Person mit dem Erlass eines Wohnungsverweises einverstanden ist und ob der Täter ernst zu nehmende Drohungen gegen das Opfer ausgesprochen hat.[40] Adressat der Maßnahmen nach § 27a III PolG ist der Störer nach § 6 I PolG. Wegen der Bedeutung und der Vielzahl der durch Maßnahmen nach § 27a III PolG betroffenen Grundrechte ist der Grundsatz der Verhältnismäßigkeit strikt zu wahren.[41]

V. Aufenthaltssteuernde Maßnahmen nach §§ 1 I, 3 PolG

501 Das Gebot eines Platzverweises und Aufenthaltsverbots nach § 27a I und II PolG bezweckt, einen bestimmten Ort zu meiden, nicht an einen bestimmten Ort zu bleiben oder diesen aufzusuchen. Neben § 26 II 3 PolG (Sistierung) und § 27 PolG (Vorladung), die jeweils der Durchführung anderer polizeilicher Maßnahmen dienen, gibt es im Polizeigesetz keine weitere spezielle Rechtsgrundlage, um einer Person zu gebieten, an einen bestimmten Ort zu bleiben oder diesen aufzusuchen (sog. **Platzanweisung**). Rechtsgrundlage hierfür sind daher §§ 1 I und 3 PolG.[42]

Beispiele:
Die Polizei fordert Hooligans dazu auf, sich von einem S-Bahnhof zu entfernen, an dem für sie ein Aufenthaltsverbot gilt, und mit der S-Bahn mindestens eine Station weiterzufahren. Rechtsgrundlage für das Aufenthaltsverbot ist § 27a II PolG. Rechtsgrundlage für das Gebot, den nächsten S-Bahnhof aufzusuchen, sind dagegen §§ 1 I, 3 PolG. Dieses Gebot kann mit unmittelbarem Zwang, z. B. mit einem **Verbringen** in die S-Bahn durchge-

---

39 Zeitler/Trurnit Rn. 215.
40 VG Stuttgart Beschluss vom 5.3.2009 – 5 K 756 – juris Rn. 6; Stephan/Deger § 27a Rn. 16.
41 Zeitler/Trurnit Rn. 473.
42 Schenke Rn. 139.

setzt werden. Ebenso zu beurteilen ist das Verbringen eines Störers durch Beamte des Polizeivollzugsdienstes, der ein gegen ihn verhängtes Aufenthaltsverbot nicht akzeptiert und sich weigert seinen Wohnort aufzusuchen, mit Hilfe eines Einsatzwagens zu seinem Wohnort.[43]

Aufenthaltssteuernde Maßnahmen auf der Grundlage von §§ 1 I, 3 PolG scheitern nicht daran, dass § 27a PolG eine abschließende Spezialregelung darstellt.[44] Nach dem Willen des Gesetzgebers sollte § 27a PolG die Möglichkeit der Polizei unberührt lassen, andere aufenthaltssteuernde Maßnahmen weiterhin auf die Generalklausel zu stützen.[45] Deswegen sind §§ 1 I, 3 PolG auch die Rechtsgrundlage für sog. **Meldeauflagen.** Durch eine Meldeauflage wird dem Adressaten aufgegeben, sich zu bestimmten Zeitpunkten bei bestimmten Polizeidienststellen zu melden, um z.B. die Einhaltung von Ausreiseverboten oder Aufenthaltsverboten zu überwachen.[46] Eine aufenthaltssteuernde Zielrichtung kann schließlich auch eine auf der Grundlage der polizeilichen Generalklausel der §§ 1 I, 3 PolG zulässige **Gefährderansprache** (Rn. 103 f.) haben, die dem Adressaten lediglich nahelegt, einen bestimmten Ort zu einer bestimmten Zeit nicht aufzusuchen, damit er dort die öffentliche Sicherheit und Ordnung nicht gefährdet. Wegen der damit verbundenen Eingriffsintensität und des den Gewahrsam abschließend regelnden § 28 PolG kann ein auch ansonsten unzulässiger sog. **Verbringungsgewahrsam** (Rn. 469 f.) jedoch nicht auf §§ 1 I, 3 PolG gestützt werden.

502

---

43 Trurnit JURA 2012, 365 (371 f.).
44 Hierfür Schucht DIE POLIZEI 2011, 287 (292).
45 LT-Drs. 14/3165 S. 66.
46 Trurnit JURA 2012, 365 (371); VG Freiburg Urteil vom 15.4.2016 – 4 K 143/15, BeckRS 2016, 49927 m.w.N.

K. Vollstreckung polizeilicher Maßnahmen

I. Allgemeines

503 Bei der **Vollstreckung polizeilicher Maßnahmen** (**Polizeizwang**) geht es für die Polizei darum, wie vorzugehen ist, wenn der Betroffene die Maßnahme nicht duldet bzw. die geforderte Handlung nicht vornimmt oder unterlässt.

Beispiel:
Die Polizei erteilt A einen Platzverweis gemäß § 27a I PolG. A entfernt sich nicht.

504 Die **Vollstreckung polizeilicher Maßnahmen** ist die zwangsweise Durchsetzung polizei- und strafverfahrensrechtlicher Pflichten durch die Polizei. Die Polizei vollstreckt nur Maßnahmen, die für den Betroffenen Pflichten zu einem aktiven Tun, Unterlassen oder Dulden begründen. Hierzu gehören im präventiven Aufgabenbereich die in §§ 26 ff. PolG geregelten sog. **Standardmaßnahmen**. Im repressiven Aufgabenbereich vollstreckt die Polizei die sog. **Zwangsmaßnahmen**, wie z. B. Beschlagnahmen (§§ 94 ff. StPO) und Durchsuchungen (§§ 102 ff. StPO). Die polizei- und strafverfahrensrechtlichen Maßnahmen der offenen und verdeckten Informationsgewinnung, wie z. B. Fahndungsmaßnahmen, Observationen, Bild- und Tonaufzeichnungen oder Maßnahmen mit Bezug zur Telekommunikation, werden nicht vollstreckt, sondern einfach durchgeführt.

505 Der **Polizeizwang** ist ein selbstständiger Grundrechtseingriff, der nach dem Grundsatz des Vorbehalts des Gesetzes (Art. 20 III GG) einer gesetzlichen Rechtsgrundlage bedarf. Die Vollstreckung von Verwaltungsakten der Polizei zur Gefahrenabwehr (Polizeiverfügungen) ist in §§ 49 ff. PolG geregelt. Im präventiven Aufgabenbereich wendet die Polizei zur Vollstreckung die Zwangsmittel Zwangsgeld, Zwangshaft, Ersatzvornahme und unmittelbaren Zwang an. Im Strafverfahrensrecht gibt es keine allgemeine ausdrückliche gesetzliche Regelung für die Vollstreckung repressiver polizeilicher Maßnahmen. In der Strafprozessordnung ist nur die Vollstreckung der Strafe geregelt (§§ 449 ff. StPO). Hier muss eine Lösung gefunden werden, denn auch im repressiven Aufgabenbereich muss die Polizei ihre Maßnahmen zwangsweise durchsetzen können, wenn der Betroffene sich widersetzt.

Beispiel:
B soll eine Blutprobe gemäß § 81a I StPO entnommen werden. B weigert sich.

II. Abgrenzung zur unmittelbaren Ausführung nach § 8 PolG

506 Die Vollstreckung einer Polizeiverfügung ist von einer **unmittelbaren Ausführung** nach § 8 PolG zu unterscheiden. § 8 PolG legt die Voraussetzungen fest, unter denen die Polizei durch tatsächliches Handeln (**Realakt**) eine Gefahr oder Störung **ohne vorausgehenden Verwaltungsakt** gegenüber dem Störer auf des-

sen Kosten selbst beseitigen kann, weil dieser nicht oder nicht rechtzeitig erreichbar ist.[1] Nach § 8 I 1 PolG ist die unmittelbare Ausführung einer Maßnahme durch die Polizei nur zulässig, wenn der polizeiliche Zweck durch Maßnahmen gegen die in den §§ 6 und 7 PolG bezeichneten Personen nicht rechtzeitig erreicht werden kann. Die unmittelbare Ausführung setzt daher die **Rechtmäßigkeit der gedachten Polizeiverfügung** gegen den nicht oder nicht rechtzeitig erreichbaren Störer voraus.[2]

Beispiel:
A wird in der Wohnung von B widerrechtlich festgehalten. B ist nicht anwesend. Der Polizeivollzugsdienst durchsucht die Wohnung des B nach A gemäß § 31 II Nr. 1b i. V. m. § 8 I 1 PolG. C hat sein Auto so geparkt, dass der Verkehr behindert wird. Ein Verstoß gegen ein Verkehrszeichen liegt nicht vor. C ist nicht zu erreichen. Der Polizeivollzugsdienst veranlasst die Umsetzung des Autos von C gemäß §§ 1 I, 3 und 8 I 1 PolG. Diese unmittelbaren Ausführungen sind hier jeweils nur dann rechtmäßig, wenn Polizeiverfügungen gegen B und C bei deren Erreichbarkeit rechtmäßig gewesen wären.

Wenn die Voraussetzungen von § 8 I 1 PolG vorliegen, kann die Polizei selbst tätig werden oder Dritte beauftragen.[3] Nach § 8 I 2 PolG ist der von der Maßnahme Betroffene unverzüglich zu unterrichten. Gemäß § 8 II PolG hat der Störer die Kosten der Maßnahme zu tragen, die im Verwaltungszwangsverfahren beigetrieben werden können. Zur Realisierung des Kostenerstattungsanspruchs nach § 8 II PolG kann die Polizei auch die Zurückbehaltungsbefugnis des § 83a PolG nutzen.[4] Zu den Kosten i. S. v. § 8 II PolG gehören die Auslagen, die der Polizei durch die eventuelle Beauftragung Dritter (z. B. Abschleppunternehmer oder Handwerker) entstanden sind. Nicht dazu gehören die allgemeinen Personal- und Sachkosten der Polizei. Wenn der Polizeivollzugsdient die unmittelbare Ausführung mit eigenen Kräften vornimmt, kann er hierfür eine Gebühr gemäß §§ 1, 4 I und II 1 GebG i. V. m. 15.6 GebVO IM geltend machen. Der Kostenbescheid nach § 8 II PolG ist nur rechtmäßig, wenn die unmittelbare Ausführung gemäß § 8 I PolG formell- und materiell-rechtmäßig war.[5]

Beispiel:
Entstehen in dem obigen Beispiel mit dem Versetzen des den Verkehr behindernden Autos des C der Polizei durch die unmittelbare Ausführung Kosten, hat C diese gemäß § 8 II PolG zu tragen. Wenn C das Auto zurückhaben will, kann die Rückgabe des Autos nach § 83a PolG von der vorherigen Begleichung des Kostenerstattungsanspruchs nach § 8 II PolG abhängig gemacht werden.

Beim **Versetzen oder Abschleppen von Kraftfahrzeugen** ist zu beachten, dass diese Maßnahmen nicht immer unmittelbare Ausführungen sind. Wenn ein

---
1 Stephan/Deger § 8 Rn. 2.
2 BMKS § 8 Rn. 16.
3 Stephan/Deger § 8 Rn. 24; BMKS § 8 Rn. 11.
4 Ausführlich hierzu Zeitler/Trurnit Rn. 1039 ff.
5 BMKS § 8 Rn. 16.

Verstoß gegen ein Verkehrszeichen vorliegt, das ein Wegfahrgebot enthält, ist das Versetzen oder Abschleppen eines Kraftfahrzeuges vielmehr die Vollstreckung eines Verwaltungsakts im Wege der Ersatzvornahme (Rn. 513 f.).[6]

III. Die Vollstreckung von Polizeiverfügungen

509 Die Polizei schafft sich mit einer von ihr erlassenen Polizeiverfügung selbst einen Vollstreckungstitel (sog. **Grundsatz der Selbsttitulierung**). Diesen kann sie mit eigenen Organen vollstrecken, ohne vorher ein gerichtliches Verfahren durchführen zu müssen (sog. **Vollstreckungsverfahren aus einem Guss**).[7] Verwaltungsakte, die zu einer Handlung, einer Duldung oder einer Unterlassung verpflichten, werden gemäß § 18 LVwVG mit Zwangsmitteln vollstreckt. Zwangsmittel sind nur gegen Privatpersonen zulässig. Eine Vollstreckung gegen Behörden und juristische Personen des öffentlichen Rechts ist grundsätzlich unzulässig (§ 22 LVwVG). Das Vollstreckungsverfahren ist stark formalisiert und gliedert sich in **drei Stufen**: die **Androhung**, die **Festsetzung** und die **Anwendung des Zwangsmittels**.[8]

1. Die einzelnen Zwangsmittel

510 Zwangsmittel sind **Zwangsgeld** und **Zwangshaft**, **Ersatzvornahme** und **unmittelbarer Zwang** (§ 19 I LVwVG). Zwangsmittel haben eine **Beugefunktion**. Sie sind **keine Strafen** i. S. v. Art. 103 III GG. Die Anwendung von Zwangsmitteln ist daher neben der Verhängung einer Strafe gemäß §§ 38 ff. StGB möglich. Die Polizei wendet die Zwangsmittel **Zwangsgeld**, **Zwangshaft** und **Ersatzvornahme** nach dem LVwVG an (§ 49 I PolG). **Unmittelbaren Zwang** wendet die Polizei nach den §§ 50 ff. PolG an (§ 49 II PolG). Über den in § 52 II PolG enthaltenen Verweis gelten für die Anwendung des unmittelbaren Zwangs zur Vollstreckung von Polizeiverfügungen auch die §§ 2 bis 6, 9, 10, 12, 21, 27, 28 und 31 I, II, IV und VI LVwVG.

511 a) **Zwangsgeld und Zwangshaft.** Zwangsgeld (§ 49 I PolG i. V. m. § 23 LVwVG) ist zur Erzwingung unvertretbarer oder vertretbarer Handlungen zulässig. **Unvertretbare Handlungen** können nur von dem Pflichtigen selbst erbracht werden. **Vertretbare Handlungen** können dagegen auch von Dritten erbracht werden.[9] Das Zwangsgeld ist das zentrale Mittel zur Durchsetzung unvertretbarer Handlungen, für Duldungen und Unterlassungen. Bei vertretbaren Handlungen kommt es kaum in Betracht, da es den ordnungsgemäßen Zustand noch nicht herstellt. Hier ist die Ersatzvornahme das eher geeignete Mittel.[10] Die **Höhe des Zwangsgeldes** beträgt zwischen 10,– und 50.000,– €. Sie richtet sich nach der Bedeutung des Anlasses, der Intensität des entgegenstehenden Willens des Betroffenen und dessen wirtschaftlichen Verhältnissen. Hat die **Androhung** von Zwangsgeld nicht den gewünschten Erfolg, bedarf es einer

---

6 Stephan/Deger § 8 Rn. 7 ff.
7 Ruder Rn. 787.
8 Horn JURA 2004, 597.
9 BMKS § 49 Rn. 24.
10 Gusy Rn. 444.

Festsetzung. Sie ist die Anordnung, dass nunmehr das angedrohte Zwangsmittel angewendet werden soll. Die Festsetzung hat schriftlich zu erfolgen und darf nicht höher sein als das angedrohte Zwangsgeld. Eine Festsetzung zusammen mit der Grundverfügung und der Androhung ist unzulässig. Mit der Festsetzung kann jedoch zugleich ein weiteres Zwangsmittel angedroht werden (zumeist höheres Zwangsgeld).[11] Wird das festgesetzte Zwangsgeld nicht bezahlt, kann es nach § 49 I PolG i. V. m. §§ 13 ff. LVwVG beigetrieben werden.

Die **Zwangshaft** (§ 49 I PolG i. V. m. § 24 LVwVG) ist eine Freiheitsentziehung i. S. v. Art. 104 II GG. Sie kommt nur als **Ersatzzwangsmittel** zur Anwendung, wenn das Zwangsgeld uneinbringlich ist. Das ist der Fall, wenn ein Beitreibungsversuch zu keinem Erfolg geführt hat oder die Zahlungsunfähigkeit des Pflichtigen offenkundig ist.[12] Zwangshaft kann auf Antrag der Vollstreckungsbehörde nur vom Verwaltungsgericht angeordnet werden. Sie dauert mindestens einen Tag und höchstens zwei Wochen.

b) Ersatzvornahme. Die **Ersatzvornahme** (§ 49 I PolG i. V. m. § 25 LVwVG) ist die Ausführung einer vertretbaren Handlung, zu der der Verwaltungsakt verpflichtet, durch die Vollstreckungsbehörde (sog. **Selbstvornahme**) oder einen von ihr beauftragten Dritten (sog. **Fremdvornahme**) auf Kosten des Pflichtigen (§ 31 LVwVG). **Vertretbare Handlungen** sind solche, bei denen die Vornahme durch einen Dritten rechtlich zulässig ist und bei denen es tatsächlich und wirtschaftlich gleich bleibt, ob sie der Pflichtige oder ein anderer vornimmt.[13]

Beispiele:
Das Entfernen von Kraftfahrzeugen, die entgegen Verkehrszeichen geparkt worden sind, ist eine vertretbare Handlung. Das Verlassen einer bestimmten Örtlichkeit (Platzverweis), das Dulden einer ED-Behandlung oder eines Gewahrsams sind unvertretbare Handlungen. Hier scheidet eine Ersatzvornahme aus. Gleiches gilt für Unterlassungen.

Kommt es bei einer Fremdvornahme zu einer Beauftragung Dritter entstehen nur zivilrechtliche (vertragliche) Rechtsbeziehungen zwischen der Polizei und dem Beauftragten; nicht zwischen dem Beauftragten und dem Pflichtigen, gegen den vollstreckt wird.[14] Die **Ersatzvornahme** ist abzugrenzen von einer **unmittelbaren Ausführung** nach § 8 PolG. Im Gegensatz zu einer unmittelbaren Ausführung setzt die Ersatzvornahme einen zuvor erlassenen Verwaltungsakt voraus (Rn. 506 ff.).

Beispiele:
Ein in einem Halteverbot abgestelltes Kfz wird im Wege der Ersatzvornahme abgeschleppt. Ein ohne ausdrückliches Verbotsschild den Verkehr behinderndes Kfz wird dagegen im Wege der unmittelbaren Ausführung abgeschleppt. Zu beachten ist jedoch, dass Verkehrszeichen Verwaltungsakte der Straßenverkehrsbehörde sind, für deren Vollstreckung grundsätz-

---

11 BMKS § 49 Rn. 40.
12 BMKS § 49 Rn. 43.
13 Ruder Rn. 795.
14 Gusy Rn. 443.

lich diese Behörde und nicht die Polizei zuständig ist. Eine Zuständigkeit des Polizeivollzugsdienstes kann sich hier nur aus §§ 2 I, 60 II PolG ergeben.

515 c) **Unmittelbarer Zwang.** Unmittelbarer Zwang ist gemäß § 50 I PolG jede Einwirkung auf Personen oder Sachen durch einfache körperliche Gewalt, Hilfsmittel der körperlichen Gewalt oder Waffengebrauch (Rn. 534 ff.).

2. Vollstreckungsfähigkeit der Polizeiverfügung

516 Damit eine Polizeiverfügung zwangsweise durchgesetzt (vollstreckt) werden kann, muss sie vollstreckungsfähig sein. **Vollstreckungsfähig** sind nur Verwaltungsakte, die ein Gebot oder Verbot regeln und damit eine Handlungs-, Duldungs- oder Unterlassungspflicht begründen. Feststellende und gestaltende Verwaltungsakte (z. B. Ernennung zum Beamten) sind weder vollstreckungsfähig noch vollstreckungsbedürftig.[15] Polizeiverfügungen sind vollstreckungsfähig, weil sie immer ein Verbot oder ein Gebot begründen.

Beispiele:
Eine Beschlagnahme gemäß § 33 I PolG verpflichtet zur Herausgabe der Sache. Ein Gewahrsam gemäß § 28 PolG verpflichtet zur Duldung der Freiheitsentziehung.

517 Eine Polizeiverfügung ist **vollstreckungsfähig**, wenn sie **wirksam** ist. Ein Verwaltungsakt wird mit seiner Bekanntgabe wirksam (§§ 41 I, 43 LVwVfG). Die Vollstreckungsfähigkeit setzt nicht voraus, dass der Verwaltungsakt rechtmäßig ist. Lediglich nichtige oder sonst unwirksame Verwaltungsakte sind nicht vollstreckungsfähig.[16]

3. Vollstreckbarkeit der Polizeiverfügung

518 Neben der Vollstreckungsfähigkeit setzt die Vollstreckung einer Polizeiverfügung ihre Vollstreckbarkeit voraus. Verwaltungsakte sind nach § 49 I PolG i. V. m. § 2 Nr. 1 LVwVG **vollstreckbar**, wenn sie unanfechtbar geworden sind. Unanfechtbar ist ein Verwaltungsakt, wenn er nicht mehr mit einem Rechtsbehelf angefochten werden kann. Das ist der Fall, wenn die dabei einzuhaltenden Fristen (§§ 70, 74, 58 II VwGO) verstrichen sind oder das Verwaltungsgericht die beantragte Aufhebung des Verwaltungsakts rechtskräftig abgelehnt hat.[17] Nach § 49 I PolG i. V. m. § 2 Nr. 2 LVwVG ist ein Verwaltungsakt **vollstreckbar**, wenn die aufschiebende Wirkung des Rechtsbehelfs entfällt. Die aufschiebende Wirkung eines Rechtsbehelfs ist in § 80 VwGO geregelt. Nach § 80 I 1 VwGO haben Widerspruch und Anfechtungsklage aufschiebende Wirkung (sog. **Suspensiveffekt**). Aufschiebende Wirkung bedeutet, dass bis zu einer Entscheidung über den Rechtsbehelf gegen einen Verwaltungsakt von der Vollstreckung abgesehen wird. Der **Suspensiveffekt** sichert dem Betroffenen zeitweilig den status quo und schützt ihn davor, dass vor einer Entscheidung über den Rechtsbehelf durch die Verwirklichung des Verwaltungsakts vollendete Tatsa-

---

15 Stephan/Deger § 49 Rn. 8; Horn JURA 2004, 447 (448).
16 VGH BW VBlBW 2008, 305. Ausführlich hierzu Lisken/Denninger/*Rachor* Rn. 799 ff.
17 Horn JURA 2004, 447 (449).

chen geschaffen werden.[18] In § 80 II 1 VwGO sind vier Fälle geregelt, in denen die aufschiebende Wirkung entfällt. Hiervon sind § 80 II 1 Nr. 2 und Nr. 4 VwGO für die Polizeipraxis besonders relevant. Gemäß § 80 II 1 Nr. 2 VwGO entfällt die aufschiebende Wirkung bei unaufschiebbaren Anordnungen und Maßnahmen von Polizeivollzugsbeamten. Anordnungen und Maßnahmen sind unaufschiebbar, wenn ein sofortiges polizeiliches Eingreifen erforderlich ist oder der Erfolg der Maßnahme durch die aufschiebende Wirkung des Rechtsbehelfs vereitelt würde.[19]

Beispiel:
Der Polizeivollzugsdienst führt eine Personenkontrolle gemäß § 26 I Nr. 1 PolG gegen A durch und erteilt ihm anschließend einen Platzverweis gemäß § 27a I PolG. Die Maßnahmen sind gemäß § 2 Nr. 2 LVwVG i. V. m. § 80 II 1 Nr. 2 VwGO vollstreckbar.

Verkehrszeichen und **Verkehrseinrichtungen** i. S. v. § 43 I StVO (z. B. Ampeln und abgelaufene Parkuhren) sind Verwaltungsakte, die in analoger Anwendung des § 80 II 1 Nr. 2 VwGO sofort vollziehbar sind.[20] Vollzugspolizeiliche Maßnahmen sind **nicht unaufschiebbar**, wenn sie längere Zeit geplant werden können. Die sofortige Vollziehbarkeit nach § 80 II 1 Nr. 2 VwGO ist deswegen auch bei der Anordnung einer ED-Behandlung verneint worden.[21] § 80 II 1 Nr. 2 VwGO ist z. B. auch bei einer Razzia nicht einschlägig. Deswegen müssen die einzelnen Maßnahmen, die während der Razzia durchgeführt werden sollen, gemäß § 80 II 1 Nr. 4 VwGO im öffentlichen Interesse für sofort vollziehbar erklärt werden. Hierbei ist das Erfordernis einer schriftlichen Begründung des § 80 III VwGO zu beachten. **Voraussetzung der Anordnung der sofortigen Vollziehbarkeit** nach § 80 I 2 Nr. 4 VwGO ist, dass das Interesse der Allgemeinheit an der sofortigen Vollziehbarkeit des Verwaltungsakts (sog. **Vollzugsinteresse**) höher einzustufen sein muss als das Interesse des Betroffenen an der aufschiebenden Wirkung eines Rechtsbehelfs (sog. **Suspensivinteresse**). Dabei ist zu berücksichtigen, dass nach dem Gesetz die aufschiebende Wirkung die Regel und ihr Ausschluss die Ausnahme ist. Daher müssen die Gründe, die für eine Anordnung der sofortigen Vollziehbarkeit sprechen, ganz besonderes Gewicht haben und die Behörde muss in ihrem Bescheid die Gründe für die Anordnung darlegen.[22]

Der Wegfall der aufschiebenden Wirkung eines Rechtsbehelfs steht allerdings unter dem Vorbehalt, dass das Verwaltungsgericht nicht einem **Antrag gemäß § 80 V VwGO** auf Anordnung oder Wiederherstellung dieser aufschiebenden Wirkung stattgibt. Ein entsprechender Beschluss des Verwaltungsgerichts in diesem sog. **Verfahren auf vorläufigen Rechtsschutz** beseitigt die Vollstreckbarkeit des Verwaltungsakts.[23]

---

18 Sodan/Ziekow § 80 Rn. 29.
19 Sodan/Ziekow § 80 Rn. 64.
20 Schoch/Schneider/Bier/*Schoch* § 80 Rn. 150 m. w. N.
21 VG Schleswig NVwZ-RR 2004, 848 (849).
22 Oberrath Rn. 959.
23 Näher hierzu Zeitler/Trurnit Rn. 1138 ff.; Horn JURA 2004, 447 (449).

Beispiel:
Die Versammlungsbehörde verbietet eine Versammlung. Das Verbot wird gemäß § 80 II 2 Nr. 4 VwGO für sofort vollziehbar erklärt. Der Veranstalter legt Widerspruch ein und beantragt beim Verwaltungsgericht gemäß § 80 V VwGO die aufschiebende Wirkung seines Widerspruchs wiederherzustellen. Wenn das Verwaltungsgericht dem Antrag stattgibt, kann der Veranstalter die Versammlung durchführen. Das Verbot darf nicht vollstreckt werden.

4. Formelle Rechtmäßigkeit der Vollstreckung

521 Die wesentlichen formell-rechtlichen Voraussetzungen der Vollstreckung von Polizeiverfügungen durch Zwangsgeld, Zwangshaft und Ersatzvornahme ergeben sich aus § 49 I PolG i. V. m. §§ 4 ff. LVwVG. Über § 52 II PolG gelten diese Vorschriften überwiegend auch bei der Anwendung des unmittelbaren Zwangs zur Vollstreckung von Polizeiverfügungen.

522 a) **Zuständige Behörde.** Zuständige Behörde für die Vollstreckung ist gemäß § 49 I PolG i. V. m. § 4 LVwVG die Behörde, die den Verwaltungsakt erlassen hat (sog. **Grundsatz der Selbstvollstreckung**). Danach vollstreckt der Polizeivollzugsdienst seine Polizeiverfügungen selbst. Dies gilt auch für Maßnahmen in Ausübung der Eilzuständigkeit nach §§ 2 I, 60 II PolG. Bei Verkehrszeichen ist die Straßenverkehrsbehörde für die Vollstreckung zuständig, die die Anordnung des Zeichens nach § 45 StVO vorgenommen hat.[24] Hier kann sich eine Zuständigkeit des Polizeivollzugsdienstes nur über §§ 2 I, 60 II PolG ergeben. Die Ortspolizeibehörden können dem Polizeivollzugsdienst gemäß § 74 I 1 PolG Weisungen zur Vollstreckung der von ihnen erlassenen Polizeiverfügungen erteilen. Der Polizeivollzugsdienst wird dann im Wege der Vollzugshilfe nach § 60 V PolG tätig. Die Zuständigkeit für die Anwendung unmittelbaren Zwangs ergibt sich für den Polizeivollzugsdienst aus § 51 PolG.

523 b) **Androhung.** Zwangsmittel sind gemäß § 49 I PolG i. V. m. § 20 I LVwVG vor ihrer Anwendung anzudrohen. Die **Androhung** hat eine **Aufklärungs-** und **Warnfunktion** und ist zugleich ein Druckmittel, die Verpflichtung zu erfüllen. Sie ist ein Verwaltungsakt, mit dem das Vollstreckungsverfahren beginnt.[25] Deshalb haben Widerspruch und Anfechtungsklage gegen die Androhung keine aufschiebende Wirkung (§ 49 I PolG i. V. m. § 12 LVwVG). Nach § 49 I PolG i. V. m. § 20 I LVwVG ist für die Androhung **Schriftform** vorgeschrieben. Außerdem muss eine **Erzwingungsfrist** gesetzt werden, wenn nicht eine Duldung oder Unterlassung erzwungen werden soll. Die Frist muss angemessen und hinreichend bestimmt sein; ihr Fehlen führt zur Rechtswidrigkeit der Androhung.[26] Nach § 49 I PolG i. V. m. § 20 II LVwVG kann die Androhung mit dem Verwaltungsakt, der vollstreckt werden soll, verbunden werden. Auch eine selbstständige Androhung in einem gesonderten Bescheid ist zulässig. Gemäß § 49 I PolG i. V. m. § 20 III LVwVG muss sich die Androhung **auf bestimmte**

---

24 VGH BW VBlBW 2004, 213.
25 BMKS § 49 Rn. 28.
26 VGH BW VBlBW 1995, 284 (285).

Zwangsmittel beziehen. Bei der Androhung mehrerer Zwangsmittel muss eine bestimmte Reihenfolge angegeben werden. Ein Zwangsgeld ist gemäß § 49 I PolG i. V. m. § 20 IV LVwVG in bestimmter Höhe anzudrohen. § 49 I PolG i. V. m. § 20 V LVwVG schreiben bei der Androhung der Ersatzvornahme die Angabe der voraussichtlichen Kosten vor.

c) **Sonstiges.** Nach § 49 I PolG i. V. m. § 3 LVwVG kann die Vollstreckung gegen den Rechtsnachfolger eingeleitet oder fortgesetzt werden, soweit der Rechtsnachfolger durch den Verwaltungsakt verpflichtet wird und die Voraussetzungen der Vollstreckung für seine Person vorliegen. Die Rechtsnachfolge in die Polizeipflicht ist für den Polizeivollzugsdienst jedoch kaum praxisrelevant.[27] Ein schriftlicher **Vollstreckungsauftrag** (§ 49 I PolG i. V. m. § 5 LVwVG) dient der Legitimation des Beamten, der die Vollstreckung durchführt. Das **Betreten** von Wohnungen, Betriebsräumen und sonstigem Besitztum ist gemäß § 49 I PolG i. V. m. § 6 I LVwVG zur Vollstreckung von Polizeiverfügungen zulässig, soweit der Zweck der Vollstreckung dies erfordert. Durchsuchungen von Wohnungen und Betriebsräumen sind nach § 49 I PolG i. V. m. § 6 II LVwVG gegen den Willen des Pflichtigen nur auf Anordnung des Verwaltungsgerichts zulässig. § 8 LVwVG sieht grundsätzlich die Zuziehung von Zeugen bei Vollstreckungshandlungen vor. Für Vollstreckungshandlungen des Polizeivollzugsdienstes gilt diese Vorschrift jedoch nicht. Die **Vollstreckung an Sonn- und Feiertagen und zur Nachtzeit** (§ 49 I PolG i. V. m. § 9 LVwVG) bedarf der ausdrücklichen schriftlichen Erlaubnis der Vollstreckungsbehörde. Eine **Niederschrift** (§ 49 I PolG i. V. m. § 10 LVwVG) ist über jede Vollstreckungshandlung zu fertigen, die nicht schriftlich vorgenommen wird. Die **Einstellung der Vollstreckung** (§ 49 I PolG i. V. m. § 11 LVwVG) ist zwingend vorgeschrieben, wenn der Zweck erreicht ist oder wenn sich zeigt, dass er durch die Anwendung von Vollstreckungsmitteln nicht erreicht werden kann. **Widerspruch und Anfechtungsklage** haben bei Maßnahmen innerhalb der Verwaltungsvollstreckung (z. B. bei der Androhung und Festsetzung von Zwangsmitteln) **keine aufschiebende Wirkung** (§ 49 I PolG i. V. m. § 12 LVwVG).

d) **Vollstreckung bei Gefahr im Verzug.** Nach § 49 I PolG i. V. m. § 21 LVwVG kann von den §§ 2 Nr. 1, 3, 5, 8, 9 und 20 LVwVfG bei einer **vollstreckungsrechtlichen Gefahr im Verzug** abgewichen werden. Hierzu muss die Durchsetzung der Polizeiverfügung aus Sicht der Polizei zum Zeitpunkt ihres Einschreitens gefährdet sein. Hierbei ist wegen des Ausnahmecharakters von § 21 LVwVG ein strenger Maßstab anzulegen.[28] Wenn Gefahr im Verzug vorliegt, gelten für den Polizeivollzugsdienst bei der Vollstreckung einer Polizeiverfügung folgende Erleichterungen:
– Die Vollstreckung ist bereits vor Unanfechtbarkeit zulässig (Abweichung von § 49 I PolG i. V. m. § 2 Nr. 1 LVwVG).
– Gegen den Rechtsnachfolger kann die Vollstreckung eingeleitet oder fortgesetzt werden, wenn die Voraussetzungen der Vollstreckung für seine Person nicht vorliegen (Abweichung von § 49 I PolG i. V. m. § 3 LVwVG).

---

27 Zum Problem der Rechtsnachfolge in die Polizeipflicht BeckOK PolR BW/*Trurnit* § 6 Rn. 23 ff.; WHT § 5 Rn. 314 ff.; Ruder Rn. 247 ff.
28 BMKS § 49 Rn. 36.

- Ein schriftlicher Vollstreckungsauftrag ist nicht erforderlich (Abweichung von § 49 I PolG i. V. m. § 5 LVwVG).
- Die Vollstreckung zur Nachtzeit und an Sonn- und Feiertagen ist erleichtert (Abweichung von § 49 I PolG i. V. m. § 9 LVwVG).
- Eine Androhung mit Fristsetzung kann entfallen (Abweichung von § 49 I PolG i. V. § 20 I LVwVG).

5. Materiell-rechtliche Vollstreckungsvoraussetzungen

526 Damit die Vollstreckung einer Polizeiverfügung materiell-rechtmäßig ist, muss das angewandte Zwangsmittel zulässig sein. Außerdem muss sich die Vollstreckung gegen den richtigen Adressaten richten und das Zwangsmittel muss korrekt angewandt worden sein.

527 a) **Zulässigkeit des angewandten Zwangsmittels.** Für die **Zulässigkeit des angewandten Zwangsmittels** ist zwischen der Vollstreckung von vertretbaren und unvertretbaren Handlungen zu unterscheiden. Bei **vertretbaren Handlungen** kommen grundsätzlich alle Zwangsmittel in Betracht. Der Vollstreckungsbehörde steht bei der Entscheidung, welches der Zwangsmittel angewandt wird, ein **Auswahlermessen** zu. Das **Gebot der effektiven Gefahrenabwehr** und der **Grundsatz der Verhältnismäßigkeit** sind zu berücksichtigen.[29] Es besteht **kein Vorrang** eines bestimmten Zwangsmittels. Insbesondere hat das Zwangsgeld keinen Vorrang gegenüber der Ersatzvornahme.[30] Bei **unvertretbaren Handlungen** scheidet die Ersatzvornahme aus. Hier sind nur Zwangsgeld mit Zwangshaft und unmittelbarer Zwang möglich. Bei der Anwendung unmittelbaren Zwangs müssen die eingesetzten Hilfsmittel der körperlichen Gewalt und Waffen zulässig sein.

Beispiel:
Bei der Anwendung von unmittelbarem Zwang darf eine Schocklähmungswaffe (sog. Taser) nicht eingesetzt werden. Sie ist nicht bei den zulässigen Waffen in der auf der Grundlage von § 50 II PolG erlassenen VwV Pol zu § 50 aufgeführt.

528 b) **Richtiger Adressat.** Polizeiliche Maßnahmen müssen sich gegen den **richtigen Adressaten** richten. § 49 I PolG i. V. m. § 19 LVwVG bestimmen als Adressaten von Vollstreckungsmaßnahmen den Pflichtigen. **Adressat der Vollstreckung** ist daher grundsätzlich der Adressat der Polizeiverfügung. Unter den Voraussetzungen von § 3 LVwVG ist eine Vollstreckung auch gegen den Rechtsnachfolger des Pflichtigen möglich. Dies ist in der vollzugspolizeilichen Praxis aber kaum relevant.[31]

529 c) **Verhältnismäßigkeit.** Die **Anwendung von Polizeizwang** muss dem **Grundsatz der Verhältnismäßigkeit** genügen. § 49 I PolG i. V. m. § 19 II LVwVG verlangen daher, dass das den Pflichtigen und die Allgemeinheit voraussichtlich am wenigsten beeinträchtigende Zwangsmittel anzuwenden ist, wenn mehrere

---

29 Horn JURA 2004, 447 (451).
30 VGH BW VBlBW 2004, 226.
31 Zum Problem der Rechtsnachfolge in die Polizeipflicht BeckOK PolR BW/Trurnit § 6 Rn. 23 ff.; WHT § 5 Rn. 314 ff.; Ruder Rn. 247 ff.

Zwangsmittel in Betracht kommen. Von mehreren geeigneten Mitteln ist also das mildeste auszuwählen (**Geeignetheit und Erforderlichkeit**). Zwangshaft und unmittelbarer Zwang sind immer schwerere Eingriffe als Zwangsgeld und Ersatzvornahme. Durch die Anwendung des Zwangsmittels darf nach § 49 I PolG i. V. m. § 19 III LVwVG kein Nachteil herbeigeführt werden, der erkennbar außer Verhältnis zum Zweck der Vollstreckung steht (**Angemessenheit**).

Beispiel:
Beim Abschleppen falsch geparkter Fahrzeuge genügt nicht die Feststellung, dass damit die Verkehrsbeeinträchtigung beseitigt werden kann (Geeignetheit), und auch nicht, dass der Verantwortliche nicht angetroffen wurde und zum Wegfahren aufgefordert werden kann (Erforderlichkeit = es steht kein milderes Mittel zur Verfügung). Vielmehr ist auch zu prüfen, ob die Beseitigung der Verkehrsbeeinträchtigung im angemessenen Verhältnis zur Schwere des Eingriffs (insbesondere Abschleppkosten) steht.

Nach § 49 I PolG i. V. m. § 19 IV LVwVG ist die **wiederholte Anwendung von Zwangsmitteln** zulässig. Dies ergibt sich aus ihrem Charakter als Beugemittel. **530**

Beispiel:
In Platzverweisverfahren zur Verhinderung offener Drogenszenen in Innenstädten kann bei wiederholtem Antreffen jeweils Zwangsgeld angedroht/ festgesetzt werden, auch in gestaffelter Höhe.

Dass Zwangsmittel nicht mehr angewandt werden dürfen, wenn der Verwaltungsakt vollzogen ist, folgt aus § 49 I PolG i. V. m. § 11 LVwVG.

IV. Vollstreckung strafverfahrensrechtlicher Maßnahmen

In der Strafprozessordnung gibt es keine allgemeine gesetzliche Regelung über die **Vollstreckung von Zwangsmaßnahmen** im Ermittlungsverfahren. Nach einem allgemeinen Grundsatz ergibt sich das Recht zur zwangsweisen Durchsetzung einer strafverfahrensrechtlichen Ermittlungsmaßnahme jedoch aus der jeweiligen Ermächtigungsgrundlage für die Maßnahme selbst.[32] **531**

Beispiele:
§ 81a I StPO ist die Rechtsgrundlage für die zwangsweise Durchsetzung der Untersuchung. § 102 StPO erlaubt auch das gewaltsame Öffnen einer Tür.

Über die **Art und Weise der Anwendung unmittelbaren Zwangs** enthält die Strafprozessordnung ebenfalls keine allgemeine Regelung. Eine Ausnahme bilden lediglich Regelungen, wie z. B. § 81c VI StPO, nach denen die Anwendung von Zwang einer richterlichen Anordnung bedarf. Da eine abschließende Regelung für die Anwendung unmittelbaren Zwangs in der Strafprozessordnung fehlt, greift die h. M. für die Verfolgung von Straftaten und Ordnungswidrigkeiten auf die §§ 49 II ff. PolG zurück.[33] § 52 IV PolG findet dann jedoch **532**

---

32 SK/*Paeffgen* § 127 Rn. 29 ff.; BGH JR 2000, 297.
33 BGH NJW 1995, 2535 ff.; OLG Karlsruhe NVwZ-RR 2016, 45 (46); Beschluss vom 10.2.2011 – 2 Ws 181/10 – juris Rn. 16; Meyer-Goßner/Schmitt Einl. Rn. 46; Ruder Rn. 788; BMKS § 49 Rn. 4.

keine Anwendung, da repressive Maßnahmen der Polizei keine Verwaltungsakte i. S. v. § 35 LVwVfG sind. Teilweise wird der unmittelbare Rückgriff auf §§ 49 II ff. PolG aus kompetenzrechtlichen Gründen jedoch als unzulässig angesehen. Die Art und Weise der Anwendung von unmittelbarem Zwang zur Vollstreckung strafverfahrensrechtlicher Maßnahmen soll nach dieser Auffassung von reinen Verhältnismäßigkeitsüberlegungen abhängen. Die §§ 49 II ff. PolG werden hierfür allerdings als taugliche Kriterien und Richtlinien dafür gesehen, was grundsätzlich als verhältnismäßiges Handeln eines Polizeibeamten angesehen werden kann.[34] Deswegen führt diese Meinung in der Praxis auch zu dem gleichen Ergebnis wie die herrschende Meinung.

533 Die **Leitungs- und Weisungsbefugnis der Staatsanwaltschaft** gegenüber der Polizei im Ermittlungsverfahren umfasst auch Anordnungen zur Anwendung unmittelbaren Zwangs. Hierzu enthält die Anlage A der RiStBV Vorgaben. Die wichtigsten Grundsätze sind hierbei folgende:
- Die Gefahrenabwehr ist Aufgabe der Polizei. In diesem Bereich besteht kein Raum für Anordnungen der Staatsanwaltschaft.
- Die Staatsanwaltschaft richtet Weisungen grundsätzlich an die zuständige Polizeidienststelle.
- Die Ausführung unmittelbaren Zwangs ist Sache der Polizei.

V. Die Anwendung unmittelbaren Zwangs nach §§ 49 II ff. PolG

534 Die Polizei wendet das Zwangsmittel des **unmittelbaren Zwangs** nach den Vorschriften des Polizeigesetzes an (§ 49 II PolG). Dies gilt bei der Vollstreckung von Polizeiverfügungen und für die Vollstreckung von Zwangsmaßnahmen nach der Strafprozessordnung (Rn. 509 ff. und 531 ff.).

Beispiele:
A widersetzt sich einer Durchsuchung nach § 29 PolG. B widersetzt sich einer Durchsuchung nach § 102 PolG. In beiden Fällen kann die Polizei die Durchsuchungen mit unmittelbarem Zwang nach §§ 49 II ff. PolG durchsetzen. § 50 PolG definiert den Begriff und die Mittel des unmittelbaren Zwangs. Die Zuständigkeit des Polizeivollzugsdienstes für die Anwendung des unmittelbaren Zwangs ergibt sich aus § 51 PolG. § 52 PolG regelt die Voraussetzungen und die Durchführung des unmittelbaren Zwangs. §§ 53 und 54 PolG enthalten spezielle Bestimmungen für den Schusswaffengebrauch (Rn. 550 ff.).

1. Begriff und Mittel des unmittelbaren Zwangs

535 **Unmittelbarer Zwang** ist nach § 50 I PolG jede Einwirkung auf Personen oder Sachen durch einfache körperliche Gewalt, Hilfsmittel der körperlichen Gewalt oder Waffengebrauch. **Einfache körperliche Gewalt** ist die bloße Einwirkung von Körperkraft ohne Hilfsmittel.[35]

---

[34] Kramer Rn. 11c f.
[35] BMKS § 50 Rn. 4.

Beispiele:
Haltegriffe, Abdrängen oder Eintreten einer Tür.

Psychisch wirkende Mittel, wie z. B. Hypnose oder willensvermindernde Mittel, dürfen von der Polizei nicht eingesetzt werden.[36] Nach § 50 II PolG bestimmt das Innenministerium, welche Hilfsmittel der körperlichen Gewalt und welche Waffen im Polizeidienst verwendet werden. Dies ist durch die VwV PolG geschehen. Danach sind **Hilfsmittel der körperlichen Gewalt:** Fesseln, Schutzschilde, Wasserwerfer, Sperrgeräte, Nagelgurte (auch Stopp-Stick) zum zwangsweisen Anhalten von Fahrzeugen, VAD-Anhaltesystem (Fahrzeugfangnetz), Diensthunde, Dienstpferde, Dienstfahrzeuge, Reiz- und Nebelstoffe, Sprengmittel sowie im Ausnahmefall sonstige geeignete Mittel (z. B. Stuhl bei einem körperlichen Angriff, Gürtel, Hosenträger). **Waffen** im Sinne von § 50 II PolG sind Hiebwaffe, Reizstoffsprühgerät, Reizstoffgewehr, Mehrzweckpistole, Pistole, Revolver, Maschinenpistole und Gewehr.[37] Schocklähmungswaffen (sog. Air-Taser oder Taser) sind in Baden-Württemberg nicht zugelassen.

2. Zuständigkeit des Polizeivollzugsdienstes nach § 51 PolG

Nach § 51 PolG sind nur die Beamten des Polizeivollzugsdienstes für die Anwendung von **unmittelbaren Zwang** zuständig. Die Polizeibehörden dürfen keinen unmittelbaren Zwang anwenden.[38] Sie können den Polizeivollzugsdienst zur Vollstreckung ihrer Maßnahmen jedoch anweisen, unmittelbaren Zwang anzuwenden (§§ 74 I, 60 V PolG). Die Art und Weise der Zwangsanwendung bestimmt der Polizeivollzugsdienst in diesem Fall jedoch selbst.[39] Den Beamten des Polizeivollzugsdienstes stehen im Rahmen der ihnen zugewiesenen Aufgaben die Angehörigen des Freiwilligen Polizeidienstes (§ 6 I FPolDG) und Gemeindliche Vollzugsbedienstete (§ 80 PolG) soweit ihnen polizeiliche Vollzugsaufgaben übertragen sind (§ 31 DVO PolG) gleich.[40] Vorgesetzte können im Einsatzfall die Anwendung unmittelbaren Zwangs anordnen. Der einzelne Beamte trägt jedoch für die Rechtmäßigkeit seiner dienstlichen Handlung die persönliche Verantwortung. Er darf die Anordnung nicht befolgen, wenn die Menschenwürde der Betroffenen verletzt oder ein Straftatbestand erfüllt wird. Bedenken gegen die Rechtmäßigkeit der Anordnung hat der Polizeibeamte unverzüglich seinem Vorgesetzten gegenüber vorzubringen, soweit es nach den Umständen möglich ist.[41]

3. Voraussetzungen und Durchführung des unmittelbaren Zwangs gemäß § 52 PolG

§ 52 PolG ist die zentrale Vorschrift für die Anwendung des **unmittelbaren Zwangs**. Sie regelt die Voraussetzungen sowie die Durchführung des unmittelbaren Zwangs und ist eine spezialgesetzliche Ausprägung des Grundsatzes der Verhältnismäßigkeit.

---

36 Stephan/Deger § 50 Rn. 2; BMKS § 50 Rn. 1.
37 VwV PolG zu § 50 PolG.
38 Stephan/Deger § 51 Rn. 1.
39 Stephan/Deger § 51 Rn. 4.
40 Stephan/Deger § 51 Rn. 3.
41 VwV PolG zu § 51 PolG.

539 **a) Allgemeine Voraussetzungen nach § 52 I PolG.** Nach § 52 I 1 PolG ist unmittelbarer Zwang nur als letztes Mittel (ultima ratio) zulässig. Hierfür ist nicht entscheidend, dass mildere Mittel, z. B. Zwangsgeld, schon erfolglos angewandt wurden. Unmittelbarer Zwang ist auch zulässig, wenn mildere Mittel von vornherein keinen Erfolg versprechen.

Beispiele:
Bei einer Personenkontrolle nach § 26 I Nr. 4 PolG (Kontrollstelle) will sich jemand nicht nach § 29 II PolG durchsuchen lassen. Er wird daraufhin unter Anwendung einfacher körperlicher Gewalt durchsucht. Bei einem Banküberfall werden die Täter überrascht. Einer schießt sich jedoch den Weg frei und verletzt mehrere Personen. Sofort kommt es zu einer Menschenansammlung. Um einen Rettungsweg für den Notarztwagen freizuhalten, drängen die Polizeibeamten die Neugierigen zur Seite. In beiden Fällen kann unmittelbarer Zwang direkt angewandt werden. Mildere Mittel (Zwangsgeld) kommen von vornherein wegen der zeitlichen Dringlichkeit der Maßnahmen nicht in Betracht.

540 Gemäß § 52 I 2 PolG darf **unmittelbarer Zwang gegen Personen** nur angewandt werden, wenn er gegen Sachen nicht erfolgversprechend erscheint. § 52 I 3 PolG verlangt, dass das angewandte Zwangsmittel nach Art und Maß dem Verhalten, dem Alter und dem Zustand des Betroffenen **angemessen** sein muss.

Beispiele:
Art und Maß der Zwangsanwendung müssen bei sehr aggressiver Verhaltensweise anders sein als bei nur passiver Widerstandsleistung. Wenn eine Straßenblockade aufgelöst wird, müssen die Art und Weise der Räumung differenziert am Alter der Betroffenen ausgerichtet werden. Körperlich robuste Störer, Kranke, Betrunkene oder psychisch Beeinträchtigte sind jeweils differenziert zu behandeln.

541 § 52 I PolG wird ergänzt durch die VwV PolG zu § 52. Danach ist bei der Anwendung unmittelbaren Zwangs eine **Gefährdung unbeteiligter Personen** nach Möglichkeit zu vermeiden. Dies gilt insbesondere bei Zwangsmaßnahmen in belebten Straßen und geschlossenen Räumen. Eine **Fesselung** ist nur zulässig, wenn die Person Widerstand leistet, fluchtverdächtig ist, Selbstmordgefahr besteht oder es beim Transport in Verwahrung genommener Personen wegen besonderer Umstände erforderlich ist.

542 Gegenüber einer **Menschenansammlung** darf unmittelbarer Zwang gemäß § 52 I 4 PolG nur angewandt werden, wenn seine Anwendung gegen einzelne Teilnehmer der Menschenansammlung offensichtlich keinen Erfolg verspricht. Eine **Menschenansammlung** ist eine größere Anzahl von Personen, bei der es auf das Hinzukommen oder Weggehen eines Einzelnen nicht ankommt. Die Verfolgung eines gemeinsamen Zwecks ist anders als bei einer Versammlung nicht erforderlich.[42] **Offensichtlich** i. S. v. § 52 I 4 heißt klar bzw. zweifelsfrei erkennbar.[43]

---

42 Stephan/Deger § 52 Rn. 9.
43 BMKS § 52 Rn. 7.

Beispiel:
Die Teilnehmer einer rechtmäßig aufgelösten Versammlung entfernen sich nicht und aus der Menge heraus werden Steine und leere Flaschen gegen die eingesetzten Polizeibeamten geworfen. Nachdem einzelne Täter nicht ausgemacht werden können, wird ein Wasserwerfer gegen die Ansammlung eingesetzt.

Beim **Schusswaffengebrauch gegen eine Menschenansammlung** ist § 54 III PolG zu beachten (Rn. 560).

b) **Androhung gemäß § 52 II PolG.** Entsprechend der Regelung bei sonstigen Zwangsmitteln (§ 49 I PolG i. V. m. § 20 LVwVG) ist nach § 52 II PolG auch unmittelbarer Zwang grundsätzlich **anzudrohen**. Die Androhung ist nur zulässig, wenn auch die Anwendung selbst zulässig wäre.[44] Eine bestimmte **Form** ist nicht vorgeschrieben. **Inhaltliche** Anforderungen stellt das Gesetz nicht, insbesondere ist keine Fristangabe gefordert. Die Zeitspanne zwischen Androhung und Anwendung muss jedoch so bemessen sein, dass der Betroffene Gelegenheit zur Erfüllung seiner Verpflichtung hat. Es muss grundsätzlich kein bestimmtes Mittel des unmittelbaren Zwangs angegeben werden. Nur die **Androhung des Schusswaffengebrauchs** muss ausdrücklich erklärt werden.[45] Die Anordnung darf nach § 52 II PolG unterbleiben, wenn es die Umstände erfordern, d. h. wenn die sofortige Anwendung des unmittelbaren Zwangs erforderlich ist.

Beispiele:
Ein unmittelbarer Angriff gegen einen Polizeibeamten muss abgewehrt werden. Bei einer Razzia zur vorbeugenden Bekämpfung illegalen Glücksspiels muss eine Tür gewaltsam geöffnet werden, weil durch eine vorherige Androhung der Zweck der Maßnahme gefährdet wäre.

c) **Unzulässigkeit der Anwendung nach § 52 III PolG.** Gemäß § 52 III PolG darf **unmittelbarer Zwang** nicht mehr angewandt werden, wenn der Zweck erreicht ist oder nicht erreicht werden kann. Dies entspricht der Regelung des § 49 I PolG i. V. m. § 11 LVwVG.

d) **Besonderheiten bei der Vollstreckung von Polizeiverfügungen nach § 52 IV PolG.** Während für die Anwendung von Zwangsgeld, Zwangshaft und Ersatzvornahme über § 49 I PolG ausschließlich die Regelungen des LVwVG zur Anwendung kommen, richtet sich der unmittelbare Zwang grundsätzlich nach dem Polizeigesetz (§ 49 II PolG). Für die **Vollstreckung von Polizeiverfügungen durch unmittelbaren Zwang** gelten gemäß § 52 IV PolG jedoch ergänzend auch die §§ 2 bis 6, 9, 10, 12, 21, 27, 28 und 31 I, II, IV und VI LVwVG. Danach finden für die Vollstreckung einer Polizeiverfügung zunächst folgende Regelungen Anwendung:
– Allgemeine Voraussetzungen der Vollstreckung (§ 2 LVwVfG)
– Vollstreckung gegen den Rechtsnachfolger (§ 3 LVwVfG)
– Vollstreckungsbehörde (§ 4 LVwVfG)

---

44 VwVPolG zu § 52 II PolG.
45 Stephan/Deger § 52 Rn. 10.

- Vollstreckungsauftrag (§ 5 LVwVfG)
- Betreten und Durchsuchen (§ 6 LVwVfG)
- Vollstreckung zur Nachtzeit und an Sonn- und Feiertagen (§ 9 LVwVfG)
- Niederschrift (§ 10 LVwVfG)
- Wegfall der aufschiebenden Wirkung von Widerspruch und Anfechtungsklage (§ 12 LVwVfG)
- Vollstreckung bei Gefahr im Verzug (§ 21 LVwVfG).

547 Spezielle Fälle des **unmittelbaren Zwangs** sind die **Zwangsräumung** nach § 27 LVwVG und die **Wegnahme** gemäß § 28 LVwVG. Die **Zwangsräumung** nach § 27 LVwVG dient der Vollstreckung eines Verwaltungsakts, durch den der Betroffene verpflichtet wird, eine unbewegliche Sache zu räumen, zu überlassen oder herauszugeben.[46]

Beispiele:
Haus- und Grundstücksbesetzungen oder eine zunächst in eine Wohnung eingewiesene Person räumt diese nicht.

548 Ziel der **Wegnahme** gemäß § 28 LVwVG ist die Durchsetzung eines Verwaltungsakts, der zur Herausgabe oder Vorlage einer beweglichen Sache verpflichtet, sofern andere Mittel (z. B. Zwangsgeld) nicht erfolgreich sind.[47]

Beispiel:
Der Polizeivollzugsdienst beschlagnahmt gemäß § 33 I Nr. 1 PolG eine Sache. Der Gewahrsamsinhaber gibt diese nicht heraus. Die Sache kann gemäß § 28 I LVwVG unter Anwendung körperlicher Gewalt weggenommen werden.

549 Über § 52 IV PolG i. V. m. § 31 I, II, IV und VI LVwVG und §§ 7 und 8 LVwVGKO kann der Polizeivollzugsdienst gegenüber dem Pflichtigen für die Anwendung von unmittelbarem Zwang Gebühren geltend machen.

VI. Schusswaffengebrauch (§§ 53, 54 PolG)

550 Der **Schusswaffengebrauch** auf Personen und Sachen ist das letzte und äußerste Mittel des unmittelbaren Zwangs.[48] Die in Baden-Württemberg im Polizeidienst **zugelassenen Schusswaffen** sind Reizstoffgewehr, Mehrzweckpistole, Pistole, Revolver, Maschinenpistole und Gewehr.[49] Der Einsatz dieser Schusswaffen ist in §§ 53 und 54 PolG unter besonderer Berücksichtigung des **Grundsatzes der Verhältnismäßigkeit** geregelt. Diese Normen gelten im präventiven und repressiven Aufgabenbereich des Polizeivollzugsdienstes.[50] § 53 PolG enthält die **Voraussetzungen des Schusswaffengebrauchs** und § 54 PolG regelt seine **Anwendung gegen-**

---

46 BMKS § 52 Rn. 24.
47 BMKS § 52 Rn. 25.
48 VwVPolG Nr. 1 zu 53.
49 VwV PolG zu § 50 PolG.
50 Ruder Rn. 844. Aus der Rechtsprechung für die Anwendung von §§ 53 und 54 PolG im repressiven Aufgabenbereich BGH NJW 1995, 2535 ff.; OLG Karlsruhe Beschluss vom 10.2.2011 – 2 Ws 181/10 – juris Rn. 16.

über Personen. **Signal- oder Alarmschüsse** sind kein Schusswaffengebrauch und auch keine Androhung des Schusswaffengebrauchs, da ihre Abgabe andere Polizeibeamte auf eine Gefahrsituation aufmerksam machen und alarmieren soll.[51] **Warnschüsse** sind ebenfalls kein Schusswaffengebrauch, sondern lediglich eine Androhung. Da Zwangsmittel nur angedroht werden dürfen, wenn ihre Anwendung zulässig ist, dürfen Warnschüsse nur abgegeben werden, wenn die Voraussetzungen des Schusswaffengebrauchs vorliegen.[52]

1. Voraussetzungen des Schusswaffengebrauchs (§ 53 PolG)

Nach § 53 I 1, 1. Halbsatz PolG ist der Schusswaffengebrauch nur zulässig, wenn die allgemeinen Voraussetzungen für die Anwendung unmittelbaren Zwangs vorliegen. Die allgemeinen Voraussetzungen des unmittelbaren Zwangs sind:
- kein milderes Mittel (§ 52 I 1 PolG),
- Angemessenheit (§ 52 I 3 PolG) und
- Androhung (§ 52 II PolG).

551

Die **Androhung des Schusswaffengebrauchs** kann nach der VwV PolG durch Anruf („Hier Polizei! Halt oder ich schieße!" oder „Hier Polizei! Waffe weg, oder ich schieße!") erfolgen. Die Androhung kann auch durch Warnschüsse erfolgen, wenn ein Anruf nicht möglich ist oder keinen Erfolg verspricht. Die Abgabe von Warnschüssen ist nur zulässig, wenn die Voraussetzungen der §§ 53 und 54 vorliegen.[53]

552

Der Schusswaffengebrauch ist gemäß § 53 I 1, 2. Halbsatz PolG nur zulässig, wenn einfache körperliche Gewalt sowie verfügbare Hilfsmittel der körperlichen Gewalt oder mitgeführte Hiebwaffen erfolglos angewandt worden sind oder ihre Anwendung offensichtlich keinen Erfolg verspricht. Auf Personen darf erst geschossen werden, wenn der polizeiliche Zweck durch Schießen auf Sachen nicht erreicht werden kann (§ 53 I 2 PolG). Auch der **Schusswaffengebrauch gegen Sachen** ist auf das erforderliche Mindestmaß zu beschränken. Wenn dabei die Verletzung einer Person wahrscheinlich ist, ist er nur zulässig, wenn die Voraussetzungen für den Schusswaffengebrauch gegen Personen vorliegen.[54] Dies ist insbesondere beim Schusswaffengebrauch gegen fahrende Fahrzeuge zu berücksichtigen. Auf **Tiere** darf geschossen werden, wenn von ihnen eine Gefahr ausgeht, sie insbesondere Menschen bedrohen, und die Gefahr nicht anders zu beseitigen ist. Verletzte oder kranke Tiere dürfen mit der Schusswaffe getötet werden, wenn die Befürchtung besteht, dass sie sonst unter Qualen verenden würden, und weder der Eigentümer noch ein Tierarzt oder Jagdausübungsberechtigter kurzfristig hinzugezogen werden kann.[55]

553

Unzulässig ist der Schusswaffengebrauch nach § 53 II 1 PolG, wenn erkennbar Unbeteiligte mit hoher Wahrscheinlichkeit gefährdet werden. **Unbeteiligt** ist

554

---

51 Stephan/Deger § 52 Rn. 11 und § 53 Rn. 3; BMKS § 53 Rn. 3.
52 Stephan/Deger § 52 Rn. 12 und § 53 Rn. 3; BMKS § 53 Rn. 4.
53 VwV PolG Nr. 5 zu § 53 I PolG.
54 VwV PolG Nr. 3 zu § 53 I PolG.
55 VwV PolG Nr. 4 zu § 53 I PolG.

jede Person, die bei der Handlung, gegen die sich die polizeiliche Maßnahme richtet, nicht mitwirkt.[56]

Beispiele:
Geiseln, sonstige Opfer einer Gewalttat, Passanten und Schaulustige.

555   **Trotz der Gefährdung Unbeteiligter** ist der Schusswaffengebrauch gemäß § 53 II 2 PolG zulässig, wenn er das einzige Mittel zur Abwehr einer gegenwärtigen Lebensgefahr ist. Eine gegenwärtige Gefahr liegt vor, wenn die Einwirkung des schädlichen Ereignisses in allernächster Zeit mit an Sicherheit grenzender Wahrscheinlichkeit bevorsteht.[57]

Beispiel:
Ein Geiselnehmer setzt die Pistole an den Kopf der Geisel. Ein gezielter Todesschuss gegen den Geiselnehmer bedeutet immer auch eine Gefahr für die (unbeteiligte) Geisel. Da der gezielte Todesschuss zur Abwehr der gegenwärtigen Lebensgefahr der Geisel erfolgt, ist er gemäß § 53 II 2 PolG zulässig.

2. Schusswaffengebrauch gegenüber Personen (§ 54 PolG)

556   § 54 PolG regelt den Schusswaffengebrauch gegenüber Personen abschließend. Darüber hinaus müssen immer auch die Voraussetzungen für die Anwendung unmittelbaren Zwangs gegen Personen nach § 52 I 2 PolG und für den Schusswaffengebrauch als solchen nach § 53 PolG vorliegen.[58]

557   a) **Schusswaffengebrauch gegen einzelne Personen** (§ 54 I PolG). Nach § 54 I PolG dürfen **Schusswaffen gegen einzelne Personen** gebraucht werden
– zur Verhinderung einer unmittelbar bevorstehenden Ausführung oder Fortsetzung von Verbrechen und Vergehen, die mit Schusswaffen oder Sprengstoff begangen werden sollen oder ausgeführt werden (§ 54 I Nr. 1 PolG);
– zum Anhalten einer Person, die bei oder nach einem Verbrechen oder einem Vergehen mit Schusswaffen oder Sprengstoffen, flieht (§ 54 I Nr. 2 PolG);
– zur Vereitelung der Flucht oder zur Wiederergreifung einer Person, die sich im amtlichen Gewahrsam befindet oder befand (§ 54 I Nr. 3 PolG);
– gegen eine Person, die mit Gewalt einen Gefangenen, einen Sicherungsverwahrten oder Untergebrachten aus dem amtlichen Gewahrsam zu befreien versucht (§ 54 I Nr. 4 PolG).

558   Aus dem **Grundsatz der Verhältnismäßigkeit** folgt, dass der Gebrauch der Schusswaffe nach § 54 I PolG nur in der Absicht erfolgen darf, die betroffene Person angriffs- oder fluchtunfähig zu machen.[59] **Gezielte Schüsse auf zentrale Bereiche des Menschen** sind dagegen wegen ihrer besonderen Gefährlichkeit mit dem **Grundsatz der Verhältnismäßigkeit** nicht vereinbar. Deswegen kommen auf der Grundlage von § 54 I PolG nur Schüsse in den Beinbereich in Betracht.[60] Ein von § 54 I PolG gestatteter Schuss auf die Beine eines Men-

---

56 VwV PolG Nr. 1 zu § 53 II PolG.
57 VwV PolG Nr. 2 zu § 53 II PolG.
58 VwV PolG Nr. 1 zu § 54 I PolG.
59 BGH NJW 1999, 2533; WHT § 8 Rn. 51.
60 BGH NJW 1999, 2533 f.

schen, um diesen angriffs- oder fluchtunfähig zu machen, verliert seine Rechtmäßigkeit nicht dadurch, weil er fehlgeht und auf diese Weise eine tödliche Verletzung ungewollt und nicht vermeidbar hervorruft.[61] Der Grundsatz, dass gezielte Schüsse auf zentrale Bereiche des Menschen polizeirechtlich unzulässig sind, wird durch die Regelung des § 54 II PolG zum sog. **gezielten Todesschusses** durchbrochen (Rn. 559). Darüber hinaus können gezielte Schüsse auf zentrale Bereiche des Menschen aus der Dienstwaffe eines Polizeibeamten allenfalls durch § 32 StGB gerechtfertigt sein. Das individuelle Notwehrrecht wird für Polizeibeamte nicht durch die Vorschriften zum Schusswaffengebrauch eingeschränkt.[62]

b) Der gezielte Todesschuss (§ 54 II PolG). § 54 I i. V. m. § 54 II PolG sind die Rechtsgrundlagen für einen sog. **gezielten Todesschuss** (auch **finaler** oder **gezielter** sowie **tödlicher Rettungsschuss** genannt). Dies ist ein Schuss, der mit Sicherheit tödlich wirken wird. Ziel des Schusses ist daher in der Regel der Kopf des Störers. Das unterscheidet den gezielten Todesschuss vom **tödlichen Fehlschuss**. Dieser richtet sich gegen Köperteile, deren Verletzung mit an Sicherheit grenzender Wahrscheinlichkeit nicht tödlich wirkt, trifft jedoch andere Körperteile und führt den Tod herbei.[63] Für den gezielten Todesschuss besteht von Gesetzes wegen kein Behördenleitervorbehalt. Grundsätzlich kann sich daher jeder Polizeibeamte auf § 54 II PolG stützen.[64] Aus Dienstvorschriften der Polizei kann sich jedoch ergeben, dass bei bestimmten Lagen (z. B. Geiselnahme) der Polizeiführer den Schusswaffengebrauch anordnet.[65] Der gezielte Todesschuss ist nach § 54 II PolG nur zulässig, wenn er das einzige Mittel zur Abwehr einer gegenwärtigen Lebensgefahr oder der gegenwärtigen Gefahr einer schwerwiegenden Verletzung der körperlichen Unversehrtheit ist. Eine schwerwiegende Verletzung der körperlichen Unversehrtheit besteht bei Verlust eines wichtigen Glieds des Körpers, des Sehvermögens auf einem oder beiden Augen, des Gehörs, der Sprache, der Zeugungsfähigkeit, dauernder erheblicher Entstellung, Siechtum, Lähmung der Geisteskrankheit.[66] Eine **gegenwärtige Gefahr für das Leben** oder eine **gegenwärtige Gefahr einer schwerwiegenden Verletzung der körperlichen Unversehrtheit** besteht, wenn mit dem Eintritt der befürchteten Folge sofort oder in allernächster Zeit mit an Sicherheit grenzender Wahrscheinlichkeit zu rechnen ist.[67] Der gezielte Todesschuss muss das einzige Mittel zur Abwehr der Gefahr sein.

Beispiel:
Ein Geiselnehmer bedroht ein fremdes Menschenleben und nur ein Schuss, der dem Täter keine Reaktionsmöglichkeiten mehr lässt, kann die rettende Wirkung haben. Andere Zwangsmittel und andere Mittel, wie z. B. Appelle und Verhandlungen, sind nicht erfolgversprechend.

---

61 BGH NJW 1999, 2533 (2534) m. w. N.
62 OLG Karlsruhe Beschluss vom 10.2.2011 – 2 Ws 181/10 – juris Rn. 16.
63 Ruder Rn. 858; BMKS § 54 Rn. 22.
64 VwV PolG Nr. 3 zu § 54 II.
65 Näher hierzu Stephan/Deger § 54 Rn. 25.
66 VwV PolG Nr. 2 zu § 54 II.
67 Zu den sich bei der Prognose stellenden Problemen Stephan/Deger § 54 Rn. 28.

560 § 54 II PolG durchbricht den Grundsatz, dass Schusswaffen gegen Personen nur gebraucht werden dürfen, um angriffs- oder fluchtunfähig zu machen (Rn. 558). Der gezielte Todesschuss ist ein Eingriff in das Recht auf Leben und körperliche Unversehrtheit (Art. 2 II 1 GG) des Betroffenen. Nach Art. 2 II 3 GG kann das Recht auf Leben und körperliche Unversehrtheit aufgrund eines Gesetzes eingeschränkt werden. Deswegen ist § 54 II PolG mit Art. 19 II GG vereinbar, der keine absolute Eingriffsgrenze, sondern nur eine besondere Ausprägung des **Grundsatzes der Verhältnismäßigkeit** ist. § 54 II PolG entspricht im Übrigen der aus Art. 2 II 1 GG resultierenden Schutzpflicht des Staates für das Leben und die körperliche Unversehrtheit des Opfers einer Gewalttat. Der Staat darf als Träger des Gewaltmonopols in lebensbedrohenden Situationen die jeweiligen Opfer nicht im Stich lassen. Den Rechtsgütern des bedrohten Opfers steht jedoch auf der anderen Seite das Leben des Verursachers als gleichwertiges Rechtsgut gegenüber. Die einschränkende Formulierung von § 54 II PolG trägt diesem Umstand Rechnung. Da der gezielte Todesschuss der Gefahrenabwehr dient und er keine Strafe ist, ist er auch mit Art. 102 GG (Abschaffung der Todesstrafe) vereinbar.[68] Die Norm steht auch im Einklang mit der Rechtsprechung des Europäischen Gerichtshofs für Menschenrechte, nach der der Gebrauch tödlicher Gewalt durch Polizisten nur unter bestimmten Voraussetzungen gerechtfertigt sein kann.[69]

561 c) **Schusswaffengebrauch gegen eine Menschenmenge (§ 54 III PolG).** Nach § 54 III PolG ist der **Schusswaffengebrauch gegen eine Menschenmenge** nur zulässig, wenn von ihr oder aus ihr heraus Gewalttaten begangen werden oder unmittelbar bevorstehen. Eine **Menschenmenge** ist eine größere Anzahl von Personen, bei der es auf das Hinzukommen oder Weggehen einzelner nicht ankommt. Die Verfolgung eines gemeinsamen Zwecks oder ein Gefühl der Zusammengehörigkeit ist nicht erforderlich. Notwendig ist jedoch eine gewisse räumliche Konzentration.[70] **Gewalttaten** sind Straftaten gegen besonders hochwertige Rechtsgüter, wie z. B. Tötungsdelikte, gemeingefährliche Straftaten (§§ 306 ff. StGB) oder gefährliche oder schwere Körperverletzungen (§§ 223a, 224 StGB). **Keine Gewalttaten** sind das Werfen von Farbbeuteln oder Eiern oder das Errichten von Blockaden.[71] Bei einem Schusswaffengebrauch gegen eine Menschenmenge müssen auch die allgemeinen Voraussetzungen des Schusswaffengebrauchs nach § 53 I PolG vorliegen (Rn. 551 ff.). Insbesondere müssen einfache körperliche Gewalt, verfügbare Hilfsmittel der körperlichen Gewalt oder mitgeführte Hiebwaffen erfolglos angewendet worden sein oder ihre Anwendung offensichtlich nicht erfolgversprechend sein. Weiterhin müssen zunächst Zwangsmaßnahmen gegen einzelne gerichtet werden. Erst wenn diese nicht zum Ziele führen oder offensichtlich keinen Erfolg versprechen, dürfen die Maßnahmen gegen die Menschenmenge gerichtet werden.[72]

---

68 Ausführlich zu den verfassungsrechtlichen Vorgaben Lisken/Denninger/*Rachor* E Rn. 935 ff. m. w. N.
69 EGMR NJW 2005, 3405 (3407).
70 VwV PolG zu § 54 III.
71 BMKS § 54 Rn. 28.
72 BMKS § 54 Rn. 31.

d) Notrechtsvorbehalt (§ 54 IV PolG). § 54 IV PolG stellt klar, dass das Recht **562** zum Schusswaffengebrauch aufgrund anderer gesetzlicher Vorschriften unberührt bleibt (sog. **Notrechtsvorbehalt**). Solche sind die Bestimmungen zur Notwehr (§ 32 StGB, § 227 BGB) und zum Notstand (§ 34 StGB, §§ 228, 904 BGB). Diese Normen gelten für jedermann, also auch für Polizeibeamte im Dienst. Sie können den Schusswaffengebrauch auch dann rechtfertigen, wenn die Voraussetzungen von §§ 53 und 54 PolG nicht vorliegen.[73] Dadurch werden jedoch die polizeirechtlichen Befugnisse zum Schusswaffengebrauch nicht erweitert. Strafrechtliche Rechtfertigungsgründe können nicht als Eingriffsermächtigung für den hoheitlichen Eingriff staatlicher Organe herangezogen werden.[74] Polizeirechtlich sind Polizeibeamte nur aufgrund der §§ 53 und 54 PolG zum Schusswaffengebrauch ermächtigt. Werden die polizeilichen Befugnisse überschritten (z. B. beim Schusswaffengebrauch gegen den mit der Beute flüchtenden unbewaffneten Einbrecher), so ist die Maßnahme polizeirechtlich rechtswidrig.[75] Liegen Rechtfertigungsgründe nach §§ 32 oder 34 StGB zweifelsfrei vor, findet eine strafrechtliche Verfolgung des handelnden Polizeibeamten nicht statt. In allen anderen Fällen besteht gemäß §§ 152 II, 163 I StPO wegen des Vorliegens eines Anfangsverdachts einer Straftat nach §§ 211 ff. oder §§ 223 ff. StGB die Verpflichtung zur Einleitung eines Ermittlungsverfahrens.

---

[73] BMKS § 54 Rn. 33; Stephan/Deger § 54 Rn. 32.
[74] Stephan/Deger § 54 Rn. 25; Ruder Rn. 860.
[75] BMKS § 54 Rn. 33.

L. Fahndungsmaßnahmen

I. Allgemeines

563 Die **Fahndung** ist ein Sonderfall der polizeilichen Datenverarbeitung mit dem Ziel eine Person zur Gefahrenabwehr oder Strafverfolgung aufzugreifen oder ausfindig zu machen. Dazu werden in der Regel personenbezogene Daten erhoben, in besonderen polizeilichen Dateien gespeichert und mit anderen Dateien abgeglichen oder personenbezogene Daten werden übermittelt.[1] **Fahndungsmaßnahmen** greifen daher in das Recht auf informationelle Selbstbestimmung (Art. 2 I i.V.m. Art. 1 I GG) ein.[2] Grundsätzlich kann jede polizeiliche Maßnahme, z. B. eine Durchsuchung oder auch eine Telekommunikationsüberwachung, zu Fahndungszwecken genutzt werden. Es gibt jedoch Maßnahmen, bei denen der Fahndungszweck im Vordergrund steht. Diese Maßnahmen können in **computergestützte** und **sonstige Fahndungsmaßnahmen** unterschieden werden. **Computergestützte Fahndungsmaßnahmen** haben im Gegensatz zu den **sonstigen Fahndungsmaßnahmen** als Gemeinsamkeit, dass die technischen Möglichkeiten der elektronischen Datenverarbeitung von der Polizei zur Fahndung genutzt werden.

564 Die **Fahndung zur Gefahrenabwehr** ist im Polizeigesetz nicht speziell geregelt. Es gibt hier jedoch einzelne Rechtsgrundlagen für computergestützte Fahndungsmaßnahmen. Hierzu zählen § 22a PolG (Einsatz des Automatischen Kennzeichenlesesystems), § 25 PolG (Ausschreibung von Personen und Kraftfahrzeugen), § 39 PolG (Datenabgleich) und § 40 PolG (Rasterfahndung). Rechtsgrundlagen für sonstige Fahndungsmaßnahmen sind § 26 I Nr. 4 und 5 PolG (Identitätsfeststellung an Kontrollstellen und in Kontrollbereichen) und § 26 I Nr. 6 PolG (Schleierfahndung). Auch in der Strafprozessordnung ist die **Fahndung zur Strafverfolgung** nicht in einer Vorschrift geregelt. Rechtsgrundlagen für computergestützte Fahndungsmaßnahmen sind § 98c StPO (einfacher Datenabgleich), §§ 98a und 98b StPO (Rasterfahndung), § 163d StPO (Netzfahndung) und § 163e StPO (polizeiliche Beobachtung).[3] Rechtsgrundlagen für sonstige Fahndungsmaßnahmen finden sich in § 111 StPO für die Errichtung von Kontrollstellen und in §§ 131 bis 131c StPO. Die §§ 131 bis 131c StPO regeln die Fahndung mit behördeninternen Fahndungsmitteln und unter Beteiligung der Öffentlichkeit (Öffentlichkeitsfahndung). Die Fahndung wird in §§ 131 bis 131c StPO als **Ausschreibung** bezeichnet.

II. Einfacher Datenabgleich

565 Ein **Datenabgleich** ist der gezielte Vergleich von Datenbeständen, um festzustellen, ob über eine Person bereits Daten vorliegen.[4] Die Rechtsgrundlage für

---

1 Gusy Rn. 270.
2 Ebenso Roxin/Schünemann § 32 Rn. 1.
3 Zu den computergestützten Fahndungsmaßnahmen zur Strafverfolgung Wittig JuS 1997, 961 ff.
4 Ruder Rn. 554.

einen **einfachen Datenabgleich** zur Gefahrenabwehr und zur Strafverfolgung sind § 39 PolG bzw. § 98c StPO. Bei einem einfachen Datenabgleich erfolgt der Abgleich der Daten durch den Polizeivollzugsdienst mit polizeilichen Dateien oder Dateien, für die er eine Berechtigung zum Abruf hat (sog. **kleine Rasterfahndung**).

1. Datenabgleich nach § 39 PolG

Nach § 39 I 1 PolG kann der Polizeivollzugsdienst personenbezogene Daten von Störern nach §§ 6 und 7 PolG mit dem Inhalt polizeilicher Dateien oder Dateien, für die er eine Berechtigung zum Abruf hat, abgleichen. Daten anderer Personen kann der Polizeivollzugsdienst gemäß § 39 I 2 PolG nur abgleichen, wenn Tatsachen die Annahme rechtfertigen, dass dies zur Wahrnehmung einer bestimmten polizeilichen Aufgabe erforderlich ist. **Polizeiliche Dateien** i. S. v. § 39 I 1 1. Halbsatz PolG sind nur die vom Polizeivollzugsdienst geführten Dateien. Hierzu zählen die beim Bundeskriminalamt geführten **INPOL-Dateien Personen- und Sachfahndung**, das **Schengener Informationssystem** und das **Polizeiliche Auskunftssystem (POLAS)**.[5] **Polizeifremde Dateien**, für die der Polizeivollzugsdienst eine Berechtigung zum Abruf hat, sind insbesondere daktyloskopische Daten sowie Kraftfahrzeugdaten der Mitgliedstaaten der EU.[6] Ein Datenabgleich nach § 39 I 2 PolG ist **erforderlich**, wenn er notwendig ist, um eine polizeiliche Aufgabe rechtmäßig, vollständig und zeitgerecht zu erfüllen.[7] Geringe Anforderungen an einen Datenabgleich stellt § 39 I 3 PolG auf. Danach kann der Polizeivollzugsdienst im Rahmen seiner Aufgabenwahrnehmung erlangte personenbezogene Daten mit dem Fahndungsbestand abgleichen. Im Rahmen der Aufgabenwahrnehmung erlangt sind z. B. nach §§ 20 bis 23a, 26 und 36 PolG erhobene personenbezogene Daten.[8]

Beispiel:
Die bei einer Kontrolle nach § 26 I Nr. 2 und II PolG erhobenen Personalien werden mit den polizeilichen Dateien abgeglichen.

Gemäß § 39 I 4 PolG kann der Betroffene für die Dauer des Datenabgleichs angehalten werden. Weigert sich der Betroffene anzuhalten, kann er festgehalten werden. Damit das **An-** und **Festhalten** nicht zu einer Freiheitsentziehung wird, ist der Datenabgleich maximal in einer Stunde durchzuführen (Rn. 428). Nach § 39 II PolG bleiben Rechtsvorschriften über den Datenabgleich in anderen Fällen unberührt.

Beispiele:
§§ 22a, 40 PolG und §§ 98a bis 98c StPO.

2. Datenabgleich nach § 98c StPO

Daten aus einem Strafverfahren können nach § 98c 1 StPO maschinell abgeglichen werden. Im Unterschied zu § 39 PolG geht es beim strafverfahrensrechtlichen Datenabgleich um die Aufklärung einer Straftat oder die Ermittlung des

---

5 Stephan/Deger § 39 Rn. 2; BMKS § 39 Rn. 5.
6 LT-Drs. 15/2434 S. 35.
7 VGH BW DÖV 1995, 424 (426).
8 BMKS § 39 Rn. 9.

Aufenthaltsortes einer Person, nach der für Zwecke eines Strafverfahrens gefahndet wird. Der Datenabgleich für diese Zwecke ist bei einem **Anfangsverdacht** nach § 152 II StPO ohne schriftliche Anordnung, ohne Bindung an einen Straftatenkatalog und ohne Subsidiaritätsklausel zulässig.[9] Es ist unerheblich, ob es sich um Daten von Beschuldigten oder von Zeugen handelt.

Beispiel:
Beim Beschuldigten einer Straftat wird in der Personenauskunftsdatei nachgefragt, ob bereits Eintragungen vorhanden sind.

569 Zulässig ist nach § 98c 1 StPO der Abgleich mit automatisierten Dateien. **Vergleichsdaten** können Daten sein, die zur Strafverfolgung oder Strafvollstreckung (z. B. Fahndungsdateien) oder zur Gefahrenabwehr (z. B. Personenauskunftsdatei) gespeichert sind. Zu den für die Gefahrenabwehr gespeicherten Daten gehören die Dateien sämtlicher Behörden, die Aufgaben der Gefahrenabwehr wahrnehmen (z. B. Melde- und Umweltbehörden).[10] Der Datenabgleich ist nach § 98c 2 StPO unzulässig, wenn ihm besondere bundes- oder landesgesetzliche Verwendungsregelungen entgegenstehen, wie z. B. §§ 52 ff., 96, 97, 136a und 148 StPO.[11]

III. Rasterfahndung

570 Die **Rasterfahndung** ist eine besondere Fahndungsmethode unter Nutzung der elektronischen Datenverarbeitung. Die Rechtsgrundlagen hierfür sind § 40 PolG und §§ 98a und 98b StPO. Die Polizei lässt sich bei einer Rasterfahndung von anderen öffentlichen oder privaten Stellen personenbezogene Daten übermitteln, um einen automatisierten Abgleich (**Rasterung**) mit anderen Daten vorzunehmen. Durch den Abgleich soll diejenige Schnittmenge von Personen ermittelt werden, auf welche bestimmte, vorab festgelegte und für die weiteren Ermittlungen als bedeutsam angesehene Merkmale (**Raster**) erfüllen. Ziel ist es, aus einer Vielzahl überwiegend unbeteiligter oder nicht zum Kreis der Verdächtigen gehörender Personen diejenigen herauszufiltern, die weitgehend dem „Profil" des Verdächtigen entsprechen. Der Weg ist entweder das Ausscheiden von Personen, die diesem „Profil" nicht entsprechen (**negative Rasterfahndung**) oder das Herausfiltern solcher Personen, bei denen sich typische Kriterien kumulieren (**positive Rasterfahndung**).[12]

Beispiel:
Abgleich der Kundendateien von Elektrizitätswerken Ende der siebziger Jahre des letzten Jahrhunderts mit anderen Dateien (Melderegister, Grundbuch, Versicherungsdateien), um konspirative Wohnungen von Terroristen ausfindig zu machen.

571 Rasterfahndungen werden in der Praxis wegen des damit verbundenen organisatorischen Aufwandes nur relativ selten durchgeführt.[13] Die **besondere Eingriffs-**

---

9 Hilger NStZ 1992, 457 (461); BeckOK StPO/*Ritzert* StPO § 98c Rn. 1; SK/*Greco* § 98c Rn. 1.
10 Kramer Rn. 218; BeckOK StPO/*Ritzert* StPO § 98c Rn. 1.
11 Meyer-Goßner/Schmitt § 98c Rn. 1; SK/*Greco* § 98c Rn. 5.
12 BVerfG NJW 2009, 1405.
13 Ausführlich hierzu SK/*Wohlers/Greco* § 98a Rn. 8.

intensität der Rasterfahndung liegt darin, dass nach dem Rastervergleich eine weitere Datei von Personen entsteht, auf die dieses Raster zutrifft. Diese Datei kann u. U. eine Vielzahl von Personen umfassen, die fast alle Nichtverdächtige und Nichtstörer sind, aber nun Adressaten weiterer polizeilicher Maßnahmen werden können.[14] Die Rasterfahndung ist ursprünglich als Verdachtsgewinnungseingriff konzipiert gewesen. Durch sie sollte die Suche nach Verdächtigen in das Vorfeld von Gefahr und Anfangsverdacht verlagert werden.[15] Eine Rasterfahndung liegt nicht vor, wenn die Polizei von privaten Stellen Auskünfte zu speziellen Daten anfordert und die Gesamtdatei nicht mit anderen Daten automatisiert, sondern manuell abgeglichen werden soll.

Beispiel:
Abfrage von Kreditkartendaten bei Kreditkartenunternehmen zur Ermittlung von Tätern, die sich Zugang zu einer Internetseite mit kinderpornographischen Inhalten durch Zahlung eines bestimmten Betrags an einen bestimmten Empfänger verschafft haben. Das Bundesverfassungsgericht hat hier §§ 161 I, 163 I StPO und nicht § 98a StPO als Ermächtigungsgrundlage angesehen.[16]

1. Rasterfahndung nach § 40 PolG

§ 40 PolG regelt die präventiv-polizeiliche Rasterfahndung. § 40 I 1 PolG ist eine Ermächtigungsgrundlage für die Erhebung von Daten und deren Abgleich. Die Vorschrift enthält auch eine Übermittlungspflicht für die öffentlichen und nichtöffentlichen Stellen, die die zu rasternden Daten besitzen. Das Übermittlungsverlangen ist ein Verwaltungsakt, der bei nichtöffentlichen Stellen notfalls zwangsweise durchgesetzt werden kann.[17] Polizeidienststellen gehören nicht zu den öffentlichen Stellen i. S. v. § 40 I 1 PolG. Der Datenabgleich mit polizeilichen Dateien richtet sich nach § 39 PolG.

a) Materiell-rechtliche Anordnungsvoraussetzungen. Nach dem Bundesverfassungsgericht ist eine präventiv-polizeiliche Rasterfahndung nur zur Bekämpfung einer **konkreten Gefahr für hochrangige Rechtsgüter** zulässig.[18] Gemäß § 40 I 1 PolG muss die Rasterfahndung daher zur Abwehr einer Gefahr für den Bestand oder die Sicherheit des Bundes oder eines Landes oder für Leben, Gesundheit oder Freiheit einer Person erforderlich sein. Die **Erforderlichkeit** der Rasterfahndung ist gegeben, wenn ohne diese die polizeiliche Aufgabenerfüllung nicht, nicht sachgerecht oder nur mit erheblicher zeitlicher Verzögerung wahrgenommen werden kann.[19] Daten, die einem Berufs- oder Amtsgeheimnis unterliegen, müssen nach § 40 I 2 PolG nicht übermittelt werden. Die Berufsgeheimnisträger ergeben sich aus § 203 I StGB. Hierzu gehören z. B. Ärzte, Apotheker und Rechtsanwälte. Besondere Amtsgeheimnisse sind z. B. das Sozial-, das Steuer-, das Post- und das Fernmeldegeheimnis (§ 35 SGB I, § 30 AO, § 5

---

14 BVerfG NJW 2006, 1939 (1945 ff.).
15 Trurnit VBlBW 2011, 458 (459) m. w. N.
16 BVerfG NJW 2009, 1405 (1407).
17 VwV PolG Nr. 2 zu § 40 I.
18 BVerfG NJW 2006, 1939 (1945 ff.).
19 VGH BW DÖV 1995, 424 (426).

PostG und § 88 TKG). Der Umfang der zu übermittelnden Daten richtet sich nach § 40 II PolG.

574 **b) Formelle Rechtmäßigkeit.** Die Anordnung der Maßnahme steht unter einem **Behördenleitervorbehalt.** Erforderlich ist eine vorherige Zustimmung des Innenministeriums. Ferner ist nach der Maßnahme unverzüglich der Landesbeauftragte für den Datenschutz zu unterrichten (§ 40 III PolG). Dies erfolgt durch das Innenministerium.[20] Die **Löschung** der Daten richtet sich nach § 40 IV PolG. Die Anordnung der Löschung steht ebenfalls unter einem Behördenleitervorbehalt (§ 6 DVO PolG). § 40 V PolG regelt die **Benachrichtigung** von Personen über den Datenabgleich, gegen die nach Abschluss des Datenabgleichs weitere Maßnahmen durchgeführt worden sind. Die Benachrichtigungspflicht bezieht sich nur auf die Rasterfahndung und nicht auf weiteren Maßnahmen, die eventuell im Anschluss erfolgen.[21]

2. Rasterfahndung nach §§ 98a, 98b StPO

575 Die §§ 98a und 98b sind die Rechtsgrundlage für eine Rasterfahndung zur Strafverfolgung. § 98a I StPO enthält die materiell-rechtlichen Voraussetzungen der repressiven Rasterfahndung. § 98a II begründet die Überlassungspflicht der speichernden Stellen. Die formell-rechtlichen Anforderungen sind in § 98b enthalten. Eine einfache Fahndungsmaßnahme mit Handabgleich bleibt unabhängig von den Voraussetzungen der §§ 98a und 98b StPO nach §§ 161 I, 163 I StPO zulässig.[22] Außerdem kommt in § 98a I 1 StPO zum Ausdruck, dass die Möglichkeit unberührt bleibt, Datenträger des Beschuldigten oder Dritter zu beschlagnahmen und auszuwerten.[23]

576 **a) Materielle Rechtmäßigkeit.** Nach § 98a I 1 StPO muss für eine repressive Rasterfahndung der Anfangsverdacht einer Straftat von erheblicher Bedeutung aus bestimmten Bereichen der Kriminalität (Nr. 1 bis 6) gegeben sein. Diese sind Straftaten, die
- auf dem Gebiet des unerlaubten Betäubungsmittel- oder Waffenverkehrs, der Geld- oder Wertzeichenfälschung,
- auf dem Gebiet des Staatsschutzes,
- auf dem Gebiet der gemeingefährlichen Straftaten,
- gegen Leib oder Leben, die sexuelle Selbstbestimmung oder die persönliche Freiheit,
- gewerbs- oder gewohnheitsmäßig,
- von einem Bandenmitglied oder in anderer Weise organisiert

begangen worden sind. Eine **Straftat von erheblicher Bedeutung** muss mindestens dem mittleren Kriminalitätsbereich zuzurechnen sein, den Rechtsfrieden empfindlich stören und geeignet sein, das Gefühl der Rechtssicherheit der Bevölkerung erheblich zu beeinträchtigen. Die Grenze ist im mittleren Kriminalitätsbereich zu ziehen; Bagatelldelikte scheiden aus.[24] Ein Verbrechen muss

---

20 VwV PolG zu § 40 III.
21 BMKS § 40 Rn. 27; BeckOK PolR BW/*von der Grün* PolG § 40 Rn. 29.
22 Meyer-Goßner/Schmitt § 98a Rn. 8.
23 Kramer Rn. 216.
24 Meyer-Goßner/Schmitt § 98a Rn. 5 m. w. N.

nicht vorliegen, ist aber eine Straftat von erheblicher Bedeutung. Ein Vergehen ist eine Straftat von erheblicher Bedeutung, wenn die Strafrahmenobergrenze über zwei Jahre liegt.[25] Die Katalogtat muss nicht vollendet sein. Der Versuch reicht.[26] Die Rasterfahndung ist nach § 98a I 2 StPO nur zulässig, wenn andere Maßnahmen erheblich weniger Erfolg versprechend oder die Erreichung des Zwecks wesentlich erschwert wäre (sog. Grundsatz der Subsidiarität). Andere Maßnahmen sind **weniger Erfolg versprechend,** wenn ihr Einsatz anstelle der Rasterfahndung zu einem Aufklärungsdefizit führt.[27] Eine **wesentliche Erschwerung** liegt vor, wenn die Benutzung anderer Aufklärungsmittel einen erheblich größeren Zeitaufwand erfordern und daher zu einer wesentlichen Verfahrensverzögerung führen würde.[28] Neben der Subsidiarität ist noch der **allgemeine Grundsatz der Verhältnismäßigkeit** zu beachten.

b) **Formelle Rechtmäßigkeit.** Nach § 98b I 1 bis 3 StPO unterliegt die Rasterfahndung einem **Richtervorbehalt.** Einzelheiten über die Form der Anordnung ergeben sich aus § 98b I 4 bis 5 StPO. § 98b III StPO regelt die **Rückgabe der Datenträger** und die **Löschung der Daten** nach der Rasterfahndung. Die Entscheidung über die Löschung der Daten trifft im Ermittlungsverfahren die Staatsanwaltschaft und danach das Gericht.[29] Die zuständigen Datenschutzbehörden sind gemäß § 98b IV StPO zu informieren. Die Benachrichtigung der Betroffenen mit dem Hinweis auf den nachträglichen Rechtsschutz richtet sich nach § 101 IV StPO.

c) **Übermittlungspflicht des § 98a II StPO.** Bei Vorliegen der Anordnungsvoraussetzungen besteht nach § 98a II StPO eine **Übermittlungspflicht** der privaten oder öffentlichen Stelle, die die benötigten Daten gespeichert hat. §§ 98a und 98b StPO gelten jedoch auch, wenn die Daten den Ermittlern freiwillig herausgegeben worden sind.[30] Daten, deren Verwendung besondere bundesgesetzliche oder landesgesetzliche Vorschriften (z. B. § 35 SGB I, § 30 AO, § 5 PostG und § 88 TKG) entgegenstehen, sind nach § 98b I 6 StPO nicht zu übermitteln. Außerdem darf gemäß § 98b I 7 StPO die Übermittlung von nach § 96 StPO gesperrten und nach § 97 StPO beschlagnahmefreien Daten nicht verlangt werden. Die Übermittlungspflicht darf nach § 98b II StPO mit den Ordnungs- und Zwangsmitteln (§ 95 II StPO) grundsätzlich nur durch das Gericht angeordnet werden.

IV. Kontrollstellen und Kontrollbereiche

Kontrollstellen sind polizeiliche Einrichtungen zur Durchführung von Identitätsfeststellungen. Hierunter ist sowohl eine organisiert vorbereitete Kontrolle mit umfangreichem Personaleinsatz als auch die mit nur zwei Beamten besetzte

---

25 Burhoff Rn. 3194 m. w. N.
26 Meyer-Goßner/Schmitt § 98a Rn. 7; Wittig JuS 1997, 961 (969). A. A. SK/*Wohlers/Greco* § 98a Rn. 16.
27 SK/*Wohlers/Greco* § 98a Rn. 18.
28 KK/*Bruns* § 100a Rn. 35; Meyer-Goßner/Schmitt § 100a Rn. 13.
29 Meyer-Goßner/Schmitt § 98a Rn. 6.
30 Burhoff Rn. 3192.

Kontrollstelle, die außer einer Kelle zum Anhalten von Fahrzeugen kein technisches Gerät einsetzt, zu verstehen. Die Einrichtung eines **Kontrollbereichs** befugt die Polizei dazu, bei sämtlichen in dem Bereich angetroffenen Personen Identitätsfeststellungen durchzuführen. Die Einrichtung einer Kontrollstelle und eines Kontrollbereichs sind noch keine Grundrechtseingriffe.[31] Die polizeilichen Maßnahmen an der Kontrollstelle bzw. in dem Kontrollbereich (Anhalten, Festhalten, Feststellung der Identität, Durchsuchung) greifen jedoch in die Freiheit der Person (Art. 2 II 1 GG) und das Recht auf informationelle Selbstbestimmung (Art. 2 I i. V. m. Art. 1 I GG) ein.

1. Kontrollstellen gemäß § 111 StPO

580 § 111 StPO ist die Rechtsgrundlage für die Errichtung von Kontrollstellen zum Zweck der Fahndung nach Straftätern und der Erlangung von Beweismitteln zur Strafverfolgung. Ein typischer Fall für die Anwendung in der Praxis ist eine sog. **Ringalarmfahndung** nach einem Terroranschlag oder Bankraub.[32] § 111 StPO steht im Zusammenhang mit der Netzfahndung gemäß § 163d StPO, die die Speicherung der bei einer Kontrollstelle anfallenden Daten zulässt (Rn. 587 ff.). Kontrollen zu anderen Zwecken, wie z. B. § 36 V StVO und § 12 I GüKG, dürfen nicht zur Fahndung nach Straftätern benutzt werden.[33] § 111 StPO ist außerdem abzugrenzen von der polizeigesetzlichen Rechtsgrundlage des § 26 I Nr. 4 PolG. Gemäß § 26 I Nr. 4 PolG kann die Polizei die Identität einer Person feststellen, wenn sie an einer Kontrollstelle angetroffen wird, die von der Polizei zum Zwecke der Fahndung nach Straftätern eingerichtet worden ist. **Fahndung** i. S. v. § 26 I Nr. 4 PolG ist die allgemeine, von einem konkreten Ermittlungsverfahren unabhängige (ereignisunabhängige) Suche nach Straftätern, um die Begehung von Straftaten zu verhindern.[34] Die Fahndung in einem konkreten Ermittlungsverfahren richtet sich dagegen nach der Strafprozessordnung. Daher ist § 26 I Nr. 4 PolG im Geltungsbereich von § 111 StPO nicht anwendbar. § 111 StPO greift immer dann ein, wenn der Schwerpunkt der Maßnahme bei der Fahndung nach dem Täter einer bestimmten begangenen Straftat liegt.[35]

Beispiel:
Nach einem Bankraub werden zur Fahndung nach den Tätern Kontrollstellen gemäß § 111 StPO eingerichtet.

581 a) **Materiell-rechtliche Anordnungsvoraussetzungen.** Voraussetzung für die Errichtung einer Kontrollstelle ist nach § 111 I 1 StPO der Anfangsverdacht bestimmter **schwerer Straftaten.** Hierzu gehören eine Straftat nach § 89a StGB oder nach § 129a StGB, eine der in dieser Vorschrift bezeichneten Straftaten oder eine Straftat nach § 250 I Nr. 1 StGB. Der Versuch genügt.[36] Dem schweren Raub steht die Begehung der räuberischen Erpressung unter Führung von

---

31 SK/*Wolter* § 111 Rn. 2.
32 Dörschuck S. 58.
33 Meyer-Goßner/Schmitt § 111 Rn. 1; Joecks § 111 Rn. 1.
34 Stephan/Deger § 26 Rn. 18 und 19.
35 Stephan/Deger § 26 Rn. 21.
36 Joecks § 111 Rn. 2.

Schusswaffen gleich.[37] **Orte der Kontrollstelle** sind öffentliche Straßen und Plätze und an andere öffentlich zugängliche Orte.

Beispiele:
Bahnhöfe, Flugplätze, Sportplätze oder öffentliche Gebäude; nicht aber private Geschäftsräume wie Kaufhäuser und Gaststätten; auch nicht bewegliche Orte wie Eisenbahnzüge oder Flugzeuge.[38]

Die Errichtung der Kontrollstelle ist nur zulässig, wenn Tatsachen die Annahme rechtfertigen, dass die Kontrollstelle zur Ergreifung des Täters oder zur Sicherstellung von Beweismitteln führen kann, die der Aufklärung der Straftat dienen (sog. **Erfolgserwartung**). Es muss also ein räumlicher und zeitlicher Zusammenhang zur Tat vorliegen. § 111 StPO ist jedoch auch anwendbar, wenn aufgrund eines konkreten Fahndungshinweises nach einer zur Festnahme ausgeschriebenen Person, auch längere Zeit nach der Tat, gefahndet wird.[39] Außerdem muss die Errichtung der Kontrollstelle nach § 111 StPO verhältnismäßig sein.

b) Befugnisse an der Kontrollstelle. Die **Befugnisse an der Kontrollstelle** ergeben sich aus § 111 I 2 StPO. Danach ist jedermann verpflichtet, seine Identität feststellen und sich sowie mitgeführte Sachen durchsuchen zu lassen. Durchsucht werden können auch die Transportmittel. Die Durchsuchungsbefugnis des § 111 I 2 StPO erstreckt sich auch auf Wohnwagen, Campingbusse und Schlafkabinen in Lkw, obwohl sie zum Schutzbereich des Art. 13 I GG (Wohnung) gehören. Dies wird zu Recht mit dem Sinn und Zweck von § 111 StPO begründet. Der Gesetzgeber wollte, dass alle Objekte durchsucht werden können, die Personen bei sich haben, wenn sie eine Kontrollstelle passieren.[40] Für die **Durchsuchung** und die **Identitätsfeststellung** an einer Kontrollstelle gelten nach § 111 III StPO die Vorschriften der §§ 106 II 1, 107 2, 1. Halbsatz, die §§ 108, 109, 110 I und II sowie die §§ 163b und 163c StPO entsprechend. Entgegen dem Wortlaut des § 111 III StPO darf § 163b II 2 StPO, wonach der Unverdächtige nicht gegen seinen Willen **durchsucht oder ED-behandelt** werden darf, keine Anwendung finden. Ansonsten würde an einer Kontrollstelle eine Unterscheidung zwischen Verdächtigen und Unverdächtigen bestehen, die in § 111 StPO gerade aufgegeben worden ist.[41]

c) Formelle Rechtmäßigkeit. Die **Anordnung** der Maßnahme steht nach § 111 II StPO unter **Richtervorbehalt**. Bei **Gefahr im Verzug** können auch die Staatsanwaltschaft und ihre Ermittlungspersonen die Anordnung treffen.

Beispiel:
Nachts werfen Unbekannte Brandsätze auf ein Wohnheim für Asylbewerber. Zeugen informieren die Polizei, dass nach dem Anschlag ein roter BMW mit Böblinger Kennzeichen, mit vier jungen Männern, mit quiet-

---

37 KK/*Bruns* § 111 Rn. 4; LR/*Hauck* § 111 Rn. 8. A. A. SK/*Wolter* § 111 Rn. 4.
38 Joecks § 111 Rn. 5; Meyer-Goßner/Schmitt § 111 Rn. 8.
39 Meyer-Goßner/Schmitt § 111 Rn. 5 ff.; SK/*Wolter* § 111 Rn. 7.
40 Kramer Rn. 242.
41 Meyer-Goßner/Schmitt § 111 Rn. 11. A. A. Kramer Rn. 242; SK/*Wolter* § 111 Rn. 23.

schenden Reifen vom Tatort weg in Richtung B 27 gefahren sei. Daraufhin wird Ringalarm ausgelöst. Der Polizeiführer vom Dienst (Polizeirat) ordnet an, dass an den Kontrollpunkten der gesamte Fahrzeugverkehr angehalten wird und dass alle Insassen und alle Fahrzeuge durchsucht werden. Rechtsgrundlage für die Maßnahmen ist § 111 I StPO i. V. m. §§ 129a und 308 StGB. Erfolgserwartung liegt vor, da ein zeitlicher und örtlicher Zusammenhang zur Tat besteht. Der Polizeirat ist nach § 111 II StPO als Ermittlungsperson der Staatsanwaltschaft anordnungsbefugt. Es besteht Gefahr im Verzug, da jede auch nur kurzfristige Verzögerung, evtl. durch telefonische Verständigung des Bereitschaftsrichters, den Fahndungserfolg gefährden würde.

2. Kontrollen gemäß § 163 I StPO

585 § 111 StPO ist für die Einrichtung von Kontrollstellen zum Zweck der Fahndung nach Straftätern und der Erlangung von Beweismaterial für begangene Straftaten eine abschließende Regelung. Polizeiliche Kontrollstellen ähnlicher Art dürfen nicht errichtet werden. Das schließt jedoch bloße Sichtkontrollen nach § 163 I StPO nicht aus.[42]

Beispiel:
Die Polizei hat von einem Zeugen erfahren, dass eine Gruppe gewaltbereiter Hooligans mit insgesamt vier VW-Kombi-Fahrzeugen auf dem Weg nach Karlsruhe sind. Alle Hooligans sollen mit Baseballschlägern und mit Schlagringen bewaffnet sein. Der Zeuge konnte die amtlichen Kennzeichen der vier Fahrzeuge angeben. Die Polizei führt auf der Autobahn Sichtkontrollen durch, um die Fahrzeuge ausfindig zu machen. Da hier der Anfangsverdacht von Straftaten nach §§ 53 III Nr. 3, 37 I Nr. 6 WaffG besteht, können die Sichtkontrollen auf § 163 I StPO gestützt werden. Das Anhalten der verdächtigen Fahrzeuge richtet sich nach § 163b I StPO.

3. Gefahrenabwehrrechtliche Kontrollen

586 Rechtsgrundlagen für die Errichtung polizeirechtlicher Kontrollstellen und Kontrollbereiche sind § 26 I Nr. 4 und 5 PolG. Die Darstellung dieser Vorschriften erfolgte bereits bei der Identitätsfeststellung (Rn. 194 ff.).

V. Netzfahndung (§ 163d StPO)

587 § 163d StPO ist die Ermächtigung der Strafverfolgungsbehörden, um personenbezogene Daten, die bei Grenzkontrollen und bei Personenkontrollen nach § 111 StPO anfallen, zur Aufklärung bestimmter Straftaten in Dateien zu speichern.[43] Die Rechtfertigung für den mit der Netzfahndung (auch Schleppnetz- oder Kontrollfahndung genannt) verbundenen Eingriff in das Recht auf informationelle Selbstbestimmung (Art. 2 I i. V. m. Art. 1 I GG) ist das Bedürfnis der Behörden der Strafverfolgung, im Interesse einer wirksamen Strafverfol-

---

42 Meyer-Goßner/Schmitt § 111 Rn. 1.
43 Zur Entstehung von § 163d StPO Rogall NStZ 1986, 385 ff.; Kühl NJW 1987, 737 ff.

gung Daten über einen längeren Zeitraum verarbeiten und nutzen zu können.[44] Die praktische Bedeutung der Netzfahndung nach § 163d StPO ist jedoch wegen der hohen Anordnungsvoraussetzungen und dem Abbau der Binnengrenzen gering.[45]

1. Materielle Rechtmäßigkeit

Anordnungsvoraussetzung für eine Netzfahndung nach § 163d I 1 StPO ist der Anfangsverdacht einer der in § 111 StPO oder einer der in § 100a II Nr. 6 bis 9 und 11 StPO bezeichneten Straftaten. Hierbei handelt es sich neben der Bildung terroristischer Vereinigungen (§ 129a StGB) und dem Raub mit Schusswaffe (§ 250 I Nr. 1 StGB) vor allem um Waffen- und Betäubungsmitteldelikte. Damit werden Straftaten erfasst, die dem **Bereich der Schwerstkriminalität** zuzurechnen sind.[46] Die personenbezogenen Daten, die gespeichert werden, müssen bei einer grenzpolizeilichen Kontrolle oder einer Personenkontrolle nach § 111 StPO erhoben worden sein. Die Maßnahme richtet sich gegen Personen, die bestimmte Suchkriterien erfüllen. Zu den Daten, die gespeichert werden dürfen, zählen die **persönlichen Identitätsmerkmale** (Name, Geburtstag, Wohnort) und Daten, die für die Aufklärung der Tat von Bedeutung sein können (z. B. Typ und Kennzeichen eines Kfz, Erkenntnisse über Umstände der Identitätsfeststellung, Ergebnisse aus Durchsuchungen und ED-Behandlung).[47] Die Maßnahmen muss Erfolgsaussicht haben und die Maßnahme darf nicht außer Verhältnis zur Bedeutung der Sache stehen.

Beispiel:
Unmittelbar nach einem Raub mit einer Schusswaffe in einer Bank errichtet die Polizei an den Ausfahrtsstraßen der Stadt Kontrollstellen nach § 111 I StPO. Die Daten der die Kontrollstellen passierenden Kfz-Fahrer werden in einer Datei gemäß § 163d I 1 Nr. 1 StPO gespeichert.

§ 163d I 2 StPO stellt klar, dass diese Anordnungsvoraussetzungen auch gelten, wenn **Pässe** und **Personalausweise** ausgelesen werden. Bei § 163d I 2 StPO handelt es sich um eine andere Bestimmung i. S. v. § 3a II PersAuswG und § 17 II PassG. Die Vorschrift ist eine Ausnahme zu dem Verbot, nach dem personenbezogene Daten beim automatischen Lesen des Personalausweises oder Passes nicht in Dateien gespeichert werden dürfen.[48]

§ 163d StPO ist keine Rechtsgrundlage für die Datenerhebung. Die Norm enthält in § 163d I 1 StPO lediglich eine Ermächtigung für die Speicherung und in § 163d I 3 StPO für die Übermittlung der Daten.[49] Die Datenerhebung richtet sich nach §§ 2, 23 BPolG oder § 111 StPO.[50] Die Auswertung der Daten erfolgt auf der Grundlage von § 483 I StPO. Danach dürfen Strafverfolgungsbehörden personenbezogene Daten in Dateien nutzen, soweit dies für Zwecke

---
44 Wittig JuS 1997, 961.
45 LR/*Erb* § 163d Rn. 2b.
46 Kühl NJW 1987, 738 (741).
47 Meyer-Goßner/Schmitt § 163d Rn. 5.
48 Meyer-Goßner/Schmitt § 163d Rn. 12.
49 A.A. Wittig JuS 1997, 961 (963).
50 KK/*Bruns* § 111 Rn. 4; Meyer-Goßner/Schmitt § 111 Rn. 4.

des Strafverfahrens erforderlich ist. In Betracht kommt auch ein Vorgehen nach § 98c StPO. § 163d StPO enthält keine Befugnis zur Rasterfahndung. Hierfür müssen die Voraussetzungen von §§ 98a und 98b StPO vorliegen.[51]

2. Formelle Rechtmäßigkeit

591 Die formell-rechtlichen Voraussetzungen enthalten § 163d II bis III StPO. § 163d II StPO normiert einen **Richtervorbehalt** mit einer Eilzuständigkeit der Staatsanwaltschaft und ihrer Ermittlungspersonen. Da in dem obigen Beispiel (Rn. 588) Gefahr im Verzug vorlag, konnte die Polizei ihre Eilzuständigkeit in Anspruch nehmen. In diesem Fall muss die Staatsanwaltschaft unverzüglich die richterliche Bestätigung der Anordnung beantragen (§ 163d II 2 StPO). Soweit die Anordnung nicht binnen drei Werktagen von dem Gericht bestätigt wird, tritt sie außer Kraft (§ 163d II 3 i. V. m. § 100b I 3 StPO). Die Anforderungen an die Anordnung sind in § 163d III 1 bis 4 StPO enthalten. Die maximale Dauer der Anordnung von 6 Monaten ergibt sich aus § 163d III 4 und 5 StPO. Nach § 163d IV 1 ist die Maßnahmen unverzüglich zu beenden, wenn die Voraussetzungen für den Erlass der Anordnung nicht mehr vorliegen oder der Zweck erreicht ist. Die durch die Maßnahme erlangten personenbezogenen Daten sind unverzüglich zu löschen, sobald sie für das Strafverfahren nicht oder nicht mehr benötigt werden. Eine Speicherung, die die Laufzeit der Maßnahme um mehr als 3 Monate überschreitet, ist unzulässig. Insgesamt können damit die Daten 9 Monate gespeichert werden. Die Löschungspflicht gilt nur für die gespeicherten Daten und nicht für Daten, die nach einem Datenabgleich in die Akten des Strafverfahrens aufgenommen worden sind.[52] Über die Löschung ist die Staatsanwaltschaft zu informieren (§ 163d V 3 StPO). Die Daten dürfen nur anderen Strafverfolgungsbehörden (Staatsanwaltschaft, Polizei und Gerichte) übermittelt werden. Ein Datentransfer zu anderen Behörden, insbesondere zu den Geheimdiensten, ist ausgeschlossen (§ 163d I 3 StPO). Für die Betroffenen gelten im Übrigen die grundrechtssichernden Verfahrensregelungen des § 101 StPO.

VI. Polizeiliche Beobachtung

592 Eine **polizeiliche Beobachtung** ist die planmäßige, grundsätzlich heimliche Beobachtung einer Person oder einer Sache zur Erstellung eines vollständigen **Bewegungsbildes**. Durch die polizeiliche Beobachtung sollen Erkenntnisse über eine Person, ihre Kontaktpersonen und ihre Ortsveränderungen gesammelt werden. Neben der Erstellung eines Bewegungsbildes zielt die polizeiliche Beobachtung auf die **Gewinnung von Informationen über kriminelle Strukturen**.[53] Die polizeiliche Beobachtung ist von einer Observation (Rn. 656 ff.) zu unterscheiden. Beide Maßnahmen dienen der planmäßigen Aufklärung des Verhaltens einzelner Personen. Dabei geschieht die Observation durch die in der Regel verdeckt durchgeführte planmäßige Beobachtung einer Person durch

---

51 Meyer-Goßner/Schmitt § 163d Rn. 7.
52 Wittig JuS 1997, 981 (967).
53 Meyer-Goßner/Schmitt § 163e Rn. 2; Zeitler/Trurnit Rn. 760; Ruder Rn. 520; Lisken/Denninger/ Petri H Rn. 278; Hilger NStZ 1992, 523 (525).

Polizeibeamte. Die polizeiliche Beobachtung erfolgt dagegen nicht durch die persönliche Beobachtung, sondern durch Zusammenführen aller Informationen, die über eine Person vorhanden sind. Ziel ist dabei die Erstellung eines Bewegungsbildes.[54] Die Rechtsgrundlage für eine polizeiliche Beobachtung zur Strafverfolgung ist § 163e StPO. Das präventiv-polizeiliche Pendant hierzu ist § 25 I 1. Alt. PolG, der die Überschrift „Ausschreibung von Personen und Kraftfahrzeugen" trägt. Eine **Ausschreibung** ist die abrufbare Speicherung personenbezogener Daten in einer Datei (INPOL Datei Sach- oder Personenfahndung), verbunden mit dem Ersuchen an andere Polizeidienststellen des Bundes oder der Länder, Erkenntnisse über die ausgeschriebene Person oder das ausgeschriebene Kraftfahrzeug der ausschreibenden Dienststelle zu übermitteln.[55]

1. Polizeiliche Beobachtung gemäß § 163e StPO

§ 163e I StPO ist die Rechtsgrundlage für die strafverfahrensrechtliche **Ausschreibung zur polizeilichen Beobachtung** einer Person. Die Befugnis für die Ausschreibung zur polizeilichen Beobachtung erstreckt § 163e II StPO auf das Kennzeichen eines Kraftfahrzeuges, die Identifizierungsnummer oder äußere Kennzeichnung eines Wasserfahrzeuges, Luftfahrzeuges oder eines Containers. Aus § 163e III StPO folgt, dass im Falle des Antreffens auch die personenbezogenen Daten eines Begleiters der ausgeschriebenen Person sowie des Führers oder Nutzers einer nach § 163e II StPO ausgeschriebenen Sache gemeldet werden können. § 163e IV StPO enthält die formell-rechtlichen Anordnungsvoraussetzungen.

a) Materielle Rechtmäßigkeit. Die Ausschreibung zur Beobachtung anlässlich polizeilicher Kontrollen zur Feststellung von Personalien setzt den Anfangsverdacht einer **Straftat von erheblicher Bedeutung** voraus. Eine **Straftat von erheblicher Bedeutung** muss mindestens der mittleren Kriminalität zuzurechnen sein, den Rechtsfrieden empfindlich stören und geeignet sein, das Gefühl der Rechtssicherheit der Bevölkerung erheblich zu beeinträchtigen.[56] Für die polizeiliche Beobachtung werden keine Kontrollstellen extra errichtet, sondern lediglich bestehende Kontrollstellen genutzt.[57] In Betracht kommen hierbei Kontrollstellen nach §§ 111, 163b StPO und § 26 PolG. § 163e I 2 StPO enthält eine **Subsidiaritätsklausel**, wenn sich die Maßnahmen gegen den Beschuldigten richtet. Danach darf die Maßnahme gegen den Beschuldigten nur angeordnet werden, wenn die Erforschung des Sachverhalts oder die Ermittlung des Aufenthaltsortes des Täters auf andere Weise wesentlich weniger versprechend oder **wesentlich erschwert** wäre. Eine **wesentliche Erschwerung** liegt vor, wenn die Benutzung anderer Aufklärungsmittel einen erheblich größeren Zeitaufwand erfordern und daher zu einer wesentlichen Verfahrensverzögerung führen würde.[58] Gegen andere Personen ist die Maßnahmen nach § 163e I 3 StPO nur zulässig, wenn sie Kontaktpersonen des Beschuldigten sind, die Maßnahmen zur Erforschung des Sachverhalts oder

---

54 Gusy Rn. 207.
55 BMKS § 25 Rn. 2.
56 BVerfG NJW 2004, 999 (1110).
57 Joecks § 163e Rn. 4; Meyer-Goßner/Schmitt § 163e Rn. 4; BeckOK StPO/*von Häfen* StPO § 163e Rn. 1.
58 KK/*Bruns* § 100a Rn. 33; Meyer-Goßner/Schmitt § 100a Rn. 13.

zur Ermittlung des Aufenthaltsortes des Täters führen wird (**Erfolgsaussicht**) und dies auf andere Weise erheblich weniger Erfolg versprechend oder wesentlich erschwert wäre (**Subsidiarität**). Insgesamt muss die Maßnahme **verhältnismäßig** sein. Insbesondere darf sie in der Kombination mit anderen Maßnahmen nicht zu einer Totalüberwachung (Rn. 12) führen.

595 **b) Formelle Rechtmäßigkeit.** Nach § 163e IV 1 StPO darf die polizeiliche Beobachtung nur durch das Gericht (§§ 162, 169 StPO) angeordnet werden. Es besteht unter den Voraussetzungen von § 163e IV 2 und 4 StPO jedoch eine Eilzuständigkeit der Staatsanwaltschaft und ihrer Ermittlungspersonen. Gemäß § 163e IV 5 und 6 StPO beträgt die Dauer der Anordnung maximal ein Jahr. Sie kann jedoch jeweils um mehr als drei Monate verlängert werden, wenn die Voraussetzungen der Anordnung fortbestehen. Aus § 101 I und IV 1 Nr. 11 StPO ergibt sich die **Pflicht zur Benachrichtigung** der Personen, deren Daten gemeldet worden sind. Aus § 101 III und VIII StPO folgen **Kennzeichnungs-** und **Löschungspflichten**.

2. Ausschreibung von Personen und Kraftfahrzeugen (§ 25 PolG)

596 § 25 PolG befugt den Polizeivollzugsdienst dazu, potentielle Straftäter und die Kennzeichen der auf sie zugelassenen sowie der von ihnen benutzten oder eingesetzten Kraftfahrzeuge zum Zwecke der **Mitteilung über das Antreffen** (§ 25 I 1, 1. Alt. PolG) oder der **gezielten Kontrolle** (§ 25 I 1, 2. Alt. PolG) auszuschreiben. Im Gegensatz zu der Maßnahmen nach § 25 I 1, 1. Alt. PolG wird die gezielte Kontrolle nach § 25 I 1, 2. Alt. PolG offen durchgeführt. Die gezielte Kontrolle soll zusammen mit Maßnahmen nach §§ 26, 29 I Nr. 5 und 30 I Nr. 1 und 8 PolG wichtige Informationen über kriminelle Strukturen und Ziele liefern. Außerdem soll in der offenen Ermittlungsphase der Kontrolldruck gegenüber potenziellen Störer erhöht und diese sollen dadurch verunsichert werden.[59] § 25 PolG enthält mit der Erhebung, Speicherung, Nutzung und Übermittlung personenbezogener Daten mehrerer Phasen der Datenverarbeitung.[60]

597 **a) Materielle Rechtmäßigkeit (§ 25 I 1 PolG).** Die Ausschreibung einer Person und der Kennzeichen der auf ihren Namen zugelassenen sowie der von ihr benutzten oder eingesetzten Kraftfahrzeuge ist zum Zwecke der Mitteilung über das Antreffen oder der gezielten Kontrolle nach § 25 I 1 PolG zulässig, wenn prognostiziert werden kann, dass sie künftig Straftaten von erheblicher Bedeutung (§ 22 V PolG) begehen wird und die Mitteilung über das Antreffen oder der gezielten Kontrolle zur vorbeugenden Bekämpfung dieser Straftaten erforderlich ist. Diese Prognose muss auf einer gesicherten Tatsachengrundlage beruhen. Allein polizeiliches Erfahrungswissen oder gar bloße Vermutungen reichen nicht. Berücksichtigt werden können folgende Aspekte: Planung, die in der Ausführung oder zeitlichen Abfolge der früheren Straftaten gezeigte kriminelle Energie, die Art und Weise der Durchsetzung des verbrecherischen Willens oder die Wirkungslosigkeit von Straf- oder Resozialisierungsmaßnahmen.[61] Ein Kraftfahrzeug ist auf den Betroffenen **zugelassen**, wenn er der

---

[59] LT-Drs. 14/3165 S. 64.
[60] Stephan/Deger § 25 Rn. 3a.
[61] VwV PolG Nr. 1 zu § 25; Lisken/Denninger/*Petri* H Rn. 280 f.; Stephan/Deger § 25 Rn. 8.

Halter ist. Der Betroffene **benutzt** ein Kraftfahrzeug, wenn er es für einen gewissen Zeitraum nutzt ohne Halter zu sein. Er **setzt** ein Kraftfahrzeug **ein**, wenn er sich dessen bedient, z. B. im Rahmen eines Speditionsauftrages, ohne Halter noch Benutzer zu sein.[62]

Adressaten der Maßnahmen können nach § 25 I 1 Nr. 1 PolG zum einen Personen sein, bei denen die Gesamtwürdigung ihrer Person und der von ihnen bisher begangenen Straftaten ergibt, dass sie künftig Straftaten von erheblicher Bedeutung begehen werden (sog. **Intensivtäter**). Zum anderen können sich die Maßnahmen nach § 25 I 1 Nr. 2 PolG aber auch gegen Personen richten, die bisher noch keine Straftaten begangen haben. Dann müssen jedoch Tatsachen die Annahme rechtfertigen, dass sie zukünftig Straftaten von erheblicher Bedeutung begehen werden (sog. **Ersttäter**). Bei der Verhältnismäßigkeit der Maßnahmen ist insbesondere zu beachten, dass keine Totalüberwachung vorliegen darf.

b) Übermittlung der Erkenntnisse (§ 25 I 2 und 3 PolG). Die Rechtsgrundlage für die Übermittlung der bei der Kontrolle festgestellten Erkenntnisse an die ausschreibende Polizeidienststelle ist § 25 I 2 PolG. Gemäß § 25 I 3 PolG gilt die Befugnis zur Mitteilung der bei einer Kontrolle gewonnen Erkenntnisse auch, wenn die Person oder das Fahrzeug nach Art. 99 I des Schengener Durchführungsübereinkommens (SDÜ) zur gezielten Kontrolle ausgeschrieben ist.

c) Verfahrens- und Durchführungsvorschriften. Nach § 25 II 1 PolG muss die Ausschreibung vom Leiter oder einem von ihm besonders beauftragten Polizeibeamten des höheren Dienstes des Landeskriminalamtes angeordnet werden (sog. **Behördenleitervorbehalt**). Wenn eine Polizeidienststelle also die Ausschreibung einer Person und der von ihr genutzten Kraftfahrzeuge als erforderlich ansieht, muss sie sich an das Landeskriminalamt wenden. Die Anordnung ergeht nach § 25 II 2 PolG **schriftlich** und ist zu **begründen**. Sie ist auf höchstens 12 Monate zu **befristen**. Gemäß § 25 II 3 PolG sind Verlängerungen bis zu jeweils 12 Monaten mit jeweils neuer Anordnung zulässig. Nach § 25 III PolG hat der Polizeivollzugsdienst die Ausschreibung unverzüglich zu **löschen**, wenn die Voraussetzungen für die Anordnung nicht mehr vorliegen, ihr Zweck erreicht ist oder er nicht erreicht werden kann. Der Betroffene ist gemäß § 25 IV 1 PolG nach Beendigung der Maßnahme zu **unterrichten**. Betroffene i. S. v. § 25 IV 1 PolG sind die ausgeschriebene Person und andere Personen (z. B. Kontakt- und Begleitpersonen), deren Daten ebenfalls übermittelt worden sind. Nach § 25 IV 2 PolG unterbleibt die Unterrichtung bei Vorliegen der Voraussetzungen von § 22 VIII PolG.

VII. Einsatz automatischer Kennzeichenlesesysteme (§ 22a PolG)

§ 22a PolG regelt den **Einsatz automatischer Kennzeichenlesesysteme (AKLS)** zur polizeilichen Aufgabenerfüllung unter Beachtung der Vorgaben des Bundesverfassungsgerichts.[63] In der Strafprozessordnung fehlt eine vergleichbare

---

[62] Stephan/Deger § 25 Rn. 5; BMKS § 25 Rn. 14.
[63] BVerfG NJW 2008, 1503 ff.

Regelung.[64] Das AKLS erfasst die seinen Standort passierenden Fahrzeuge mit einer Videokamera. Die Buchstaben- und Zahlenfolge des Kennzeichens wird dann durch eine Software ausgelesen und automatisch mit den Sachfahndungsdateien des beim Bundeskriminalamt geführten polizeilichen Informationssystems (**INPOL-Sachfahndung**) und des Schengener Informationssystems (**SIS-Sachfahndung**) abgeglichen. Ist ein Kennzeichen nicht im Fahndungsbestand enthalten (sog. **Nichttrefferfall**), werden das Kennzeichen und die Bilddaten des erfassten Fahrzeugs umgehend gelöscht und zwar ohne, dass die Kontrollkräfte hiervon Kenntnis nehmen können. Wenn das Kennzeichen im Fahndungsbestand enthalten ist (sog. **Trefferfall**), wird das Ergebnis dem Polizeivollzugsdienst übermittelt, der dann weitere Maßnahmen aufgrund anderer Rechtsgrundlagen (z. B. Feststellung der Personalien oder Beschlagnahme des Kfz) treffen kann.[65]

602 § 22a I PolG ist die **Rechtsgrundlage für die Datenerhebung** mit Hilfe von AKLS. Danach kann der Polizeivollzugsdienst zur Abwehr einer Gefahr oder zur vorbeugenden Bekämpfung von Straftaten bei Kontrollen nach § 26 I PolG durch den verdeckten Einsatz technischer Mittel automatisch Bilder von Fahrzeugen aufzeichnen und deren Kennzeichen erfassen. Der **Abgleich der ermittelten Daten** mit dem Fahndungsbestand ist in § 22a II PolG geregelt. § 22a III PolG enthält Vorschriften für den Nichttrefferfall. Die Vorgaben für das polizeiliche Vorgehen im Trefferfall ergeben sich dagegen aus § 22a IV PolG.[66]

603 Bisher hat der durch das ÄndG 2008 in das Polizeigesetz eingefügte § 22a PolG in der polizeilichen Praxis keine Bedeutung erlangt. Grund hierfür ist die Fassung von § 22a I 1 PolG. Durch die Formulierung „bei Kontrollen nach § 26 I PolG" knüpft die Vorschrift an die sechs Konstellationen des § 26 I PolG an, bei denen die Polizei die Identität einer Person feststellen kann (Rn. 183 ff.). Damit ist die Maßnahme nur durchführbar, wenn die Voraussetzungen von § 26 I PolG vorliegen und die Maßnahme nach § 26 I PolG auch tatsächlich durchgeführt wird.[67] Hierdurch ist der Anwendungsbereich von § 22a PolG für die Polizei stark eingeschränkt.

VIII. Ausschreibungen gemäß §§ 131 ff. StPO

604 § 131 StPO ist die Rechtsgrundlage für eine **Ausschreibung zur Festnahme** (früher: Steckbrief). § 131a StPO normiert die **Ausschreibung zur Aufenthaltsermittlung** von Beschuldigten oder Zeugen. § 131b StPO enthält die Voraussetzungen für die **Veröffentlichung von Abbildungen** zur Identifizierung noch unbekannter Beschuldigter oder Zeugen sowie zu sonstigen Aufklärungszwecken. Aus § 131c StPO ergeben sich **Anordnungsbefugnisse** für Maßnahmen nach §§ 131a und 131b StPO. Die §§ 131 bis 131c StPO gelten für die Strafverfolgung und die Strafvollstreckung (§ 457 III 1 StPO). Die nicht an das

---

64 Kramer Rn. 242.
65 BVerfG, NJW 2008, 1503 (1505); LT-Drs. 14/3165 S. 46.
66 Näher hierzu Zeitler/Trurnit Rn. 693 ff.; Ruder Rn. 487 ff.
67 Stephan/Deger § 22a Rn. 3; BMKS § 22a Rn. 12.

Vorliegen einer Straftat von erheblicher Bedeutung anknüpfende Ausschreibung zur Aufenthaltsermittlung (§ 131a StPO) ist auch zur Aufklärung von Ordnungswidrigkeiten möglich.[68] Weniger tief als §§ 131 bis 131c StPO in das allgemeine Persönlichkeitsrecht des Betroffenen eingreifende Maßnahmen zu dessen Auffindung können auf §§ 161 I, 163 I StPO gestützt werden und sind nach dem **Grundsatz der Verhältnismäßigkeit** vorzuziehen.[69]

Beispiel:
Gegen B liegt ein Haftbefehl vor. Die Polizei trifft B nicht zu Hause an. Um die Festnahme durchzuführen, fragen die Beamten in der Nachbarschaft nach, wo sich B zurzeit aufhält. Die Rechtsgrundlage hierfür ergibt sich nicht aus §§ 131 ff. StPO, sondern aus § 163 I 2 StPO.

1. Ausschreibung zur Festnahme (§ 131 StPO)

Die **Ausschreibung zur Festnahme** bewirkt, dass die Polizei bei Abfrage der Personalien im aktuellen Fahndungsbestand feststellen kann, ob die angehaltene Person festgenommen werden soll. Voraussetzung für diese Maßnahme ist nach § 131 I StPO grundsätzlich ein vollstreckbarer Haft- oder Unterbringungsbefehl.[70] Die Ausschreibung zur Festnahme kann von einem Richter oder der Staatsanwaltschaft veranlasst werden. Wenn Gefahr im Verzug vorliegt, können auch die Ermittlungspersonen der Staatsanwaltschaft die Ausschreibung vornehmen. Die Einzelheiten über die Fahndung sind dabei in Ziff. 40 ff. RiStBV geregelt. Hieraus ergibt sich insbesondere, dass die Fahndungsmittel das Bundeszentral-, das Verkehrszentral-, das Gewerbezentral- und das Ausländerzentralregister sind. Außerdem stehen zur Fahndung das EDV-Fahndungssystem der Polizei (INPOL), Dateien nach §§ 483 ff. StPO, das Bundeskriminalblatt und die Landeskriminalblätter und das Schengener Informationssystem (SIS) zur Verfügung. Wenn die Voraussetzungen eines Haftbefehls oder Unterbringungsbefehls vorliegen, dessen Erlass nicht ohne Gefährdung des Fahndungserfolges abgewartet werden kann, können nach § 131 II StPO die Staatsanwaltschaft und ihre Ermittlungspersonen die Ausschreibung der Festnahme veranlassen. Die Entscheidung über den Erlass des Haft- oder Unterbringungsbefehls ist dann unverzüglich, spätestens binnen einer Woche herbeizuführen.

Während bei § 131 I und II StPO die Ausschreibung zur Festnahme nur in **behördeninternen Fahndungssystemen** erfolgt, regelt § 131 III StPO die **Öffentlichkeitsfahndung**. Danach können bei einer **Straftat von erheblicher Bedeutung** (Rn. 576) in den Fällen von § 131 I und II der Richter und der Staatsanwalt auch Öffentlichkeitsfahndungen veranlassen, wenn andere Formen der Aufenthaltsermittlung **erheblich weniger Erfolg versprechend** oder **wesentlich erschwert** wären (Rn. 576). Daher müssen die Strafverfolgungsbehörden zunächst prüfen, ob nicht mildere Formen der Aufenthaltsermittlung ausreichen und vorrangig anzuwenden sind.[71] Bei Gefahr im Verzug besteht eine Eilzu-

---

68 Brodersen NJW 2000, 2536 (2537).
69 Hilger NStZ 2000, 561 (562).
70 BeckOK StPO/*Niesler* StPO § 131 Rn. 1.
71 LR/*Hilger* § 131 Rn. 19.

ständigkeit der Polizei.[72] In diesen Fällen ist die Entscheidung der Staatsanwaltschaft unverzüglich herbeizuführen. Die Anordnung tritt außer Kraft, wenn diese Bestätigung nicht binnen 24 Stunden erfolgt. Bei der Öffentlichkeitsfahndung nutzen die Strafverfolgungsbehörden Publikationsorgane (z. B. Presse, Rundfunk, Fernsehen) und das Internet, um einem offenen Kreis von unbestimmten Adressaten Fahndungsdaten zugänglich zu machen[73]. Wegen der Intensität des mit einer Öffentlichkeitsfahndung für den Betroffenen verbundenen Eingriffs in sein allgemeines Persönlichkeitsrechts ist der Grundsatz der Verhältnismäßigkeit besonders zu beachten.[74] Nähere Einzelheiten hierzu regelt die Anlage B RiStBV.

607 Nach § 131 IV StPO ist der Beschuldigte möglichst genau zu bezeichnen und soweit erforderlich zu beschreiben; eine Abbildung darf beigefügt werden. Die Tat, derer er verdächtig ist, sowie Ort und Zeit ihrer Begehung können angegeben werden. Hierdurch sollen Verwechselungen vermieden werden.[75] Außerdem können Angaben zu Umständen, die für die Ergreifung von Bedeutung sein können, gemacht werden. Insbesondere sollte auf eine Gefährlichkeit des Beschuldigten hingewiesen werden.[76] Wenn der Beschuldigte durch die Ausschreibung ergriffen wird, bestimmen § 113 V i. V. m. § 115 und § 115a StPO das weitere Verfahren. Danach ist der Beschuldigte grundsätzlich unverzüglich dem Haftrichter vorzuführen, der über die Aufrechterhaltung des Haftbefehls zu entscheiden hat.

2. Ausschreibung zur Aufenthaltsermittlung (§ 131a StPO)

608 Gemäß § 131a StPO darf die **Ausschreibung zur Aufenthaltsermittlung** eines Beschuldigten oder eines Zeugen angeordnet werden, wenn sein Aufenthalt nicht bekannt ist.[77] Aus § 131a II StPO ergibt sich, dass die Ausschreibung zur Aufenthaltsermittlung eines Beschuldigten auch erfolgen darf, wenn sie zur Sicherstellung des Führerscheins (§ 94 III StPO), für eine erkennungsdienstlichen Behandlung (§ 81b StPO), zur Anfertigung einer DNA-Analyse (§ 81g StPO) oder zur Identitätsfeststellung (§ 163b StPO) erforderlich ist. Ebenso wie bei einer Ausschreibung zur Festnahme ist nach § 131a III StPO eine Öffentlichkeitsfahndung zur Aufenthaltsermittlung zulässig. Hierfür muss der **dringende Verdacht** (Rn. 31) einer **Straftat von erheblicher Bedeutung** (Rn. 576) vorliegen und die Aufenthaltsermittlung auf andere Weise (z. B. durch eine Nachfrage bei der Meldebehörde) erheblich **weniger Erfolg versprechend** oder **wesentlich erschwert** sein (Rn. 576). § 131a IV StPO gibt die inhaltlichen Anforderungen der Ausschreibung vor. Nach § 131a V StPO dürfen Ausschreibung zur Aufenthaltsermittlung in allen Fahndungshilfsmitteln der Strafverfolgungsbehörden (Rn. 605) vorgenommen werden.

609 Fahndungen zur Aufenthaltsermittlung nach § 131a I und II StPO bedürfen der Anordnung durch den Staatsanwalt. Bei Gefahr im Verzug dürfen sie auch

---

72 Kritisch hierzu Ranft StV 2002, 38 (41).
73 SK/*Paeffgen* § 131 Rn. 6; LR/*Hilger* § 131 Rn. 17.
74 SK/*Paeffgen* § 131 Rn. 6; LR/*Hilger* § 131 Rn. 20 ff.
75 Meyer-Goßner/Schmitt § 131 Rn. 5.
76 Lisken/Denninger/*Frister* F Rn. 207.
77 Kritisch hierzu Ranft StV 2002, 38 (42 f.).

durch ihre Ermittlungspersonen angeordnet werden (§ 131c I 2 StPO). Fahndungsanordnungen der Polizei zur Aufenthaltsermittlung treten außer Kraft, wenn sie nicht binnen einer Woche von der Staatsanwaltschaft bestätigt werden (§ 131c II 2 StPO). Mit dem Außerkrafttreten muss die Maßnahme beendet werden.[78]

3. Aufklärungs- und Identitätsfahndung (§ 131b StPO)

Während § 131 IV und § 131a IV StPO eine Öffentlichkeitsfahndung zur Festnahme und Aufenthaltsermittlung des Beschuldigten gestatten, regelt § 131b StPO die **Veröffentlichung von Abbildungen** eines Beschuldigten und eines Zeugen zur Aufklärung einer Straftat. **610**

Beispiel:
Mitarbeit der Strafverfolgungsbehörden an Fernsehsendungen wie „Aktenzeichen XY – ungelöst".

Nach § 131b I StPO ist die Veröffentlichung von Ablichtungen eines Beschuldigten beim Verdacht einer **Straftat von erheblicher Bedeutung** (Rn. 576) zulässig. Dabei kommt jede Art einer Ablichtung in Betracht, auch ein Phantombild.[79] Außerdem muss die Aufklärung dieser Straftat, insbesondere die Feststellung der Identität des unbekannten Täters, auf andere Weise erheblich **weniger Erfolg versprechend** oder **wesentlich erschwert** sein (Rn. 576). Die Veröffentlichung von Ablichtungen eines Zeugen und Hinweise auf das der Veröffentlichung zugrunde liegende Strafverfahren sind gemäß § 131b II StPO auch zulässig, wenn die Aufklärung einer **Straftat von erheblicher Bedeutung** (Rn. 576), insbesondere die Feststellung der Identität eines Zeugen, auf andere Weise **aussichtslos** oder **wesentlich erschwert** wäre (Rn. 710). Die Veröffentlichung muss erkennbar machen, dass die abgebildete Person nicht Beschuldigter ist. Weitere Anforderungen an die Veröffentlichung ergeben sich aus § 131b III i. V. m. § 131 IV StPO.

Aufklärungs- und Identitätsfahndungen dürfen nach § 131c I 1 StPO nur durch den Richter, bei **Gefahr im Verzug** auch durch die Staatsanwaltschaft und ihre Ermittlungspersonen angeordnet werden. In Fällen andauernder Veröffentlichung in elektronischen Medien sowie bei wiederholter Veröffentlichung im Fernsehen oder in periodischen Druckwerken tritt die Anordnung der Staatsanwaltschaft und der Polizei gemäß § 131c II 1 StPO außer Kraft, wenn sie nicht binnen einer Woche von dem Richter bestätigt wird. Ohne die richterliche Bestätigung muss die Maßnahme beendet werden.[80] **611**

---

[78] Hilger NStZ 2000, 563.
[79] Meyer-Goßner/Schmitt § 131b Rn. 1; BeckOK StPO/*Niesler* StPO § 131b Rn. 4.
[80] Hilger NStZ 2000, 563.

M. Bild- und Tonaufzeichnungen außerhalb von Wohnungen

I. Allgemeines

612 Polizeiliche Bild- und Tonaufzeichnungen entstehen in der Regel durch den Einsatz von Videokameras. Sie sind Eingriffe in das Recht auf informationelle Selbstbestimmung (Art. 2 I i. V. m. Art. 1 I GG), wenn sie außerhalb von Wohnungen durchgeführt werden.[1] Der **Begriff der Wohnung** wird weit ausgelegt. Die **Wohnung** umfasst neben der Wohnung im engeren Sinne auch Arbeits-, Betriebs- und Geschäftsräume. Zu den geschützten Räumlichkeiten gehören auch diejenigen Teile der Betriebsräume, die der Hausrechtsinhaber aus eigenem Entschluss der Öffentlichkeit zugänglich gemacht hat. Auch in diesem Fall gewährleistet das Grundrecht der Unverletzlichkeit der Wohnung des Art. 13 I GG Schutz gegen Eingriffe in seine Entscheidung über das Zutrittsrecht im Einzelnen und über die Zweckbestimmung des Aufenthalts.[2] Polizeiliche Bild- und Tonaufzeichnungen während einer **Versammlung** greifen neben dem Recht auf informationelle Selbstbestimmung (Art. 2 I i. V. m. Art. 1 I GG) auch in die Versammlungs- und Meinungsfreiheit (Art. 8 I und 5 I GG) der Teilnehmer ein.[3] Dies gilt auch für Übersichtsaufnahmen. Die Aufnahmen sind dazu geeignet, bei den Teilnehmern ein Gefühl der Beobachtung hervorzurufen und diese von der Teilnahme an der Versammlung abzuhalten. Der einzelne Teilnehmer muss ständig damit rechnen, durch eine Vergrößerung des ihn betreffenden Bildausschnitts individuell und besonders beobachtet zu werden.[4] Dies beeinträchtigt nicht nur die individuellen Entfaltungschancen des Einzelnen, sondern auch das Gemeinwohl, weil die kollektive öffentliche Meinungskundgabe eine elementare Funktionsbedingung eines auf Handlungs- und Mitwirkungsfähigkeit seiner Bürger gegründeten demokratischen und freiheitlichen Gemeinwesens ist.[5] Das polizeiliche Anfertigen von Bild- und Tonaufzeichnungen außerhalb von Wohnungen bedarf daher einer hinreichend bestimmten und verhältnismäßigen gesetzlichen Rechtsgrundlage. Für die Strafverfolgung ergeben sich diese aus §§ 163 I, 100h und 100f StPO. Der Einsatz technischer Mittel zur Anfertigung von Bild- und Tonaufzeichnungen zur Gefahrenabwehr ist in §§ 21 und 22 PolG geregelt. Bei öffentlichen Versammlungen greifen die speziellen Regelungen der §§ 12a und 19a VersG. Rechtsgrundlagen, die zur Anfertigung von Bild- und Tonaufzeichnungen ermächtigen, erfassen als sog. **Minusmaßnahmen** auch **Bild- und Tonaufnahmen ohne Aufzeichnung**, wie insbesondere die Übertragung von Bildern mit einer Videokamera auf einen Monitor (sog. **Kamera-Monitor-Prinzip**).[6]

---

1 BVerfG NVwZ 2007, 688 (690 f.); BVerwG NVwZ 2012, 757 (758 f.).
2 BVerfG NJW 1998, 1627 (1631).
3 VG Berlin NVwZ 2010, 1442 (1443).
4 BVerfG NVwZ 2009, 441 (446); VG Berlin NVwZ 2010, 1442 f. A. A. Dürig-Friedl/Enders § 12a Rn. 14 ff.
5 BVerfG NVwZ 2009, 441 (446).
6 WHT § 6 Rn. 77.

II. Bild- und Tonaufzeichnungen zur Strafverfolgung

Das Anfertigen von Bildaufnahmen zur Strafverfolgung kann auf §§ 163 I und 100h I 1 Nr. 1 StPO gestützt werden. § 100f StPO regelt das strafverfahrensrechtliche Abhören und Aufzeichnen des nichtöffentlich gesprochenen Wortes außerhalb von Wohnungen (sog. **kleiner Lauschangriff**). Die Rechtsgrundlagen für die akustische Wohnraumüberwachung zur Strafverfolgung (sog. **großer Lauschangriff**) ergeben sich aus §§ 100c ff. StPO (Rn. 686 ff.). Wenn Bild- und Tonaufnahmen im Rahmen erkennungsdienstlicher Maßnahmen durchgeführt werden, richtet sich dies nach §§ 81b und 163b StPO (Rn. 254 ff.). **613**

1. Bild- und Tonaufnahmen nach § 163 I StPO

Das Anfertigen von Lichtbildern am Tatort zur Beweissicherung und Auswertung (sog. **Spurensicherung**) ist von § 163 I StPO gedeckt.[7] Gleiches gilt für das Aufzeichnen des öffentlich gesprochenen Wortes (Rn. 655).[8] **614**

2. Bildaufnahmen nach § 100h I 1 Nr. 1 StPO

§ 100h I 1 Nr. 1 StPO ist die Rechtsgrundlage für Bildaufnahmen außerhalb von Wohnungen zu Zwecken der strafverfahrensrechtlichen Observation. Der Einsatz sonstiger besonderer für Observationszwecke bestimmter technischer Mittel zur Strafverfolgung richtet sich nach § 100h I 1 Nr. 2 StPO. **615**

a) Materiell-rechtliche Anordnungsvoraussetzungen. Aus der Formulierung des § 100h I 1 Nr. 1 StPO („auch ohne Wissen des Betroffenen") folgt, dass die Maßnahme **verdeckt und offen** durchgeführt werden kann. Die Maßnahme ist nur außerhalb des Schutzbereichs von Art. 13 I GG anwendbar.[9] Zu einer **Wohnung** zählen alle Räume, die der allgemeinen Zugänglichkeit durch eine räumliche Abschottung entzogen und zur Stätte des privaten Lebens und Wirkens gemacht sind.[10] **616**

> **Beispiele:**
> Nicht allgemein zugängliche Büro- und Geschäftsräume, Krankenzimmer und der Garten eines Hauses. Deswegen findet § 100h I 1 Nr. 1 StPO keine Anwendung, wenn der Beschuldigte auf der Terrasse seines Gartens aufgenommen werden soll. Hierbei handelt es sich um einen Teil seiner Wohnung.

Eine Maßnahme gemäß § 100h I 1 Nr. 1 StPO setzt die Beachtung des **Subsidiaritätsgrundsatzes** voraus. Bildaufnahmen dürfen auch ohne Wissen der Betroffenen außerhalb von Wohnungen nur hergestellt werden, wenn die Erforschung des Sachverhalts oder die Ermittlung des Aufenthaltsortes eines Beschuldigten auf andere Weise **weniger erfolgversprechend** oder **erschwert** wäre. Gemäß § 100h II 1 StPO dürfen die Bildaufnahmen nur von dem Beschuldigten angefertigt werden. Gegen andere Personen sind Bildaufnahmen nach § 100h II 2 Nr. 2 StPO nur zulässig, wenn die Erforschung des Sachver- **617**

---

[7] Joecks § 163 Rn. 13.
[8] Meyer-Goßner/Schmitt § 100c Rn. 3.
[9] Meyer-Goßner/Schmitt § 100h Rn. 1.
[10] Meyer-Goßner/Schmitt § 100f Rn. 2 m. w. N.

halts oder die Ermittlung des Aufenthaltsortes eines Beschuldigten auf andere Weise **erheblich weniger erfolgversprechend** oder **wesentlich erschwert** wäre (Rn. 576). § 100h III StPO stellt klar, dass die Maßnahme auch durchgeführt werden darf, wenn Dritte unvermeidbar betroffen werden.

Beispiel:
Bei einer durch die Herstellung von Bildaufnahmen unterstützten längerfristigen Observation eines Beschuldigten nach §§ 163f I, 100h I 1 Nr. 1 StPO lässt es sich in der Regel technisch nicht immer vermeiden, dass bei Aufnahmen in der Öffentlichkeit unbeteiligte Passanten mit aufgenommen werden.

618 b) **Formelle Rechtmäßigkeit. Anordnungsbefugt** sind die Staatsanwaltschaft und die Beamten des Polizeivollzugsdienstes. Die Polizei wird die Anordnung regelmäßig nur dann treffen, wenn sie keinen Aufschub gestattet, also die Staatsanwaltschaft nicht erreichbar ist.[11] Die **weiteren Anforderungen für die formelle Rechtmäßigkeit** ergeben sich aus § 101 I Nr. 6, II bis VIII StPO.

3. **Abhören außerhalb von Wohnungen (§ 100f StPO)**

619 Die Rechtsgrundlage für das Abhören des nichtöffentlich gesprochenen Wortes außerhalb von Wohnungen (sog. **kleiner Lauschangriff**) ist § 100f StPO. Das Abhören aus Wohnungen (sog. **großer Lauschangriff**) ist in §§ 100c ff. StPO geregelt (Rn. 683 ff.). Öffentlich gesprochene Worte dürfen nach § 163 I StPO aufgezeichnet werden (Rn. 116 ff.).

620 a) **Materielle Rechtmäßigkeit.** § 100f StPO ist ähnlich gestaltet wie § 100a StPO, der die inhaltliche Überwachung der Telekommunikation zur Strafverfolgung regelt. So erfordert eine Maßnahme nach § 100f I StPO den **Anfangsverdacht einer Katalogtat** des § 100a II StPO (Rn. 710). Diese muss auch **im Einzelfall schwer wiegen** (Rn. 710). Indizien hierfür sind die Schutzwürdigkeit der verletzten Rechtsgüter, der Grad der Bedrohung der Allgemeinheit, die Art der Begehung der Straftat, die Anzahl der Geschädigten und/oder das Ausmaß des Schadens.[12] Die Maßnahme darf **auch ohne Wissen** des Betroffenen **außerhalb von Wohnungen** (Rn. 612) durchgeführt werden. Sie muss darauf gerichtet sein, das **nichtöffentlich gesprochene Wort** mit **technischen Mitteln** (z. B. Wanzen, versteckte Mikrophone und Aufzeichnungsgeräte) abzuhören und aufzuzeichnen. **Nichtöffentlich** sind alle Äußerungen, die für niemand anders als den Gesprächspartner bestimmt sind.[13] Vorbereitungs- und Begleitmaßnahmen, die der Installation der technischen Geräte dienen, sind von § 100f StPO ebenso wie bei § 100h I 1 Nr. 2 StPO gedeckt.[14]

Beispiel:
Um in einem Pkw eine Wanze zu installieren, dringen Beamte des MEK in den Pkw ein.

---

11 SK/*Wolter/Greco* § 100h Rn. 9.
12 BVerfG NJW 2012, 833 (836 f.).
13 BeckOK StPO/*Hegmann* StPO § 100f Rn. 2 und § 100c Rn. 5.
14 BGH NStZ 2001, 386 (387).

621 § 100f I StPO verlangt, dass die Ermittlungen auf andere Weise **aussichtslos oder wesentlich erschwert** wären (**Grundsatz der Subsidiarität**). Aussichtslosigkeit besteht, wenn andere Aufklärungsmittel nicht vorhanden sind. Eine wesentliche Erschwerung liegt vor, wenn die Benutzung anderer Aufklärungsmittel einen erheblich größeren Zeitaufwand erfordern und daher zu einer wesentlichen Verfahrensverzögerung führen würde.[15] Hierbei besteht ein Beurteilungsspielraum der Strafverfolger.[16] Gemäß § 100f II 1 StPO darf sich die Maßnahme nur gegen einen Beschuldigten richten. Gegen andere Personen ist die Maßnahme nach § 100h II 2 StPO nur zulässig, wenn sie Kontaktpersonen des Beschuldigten sind, die Maßnahme zur Erforschung des Sachverhalts oder zur Ermittlung des Aufenthaltsortes eines Beschuldigten führen wird (**Erfolgsprognose**) und dies auf andere Weise aussichtslos oder wesentlich erschwert wäre (**Subsidiarität**). Die Maßnahme darf auch durchgeführt werden, wenn Dritte unvermeidbar betroffen werden. Der verfassungsrechtlich gebotene **Schutz des Kernbereichs der privaten Lebensgestaltung** (Rn. 8 ff.) ist zu beachten. Dies führt insbesondere dazu, dass Erkenntnisse aus einem im Rahmen eines kleinen Lauschangriffs nach § 100f StPO abgehörten und aufgezeichneten Selbstgesprächs eines Beschuldigten einem Beweisverwertungsverbot unterliegen.[17] Im Übrigen muss die Maßnahme insgesamt **verhältnismäßig** sein.

622 b) **Formelle Rechtmäßigkeit.** Die **formell-rechtlichen Anforderungen** ergeben sich aus § 100h IV StPO, der auf § 100b I, IV 1 und § 100d II StPO verweist. Daraus folgt vor allem, dass eine **Anordnungsbefugnis des Ermittlungsrichters** (§§ 162 I 1, 169 StPO) besteht. Bei **Gefahr im Verzug** kann die Anordnung von der Staatsanwaltschaft getroffen werden. Eine Eilzuständigkeit der Polizei besteht nicht. Weitere Voraussetzungen der formellen Rechtmäßigkeit enthält § 101 StPO.

III. Bild- und Tonaufzeichnungen zur Gefahrenabwehr

623 § 21 PolG regelt den **offenen Einsatz technischer Mittel zur Anfertigung von Bild- und Tonaufzeichnungen** zur Gefahrenabwehr bei öffentlichen Veranstaltungen und Ansammlungen (§ 21 I PolG), an gefährdeten Objekten (§ 21 II PolG), an sog. Kriminalitätsbrennpunkten (§ 21 III PolG), zum Schutz von Beamtinnen und Beamten des Polizeivollzugsdienstes (§ 21 IV und V PolG) und zur Überwachung des Gewahrsams (§ 21 VI PolG). Der **verdeckte Einsatz technischer Mittel zur Anfertigung von Lichtbildern und Bildaufzeichnungen** richtet sich nach § 22 I Nr. 2 und II PolG. § 22 I Nr. 2 und III PolG sind dagegen die Rechtsgrundlagen für den **verdeckten Einsatz technischer Mittel zum Abhören und Aufzeichnen des nichtöffentlich gesprochenen Wortes.** Das Anfertigen von Bild- und Tonaufzeichnungen sind keine Verwaltungsakte, sondern Realakte. Deswegen ist das LVwVfG nicht anwendbar.[18] Zu beachten

---

15 BeckOK StPO/*Hegmann* StPO § 100f Rn. 10; Meyer-Goßner/Schmitt § 100a Rn. 13.
16 Meyer-Goßner/Schmitt § 100a Rn. 13.
17 BGH NStZ 2012, 277 ff.
18 Zeitler/Trurnit Rn. 564.

sind bei der Prüfung der formellen Rechtmäßigkeit nur die sich aus dem Polizeigesetz ergebenden Anforderungen (§§ 21 VII und VIII, 22 VI bis VIII PolG).

1. Bild- und Tonaufzeichnungen bei öffentlichen Veranstaltungen und Ansammlungen (§ 21 I PolG)

624 a) **Materielle Rechtmäßigkeit.** Nach 21 I 1 PolG kann der Polizeivollzugsdienst bei oder im Zusammenhang mit öffentlichen Veranstaltungen oder Ansammlungen, die ein besonderes Gefährdungsrisiko aufweisen, Bild- und Tonaufzeichnungen von Personen zur Erkennung und Abwehr von Gefahren anfertigen. Eine **Veranstaltung** ist eine Zusammenkunft mehrerer Menschen zur Verfolgung eines Zwecks. Eine Veranstaltung ist **öffentlich**, wenn jedermann frei Zutritt zu ihr hat. Ein Eintrittsgeld steht dem öffentlichen Charakter nicht entgegen. Im Gegensatz zu einer Versammlung i. S. v. Art. 8 I GG besteht der Zweck nicht darin, sich mit mehreren gemeinsam eine Meinung zu bilden und/oder diese zu äußern.[19]

Beispiele:
Märkte, Volksfeste, Sportveranstaltungen und Konzerte.

625 Im Gegensatz zu einer Veranstaltung, die durch eine gewisse Organisation gekennzeichnet ist, bildet sich eine **Ansammlung** in der Regel spontan.[20]

Beispiel:
Neugierige Passanten bei einem Unfall oder Brand.

626 Bei öffentlichen Versammlungen ist § 21 I PolG nicht anwendbar. Das Anfertigen von Bild- und Tonaufzeichnungen durch die Polizei bei öffentlichen Versammlungen und Aufzügen ist in §§ 12a und 19a VersG (Rn. 649 ff.) abschließend spezialgesetzlich geregelt.[21]

627 Veranstaltungen und Ansammlungen weisen nach § 21 I 2 Nr. 1 PolG ein **besonderes Gefährdungsrisiko** auf, wenn aufgrund einer **aktuellen Gefährdungsanalyse** anzunehmen ist, dass Veranstaltungen und Ansammlungen vergleichbarer Art und Größe von terroristischen Anschlägen bedroht sind. Es müssen durch Tatsachen belegte Erkenntnisse vorliegen, dass vergleichbare Veranstaltungen und Ansammlungen aktuell dem Risiko eines terroristischen Anschlages ausgesetzt sind.[22]

Beispiel:
Der Polizei liegen gesicherte Erkenntnisse darüber vor, dass Weihnachtsmärkte von Terroranschlägen bedroht sind. In dieser Situation könnte ein Weihnachtsmarkt in Baden-Württemberg nach § 21 I 1 und 2 Nr. 1 PolG videoüberwacht werden.

628 Gemäß § 21 I 2 Nr. 2 PolG besteht weiterhin ein **besonderes Gefährdungsrisiko**, wenn aufgrund der Art und Größe der Veranstaltungen und Ansammlun-

---

19 BMKS § 21 Rn. 6 ff.
20 BMKS § 21 Rn. 6 ff.; Stephan/Deger § 21 Rn. 5.
21 VGH BW NVwZ 1998, 763.
22 LT-Drs. 14/3165 S. 40.

gen **erhebliche Gefahren** für die öffentliche Sicherheit entstehen können. Eine **erhebliche Gefahr** droht dann, wenn ein bedeutsames Rechtsgut gefährdet ist oder wenn sich die Erheblichkeit aus Umfang und Intensität des zu erwartenden Schadens ergibt. Dies ist in der Regel dann gegeben, wenn die Verletzung eines Straftatbestandes bevorsteht.[23] § 21 I 2 Nr. 2 PolG verlangt, dass nachprüfbare Tatsachen vorliegen, die für das objektive Gefährdungsrisiko der konkret zu überwachenden Veranstaltung oder Ansammlung sprechen. Diese können sich z. B. aus dem Anlass und dem Kreis der Teilnehmer oder der Zuschauer ergeben.[24]

Beispiel:
Videoaufzeichnung durch uniformierte Beamte des Polizeivollzugsdienstes bei einer Massenparty, in deren Vorfeld es bereits zu Straftaten randalierender Jugendlicher gekommen ist.

Da die Bild- und Tonaufzeichnungen **bei oder im Zusammenhang** mit öffentlichen Veranstaltungen und Ansammlungen gefertigt werden können, sind diese Maßnahmen **vor Beginn, während** und **nach dem Ende** der Veranstaltung oder Ansammlung möglich.[25] **Adressaten** der Maßnahme sind alle bei der öffentlichen Veranstaltung oder Ansammlung anwesenden Personen, unabhängig davon, ob sie eine Gefahr verursachen.[26] Die Maßnahme muss im Übrigen **ermessensfehlerfrei** und **verhältnismäßig** sein.

b) Formelle Rechtmäßigkeit. Die Zuständigkeit des Polizeivollzugsdienstes für die Anfertigung von Bild- und Tonaufzeichnungen bei oder im Zusammenhang mit öffentlichen Veranstaltungen und Ansammlungen ergibt sich aus § 21 I 1 PolG. Nach § 21 VII 1 PolG ist auf die Beobachtung mittels Bildübertragung und die Bild- und Tonaufzeichnung, sofern diese nicht offenkundig ist, in geeigneter Weise **hinzuweisen. Offenkundigkeit** i. S. v. § 21 VIII 1 PolG liegt vor, wenn die Allgemeinheit das Vorgehen ohne weiteres als polizeiliches Handeln erkennen kann.[27]

Beispiel:
Uniformierte Polizeibeamte setzen eine Videokamera ein.

Gemäß § 21 VII 2 PolG sind Bild- und Tonaufzeichnungen unverzüglich, spätestens jedoch nach vier Wochen **zu löschen**, soweit sie im Einzelfall nicht zur Verfolgung von Straftaten oder von Ordnungswidrigkeiten von erheblicher Bedeutung (§ 21 VII 4 PolG), zur Geltendmachung von öffentlich-rechtlichen Ansprüchen oder nach Maßgabe des § 2 II PolG zum Schutz privater Rechte, insbesondere zur Behebung einer Beweisnot, erforderlich sind. Wenn eine **weitere Verarbeitung** der Bild- und Tonaufzeichnungen zu den in § 21 VII 2 PolG genannten Zwecken erforderlich ist, darf diese weitere Verarbeitung nach § 21 VII 3 PolG auch erfolgen, wenn Dritte unvermeidbar betroffen werden.

---

23 Stephan/Deger § 21 Rn. 5.
24 LT-Drs. 14/3165 S. 41.
25 Stephan/Deger § 21 Rn. 6.
26 BMKS § 21 Rn. 20.
27 Stephan/Deger § 21 Rn. 15.

2. Bild- und Tonaufzeichnungen an gefährdeten Objekten (§ 21 II PolG)

632 a) **Materielle Rechtmäßigkeit.** Nach § 21 II PolG kann der Polizeivollzugsdienst in den in § 26 I Nr. 3 PolG genannten Objekten oder in deren unmittelbarer Nähe Bild- und Tonaufzeichnungen von Personen anfertigen, soweit Tatsachen die Annahme rechtfertigen, dass an oder in Objekten dieser Art Straftaten begangen werden sollen, durch die Personen, diese Objekte oder darin befindliche Sachen gefährdet sind. Die in § 26 I Nr. 3 PolG genannten **gefährdeten Objekte** sind Verkehrs-, Versorgungsanlagen, Versorgungseinrichtungen, öffentliche Verkehrsmittel, Amtsgebäude oder andere besonders gefährdete Objekte. Der Zweck von § 21 II PolG ist der Schutz gefährdeter Objekte vor Anschlägen. Aus dem Zweck der Norm und der Formulierung „..., dass an oder in Objekten dieser Art Straftaten begangen werden sollen..." ergibt sich, dass die besondere Gefährdungslage des Objekts und die zu erwartende Straftat in einem inneren Zusammenhang stehen müssen. Die Straftaten müssen also gegen das Objekt gerichtet sein und einen Bezug zu ihm haben (sog. **Objektbezug**).[28]

Beispiel:
Der in § 21 II PolG geforderte Objektbezug liegt vor, wenn Gewalttaten gegen die Bewohner eines Wohnheims für Ausländer zu erwarten sind. Er fehlt dagegen, wenn vor einem solchen Wohnheim eine Straftat begangen worden ist, die auch an jedem beliebigen anderen Ort hätte geschehen können.

633 Adressat der Maßnahme ist **jedermann**, der sich im Objekt oder in unmittelbarer Nähe des Objekts aufhält. Die Maßnahme muss **ermessensfehlerfrei** und **verhältnismäßig** sein.

634 b) **Formelle Rechtmäßigkeit.** Bezüglich der formellen Rechtmäßigkeit gilt das Gleiche wie bei § 21 I PolG (Rn. 630 f.). Die Hinweispflicht des § 21 VII 1 PolG wird am besten durch Hinweisschilder erfüllt, die für die Passanten gut erkennbar sind.

3. Videoüberwachung an Kriminalitätsbrennpunkten (§ 21 III PolG)

635 a) **Materielle Rechtmäßigkeit.** Nach § 21 III PolG können der Polizeivollzugsdienst oder die Ortspolizeibehörden an öffentlich zugänglichen Orten Bild- und Tonaufzeichnungen von Personen anfertigen, wenn sich die Kriminalitätsbelastung dort von der des Gemeindegebiets deutlich abhebt und Tatsachen die Annahme rechtfertigen, dass dort auch künftig mit der Begehung von Straftaten zu rechnen ist (sog. **Kriminalitätsbrennpunkt**). Bei Bild- und Tonaufzeichnungen nach § 21 III PolG ist die Versammlungsfreiheit des Art. 8 I GG zu beachten. Bei öffentlichen Versammlungen im den überwachten Bereich sind die Kameras abzuschalten. Bild- und Tonaufzeichnungen bei öffentlichen Versammlungen sind nur möglich, wenn die Voraussetzungen von §§ 12a, 19a VersG (Rn. 649 ff.) vorliegen.[29] Ein **Kriminalitätsbrennpunkt** i. S. v. § 21 III PolG liegt vor, wenn an einem öffentlich zugänglichen Ort wiederholt Strafta-

---
28 Ruder Rn. 450.
29 VGH BW NVwZ 2004, 498 (506).

ten begangen worden sind und sich die Kriminalitätsbelastung dort von der des Gemeindegebiets deutlich abhebt. Bezugspunkt ist hierbei vor allem die sogenannte Straßenkriminalität, also Straftaten, die ausschließlich oder überwiegend auf öffentlichen Straßen, Wegen oder Plätzen begangen werden und visuell wahrnehmbar sind. Das Vorliegen einer konkreten Gefahr ist nicht notwendig. § 21 III PolG erfasst sowohl dauerhafte als auch temporäre Kriminalitätsbrennpunkte.[30]

Beispiele:
Öffentliche Straßen und Plätze in der Innenstadt mit hoher Kriminalitätsbelastung; Örtlichkeiten, an denen für ein paar Tage ein Volksfest stattfindet, in dessen Zusammenhang es vermehrt zu Straftaten kommt.

Ob ein **Kriminalitätsbrennpunkt** vorliegt, hat die Polizei auf der Grundlage einer **objektiv nachvollziehbaren ortsbezogenen Lagebeurteilung** zu ermitteln. Dabei steht der Polizei kein Beurteilungsspielraum zu. Die Lagebeurteilung der Polizei unterliegt der vollen gerichtlichen Kontrolle. Um den Gerichten eine tatsächliche Kontrolle der Lagebeurteilung zu ermöglichen, hat die Polizei diese in nachvollziehbarer Weise zu dokumentieren.[31] Die Lagebeurteilung wird in der Regel anhand der Daten der Polizeilichen Kriminalstatistik (PKS) vorgenommen.

Beispiel:
Der VGH Baden-Württemberg hat bei dem von 2001 bis 2003 in der Mannheimer Innenstadt durchgeführten Modellversuch die polizeiliche Einstufung der videoüberwachten Bereiche als Kriminalitätsbrennpunkte als gerechtfertigt angesehen. Die videoüberwachten Bereiche wiesen einen Anteil von einem Drittel bzw. einem Viertel der gesamten innerstädtischen Straßenkriminalität auf.[32]

§ 21 III PolG setzt weiterhin Tatsachen voraus, die die Annahme rechtfertigen, dass an dem Kriminalitätsbrennpunkt auch künftig mit der Begehung von Straftaten zu rechnen ist. Die wichtigste Basis für eine entsprechende Prognose erhält die Polizei dabei wiederum aus den bereits begangenen Straftaten. Hierdurch wollte der Gesetzgeber verhindern, dass die Voraussetzungen für die Fortsetzung einer Videoüberwachung allein dadurch entfallen, dass es durch die Maßnahme zu einem Rückgang der registrierten Kriminalität kommt. Vor Beendigung der Maßnahme soll daher eine Stabilisierung des registrierten Kriminalitätsrückgangs abgewartet werden dürfen.[33] Adressat der Maßnahme ist jedermann, der den videoüberwachten Bereich betritt. Die Maßnahme muss **ermessensfehlerfrei** und **verhältnismäßig** sein.

b) Formelle Rechtmäßigkeit. § 21 III PolG räumt die Befugnis zur Anfertigung von Bild- und Tonaufzeichnungen an öffentlich zugänglichen Orten sowohl dem Polizeivollzugsdienst als auch den Ortspolizeibehörden ein. In der Praxis wird es hier immer zu einem gemeinsamen Vorgehen zwischen Polizeivollzugs-

---

30 LT-Drs. 14/3165 S. 42.
31 VGH BW NVwZ 2004, 498 (504 f.).
32 VGH BW NVwZ 2004, 498 (504).
33 VGH BW NVwZ 2004, 498 (505).

dienst und Ortspolizeibehörde kommen.³⁴ Die Anforderungen der formellen Rechtmäßigkeit ergeben sich im Übrigen aus § 21 VII PolG (Rn. 630 f.). Bei einer Videoüberwachung nach § 21 III PolG wird der Hinweispflicht des § 21 VII 1 PolG nicht durch einen Hinweis an der Anschlagtafel im Rathaus oder in den örtlichen Medien entsprochen, da Ortsfremde auf diese Weise nicht entsprechend informiert werden können.³⁵ Bei stationär installierten Videokameras erübrigt sich die Hinweispflicht nicht, weil diese sichtbar angebracht sind. Erforderlich sind daher gut sicht- und lesbare Hinweisschilder an dem öffentlichen Bereich, der videoüberwacht wird.³⁶

4. Einsatz der Body-Cam (§ 21 IV und V PolG)

638a Durch das am 29.10.2016 in Kraft getretene ÄndG³⁷ hat der Gesetzgeber § 21 IV und V PolG neu gefasst und für den Polizeivollzugsdienst eine Ermächtigungsgrundlage für den offenen Einsatz der sog. Body-Cam geschaffen. Bei der Body-Cam handelt es sich um eine Miniaturvideokamera, die mittels einer speziellen Weste an der Schulter von Polizeibeamtinnen und Polizeibeamten angebracht werden kann und es technisch ermöglicht, den Einsatz aufzuzeichnen.³⁸ Die Body-Cam soll Beamtinnen und Beamte des Polizeivollzugsdienstes bei der Erfüllung ihrer Aufgaben besser vor gewalttätigen Übergriffen schützen. Geschützt werden sollen auch Dritte, die sich im unmittelbaren Nahbereich einer polizeilichen Maßnahme aufhalten und der Gefahr körperlicher Angriffe durch potenzielle Störer ausgesetzt sein können.³⁹

638b a) **Materielle Rechtmäßigkeit.** Nach § 21 IV 1 PolG kann der Polizeivollzugsdienst bei der Durchführung von Maßnahmen zur Gefahrenabwehr oder zur Verfolgung von Straftaten oder Ordnungswidrigkeiten an öffentlich zugänglichen Orten zur Abwehr einer Gefahr Daten durch Anfertigen von Bild- und Tonaufzeichnungen mittels körpernah getragener Aufnahmegeräte erheben. Die Erhebung kann nach § 21 IV 2 PolG auch erfolgen, wenn Dritte unvermeidbar betroffen sind. **Öffentlich zugänglich** ist ein Ort, wenn er für jedermann zugänglich ist, wie z. B. Straßen, Wege, Plätze, Ladenpassagen und der Bereich des Öffentlichen Personalverkehrs.⁴⁰ Vom Anwendungsbereich des § 21 IV PolG ausgeschlossen sind damit Fälle der häuslichen Gewalt in Wohnungen, weil diese nicht öffentlich zugänglich sind. Voraussetzung für den Einsatz der Body-Cam durch den Polizeivollzugsdienst ist, dass für die Einsatzkräfte oder Dritte bei der polizeilichen Aufgabenerfüllung eine Gefahr besteht. Damit scheidet ein anlassloser Einsatz der Body-Cam bei einer Streifentätigkeit aus.⁴¹

638c b) **Formelle Rechtmäßigkeit.** Für die Anordnung und Durchführung des Einsatzes einer Body-Cam ist nach § 21 IV 1 PolG der Polizeivollzugsdienst zustän-

---

34 Zeitler/Trurnit Rn. 630; Ruder Rn. 452.
35 Zeitler/Trurnit Rn. 641.
36 Zeitler/Trurnit Rn. 639.
37 GBl. 2016, 569. Speziell hierzu Ziebarth DIE POLIZEI 2017, 76 ff.
38 Kipker/Gärtner NJW 2015, 296.
39 LT-Drs. 16/308 S. 3; LT-Drs. 16/334 S. 3.
40 LT-Drs. 16/308 S. 3; LT-Drs. 16/334 S. 4.
41 LT-Drs. 16/308 S. 4; LT-Drs. 16/334 S. 4.

dig. Aus der Einbindung von § 21 IV PolG in § 21 PolG und aus § 21 VII 1 PolG ergibt sich, dass der Einsatz der Body-Cam offen erfolgen muss. Damit ist in geeigneter Weise auf ihn hinzuweisen. Dies erfolgt dadurch, dass auf der Weste mit der Body-Cam die Aufschrift „Polizei Videoüberwachung" gut sichtbar angebracht sein muss.

c) **Weitere Datenverarbeitung.** Die bei einer Gefahr für die Polizeibeamtinnen und Polizeibeamten oder Dritte mit der Body-Cam nach § 21 IV PolG angefertigten Bild- und Tonaufzeichnungen sind nach § 28 VIII PolG grundsätzlich nach 60 Sekunden automatisch zu löschen. Dies geschieht durch das sog. Pre-Recording. Hierbei erfasst ein Speichermedium, das grundsätzlich permanent überschrieben bzw. bei Abschaltung des Geräts gelöscht wird und auf das kein isolierter Zugriff möglich ist, die Bild- und Tonsequenzen.[42] Wenn Tatsachen die Annahme rechtfertigen, dass eine **Gefahr für Leib oder Leben** der eingesetzten Polizeibeamtinnen und Polizeibeamten oder Dritten besteht, können die nach § 21 IV PolG erlangten Daten gemäß § 21 V PolG für eine Dauer von mehr als 60 Sekunden gespeichert werden. Damit wird bei einer Betätigung der Aufnahmetaste der Body-Cam eine Zeitspanne von bis zu 60 Sekunden der verwertbaren Aufzeichnung hinzugefügt. Die Pre-Recording-Funktion soll eine möglichst umfassende Dokumentation der Vorgeschichte der Konfliktsituation und die Vermeidung von Fehlaufnahmen in einer für die Einsatzkräfte gefährlichen Lage bezwecken.[43] Für die weitere Datenverarbeitung der nach § 21 V PolG erhobenen Daten gelten § 21 VII 2 bis 4 PolG mit der Folge, dass die Daten insbesondere auch zur Verfolgung von Straftaten verwendet werden können (§ 21 VIII PolG).

638

5. **Bildübertragungen zur Überwachung des Gewahrsams (§ 21 VI PolG)**

Nach § 21 VI PolG kann der Polizeivollzugsdienst in Gewahrsam genommene Personen offen mittels Bildübertragung beobachten, soweit dies zu ihrem oder zum Schutz des zur Durchführung des Gewahrsams eingesetzten Personals oder zur Verhütung von Straftaten in polizeilich genutzten Räumen (z. B. Zellen, Durchsuchungsräumen, Gefangenentransportzellen, angemieteten Sammelzellen bei Großveranstaltungen) erforderlich ist. Durch § 21 VI PolG sollen Unfälle, Eigenverletzungen, Suizidversuche sowie Widerstandshandlungen und Sachbeschädigungen während des Gewahrsams durch die verwahrten Personen verhindert werden.[44] Der Einsatz der Videotechnik zur Überwachung des Gewahrsams ist nur verhältnismäßig, wenn die Intimsphäre des Betroffenen so weit wie möglich geachtet wird.[45] § 21 VII PolG ist zu beachten (Rn. 630 f.).

639

6. **Verdeckte Anfertigung von Lichtbildern und Bildaufzeichnungen (§ 22 I Nr. 2 und II PolG)**

Nach § 22 I Nr. 2 und II PolG kann der Polizeivollzugsdienst personenbezogene Daten durch den verdeckten Einsatz technischer Mittel zur Anfertigung

640

---

42 LT-Drs. 16/334 S. 4.
43 LT-Drs. 16/334 S. 4 f.
44 LT-Drs. 14/3165 S. 43.
45 Zeitler/Trurnit Rn. 698.

von Lichtbildern und Bildaufzeichnungen erheben. **Verdeckt** ist eine Datenerhebung, wenn sie nicht als polizeiliche Maßnahme erkennbar sein soll (§ 19 II 2 PolG). Wenn die Voraussetzungen von § 22 II PolG vorliegen, kann die Maßnahme auch offen durchgeführt werden. Die Lichtbilder und Bildaufzeichnungen können **manuell** und **selbsttätig** angefertigt werden. Eine **manuelle Anfertigung** ist gegeben, wenn ein Polizeibeamter das technische Mittel während des Aufnahme- und Aufzeichnungsvorgangs bedient und damit konkret über die Anfertigung eines jeden Bildes oder jeder Bildsequenz entscheidet. Eine **selbsttätige Anfertigung** liegt vor, wenn sie durch technische Vorrichtungen ausgelöst und nicht durch eine menschliche Entscheidung zielgerichtet veranlasst wird.[46]

Beispiele:
Bewegungsmelder, Lichtschranke oder Dauerbetrieb.

641 a) **Materiell-rechtliche Anordnungsvoraussetzungen.** Ziel einer Maßnahme nach § 22 II PolG kann die **Bekämpfung einer erheblichen Gefahr** (1. Alt.) und die **vorbeugende Bekämpfung von Straftaten** sein (2. Alt.). Eine **erhebliche Gefahr** besteht, wenn ein bedeutendes Rechtsgut bedroht ist. Das ist anzunehmen, wenn die Verletzung eines Straftatbestandes bevorsteht. Die **vorbeugende Bekämpfung von Straftaten** wird als Verhinderung von Straftaten und Strafverfolgungsvorsorge verstanden (Rn. 38 f.). Maßnahmen nach § 22 II PolG sind nur zulässig, wenn anderenfalls die Wahrnehmung der Aufgaben des Polizeivollzugsdienstes gefährdet oder erheblich erschwert würde (sog. **Subsidiaritätsklausel**). Eine **Gefährdung der Aufgaben des Polizeivollzugsdienstes** besteht, wenn ohne die Maßnahme die hinreichende Wahrscheinlichkeit besteht, dass sich die Gefahr verwirklicht oder die vorbeugende Bekämpfung einer Straftat vereitelt wird. Eine **erhebliche Erschwerung der Aufgaben des Polizeivollzugsdienstes** liegt vor, wenn andere mildere Maßnahmen einen erheblich größeren Zeitaufwand erfordern und daher zu einer Verzögerung führen würden.[47] **Adressaten** der Maßnahme nach § 22 II 1. Alt. PolG sind die in § 20 II 1. Alt. PolG genannten Personen. Das sind Störer und Nichtstörer. Eine Maßnahme nach § 22 II 2. Alt. PolG richtet sind gegen die in § 20 III Nr. 1 und 2 PolG genannten Personen (potentielle künftige Straftäter und ihre Kontaktpersonen). Nach § 22 IV PolG dürfen Daten nach § 22 II PolG auch dann erhoben werden, wenn **Dritte unvermeidbar betroffen** werden. Dies ist gegeben, wenn sich die Betroffenheit durch vertretbare technische Maßnahmen nicht ausschließen lässt.[48] Der Einsatz technischer Mittel zur Anfertigung von Lichtbildern und Bildaufzeichnungen muss ermessensfehlerfrei und verhältnismäßig sein. In der Praxis erfassen beide Alternativen von § 22 II PolG regelmäßig einen Sachverhalt.

Beispiel:
In F-Stadt hat sich im Bahnhofsbereich eine offene Rauschgiftszene entwickelt. Um sich ein Lagebild zur verschaffen, will der Polizeivollzugsdienst eine dreitägige videogestützte Observation durchführen. Hier lässt sich eine erhebliche Gefahr i. S. v. § 22 II 1. Alt. begründen. Es ist wahrscheinlich,

---

46 Stephan/Deger § 22 Rn. 18.
47 BMKS § 22 Rn. 12.
48 Stephan/Deger § 22 Rn. 24.

dass Straftaten nach dem BtMG begangen werden, und es besteht auch eine Gefahr für die Gesundheit der möglichen Konsumenten. Der Einsatz der Videokamera kann daneben auch auf § 22 II 2. Alt. PolG gestützt werden, weil es darum geht, weitere Straftaten zu verhindern.

b) Formelle Rechtmäßigkeit. Die **Anordnungsbefugnis** für eine Maßnahme nach § 22 II PolG steht dem Polizeivollzugsdienst zu. Der Behördenleitervorbehalt des § 22 VI PolG gilt nicht. Im Übrigen sind die **Löschungs-** und **Benachrichtigungspflicht** des § 22 VII bzw. VIII PolG zu beachten. **642**

7. Verdeckter Einsatz technischer Mittel zum Abhören und Aufzeichnen des nichtöffentlich gesprochenen Wortes auf Tonträger (§ 22 I Nr. 2 und III PolG)

§ 22 I Nr. 2 i. V. m. § 22 III PolG enthalten die polizeigesetzliche Rechtsgrundlage für den verdeckten Einsatz technischer Mittel zum Abhören und Aufzeichnen des nichtöffentlich gesprochenen Wortes. Solche Mittel sind z. B. Richtmikrophone und Sender. Wenn die Voraussetzungen von § 22 III PolG vorliegen, sind von dieser Rechtsgrundlage ebenso wie bei §§ 100f und 100h I 1 Nr. 2 StPO auch die Maßnahmen gedeckt, die notwendig sind, um die technischen Mittel einzubauen (Rn. 620). Ein **Abhören** durch die Polizei ist gegeben, wenn sie Worte mithört, die nicht direkt an sie gerichtet sind. Durch das **Aufzeichnen** werden Gesprächsinhalte festgehalten.[49] Nichtöffentlich i. S. v. § 22 I Nr. 2 PolG bedeutet, dass der Inhalt nicht für jedermann bestimmt ist.[50] **643**

a) Materielle Rechtmäßigkeit. Ziel einer Maßnahme nach § 22 I Nr. 2 i. V. m. § 22 III muss die **Abwehr einer Gefahr** für besonders hochwertige Rechtsgüter (§ 22 III Nr. 1 PolG) oder die **vorbeugende Bekämpfung von Straftaten mit erheblicher Bedeutung** (§ 22 III Nr. 2 PolG) sein. Dabei kommt es in der Praxis – ebenso wie bei § 22 II PolG – häufig zu einer Überschneidung der Anwendungsbereiche (Rn. 641). Zu den durch § 22 III Nr. 1 PolG geschützten besonders hochwertigen Rechtsgütern gehören der Bestand oder die Sicherheit des Bundes oder eines Landes, Leben, Gesundheit und Freiheit einer Person sowie bedeutende fremde Sach- und Vermögenswerte. Der **Bestand des Staates und seine Sicherheit** umfassen die Freiheit von Fremdherrschaft, die territoriale Integrität und die verfassungsmäßige Ordnung des Grundgesetzes.[51] Eine **Gefahr für den Bestand oder die Sicherheit des Bundes oder eines Landes** ist gegeben, wenn Staatsschutzdelikte nach §§ 80 ff. StGB vorliegen oder wenn die Begehung solcher Straftaten droht. Eine **Gefahr für Leben, Gesundheit oder Freiheit** liegt z. B. bei Geiselnahmen, Entführungen, Schutzgelderpressungen, Kindsmisshandlungen oder bei BtM-Delikten vor. Für Verdeckte Ermittler, Vertrauens-personen oder vertrauliche Hinweisgeber können ebenfalls solche Gefahren bestehen. **644**

Beispiel:
Ein Verdeckter Ermittler soll Verhandlungen über den Ankauf von Rauschgift führen. Zu seinem Schutz wird an ihm ein Abhörgerät installiert, so

---
49 Zeitler/Trurnit Rn. 649.
50 Stephan/Deger § 22 Rn. 10.
51 Stephan/Deger § 22 Rn. 20.

dass die bereitstehenden Polizeibeamten ggf. sofort zur Hilfe kommen können.

645 § 22 III Nr. 2 PolG erstreckt die polizeiliche Aufgabe auf die **vorbeugende Bekämpfung von Straftaten.** Die vorbeugende Bekämpfung von Straftaten umfasst die Verhinderung von Straftaten und Strafverfolgungsvorsorge (Rn. 38 f.). Der Gesetzgeber hat den **Begriff der Straftaten mit erheblicher Bedeutung** in § 22 V PolG definiert. Dazu gehören Verbrechen und bestimmte Vergehen, die im Einzelfall nach Art und Schwere geeignet sind, den Rechtsfrieden besonders zu stören. Diese Vergehen müssen sich gegen das Leben, die Gesundheit oder die Freiheit einer oder mehrerer Personen oder bedeutende fremde Sach- oder Vermögenswerte richten, auf den Gebieten des unerlaubten Waffen- oder Betäubungsmittelverkehrs, der Geld- oder Wertzeichenfälschung oder des Staatsschutzes oder gewerbsmäßig, gewohnheits-, serien-, bandenmäßig oder sonst organisiert begangen werden. **Gewerbsmäßig** handelt, wer sich eine fortlaufende Einnahmequelle von einigem Umfang und einiger Dauer erschließen will.[52] **Gewohnheitsmäßig** handelt, wer mindestens zwei Taten begeht und einen durch Übung erworbenen Hang zur Tatbegehung besitzt.[53] **Serienmäßiges** Handeln meint wiederholte oder fortgesetzte Tatbegehung.[54] Eine **Bande** setzt den Zusammenschluss von mindestens drei Personen zur fortgesetzten Begehung von Straftaten voraus.[55] Die **sonst organisierte Begehungsweise** umfasst die planmäßige Ausführung von Straftaten durch mehrere Beteiligte, die auf längere oder unbestimmte Dauer arbeitsteilig unter Verwendung gewerblicher oder geschäftsähnlicher Strukturen zusammenarbeiten. Der Begriff zielt auf die von Gewinn- oder Machtstreben bestimmte Organisierte Kriminalität ab.[56]

646 Der Einsatz der in § 22 III PolG genannten besonderen Mittel der Datenerhebung kommt immer nur dann in Betracht, wenn anderenfalls die Wahrnehmung der polizeilichen Aufgabe **gefährdet** oder **wesentlich erschwert** würde (sog. **Subsidiarität**). Eine **Gefährdung der Aufgaben des Polizeivollzugsdienstes** besteht, wenn ohne die Maßnahme die hinreichende Wahrscheinlichkeit besteht, dass sich die Gefahr verwirklicht oder die vorbeugende Bekämpfung einer Straftat vereitelt wird. Eine **erhebliche Erschwerung der Aufgaben des Polizeivollzugsdienstes** liegt vor, wenn andere mildere Maßnahmen einen erheblich größeren Zeitaufwand erfordern und daher zu einer Verzögerung führen würden.[57] **Adressaten** einer Maßnahme nach § 22 III Nr. 1 PolG sind die in § 20 II PolG genannten Personen. Erfolgt die Maßnahme zur vorbeugenden Bekämpfung von Straftaten mit erheblicher Bedeutung nach § 22 III Nr. 2 PolG sind die Adressaten Personen nach § 20 III Nr. 1 und 2 PolG; also künftige Täter und Kontakt- und Begleitpersonen. Die Betroffenheit unbeteiligter Dritter regelt § 22 IV PolG. Die materielle Rechtmäßigkeit einer Maßnahme nach

---

52 Fischer Vor § 62 Rn. 61; BMKS § 22 Rn. 43.
53 Fischer Vor § 62 Rn. 63; BMKS § 22 Rn. 44.
54 BMKS § 22 Rn. 45.
55 Fischer § 244 Rn. 34 ff.; BMKS § 22 Rn. 46.
56 BMKS § 22 Rn. 47 f.
57 BMKS § 22 Rn. 12.

§ 22 I Nr. 2 und § 22 III PolG setzt weiterhin die **Ermessenfehlerfreiheit** und **Verhältnismäßigkeit** voraus.

b) Formelle Rechtmäßigkeit. Bei der formellen Rechtmäßigkeit sind der **Behördenleitervorbehalt** des § 22 VI PolG und die **Löschungspflicht** des § 22 VII PolG zu beachten. Außerdem sieht § 22 VIII PolG als Kompensation dafür, dass die Maßnahme verdeckt durchgeführt wird und der Betroffene daher nicht in der Lage ist, diese gerichtlich überprüfen zu lassen, grundsätzlich eine **Unterrichtung** des Betroffenen vor, sobald dies ohne Gefährdung des Zwecks der Maßnahme geschehen kann.

8. Zulässigkeit von Bild- und Tonaufzeichnungen nach § 20 II PolG

Problematisch ist, ob Bild- und Tonaufzeichnungen zur Gefahrenabwehr, die nicht von §§ 21 und 22 PolG erfasst werden, auf § 20 II PolG gestützt werden können. Dies wird teilweise bejaht. So soll die Generalklausel für die polizeiliche Datenerhebung des § 20 II PolG das offene Fotografieren, Videoübertragungen und Bildaufzeichnungen, soweit sie nicht offen nach § 21 PolG oder verdeckt nach § 22 PolG erfolgen müssen, umfassen.[58] Von § 20 II PolG gedeckt sein sollen auch verdeckte Tonaufnahmen und -aufzeichnungen des öffentlich gesprochenen Wortes.[59] Für diese Auffassung spricht, dass diese Maßnahmen auch zur Strafverfolgung auf die Ermittlungsgeneralklausel des § 163 I StPO gestützt werden können (Rn. 614). Dagegen spricht jedoch, dass §§ 21 und 22 PolG als abschließende Spezialregelungen anzusehen sind, die den Rückgriff auf § 20 II PolG ausschließen.[60]

IV. Bild- und Tonaufzeichnungen bei Versammlungen

Die Polizei fertigt zur Erfüllung ihrer Aufgaben im Zusammenhang mit öffentlichen Versammlungen Bild- und Tonaufzeichnungen an. Eine **Versammlung** i. S. d. Art. 8 GG ist eine örtliche Zusammenkunft mehrerer Personen zur gemeinschaftlichen, auf die Teilnahme an der öffentlichen Meinungsbildung gerichteten Erörterung oder Kundgabe.[61] **Öffentlich** ist eine Versammlung, wenn jedermann Zutritt zu ihr hat.[62] Der Einsatz technischer Mittel zur Anfertigung von Bild- und Tonaufzeichnungen im Zusammenhang mit Versammlungen kommt zur Gefahrenabwehr und zur Strafverfolgung in Betracht.

1. Bild- und Tonaufzeichnungen bei öffentlichen Versammlungen nach §§ 12a, 19a VersG

Von der im Rahmen der Föderalismusreform I im Jahr 2006 auf die Länder übergegangenen Gesetzgebungskompetenz für das Versammlungsrecht hat das Land Baden-Württemberg bisher keinen Gebrach gemacht. Die Rechtsgrundla-

---

58 BMKS § 20 Rn. 32.
59 BMKS § 20 Rn. 32.
60 Zeitler/Trurnit Rn. 607; Stephan/Deger § 21 Rn. 1.
61 BVerfG NJW 2011, 3020 (3022). Näher hierzu z. B. Dürig-Friedl/Enders Einleitung Rn. 25 ff.; Trurnit NVwZ 2016, 873 f. m. w. N.
62 Ott/Wächter/Heinold § 1 Rn. 45.

gen für das Anfertigen von Bild- und Tonaufzeichnungen bei öffentlichen Versammlungen sind nach Art. 125a I 1 GG daher §§ 12a und 19a VersG. Für öffentliche Versammlungen in geschlossenen Räumen gilt § 12a VersG, auf den § 19a VersG für öffentliche Versammlungen unter freiem Himmel verweist. §§ 12a, 19a VersG sollen die Begehung von Straftaten verhüten.[63] §§ 12a, 19a VersG gehen § 21 PolG als speziellere Gesetze vor und schließen den Rückgriff auf diese Regelung aus.[64] §§ 12a, 19a VersG rechtfertigen nur das **offene Anfertigen von Bild- und Tonaufzeichnungen**.[65] Für eine **verdeckte Datenerhebung** enthält das Versammlungsgesetz keine Rechtsgrundlage.[66] Bild- und Tonaufnahmen zur Lenkung eines Polizeieinsatzes während einer Versammlung sind nur zulässig, wenn die Voraussetzungen von §§ 12a, 19a VersG vorliegen.[67] Gleiches gilt für Übersichtsaufnahmen von Versammlungen zu Zwecken der **polizeilichen Schulung und Einsatzdokumentation**.[68]

651 a) **Materielle Rechtmäßigkeit.** Nach §§ 12a I 1, 19a VersG darf die Polizei Bild- und Tonaufzeichnungen von Teilnehmern bei oder im Zusammenhang mit öffentlichen Versammlungen nur anfertigen, wenn tatsächliche Anhaltspunkte die Annahme rechtfertigen, dass von ihnen erhebliche Gefahren für die öffentliche Sicherheit oder Ordnung ausgehen. Aus der Formulierung **bei oder im Zusammenhang mit** öffentlichen Versammlungen folgt, dass die Maßnahmen nicht nur bei der Versammlung selbst, sondern auch auf den An- und Abmarschwegen in räumlichem und zeitlichem Zusammenhang vor und nach der Versammlung zulässig sind.[69] Zulässig sind **Bild- und Tonaufnahmen**. Dazu gehört nicht nur die Aufnahme (= Übertragung ohne Aufzeichnung), sondern auch die Bild- und Tonaufzeichnung. Zweck ist die Abwehr **erheblicher Gefahren**; also von Gefahren für bedeutende Rechtsgüter.[70] **Adressaten** einer Maßnahme nach §§ 12a I und 19a VersG sind die Versammlungsteilnehmer, sofern tatsächliche Anhaltspunkte die Annahme rechtfertigen, dass von ihnen erhebliche Gefahren für die öffentliche Sicherheit oder Ordnung ausgehen. Die geforderten objektiven Fakten können sich z. B. aus früheren Straftaten bei Versammlungen oder auch aus aktuellen Aufklärungsergebnissen ergeben. Bloße Vermutungen genügen nicht.[71] Nach § 12a I 2 VersG dürfen die Maßnahmen auch durchgeführt werden, wenn Dritte unvermeidbar betroffen werden.

Beispiel:
Während des Videokameraeinsatzes bei einer Versammlung lässt es sich technisch nicht vermeiden, dass unbeteiligte Passanten oder nicht störende Versammlungsteilnehmer mit aufgenommen werden.

---

63 Dietel/Gintzel/Kniesel § 12a Rn. 14.
64 Ott/Wächtler/Heinold § 12a Rn. 1 und 6.
65 A. A. Dietel/Gintzel/Kniesel § 12a Rn. 17, die in Ausnahmefällen auch eine Abweichung vom Prinzip der Offenheit zulassen wollen.
66 Zu verdeckten polizeilichen Maßnahmen bei Versammlungen Kniesel DIE POLIZEI 2017, 33 ff.; Martens DIE POLIZEI 2013, 1 ff.
67 Hierzu VG Berlin NVwZ 2010, 1442 (1443).
68 Ott/Wächtler/Heinold § 12a Rn. 9.
69 Dietel/Gintzel/Kniesel § 12a Rn. 22 f.; Ott/Wächtler/Heinold § 12a Rn. 4.
70 Ott/Wächtler/Heinold § 12a Rn. 8.
71 Ott/Wächtler/Heinold § 12a Rn. 8.

Wegen der großen Bedeutung der Versammlungsfreiheit für das demokratische Gemeinwesen ist der **Grundsatz der Verhältnismäßigkeit** bei dem Einsatz technischer Mittel zur Anfertigung von Bild- und Tonaufzeichnungen bei Versammlungen besonders zu beachten.

b) Verfahrens- und Durchführungsvorschriften. Zuständig für Bild- und Tonaufzeichnungen nach §§ 12a, 19a VersG ist die Polizei. Damit ist die Polizei im institutionellen Sinne gemeint.[72] Hierzu gehört nach § 59 Nr. 2 PolG der Polizeivollzugsdienst. Die Vorschriften des LVwVfG finden keine Anwendung, da Bild- und Tonaufzeichnungen Realakte und keine Verwaltungsakte sind (Rn. 623). Die **weitere Verarbeitung der Daten** ist in § 12a II VersG geregelt. Aus § 12a II 1 VersG ergibt sich, dass die erhobenen Daten nach der Beendigung der öffentlichen Versammlung unverzüglich zu vernichten sind, wenn sie nicht für die Verfolgung von Straftaten oder zur Gefahrenabwehr benötigt werden. Zu diesen Zwecken dürfen die Daten auch gespeichert und übermittelt werden.[73] Gemäß § 12a II 2 VersG sind personenbezogene Daten, die aus Gründen der Gefahrenabwehr gespeichert worden sind, spätestens nach drei Jahren zu vernichten, es sei denn, sie werden inzwischen zur Strafverfolgung benötigt.

2. Zulässigkeit von Bild- und Tonaufzeichnungen zur Gefahrenabwehr bei nichtöffentlichen Versammlungen

Für Bild- und Tonaufzeichnungen durch die Polizei bei nichtöffentlichen Versammlungen zur Gefahrenabwehr gibt es keine ausdrückliche gesetzliche Rechtsgrundlage im Versammlungsgesetz. Dieses regelt nur die Gefahrenabwehr bei öffentlichen Versammlungen (vgl. §§ 1 ff. VersG). Eine analoge Anwendung von §§ 12a, 19a VersG bei nichtöffentlichen Versammlungen ist nicht vereinbar mit dem Vorbehalt des Gesetzes (Art. 20 III GG).[74] Ein Rückgriff auf § 21 I PolG scheitert daran, dass eine Versammlung keine Veranstaltung im Sinne dieser Vorschrift ist (Rn. 624). Bild- und Tonaufzeichnungen bei nichtöffentlichen Versammlungen können auch nicht auf § 20 II PolG gestützt werden, da Art. 8 GG nicht in § 4 PolG als einschränkbares Grundrecht aufgeführt ist. Daher ist eine ausdrückliche gesetzliche Rechtsgrundlage für den Einsatz technischer Mittel zur Anfertigung von Bild- und Tonaufzeichnungen zur Gefahrenabwehr bei nichtöffentlichen Versammlungen zu empfehlen.

3. Repressive Maßnahmen

Bild- und Tonaufzeichnungen bei Versammlungen zur Verfolgung von Straftaten oder Ordnungswidrigkeiten, richten sich gemäß §§ 12a III, 19a VersG nach den Befugnissen der Strafprozessordnung und des Ordnungswidrigkeitengesetzes. Bildaufnahmen sind zur Verfolgung von Straftaten bei Versammlungen somit nach § 100h I 1 Nr. 1 StPO (Rn. 615 ff.) und Ordnungswidrigkeiten gemäß § 46 I OWiG i. V. m. § 100h I 1 Nr. 1 StPO zulässig. Tonaufnahmen des öffentlich gesprochenen Wortes können zur Strafverfolgung bei Versammlungen nach § 163 I StPO angefertigt werden (Rn. 614).

---

72 Dietel/Gintzel/Kniesel Teil I Rn. 455.
73 Dietel/Gintzel/Kniesel § 12a Rn. 28 ff.
74 BVerfG NJW 1996, 3146; v. Coelln NVwZ 2001, 1234.

N. Observationen und Einsatz sonstiger technischer Mittel

I. Allgemeines

656 Eine **Observation** ist eine planmäßige Beobachtung einer Person zur gezielten Informationsgewinnung.[1] Keine Observation sind daher die polizeilichen Wahrnehmungen während einer Streife oder die schlichte Beobachtung eines Platzes. Observationen können **offen** oder **verdeckt** durchgeführt werden. Die Intensität des Grundrechtseingriffs hängt wesentlich von der Observationsdauer ab. Unterschieden werden **kurz-** und **längerfristige Observationen**. Beginn und Dauer der Observation sind zu dokumentieren, um den Gerichten die Beurteilung der Rechtmäßigkeit der Observation zu ermöglichen. Zweifel über die Dauer der Maßnahme dürfen nicht zu Lasten des Betroffenen gehen.[2] Bei einer Observation können **technische Mittel zur Anfertigung von Bild- und Tonaufzeichnungen** (Rn. 612 ff.) eingesetzt werden. Außerdem können sog. **sonstige technische Mittel zur Feststellung des Aufenthaltsortes einer Person oder einer Sache** zum Einsatz kommen.

> Beispiele:
> Alarmkoffer, Bewegungsmelder, Nachtsichtgeräte, Peilsender, GPS oder sonstige Markierungssysteme und präparierte Gegenstände, die mit technischem Gerät geortet werden können. Nicht dazu gehören Ferngläser und Kommunikationsmittel wie Funkgeräte oder Handy.[3]

657 Observationen greifen in das Recht auf informationelle Selbstbestimmung gemäß Art. 2 I i. V. m. Art. 1 I GG ein.[4] Gleiches gilt für den Einsatz sonstiger besonderer für Observationszwecke bestimmter technischer Mittel.[5] Durch eine Kumulation von verschiedenen Observationsmaßnahmen darf es nicht zu einem Verstoß gegen den verfassungsrechtlich gebotenen Schutz des Kernbereichs der privaten Lebensgestaltung (Rn. 8 ff.) kommen. Eine **Totalüberwachung** oder auch **Rundumüberwachung** genannt, mit der ein umfassendes Bewegungsprofil des Betroffenen erstellt werden kann, ist unzulässig.[6] Bei einer Kumulation verschiedener Überwachungsmethoden ist bei der Anordnung jeder einzelnen Maßnahme (sog. **additiver Grundrechtseingriff**) zu prüfen, ob ihre Durchführung insgesamt noch verhältnismäßig ist. Es ist sicherzustellen, dass der die Maßnahme anordnende Entscheidungsträger über alle Ermittlungseingriffe informiert ist, damit eine Prüfung und Feststellung übermäßiger

---

1 Stephan/Deger § 22 Rn. 3.
2 BVerfG StraFo 2009, 453 (454 f.).
3 SK/*Wolter/Greco* § 100h Rn. 12; Meyer-Goßner/Schmitt § 100h Rn. 2.
4 VG Aachen Beschluss vom 18.3.2010 – 6 L 28/10 – juris Rn. 20.
5 BVerfG NJW 2005, 1338 (1340).
6 BVerfG NJW 2005, 1338 (1340 f.); BGH NStZ 2001, 386 (388).

Belastung möglich ist. Hierzu bedarf es einer vollständigen Dokumentation aller Ermittlungseingriffe.[7]

658 Die Rechtsgrundlagen für **Observationen zur Strafverfolgung** sind § 163 I StPO (kurzfristige Observation) und § 163f StPO (längerfristige Observation). Die Rechtsgrundlagen für **Observationen zur Gefahrenabwehr** ergeben sich aus § 20 II und III (kurzfristige Observation) sowie § 22 I Nr. 1 i. V. m. § 22 III PolG (längerfristige Observation). Die strafverfahrensrechtliche Rechtsgrundlage für den **Einsatz sonstiger besonderer für Observationszwecke bestimmter technischer Mittel** ist § 100h I 1 Nr. 2 StPO. Das polizeirechtliche Pendant hierzu ist § 22 I Nr. 3 i. V. m. § 22 III PolG. Nach der Rechtsprechung muss der Gesetzgeber, um dem **Bestimmtheitsgrundsatz** zu genügen, nicht die einzelnen zulässigen technischen Mittel in diesen Normen abschließend aufzählen, damit Raum für den technischen Fortschritt bleibt.[8] Liegen die Voraussetzungen der Rechtsgrundlagen für den Einsatz technischer Mittel vor, sind durch sie auch die ihren bestimmungsgemäßen Einsatz erforderlichen **Einbau- und Auswertungsmaßnahmen** gedeckt.[9]

Beispiel:
Heimliches Anbringen eines GPS an einen Pkw.

659 Der Standort einer Person kann neben Maßnahmen nach § 100h I 1 Nr. 2 StPO und § 22 I Nr. 3 i. V. m. III PolG auch durch den Einsatz eines sog. **IMSI-Catchers** ermittelt werden. Die Rechtsgrundlagen hierfür werden bei den Maßnahmen mit Bezug zur Telekommunikation erörtert (Rn. 751 ff.). Die Überwachung einer Wohnung zur Strafverfolgung und zur Gefahrenabwehr sind in §§ 100c ff. StPO bzw. § 23 PolG abschließend geregelt (Rn. 679 ff.).

II. Observationen zur Strafverfolgung

1. Kurzfristige Observation

660 Eine **kurzfristige Observation** zur Strafverfolgung lässt sich auf § 163 I StPO stützen.[10] **Kurzfristig** ist eine Observation in Abgrenzung zu einer längerfristigen Observation nach § 163f StPO, wenn sie nicht länger als 24 Stunden dauern und höchstens an zwei Tagen durchgeführt werden soll. Eine kurzfristige Observation wird spätestens mit Überschreiten der in § 163f I 1 StPO normierten Zeitgrenzen zu einer längerfristigen Observation. Ansonsten könnten die Verfahrenssicherungen des § 163f StPO durch eine zeitlich unbegrenzte Abfolge für sich genommen kurzfristiger Beobachtungen unterlaufen werden.[11] Wenn in einem Ermittlungsverfahren in nicht vorhersehbarer Weise mehrfach die Notwendigkeit einer nur kurzfristigen Observation besteht, liegt keine längerfristige Observation i. S. d. § 163f I StPO vor. In diesen Fällen fehlt es am

---

7 BVerfG NJW 2005, 1338 (1340 f.).
8 BVerfG NJW 2005, 1338 (1339 f.); BGH NStZ 2001, 386 (387).
9 BGH NStZ 2001, 386 (387).
10 BeckOK StPO/*von Häfen* StPO § 163f Rn. 1; Meyer-Goßner/Schmitt § 163f Rn. 1; BGH NStZ 2001, 386 (388).
11 BVerfG StraFo 2009, 453.

Merkmal der Planmäßigkeit.[12] Eine kurzfristige Observation setzt den **Anfangsverdacht einer Straftat** voraus. Außerdem muss der **Grundsatz der Verhältnismäßigkeit** beachtet werden. Anordnungsbefugt sind die Staatsanwaltschaft und der Polizeivollzugsdienst. Einer richterlichen Anordnung bedarf es anders als bei der längerfristigen Observation (§ 163f III 1 StPO) nicht.[13]

2. Längerfristige Observation (§ 163f StPO)

661 Rechtsgrundlage für eine längerfristige Observation zur Strafverfolgung ist § 163f StPO. Eine **längerfristige Observation** liegt vor, wenn die Observation durchgehend länger als 24 Stunden dauern oder an mehr als an zwei Tagen stattfinden soll (§ 163f I 1 StPO).

662 a) **Materiell-rechtliche Anordnungsvoraussetzungen.** Gemäß § 163f I 1 StPO setzt die längerfristige Observation den Anfangsverdacht einer Straftat von erheblicher Bedeutung voraus. Eine **Straftat von erheblicher Bedeutung** muss mindestens der mittleren Kriminalität zuzurechnen sein, den Rechtsfrieden empfindlich stören und geeignet sein, das Gefühl der Rechtssicherheit der Bevölkerung erheblich zu beeinträchtigen.[14] Die erhebliche Bedeutung ist insbesondere bei Verbrechen, bei schwer aufklärbaren Taten der organisierten Kriminalität sowie Serienstraftaten und Bandenkriminalität zu bejahen.[15] Die Maßnahme darf gemäß § 163f I 2 StPO nur angeordnet werden, wenn die Erforschung des Sachverhalts oder die Ermittlung des Aufenthaltsortes des Täters auf andere Weise **erheblich weniger erfolgversprechend** oder **wesentlich erschwert** wäre (**Grundsatz der Subsidiarität**). Damit bestimmt sich die Subsidiarität der längerfristigen Observation ebenso wie bei der Rasterfahndung (Rn. 576). Außerdem muss die Maßnahme insgesamt **verhältnismäßig** sein.

> **Beispiel:**
> Wegen des Verdachts des gewerbsmäßigen Handels mit Betäubungsmitteln soll B über zwei Wochen täglich jeweils ab 22 Uhr bis ca. 3 Uhr observiert werden. Hier liegt eine längerfristige Observation des B vor, da er an mehr als zwei Tagen observiert werden soll. Bei § 29a BtMG als Verbrechenstatbestand handelt es sich um eine Straftat von erheblicher Bedeutung. Wenn die Subsidiarität beachtet wird, bestehen an der Verhältnismäßigkeit der Maßnahme keine Zweifel.

663 Betroffener einer längerfristigen Observation ist der **Beschuldigte**. Gegen **andere Personen** ist die Maßnahme unter den Voraussetzungen von § 163f I 3 StPO zulässig. Danach muss aufgrund bestimmter Tatsachen (Vermutungen genügen nicht) anzunehmen sein, dass es sich um **Kontaktpersonen** handelt und **Erfolgserwartung** besteht. Außerdem ist die Maßnahme an eine besondere **Subsidiaritätsklausel** geknüpft. § 163f II StPO stellt klar, dass die Maßnahme auch durchgeführt werden darf, wenn Dritte **unvermeidbar** betroffen werden.

---

12 OLG Hamburg StV 2007, 628.
13 BeckOK StPO/*von Häfen* StPO § 163f Rn. 1.
14 BVerfG NJW 2004, 999 (1110).
15 KK/*Moldenhauer* § 163f Rn. 14; BeckOK StPO/*von Häfen* StPO § 163f Rn. 5.

Beispiel:
Bei einer Observation auf öffentlichen Straßen und Plätzen lässt es sich nicht vermeiden, dass unbeteiligte Passanten von der Maßnahme berührt werden.

b) Formelle Rechtmäßigkeit. Zuständig für die Anordnung der längerfristigen Observation ist das Gericht. Bei **Gefahr im Verzug** besteht eine Eilzuständigkeit für die Staatsanwaltschaft und ihrer Ermittlungspersonen (§ 163f III 1 StPO). Die Anordnung der Staatsanwaltschaft oder ihrer Ermittlungspersonen tritt außer Kraft, wenn sie nicht binnen drei Werktagen von dem Gericht bestätigt wird (§ 163f III 2 StPO). § 163f III 3 StPO verweist auf §§ 100b I 4 und 5 und 100b II 1 StPO. Daraus ergibt sich, dass die **Dauer der längerfristigen Observation** höchstens drei Monate betragen darf. Eine **Verlängerung** ist jedoch jeweils um drei Monate zulässig, wenn die Voraussetzungen der Anordnung noch fortbestehen. Die Anordnung hat schriftlich zu erfolgen. Die **Benachrichtigungspflicht** gegenüber den Betroffenen ergibt sich aus § 101 I, IV 1 Nr. 11 StPO. **Kennzeichnungs-** und **Löschungspflichten** folgen aus § 101 III und VIII StPO. **664**

3. Einsatz weiterer technischer Mittel nach § 100h I 1 Nr. 2 StPO

Strafverfahrensrechtliche Observationen werden häufig durch den Einsatz technischer Mittel unterstützt. Der **Einsatz technischer Mittel** zur observationsbegleitenden Unterstützung (z. B. Abhören des nichtöffentlich gesprochenen Wortes außerhalb von Wohnungen, Observationsfotografie oder GPS) ist ein selbstständiger Grundrechtseingriff, der einer Rechtsgrundlage bedarf. Das Abhören des nichtöffentlich gesprochenen Wortes außerhalb von Wohnungen richtet sich nach § 100f StPO (Rn. 619 ff.). § 100h I 1 Nr. 1 StPO regelt die Herstellung von Bildaufnahmen außerhalb von Wohnungen (Rn. 615 ff.). § 100h I 1 Nr. 2 StPO steuert den **Einsatz sonstiger besonderer für Observationszwecke bestimmter technischer Mittel.** Die Vorschrift regelt den Einsatz solcher technischer Observationsmittel, die weder die von § 100h I 1 Nr. 1 StPO erfasste Herstellung von Bildaufnahmen noch die in § 100f StPO normierte Abhörung und Aufzeichnung des nichtöffentlich gesprochenen Wortes außerhalb von Wohnungen ermöglichen.[16] **665**

a) Materielle Rechtmäßigkeit. Gemäß § 100h I 1 Nr. 2 StPO dürfen auch ohne Wissen des Betroffenen außerhalb von Wohnungen sonstige besondere für Observationszwecke bestimmte technische Mittel verwendet werden. Nach der Rechtsprechung genügt die Formulierung „sonstige besondere für Observationszwecke bestimmte technische Mittel" dem **Grundsatz der Bestimmtheit** (Rn. 14).[17] Der Einsatz technischer Mittel nach § 100h I 1 Nr. 2 StPO setzt den **Anfangsverdacht** einer **Straftat von erheblicher Bedeutung** (Rn. 576) voraus. Außerdem müssen die **Grundsätze der Subsidiarität** und der **Verhältnismäßigkeit** beachtet werden. Die **Erforderlichkeit** des Einsatzes technischer Mittel bei einer Observation kann sich insbesondere daraus ergeben, wenn nur so ohne die Gefahr der Entdeckung der Observationskräfte die lückenlose Überwa- **666**

---

16 BGH NStZ 2001, 386 (387) zu § 100c StPO a. F.
17 BVerfG NJW 2005, 1338 (1339 f.); BGH NStZ 2001, 386 (387).

chung der Zielperson gewährleistet werden kann.[18] Gemäß § 100h II 1 StPO darf sich die Maßnahme nur gegen **Beschuldigte** richten. Gegen **andere Personen** sind Maßnahmen nach § 100h II 2 StPO nur zulässig, wenn aufgrund bestimmter Tatsachen anzunehmen ist, dass sie mit dem Beschuldigten in Verbindung stehen oder eine solche Verbindung hergestellt wird (**Kontaktpersonen**), die Maßnahme zur Erforschung des Sachverhalts oder zur Ermittlung des Aufenthaltsortes eines Beschuldigten führen wird (**Erfolgsprognose**) und dies auf andere Weise aussichtslos oder wesentlich erschwert wäre (**Subsidiarität**). Aussichtslosigkeit besteht, wenn andere Aufklärungsmittel nicht vorhanden sind. Eine **wesentliche Erschwerung** liegt vor, wenn die Benutzung anderer Aufklärungsmittel einen erheblich größeren Zeitaufwand erfordern und daher zu einer wesentlichen Verfahrensverzögerung führen würde.[19] Die Maßnahmen dürfen nach § 100h III StPO auch durchgeführt werden, wenn Dritte unvermeidbar mitbetroffen werden. Im Übrigen muss der Einsatz sonstiger besonderer für Observationszwecke bestimmter technischer Mittel verhältnismäßig sein.

667 b) **Formelle Rechtmäßigkeit.** Die **Anordnungskompetenz** für den Einsatz sonstiger technischer Mittel bei einer Observation haben die Staatsanwaltschaft und die Beamten des Polizeivollzugsdienstes.[20] Es besteht anders als bei § 163f III StPO kein Richtervorbehalt. Die Polizei sollte die Anordnung ohne vorherige Absprache mit der Staatsanwaltschaft nur treffen, wenn sie keinen Aufschub gestattet, die Staatsanwaltschaft also nicht erreichbar ist.[21] **Grundrechtssichernde Verfahrensregelungen** ergeben sich aus § 101 I und III bis VIII StPO.

III. Polizeirechtliche Observationen

668 Rechtsgrundlagen für präventiv-polizeiliche Observationen sind § 20 II und III PolG sowie § 22 I Nr. 1 und III PolG.

1. Kurzfristige Observationen nach § 20 II PolG

669 Eine **kurzfristige Observation** zur Abwehr konkreter Gefahren kann auf § 20 II PolG gestützt werden.[22] **Kurzfristig** ist eine polizeirechtliche Observation nach § 22 I Nr. 1 PolG, wenn sie voraussichtlich innerhalb einer Woche nicht länger als 24 Stunden dauert oder nicht über den Zeitraum einer Woche hinaus stattfindet. **Zuständig** für die Anordnung einer kurzfristigen Observation nach § 20 II PolG sind gemäß § 60 III PolG die Polizeibehörden und Polizeivollzugsdienst (Parallelzuständigkeit). Für ein polizeiliches Handeln auf der Grundlage von § 20 II PolG muss eine **Gefahr oder Störung für die öffentliche Sicherheit oder Ordnung** (Rn. 99) bestehen. **Adressat** der Observation nach § 20 II PolG sind Personen nach §§ 6 und 7 PolG (Verhaltens- und Zustandsstörer) und

---

18 OLG Hamm NStZ 2009, 347 (348).
19 HK/*Gercke* § 100a Rn. 23; Meyer-Goßner/Schmitt § 100a Rn. 13.
20 KK/*Bruns* § 100h Rn. 14; Meyer-Goßner/Schmitt § 100h Rn. 17. A. A. nur Ermittlungspersonen i. S. v. § 152 GVG BeckOK StPO/*Hegmann* StPO § 100h Rn. 17.
21 SK/*Wolter*/Greco § 100h Rn. 9.
22 BeckOK PolR BW/*Röcker* PolG § 20 Rn. 21.1.

andere Personen, also jedermann. Die Observation muss **erforderlich** sein. Dies ist der Fall, wenn ohne Kenntnis der Daten die Gefahr überhaupt nicht, nicht sachgerecht oder nicht ohne wesentliche Verzögerung abgewehrt werden könnte.[23] Eine **verdeckte kurzfristige Observation** ist nach der Regelung von § 19 II 2 PolG nur zulässig, wenn sonst die Wahrnehmung der polizeilichen Aufgabe gefährdet oder wesentlich erschwert wäre.[24]

Beispiel:
Der Polizei liegen gesicherte Erkenntnisse darüber vor, dass mehrere Jugendliche in der Nacht zum 1. Mai massive Ruhestörungen begehen wollen und sich hiervon auch durch entsprechende Gefährderansprachen nicht abhalten lassen werden. Die Polizei observiert die Jugendlichen daher in der Nacht gemäß §§ 20 II, 19 II 2 PolG.

2. Kurzfristige Observation nach § 20 III PolG

Als weitere Rechtsgrundlage für eine polizeirechtliche **kurzfristige Observation** kommt § 20 III PolG in Betracht. Diese Norm befugt den Polizeivollzugsdienst zu einer kurzfristigen Observation zur **vorbeugenden Bekämpfung von Straftaten**. Bei § 20 III PolG ist keine konkrete Gefahr gefordert, sondern es geht hier um die Verhütung von Straftaten im Vorfeld der konkreten Gefahr. Vorbeugende Bekämpfung von Straftaten umfasst aber auch die Vorsorge für die Verfolgung künftiger Straftaten, also die Beweissicherung im Vorfeld des konkreten Verdachts (Rn. 38 f.). Die Adressaten der Maßnahme ergeben sich aus § 20 III Nr. 1 bis 5 PolG. Ferner muss die **Erforderlichkeit** der Maßnahme geprüft werden (Rn. 112). Bei einem verdeckten Handeln müssen weiterhin die Voraussetzungen von § 19 II 2 PolG vorliegen.

Beispiel:
Bei der Polizei geht der anonyme Hinweis ein, dass sich A und B am 29.1.2013 gegen 17:00 Uhr zusammen mit mehreren Personen in den Räumen einer stillgelegten Gaststätte treffen und dort bis zum Morgengrauen Roulett spielen wollen. Der Polizeivollzugsdienst observiert A und B daraufhin für den maßgeblichen Zeitraum gemäß §§ 20 III, 19 II 2 PolG. Es handelt sich um eine kurzfristige Observation, da weder 24 Stunden noch sieben Tage überschritten werden. Ein Anfangsverdacht für § 284 StGB liegt nicht vor. Die Straftat ist noch nicht begangen worden. Der Polizeivollzugsdienst befindet sich lediglich im Vorfeld eines Verdachtes. Der Schwerpunkt der Maßnahme besteht darin, die Begehung von Straftaten zu verhindern.

Wenn es der Polizei darum geht, durch kurzfristige Observationen Straftaten zu verhindern, kann es – dies zeigt auch das obige Beispiel – zu Überschneidungen der Anwendungsbereiche von § 20 II und III PolG kommen. Die Maßnahme kann dann auf beide Rechtsgrundlagen gleichzeitig gestützt werden.

3. Längerfristige Observation nach § 22 I Nr. 1 i. V. m. III PolG

§ 22 I Nr. 1 i. V. m. III PolG sind die Rechtsgrundlagen für eine **längerfristige polizeirechtliche Observation**. Längerfristig ist eine Observation nach § 22 I

---
23 VGH BW DÖV 1995, 424 (426).
24 Zeitler/Trurnit Rn. 607.

Nr. 1 PolG, wenn sie voraussichtlich innerhalb einer Woche länger als 24 Stunden dauert oder über den Zeitraum einer Woche hinaus stattfindet. Maßgeblich für die Abgrenzung zwischen einer kurzfristigen und einer längerfristigen Observation ist die **voraussichtliche Dauer**. Wenn eine nach der Planung kurzfristig angelegte Observation länger dauert, müssen die Voraussetzungen des § 22 III PolG vorliegen.[25]

Beispiele:
Innerhalb einer Woche werden 24 Stunden überschritten bei einer Observation rund um die Uhr am zweiten Tag oder bei Observationen in längeren Zeitabschnitten (jede Nacht 10 Stunden) in der dritten Nacht. Wenn pro Nacht drei Stunden beobachtet wird, ist die über sieben Tage hinausgehende Observation längerfristig.

673 a) **Materielle Rechtmäßigkeit.** Nach § 22 III Nr. 1 PolG kann der Polizeivollzugsdienst eine längerfristige Observation **zur Abwehr einer Gefahr** für den Bestand oder die Sicherheit des Bundes oder eines Landes oder für Leben, Gesundheit und Freiheit einer Person oder für bedeutende fremde Sach- und Vermögenswerte durchführen. **Adressaten** der Maßnahme sind Personen nach § 20 II PolG.

Beispiel:
Bei einem bewaffneten Banküberfall kommt es zu einer Geiselnahme. Die Täter verlangen den Rückzug der Polizei und ein Fluchtfahrzeug. Bei Nichteinhalten der Bedingungen würden die Geiseln erschossen. Das Fluchtfahrzeug wird gestellt. Das MEK wird mit der Observation beauftragt. Es ist eingeplant, dass diese u. U. mehrere Tage gehen könnte. Die Observation kann auf § 22 III Nr. 1 PolG gestützt werden, da es um die Abwehr einer Gefahr für Leben, Gesundheit und Freiheit der Geiseln geht.

674 § 22 III Nr. 2 PolG regelt eine längerfristige Observation durch den Polizeivollzugsdienst **zur vorbeugenden Bekämpfung von Straftaten mit erheblicher Bedeutung**. Zum Begriff der vorbeugenden Bekämpfung von Straftaten s. Rn. 38 f. § 22 V PolG definiert die **Straftaten von erheblicher Bedeutung**. **Adressaten** der Maßnahme sind Personen nach § 20 III Nr. 1 und 2 PolG.

Beispiel:
Im Innenstadtbereich gab es mehrere Brände in italienischen Gaststätten. Die Polizei hat Hinweise darauf, dass diese Brände Teil einer organisierten Schutzgelderpressung sind. Aussagen der geschädigten Gastwirte sind nicht zu bekommen. Es liegen vage Hinweise vor, dass der italienische Gastwirt A in den Kreis der möglichen Täter einzubeziehen ist. Ein Anfangsverdacht i. S. v. § 152 II StPO lässt sich jedoch noch nicht begründen. Die Polizei entschließt sich, A über einen längeren Zeitraum gemäß § 22 III Nr. 2 PolG zu observieren, um weitere Brandstiftungen zu verhindern und weitere Hinweise zu bekommen.

675 Für beide Alternativen des § 22 III PolG gilt der **Subsidiaritätsgrundsatz**. Die längerfristige Observation zur Gefahrenabwehr oder zur vorbeugenden Be-

---

25 Stephan/Deger § 22 Rn. 4; BMKS § 22 Rn. 4.

kämpfung von Straftaten ist nur zulässig, wenn anderenfalls die Wahrnehmung der polizeilichen Aufgaben **gefährdet** oder **erheblich erschwert** würde. Eine **Gefährdung der Aufgaben des Polizeivollzugsdienstes** besteht, wenn ohne die Maßnahme die hinreichende Wahrscheinlichkeit besteht, dass sich die Gefahr verwirklicht oder die vorbeugende Bekämpfung einer Straftat vereitelt wird. Eine **erhebliche Erschwerung der Aufgaben des Polizeivollzugsdienstes** liegt vor, wenn andere mildere Maßnahmen einen erheblich größeren Zeitaufwand erfordern und daher zu einer Verzögerung führen würden.[26] Gemäß § 20 IV PolG dürfen durch die längerfristige Observation auch Daten **Dritter** erhoben werden, wenn diese unvermeidbar betroffen werden.

In der Praxis kommt es regelmäßig zu einer Überschneidung der Anwendungsbereiche von § 22 III Nr. 1 und 2 PolG. Die längerfristige Observation kann dann auf beide Ermächtigungsgrundlagen gestützt werden.[27] Liegen die Tatbestandsvoraussetzungen von § 22 III PolG vor, kann die längerfristige Observation **auch offen** durchgeführt werden.[28] Solche offenen längerfristigen Observationen hat die baden-württembergische Polizei zum Teil über zwei Jahre hinaus gegen **ehemalige Sicherungsverwahrte** durchgeführt, die aufgrund der Rechtsprechung des Europäischen Gerichtshofs für Menschenrechte[29] aus der Sicherungsverwahrung zu entlassen waren.[30] Nach der Rechtsprechung bieten § 22 I Nr. 1 i. V. m. III PolG hierfür jedoch nicht die zulässige Rechtsgrundlage. § 22 I Nr. 1 und III PolG sind nur eine Rechtsgrundlage für die Datenerhebung, um die es der Polizei im Fall der Überwachung eines ehemaligen Sicherungsverwahrten jedenfalls nicht vorrangig geht. Vielmehr handelt es sich bei einer über mehrere Jahre andauernden Dauerbeobachtung um eine neue polizeiliche Maßnahme, die bisher vom Landesgesetzgeber nicht eigens erfasst worden ist und die aufgrund ihrer weitreichenden Folgen einer ausdrücklichen, detaillierten Ermächtigungsgrundlage bedarf.[31]

b) Formelle Rechtmäßigkeit. Anordnungsbefugt für Maßnahmen nach § 22 I Nr. 1 und III PolG ist der Polizeivollzugsdienst. § 22 VI PolG regelt einen **Behördenleitervorbehalt**. Bei der Übertragung des Behördenleitervorbehalts ist § 4 DVO PolG zu beachten. Eine kumulative Übertragung auf mehrere Stellen ist nicht zulässig.[32] Die Anordnung muss grundsätzlich schriftlich erfolgen sowie begründet und befristet werden.[33] Die **Pflicht zur Löschung** der erhobenen Daten ist in § 22 VII PolG geregelt. § 22 VIII PolG steuert die Benachrichtigung des von der längerfristigen Observation Betroffenen.

4. Einsatz technischer Mittel nach § 22 I Nr. 3 und III PolG

Der gefahrenabwehrrechtliche verdeckte Einsatz technischer Mittel zur Anfertigung von Lichtbildern und Bildaufzeichnungen richtet sich nach § 22 I Nr. 2

---

26 BMKS § 22 Rn. 12.
27 VG Freiburg VBlBW 2011, 239, 240.
28 VG Freiburg VBlBW 2011, 239, 240 m. w. N.
29 EGMR NJW 2010, 2495 ff.
30 Speziell hierzu Guckelberger VBlBW 2011, 209 ff.
31 BVerfG Beschluss vom 8.11.2012 – 1 BvR 22/12 – juris Rn. 25. Ebenso VGH BW Beschluss vom 31.1.2013 – 1 S 1817/12 – juris Rn. 13. Hierzu auch VG Freiburg VBlBW 2011, 239 (240).
32 VG Freiburg Urteil vom 27.11.2012 – 3 K 1607 S. 14 f.
33 VwV PolG Nr. 1 zu § 22 VI PolG.

und II PolG (Rn. 640 ff.). Das Abhören und Aufzeichnen des nichtöffentlich gesprochenen Wortes ist polizeirechtlich dagegen in § 22 I Nr. 2 und III PolG geregelt (Rn. 643 ff.). Rechtsgrundlage für den **Einsatz technischer Mittel zur Feststellung des Aufenthaltsortes oder der Bewegungen einer Person oder einer Sache** sind § 22 I Nr. 3 und III PolG. § 22 III PolG ist auch die Rechtsgrundlage für eine polizeirechtliche längerfristige Observation (Rn. 673 ff.). Immer wenn eine längerfristige Observation zulässig ist, kann diese daher grundsätzlich auch mit dem Einsatz technischer Mittel zur Feststellung des Aufenthaltsortes oder der Bewegungen einer Person oder einer Sache unterstützt werden. § 22 IV, V und VI bis VIII PolG sind herbei zu beachten. Insbesondere muss der nach § 22 VI PolG anordnungsbefugte Behördenleiter prüfen, ob bei einer Kumulation verschiedener Überwachungsmaßnahmen der **Grundsatz der Verhältnismäßigkeit** noch gewahrt ist. Eine verfassungsrechtlich unzulässige **Totalüberwachung** ist auszuschließen (Rn. 12 und 594).

O. Wohnraumüberwachung

I. Allgemeines

Die **Wohnraumüberwachung** ist ein schwerer Eingriff in den Schutzbereich von Art. 13 I GG. Das Grundrecht der Unverletzlichkeit der Wohnung des Art. 13 I GG verbürgt dem Einzelnen einen elementaren Lebensraum und gewährleistet das Recht, in ihm in Ruhe gelassen zu werden.[1] Art. 13 I GG schützt die **räumliche Privatsphäre** vor staatlicher Überwachung und verdrängt insoweit das Recht auf informationelle Selbstbestimmung (Art. 2 I i. V. m. Art. 1 I GG). Der Schutz des Rechts auf informationelle Selbstbestimmung gilt jedoch für die von einer Wohnraumüberwachung betroffenen Personen, die Art. 13 I GG nicht schützt.[2]

679

Beispiel:
Gegen B wird eine Wohnraumüberwachung durchgeführt. Die Wohnraumüberwachung greift aus der Sicht des B in den Schutzbereich von Art. 13 I GG ein. Wenn C den B in der Wohnung besucht, liegt dagegen ein Eingriff in das Recht auf informationelle Selbstbestimmung des C gemäß Art. 2 I i. V. m. Art. 1 I GG vor.

Der Schutz der räumlichen Privatsphäre des Art. 13 I GG wird im Einzelfall durch andere Grundrechte ergänzt.[3]

680

Beispiele:
Eine Wohnraumüberwachung kann den Schutzbereich von Art. 6 I GG oder Art. 4 I GG tangieren, wenn sich die Zielperson in ihrer Wohnung mit ihrem Ehepartner bzw. ihrem Seelsorger unterhält.

Die **Wohnung** umfasst neben der Wohnung im engeren Sinne auch Arbeits-, Betriebs-, und Geschäftsräume.[4] Zu den geschützten Räumlichkeiten gehören auch diejenigen Teile der Betriebsräume, die der Hausrechtsinhaber aus eigenem Entschluss der Öffentlichkeit zugänglich gemacht hat. Auch in diesem Fall gewährleistet das Grundrecht Schutz gegen Eingriffe in seine Entscheidung über das Zutrittsrecht im Einzelnen und über die Zweckbestimmung des Aufenthalts.[5] Grundrechtsträger sind die Inhaber (unmittelbare Besitzer, Bewohner) der geschützten Räume. Eigentum ist nicht erforderlich. Auch auf die Rechtmäßigkeit des Besitzes kommt es nicht an, da es um den Schutz der Privatsphäre in räumlicher Hinsicht geht.[6] Deswegen können sich auch der Mieter einer Wohnung, dem gekündigt worden ist, und ein sog. Hausbesetzer, der gegen § 123 I StGB verstoßen hat, gegenüber der Polizei auf Art. 13 I GG berufen.

681

---

1 BVerfG NJW 2004, 999 (1000 f.).
2 BVerfG NJW 2007, 2753 (2754).
3 BVerfG NJW 2007, 2753 (2754).
4 BVerfG, NJW 1998, 1627.
5 BVerwG, NJW 2005, 454 (455).
6 Schoch JURA 2010, 22 (24).

682 Gesetze und polizeiliche Maßnahmen, die Eingriffe in Art. 13 I GG zulassen, müssen **hinreichend bestimmt** sein, den **unantastbaren Kernbereich der privaten Lebensgestaltung wahren** und dem **Grundsatz der Verhältnismäßigkeit** entsprechen.[7] Wegen der Intensität des Grundrechtseingriffs kommt eine Wohnraumüberwachung nur als letztes Mittel (**ultima ratio**) in Betracht. Weitere wichtige Vorgaben für die Überwachung einer Wohnung zu Zwecken der Strafverfolgung und der Gefahrenabwehr enthalten Art. 13 III und IV GG. Zur **Strafverfolgung** ist nach Art. 13 III GG **nur eine akustische Überwachung** der Wohnung zulässig. Voraussetzung ist der Anfangsverdacht einer **besonders schweren Straftat**. Außerdem muss die Erforschung des Sachverhalts auf andere Weise **unverhältnismäßig erschwert** oder **aussichtslos** sein. Diesen Vorgaben entsprechen §§ 100c ff. StPO, die für die Strafverfolgung zum sog. **großen Lauschangriff** ermächtigen. Das Bundesverfassungsgericht hat §§ 100c ff. StPO in einem Kammerbeschluss vom 11.5.2007 für verfassungsgemäß erklärt.[8] Zuvor hatte das Bundesverfassungsgericht in seinem Urteil vom 3.3.2004 entschieden, dass die aus dem Jahr 1998 stammende Vorgängerregelung verfassungswidrig und nichtig ist, weil sie dem verfassungsrechtlich gebotenen Schutz des Kernbereichs der privaten Lebensgestaltung (Rn. 8 ff.) nicht genügte.[9]

683 Die im bundesverfassungsgerichtlichen Urteil vom 3.3.2004 enthaltenen Grundsätze müssen auch bei einer präventiven Wohnraumüberwachung beachtet werden. Eine präventive Wohnraumüberwachung kommt nach Art. 13 IV GG zur **Abwehr dringender Gefahren** in Betracht. Die **Wohnraumüberwachung zur Gefahrenabwehr** kann **akustisch und optisch** durchgeführt werden. Die Ermächtigungsgrundlage für eine präventive Überwachung einer Wohnung ist in Baden-Württemberg § 23 PolG.

684 §§ 100c ff. StPO und § 23 PolG ermächtigen auch für die die Überwachung einer Wohnung vor- und nachbereitenden Aktionen.[10]

Beispiel:
Zur Durchführung einer akustischen Wohnraumüberwachung muss von der Polizei in der Wohnung eine Wanze installiert werden. Die Installation der Wanze ist von §§ 100c ff. StPO und § 23 PolG mit umfasst.

685 Die Rechtsgrundlage für den sog. **kleinen Lauschangriff zur Strafverfolgung** ist § 100f StPO, der das Abhören des nichtöffentlich gesprochenen Wortes außerhalb von Wohnungen regelt (Rn. 619 ff.). Ein **kleiner Lauschangriff zur Gefahrenabwehr** kann auf § 22 I Nr. 2 und III PolG gestützt werden (Rn. 643 ff.).

II. Akustische Wohnraumüberwachung gemäß §§ 100c ff. StPO

686 § 100c StPO enthält die materiell-rechtlichen Anordnungsvoraussetzungen für eine akustische Wohnraumüberwachung zur Strafverfolgung. Der Einsatz tech-

---

[7] BVerfG NJW 2004, 999 (1005 ff.).
[8] BVerfG NJW 2007, 2753 ff.
[9] BVerfG NJW 2004, 999 ff.
[10] Braun/Keller DIE POLIZEI 2012, 102.

nischer Mittel für eine optische Überwachung einer Wohnung zu repressiven Zwecken ist nicht zulässig. Die Vorschriften zur formellen Rechtmäßigkeit sind im Wesentlichen in § 100d StPO enthalten. § 100e StPO konkretisiert die aus Art. 13 VI 1 GG folgende Berichtspflicht. Danach berichten die Länder und der Generalbundesanwalt dem Bundesamt für Justiz jährlich über die in ihrem Zuständigkeitsbereich angeordneten Maßnahmen nach § 100c StPO. Das Bundesamt für Justiz erstellt eine Übersicht zu den im Berichtsjahr bundesweit angeordneten Maßnahmen und veröffentlicht diese im Internet.[11] Daraus ergibt sich, dass eine repressive Wohnraumüberwachung sehr selten angeordnet wird. So wurde diese Maßnahme im Jahr 2013 nur in acht Verfahren durchgeführt.[12] Als Gründe hierfür können die hohen rechtlichen Anforderungen für die Maßnahme und der damit verbundene große organisatorische Aufwand vermutet werden.

1. Materiell-rechtliche Voraussetzungen des § 100c StPO

Ein großer Lauschangriff zur Strafverfolgung ist nur bei dem **Anfangsverdacht einer katalogmäßig in § 100c II StPO erfassten besonders schweren Straftat** zulässig (§ 100c I Nr. 1 StPO). **Besonders schwere Straftaten** sind nur solche, die der Gesetzgeber mit einer Höchststrafe von mehr als fünf Jahren Freiheitsstrafe versehen hat.[13] Als Basis für den Tatverdacht müssen konkrete und in gewissem Umfang verdichtete Umstände vorhanden sein.[14] Bei der Beurteilung der Verdachtslage steht dem Gericht ein gewisser Beurteilungsspielraum zu.[15] Die Tat muss auch **im Einzelfall besonders schwer wiegend** sein (§ 100c I Nr. 2 StPO). Kriterien für die Bewertung können die Folgen der Tat, die Schutzwürdigkeit des verletzten Rechtsgutes und die Tatbegehung sein.[16] Ist das der Fall, kann das nichtöffentlich gesprochene Wort mit technischen Mitteln innerhalb einer Wohnung abgehört und aufgezeichnet werden. **Nichtöffentlich** sind alle innerhalb des Schutzbereichs des Art. 13 I GG geführten Gespräche, die für niemand anders als den Gesprächspartner bestimmt sind.[17] Außerdem müssen **tatsächliche Anhaltspunkte für die Erfassung von Äußerungen**, die für die Erforschung des Sachverhalts oder die Ermittlung des Aufenthaltsortes eines Mitbeschuldigten von Bedeutung sind, vorliegen (§ 100c I Nr. 3 StPO).

Beispiel:
Der Beschuldigte hält sich in den überwachten Räumen auf.

Nach § 100c I Nr. 4 StPO ist die Maßnahmen nur zulässig, wenn die Erreichung des Zwecks auf andere Weise **unverhältnismäßig erschwert** oder **aussichtslos** wäre (Rn. 710). Die Wohnraumüberwachung ist damit **nur als ultima ratio** zulässig. Sie soll nur dann zum Einsatz kommen, wenn andere Ermittlungsmaßnahmen versagen.[18] **Betroffene der Maßnahmen sind der Beschul-

---

11 www.bundesjustizamt.de.
12 BT-Drs. 18/2495 S. 1.
13 BVerfG NJW 2004, 999 (1011).
14 BVerfG NJW 2004, 999 (1012).
15 OLG Celle StV 2011, 215 (216).
16 BVerfG NJW 2012, 833 (836 f.).
17 Meyer-Goßner/Schmitt § 100c Rn. 3.
18 BVerfG NJW 2004, 999 (1010).

digte (§ 100c III 1 StPO) und Dritte unter den Voraussetzungen von (§ 100c III 2 StPO).

689 Dem vom Bundesverfassungsgericht bei einer Wohnraumüberwachung in seinem Urteil vom 3.3.2004[19] geforderten **Schutz des Kernbereichs der privaten Lebensgestaltung** (Rn. 8 ff.) dienen § 100c IV, V und VII StPO. § 100c IV 1 StPO verlangt die sog. **negative Kernbereichsprognose.** Danach darf die Maßnahme nur angeordnet werden, soweit aufgrund tatsächlicher Anhaltspunkte anzunehmen ist, dass durch die Überwachung Äußerungen, die dem Kernbereich der privaten Lebensgestaltung zuzurechnen sind, nicht erfasst werden. Dabei sind insbesondere die Art der zu überwachenden Räumlichkeiten und das Verhältnis der zu überwachenden Personen zu berücksichtigen. Gespräche in Betriebs- und Geschäftsräumen sind in der Regel nicht dem Kernbereich der privaten Lebensgestaltung zuzurechnen (§ 100c IV 2 StPO). Das Gleiche gilt für Gespräche über begangene Straftaten und Äußerungen, mittels derer Straftaten begangen werden (§ 100c IV 3 StPO).

Beispiel:
Bei der privaten Wohnung, in der der Beschuldigte mit seiner Lebensgefährtin wohnt, besteht eine Vermutung, dass absolut geschützte Gespräche erfasst werden. Soweit Gespräche über begangene Straftaten von dieser Vermutung ausgenommen sind, ist die Prognose, ob derartige Gespräche zu erwarten sind, auf tatsächliche Anhaltspunkte zu stützen.[20]

690 § 100c V und VII StPO regeln, was zu geschehen hat, wenn sich während der Wohnraumüberwachung Anhaltspunkte dafür ergeben, dass in den Kernbereich der privaten Lebensgestaltung eingegriffen wird. In diesem Fall besteht eine **Unterbrechungspflicht** gemäß § 100c V 1 StPO, die in § 100c V 5 und 6 StPO näher ausgestaltet ist. Die Unterbrechungspflicht setzt voraus, dass bei dem Abhören einer Wohnung auf eine nur automatische Aufzeichnung der abgehörten Gespräche verzichtet wird. Vielmehr ist neben der Aufzeichnung gleichzeitig noch ein Mithören in Echtzeit erforderlich (sog. **Echtzeitüberwachung**).[21] Die Echtzeitüberwachung verhindert eine Verletzung des Kernbereichs der privaten Lebensgestaltung. § 100c V 2 und 3 StPO sehen eine **Löschungs- mit Dokumentationspflicht** vor. Gemäß § 100c IV 3 StPO besteht ein **Verwertungsverbot** für kernbereichsrelevante Inhalte, dessen Durchsetzung in § 100 VII StPO ausgestaltet ist.

691 § 100c VI StPO steuert den **Schutz von Zeugnisverweigerungsberechtigten.** § 100c VI 1 StPO ist eine speziellere Regelung als § 160a StPO. § 100c VI 3 StPO verweist auf die Verstrickungsregelung des § 160a IV StPO.

Beispiel:
Bei einer gegen B rechtmäßig durchgeführten Wohnraumüberwachung nach §§ 100c ff. StPO führt B Gespräche mit seiner Ehefrau E und mit seinem Verteidiger V über die von ihm begangenen Straftaten. Die Erkenntnisse aus diesen

---

19 BVerfG NJW 2004, 999 ff.
20 OLG Düsseldorf NStZ 2009, 54 (55).
21 BVerfG NJW 2004, 999 (1005).

Gesprächen dürfen nach § 100c VI 1 i. V. m. § 100c V 2 bis 4 StPO nicht verwertet werden, da V im Verhältnis zu B ein Zeugnisverweigerungsrecht gemäß § 53 I Nr. 2 StPO zusteht. Wenn B nur mit E spricht, gilt § 100c VI 2 StPO. Danach kommt eine Verwertung in Betracht, wenn dies unter Berücksichtigung der Bedeutung des zugrunde liegenden Vertrauensverhältnisses nicht außer Verhältnis zum Interesse an der Erforschung des Sachverhalts steht. Da Gespräche über Straftaten zwischen Eheleuten nicht zum Kernbereich der privaten Lebensgestaltung gehören, kann man hier bei der Abwägung zu einer Verwertbarkeit gelangen. Wenn der Verdacht besteht, dass V der Mittäter von B ist, sind die Erkenntnisse aus dem Gespräch in der Wohnung gemäß § 100c IV 3 i. V. m. § 160a VI 1 StPO allerdings verwertbar.

Auch wenn § 100c StPO den verfassungsrechtlich gebotenen Schutz des Kernbereichs der privaten Lebensgestaltung berücksichtigt und dem Grundsatz der Verhältnismäßigkeit genügt, ist bei jeder Prüfung der Rechtmäßigkeit Wohnraumüberwachung am Ende noch der **allgemeine Verhältnismäßigkeitsgrundsatz** zu prüfen.

2. **Verfahrensvorschriften des § 100d StPO**

Nach § 100d I 1 bis 3 StPO i. V. m. § 74 IV GVG steht die **Anordnungsbefugnis** für einen großen Lauschangriff zur Strafverfolgung grundsätzlich der Staatsschutzkammer des Landgerichts zu. Die **Dauer** der Maßnahmen ist in § 100d I 4 bis 6 geregelt. Daraus folgt insbesondere, dass bei einer Verlängerung auf insgesamt 6 Monate über weitere Verlängerungen das Oberlandesgericht zu entscheiden hat. Die **Anforderungen an die Anordnung** resultieren aus § 100d II und III StPO. § 100d IV StPO statuiert eine **Unterrichtungspflicht** gegenüber dem anordnenden Gericht. **Grundrechtssichernde Verfahrensregeln** ergeben sich im Übrigen aus § 101 StPO.

3. **Verwertung der Erkenntnisse aus einer repressiven Wohnraumüberwachung**

Liegen die Voraussetzungen von §§ 100c ff. StPO vor, können die Erkenntnisse aus der Wohnraumüberwachung – ebenso wie bei der TKÜ – auch zur Verfolgung einer mit der Katalogtat in Zusammenhang stehenden Nichtkatalogtat verwertet werden.[22]

Beispiel:
Gegen B wird wegen des Verdachts der Mitgliedschaft in einer terroristischen Vereinigung eine Wohnraumüberwachung durchgeführt. Bei der Überwachung zeigt sich, dass B einen Betrug begangen hat. Die Erkenntnisse aus der Wohnraumüberwachung über den Betrug sind verwertbar, wenn dieser im Zusammenhang mit der Mitgliedschaft in der terroristischen Vereinigung steht.

§ 100d V StPO regelt die **Verwendung von personenbezogenen Daten aus einer akustischen Wohnraumüberwachung** für andere Zwecke. § 100d V Nr. 1 StPO ist eine speziellere Regelung im Verhältnis zu § 477 II 2 StPO.

---

22 BGH Urteil vom 14.8.2009 – 3 StR 552/08 – juris Rn. 27.

Beispiel:
Gegen B wird wegen des Verdachts der gewerbsmäßigen Bandenhehlerei eine Wohnraumüberwachung gemäß § 100c I und II Nr. 1k StPO durchgeführt. Bei der Wohnraumüberwachung zeigt sich, dass B auch Ausländer in die Bundesrepublik Deutschland eingeschleust hat. Diese Erkenntnisse können in dem Strafverfahren gegen B wegen des Verdachts des Einschleusens von Ausländern zu Beweiszwecken gemäß § 100d V Nr. 1 i. V. m. § 100c I und II Nr. 3a StPO zu Beweiszwecken verwertet werden.

696 § 100d V Nr. 2 StPO steuert die Verwendung personenbezogener Daten aus einer repressiven Wohnraumüberwachung zur Gefahrenabwehr. Hierbei handelt es sich um eine Spezialregelung im Verhältnis zu § 477 II 3 StPO. Die Verwendung von personenbezogenen Daten aus einer gefahrenabwehrrechtlichen Wohnraumüberwachung zu Zwecken der Strafverfolgung richtet sich nach § 100d V Nr. 3 StPO, der spezieller ist als § 161 II 1 StPO. § 100d V Nr. 3 StPO setzt zwar grundsätzlich voraus, dass die zu verwendenden Daten polizeirechtlich rechtmäßig gewonnen worden sind. Nach dem Bundesgerichtshof kommt eine Verwertbarkeit von den bei einer polizeirechtlichen Wohnraumüberwachung gewonnenen Daten zur Strafverfolgung jedoch auch dann in Betracht, wenn die polizeirechtliche Maßnahme rechtswidrig gewesen ist. Der Bundesgerichtshof hat dies damit begründet, dass ein Beweisverwertungsverbot eine Ausnahme sei, die nur bei ausdrücklicher gesetzlicher Anordnung oder aus übergeordneten wichtigen Gründen im Einzelfall anzuerkennen sei.[23]

III. Optische und akustische Wohnraumüberwachung nach § 23 PolG

697 § 23 PolG ist die Rechtsgrundlage für eine präventiv-polizeiliche Wohnraumüberwachung. Die materiell-rechtlichen Anordnungsvoraussetzungen ergeben sich aus § 23 I PolG. Diese Vorschrift wird ergänzt durch § 23 II und V PolG, die den Schutz des Kernbereichs der privaten Lebensgestaltung regeln. § 23 III, VI und VII PolG enthalten Verfahrens- und Durchführungsvorschriften sowie Regelungen zur weiteren Datenverarbeitung. Gemäß § 23 VIII PolG hat die Landesregierung den Landtag jährlich über den Einsatz technischer Mittel in oder aus Wohnungen zu unterrichten. Diese Regelung entspricht den verfassungsrechtlichen Vorgaben des Art. 13 VI 3 GG.

1. Materiell-rechtliche Anordnungsvoraussetzungen

698 Gemäß § 23 I 1 PolG kann der Polizeivollzugsdienst personenbezogene Daten in oder aus Wohnungen durch den verdeckten Einsatz technischer Mittel nach § 22 I Nr. 2 PolG (also durch Anfertigung von Lichtbildern und Bildaufzeichnungen sowie Abhören und Aufzeichnen des nichtöffentlich gesprochenen Wortes) erheben, wenn anderenfalls die Abwehr einer unmittelbar bevorstehenden Gefahr für den Bestand oder die Sicherheit des Bundes oder eines Landes oder für Leben, Gesundheit oder Freiheit einer Person gefährdet oder erheblich

---
23 BGH Urteil vom 14.8.2009 – 3 StR 552/08 – juris Rn. 47 ff.

erschwert würde. Der **Begriff der Wohnung** ist weit auszulegen (Rn. 681). Eine **unmittelbar bevorstehende Gefahr** für die in § 23 I PolG aufgeführten hochwertigen Rechtsgüter liegt dann vor, wenn der Eintritt eines Schadens nach allgemeiner Erfahrung sofort oder in allernächster Zeit als gewiss anzusehen ist, falls nicht eingeschritten wird.[24] Das **Vorfeld einer Gefahr** reicht daher für eine Maßnahme nach § 23 PolG nicht aus.[25]

Beispiel:
Eine präventive Wohnraumüberwachung zur Verhinderung einer wiederholten Brandstiftung an einem Objekt ist nicht zulässig, wenn das gefährdete Objekt noch nicht wieder errichtet worden ist.

Eine **optische und akustische Wohnraumüberwachung zur Gefahrenabwehr** ist nur möglich, wenn die Abwehr der unmittelbar bevorstehenden Gefahr für bedeutende Rechtsgüter **gefährdet** oder **erheblich erschwert** wäre (sog. Subsidiaritätsklausel). Eine **Gefährdung** i. S. v. § 23 I 1 PolG liegt vor, wenn die hinreichende Wahrscheinlichkeit besteht, dass die polizeiliche Aufgabenerfüllung ohne die Maßnahme vereitelt werden würde.[26] Eine **erhebliche Erschwerung** i. S. v. § 23 I 1 PolG besteht, wenn andere mildere Maßnahmen einen erheblichen Zeitaufwand erfordern und daher zu einer wesentlichen Verzögerung führen würden.[27] **Adressaten** der Maßnahme können die in §§ 6 und 7 PolG sowie unter den Voraussetzungen von § 9 PolG auch die dort genannten Personen sein. Nach § 23 I 2 PolG darf die Datenerhebung auch durchgeführt werden, wenn Dritte unvermeidbar betroffen werden. **Dritte** sind solche Personen, gegen die sich der Einsatz nicht richtet, die also nicht Zielperson sind.

Beispiel:
Während einer gegen A gerichteten Wohnraumüberwachung nach § 23 I PolG wird auch ein Gespräch zwischen A und seinem Besucher B erfasst. B hat keinen Anlass zu der Maßnahme gegeben.

Für den **Schutz der Berufsgeheimnisträger** gilt § 9a PolG. § 23 II und V PolG dienen dem verfassungsrechtlich gebotenen **Schutz des Kernbereichs der privaten Lebensgestaltung** (Rn. 8 ff.). Diese Normen sind in ihrem Anwendungsbereich die spezielleren Normen zu § 9a PolG. Gemäß § 23 II 1 PolG darf die Datenerhebung nur angeordnet werden, soweit nicht aufgrund tatsächlicher Anhaltspunkte anzunehmen ist, dass durch die Überwachung Daten erfasst werden, die dem Kernbereich der privaten Lebensgestaltung zuzurechnen sind. Abzustellen ist bei dieser sog. **negativen Kernbereichsprognose** nach § 23 II 2 PolG insbesondere auf die Art der zu überwachenden Räumlichkeiten und das Verhältnis der dort anwesenden Personen zueinander. Nach § 23 V 1 PolG ist die Datenerhebung in oder aus Wohnungen **unverzüglich zu unterbrechen**, sofern sich während der Überwachung Anhaltspunkte dafür ergeben, dass Daten, die dem Kernbereich der privaten Lebensgestaltung zuzurechnen sind, erfasst werden. Sie darf nach § 23 V 2 PolG fortgesetzt werden, wenn zu erwarten ist,

---
24 Stephan/Deger § 22 Rn. 6; BMKS § 23 Rn. 11.
25 OLG Karlsruhe VBlBW 1999, 234 (236).
26 BMKS § 23 Rn. 12 und § 22 Rn. 12.
27 BMKS § 23 Rn. 12 und § 22 Rn. 12.

dass die Gründe, die zur Unterbrechung geführt haben, nicht mehr vorliegen. Deswegen ist es erforderlich, dass in angemessenen Abständen eine **erneute Aufschaltung** erfolgt, um festzustellen, ob die Voraussetzungen zum Abbruch weiterhin vorliegen oder mit der Überwachung fortgefahren werden kann.[28] Bis zum Zeitpunkt der Unterbrechung erhobene Daten, die dem Kernbereich der privaten Lebensgestaltung zuzurechnen sind, dürfen nach § 23 V 3 PolG **nicht verwertet** werden und sind **unverzüglich zu löschen**. Die Löschung ist gemäß § 23 V 4 PolG zu **protokollieren**.

2. Formelle Rechtmäßigkeit

701 Gemäß § 23 III 1 PolG steht die **Anordnungsbefugnis** der in § 74a IV GVG genannten Staatsschutzkammer des Landgerichts zu. Die Anforderungen an die Anordnung ergeben sich aus § 23 III 2 bis 6 PolG. Nach § 23 III 7 i. V. m § 31 V 2 PolG gelten für das gerichtliche Verfahren die Vorschriften des Gesetzes über das Verfahren in Familiensachen und in Angelegenheiten der freiwilligen Gerichtsbarkeit (FamFG). Nach § 23 III 8 PolG kann die Maßnahme bei Gefahr im Verzug durch einen der in § 22 VI PolG genannten Behördenleiter angeordnet werden. Diese Anordnung bedarf dann der unverzüglich einzuholenden Bestätigung durch das Gericht. **Gefahr im Verzug** liegt vor, wenn konkrete, einzelfallbezogene Anhaltspunkte dafür bestehen, dass durch den mit der Herbeiführung einer richterlichen Entscheidung verbundenen Zeitverlust der Erfolg der beabsichtigten Maßnahme gefährdet würde. Der Begriff Gefahr im Verzug ist im Hinblick auf die grundrechtssichernde Schutzfunktion des Richtervorbehalts **eng** auszulegen. Die Gründe, die zur Bejahung von Gefahr im Verzug führen, hat die Polizei zu **dokumentieren** und zu **begründen** (Rn. 90). Nach § 23 IV PolG bedarf es keiner gerichtlichen Anordnung, wenn technische Mittel ausschließlich zur **Sicherung der bei einem polizeilichen Einsatz tätigen Personen** verwendet werden. In diesem Fall gilt jedoch der **Behördenleitervorbehalt** des § 22 VI PolG.

Beispiel:
Ein VE wird in einer Wohnung eingesetzt und mit einem Minisender ausgestattet, um es der Polizei zu ermöglichen, bei Gefahr für Leib und Leben des VE zugreifen zu können.

702 Nach § 23 V 5 und 6 PolG ist die Maßnahme unter Mitteilung an das Gericht **abzubrechen**, wenn die Voraussetzungen von § 23 I PolG nicht mehr vorliegen. § 23 VI PolG regelt die **Benachrichtigung** der von einer präventiven Wohnraumüberwachung Betroffenen. Die bei den Einsatz technischer Mittel in oder aus Wohnungen erhobenen personenbezogenen Daten sind nach § 23 VII 1 PolG besonders zu **kennzeichnen**. Die Kennzeichnung ist nach einer Übermittlung der Daten gemäß § 23 VII 2 PolG aufrechtzuerhalten.

3. Weitere Datenverarbeitung bei der Wohnraumüberwachung

703 Die **weitere Verarbeitung von personenbezogenen Daten**, die bei einer Wohnraumüberwachung erhoben worden sind, richtet sich nach § 23 VII 3 bis 6 PolG. Gemäß § 23 VII 3 PolG dürfen die bei einer Wohnraumüberwachung

---

28 LT-Drs. 14/3165 S. 55.

gewonnenen personenbezogenen Daten für den Zweck gespeichert, verändert und genutzt werden, für den sie erhoben worden sind (sog. **Grundsatz der Zweckbindung**). § 23 VII 3 PolG ist eine Spezialnorm zu § 37 II 1 PolG.[29] Nach § 23 VII 4 PolG ist eine Speicherung, Veränderung, Nutzung und Übermittlung auch zulässig, soweit dies zur Abwehr einer anderen unmittelbar bevorstehenden Gefahr für die in § 23 I 1 PolG genannten bedeutenden Rechtsgüter (§ 23 VII 4 Nr. 1 PolG) oder zur Aufklärung von Straftaten, die nach der Strafprozessordnung in der jeweils geltenden Fassung die Wohnraumüberwachung rechtfertigen (§ 23 VII 4 Nr. 2 PolG), erforderlich ist. Die landesgesetzliche Regelung des § 23 VII 4 Nr. 2 PolG entspricht § 100d V Nr. 3 StPO.

Nach § 23 VII 5 PolG ist die weitere Verarbeitung von personenbezogenen Daten, die aus einer Wohnraumüberwachung zum Schutz einer bei einem polizeilichen Einsatz tätigen Person (VP oder VE) erhoben worden sind, zu den in § 23 VII 4 PolG genannten Zwecken nur zulässig, wenn zuvor die Rechtmäßigkeit der Maßnahme richterlich festgestellt ist. Im Übrigen regelt § 23 VII 6 PolG, dass die bei einer Wohnraumüberwachung, die ausschließlich dem Schutz einer bei einem polizeilichen Einsatz tätigen Person diente, erhobenen Daten, die nicht weiter verarbeitet werden, und die Daten, die ausschließlich unbeteiligte Dritte betreffen, unverzüglich, spätestens jedoch zwei Monate nach Beendigung der Maßnahme, zu löschen sind. § 23 VII 6 PolG ist gegenüber § 46 PolG eine spezielle Löschungsvorschrift. Für die Löschung der übrigen bei einer Wohnraumüberwachung erhobenen personenbezogenen Daten gilt § 46 PolG.[30]

---

29 Zeitler/Trurnit Rn. 724.
30 BMKS § 23 Rn. 45.

P. Maßnahmen mit Bezug zur Telekommunikation

I. Allgemeines

705 Telekommunikation ist der technische Vorgang des Aussendens, Übermittelns und Empfangens von Signalen mittels Telekommunikationsanlagen (§ 3 Nr. 22 TKG). **Telekommunikationsanlagen** sind technische Einrichtungen oder Systeme, die als Nachrichten identifizierbare elektromagnetische oder optische Signale senden, übertragen, vermitteln, empfangen, steuern oder kontrollieren können (§ 3 Nr. 23 TKG).

> **Beispiele:**
> Telefonverkehr über Festnetz und Mobilfunk, Bildübertragungsdienste (Telefax, Telex), E-Mail-Verkehr und Internet-Telefonie.[1]

706 Die polizeilichen Maßnahmen mit Bezug zur Telekommunikation sind
- die **Überwachung und Aufzeichnung der Telekommunikation (TKÜ)**,
- die **Erhebung von Telekommunikationsverkehrsdaten (TKVDE)**,
- die **Erhebung von Telekommunikationsbestandsdaten (TKBDE)**,
- der **Einsatz des sog. IMSI-Catchers** (IMSI = International Mobil Subscriber Identity) und
- die **Unterbrechung und Verhinderung der Telekommunikation**.

Diese polizeilichen Maßnahmen zielen – abgesehen von der Unterbrechung und Verhinderung der Telekommunikation – auf die Erhebung der bei einer Telekommunikation anfallenden Daten ab. Zu unterscheiden sind **Inhalts-, Bestands- und Verkehrsdaten**. **Inhaltsdaten** sind der Inhalt einer Telekommunikation. **Verkehrsdaten** sind Daten, die bei der Erbringung eines Telekommunikationsdienstes erhoben, verarbeitet oder genutzt werden (§ 3 Nr. 30 TKG). Telekommunikationsverkehrsdaten lassen Rückschlüsse auf die näheren Umstände der Telekommunikation zu. Sie geben Aufschluss darüber wer, wann, mit wem, von wo und wie lange kommuniziert hat. **Bestandsdaten** sind die Daten eines Teilnehmers, die zur Abwicklung eines Vertragsverhältnisses über Telekommunikationsdienste erhoben werden (§ 3 Nr. 3 TKG), wie z. B. Name und Anschrift des Kunden.

707 Ziel der **TKÜ** ist die Erhebung der Inhaltsdaten. Bei der **TKVDE** und dem **Einsatz des IMSI-Catchers** geht es um die Erhebung von Verkehrsdaten. Die TKÜ und TKVDE greifen in den Schutzbereich des Fernmeldegeheimnisses des Art. 10 I GG ein. Vom Schutz des Fernmeldegeheimnisses nach Art. 10 I GG sind nicht nur die Kommunikationsinhalte, sondern auch die näheren Umstände der Telekommunikation erfasst. Dazu gehört insbesondere ob, wann und wie oft zwischen welchen Personen oder Endeinrichtungen Telekommunikationsverkehr stattgefunden hat oder versucht worden ist. Das Grundrecht

---

[1] HK/*Gercke* § 100a Rn. 10; KK/*Bruns* § 100a Rn. 14. Zur Bedeutung der Telekommunikation BeckOK PolR BW/*von der Grün* PolG § 23a Rn. 1 ff.

des Art. 10 I GG schützt die Bedingungen der freien Telekommunikation. Die Nutzung des Kommunikationsmediums soll in allem vertraulich sein.[2] Da Art. 10 I GG die Vertraulichkeit der Kommunikation schützt, ist jede Kenntnisnahme, Aufzeichnung und Verwertung kommunikativer Daten ohne Einwilligung des Betroffenen ein Grundrechtseingriff. Der Eingriff liegt bereits mit der Anordnung des Zugriffs vor.[3] Die **TKBDE** greift in den Schutzbereich des Rechts auf informationelle Selbstbestimmung (Art. 2 I i. V. m. Art. 1 I GG) ein.[4] Der **Einsatz eines IMSI-Catchers** ist nach der Rechtsprechung des Bundesverfassungsgerichts kein Eingriff in das Fernmeldegeheimnis des Art. 10 I GG, sondern ebenfalls ein Eingriff in das Recht auf informationelle Selbstbestimmung (Art. 2 I i. V. m. Art. 1 I GG).[5] Die **Unterbrechung und Verhinderung der Telekommunikation** tangiert die allgemeine Handlungsfreiheit des Art. 2 I GG.[6]

Die Rechtsgrundlagen für eine TKÜ zur Strafverfolgung sind §§ 100a und 100b StPO. Eine präventiv-polizeiliche TKÜ ist in Baden-Württemberg nicht zulässig. Im Zusammenhang mit dem ÄndG 2008 hat sich der Gesetzgeber ausdrücklich gegen die Aufnahme einer Rechtsgrundlage für eine gefahrenabwehrrechtliche TKÜ in das Polizeigesetz ausgesprochen.[7] Die Befugnisse für eine **TKVDE** ergeben sich aus § 100g StPO und § 23a I bis V PolG. Die Rechtsgrundlagen für eine **TKBDE** sind § 100j StPO und § 23a IX PolG. Der **Einsatz des IMSI-Catchers** ist zur Strafverfolgung nach § 100i StPO und zur Gefahrenabwehr nach § 23a VI PolG zulässig. Die **Unterbrechung und Verhinderung der Telekommunikation** ist nur zur Gefahrenabwehr sinnvoll. Die Rechtsgrundlage hierfür ist § 23a VII PolG.

II. Telekommunikationsüberwachung gemäß §§ 100a und 100b StPO

§ 100a StPO ermächtigt zur Überwachung und Aufzeichnung der bei der Telekommunikation anfallenden Inhaltsdaten (Rn. 706). Während § 100a StPO die materiell-rechtlichen Anordnungsvoraussetzungen für eine TKÜ regelt, enthält § 100b StPO Verfahrens- und Durchführungsvorschriften. § 100b III StPO begründet eine Mitwirkungspflicht der Telekommunikationsdienstleister. Eine Berichtspflicht der Länder und des Generalbundesanwalts gegenüber dem Bundesamt für Justiz ist in § 100b V StPO enthalten und in § 100b VI StPO näher ausgestaltet. Die Regelungen zur TKÜ sind zuletzt durch das Gesetz zur Neuregelung der Telekommunikation vom 21.12.2007 geändert worden.[8] Das Bundesverfassungsgericht hat diese Regelung im Jahr 2011 als verfassungsgemäß angesehen.[9]

---

2 BVerfG NJW 2012, 833 (835) m. w. N.
3 BVerfG NJW 2009, 2431 (2433).
4 BVerfG NJW 2012, 1412 (1422 ff.).
5 BVerfG, NJW 2007, 351, 353 ff. A. A. Nachbaur NJW 2007, 335 ff.
6 BVerfG NJW 2007, 351 (356).
7 LT-Drs. 14/3165 S. 57.
8 BGBl. I S. 3198.
9 BVerfG NJW 2012, 833 ff.

1. Anordnungsvoraussetzungen des § 100a StPO

710 Eine TKÜ zur Strafverfolgung setzt zunächst den Anfangsverdacht einer in § 100a II StPO bezeichneten **schweren Straftat** (sog. Katalogtat), den Anfangsverdacht eines Versuchs einer solchen Tat oder einer Vorbereitungstat voraus (§ 100a I Nr. 1 StPO). Der Katalog des § 100a II StPO erfasst Straftaten, die mit einer Höchststrafe von mindestens fünf Jahren bedroht sind. Für die Qualifizierung dieser Delikte als schwere Straftaten sind außerdem das jeweils geschützte Rechtsgut und deren Bedeutung für die Rechtsgemeinschaft entscheidend. Mit der Auswahl der Delikte wahrt der Gesetzgeber den Grundsatz der Verhältnismäßigkeit.[10] Gemäß § 100a I Nr. 2 StPO muss die **Tat auch im Einzelfall schwer wiegen**. Indizien hierfür sind die Schutzwürdigkeit der verletzten Rechtsgüter, der Grad der Bedrohung der Allgemeinheit, die Art der Begehung der Straftat, die Anzahl der Geschädigten und/oder das Ausmaß des Schadens.[11] In der Regel wiegt eine Katalogtat im Einzelfall schwer. Dies kann jedoch ausnahmsweise dann nicht der Fall sein, wenn sich bereits bei den Ermittlungen zeigt, dass ein minder schwerer Fall einer Katalogtat vorliegt.[12] Nach § 100a I Nr. 3 StPO muss die Erforschung des Sachverhalts oder die Ermittlung des Aufenthaltsortes des Beschuldigten auf andere Weise **wesentlich erschwert** oder **aussichtslos** sein (sog. **Subsidiaritätsklausel**). Aussichtslosigkeit besteht, wenn andere Aufklärungsmittel nicht vorhanden sind. Eine **wesentliche Erschwerung** liegt vor, wenn die Benutzung anderer Aufklärungsmittel einen erheblich größeren Zeitaufwand erfordern und daher zu einer wesentlichen Verfahrensverzögerung führen würde.[13] Hierbei besteht ein Beurteilungsspielraum der Strafverfolger.[14]

711 Durch die Formulierung des § 100a I StPO „Auch ohne Wissen der Betroffenen" wird klargestellt, dass die Maßnahme nicht dadurch unzulässig wird, dass der oder die Betroffenen davon erfahren.[15] **Betroffene** der Maßnahme sind der Beschuldigte und Personen, von denen aufgrund bestimmter Tatsachen anzunehmen ist, dass sie für den Beschuldigten bestimmte oder von ihm herrührende Mitteilungen entgegennehmen oder weitergeben oder dass der Beschuldigte ihren Anschluss benutzt (§ 100a III StPO). Hierfür müssen die Verdachtsgründe über vage Anhaltspunkte und bloße Vermutungen hinausreichen. Bloßes Gerede, nicht überprüfbare Gerüchte und Vermutungen reichen nicht. Erforderlich ist, dass aufgrund der Lebenserfahrung oder der kriminalistischen Erfahrung fallbezogen aus Zeugenaussagen, Observationen oder anderen sachlichen Beweisanzeichen auf die Eigenschaft als Nachrichtenmittler geschlossen werden kann.[16]

712 Wenn eine TKÜ **Berufsgeheimnisträger** tangiert, ist grundsätzlich § 160a StPO zu beachten. Die Überwachung eines Telefonanschlusses eines Strafverteidigers

---

10 BVerfG NJW 2012, 833 (836).
11 BVerfG NJW 2012, 833 (836 f.).
12 BT-Drs. 16/5846 S. 40.
13 HK/*Gercke* § 100a Rn. 23; Meyer-Goßner/Schmitt § 100a Rn. 13.
14 Meyer-Goßner/Schmitt § 100a Rn. 13.
15 BT-Drs. 16/5846 S. 39.
16 BVerfG NJW 2007, 2752 f.

mit dem Ziel der Überwachung der Kommunikation mit einem einer Katalogtat beschuldigten Mandanten ist unzulässig. Eine solche Abhörmaßnahme steht in einem unlösbaren Widerspruch zur Rechtsgarantie des nicht überwachten mündlichen Verkehrs zwischen dem Strafverteidiger und dem Beschuldigten aus § 148 StPO sowie dem verfassungsrechtlich gebotenen Schutz des Kernbereichs der privaten Lebensgestaltung.[17] Wenn der Telefonanschluss des Beschuldigten überwacht wird und dieser mit seinem Verteidiger telefoniert, folgt aus § 100a IV 2 StPO ein Beweisverwertungsverbot.

Beispiel:
Während einer gegen B gerichteten TKÜ telefoniert dieser mit seinem Strafverteidiger. Die Erkenntnisse aus diesem Gespräch dürfen gemäß § 100a IV 2 StPO nicht verwertet werden.

Für den **Schutz des Kernbereichs der privaten Lebensgestaltung** (Rn. 8 ff.) enthält § 100a IV StPO ein zweistufiges Schutzkonzept.[18] Nach § 100a IV 1 StPO ist die Maßnahme unzulässig, wenn tatsächliche Anhaltspunkte für die Annahme vorliegen, dass durch sie allein Kenntnisse aus dem Kernbereich der privaten Lebensgestaltung erlangt würden (sog. **negative Kernbereichsprognose**). Wenn es nach der negativen Kernbereichsprognose dennoch zu einer Berührung des Kernbereichs kommt, besteht ein **Verwertungsverbot mit Löschungs- und Dokumentationspflicht** (§ 100a IV 2 bis 4 StPO).

Beispiel:
Während der gegen B gerichteten TKÜ telefoniert B mit seiner Frau. Die beiden sprechen dabei über die von B begangenen Straftaten. § 100a IV StPO steht einer Verwertung der Erkenntnisse nicht entgegen. Grundsätzlich gehören Gespräche mit nahen Angehörigen zwar zum Kernbereich der privaten Lebensgestaltung. Dies gilt jedoch nicht für Gespräche über Straftaten.

Der Schutz des Kernbereichs der privaten Lebensgestaltung gebietet bei einer TKÜ – anders als bei der Wohnraumüberwachung (Rn. 679 ff.) – kein Mithören in Echtzeit (sog. **Echtzeitüberwachung**).[19] Entscheidend für den Kernbereichsschutz ist daher die Auswertungsphase. Ergibt die Durchsicht, dass kernbereichsrelevante Inhalte erhoben wurden, sind diese unverzüglich zu löschen. Eine Weitergabe oder sonstige Verwendung ist auszuschließen.[20] Liegen die Voraussetzungen von § 100a I StPO vor und steht § 100a IV StPO der TKÜ nicht entgegen, ist außerdem noch der **allgemeine Verhältnismäßigkeitsgrundsatz** zu prüfen.

2. Verfahrens- und Durchführungsvorschriften des § 100b StPO

§ 100b I 1 bis 3 StPO enthalten einen **Richtervorbehalt mit einer Eilzuständigkeit** der Staatsanwaltschaft bei Gefahr im Verzug. Eine Eilzuständigkeit der Polizei besteht nicht. Die **Dauer** der TKÜ beträgt drei Monate mit Verlänge-

---

17 BVerfG NJW 2007, 2749 (2750).
18 BVerfG NJW 2012, 833 (837).
19 BT-Drs. 16/5846 S. 44.
20 BVerfG NJW 2012, 833 (837).

rungsoption auf jeweils drei Monate (§ 100b I 4 und 5 StPO). Das Schriftformerfordernis der Anordnung und ihr Inhalt sind in § 100b II StPO geregelt. Gemäß § 100b IV StPO ist die Maßnahme unverzüglich zu **beenden**, wenn die Voraussetzungen nicht mehr vorliegen, und das anordnende Gericht über deren Ergebnisse zu **unterrichten** (§ 100b IV StPO). Für die von der TKÜ Betroffenen ergeben sich weitere grundrechtssichernde Verfahrensrechte aus § 101 I, III 1 Nr. 8 bis VIII StPO.

3. Verwertbarkeit der Erkenntnisse aus einer TKÜ

716 Liegen die Voraussetzungen für eine TKÜ vor, ist das gesamte während der Maßnahme aufgezeichnete Gespräch einschließlich der Hintergrundgeräusche und Hintergrundgespräche verwertbar.[21] Verwertbar sind auch die Erkenntnisse aus einer TKÜ, wenn der Beschuldigte eine zuvor von ihm selbst hergestellte Verbindung versehentlich nicht beendet hat.

Beispiel:
Der Mobilfunkanschluss des A wird wegen des Verdachts des bandenmäßigen Handelns mit Betäubungsmitteln rechtmäßig überwacht. A ruft von seinem Pkw aus mit dem Wissen seines Mitfahrers H den K an, der das Gespräch aber nicht abnimmt, so dass sich die Mobilbox von K einschaltet. A will keine Nachricht auf der Mobilbox hinterlassen und schließt daher die Tastaturklappe seines Handys, um die Verbindung zu beenden, unterlässt es aber aus Versehen, zuvor die Taste zur Gesprächstrennung zu drücken. Daher wird für die Dauer von sieben Minuten bis zum automatischen Ende der Mailbox-Aufzeichnung das in dem Fahrzeug geführte Gespräch von A und des H übertragen und von der Polizei aufgezeichnet. Nach dem Bundesgerichtshof unterfällt das Gespräch der Telekommunikation i. S. v. § 100a StPO und kann verwertet werden.[22]

717 Voraussetzung für eine der Überwachung nach § 100a StPO unterliegenden Telekommunikation ist, dass sich eine Person einer Telekommunikationsanlage bedient, d. h. Kommunikation mittels einer solchen Anlage vornimmt. Deswegen ist ein Raumgespräch unverwertbar, dass dadurch abgehört und aufgezeichnet werden kann, weil ein Hausbewohner vorher ein Telefongespräch geführt und nach dessen Abschluss den Hörer nicht ordnungsgemäß aufgelegt hatte.[23]

Beispiel:
Gegen A wird wegen des Verdachts des gewerbsmäßigen Handelns mit BtM rechtmäßig eine TKÜ durchgeführt. A führt mit seiner Frau ein Gespräch, in dem er die Bilanz aus seinen bisherigen Heroingeschäften zieht. Das Abhören und Aufzeichnen des Gesprächs ist technisch möglich, weil einer der Hausbewohner nach einem Telefonat den Hörer nicht ordnungsgemäß aufgelegt hatte und sich die Eheleute in dem Zimmer aufhalten, in dem der Telefonapparat steht. Nach dem Bundesgerichtshof kommt eine Verwer-

---

21 BGH NStZ 2008, 473 f.
22 BGH NStZ 2003, 668 ff.
23 BGH NStZ 2003, 669.

tung des Raumgesprächs nicht in Betracht.[24] Der maßgebliche Unterschied zu dem obigen Beispiel (Rn. 716) besteht darin, dass hier der Beschuldigte vor dem Raumgespräch die Telekommunikationseinrichtung nicht selbst bedient hatte und das Raumgespräch nicht durch einen von ihm verursachten Bedienungsfehler ermöglicht worden ist.

Die Erkenntnisse aus der TKÜ können auch zur Verfolgung einer Tat verwertet werden, die **mit einer Katalogtat im Zusammenhang** steht.[25] Zeigt sich nach rechtmäßiger Anordnung der Maßnahme, dass die angenommene Katalogtat nicht, eine andere Straftat jedoch verwirklicht worden ist, die keine Katalogtat ist, können die Erkenntnisse aus der TKÜ zur Verfolgung dieser Tat ebenfalls verwertet werden.[26] Im Übrigen richtet sich die Verwertbarkeit von Zufallsfunden aus einer TKÜ zur Strafverfolgung nach § 477 II 2 StPO.

718

Beispiel:
Gegen M wird eine TKÜ wegen des Verdachts der Geldwäsche nach § 261 StGB durchgeführt. M hat erhebliche Barbeträge auf das Konto von B eingezahlt. Während der TKÜ zeigt sich, dass M selbst als Geschädigter anzusehen ist, weil B ihn zu den Zahlungen durch Täuschung veranlasst hatte, um sich eine nicht nur vorübergehende Einnahmequelle zu verschaffen. In dem Strafverfahren gegen B können die Erkenntnisse aus der gegen M gerichteten TKÜ nach § 477 II 2 i. V. m. § 100a II Nr. 1n StPO zu Beweiszwecken verwertet werden.[27]

Gemäß § 477 II 3 StPO können die Erkenntnisse aus einer repressiven TKÜ zur Bekämpfung erheblicher Gefahren genutzt werden.

719

Beispiel:
Bei einer gegen A gerichteten TKÜ nach § 100a StPO zeigt sich, dass A einen Mord an B plant. Die Polizei kann die Erkenntnisse aus der TKÜ gemäß § 477 II 3 StPO zur Verhinderung des Mordes nutzen.

4. Einführung der TKÜ in die Hauptverhandlung

Eine TKÜ kann durch das Abspielen des Datenträgers, auf dem die Aufnahme gespeichert ist, in die Hauptverhandlung als Augenscheinsbeweis eingeführt werden. Von der TKÜ können auch Abschriften angefertigt werden, die dann im Wege des Urkundenbeweises durch Verlesung (§ 249 I StPO) in die Hauptverhandlung eingeführt werden. Wenn die Kommunikation in einer Fremdsprache geführt worden ist, ist ein Dolmetscher als Sachverständiger hinzuziehen. Schließlich kommt eine Einführung der Erkenntnisse aus der TKÜ in die Hauptverhandlung auch durch eine Vernehmung des Dolmetschers oder der Ermittlungsbeamten als Zeuge in Betracht.[28]

720

---

24 BGHSt 31, 296 ff.
25 BGH NStZ 1998, 426.
26 BGH NJW 1979, 1370 (1371).
27 BGH NStZ 2009, 224 f.
28 Ausführlich hierzu z. B. HK/*Gercke* § 100a Rn. 38; KK/*Bruns* § 100a Rn. 49 f.; Soiné § 100a Rn. 83 ff.

5. Problem der sogenannten Hörfalle

721 Keine TKÜ nach § 100a StPO und auch kein Eingriff in das Fernmeldegeheimnis des Art. 10 I GG liegen vor, wenn einer der Kommunikationspartner damit einverstanden ist, dass eine Privatperson im Auftrag der Polizei oder ein Polizeibeamter ein Telefonat mithört (sog. **Hörfalle**). Diese Maßnahme kann zur Aufklärung von **Straftaten von erheblicher Bedeutung** (Rn. 576) unter Beachtung des **Grundsatzes der Subsidiarität** auf §§ 161 I, 163 I StPO gestützt werden. Die Subsidiarität ist gegeben, wenn die Erforschung des Sachverhalts unter Einsatz anderer Ermittlungsmethoden **erheblich weniger Erfolg versprechend** oder **wesentlich erschwert** wäre.[29]

Beispiel:
A hat B mitgeteilt, dass er einen Raub begangen habe. B teilt dies der Polizei mit, die schon seit längerer Zeit erfolglos gegen A wegen des Verdachts des Raubes ermittelt. Auf Verlangen der Polizei telefoniert B mit A und verwickelt diesen dabei nochmals in ein Gespräch über den Raub. Ein Polizeibeamter hört das Telefonat zwischen A und B im Einverständnis von B mit.

6. Angekommene Nachrichten

722 Die nach Abschluss des Übertragungsvorgangs im Herrschaftsbereich des Kommunikationsteilnehmers gespeicherten Daten werden nicht durch Art. 10 I GG, sondern durch das Recht auf informationelle Selbstbestimmung (Art. 2 I i. V. m. Art. 1 I GG) geschützt. Der Schutz des Fernmeldegeheimnisses endet in dem Moment, in dem eine Nachricht beim Empfänger angekommen ist.[30] § 100a StPO befugt auch nur zu dem Eingriff in den technischen Vorgang der Nachrichtenübermittlung des Betreibers von Telekommunikationsdiensten. Die Nachricht darf daher noch nicht beim Empfänger angekommen sein. Deswegen erfasst § 100a StPO auch nicht den Zugriff auf die von einem Anrufbeantworter aufgezeichneten Gespräche oder ein angekommenes Fax.[31] Bei Vorliegen der Voraussetzungen, können diese Nachrichtenträger jedoch gemäß §§ 94 ff. StPO beschlagnahmt werden.[32]

7. Kommunikationsforen

723 Informationen, die bei Kommunikationsforen im Internet auf einem Server in Form von jedermann zugänglichen elektronischen Nachrichten hinterlegt werden, unterliegen ebenfalls gemäß §§ 94 ff. StPO der Beschlagnahme.[33] Die Überwachung der Kommunikation in einem zugangsgesicherten Chatroom in Echtzeit richtet sich dagegen nach § 100a StPO.[34] Treten die Ermittler in Kommunikationsforen im Internet selbst unter einer Legende als Kommunikationspartner auf, kommen hierfür als Rechtsgrundlage je nach der Dauer des Einsatzes entweder §§ 161 I, 163 I StPO oder § 110a StPO in Betracht.[35]

---

[29] BGH NJW 1996, 2940 (2943).
[30] BVerfG NJW 2009, 2431 (2432).
[31] BVerfG NJW 2006, 976 (978); KK/*Bruns* § 110a Rn. 5; Soiné § 100a Rn. 20.
[32] BVerfG NJW 2006, 976 (980).
[33] Soiné § 100a Rn. 38; KK/*Bruns* § 100a Rn. 28.
[34] Soiné § 100a Rn. 38; KK/*Bruns* § 100a Rn. 28.
[35] Singelnstein NStZ 2012, 593 (600).

8. Überwachung von E-Mails

Bei der Überwachung von E-Mails zur Strafverfolgung werden drei Phasen unterschieden. Die Übertragung der Nachricht vom Gerät des Absenders zu einem Mail-Server und von dort nach kurzer Zwischenspeicherung zu einem Mail-Server des Empfängers (**1. Phase**). Dort liegt die Nachricht zur Abholung durch den Empfänger bereit (**2. Phase**) und wird schließlich abgeholt (**3. Phase**).[36] Das Aufzeichnen und Überwachen von E-Mails beim Versenden und Empfangen zur Strafverfolgung und ist ein Eingriff in den Schutzbereich von Art. 10 I GG und richtet sich nach § 100a StPO.[37] Die **Sicherstellung und Beschlagnahme von auf einem Mailserver zwischen- und endgespeicherter E-Mails** ist ebenfalls ein Eingriff in den Schutzbereich von Art. 10 I GG. Die Rechtsgrundlage hierfür ergibt sich nach dem Bundesverfassungsgericht jedoch aus §§ 94 ff. StPO.[38] Der Bundesgerichtshof hatte die bei einem Provider gespeicherten E-Mails vor der Entscheidung des Bundesverfassungsgerichts unter den Voraussetzungen einer Postbeschlagnahme nach § 99 StPO als beschlagnahmefähig angesehen.[39] Wenn eine empfangene E-Mail auf dem eigenen Rechner des Empfängers gespeichert wird und der Übertragungsvorgang abgeschlossen ist, ist nicht mehr § 100a StPO einschlägig, um den Inhalt der Nachricht zur Strafverfolgung zu verwerten. Rechtsgrundlage hierfür sind dann vielmehr §§ 94 ff. StPO.[40] Gleiches gilt für eine auf dem Rechner des Absenders abgespeicherte E-Mail.[41]

9. Online-Durchsuchung

Eine **Online-Durchsuchung** ist der heimliche Zugriff auf ein informationstechnisches System (z. B. Personalcomputer) unter Einsatz einer speziellen **Software**. Die Installation der Software auf dem Zielrechner kann auf elektronischem Weg oder direkt am Rechner durch eine entsprechende Manipulation erfolgen.[42] Nach dem Bundesverfassungsgericht ist eine Online-Durchsuchung nicht grundsätzlich verfassungswidrig. Der damit verbundene Eingriff in das **Grundrecht auf Gewährleistung der Integrität und Vertraulichkeit informationstechnischer Systeme** (Art. 2 I i. V. m. Art. 1 I GG) bedarf jedoch einer verfassungsgemäßen gesetzlichen Grundlage.[43] Für eine repressive Nutzung der Online-Durchsuchung gibt es bisher in der Strafprozessordnung keine Rechtsgrundlage.[44] Insbesondere kann eine Online-Durchsuchung nicht auf § 100a StPO gestützt werden. Es geht hier nicht um die Überwachung der Kommunikation zwischen einem Tatverdächtigen und Dritten, sondern um eine umfassende Übermittlung der auf dem Zielcomputer gespeicherten Daten an die ermittelnde Stelle zum Zwecke der Suche nach Beweismitteln und weiteren

---

36 KK/*Bruns* § 100a Rn. 19.
37 BGH NStZ 2003, 668; HK/*Gercke* § 100a Rn. 16.
38 BVerfG NJW 2009, 2431 (2433 ff.).
39 BGH NJW 2009, 1828 ff.
40 BVerfG NJW 2006, 976; HK/*Gercke* § 100a Rn. 15.
41 HK/*Gercke* § 100a 15.
42 Soiné NVwZ 2012 1585 (1586).
43 BVerfG NJW 2008, 822 (827 ff.).
44 HK/*Gercke* § 100a Rn. 16.

möglichen Ermittlungsansatzen.⁴⁵ Auch im präventiven Aufgabenbereich der baden-württembergischen Polizei fehlt für eine Online-Durchsuchung eine Rechtsgrundlage.⁴⁶ Eine solche ist lediglich in § 20k BKAG für die Aufgabe des Bundeskriminalamtes zur Abwehr von Gefahren des internationalen Terrorismus enthalten.⁴⁷

10. Quellen-TKÜ

726 Teilweise erfolgt, wie z. B. bei der Internet-Telefonie, die Telekommunikation verschlüsselt. Eine Ausleitung der Inhaltsdaten während des Übertragungsvorgangs ist dann nicht möglich. Durch spezielle Computerprogramme können die Daten noch vor ihrer Verschlüsselung auf dem Zielgerät abgefangen und an die Polizei übermittelt werden (sog. **Quellen-TKÜ**).⁴⁸ Problematisch ist, ob der Einsatz und die Installation der Technik für die Quellen-TKÜ von § 100a StPO gedeckt sind.⁴⁹ Teile der Literatur lehnen dies wegen der Nähe der Maßnahme zur Online-Durchsuchung ab. Dies wird im Wesentlichen damit begründet, dass die einschlägigen Programme einen über die bloße TKÜ hinausgehenden Funktionsumfang hätten, so dass technisch nicht sicherzustellen sei, dass keine weitergehenden Eingriffe erfolgen.⁵⁰ Auch das Bundesverfassungsgericht hat darauf hingewiesen, dass mit der Infiltration eines komplexen informationstechnischen Systems zum Zweck der Quellen-TKÜ die entscheidende Hürde genommen ist, um das gesamte System auszuspähen.⁵¹ Eine auf § 100a StPO gestützte Quellen-TKÜ ist daher nur zulässig, wenn sie sich auf die Überwachung der laufenden Kommunikation beschränkt und ein heimliches Ausspähen weiterer Daten auf dem Computer unterbleibt.⁵² Außerdem muss die Software auf elektronischem Wege auf dem Zielrechner installiert werden. § 100a StPO deckt nicht das heimliche Betreten der Wohnung des Betroffenen zur Suche nach dem Zielrechner, um das Programm dort zu installieren. Das Betreten der Wohnung durch Ermittler, um ein dort befindliches informationstechnisches System physisch zu manipulieren, ist ein Eingriff in den Schutzbereich von Art. 13 I GG.⁵³ Dieser Eingriff kann wegen seiner Intensität nicht als typische Begleitmaßnahme im Wege der sog. **Annexkompetenz** zu § 100a StPO gerechtfertigt werden.⁵⁴

III. Telekommunikationsverkehrsdatenerhebung

727 Bei der **Telekommunikationsverkehrsdatenerhebung (TKVDE)** fragt die Polizei zur Gefahrenabwehr und zur Strafverfolgung gespeicherte und zukünftig anfal-

---

45 BGH NStZ 2007, 279 (280 f.).
46 Anders z. B. Art. 34d BayPAG und § 31c POG RP.
47 Hierzu Roggan NJW 2009, 257 (259 ff.).
48 KK/*Bruns* § 100a Rn. 27.
49 Hierfür KK/*Bruns* § 100a Rn. 27; Soiné § 100a Rn. 37; Meyer-Goßner/Schmitt § 100a Rn. 7a.
50 Singelnstein NStZ 2012, 593 (598 f.). m. w. N.
51 BVerfG NJW 2008, 822 (825 f.).
52 KK/*Nack* § 100a Rn. 27; Beulke Rn. 253c m. w. N.
53 BVerfG NJW 2008, 822 (826).
54 Soiné NJW 2012, 1585 (1588 f.).

lende Telekommunikationsverkehrsdaten bei einem Unternehmen, das Telekommunikationsdienste erbringt, ab. **Telekommunikationsverkehrsdaten** sind Daten, die bei der Erbringung eines Telekommunikationsdienstes erhoben, verarbeitet oder genutzt werden (§ 3 Nr. 30 TKG). Diese Daten lassen Rückschlüsse auf die näheren **Umstände** der Telekommunikation zu. Sie geben Aufschluss darüber wer, wann, mit wem, von wo und wie lange kommuniziert. Die Anbieter dürfen nach § 96 I 1 i. V. m. § 91 I 1 TKG Verkehrsdaten erheben, soweit dies für die geschäftsmäßige Erbringung von Telekommunikationsdiensten erforderlich ist. Die TKVDE ist ein Eingriff in das durch Art. 10 I GG geschützte Fernmeldegeheimnis, auch wenn keine Inhaltsdaten erhoben werden. Art. 10 I GG schützt nicht nur den Inhalt einer Kommunikation, sondern auch Informationen über Umstände der Telekommunikation (Ort, Zeit sowie Art und Weise der Kommunikation).[55] Dagegen werden die nach Abschluss des Übertragungsvorgangs im Herrschaftsbereich des Kommunikationsteilnehmers gespeicherten Verkehrsdaten nicht durch Art. 10 I GG, sondern durch das Recht auf informationelle Selbstbestimmung (Art. 2 I i. V. m. Art. 1 I GG) geschützt.[56]

Beispiel:
A telefoniert mit seinem Handy. Die bei seinen Telefonaten anfallenden Daten, wie z. B. Ort, Zeit und Telefonnummern der Gesprächspartner, sind Telekommunikationsverkehrsdaten, die von Art. 10 I GG geschützt werden. Die Daten, die nach Abschluss der Gespräche auf seinem Handy gespeichert werden, wie z. B. die Telefonnummern der Gesprächspartner, unterliegen dagegen dem Schutz des Rechts auf informationelle Selbstbestimmung (Art. 2 I i. V. m. Art. 1 I GG).

Telekommunikationsverkehrsdaten werden als wichtiges Hilfsmittel für die Aufklärung schwerer Straftaten und bei der Gefahrenabwehr angesehen.[57] Die TKVDE ist zur repressiven und präventiven polizeilichen Aufgabenerfüllung nach § 100g i. V. m. § 101a StPO und § 23a I bis V PolG zulässig. Der Bundesgesetzgeber hat §§ 100g, 101a und 101b StPO sowie §§ 113a ff. TKG durch das Gesetz zur Einführung einer Speicherpflicht und einer Höchstspeicherfrist für Verkehrsdaten vom 10.12.2015 (sog. **Vorratsdatenspeicherung**) neu gefasst.[58] Zuvor hatte das Bundesverfassungsgericht mit Urteil vom 2.3.2010 § 100g StPO a. F. insoweit für nichtig erklärt als diese Vorschrift an §§ 113a und 113b TKG a. F. anknüpfte.[59] Diese Vorschriften dienten in Deutschland der Umsetzung der Richtlinie 2006/24/EG des Europäischen Parlaments und des Rates vom 15.3.2006 zur Vorratsdatenspeicherung. Der EuGH hat diese durch Urteil vom 8.4.2014 als nicht vereinbar mit Art. 7 und 8 der Grundrechtecharta erklärt.[60] Durch die Neuregelung des § 100g StPO ist es wieder mög-

---

55 BVerfG NJW 2000, 55 (56 f.); NJW 2003, 1787 (1788 f.); NJW 2005, 2603 (2604 f.); NVwZ 2008, 543 (545); DVBl. 2008, 1569 (1571); NJW 2010, 833 (835 f.).
56 BVerfG NJW 2006, 976 (978).
57 BT-Drs. 18/5088 S. 1.
58 BGBl. I 2218.
59 BVerfG NJW 2010, 833 ff. Zu den einstweiligen Anordnungen in diesem Verfahren s. BVerfG NVwZ 2008, 543 ff.; DVBl. 2008, 1569 ff.
60 EuGH NJW 2014, 2169 ff.

lich, zur Strafverfolgung nicht nur auf Verkehrsdaten zu zugreifen, die die Dienstanbieter aufgrund eigener Entscheidung nach § 96 I 1 TKG erheben, sondern auch auf solche Daten, die sie nach § 113b I TKG speichern müssen. Gemäß § 113b I Nr. 1 TKG haben die Erbringer öffentlich zugänglicher Telekommunikationsdienste die in § 113b II und III genannten TKVD, wie z. B. Rufnummern und Daten über Beginn und Ende einer Verbindung, für zehn Wochen zu speichern. Die Standortdaten über die Nutzung mobiler Telefondienste nach § 113b IV TKG sind nach § 113b I Nr. 2 TKG vier Wochen zu speichern. Eine Verpflichtung zur Speicherung von Daten von Diensten der elektronischen Post besteht nicht.[61] Nach § 113c I Nr. 1 TKG dürfen die nach § 113b TKG gespeicherten Daten an eine Strafverfolgungsbehörde übermittelt werden, soweit diese die Übermittlung unter Berufung auf eine gesetzliche Bestimmung, die ihr eine Erhebung der in § 113b TKG genannten Daten zur Verfolgung schwerer Straftaten erlaubt. Der Landesgesetzgeber hat § 23a PolG mit dem ÄndG 2014[62] an die Rechtsprechung des Bundesverfassungsgerichts angepasst und eine TKVDE nur noch für die nach § 96 I 1 TKG gespeicherten Daten zugelassen. Nach der Neuregelung des § 113b I Nr. 2 TKG ist zu erwarten, dass auch er wieder eine TKVDE zur Gefahrenabwehr auf die für diesen Zweck von den Diensteanbietern zu speichernden Daten erstreckt (Rn. 737).[63]

1. TKVDE nach § 100g StPO

729 § 100g I StPO ermöglicht die Erhebung von Verkehrsdaten, die die Erbringer öffentlich zugänglicher Telekommunikationsdienste zu geschäftlichen Zwecken nach § 96 I TKG speichern, für die Verfolgung von **Straftaten von auch im Einzelfall erheblicher Bedeutung** (§ 100g I 1 Nr. 1 StPO) und für **mittels Telekommunikation begangener Straftaten** (§ 100g I 1 Nr. 2 StPO). Die gemäß § 113b TKG zu speichernden Verkehrsdaten können die Strafverfolger nach § 100g II StPO zur Verfolgung **besonders schwerer Straftaten** nutzen. § 100g III StPO regelt die sog. **Funkzellenabfrage**. Der **Schutz von Berufsgeheimnisträgern** erfolgt bei der TKVDE nach § 100g IV StPO. Dieser ist eine Sonderregelung im Verhältnis zu § 160a StPO (Rn. 72 ff.). Gemäß § 100g V StPO richtet sich die Erhebung von Telekommunikationsverkehrsdaten nach den allgemeinen Vorschriften, wenn sie nach Abschluss des Kommunikationsvorgangs nicht bei dem Erbringer öffentlich zugänglicher Telekommunikationsdienste erfolgt.[64]

Beispiel:
Die Polizei stellt das Handy von A sicher, gegen den wegen des Verdachts des Betruges (§ 263 StGB) ermittelt wird und liest die in dem Handy gespeicherten Rufnummern seiner Gesprächspartner aus. Dieser Vorgang richtet sich nach § 100g V i. V. m. §§ 94 ff. StPO.

Die **Betroffenen** einer TKVDE zur Strafverfolgung ergeben sich aus § 101a I 1 i. V. m. § 100a III StPO. Die formell-rechtlichen Anforderungen regeln § 101a I

---

61 BT-Drs. 18/5088 S. 2.
62 GBl. 77.
63 BeckOK PolR BW/*von der Grün* PolG § 23a Rn. 17.
64 BT-Drs. 16/5846 S. 55.

1 i. V. m. § 100b I bis IV und § 101a II StPO. § 101a III bis VI StPO normieren Vorgaben für die weitere Datenverarbeitung. § 101b StPO steuert die statistische Erfassung der Erhebung von Telekommunikationsverkehrsdaten.

a) Anordnungsvoraussetzungen von § 100g I 1 Nr. 1 StPO. Die Erhebung von Telekommunikationsverkehrsdaten, die die Erbringer öffentlich zugänglicher Telekommunikationsdienste nach § 96 I TKG zu geschäftlichen Zwecken speichern, setzt nach § 100g I 1 Nr. 1 StPO den Anfangsverdacht einer **Straftat von auch im Einzelfall erheblicher Bedeutung**, insbesondere eine in § 100a II StPO bezeichnete Straftat, voraus. Ausreichend ist auch der Versuch einer solchen Tat oder eine Vorbereitungstat. Eine **Straftat von erheblicher Bedeutung** muss mindestens der mittleren Kriminalität zuzurechnen sein, den Rechtsfrieden empfindlich stören und geeignet sein, das Gefühl der Rechtssicherheit der Bevölkerung erheblich zu beeinträchtigen.[65] Indizien dafür, dass die Straftat **auch im Einzelfall erhebliche Bedeutung** hat, sind die Schutzwürdigkeit der verletzten Rechtsgüter, der Grad der Bedrohung der Allgemeinheit, die Art der Begehung der Straftat, die Anzahl der Geschädigten und/oder das Ausmaß des Schadens.[66] Die Daten dürfen nur erhoben werden, wenn dies zur Erforschung des Sachverhalts oder zur Ermittlung des Aufenthaltsortes des Beschuldigten **erforderlich** und die Erhebung der Daten in einem **angemessenen Verhältnis zur Bedeutung der Sache** steht. Bei einer TKVDE nach § 100g I StPO handelt es sich grundsätzlich um eine offene Maßnahme. Dies hat der Gesetzgeber durch die Streichung der Worte „auch ohne Wissen des Betroffenen" deutlich gemacht.[67]

b) Anordnungsvoraussetzungen von § 100g I 1 Nr. 2 StPO. Nach § 100g I 1 Nr. 2 StPO ist die TKVDE beim Anfangsverdacht einer **mittels Telekommunikation begangenenen Straftat** zulässig. Hierbei muss **keine Straftat von erheblicher Bedeutung** vorliegen. Die Straftat muss jedoch vollendet sein. Straftaten mittels Telekommunikation, die lediglich in das Versuchsstadium gelangen oder nur strafbar vorbereitet werden, erfasst § 100g I 1 Nr. 2 StPO nicht.[68]

Beispiele:
Telefonische Bedrohungen und Beleidigungen oder Stalking.

Im Fall von § 100g I 1 Nr. 2 StPO muss nach § 100g I 2 StPO die Erforschung des Sachverhalts oder die Ermittlung des Aufenthaltsortes des Beschuldigten auf andere Weise **aussichtslos sein. Aussichtslosigkeit liegt vor,** wenn andere Aufklärungsmittel nicht vorhanden sind oder mit hoher Wahrscheinlichkeit keinen Erfolg versprechen.[69] Daher muss anhand der konkreten Umstände des Einzelfalls geprüft werden, ob andere Ermittlungsmaßnahmen in Betracht kommen oder ob die Verkehrsdatenerhebung das einzig zielführende und zugleich verhältnismäßige Mittel ist.[70]

---

65 BVerfG NJW 2004, 999 (1110).
66 BVerfG NJW 2012, 833 (836 f.).
67 BT-Drs. 18/5088 S. 31.
68 BT-Drs. 16/5846 S. 52.
69 Soiné § 100g Rn. 20.
70 Meyer-Goßner/Schmitt StPO § 100g Rn. 18.

732 c) Erhebung von Standortdaten nach § 100g I 3 StPO. Die Erhebung von Standortdaten ist nach § 100g I 3 StPO für künftig anfallende Daten oder in Echtzeit (also während einer Kommunikation) im Fall von § 100g I 1 Nr. 1 StPO zulässig, soweit sie für die Erforschung des Sachverhalts oder die Ermittlung des Aufenthaltsortes des Beschuldigten erforderlich ist. Auf gespeicherte Standortdaten ist der Zugriff nur unter den Bedingungen von § 100g II StPO möglich.[71] Aufgrund von § 100g I 3 StPO können z. B. zur Erleichterung und Ermöglichung von Observationsmaßnahmen Standortdaten eines eingeschalteten Mobiltelefons auch dann in Echtzeit erhoben werden, wenn dieses aktuell nicht genutzt wird. Diese Vorschrift soll nach dem Willen des Gesetzgebers eine Standortermittlung durch die umstrittene sog. **Stille SMS (Stealth-Ping-Verfahren)** entbehrlich machen.[72] Die Stille SMS ist ein Signal, das von der Polizei durch ein Computer-Programm oder per Handy an eine bekannte Mobilfunk-Nummer gesendet wird. Der Handy-Nutzer bekommt hiervon nichts mit. Wenn das Handy eingeschaltet ist, wird beim Mobilfunkanbieter ein Datensatz erzeugt, der den Ermittlern übermittelt wird. Der Datensatz enthält u. a. auch die Information, in welcher Funkzelle sich der Nutzer gerade aufhält. Hierdurch kann der ungefähre Standort ermittelt werden.[73]

733 d) **Erhebung von Daten i. S. v. § 113b TKG nach § 100g II StPO.** § 100g II StPO regelt die Erhebung von Verkehrsdaten, die nach § 113b TKG zu speichern sind. Die Erhebung dieser Daten ist nur bei bestimmten, **besonders schweren Straftaten i. S. v. § 100g II 2 StPO** zulässig. Hierbei handelt es sich um Straftaten, die der Bekämpfung des Terrorismus oder dem Schutz höchstpersönlicher Rechtsgüter, insbesondere Leib, Leben, Freiheit und sexuelle Selbstbestimmung, dienen. Außerdem wollte der Gesetzgeber besonders schwere Straftaten erfassen, bei denen die gespeicherten Verkehrsdaten nach kriminalistischer Erfahrung besonders wertvolle Dienste leisten können.[74] Voraussetzung für eine Erhebung der nach § 113b TKG zu speichernden Verkehrsdaten ist nach § 100g II 1 StPO neben dem Anfangsverdacht einer besonders schweren Straftat i. S. v. § 100g II 2 StPO oder deren strafbaren Versuchs, dass die **Tat auch im Einzelfall besonders schwer** wiegt (Rn. 730). Außerdem muss die Erforschung des Sachverhalts oder die Ermittlung des Aufenthaltsortes des Beschuldigten auf andere Weise **wesentlich erschwert** oder **aussichtslos** sein (Rn. 710) und die Erhebung der Daten in einem **angemessenen Verhältnis zur Bedeutung der Sache** stehen. Durch die spezialgesetzlichen Verhältnismäßigkeitsanforderungen des § 100g II 1 StPO wollte der Gesetzgeber den Anforderungen des Bundesverfassungsgerichts und des EuGH an die Rechtmäßigkeit einer Vorratsdatenspeicherung zur Strafverfolgung genügen.[75]

734 e) **Funkzellenabfrage nach § 100g III StPO.** § 100g III StPO regelt die **Funkzellenabfrage**. Hierbei werden alle Verkehrsdaten erhoben, die in einer bestimmten Funkzelle angefallen sind, um festzustellen, welche Mobilgeräte zu einer

---

71 BT-Drs. 18/5088 S. 31.
72 BT-Drs. 16/5846 S. 51.
73 Hierzu Eisenberg/Singelnstein NStZ 2005, 63 ff.
74 BT-Drs. 18/5088 S. 32.
75 BT-Drs. 18/5088 S. 32.

bestimmten Zeit der betreffenden Funkzelle zuzuordnen waren.[76] Zu unterscheiden sind eine Funkzellenabfrage der nach § 96 I TKG (§ 100g III 1 StPO) und der nach § 113b TKG gespeicherten Daten (§ 100g III 2 StPO). Eine Funkzellenabfrage der Verkehrsdaten i. S. v. § 96 I TKG setzt den Anfangsverdacht einer **Straftat von auch im Einzelfall erheblicher Bedeutung**, deren Versuch oder deren Vorbereitungstat voraus (§ 100g III 1 Nr. 1 StPO). Außerdem müssen die Erhebung der Daten **angemessen** (§ 100g III 1 Nr. 2 StPO) und die Erforschung des Sachverhalts oder die Ermittlung des Aufenthaltsortes des Beschuldigten auf andere Weise **wesentlich erschwert** oder **aussichtslos** (Rn. 710) sein (§ 100g III 1 Nr. 3 StPO). Gemäß § 100g III 2 StPO darf auf nach § 113b TKG gespeicherte Verkehrsdaten im Rahmen einer Funkzellenabfrage nur unter den Voraussetzungen des § 100g II StPO, also zur Aufklärung einer auch **im Einzelfall besonderes schwerer Straftaten** oder deren Versuch unter Berücksichtigung des **Grundsatzes der Subsidiarität**, zurückgegriffen werden.

f) Betroffene. Die Verkehrsdatenerhebung darf sich nach § 101a I i. V. m. § 100a III StPO gegen den Beschuldigten, seine Nachrichtenmittler oder Personen richten, deren Anschluss der Beschuldigte benutzt. Der **Schutz von Berufsgeheimnisträgern** richtet sich bei der TKVDE zur Strafverfolgung nach § 100g IV StPO, der im Verhältnis zu § 160a StPO (Rn. 72 ff.) die speziellere Vorschrift ist. § 100g IV StPO flankiert § 113 II TKG, der die in § 99 II 2 TKG genannten Verbindungsdaten von der Speicherpflicht ausnimmt. Die Vorschrift normiert ein grundsätzliches Verbot der Erhebung von Verkehrsdaten, die sich gegen Personen i. S. v. § 53 I 1 Nr. 1 bis 5 StPO richtet. Anders als § 160a StPO differenziert § 100g IV StPO nicht zwischen einem absoluten und einem relativen Schutz für verschiedene Berufsgruppen, sondern enthält ein Erhebungsverbot in Bezug auf alle in § 53 I 1 StPO genannten Berufsgruppen. Hierdurch soll den Anforderungen des Bundesverfassungsgerichts und des Gerichtshofs der Europäischen Union an die Verhältnismäßigkeit einer Speicherung von Verkehrsdaten genügt werden.[77]

g) Verfahrens- und Durchführungsvorschriften der §§ 101a und 101b StPO. Bezüglich der Anordnungsbefugnis, der Dauer der Maßnahme sowie der Form und des Inhalts der Anordnung verweist § 101a I 1 StPO im Wesentlichen auf die Regelungen des § 100b I bis IV StPO. Daraus ergibt sich insbesondere eine grundsätzliche Anordnungsbefugnis des Ermittlungsgerichts mit einer Eilzuständigkeit der Staatsanwaltschaft für eine TKVDE nach § 100g I und III 1 StPO, die sich auf Verkehrsdaten nach § 96 I TKG beziehen. Eine Eilzuständigkeit der Polizei besteht hier nicht. Bei einer TKVDE nach § 100g II und III 2 StPO, die auf nach § 113b TKG zu speichernde Verkehrsdaten abzielt, besteht nach § 101a I 2 StPO ein absoluter Richtervorbehalt ohne Eilzuständigkeit der Staatsanwaltschaft. Im Fall einer **Funkzellenabfrage** genügt nach § 101a I 3 StPO abweichend von § 100b II 2 Nr. 2 StPO eine räumlich und zeitlich eng begrenzte und hinreichend bestimmte Bezeichnung der Telekommunikation. Im Übrigen sind bei einer Maßnahme nach § 100g StPO die grundrechtssi-

---

[76] BT-Drs. 18/5088 S. 33.
[77] BT-Drs. 18/5088 S. 33.

chernden Verfahrensregelungen des § 101a II bis VI zu beachten, die im Verhältnis zu 101 III bis VIII StPO spezieller sind. § 101a II StPO enthält Anforderungen an die Begründung der Anordnung einer Maßnahme nach § 100g StPO sowie deren Verlängerung. § 101a III regelt die Kennzeichnung, Auswertung und Löschung der Daten und § 101a VI die Benachrichtigung der Betroffenen. Für die weitere Verwendung von Verkehrsdaten nach § 96 I TKG zur Strafverfolgung und Gefahrenabwehr gelten die allgemeinen Vorschriften der §§ 161 II, 477 II 2 und 3 StPO.[78] Die weitere Verwendung von Verkehrsdaten i. S. v. § 113b TKG richtet sich dagegen nach den speziellen Vorschriften des § 101a IV und V StPO. § 101b StPO regelt die statistische Erfassung der TKVDE.

2. TKVDE gemäß § 23a I bis V PolG

§ 23a I bis V PolG ermächtigen den Polizeivollzugsdienst zu einer TKVDE zur Gefahrenabwehr. Nach dem Urteil des Bundesverfassungsgerichts zur Vorratsdatenspeicherung hat der Landesgesetzgeber mit dem ÄndG 2014[79] in § 23a I PolG eine Telekommunikationsverkehrsdatenerhebung zur Gefahrenabwehr nur noch für die nach § 96 I 1 TKG gespeicherten Daten zugelassen. Gleichzeitig hat er in § 23a I 1 PolG klargestellt, dass Nutzungsdaten i. S. v. § 15 I 2 Nr. 2 und 3 Telemediengesetz (TMG) unter den gleichen Voraussetzungen wie Telekommunikationsverkahrsdaten erhoben werden können.[80] **Nutzugsdaten i. S. v. § 15 I 2 Nr. 2 und 3 TMG** sind Angaben über Beginn und Ende sowie des Umfangs der jeweiligen Nutzung und Angaben über die vom Nutzer in Anspruch genommenen Telemedien. **Telemedien** sind elektronische Informations- und Kommunikationsdienste im Internet, wie z. B. Webshops, Online-Aktionshäuser, Suchmaschinen, Webmail-Dienste, Informationsdienste (z. B. zu Wetter und Verkehr), Podcasts, Chatrooms, Dating-Communities und Webportale. Die Abgrenzung von Telemedien und Telekommunikation ist im Einzelfall schwierig. Das TKG kommt dort zur Anwendung, wo es ganz oder überwiegend um die Übertragung von Signalen über Netze geht. Das TMG gilt dagegen für inhaltsbezogene Interaktionen zwischen einem Diensteanbieter und einem Nutzer, insbesondere über Portale. Die Abgrenzungsschwierigkeiten zwischen Telekommunikation und Telemedien wirken sich für die Polizei bei der Gefahrenabwehr jedoch nicht negativ aus, da sich die Datenerhebung in beiden Konstellationen nach den Voraussetzungen des § 23a I bis V PolG richtet.[81] Nachdem der Bundesgesetzgeber §§ 113a ff. TKG durch das Gesetz zur Einführung einer Speicherpflicht und einer Höchstspeicherfrist für Verkehrsdaten vom 10.12.2015[82] neu geregelt hat, ist zu erwarten, dass der Landesgesetzgeber eine TKVDE zur Gefahrenabwehr auch wieder für die nach dieser Vorschrift von den Diensteanbietern zu speichernden Daten erstreckt.[83] Nach § 113c I Nr. 2 TKG dürfen die auf Grund von § 113b TKG gespeicherten Daten an eine Gefahrenabwehrbehörde der Länder übermittelt werden, soweit

---

78 Meyer-Goßner/Schmitt § 101a Rn. 24 ff.
79 GBl. 77.
80 LT-Drs. 15/4421 S. 8.
81 Ausführlich hierzu BeckOK PolR BW/*von der Grün* PolG § 23a Rn. 40 ff. m. w. N.
82 BGBl. I 2218.
83 BeckOK PolR BW/*von der Grün* PolG § 23a Rn. 17.

diese die Übermittlung unter Berufung auf eine gesetzliche Bestimmung, die ihr eine Erhebung der in § 113b TKG genannten Daten zur Abwehr einer konkreten Gefahr für Leib, Leben oder Freiheit oder für den Bestand des Bundes oder eines Landes erlaubt, verlangt.

a) **Anordnungsvoraussetzungen des § 23a I PolG.** § 23a I 1 PolG ermöglicht **738** die Erhebung von Verkehrsdaten i. S. v. § 96 I TKG und Nutzungsdaten i. S. v. § 15 I 2 Nr. 2 und 3 TMG ohne Wissen des Betroffenen, wenn bestimmte Tatsachen die Annahme rechtfertigen, dass eine konkrete Gefahr für Leib, Leben oder Freiheit einer Person, für den Bestand oder die Sicherheit des Bundes oder eines Landes oder eine gemeine Gefahr vorliegt. Eine **konkrete Gefahr** besteht, wenn ein bestimmter einzelner Sachverhalt bei ungehindertem Ablauf des objektiv zu erwartenden Geschehens mit hinreichender Wahrscheinlichkeit zu einem Schaden für die Schutzgüter der öffentlichen Sicherheit oder Ordnung führen würde.[84] Eine **gemeine Gefahr** liegt vor, wenn eine Gefährdung einer unbestimmten Anzahl von Personen und Sachen droht.[85] **Adressaten** der Maßnahme nach § 23a I 1 PolG sind Störer nach §§ 6 und 7 PolG oder Nichtstörer im Fall des polizeilichen Notstandes gemäß § 9 PolG.

Beispiele:
§ 23a I 1 PolG kann zur Verhinderung von Anschlägen, Suizidfällen und zur Aufklärung von Vermisstenfällen oder zur Befreiung von Entführungsopfer in Betracht kommen.[86]

Die Datenerhebung ist nach § 23a I 2 PolG auch zulässig, soweit bestimmte **739** Tatsachen auf eine im Einzelfall durch bestimmte Personen drohende Gefahr für eines der in § 23a I 1 PolG genannten Rechtsgüter hinweisen. Diese Regelung ist durch das ÄndG 2012 in das PolG eingefügt worden. Sie kann als Versuch des Gesetzgebers gewertet werden, die TKVDE bei einem Gefahrenverdacht zu ermöglichen. Ein **Gefahrenverdacht** besteht, wenn der Polizei – anders als bei einer Anscheinsgefahr – bestimmte Unsicherheiten bei der Gefahrenprognose bewusst sind und ihr deshalb die Entscheidung über die Wahrscheinlichkeit des Schadenseintritts erschwert wird.[87] Allerdings dürfte in der Praxis eine Abgrenzung der Anwendungsbereiche von § 23a I 1 und 2 PolG in der Regel nicht möglich sein. In den Fällen von § 23a I 2 PolG wird man – trotz der Unsicherheit bei der Gefahrenprognose in Anbetracht der Hochwertigkeit der in § 23a I 1 PolG aufgeführten Rechtsgüter – regelmäßig eine konkrete Gefahr prognostizieren können.[88]

Gemäß § 23a I 3 PolG sind die Datenerhebungen nur zulässig, wenn sonst die **740** Erfüllung der polizeilichen Aufgabe **gefährdet** oder **wesentlich erschwert** würde. Die Wahrnehmung einer polizeilichen Aufgabe ist **gefährdet**, wenn ohne die Maßnahme die hinreichende Wahrscheinlichkeit besteht, dass sich die Gefahr verwirklicht oder die vorbeugende Bekämpfung einer Straftat vereitelt

---

84 VGH BW VBlBW 2010, 468 (473).
85 Zeitler/Trurnit Rn. 215.
86 LT-Drs. 14/3165 S. 58.
87 Zeitler/Trurnit Rn. 215.
88 Ebenso BeckOK PolR BW/*von der Grün* PolG § 23a Rn. 20.1.

wird.[89] Eine **wesentliche Erschwerung** der Erfüllung der polizeilichen Aufgabe liegt vor, wenn andere (mildere) Mittel einen erheblichen Zeitaufwand erfordern und daher zu einer wesentlichen Verzögerung führen würden.[90] Die Datenerhebung kann nach § 23a I 4 PolG auch durchgeführt werden, wenn Dritte unvermeidbar betroffen werden. Im Übrigen muss sie ermessensfehlerfrei und verhältnismäßig sein.

741 b) **Verfahrens- und Durchführungsvorschriften des § 23a II bis V PolG.** Für die Datenerhebung nach § 23a I PolG besteht gemäß § 23a II 1 PolG grundsätzlich ein **Richtervorbehalt**. Zuständig für die Anordnung der Maßnahme ist nach § 23a II 1 PolG das Amtsgericht, in dessen Bezirk die zuständige Polizeidienststelle ihren Sitz hat. Die Anordnung wird nach § 23a II 2 PolG vom Gericht nur auf Antrag erlassen. Der Antrag ist durch einen Leiter der in § 23a II 3 PolG genannten Behörden zu stellen. Diese Behördenleiter können nach § 23a II 4 PolG die Antragsbefugnis auf Beamte des höheren Dienstes übertragen (§ 4 II DVO PolG). Die Anordnung des Gerichts muss nach § 23a II 5 PolG eine Kennung des Telekommunikationsanschlusses oder des Endgerätes erhalten, bei dem die Datenerhebung über eine der in § 23a I PolG genannte Person durchgeführt wird, oder eine Bezeichnung des Nutzers der Telemedien, dessen Daten erhoben werden.

742 § 23a II 6 PolG ermöglicht eine sog. **Funkzellenabfrage**. Nach dieser Vorschrift genügt bei einer unmittelbar bevorstehenden Gefahr für Leben, Gesundheit oder Freiheit einer Person eine räumliche und zeitlich hinreichende Bezeichnung der Telekommunikation oder Telemediennutzung. Die Angabe der Kennung des Telekommunikationsanschlusses oder des Endgerätes der Zielperson ist dann nicht erforderlich. Durch die Funkzellenabfrage können die Verkehrsdaten aller Personen, die in einer bestimmten Funkzelle zur angegebenen Zeit kommuniziert haben, erhoben werden. Sie ermöglicht damit z. B. die Erhebung der Telekommunikationsverkehrsdaten der Zielperson, wenn die Kennung des Anschlusses oder des Endgerätes der Zielperson zwar nicht bekannt sind, der Polizeivollzugsdienst jedoch weiß, dass sich die Zielperson in einer bestimmten Funkzelle aufhält oder aufgehalten hat.[91]

743 Aus § 23a II 7 PolG i. V. m. § 23 III PolG folgt, dass die Datenerhebung nach § 23a I PolG bei **Gefahr im Verzug** von einem der Behördenleiter oder von einem besonders beauftragten Beamten angeordnet werden kann, dann aber der Bestätigung durch das zuständige Amtsgericht bedarf. Diese Bestätigung ist unverzüglich herbeizuführen. Gemäß § 23a III PolG entfällt der Richtervorbehalt, wenn die Maßnahme nach § 23a I PolG allein auf die Ermittlung des Aufenthaltsortes einer vermissten, suizidgefährdeten oder hilflosen Person gerichtet ist. In diesem Fall kann die Maßnahme durch die in § 23a III 1 PolG aufgeführten Behördenleiter angeordnet werden. Diese können die Anordnungsbefugnis wiederum auf besonders beauftragte Beamte des höheren Dienstes übertragen (§ 23a III 2 PolG i. V. m. § 4 I DVO PolG).

---

89 BMKS § 19 Rn. 16.
90 BMKS § 22 Rn. 12.
91 LT-Drs. 14/3165 S. 61.

744 Nach § 23a IV 1 PolG ist die Maßnahme abzubrechen, wenn die Voraussetzungen nicht mehr vorliegen. Der Abbruch ist gemäß § 23a IV 2 PolG dem Amtsgericht und dem Dienstanbieter mitzuteilen. Gemäß § 23a V 1 PolG hat jeder, der geschäftsmäßig Telekommunikations- oder Telemediendienste erbringt oder daran mitwirkt, dem Polizeivollzugsdienst aufgrund einer Anordnung nach § 23a II oder III PolG die Maßnahme zu ermöglichen und die erforderlichen Auskünfte unverzüglich zu erteilen. Von der Auskunftspflicht sind nach § 23a V 2 PolG auch **zukünftige Verkehrs- und Nutzungsdaten** umfasst. Für die Vorkehrungen, die der Dienstanbieter zu treffen hat, um die Mitwirkungspflicht zu erfüllen verweist § 23a III 3 PolG auf das Telekommunikationsgesetz und die Telekommunikations-Überwachungsverordnung (TKÜV) sowie das Telemediengesetz. Die Entschädigung der Dienstanbieter richtet sich gemäß § 23a III 4 PolG nach § 23 JVEG. Gemäß § 23a X PolG unterrichtet die Landesregierung den Landtag jährlich über die nach § 23a I PolG erfolgten Maßnahmen.

IV. Telekommunikationsbestandsdatenerhebung

745 Von den Telekommunikationsverkehrsdaten (Rn. 727) sind die Telekommunikationsbestandsdaten zu unterscheiden. **Telekommunikationsbestandsdaten** sind Daten, die für die Begründung, inhaltliche Ausgestaltung, Änderung oder Beendigung eines Vertragsverhältnisses über Telekommunikationsdienste erhoben werden (§ 3 Nr. 3 TKG), wie z. B. Name und Anschrift des Kunden, Passwörter, PIN und PUK. Die Bestandsdaten sind durch das Recht auf informationelle Selbstbestimmung (Art. 2 I i. V. m. Art. 1 I GG) geschützt. Art. 10 I GG schützt allein die Vertraulichkeit konkreter Kommunikationsvorgänge. Hierzu gehören die Bestandsdaten grundsätzlich nicht, da sie nur die Informationen zwischen den Telekommunikationsunternehmen und ihren Kunden betreffen.[92] Nach dem Bundesverfassungsgericht liegt jedoch ein Eingriff in den Schutzbereich von Art. 10 I GG vor, wenn Telekommunikationsbestandsdaten anhand einer zu einem bestimmten Zeitpunkt zugewiesenen Internetprotokolladresse (sog. **dynamische IP-Adresse**) ermittelt werden, weil dieser Vorgang eine Deanonymisierung von Kommunikationsvorgängen im Internet ermöglicht.[93]

746 Die Rechtsgrundlagen für eine Telekommunikationsbestandsdatenerhebung (TKBDE) ergeben sich zum einen aus dem Telekommunikationsgesetz (TKG) und zum anderen aus der Strafprozessordnung bzw. dem Polizeigesetz. Nach § 95 I 1 TKG darf der Dienstanbieter Bestandsdaten erheben und verwenden, soweit dieses zur Abwicklung des Vertragsverhältnisses erforderlich ist. Außerdem hat der Anbieter von Telekommunikationsdiensten nach § 111 I TKG für die Auskunftsverfahren nach den §§ 112 und 113 TKG, die Rufnummern und andere Anschlusskennungen, den Namen und die Anschrift des Anschlussinhabers, bei natürlichen Personen deren Geburtsdatum, bei Festnetzanschlüssen auch die Anschrift des Anschlusses, bei Überlassung eines Mobilfunkendgerä-

---
92 BVerfG NJW 2012, 1419 (1421 ff.).
93 BVerfG NJW 2012, 1419 (1422).

tes die Gerätenummer sowie das Datum des Vertragsbeginns zu speichern. Die Polizei kann von einem Telekommunikationsdiensteanbieter grundsätzlich Auskunft über die in §§ 95 und 111 TKG genannten Daten in den Auskunftsverfahren nach §§ 112 und 113 TKG erhalten. In dem nach § 112 TKG geregelten **automatisierten Auskunftsverfahren** müssen die Anbieter von Telekommunikationsdiensten die Daten so bereitstellen, dass sie von der Bundesnetzagentur ohne Kenntnis der Anbieter abgerufen werden können. Die Bundesnetzagentur hat die Daten auf Ersuchen konkret bezeichneter Behörden, darunter insbesondere der Strafverfolgungs- und Polizeivollzugsbehörden, im automatisierten Verfahren abzurufen und diesen zu übermitteln. Aufgrund des in § 113 TKG geregelten Auskunftsverfahrens sind die Telekommunikationsunternehmen selbst zur Auskunft verpflichtet. Die Polizei ist auskunftsberechtigt, wenn die Auskunft im Einzelfall für die Verfolgung von Straftaten und Ordnungswidrigkeiten sowie für die Gefahrenabwehr erforderlich ist. Das **manuelle Auskunftsverfahren** bezieht sich gemäß § 113 I 2 TKG auch auf Daten, mittels derer der Zugriff auf Endgeräte oder Speichereinrichtungen, die in diesen Endgeräten oder hiervon räumlich getrennt eingesetzt werden, geschützt wird, wie Passwörter, PIN oder PUK. Nach § 113 I 3 TKG dürfen die in eine Auskunft aufzunehmenden Daten auch anhand einer zu bestimmten Zeitpunkten zugewiesenen Internetprotokolladresse (sog. **dynamische IP-Adresse**) bestimmt werden. Hierfür dürfen Verkehrsdaten automatisiert ausgewertet werden.

747 Das Bundesverfassungsgericht hat in seinem Beschluss vom 24.1.2012 über die Verfassungsmäßigkeit von §§ 111, 112 TKG sowie § 113 TKG a. F. entschieden, dass bei einem Datenaustausch zur staatlichen Aufgabenwahrnehmung zwischen der Datenübermittlung seitens der auskunftserteilenden Stelle und dem Datenabruf seitens der auskunftssuchenden Stelle zu unterscheiden ist. Der Gesetzgeber muss, bildlich gesprochen, nicht nur die Tür zur Übermittlung von Daten öffnen, sondern auch die Tür zu deren Abfrage. Erst beide Rechtsgrundlagen gemeinsam, die wie eine Doppeltür zusammenwirken müssen, berechtigen zu einem Austausch personenbezogener Daten.[94] Nach dem am 1.7.2013 in Kraft getretenen § 113 II TKG darf den in § 113 III TKG genannten Sicherheitsbehörden eine Auskunft über Telekommunikationsbestandsdaten daher grundsätzlich nur erteilt werden, wenn dies in Textform unter Berufung auf eine gesetzliche Bestimmung verlangt wird, die eine TKBDE erlaubt. In Anknüpfung an § 113 II TKG hat der Bundesgesetzgeber mit dem ebenfalls am 1.7.2013 in Kraft getretenen § 100j StPO eine Rechtsgrundlage für die repressive TKBDE geschaffen. Zuvor hatte der Landesgesetzgeber im Hinblick auf die verfassungsgerichtliche Rechtsprechung mit dem ÄndG 2012 mit § 23a IX PolG eine Rechtsgrundlage für die präventive TKBDE in das Polizeigesetz eingefügt.[95] Diese hat er mit dem ÄndG 2014[96] nochmals reformiert. Seitdem kann die Polizei zur Gefahrenabwehr auch Nutzungsdaten nach §§ 14 und 15 I 2 Nr. 1 TMG erheben und eine Bestandsdatenauskunft anhand einer zu einem

---

[94] BVerfG NJW 2012, 1419 (1422 f.).
[95] LT-Drs. 15/2434 S. 32.
[96] GBl. 77.

bestimmten Zeitpunkt zugewiesenen Internet-Protokolladresse (sog. **dynamische IP-Adresse**) sowie weiterer zur Individualisierung erforderlicher Daten verlangen.

1. TKBDE gemäß § 100j StPO

Nach § 100j I 1 StPO ist die repressive TKBDE beim Anfangsverdacht einer Straftat zur Erforschung des Sachverhalts und zur Ermittlung des Aufenthaltsortes des Beschuldigten zulässig. Aus § 100j I 2 StPO folgt, dass bei einer TKBDE, die sich auf Zugangssicherungscodes, wie Passwörter, PIN oder PUK bezieht, die Auskunft nur verlangt werden darf, wenn die Voraussetzungen für die Nutzung der Daten vorliegen.

Beispiel:
Die Polizei hat das ausgeschaltete Handy von B sichergestellt und will die auf dem Handy gespeicherten Daten auslesen. Hierzu muss die PIN eingegeben werden. Wenn die Voraussetzungen einer Sicherstellung des Handy nach §§ 94 ff. StPO vorliegen, kann die PIN im Wege einer TKBDE nach § 113 II TKG i. V. m. § 100j I 1 und 2 StPO bei dem Dienstanbieter in Erfahrung gebracht werden.

Die Auskunft nach § 100j I StPO darf gemäß § 100j II StPO auch anhand einer zu bestimmten Zeitpunkten zugewiesenen Internet-Protokolladresse (sog. **dynamische IP-Adresse**) verlangt werden. Diese Regelung entspricht der Rechtsprechung des Bundesverfassungsgerichts, das hierfür eine spezialgesetzliche Rechtsgrundlage gefordert hat.[97]

Die formell-rechtlichen Voraussetzungen für eine repressive TKBDE enthalten § 100j III und IV StPO. Aus § 100j III StPO ergibt sich insbesondere ein Richtervorbehalt mit einer Eilzuständigkeit der Staatsanwaltschaft und ihrer Ermittlungspersonen für Auskunftsverlangen, die sich auf eine Mitteilung von Zugangssicherungscodes beziehen. § 100j IV StPO regelt als speziellere Vorschrift im Verhältnis zu § 101 IV – VII StPO die Benachrichtigung der betroffenen Person. § 100j V StPO steuert die Mitwirkungspflicht der Telekommunikationsdiensteanbieter und ihre Durchsetzung bei einer repressiven TKBDE.

2. TKBDE gemäß § 23a IX PolG

Nach § 23a IX 1 PolG kann der Polizeivollzugsdienst ohne Wissen des Betroffenen Daten im Sinne der §§ 95 und 111 TKG und der §§ 14 und 15 I 2 Nr. 1 TMG über die in §§ 6 und 7 PolG sowie unter den Voraussetzungen des § 9 PolG über die dort genannten Personen erheben, soweit dies zur Abwehr einer Gefahr für die öffentliche Sicherheit oder Ordnung erforderlich ist. Die präventive TKBDE ist damit zur Abwehr einer einfachen konkreten Gefahr, z. B. zur Verhinderung von angedrohten Suiziden, zum Auffinden von vermissten und hilflosen Personen oder Verhinderung von Straftaten, zulässig.[98] Die Auskunft darf nach § 23a IX 2 PolG zur Abwehr einer Gefahr für Leib, Leben oder Freiheit einer Person, für den Bestand oder die Sicherheit des Bundes oder eines Landes oder einer gemeinen Gefahr auch anhand einer zu einem bestimmten

---
97 BVerfG NJW 2012, 1419 (1428 f.).
98 Schleswig-Holsteinischer Landtag Drs. 18/713 S. 9.

Zeitpunkt zugewiesenen Internetprotokoll-Adresse (sog. dynamische IP-Adresse) sowie weiterer zur Individulierung erforderlicher technischer Daten verlangt werden.[99] § 23a IX 3 PolG regelt die Datenerhebungsbefugnis für Auskünfte der Diensteanbieter über Zugangssicherungscodes, wie z. B. Passwort, Persönliche Identifikationsnummer (PIN) oder Persoanl Unblocking Key (PUK), von Mobilfunkendgeräten oder Speichermedien. Die Befugnis ist ebenso wie bei § 23a IX 2 PolG auf die Abwehr konkreter Gefahren für die hochrangigen Rechtsgüter Leib, Leben oder Freiheit einer Person, für den Bestand oder die Sicherheit des Bundes oder eines Landes oder eine gemeine Gefahr beschränkt. Außerdem darf die Auskunft über solche Daten nur verlangt werden, wenn zugleich die gesetzlichen Voraussetzungen für die Nutzung der Daten vorliegen.

Beispiel:
Der Polizeivollzugsdienst hat das ausgeschaltete Handy des vermissten A gefunden. Das Handy kann nur über die PIN reaktiviert kann. Aus in dem Handy gespeicherten Anrufkontakten und versandten Kurzmitteilungen könnten sich Hinweise auf den Aufenthaltsort von A ergeben. Nach § 23a IX 3 PolG kann der Polizeivollzugsdienst bei dem Diensteanbieter des A dessen PIN in Erfahrung bringen, weil die Erhebung der Daten und deren weitere Verarbeitung nach §§ 20 II und 37 I und II PolG zulässig ist.[100]

§ 23a IX 4 PolG verweist für die Betroffenheit Dritter auf § 23a I 4 PolG sowie für die Mitwirkungspflicht der Telekommunikationsdiensteanbieter auf § 23a V 1, 3 und 4 PolG. Ein Behördenleiter- oder gar Richtervorbehalt ist für die präventive TKBE nicht vorgesehen. § 23a IX 5 bis 7 PolG regeln die Unterrichtung der Betroffenen. Dabei unterbleibt wie bei anderen ohne Wissen des Betroffenen durchgeführten Maßnahmen (§§ 22 VIII und 23 VI PolG) die Unterrichtung, wenn seit Beendigung der Maßnahme fünf Jahre verstrichen sind.[101]

V. Einsatz des IMSI-Catchers

751 Der Bundesgesetzgeber hat im Jahr 2002 mit § 100i StPO eine Rechtsgrundlage für den **Einsatz des IMSI-Catchers (IMSI = International Mobil Subscriber Identity) zur Strafverfolgung** geschaffen. Der Landesgesetzgeber hat mit dem ÄndG 2008 § 23a VI PolG in Kraft gesetzt, der den **Einsatz des IMSI-Catchers zur Gefahrenabwehr** regelt. Der IMSI-Catcher ermittelt durch den Aufbau einer eigenen Funkzelle bei einem aktiv geschalteten Mobilfunkendgerät die Rufnummer, die Kartennummer einer SIM-Karte oder die Gerätenummer (IMEI-Nummer). Dies ermöglicht dann die TKÜ und die TKVDE. Außerdem kann durch einen IMSI-Catcher der Standort eines Mobilfunkgerätes innerhalb einer Funkzelle ermittelt werden.[102] Das Bundesverfassungsgericht hat die Verfas-

---

99 Näher hierzu LT-Drs. 15/4421 S. 9.
100 Nach LT-Drs. 15/4421 S. 10.
101 Kritisch hierzu Zeitler/Trurnit Rn. 673 m. w. N.
102 Zur Funktionsweise des IMSI-Catchers BVerfG NJW 2007, 351 f.; Harnisch/Pohlmann HRRS 2009, 202 ff.

sungsmäßigkeit von § 100i StPO im Jahr 2006 festgestellt.[103] Nach dem Bundesverfassungsgericht greift der Einsatz eines IMSI-Catchers nicht in den Schutzbereich von Art. 10 I GG, sondern in das Recht auf informationelle Selbstbestimmung (Art. 2 I i. V. m. Art. 1 I GG) ein, weil lediglich technische Geräte und nicht Menschen miteinander kommunizieren.[104]

1. Einsatz des IMSI-Catchers gemäß § 100i StPO

Der Einsatz technischer Mittel zur Ermittlung der Gerätenummer eines Mobilfunkendgerätes und der Nummer der darin verwendeten Karte sowie des Standortes eines Mobilfunkendgerätes setzt nach § 100i I StPO den Anfangsverdacht einer **Straftat von auch im Einzelfall erheblicher Bedeutung** (Rn. 730) voraus. In Betracht kommen insbesondere die Katalogtaten des § 100a II StPO. Die Tat kann vollendet oder versucht sein. Auch Vorbereitungstaten können eine Maßnahme nach § 100i StPO rechtfertigen. **Betroffene** der Maßnahme sind nach § 100i III 1 i. V. m. § 100a III StPO der Beschuldigte und sog. Kontaktpersonen. Personenbezogene Daten Dritter dürfen nach § 100i II 1 StPO nur erhoben werden, wenn dies technisch unvermeidbar ist. Nach § 100i I StPO muss der Einsatz technischer Mittel zur Erforschung des Sachverhalts oder die Ermittlung des Aufenthaltsortes des Beschuldigten erforderlich sein. Hierbei handelt es sich nicht um eine Subsidiaritätsklausel, die den Anwendungsbereich von § 100i StPO verengt, sondern lediglich um eine spezialgesetzliche Normierung des **allgemeinen Verhältnismäßigkeitsgrundsatzes**.[105]

Nach § 100i III i. V. m. § 100b I 1 StPO muss der repressive Einsatz des IMSI-Catchers grundsätzlich **durch den Richter** angeordnet werden. Bei **Gefahr im Verzug** besteht eine **Eilzuständigkeit** der Staatsanwaltschaft. Eine Eilzuständigkeit der Polizei ist nicht gegeben. Die Anordnung der Staatsanwaltschaft muss binnen drei Werktagen vom Gericht bestätigt werden, anderenfalls tritt sie außer Kraft (§ 100i III i. V. m. § 100b I 2 bis 3 StPO). Die Anordnung ergeht schriftlich (§ 100i III i. V. m. § 100b II 1 StPO) und darf auf höchstens sechs Monate begrenzt werden (§ 100i III 2 StPO). Eine Verlängerung um jeweils nicht mehr als sechs Monate ist zulässig, wenn die Voraussetzungen von § 100i I StPO weiterhin vorliegen (§ 100i III 2 StPO). Wenn diese während der Maßnahme nicht mehr vorliegen, ist sie sofort zu beenden (§ 100i III 1 i. V. m. § 100i IV 1 StPO). Bezüglich der personenbezogenen Daten Dritter ist § 100i II 2 StPO zu beachten. Diese Daten dürfen über den Datenabgleich zur Ermittlung der gesuchten Geräte- und Kartennummer hinaus nicht verwendet werden und sind nach Beendigung der Maßnahme unverzüglich zu löschen. Die weiteren Anforderungen der formellen Rechtmäßigkeit des Einsatzes eines IMSI-Catchers zur Strafverfolgung ergeben sich aus § 101 I, III, IV Nr. 8 bis VIII StPO.

2. Einsatz des IMSI-Catchers gemäß § 23a VI PolG

Die polizeigesetzliche Rechtsgrundlage für den **Einsatz eines IMSI-Catchers** ist § 23a VI PolG. Nach § 23a VI 1 PolG ist der Einsatz eines IMSI-Catchers zu

---

103 BVerfG, NJW 2007, 351 ff.
104 BVerfG, NJW 2007, 351 (353 ff.). A. A. Nachbaur NJW 2007, 335 ff.
105 Harnisch/Pohlmann HRRS 2009, 202 (208).

den in § 23a I PolG genannten Zwecken (Rn. 738) zulässig. Adressaten der Maßnahme sind die in § 23a I PolG genannten Personen. Gemäß § 23a VI 2 PolG dürfen personenbezogene Daten Dritter anlässlich des Einsatzes eines IMSI-Catchers nur erhoben werden, wenn dies aus technischen Gründen zur Erreichung des Zwecks unvermeidbar ist. Die Maßnahme muss außerdem verhältnismäßig sein. Anordnungsbefugt ist der Polizeivollzugsdienst. Gemäß § 23a VI 3 i. V. m. § 22 VI PolG steht der Einsatz technischer Mittel zur Ermittlung des Standorts eines Mobilfunkendgerätes oder der Kennung eines Telekommunikationsanschlusses oder eines Endgerätes unter einem **Behördenleitervorbehalt**. Die **Unterrichtung** des Betroffenen, die **Kennzeichnung** der durch die Maßnahme erlangten personenbezogenen Daten und deren **weitere Verarbeitung** regelt § 23a VIII PolG.

VI. Unterbrechung und Verhinderung der Telekommunikation nach § 23a VII PolG

755 § 23a VII PolG ist die Rechtsgrundlage des Polizeivollzugsdienstes zur **Unterbrechung oder Verhinderung der Telekommunikation**. Eine gezielte Blockade der Telekommunikation von Mobilfunkteilnehmern kann bei einer Geiselnahme zwischen Geiselnehmern und Unterstützern zum Schutz von Geiseln und Zugriffskräften oder bei der Verwendung von Mobiltelefonen zur Fernzündung von Sprengstoff in Betracht kommen.[106] Aus § 23a VII 3 i. V. m. § 22 VI PolG ergibt sich für den Einsatz technischer Mittel zur Unterbrechung oder Verhinderung einer Telekommunikationsverbindung ein **Behördenleitervorbehalt**. Eine **Pflicht zur Unterrichtung** der Betroffenen folgt aus § 23a VIII 1 i. V. m. § 23a VI PolG. Nach § 23a VII 1 i. V. m. § 23a I 1 Nr. 1 PolG setzt der Einsatz technischer Mittel zur Unterbrechung und Verhinderung von Telekommunikationsverbindungen eine **unmittelbar bevorstehenden Gefahr** für den Bestand oder die Sicherheit des Bundes oder eines Landes oder Leben, Gesundheit oder Freiheit einer Person voraus. Eine Gefahr steht unmittelbar bevor, wenn der Schaden an dem gefährdeten Rechtsgut sofort oder in allernächster Zeit als gewiss anzusehen ist.[107] Außerdem muss ohne die Maßnahme die Erfüllung der polizeilichen Aufgabe **gefährdet** oder **wesentlich erschwert** sein (**Rn. 740**). Die Adressaten der Maßnahmen ergeben sich aus §§ 6, 7 und 9 PolG. Telekommunikationsverbindungen Dritter dürfen gemäß § 23a VII 2 PolG nur unterbrochen oder verhindert werden, wenn dies aus technischen Gründen zur Erreichung des Zwecks unvermeidbar ist. Damit wird dem Umstand Rechnung getragen, dass sich eine Beeinträchtigung der Telekommunikationsverbindungen Dritter technisch nicht immer vermeiden lässt.[108]

---

106 LT-Drs. 14/3165 S. 63.
107 Zeitler/Trurnit Rn. 215.
108 LT-Drs. 14/3165 S. 63.

Q. Verdeckt ermittelnde Personen

I. Allgemeines

Die Polizei arbeitet im präventiven und repressiven Aufgabenbereich mit verdeckt ermittelnden Personen. Die Strafverfolgungsbehörden kommen zur Bekämpfung besonders gefährlicher und schwer aufklärbarer Kriminalität, zu der insbesondere der Rauschgifthandel gehört, nicht ohne den Einsatz verdeckt ermittelnder Personen aus.[1] Zu den verdeckt ermittelnden Personen gehören **Verdeckte Ermittler (VE)**, **Nicht offen ermittelnde Polizeibeamte (NoeP)** und **Vertrauenspersonen (VP)**. VE sind Beamte des Polizeidienstes, die unter einer ihnen verliehenen, auf Dauer angelegten veränderten Identität (**Legende**) ermitteln (§ 110a II 1 StPO; § 22 I Nr. 4 PolG).   756

Beispiel:
Gegen B, der in anderer Sache in Haft sitzt, besteht der Verdacht einen Mord verübt zu haben. Im Wege eines arrangierten Gefangenentransports wird der als VE arbeitende Polizeibeamte P an B herangespielt. P nimmt unter der Legende, dass er der Strafgefangene S sei, mit B Kontakt auf.

Ein **NoeP** ist kein VE, sondern ein Polizeibeamter, der nur gelegentlich – ohne vorherige Schaffung einer Legende – verdeckt auftritt und hierbei seine Funktion nicht offenlegt.[2]   757

Beispiele:
Ein Polizeibeamter wird kurzfristig als Scheinkäufer von BtM eingesetzt. Vor und während einer Veranstaltung mischt sich ein Polizeibeamter in Zivil unter die Teilnehmer und befragt diese, ohne dabei seine Eigenschaft als Polizeibeamter zu erkennen zu geben, um rechtzeitig Erkenntnisse über Randalierer gewinnen zu können.

Eine **VP** ist eine Privatperson, deren Zusammenarbeit mit der Polizei Dritten nicht bekannt ist (vgl. § 22 I Nr. 5 PolG).   758

Beispiel:
Nachdem A wegen des unerlaubten Erwerbs von BtM festgenommen worden ist, erklärt er sich dazu bereit, mittels eines von der Polizei überwachten Scheinkaufs zur Überführung des Dealers D mitzuwirken.

Den Arten des Einsatzes verdeckt ermittelnder Personen ist gemeinsam, dass dem Betroffenen die Identität der handelnden Person als Polizeibeamter bzw. ihre Zusammenarbeit mit der Polizei verborgen bleiben soll. Dies gilt in der Regel auch noch nach dem Einsatz. Der polizeiliche Einsatz verdeckt ermittelnder Personen greift daher intensiv in das Recht auf informationelle Selbstbestimmung (Art. 2 I i. V. m. Art. 1 I GG) ein.[3] Darüber hinaus ist das bloße   759

---

1 BVerfG NJW 1992, 168; BGH NJW 1995, 2236; NStZ 1992, 488.
2 BVerfG NJW 2012, 833 (840); KK/*Bruns* § 110a Rn. 6; Lisken/Denninger/*Frister* F Rn. 320.
3 VG Freiburg VBlBW 2006, 152 (153).

Mitgehen einer verdeckt ermittelnden Person in eine Wohnung des Betroffenen ein Eingriff in den Schutzbereich von Art. 13 I GG, da der Wohnungsinhaber über die wahre Absicht und/oder Identität der verdeckt ermittelnden Person getäuscht wird und Art. 13 I GG die Freiheit vor staatlicher Einwirkung im privaten Rückzugsbereich gewährleistet.[4] Nach anderer Auffassung soll die Unverletzlichkeit der Wohnung hierdurch nicht berührt werden, auch wenn das Einverständnis des Inhabers auf einem Irrtum über die wahre Identität und die wahre Absicht des Eingeladenen beruhe.[5] Die Unverletzlichkeit der Wohnung soll nur dann betroffen sein, wenn die verdeckt ermittelnde Person zielgerichtet den Wohnungszutritt anstrebe, eine Einladung provoziere oder ein Zutrittsrecht vortäusche.[6] Die verfassungsrechtliche Brisanz dieses Streits besteht wegen des Zitiergebots des Art. 19 I 2 GG darin, dass der Gesetzgeber bei der Einführung der Rechtsgrundlagen für den VE-Einsatz zur Strafverfolgung (§§ 110a ff. StPO) im Jahr 1992 Art. 13 I GG im Gesetz zur Bekämpfung des illegalen Rauschgifthandels und der organisierten Kriminalität (OrgKG) nicht als einschränkbares Grundrecht zitiert hat (Rn. 769).[7]

760 Spezielle Rechtsgrundlagen sind für den VE-Einsatz neben §§ 110a ff. StPO in §§ 22 I Nr. 4 und III, 24 PolG enthalten. Der Einsatz eines NoeP ist weder in der Strafprozessordnung noch im Polizeigesetz ausdrücklich geregelt. In der Strafprozessordnung fehlt auch eine ausdrückliche Rechtsgrundlage für den VP-Einsatz. Die präventiv-polizeiliche Rechtsgrundlage für den Einsatz einer VP ist § 22 I Nr. 5 und III PolG. Wichtige Definitionen von Begriffen und Hinweise für den Einsatz verdeckt ermittelnder Personen zur Strafverfolgung enthält die Anlage D der RiStBV.

761 Verdeckt ermittelnde Personen dürfen keine Straftaten begehen (Rn. 770). Sie dürfen andere als sog. **Lockspitzel** (**agent provocateur**) auch nur in engen Grenzen zur Begehung von Straftaten provozieren, um diese dann zu überführen (Rn. 794 ff.).[8] Unzulässig ist in Deutschland der Einsatz eines sog. **under-cover-agent**. Hierunter versteht man Polizeibeamte, die sich langfristig ohne konkreten Auftrag unkontrolliert in der kriminellen Szene bewegen und sich dabei auch an kriminellen Handlungen beteiligen.[9]

II. Problem der verdeckten Befragung

762 Gespräche, die verdeckt ermittelnde Personen mit Betroffenen führen, sind keine strafverfahrensrechtlichen Vernehmungen oder Befragungen i. S. v. § 20 I PolG. Dient der Einsatz einer verdeckt ermittelnden Person der Strafverfolgung, sind daher insbesondere §§ 163a IV und 136 I StPO nicht anwendbar.

---

4 Ebenso z. B. Lisken/Denninger/*Frister* F Rn. 331; Schneider NStZ 2004, 359 (365 ff.); KMR/*Bockemühl* § 110a Rn. 3. Offengelassen in BGH NStZ 1997, 448 f.
5 Soiné NStZ 2013, 83 (86); Kühne Rn. 535; Hilger NStZ 1997, 448 (450).
6 Hilger NStZ 1997, 448 (450).
7 Ausführlich hierzu LR/*Hauck* § 110c Rn. 11 ff.
8 BGH NStZ 2016, 232 (233) m. w. N.
9 KMR/*Bockemühl* § 110a Rn. 23; Meyer-Goßner/Schmitt § 110a Rn. 4a; Lisken/Denninger/*Frister* F Rn. 320.

Zum Begriff der Vernehmung im Sinne der Strafprozessordnung gehört, dass der Vernehmende der Auskunftsperson in amtlicher Eigenschaft gegenübertritt und in dieser Eigenschaft von ihr Auskunft verlangt.[10] Beim Einsatz einer verdeckt ermittelnden Person ist die für eine Vernehmung erforderliche amtliche Eigenschaft des Fragenden entweder nicht erkennbar (VE und NoeP) oder sie liegt nicht vor (VP). Wenn eine verdeckt ermittelnde Person unter Verheimlichung ihres Ermittlungsinteresses einen Beschuldigten dazu veranlasst, mit ihr ein Gespräch über die Tat zu führen (sog. **verdeckte Befragung**), so begründet dies nach dem Bundesgerichtshof auch keinen Verstoß gegen die unmittelbar oder entsprechend heranzuziehende Regelung der §§ 163a IV, 136a I StPO.[11]

Beispiel:
Gegen A und B besteht der Verdacht des Verstoßes gegen §§ 29 ff. BtMG. Z, die Ehefrau von A, erklärt sich aus eigenem Antrieb dazu bereit, an der Überführung von B mitzuwirken, um A die Vergünstigungen des § 31 BtMG zu sichern. Z sucht den inhaftierten B in der JVA auf und befragt ihn zu der Betäubungsmittelstraftat. Dabei spiegelt sie B vor, A habe ihr von seiner Tatbeteiligung erzählt und sie wolle wissen, ob ihr Ehemann die Wahrheit gesagt habe. Im Verlauf des Gesprächs belastet sich B. Z zeichnet das Gespräch mittels von der Polizei ausgehändigter technischer Geräte auf. Die Voraussetzungen von § 100f liegen vor. Eine Täuschung i. S. v. § 136a I StPO liegt nicht vor. Der Begriff der Täuschung ist eng auszulegen. Mit der Beeinträchtigung der Willensentschließung durch Misshandlung, Ermüdung, körperlichen Eingriff, Verabreichung von Mitteln, Quälerei oder Hypnose lässt sich die unter wahrheitswidriger Zusicherung der Vertraulichkeit vorgenommene verdeckte Befragung nicht vergleichen.[12]

Werden verdeckt ermittelnde Personen zur Strafverfolgung eingesetzt, ist bei **verdeckten Befragungen** jedoch der **Grundsatz der Selbstbelastungsfreiheit** (Rn. 126) zu beachten.

Beispiele:
Ein VE darf dem Beschuldigten, der von seinem Schweigerecht Gebrauch gemacht hat, nicht unter Ausnutzung des geschaffenen Vertrauens in gezielten vernehmungsähnlichen Befragungen selbstbelastende Äußerungen entlocken.[13] Ein als Besucher getarnter NoeP darf einen inhaftierten Beschuldigten in einem verdeckten Verhör nicht zu selbstbelastenden Äußerungen zwingen.[14]

III. VE-Einsatz

VE sind Beamte des Polizeidienstes, die unter einer ihnen verliehenen, auf Dauer angelegten veränderten Identität (**Legende**) ermitteln (§ 110a II 1 StPO;

---

10 BGH NJW 2007, 3138 (3139).
11 BGH NStZ 2011, 596 (597).
12 BGH NStZ 2011, 596 (597).
13 BGH StV 2009, 225 (226); NJW 2007, 3138 (3140 ff.); EGMR StV 2003, 257 (259).
14 BGH NStZ 2010, 527 (528).

§ 22 I Nr. 4 PolG). Der VE-Einsatz zur Strafverfolgung ist in §§ 110a ff. StPO geregelt. Die Rechtsgrundlage für den Einsatz eines VE zur Gefahrenabwehr ist in § 22 I Nr. 4 und III PolG enthalten. Nur Polizeibeamte und keine Privatpersonen können VE sein. Durch die Anknüpfung an den Beamtenstatus soll die notwendige straffe Führung und eine wirksame, auch disziplinarrechtliche Dienstaufsicht gewährleistet werden.[15] Ausländische Polizeibeamte können zur Strafverfolgung im Inland allenfalls als Vertrauenspersonen eingesetzt werden.[16] Im präventiven Aufgabenbereich gilt bei dem VE-Einsatz ausländischer Polizeibamter § 78 II PolG. In Baden-Württemberg führt und setzt nur das Landeskriminalamt Polizeibeamte als VE ein (§ 11 Nr. 21 DVO PolG).

1. Legende (§§ 110a II 1 StPO, 22 I Nr. 4 PolG)

765 VE werden im präventiven und repressiven Aufgabenbereich mit einer **Legende** tätig. Die Lebensumstände und die Identität des als VE eingesetzten Polizeibeamten werden zur Tarnung verändert.

Beispiele:
Ein VE arbeitet als Tankwart, Gastwirt oder Krankenpfleger und hat eine entsprechende Wohnung, Kleidung und Ausweispapiere.

766 Die Legende ist auf **Dauer** angelegt. Das ist der Fall, wenn der Ermittlungsauftrag über einzelne wenige, konkret bestimmten Ermittlungshandlungen hinausgeht, es erforderlich ist, eine unbestimmte Vielzahl von Personen über die wahre Identität zu täuschen oder wenn wegen der Art und des Umfanges des Auftrages von vornherein abzusehen ist, dass die Identität des Beamten für längere Zeit geheim gehalten werden muss.[17] Dabei ist darauf abzustellen, ob der allgemeine Rechtsverkehr oder die Rechte der Betroffenen eine mehr als nur unerhebliche Beeinträchtigung erfahren können.[18] Die Herstellung einer auf Dauer, also nicht nur für einen Einzelfall, angelegten Legende, die für mehrere, auch künftige sowie unterschiedliche Einsätze geeignet und nicht leicht zu enttarnen ist, ist ein kompliziertes, aufwändiges Unternehmen. Schon daraus ergibt sich, dass der VE grundsätzlich nur dann eingesetzt wird, wenn dies unerlässlich ist. Der mit dem Einsatz eines VE verbundene Aufwand darf nicht dazu führen, dass die hierfür geltenden Anforderungen durch Nicht offen ermittelnde Polizeibeamte umgangen werden. Deswegen ist ein Polizeibeamter als VE einzustufen, wenn er bei einem verdeckten Vorgehen mehr als drei Außenbeziehungen mit Betroffenen haben wird.[19]

2. Teilnahme am Rechtsverkehr

767 Zur Erfüllung seines Auftrages darf der VE unter seiner Legende am Rechtsverkehr teilnehmen (§§ 110a II 2 StPO, 24 I 2 PolG). Der VE kann daher z. B. Miet- und Arbeitsverträge abschließen oder Gewerbeerlaubnisse beantragen. Bei zivilrechtlichen Vertragspartnern darf hierdurch kein Schaden entstehen.[20]

---

15 KK/*Bruns* § 110a Rn. 5.
16 BGH StV 2007, 561 (562).
17 BGH NStZ 1997, 448.
18 BGH NJW 1995, 2237 (2238).
19 Meyer-Goßner/Schmitt § 110a Rn. 2; Schneider NStZ 2004, 359 (360).
20 Stephan/Deger § 24 Rn. 4.

Bei schuldhaft verursachten Schäden haftet das Land nach den Grundsätzen der Amtshaftung (Art. 34 GG i. V. m. § 839 BGB).²¹ Wird die Legende aufgehoben oder verändert, so hat der Dienstherr des VE dafür zu sorgen, dass Gläubigern des VE kein Nachteil entsteht.²² Hierzu gehört auch eine **Unterrichtungspflicht** des Dienstherrn des VE gegenüber dem Geschädigten, damit dieser seine Ansprüche geltend machen kann.²³ Soweit es zur Geheimhaltung der wahren Identität eines VE erforderlich ist, dürfen nach § 110a III StPO und § 24 I 2 PolG entsprechende Urkunden hergestellt, verändert oder gebraucht werden. Bei diesen Normen handelt es sich um Rechtfertigungsgründe für Urkundendelikte nach §§ 267 ff. StGB. Welche Urkunden benötigt werden, ist eine Frage des Einzelfalls und hängt von der jeweiligen Legende ab. Der Aufbau einer Legende ist eine polizeitaktische Angelegenheit. Die ersuchte Behörde ist zur Geheimhaltung verpflichtet (§ 203 StGB).

3. Betreten von Wohnungen

VE dürfen nach § 110c 1 und 2 StPO bzw. § 24 II PolG unter Verwendung ihrer Legende eine Wohnung mit dem Einverständnis des Berechtigten betreten. Dieses Einverständnis darf jedoch nicht durch ein über die Legende hinausgehendes Vortäuschen eines Zutrittsrechts herbeigeführt werden.

Beispiel:
Der VE darf die Wohnung des Beschuldigten nicht unter dem Vorwand betreten, er sei ein von dem Vermieter beauftragter Handwerker.

Das Betretungsrecht gibt dem VE nicht die Befugnis zur Durchsuchung der Wohnung. Hierfür müssen die Voraussetzungen von §§ 102 ff. StPO oder § 31 II PolG vorliegen. Außerdem erfordert eine Durchsuchung ein offenes Handeln.²⁴ Problematisch ist, ob § 110c 1 StPO verfassungsgemäß ist. Wertet man das Betreten einer Wohnung durch einen VE als Eingriff in den Schutzbereich von Art. 13 I GG (Rn. 756), ist dieses im Hinblick auf das Zitiergebot des Art. 19 I 2 GG nicht der Fall. Der Gesetzgeber hat bei der Einführung der Rechtsgrundlagen für den VE-Einsatz zur Strafverfolgung (§§ 110a ff. StPO) im Jahr 1992 Art. 13 GG im Gesetz zur Bekämpfung des illegalen Rauschgifthandels und der organisierten Kriminalität (OrgKG) nicht als einschränkbares Grundrecht zitiert.²⁵ § 4 Nr. 5 PolG zitiert Art. 13 GG dagegen als einschränkbares Grundrecht. Deswegen besteht das bei § 110c 1 StPO vorhandene verfassungsrechtliche Problem nicht, wenn ein VE bei einem präventiv-polizeilichen Einsatz nach § 24 II PolG eine Wohnung betritt.

4. Unzulässigkeit einsatzbedingter Straftaten

Verdeckte Ermittlungen nach der sog. **Cold-Case-Technik**, bei denen dem Beschuldigten Straftaten vorgespiegelt werden, sind grundsätzlich zulässig.²⁶ Ei-

---

21 Hierzu Zeitler/Trurnit Rn. 1078 ff.
22 KK/*Bruns* § 110a Rn. 12.
23 Lisken/Denninger/*Frister* F Rn. 329.
24 BMKS § 24 Rn. 6.
25 Ausführlich hierzu LR/*Hauck* § 110c Rn. 11 ff.
26 OLG Zweibrücken NStZ 2011, 113 ff.

gene sog. einsatzbedingte oder milieubedingte Straftaten darf der VE jedoch nicht begehen.[27] Aus dem Auftrag, als VE tätig zu werden, wird gefolgert, dass manche Straftatbestände schon tatbestandlich nicht erfüllt werden. Im Einzelfall können Straftaten des VE auch nach §§ 32, 34 StGB gerechtfertigt oder nach § 35 StGB entschuldigt sein.[28]

Beispiele:
Wenn verdeckt ermittelnde Personen bei der Strafverfolgung mit und ohne Tatprovokation Scheinverhandlungen über den Ankauf von Betäubungsmitteln führen, so sind sie gemäß § 4 II BtMG für ihre dienstlichen oder quasidienstlichen Tätigkeit beim Umgang mit Betäubungsmitteln von der Erlaubnispflicht befreit und auch nicht strafbar.[29] Gefährdet ein VE durch eine Nichtbeteiligung am unerlaubten Glückspiel seine Tarnung und bringt er sich damit in Gefahr, kann seine Teilnahme am unerlaubten Glückspiel nach den Grundsätzen des § 34 StGB gerechtfertigt sein.

5. Sonstige Befugnisse

771 Ein VE bleibt bei seinem Einsatz Polizeibeamter. Seine Befugnisse richten sich insbesondere nach der Strafprozessordnung und dem Polizeigesetz. Für den repressiven Einsatz stellt dies § 110c 3 StPO klar. Bei dem präventiven VE-Einsatz ist dies ein allgemeiner Grundsatz. Von den Befugnissen nach der Strafprozessordnung und dem Polizeigesetz darf der VE jedoch nur offen Gebrauch machen.[30]

772 Als Polizeibeamter unterliegt der VE dem **Legalitätsprinzip**. Deswegen ist auch ein VE bei einem präventiv-polizeilichen Einsatz zur Strafverfolgung verpflichtet, wenn der Anfangsverdacht einer Straftat vorliegt.[31] Die Verwendung von Erkenntnissen aus präventiv-polizeilichen VE-Einsätzen zur Aufklärung von Straftaten richtet sich nach § 161 II StPO. Erkenntnisse aus einem repressiven VE-Einsatz über weitere Straften können nach § 477 II 2 StPO zu Beweiszwecken verwertet werden. Die Verwendung der bei einem repressiven VE-Einsatz gewonnenen Erkenntnisse zur Gefahrabwehr richtet sich nach § 477 II 3 StPO. Wenn ein zur Gefahrabwehr eingesetzter VE bei dem Anfangsverdacht einer Straftat weiter als VE ermittelt, müssen die Voraussetzungen von § 110b StPO vorliegen. Insbesondere müssen dann die notwendigen Zustimmungen der Staatanwaltschaft und des Richters eingeholt werden (§ 110b I und II StPO). Dies erfordert die unverzügliche Unterrichtung der Staatsanwaltschaft.[32]

773 Wegen des **Grundsatzes der freien Gestaltung des Ermittlungsverfahrens** kann der VE die Gefahr der Enttarnung bei seinem weiteren Vorgehen mit einkalkulieren. Er ist nicht zu einem sofortigen Einschreiten verpflichtet, wenn er während des VE-Einsatzes von Straftaten erfährt. Der VE muss lediglich dafür

---

27 Meyer-Goßner/Schmitt § 110c Rn. 4; KK/*Bruns* § 110c Rn. 6; Stephan/Deger § 24 Rn. 7.
28 Zeitler/Trurnit Rn. 653.
29 Körner/*Patzak* § 4 Rn. 34.
30 KMR/*Bockemühl* § 110c Rn. 8; Meyer-Goßner/Schmitt § 110c Rn. 3.
31 BGH NJW 2236 (2237).
32 KK/*Bruns* § 110a Rn. 14; KMR/*Bockemühl* § 110a Rn. 15; Soiné § 110a Rn. 42.

sorgen, dass die Straftaten verfolgt werden.³³ Der VE hat nach pflichtgemäßem Ermessen Maßnahmen zur Gefahrenabwehr zu treffen, falls während des Einsatzes entsprechende Sachverhalte bekanntwerden. Auch ein nach §§ 110a ff. StPO zur Strafverfolgung eingesetzter VE ist bei einer Gefahr für die öffentliche Sicherheit nicht daran gehindert, präventiv-polizeilich tätig zu werden.³⁴ Dabei sind im Rahmen einer Güterabwägung auch die Ziele des Einsatzes und die Eigengefährdung zu berücksichtigen. Droht die Verletzung überragender Rechtsgüter, sind sofortige Maßnahmen vorzunehmen oder einzuleiten.³⁵

6. VE-Einsatz zur Strafverfolgung nach §§ 110a ff. StPO

§ 110a I StPO enthält die materiell-rechtlichen Voraussetzungen für den VE-Einsatz zur Aufklärung von Straftaten. Danach kommen 3 Varianten in Betracht. Die Begriffe des VE und der Legende werden in § 110a II StPO geklärt. § 110a III und § 110b III StPO liefern Vorgaben für den Aufbau und den Erhalt der Legende. Die formellen Anordnungsvoraussetzungen und die Befugnisse des VE sind in § 110b I und II StPO bzw. § 110c StPO geregelt.

a) Anordnungsvoraussetzungen des § 110a StPO. Nach § 110a I 1 StPO ist der VE-Einsatz beim Anfangsverdacht einer **Straftat von erheblicher Bedeutung** zulässig. Eine **Straftat von erheblicher Bedeutung** muss mindestens der mittleren Kriminalität zuzurechnen sein, den Rechtsfrieden empfindlich stören und geeignet sein, das Gefühl der Rechtssicherheit der Bevölkerung erheblich zu beeinträchtigen.³⁶ Die Straftat von erheblicher Bedeutung muss auf dem Gebiet des unerlaubten Betäubungsmittel- oder Waffenverkehrs, der Geld- und Wertzeichenfälschung (§ 110a I 1 Nr. 1 StPO), auf dem Gebiet des Staatsschutzes (§ 110a I 1Nr. 2 StPO), gewerbs- oder gewohnheitsmäßig (§ 110a I 1 Nr. 3 StPO) oder von einem Bandenmitglied oder in anderer Weise organisiert (§ 110a I 1 Nr. 4 StPO) begangen worden sein. **Gewerbsmäßigkeit** liegt vor, wenn sich der Täter aus der wiederholten Tatbegehung eine nicht nur vorübergehende Einnahmequelle von einigem Gewicht und einiger Dauer verschaffen will.³⁷ **Gewohnheitsmäßig** handelt, wer einen durch Übung erworbenen, ihm aber vielleicht unbewussten Hang, zu wiederholter Tatbegehung besitzt.³⁸ Eine **Bande** ist ein Zusammenschluss von mindestens drei Personen, die sich mit dem Willen verbunden haben, künftig für eine gewisse Dauer mehrere selbstständige, im Einzelnen noch ungewisse Straftaten zu begehen.³⁹ Durch die Formulierung „in anderer Weise organisiert" sollen Fälle der Organisierten Kriminalität erfasst werden.⁴⁰

Gemäß § 110a I 2 StPO dürfen VE zur Aufklärung von Verbrechen eingesetzt werden, soweit aufgrund bestimmter Tatsachen die Gefahr der Wiederholung

---

33 Kramer Rn. 176a.
34 BGH NJW 1995, 2236 (2237).
35 Stephan/Deger § 24 Rn. 7.
36 BVerfG NJW 2004, 999 (1110).
37 KK/*Bruns* § 110a Rn. 18; Soiné § 110a Rn. 46.
38 KK/*Bruns* § 110a Rn. 18; Soiné § 110a Rn. 46.
39 KK/*Bruns* § 110a Rn. 19; Soiné § 110a Rn. 46.
40 KK/*Bruns* § 110a Rn. 20; Soiné § 110a Rn. 46.

besteht. **Wiederholungsgefahr** ist gegeben, wenn durch bestimmte Tatsachen belegt ist, dass die Gefahr der Begehung weiterer Straftaten besteht.[41]

777 Nach § 110a I 3 StPO ist der Einsatz nur zulässig, soweit die Aufklärung auf andere Weise aussichtslos oder wesentlich erschwert wäre (**Subsidiarität**). **Aussichtlosigkeit** ist gegeben, wenn bei dem Einsatz anderer Ermittlungsmethoden die Straftat nicht aufgeklärt werden kann.[42] Eine **wesentliche Erschwerung** besteht, wenn es bei dem Einsatz anderer Ermittlungsmethoden zu Verfahrensverzögerungen kommen würde.[43]

778 Zur Aufklärung von Verbrechen dürfen VE nach § 110a I 4 StPO außerdem eingesetzt werden, wenn die besondere Bedeutung der Tat den Einsatz gebietet und andere Maßnahmen aussichtslos wären. Bei der **besonderen Bedeutung der Tat** ist auf deren Wirkung für den Rechtsfrieden und das Gefühl der Rechtssicherheit der Bevölkerung abzustellen. Es besteht bei diesem Merkmal kein Unterschied zu einer Straftat von erheblicher Bedeutung.[44] Andere Maßnahmen sind aussichtslos, wenn sie nicht zur Aufklärung des Verbrechens vorhanden sind.[45]

779 b) **Verfahrens- und Durchführungsvorschriften (§ 110b StPO).** Der Einsatz eines VE ist erst nach **Zustimmung der Staatsanwaltschaft** zulässig (§ 110b I 1 StPO). Besteht Gefahr im Verzug und kann die Entscheidung der Staatsanwaltschaft nicht rechtzeitig eingeholt werden, so ist sie unverzüglich herbeizuführen (§ 110b I 2 StPO). Der VE-Einsatz ist zu beenden, wenn die Staatsanwaltschaft nicht binnen drei Werktagen zustimmt. Die Zustimmung ist schriftlich zu erteilen und zu befristen (§ 110b I 3 StPO). Eine Verlängerung ist zulässig, wenn die Voraussetzungen für den Einsatz fortbestehen (§ 110b I 4 StPO). Wenn sich ein VE-Einsatz gegen einen bestimmten Beschuldigten richtet oder der VE während des Einsatzes eine Wohnung betritt, die nicht allgemein zugänglich ist, bedürfen die Einsätze der **Zustimmung des Gerichts**. Die Wohnung muss nicht genau bezeichnet werden. **Allgemein zugänglich** sind Bereiche wie Wohnung, die für den allgemeinen Publikumsverkehr geöffnet sind, wie z.B. die Verkaufsfläche eines Ladens oder ein Restaurant.[46] Bei **Gefahr im Verzug** müssen bei einem VE-Einsatz i. S. v. § 110b II 1 StPO die schriftlichen und befristeten Zustimmungen der Staatsanwaltschaft und des Gerichts nachträglich eingeholt werden. Die Maßnahme ist zu beenden, wenn das Gericht nicht binnen drei Werktagen zustimmt. Eine Verlängerung des VE-Einsatzes nach § 110b II 1 StPO ist zulässig, wenn die Voraussetzungen für den Einsatz fortbestehen (§ 110b II 5 i. V. m. § 110b I 4 StPO). Weitere grundrechtssichernde Verfahrensregelungen sind in § 101 III (**Kennzeichnungspflicht**), IV 1 Nr. 8 (**Benachrichtigungspflicht**) und VIII (**Löschungspflicht**) StPO enthalten.[47]

---

41 Meyer-Goßner/Schmitt § 112a Rn. 11; KMR/*Bockemühl* § 110a Rn. 26.
42 Meyer-Goßner/Schmitt § 100a Rn. 13; Joecks § 100a Rn. 18.
43 Meyer-Goßner/Schmitt § 100a Rn. 13; Joecks § 100a Rn. 17.
44 Meyer-Goßner/Schmitt § 110a Rn. 13; BeckOK StPO/*Hegmann* StPO § 110a Rn. 15.
45 Joecks § 110a Rn. 17.
46 Meyer-Goßner/Schmitt § 110b Rn. 4.
47 Zur Verfassungsmäßigkeit von § 101 StPO BVerfG NJW 2012, 833 (838 ff.).

Nach § 110b III 1 StPO kann die Identität des VE auch nach der Beendigung **780** des Einsatzes **geheim** gehalten werden. Allerdings können die Staatsanwaltschaft und das Gericht, die für die Entscheidung über die Zustimmung zu dem Einsatz zuständig sind, gemäß § 110b III 2 StPO verlangen, dass ihnen gegenüber die Identität des VE offenbart wird. Dadurch wird es der Staatsanwaltschaft und dem Gericht ermöglicht, dem Einsatz eines bestimmten Polizeibeamten als VE ihre Zustimmung zu verweigern. Im Übrigen richtet sich die Geheimhaltung der Identität des VE gemäß § 110 III 3 StPO nach den Regeln des § 96 StPO für die Sperrerklärung (Rn. 799).

7. **Präventiv-polizeilicher VE-Einsatz (§§ 22 I Nr. 4 und III, 24 PolG)**

Die Rechtsgrundlage für einen VE-Einsatz zur Gefahrenabwehr sind § 22 I **781** Nr. 4 und III PolG. § 24 PolG enthält besondere Bestimmungen für den gefahrenabwehrrechtlichen VE-Einsatz, die § 110c StPO entsprechen.

a) **Anordnungsvoraussetzungen des § 22 III PolG.** Nach § 22 III Nr. 1 PolG **782** kann der Polizeivollzugsdienst einen VE **zur Abwehr einer Gefahr** für den Bestand oder die Sicherheit des Bundes oder eines Landes oder für Leben, Gesundheit und Freiheit einer Person oder für bedeutende fremde Sach- und Vermögenswerte einsetzen (Rn. 644). Adressaten der Maßnahme sind Personen nach § 20 II PolG. Gemäß § 22 III Nr. 2 PolG kann der Polizeivollzugsdienst einen VE-Einsatz auch **zur vorbeugenden Bekämpfung von Straftaten mit erheblicher Bedeutung** i. S. v. § 22 V PolG durchführen (Rn. 38 ff.). Adressaten der Maßnahme sind Personen nach § 20 III Nr. 1 und 2 PolG.

Für beide Alternativen des § 22 III PolG gilt der **Subsidiaritätsgrundsatz**. Der **783** VE-Einsatz ist nur zulässig, wenn anderenfalls die Wahrnehmung der polizeilichen Aufgaben gefährdet oder erheblich erschwert würde. Eine **Gefährdung der Aufgaben des Polizeivollzugsdienstes** besteht, wenn ohne die Maßnahme die hinreichende Wahrscheinlichkeit besteht, dass sich die Gefahr verwirklicht oder die vorbeugende Bekämpfung einer Straftat vereitelt wird. Eine **erhebliche Erschwerung der Aufgaben des Polizeivollzugsdienstes** liegt vor, wenn andere mildere Maßnahmen einen erheblich größeren Zeitaufwand erfordern und daher zu einer Verzögerung führen würden.[48] Gemäß § 22 IV PolG dürfen durch den VE-Einsatz auch Daten **Dritter** erhoben werden, wenn diese unvermeidbar betroffen werden.

b) **Formell-rechtliche Anforderungen.** Anordnungsbefugt für den VE-Einsatz **784** ist nach § 22 VI PolG nur der für die jeweilige Organisationseinheit zuständige Behördenleiter oder von diesen besonders beauftragte Beamte des höheren Dienstes.[49] Die Anordnungsbefugnis kann auf besonders beauftragte Polizeibeamte des höheren Dienstes übertragen werden (§ 4 DVO PolG). Diese Übertragung bedarf der Schriftform und soll eine Vertretungsregelung enthalten. Der in § 22 VI PolG vorgesehenen Anordnung für einen VE-Einsatz kommt wegen des intensiven Grundrechtseingriffs einer verdeckten Datenerhebung besondere Bedeutung zu. Die Einsatzanordnung bedarf der Schriftform. Sie muss die von

---

48 BMKS § 22 Rn. 12.
49 VwV PolG Ziff. 1 zu § 22 VI.

dem VE-Einsatz betroffenen Personen nennen oder anhand konkreter Merkmale bestimmen. Außerdem muss neben der Dauer des Einsatzes bestimmt sein, wie viele VE tätig sein sollen und wer konkret als VE eingesetzt werden soll.[50] Da es sich bei dem Einsatz eines VE um einen Realakt handelt, finden die Verfahrens- und Formvorschriften des LVwVfG keine Anwendung.

785 Die **Pflicht zur Unterrichtung** des Betroffenen nach § 22 VIII PolG ist zu beachten. Danach ist der Betroffene von einer verdeckten Datenerhebung nach § 22 II und III PolG zu unterrichten, sobald dies ohne Gefährdung des Zwecks der Maßnahme geschehen kann (§ 22 VIII 1 PolG). Die Unterrichtung unterbleibt, wenn hierdurch die weitere Verwendung des VE oder Leben oder Gesundheit einer Person gefährdet würde, sich an den die Maßnahme auslösenden Sachverhalt ein Ermittlungsverfahren anschließt oder seit Beendigung der Maßnahme fünf Jahre verstrichen sind (§ 22 VIII 2 PolG). Die in § 22 VIII PolG normierte Benachrichtigungspflicht ist nach dem VGH Baden-Württemberg von entscheidender Bedeutung für den Grundrechtsschutz des Betroffenen. Es ist grundsätzlich verfassungsrechtlich geboten, dass dem von dem heimlichen Eingriff Betroffenen die Möglichkeit eingeräumt wird, nachträglich gerichtlichen Rechtsschutz zu erlangen und ggf. die Rechtswidrigkeit der Maßnahme feststellen zu lassen. Bei der Entscheidung, ob die nach § 22 VIII 1 PolG als Rechtspflicht der Polizei vorgesehene Unterrichtung unterbleiben darf, steht ihr weder ein Ermessen noch ein Beurteilungsspielraum zu. Die Voraussetzungen und Grenzen des Anspruchs auf Unterrichtung unterliegen der vollen gerichtlichen Kontrolle. Eine Einschränkung der Unterrichtungspflicht wegen einer **Gefährdung des VE** gemäß § 22 VIII 2 PolG setzt voraus, dass im Einzelfall konkrete Anhaltspunkte dafür bestehen, dass kausal durch die Unterrichtung mit hinreichender Wahrscheinlichkeit eine Lebens- und Gesundheitsgefahr für den VE begründet wird.[51] Im Übrigen ist das in § 22 VIII 2, 4. Alt. PolG vorgesehene Absehen von der Unterrichtung, wenn seit Beendigung der Maßnahme fünf Jahre verstrichen sind, verfassungsrechtlich problematisch. Diese Regelung ermöglicht es der Polizei, von der Unterrichtung durch reinen Zeitablauf abzusehen, ohne dass hierüber – anders als bei §§ 23 VI, 23a VIII PolG und § 101 VI StPO – ein Gericht zu entscheiden hat.[52]

IV. Nicht offen ermittelnde Polizeibeamte (NoeP)

786 Keine Verdeckten Ermittler sind Polizeibeamte, die nur einzelne wenige Ermittlungshandlungen verdeckt vornehmen, wie z. B. Scheinaufkäufer von Betäubungsmitteln. Dies sind sog. **Nicht offen ermittelnde Polizeibeamte (NoeP)**.[53] Der Einsatz eines NoeP liegt immer nur dann vor, wenn der Polizeibeamte in kommunikativen Kontakt mit den Betroffenen tritt. Dagegen handelt ein

---

50 VG Karlsruhe Urteil vom 26.8.2015 – 4 K 2107/11, BeckRS 2015, 5493; Urteil vom 26.8.2015 – 4 K 2108/11, BeckRS 2015, 54212; Urteil vom 26.8.2015 – 4 K 2113/11, BeckRS 2015, 54468; VG Freiburg VBlBW 2006, 152 (153).
51 VGH BW VBlBW 2003, 349 (350 ff.).
52 Näher hierzu Zeitler/Trurnit Rn. 655 ff. m. w. N.
53 KK/*Bruns* § 110a Rn. 5; Lisken/Denninger/*Frister* F Rn. 320.

Polizeibeamter nicht als NoeP, wenn er nur eine rein beobachtende oder eine observierende Tätigkeit ausübt. In aller Regel benutzen NoeP während ihres Einsatzes auch Tarnnamen. Dabei verfremden sie ihre Identität teilweise so umfassend, dass Unterschiede zur Legende eines VE kaum noch erkennbar sind.[54] Die Abgrenzung zwischen einem VE und NoeP erfolgt über die Dauer des Einsatzes und die Notwendigkeit des Schutzes der Identität des Beamten. Im repressiven Aufgabenbereich werden die unter einem Tarnnamen auftretenden NoeP bei mehr als drei Kontakten mit Beschuldigten als VE qualifiziert.[55] Bei einem normalen NoeP-Einsatz entfaltet der Beamte gegenüber dem Betroffenen kein eine Straftat provozierendes Verhalten. Wenn es dazu kommt, sind dabei die sich aus dem Rechtsstaatsprinzip ergebenden Grenzen einzuhalten (Rn. 794 ff.).

1. NoeP-Einsatz zur Strafverfolgung

Für einen NoeP-Einsatz zur Strafverfolgung gibt es keine ausdrückliche Rechtsgrundlage in der Strafprozessordnung. Die §§ 110a ff. StPO gelten nicht.[56] Deshalb kommen als Rechtsgrundlage bisher nur §§ 161 I, 163 I StPO in Betracht.[57] Teilweise wird in der Literatur für einen NoeP-Einsatz zur Strafverfolgung wegen der Grundrechtsintensität jedoch eine spezielle gesetzliche Ermächtigung gefordert.[58] Auch der Bundesgerichtshof hat bezweifelt, ob die §§ 161 I, 163 I StPO als Rechtsgrundlage für ein **verdecktes Verhör** eines NoeP mit einem noch nicht förmlich vernommenen Beschuldigten ausreichen.[59] Insgesamt ist daher eine spezielle gesetzliche Rechtsgrundlage für einen NoeP-Einsatz zur Strafverfolgung wünschenswert. Bis zum Inkrafttreten einer solchen Regelung muss bei einem auf §§ 161 I, 163 I StPO gestützten Noep-Einsatz wegen der Heimlichkeit der Maßnahme der **Grundsatz der Verhältnismäßigkeit** unbedingt beachtet werden. Daher ist der Einsatz eines NoeP nur zulässig, wenn der Verdacht einer **Straftat von erheblicher Bedeutung** vorliegt, deren Aufklärung auf andere Weise **weniger Erfolg versprechend** oder **aussichtslos** ist. Eine **Straftat von erheblicher Bedeutung** muss mindestens der mittleren Kriminalität zuzurechnen sein, den Rechtsfrieden empfindlich stören und geeignet sein, das Gefühl der Rechtssicherheit der Bevölkerung erheblich zu beeinträchtigen.[60] Die Ermittlungen sind **aussichtslos**, wenn andere Aufklärungsmittel nicht vorhanden sind. Eine **wesentliche Erschwerung** liegt vor, wenn die Benutzung anderer Aufklärungsmittel einen erheblich größeren Zeitaufwand erfordern und daher zu einer wesentlichen Verfahrensverzögerung führen würde. Größerer Arbeitsaufwand rechtfertigt die Maßnahme nur, wenn er so umfangreich wäre, dass die Strafverfolgungsinteressen eindeutig überwiegen.[61] Außerdem darf ein NoeP bei seinem Einsatz die Zielperson nicht unter Verstoß

---

54 Schneider NStZ 2004, 359.
55 Meyer-Goßner/Schmitt § 110a Rn. 2; Schneider NStZ 2004, 359 (360).
56 BGH NStZ 1997, 448; Schneider NStZ 2004, 359.
57 BVerfG NJW 2012, 833 (840); BGH NJW 1995, 2236; KMR/*Bockemühl* § 110a Rn. 7.
58 SK/*Wolter/Jäger* § 110a Rn. 13.
59 BGH NStZ 2010, 527 (528).
60 BVerfG NJW 2004, 999 (1110).
61 Meyer-Goßner/Schmitt § 100a Rn. 13.

gegen den Grundsatz der **Selbstbelastungsfreiheit** zu selbstbelastenden Äußerungen zwingen (Rn. 126).[62]

788 **Anordnungsbefugt** für den Einsatz eines NoeP sind Staatsanwaltschaft und Polizei. Einer gerichtlichen Anordnung bedarf es nicht. Nach II Nr. 2.9 Anlage D RiStBV ist für den Einsatz eines NoeP grundsätzlich die Zustimmung der Staatsanwaltschaft einzuholen, wenn die Identität des NoeP in dem Strafverfahren im Einzelfall geheim gehalten werden muss. Der zuständige Staatsanwalt kann verlangen, dass ihm gegenüber die Identität des NoeP offenbart wird. Geheimhaltung ist zu gewährleisten. Ob ein NoeP durch Täuschung über seine wahre Identität eine **Wohnung** betreten darf, hat die Rechtsprechung bisher offengelassen.[63] Wenn sich hierfür die Notwendigkeit ergibt, sollte eine richterliche Zustimmung entsprechend § 110b II 1 Nr. 2 StPO eingeholt werden, um Beweisverwertungsverbote zu vermeiden.[64]

2. Präventiv-polizeilicher NoeP-Einsatz

789 Die Befugnis zum Einsatz eines NoeP im präventiven Aufgabenbereich folgt aus § 20 II oder § 20 III jeweils i. V. m. § 19 II 2 PolG.[65] Er kommt also zur Abwehr einer konkreten Gefahr (§ 20 II PolG) oder vorbeugenden Bekämpfung von Straftaten (§ 20 III PolG) in Betracht. Als Maßnahme der verdeckten Datenerhebung ist der Einsatz eines NoeP nur zulässig, wenn sonst die Wahrnehmung der polizeilichen Aufgabe gefährdet oder nur mit unverhältnismäßig hohem Aufwand möglich ist oder wenn anzunehmen ist, dass dies den überwiegenden Interessen des Betroffenen entspricht (§ 19 II 2 PolG). Der Polizeivollzugsdienst setzt NoeP zur Gefahrenabwehr teilweise auch als **Aufklärungsmittel bei Versammlungen** ein.[66] Problematisch ist hierbei, dass das Versammlungsgesetz für diese Form der verdeckten Datenerhebung keine Rechtsgrundlage enthält. Ein Rückgriff auf § 20 II oder § 20 III i. V. m. § 19 II 2 PolG scheitert daran, dass Art. 8 GG in § 4 PolG nicht als einschränkbares Grundrecht zitiert wird. Einem NoeP-Einsatz zur Abwehr versammlungsspezifischer Gefahren dürfte im Übrigen auch §§ 12 1,18 VersG entgegenstehen. Danach haben sich Polizeibeamte dem Leiter erkennen zu geben, wenn sie in eine öffentliche Versammlung entsandt werden. Daher ist ein NoeP-Einsatz zur Bekämpfung versammlungsspezifischer Gefahren nach aktueller Rechtslage nicht zulässig. Hierzu bedarf es einer speziellen Rechtsgrundlage.

V. Einsatz von VP

790 Eine **VP** ist eine Privatperson, deren Zusammenarbeit mit der Polizei Dritten nicht bekannt ist (vgl. § 22 I Nr. 5 PolG). Ein **Informant** ist dagegen eine Person, die im Einzelfall bereit ist, gegen Zusicherung der Vertraulichkeit der Poli-

---

62 BGH NStZ 2010, 527 (528 f.).
63 BGH NStZ 1997, 448.
64 Ebenso Schmidt Kriminalistik 2000, 162 (165); BeckOK StPO/*Hegmann* StPO § 110c Rn. 3.
65 Ruder Rn. 476.
66 Speziell hierzu Martens DIE POLIZEI 2013, 1 ff. Zu Vorfeldmaßnahmen bei Versammlungen Trurnit NVwZ 2012, 1079 ff.

zei Informationen zu geben.⁶⁷ VP gehören häufig dem kriminellen Milieu an. Teilweise gehören hierzu aber auch unbescholtene Bürger, die aufgrund ihrer beruflichen Tätigkeit (z. B. als Gastwirte oder Taxifahrer) Berührung zum kriminellen Milieu haben.⁶⁸ VP werden ggf. zur gewissenhaften Erfüllung ihrer Obliegenheit nach dem Verpflichtungsgesetz verpflichtet. Nach dem Bundesverwaltungsgericht ist die Rechtsgrundlage für die Zusammenarbeit zwischen einer VP und dem Staat ein **zivilrechtlicher Vertrag**, der auf die Beschaffung von relevanten Erkenntnissen gerichtet ist, für die die VP als freier Mitarbeiter auf Honorarbasis entlohnt wird.⁶⁹ Die näheren Einzelheiten über die Entlohnung von VP sind in einer Verwaltungsvorschrift geregelt.⁷⁰ Nach außen handelt die VP als sog. **Verwaltungshelfer** hoheitlich. Wenn die VP Schäden verursacht, finden daher die Grundsätze der Amtshaftung gemäß Art. 34 GG i. V. m. § 839 BGB Anwendung.⁷¹

1. VP-Einsatz zur Strafverfolgung

Der Bundesgesetzgeber hat den repressiven VP-Einsatz in der Strafprozessordnung – anders als der Landesgesetzgeber den präventiv-polizeilichen VP-Einsatz in § 22 I Nr. 5 und III PolG – nicht ausdrücklich geregelt. Für die Inanspruchnahme von VP sind die §§ 110a ff. StPO nicht entsprechend anwendbar. Dies gilt auch dann, wenn sich deren Einsatz gegen einen bestimmten Beschuldigten richtet.⁷² Wegen der Heimlichkeit des Einsatzes einer VP wird hierfür in der Literatur teilweise eine spezielle gesetzliche Regelung gefordert.⁷³ Auch das Bundesverfassungsgericht hat in einem Kammerbeschluss im Wege eines obiter dictum ausgeführt, dass die heimliche Befragung einer Zeugin, der ein Zeugnisverweigerungsrecht nach § 52 StPO zusteht, durch eine VP ohne spezielle gesetzliche Rechtsgrundlage nicht zulässig ist.⁷⁴ Dennoch wird in der Praxis der VP-Einsatz zur Bekämpfung der mittleren und schweren Kriminalität, insbesondere auch der organisierten Kriminalität, auf der Grundlage von §§ 161 I, 163 I StPO als zulässig angesehen.⁷⁵ Hierfür spricht im Hinblick auf die mit dem Einsatz einer VP verbundene Intensität des Eingriffs in Art. 2 I i. V. m. Art. 1 I GG nur die praktische Notwendigkeit dieser Ermittlungsmaßnahme. Verfassungsrechtlich ist eine ausdrückliche gesetzliche Ermächtigung geboten. Die **Zusage der Vertraulichkeit** gegenüber einer VP setzt nach I Nr. 3 Anlage D RiStBV voraus, dass der Anfangsverdacht einer **Straftat von erheblicher Bedeutung** (Rn. 576) vorliegt und die Aufklärung der Straftat auf andere Weise **weniger Erfolg versprechend** oder **aussichtslos** ist (Rn. 710). Zuständig für die Vertraulichkeitszusage ist gemäß I Nr. 5.3 Anlage D RiStBV grundsätzlich die Staatsanwaltschaft.

---

67 I Nr. 2.1 Anl. D RiStBV.
68 BGHSt 32, 115 (122).
69 BVerwG NVwZ-RR 2010, 682 (683).
70 Innenministerium Baden-Württemberg, Führungs- und Einsatzanordnung Taktische Gelder und Belohnungen, VS – Nur für den Dienstgebrauch, AZ: 3–1220.3/249.
71 Hierzu Zeitler/Trurnit Rn. 1078 ff.
72 BGH NJW 1995, 2236; KK/*Bruns* § 110a Rn. 9.
73 Hefendehl StV 2001, 700 (704); Eschelbach StV 2000, 390 (394).
74 BVerfG NStZ 2000, 489 (490) mit Anmerkung Rogall.
75 BGH NJW 1994, 2904 (2905); NJW 1995, 2236; BeckOK StPO/*Hegmann* StPO § 110a Rn. 7.

792 Die Problematik des Einsatzes von VP zur Strafverfolgung besteht darin, dass diese häufig selbst dem kriminellen Milieu angehören und – da sie in der Regel entlohnt werden – ein erhebliches finanzielles Eigeninteresse an der Überführung des Beschuldigten haben können. Insofern ist bei der Glaubwürdigkeit einer VP besondere Vorsicht geboten.[76]

2. Präventiv-polizeilicher VP-Einsatz

793 Durch das ÄndG 2012 hat der Landesgesetzgeber mit § 22 I Nr. 5 und III PolG eine spezielle Rechtsgrundlage für den Einsatz einer VP zur Gefahrenabwehr geschaffen. Im Hinblick auf § 22 III PolG gelten damit für einen präventivpolizeilichen VP-Einsatz die gleichen formell- und materiell-rechtlichen Voraussetzungen wie für einen VE-Einsatz zur Gefahrenabwehr (Rn. 782). Der Gesetzgeber wollte mit § 22 I Nr. 5 und III PolG eine spezielle Rechtsgrundlage für den präventiv-polizeilichen Einsatz von VP schaffen und damit auf die strittige Frage reagieren, ob die auf Kontakten mit VP beruhende Datenerhebung aufgrund von § 20 II PolG oder nur aufgrund einer speziellen Eingriffsermächtigung möglich ist.[77]

VI. Lockspitzeleinsatz (Tatprovokation)

794 Ein **Lockspitzel** (**agent provocateur**) ist eine verdeckt ermittelnde Person (VE, NoeP oder eine VP), die einen anderen zur Begehung von Straftaten anstiftet, um den polizeilichen Auftrag zu erfüllen. Die Zulässigkeit einer staatlich initiierten Tatprovokation wurzelt in dem Auftrag des Rechtsstaats erhebliche Straftaten zu verhindern und aufzuklären.[78] Die Einschaltung von Lockspitzeln ist daher zur Bekämpfung besonders gefährlicher und schwerer Kriminalität notwendig und zulässig.[79]

Beispiel:
Gegen A besteht der Verdacht, dass er mit Heroin handelt. N, der als VP mit der Polizei zusammenarbeitet, fordert A dazu auf, ihm 100g Heroin zum üblichen Preis zu liefern. A erklärt sich einverstanden. N unterrichtet die Polizei, die ihm Vorzeigegeld gibt, die Geschäftsabwicklung observiert und A bei der Übergabe des Heroins festnimmt.

795 Der Lockspitzeleinsatz hat eigentlich eine präventive Zielrichtung. Es geht darum, kriminelle Strukturen zu zerschlagen und weitere Straftaten zu verhindern. Dennoch wird der Lockspitzeleinsatz nicht polizeirechtlich, sondern strafverfahrensrechtlich behandelt.[80] Nach der Rechtsprechung des Bundesgerichtshofs handelt ein NoeP nicht als Lockspitzel, wenn er nach Vollendung der Tat lediglich eine Frage an den Beschuldigten richtet, um den bestehenden Verdacht aufzuklären.[81] Eine Tatprovokation liegt ebenfalls nicht vor, wenn

---

76 BGHSt 45, 321 (340).
77 LT-Drs. 15/2434 S. 30.
78 BGH NStZ 2001, 553 (555).
79 BGH NStZ 1992, 488 m. w. N.
80 BGH NJW 1995, 2237 (2238) m. w. N.
81 BGH NJW 1985, 1767.

die verdeckt ermittelnde Person einen Dritten ohne sonstige Einwirkung lediglich darauf anspricht, ob er Betäubungsmittel beschaffen könne oder die offen erkennbare Bereitschaft zur Begehung oder Fortsetzung von Straftaten ausnutzt. Dagegen ist eine verdeckt ermittelnde Person als tatprovozierender Lockspitzel tätig, wenn sie über das bloße Mitmachen hinaus die Tatbeteiligung weckt oder intensiviert.[82] Diese Rechtsprechung ist auf verdeckte Alkoholtestkäufe zur Überwachung der Einhaltung der §§ 9 I Nr. 1, 28 I Nr. 10 JSchG übertragen worden.[83]

Die **Grenzen eines Lockspitzeleinsatzes** ergeben sich aus dem Rechtsstaatsprinzip. Eine unzulässige staatliche Tatprovokation verstößt gegen den aus Art. 2 I i. V. m. Art. 20 III GG, Art. 6 I EMRK resultierenden **Grundsatz des fairen Verfahrens**.[84] Die Strafverfolgungsbehörden dürfen nicht auf die Verübung von Straftaten hinwirken, wenn die Gründe dafür vor dem Rechtsstaatsprinzip nicht bestehen können. Wesentlich für die Beurteilung sind dabei Grundlage und Ausmaß des gegen den Täter bestehenden Verdachts, Art, Intensität und Zweck der Einflussnahme des Lockspitzels, Tatbereitschaft und eigene, nicht fremdgesteuerte Aktivitäten dessen, auf den er einwirkt.[85] Der Einsatz eines Lockspitzels ist nur gegen eine Person zulässig, gegen die der Verdacht besteht, eine Straftat begangen zu haben oder zu einer zukünftigen Straftat bereit zu sein. Der Lockspitzel darf den Täter, der bisher nicht zur Tat entschlossen war, nicht zur Tatbegehung bestimmen. Er darf den Täter auch nicht zur Begehung schwererer Straftaten anstiften (sog. **Quantensprung**).[86]

Beispiel:
Wenn gegen B der Verdacht besteht, mit Haschisch zu handeln, darf er durch eine verdeckt ermittelnde Person nicht dazu provoziert werden, mit Heroin zu handeln.

Ein Verstoß gegen den Grundsatz des fairen Verfahrens durch eine unzulässige Tatprovokation führt zur Einstellung des Verfahrens wegen eines Verfahrenshindernisses.[87] Die zulässige Tatprovokation muss **Berücksichtigung bei der Strafzumessung** finden.[88] In welchem Umfang eine Strafmilderung in Betracht kommt, hängt vom Einfluss des Lockspitzels ab. Dem Tatrichter steht hier ein Spielraum zur angemessenen Berücksichtigung aller Umstände zu. Dieser reicht bei nachhaltiger erheblicher Einwirkung des Lockspitzels über die Verneinung eines besonders schweren Falles und über die Annahme eines minder schweren Falles bis zur Einstellung des Verfahrens nach §§ 153, 153a StPO bei Vergehen oder zum Zurückgehen auf die gesetzliche Mindeststrafe bei Verbrechen.[89] Eine Strafbarkeit des Lockspitzels wegen Anstiftung kann nur mit dem Argu-

---
82 BGH NStZ 2001, 553 (554).
83 OLG Bremen NStZ 2012, 220.
84 BGHSt 45, 321 (323).
85 BGH NJW 1981, 1626.
86 BGHSt 45, 321 (327); NStZ 2001, 553.
87 BGH NJW 2016, 91 (94 ff.).
88 BGH Beschluss vom 19.5.2015 – 1 StR 128/15 – juris Rn. 40.
89 BGHSt 32, 345 (355); BGH NStZ 1992, 488.

ment verneint werden, dass ihm bezüglich der Haupttat der Vorsatz zur Vollendung der Tat gefehlt hat.[90]

VII. Beweiserhebung bei verdeckt ermittelnden Personen

798 Bei Ermittlungen mit verdeckt arbeitenden Personen darf die in dem Strafverfahren gebotene Beweiserhebung nicht deshalb abgelehnt werden, weil Staatsanwaltschaft und Polizei die Identität eines Informanten geheim halten wollen. Die **Zusicherung der Vertraulichkeit** bindet nur die Staatsanwaltschaft und die Polizei.[91] Für das Gericht hat sie keine Bedeutung. Die Gerichte sind unabhängig und nur dem Gesetz unterworfen (Art. 97 I GG). Daher dürfen sie eine gebotene Beweiserhebung nicht ablehnen, weil Staatsanwaltschaft oder Polizei die Identität einer verdeckt ermittelnden Person geheim halten wollen. Lassen sich der Name und die Anschrift einer Beweisperson nicht anders feststellen, so kann und muss das Gericht von allen öffentlichen Behörden – auch von der Staatsanwaltschaft und der Polizei – diejenigen Auskünfte verlangen, die es zur Ermittlung dieser Person für erforderlich hält (§§ 161, 202, 244 II StPO). Die Auskunft darf in entsprechender Anwendung von § 96 StPO verweigert werden, wenn die oberste Dienstbehörde erklärt, dass das Bekanntwerden ihres Inhalts dem Wohl des Bundes oder eines deutschen Landes Nachteile bereiten würde. Solange eine sog. **Sperrerklärung** nicht vorliegt, darf der Zeuge nicht als unerreichbares Beweismittel nach § 244 III 2 StPO abgelehnt werden.[92]

1. Sperrerklärung (§ 96 StPO)

799 Zuständig für die Erteilung der Sperrerklärung ist der Innenminister.[93] Die Sperrerklärung ist detailliert zu begründen und hat daher auf den konkreten Einzelfall bezogene, aussagekräftige und nachvollziehbare Erläuterungen zur Bedeutung der zurückgehaltenen Erkenntnisse, der Notwendigkeit des Quellenschutzes und der Gefahr für Leib oder Leben der Informationsquelle zu enthalten.[94] Die Sperrerklärung kann der davon betroffene Beschuldigte auf dem Verwaltungsrechtsweg anfechten.[95] Dabei kann die Aussetzung des Verfahrens bis zur verwaltungsgerichtlichen Entscheidung in Betracht kommen.[96] Da Staatsanwaltschaft und Polizei dazu beitragen müssen, dass dem Gericht möglichst gute Beweismittel zur Verfügung stehen, muss die Sperrerklärung **auf Ausnahmen beschränkt** bleiben. Zu prüfen ist, ob die Identität des VE oder der VP mit strafverfahrensrechtlichen Vorkehrungen geheim gehalten werden kann.

2. Sonstiger strafverfahrensrechtlicher Schutz des VE/der VP

800 Als strafverfahrensrechtliche Vorkehrungen zum Schutz der Identität einer verdeckt ermittelnden Person kommen folgende Maßnahmen in Betracht:

---

90 Fischer § 26 Rn. 12.
91 Nr. 4 Anl. D RiStBV.
92 BGH StV 2012, 5.
93 Meyer-Goßner/Schmitt § 96 Rn. 8.
94 NdsOVG NJW 2012, 2372 (2373).
95 BGHSt 44, 107 ff.; BVerwG DVBl. 2006, 851; NJW 1984, 2233 ff.; NJW 1987, 202 ff.
96 BGH NJW 2007, 3010 (3012).

- Auftreten in der Hauptverhandlung mit Tarnpersonalien, bei Verzicht auf Angaben zu Identität und Wohnort (§ 68 II und III StPO),
- Ausschluss der Öffentlichkeit (§ 172 GVG),
- Entfernung des Angeklagten aus dem Sitzungssaal (§ 247 StPO),
- Videovernehmung (§ 247a StPO),
- Kommissarische Vernehmung (§ 223 StPO).

801 Diese Maßnahmen haben den Nachteil, dass hierbei für den VE oder die VP die **Gefahr der Enttarnung** nicht ausgeschlossen werden kann.[97] So können bisher unbekannte Personen aus dem Umfeld des Beschuldigten bei der An- und Abfahrt zum Gerichtsgebäude einer verdeckt ermittelnden Person zu einer Zeugenaussage nach § 68 II und III StPO diese enttarnen. Anhand der Verwendung besonderer Ausdrücke oder Gesten besteht auch bei einer Videovernehmung nach § 247a StPO die Gefahr der Enttarnung.[98]

3. Aussage des VP-/VE-Führers als Zeuge vom Hörensagen

802 Die **Gefahr der Enttarnung** für eine verdeckt ermittelnde Person führt in der Praxis in der Regel dazu, dass in der Hauptverhandlung der VP- oder VE-Führer über den Einsatz der verdeckt ermittelnde Person als **Zeuge vom Hörensagen** aussagt. Die Zusage der Vertraulichkeit wird dabei über die beamtenrechtliche Verschwiegenheitspflicht abgesichert. Für Bundesbeamte folgt diese aus §§ 67 bis 69 BBG und für Landesbeamte aus § 37 BeamtStG. Diese überträgt § 54 StPO auf das Strafverfahrensrecht. Ohne eine Aussagegenehmigung darf daher ein VE- oder VP-Führer als Zeuge keine Aussage über die Personalien einer verdeckt ermittelnden Person oder deren Einsatz machen. Die Aussagegenehmigung darf nur versagt werden, wenn die Aussage dem Wohl des Bundes oder eines deutschen Landes erhebliche Nachteile bereiten oder die Erfüllung öffentlicher Aufgaben ernstlich gefährden oder erheblich erschweren würde (vgl. § 68 BBG und § 37 IV 1 BeamtStG). Nach der Rechtsprechung bereitet es dem Wohl des Bundes einen Nachteil, wenn ein VE oder eine VP einer Lebens- oder Leibesgefahr ausgesetzt wird.[99] Dies hat zur Konsequenz, dass die Aussagegenehmigung für einen VP- oder VE-Führer in der Regel dahingehend beschränkt erteilt wird, dass er Aussagen über den Einsatz und die daraus resultierenden Erkenntnisse machen darf, nicht jedoch zu den Personalien der verdeckt ermittelnden Person. Der Aussage des VP- oder VE-Führers als Zeuge vom Hörensagen kommt jedoch nur ein beschränkter Beweiswert zu. Es müssen noch weitere Beweisanzeichen vorhanden sein, die seine Aussagen stützen.[100]

---

97 Hierzu BVerfG NJW 2010, 925 (927).
98 NdsOVG NJW 2012, 2372 (2374).
99 BVerfG NJW 2010, 925 (926 f.).
100 BVerfG NJW 2010, 925 (926) m. w. N.

R. Weitere Datenverarbeitung

I. Allgemeines

803 Die **weitere Datenverarbeitung** sind die Schritte nach der Erhebung personenbezogener Daten. **Personenbezogene Daten** sind Einzelangaben über persönliche oder sachliche Verhältnisse einer bestimmten oder bestimmbaren natürlichen Person (§ 3 I LDSG). **Erheben** ist das Beschaffen von personenbezogenen Daten über den Betroffenen (§ 3 II 2 Nr. 1 LDSG).

Beispiele:
Beschlagnahmen, Durchsuchungen oder der Einsatz einer Videokamera zur polizeilichen Aufgabenerfüllung sind Datenerhebungen.

Zur weiteren Datenverarbeitung zählen das **Speichern, Verändern, Übermitteln, Nutzen, Sperren** und **Löschen** personenbezogener Daten. Der Begriff der Datenverarbeitung umfasst das Erheben und die Schritte der weiteren Verarbeitung personenbezogener Daten (§ 3 II 1 LDSG).

804 **Speichern** ist nach § 3 II Nr. 2 LDSG das Erfassen, Aufnehmen oder Aufbewahren personenbezogener Daten auf einem Datenträger.

Beispiele:
Handnotiz in einer Akte, Bild- oder Tonaufzeichnung oder eine EDV-Erfassung.

Die erhobenen Daten werden in Dateien oder Akten gespeichert. Eine **Datei** ist nach § 3 IX LDSG eine Sammlung personenbezogener Daten, die durch automatisierte Verfahren nach bestimmten Merkmalen ausgewertet werden kann (**automatisierte Datei**) oder eine sonstige Sammlung personenbezogener Daten, die gleichartig aufgebaut ist und nach bestimmten Merkmalen geordnet, umgeordnet und ausgewertet werden kann (**nicht automatisierte Datei**). Eine Akte ist jede sonstige amtliche oder dienstlichen Zwecken dienende Unterlage. Nicht hierunter fallen Entwürfe und Notizen, die nicht Bestandteil eines Vorgangs werden sollen (§ 3 X LDSG).

805 **Verändern** ist gemäß § 3 II Nr. 3 LDSG das inhaltliche Umgestalten.

Beispiel:
Berichtigung eines Namens.

806 **Nutzen** ist nach § 3 II Nr. 5 LDSG jede sonstige Verwendung.

Beispiel:
Überprüfung, ob eine Person als vermisst gemeldet wurde.

Ein **Nutzen** findet immer im Bereich der datenverarbeitenden Stelle (§ 3 III LDSG) statt. Wenn die Daten nach außen gegeben werden, liegt eine **Datenübermittlung** vor.

Beispiel:
Die Polizei legt einem Zeugen das Lichtbild eines Beschuldigten vor.

Anstelle des Begriffs der Nutzung personenbezogener Daten wird in der Strafprozessordnung auch von einem **Verwenden personenbezogener Daten** gesprochen.

Beispiele:
§§ 161 II, 100d V, 477 II 2 und 477 II 3 StPO.

Die weitere Datenverarbeitung ist ebenso wie das Erheben personenbezogener Daten ein Eingriff in das **Recht auf informationelle Selbstbestimmung** (Art. 2 I i. V. m. Art. 1 GG). Deswegen bedarf es hierfür einer gesetzlichen hinreichend bestimmten und verhältnismäßigen Rechtsgrundlage.[1] Die Rechtsgrundlagen für die weitere Datenverarbeitung durch die Polizei zur Gefahrenabwehr sind in §§ 37 ff. PolG enthalten. Für den repressiven Aufgabenbereich finden sich die Rechtsgrundlagen für die weitere Datenverarbeitung im Wesentlichen in §§ 474 ff. StPO, aber z. B. auch in §§ 98a ff., 100d V, 161 II und 163 II StPO. Diese polizei- und strafverfahrensrechtlichen Normen sind einerseits Eingriffsbefugnisse. Andererseits begrenzen sie auch die Möglichkeiten der Polizei zur weiteren Datenverarbeitung. Sie dienen damit dem Datenschutz. Um einen effektiven Datenschutz zu gewährleisten, müssen §§ 37 ff. PolG und §§ 474 ff. StPO vom Polizeivollzugsdienst beachtet werden. Verstöße gegen einzelne Normen können für den handelnden Beamten im Hinblick auf § 353b StGB (Verletzung des Dienstgeheimnisses und einer besonderen Geheimhaltungspflicht), § 203 StGB (Verletzung von Privatgeheimnissen) und § 41 LDSG erhebliche straf- und disziplinarrechtliche Konsequenzen haben.

Zu unterscheiden sind **Präventivdaten** und **Repressivdaten**. **Präventivdaten** sind personenbezogene Daten, die auf polizeigesetzlicher Grundlage erhoben worden sind. **Repressivdaten** sind personenbezogene Daten, die aus einer strafverfahrensrechtlichen Maßnahme stammen. Fraglich ist, ob Repressivdaten zur Strafverfolgung und zur Gefahrenabwehr verwendet werden dürfen. Ebenso ist die Zulässigkeit der weiteren Verarbeitung von Präventivdaten zur Strafverfolgung und zur Gefahrenabwehr fraglich.

Beispiele:
Gegen B wird wegen des Verdachts des Mordes eine TKÜ gemäß §§ 100a f. StPO durchgeführt. Bei der TKÜ zeigt sich, dass B eine Erpressung begangen hat und noch einen weiteren Mord plant. Können die Erkenntnisse aus der TKÜ zur Verfolgung der von B begangenen Erpressung und zur Verhinderung des von ihm geplanten Mordes verwendet werden? Bei einer polizeirechtlichen Observation des A zeigt sich, dass A einen Diebstahl begangen hat. Können die Erkenntnisse aus der polizeirechtlichen Observation zur Verfolgung der von A begangenen Straftat verwendet werden?

---

1 BVerfG NJW 1984, 419 (421 ff.).

II. Weitere Verarbeitung von Präventivdaten zur Gefahrenabwehr gemäß § 37 PolG

810 Für das Speichern, Verändern und Nutzen von Präventivdaten (Rn. 809) zur Gefahrenabwehr enthält § 37 PolG **allgemeine Regeln**.

1. Regelung des § 37 I PolG

811 Gemäß § 37 I 1 PolG kann die Polizei personenbezogene Daten speichern, verändern und nutzen, soweit und solange dies zur Wahrnehmung ihrer Aufgaben erforderlich ist. Die **polizeilichen Aufgaben** i. S. v. § 37 I 1 PolG ergeben sich aus §§ 1 I und 2 II PolG: Gefahrenabwehr, vorbeugende Bekämpfung von Straftaten, Schutz privater Rechte und Vollzugshilfe. Hierzu gehört nicht der Zweck der Strafverfolgung.[2] Eine Speicherung, Veränderung und Nutzung personenbezogener Daten zur Strafverfolgung richtet sich nach der Strafprozessordnung.[3] **Erforderlich** ist eine Datenspeicherung, -veränderung oder -nutzung, wenn die Aufgabe sonst nicht, nicht sachgerecht oder nicht ohne wesentliche zeitliche Verzögerung erfüllt werden könnte.[4] Unter dem Gesichtspunkt der Erforderlichkeit ist sowohl der Datenumfang als auch die Speicherdauer zu überprüfen. Eine spezielle Regelung zu Speicherfristen ist in § 37 – anders als in § 38 II PolG – nicht vorhanden. Soweit keine speziellen Überprüfungsfristen bestehen, sollen die Polizeibehörden und Polizeidienststellen folgende Zeiträume festlegen: 6 Monate, 1 Jahr, 3 Jahre, 5 oder 10 Jahre.[5] Bei einer Speicherung personenbezogener Daten in Dateien (Rn. 804) muss nach § 37 I 2 PolG erkennbar sein, welcher der in § 20 II bis V PolG genannten **Personengruppen** der Betroffene angehört. Außerdem muss gemäß § 37 I 3 PolG feststellbar sein, bei welcher Stelle die der Speicherung zugrundeliegenden Unterlagen geführt werden, um einen Rückgriff auf die vollständigen Unterlagen zu ermöglichen und Informationsverluste zu vermeiden.[6]

2. Zweckbindungsgebot und Zweckänderung nach § 37 II PolG

812 § 37 II 1 PolG enthält das sich aus den Grundrechten ergebende **Zweckbindungsgebot**. Danach dürfen personenbezogene Daten nur zu dem Zweck weiter verarbeitet werden, zu dem sie auch erhoben worden sind.[7] Hat sich dieser Zweck erledigt, ist eine Speicherung auf Vorrat nicht zulässig.

> **Beispiel:**
> Der Polizeivollzugsdienst erhebt gemäß § 20 V PolG personenbezogene Daten des A zur Vollzugshilfe und speichert diese gemäß § 37 I 1 PolG. Wenn die Vollzugshilfe geleistet ist, dürfen die Daten nicht mehr gespeichert werden. Sie sind gemäß § 46 I Nr. 1 PolG zu löschen.

---

2 Stephan/Deger § 37 Rn. 10; BMKS § 37 Rn. 16.
3 Zeitler/Trurnit Rn. 777.
4 VGH BW DÖV 1995, 424 (426).
5 VwV PolG Ziff. 2 zu § 37 I.
6 BMKS § 37 Rn. 19; Stephan/Deger § 37 Rn. 13.
7 BVerfG NJW 2004, 999 (1018 f.) m. w. N.

Eine Datenerhebung kann gleichzeitig zu mehreren Zwecken erfolgen. Eine Zweckänderung liegt nicht vor, wenn mindestens einer der Erhebungszwecke für die weitere Verarbeitung erhalten bleibt.[8]   **813**

Beispiel:
Der Polizeivollzugsdienst erhebt gemäß § 20 II und V PolG personenbezogene Daten des A sowohl Gefahrenabwehr als auch zur Vollzugshilfe und speichert diese gemäß § 37 I 1 PolG. Nachdem die Vollzugshilfe geleistet worden ist, können die Daten des A weiter gespeichert werden, wenn von ihm noch eine Gefahr ausgeht.

Nach § 37 II 2 PolG ist die Speicherung, Veränderung und Nutzung von Daten auch zu einem anderen Zweck zulässig (**Zweckänderung**), wenn die Polizei die Daten auch zu diesem Zweck erheben dürfte.   **814**

Beispiel:
Die Polizei hat personenbezogene Daten zum Schutz privater Rechte nach § 20 V PolG erhoben. Nach der Datenerhebung stellt sich heraus, dass diese Daten auch zur Gefahrenabwehr benötigt werden.

Allerdings erlaubt § 37 II 2 PolG nur die Zweckänderung von Daten zu präventiven Zwecken. Die Zulässigkeit der weiteren Verarbeitung von auf polizeigesetzlicher Grundlage erhobenen Daten zur Strafverfolgung richtet sich nach der Strafprozessordnung.[9]

Beispiele:
§§ 161 II 1 und III, 100d V Nr. 3 StPO.

3. Datennutzung zur polizeilichen Aus- und Fortbildung (§ 37 III PolG)

§ 37 III 1 PolG gestattet der Polizei die Nutzung gespeicherter personenbezogener Daten zur Aus- und Fortbildung. Die Vorschrift erlaubt nur eine Nutzung bereits gespeicherter Daten, d. h. dass eine Erhebung und Speicherung speziell für diesen Zweck unzulässig ist.[10] Die personenbezogenen Daten sind grundsätzlich zu anonymisieren (§ 37 III 2 PolG).   **815**

Beispiel:
Schwärzung von Personalangaben.

Von dieser Verpflichtung kann gemäß § 37 III 3 PolG nur abgewichen werden, wenn sonst der Aus- und Fortbildungszweck nicht erreicht werden könnte und die berechtigten Interessen der Betroffenen nicht offensichtlich überwiegen.

Beispiel:
Eine Einweisung in eine spezielle Datei ist nur mit Echtdaten möglich, da sonst die komplexen Bezüge dieser Datei nicht erfasst werden können.

Bei der Prüfung der berechtigten Interessen der Betroffenen ist insbesondere zu berücksichtigen, wie hoch das Risiko der Zuordenbarkeit eines Datums zu einer Person ist und wie stark die damit verbundene Beeinträchtigung für diese

---
8 VwV PolG Ziff. 1 zu § 37 II.
9 Zeitler/Trurnit Rn. 767.
10 Stephan/Deger § 37 Rn. 29.

Person sein kann. Diese Prüfung obliegt der für die Aus- und Fortbildung verantwortlichen Stelle.[11]

4. **Datennutzung zur Statistik, Dokumentation und Vorgangsverwaltung (§ 37 IV PolG)**

816 § 37 IV PolG lässt die Speicherung und Nutzung von aufgrund anderer gesetzlicher Grundlagen erhobenen personenbezogenen Daten zur Erstellung polizeilicher Statistiken, zur zeitlich befristeten Dokumentation und zur Vorgangsverwaltung zu.

Beispiele:
Unfall- und Kriminalstatistik, Vorkommnisberichte, Dokumentation des täglichen Einsatzgeschehens in einem Einsatzleitrechner, Notrufaufzeichnungen, Haftunterlagen, Geschäftstagebücher und Aktenverwaltungssysteme.

5. **Weitere Verarbeitung von Protokolldaten (§ 37 V PolG)**

817 Personenbezogene Daten, die ausschließlich zu Zwecken der Datenschutzkontrolle, der Datensicherheit oder zur Sicherstellung eines ordnungsgemäßen Betriebes einer Datenverarbeitungsanlage gespeichert worden sind (sog. **Protokolldaten**), dürfen gemäß § 37 V PolG auch verarbeitet werden, wenn dies zur Abwehr einer gegenwärtigen Gefahr für Leib, Leben oder Freiheit einer Person erforderlich ist oder Anhaltspunkte dafür vorliegen, dass ohne ihre Verarbeitung die vorbeugende Bekämpfung oder Verfolgung von Straftaten mit erheblicher Bedeutung aussichtslos oder wesentlich erschwert wäre. Aufgrund von Protokolldaten kann nachträglich rekonstruiert werden, wer zu welchem Zeitpunkt welche Daten abgerufen hat. Sie umfassen insbesondere Person, Dienststelle, Zeitpunkt, Ergebnis und Grund eines Abrufs aus polizeilichen Dateien. § 37 V PolG ist durch das ÄndG 2012 in das Polizeigesetz eingefügt worden. Die Norm soll gewährleisten, dass die Zweckänderung von Protokolldaten zur Erlangung möglicher neuer Handlungs- und Ermittlungsansätze zulässig ist, um staatliche Schutzpflichten für Grundrechte erfüllen zu können.[12]

III. Die Verwendung von Präventivdaten zur Strafverfolgung

818 Die Verwendung von Präventivdaten (Rn. 806) zur Strafverfolgung ist grundsätzlich zulässig, wenn sich hieraus ein Anfangsverdacht gemäß § 152 II StPO ergibt. Hierzu ist die Polizei aufgrund des Legalitätsprinzips (§ 163 I i. V. m. § 152 II StPO) sogar verpflichtet.

Beispiel:
Bei einer polizeirechtlichen Durchsuchung nach § 29 PolG werden Betäubungsmittel gefunden. Der sich daraus ergebende Anfangsverdacht für eine Straftat nach §§ 29 ff. BtMG verpflichtet die Polizei zur Einleitung eines Ermittlungsverfahrens.

---

11 VwV PolG Ziff. 1 zu § 37 III.
12 LT-Drs. 15/2434 S. 15.

Für die Verwendung von Präventivdaten zur Strafverfolgung ist jedoch § 161 II 1 StPO zu beachten. Danach dürfen die aus einer polizeirechtlichen Maßnahme stammenden Daten **zu Beweiszwecken** in einem Strafverfahren ohne die Einwilligung des Betroffenen nur zur Aufklärung solcher Straftaten verwendet werden, zu deren Aufklärung eine solche Maßnahme nach der StPO hätte angeordnet werden können (sog. **Gedanke des hypothetischen rechtmäßigen Ermittlungsverlaufs**). Den gleichen Regelungsinhalt wie § 161 II 1 StPO enthält für die Wohnraumüberwachung § 100d V Nr. 3 StPO. § 161 II 2 StPO stellt klar, dass diese Norm als speziellere unberührt bleibt.

819

Beispiel:
Gegen O läuft eine längerfristige Observation gemäß § 22 I Nr. 1 und III PolG. Bei der Observation zeigt sich, dass O einen Ladendiebstahl begeht. Die Erkenntnisse aus der polizeirechtlichen längerfristigen Observation können nicht zu Beweiszwecken in dem Strafverfahren gegen O wegen des Ladendiebstahls ohne seine Einwilligung verwendet werden. Wegen des Ladendiebstahls hätte keine längerfristige Observation gemäß § 163f StPO durchgeführt werden können. Es liegt keine Straftat von erheblicher Bedeutung vor.

Scheitert die Verwendung von Daten zu Beweiszwecken an § 161 II 1 oder an § 100d V Nr. 3 StPO, können die Erkenntnisse aus der polizeirechtlichen Maßnahme jedoch als weiterer Ermittlungsansatz (sog. **Spurenansatz**) für die Gewinnung von anderen Beweismitteln oder zur Ermittlung des Aufenthaltsortes des Beschuldigten genutzt werden.[13]

820

IV. Die Verwendung von Repressivdaten zur Strafverfolgung

Bei der Verwendung von Repressivdaten (Rn. 809) zur Strafverfolgung stellt sich die Frage, wie die in einem konkret anhängigen Strafverfahren erhobenen Daten in diesem Verfahren verarbeitet werden dürfen. Außerdem ist fraglich, ob die sich in einem Strafverfahren ergebenden Erkenntnisse über weitere Straftaten (sog. **Zufallsfunde**) zur Verfolgung dieser Straftaten verwendet werden dürfen. Die Verwendung von Repressivdaten (Rn. 809 ff., 825 ff.) zur Strafverfolgung ist in den Dateiregelungen der §§ 483 bis 492 StPO geregelt. **Spezielle Datenverarbeitungsregeln** der Strafprozessordnung, wie z. B. §§ 98a, 98b StPO (Rasterfahndung), 98c StPO (Datenabgleich), 163d StPO (Netzfahndung) und 163e StPO (Polizeiliche Beobachtung), gehen vor.

821

1. Datenverarbeitung für Zwecke des Strafverfahrens nach § 483 StPO

Nach § 483 I StPO darf die Polizei als Strafverfolgungsbehörde personenbezogene Daten in Dateien speichern, verändern und nutzen, soweit dies für Zwecke des Strafverfahrens erforderlich ist. Eine Datenverarbeitung nach § 483 I StPO ist nur für **Zwecke eines konkret anhängigen Strafverfahrens** und nicht für ein künftiges Strafverfahren zulässig. Die Zulässigkeit der Datenverarbeitung für die Zwecke künftiger Strafverfahren regelt § 484 StPO (Rn. 828). Ein-

822

---
13 Meyer-Goßner/Schmitt § 161 Rn. 18d.

zige Ermächtigungsvoraussetzung bei § 483 I StPO ist die **Erforderlichkeit** der Maßnahme.

Beispiel:
In einem umfangreichen Ermittlungsverfahren wird eine SOKO eingerichtet. Zur Verarbeitung des umfangreichen Spurenmaterials und sonstiger Sacherkenntnisse wird eine spezielle Datei nach § 483 I StPO für die SOKO errichtet.

823 Gemäß § 483 II StPO ist die Nutzung auch für andere anhängige Strafverfahren, die internationale Rechtshilfe in Strafsachen und Gnadensachen zulässig.

824 Der polizeiliche Datenbestand dient häufig gleichzeitig der Strafverfolgung und Gefahrenabwehr.[14] Für solche sog. **Mischdateien** bestimmt § 483 III StPO, dass sich die maßgeblichen Vorschriften für die Speicherung und Nutzung der in ihnen enthaltenen personenbezogenen Daten in Baden-Württemberg aus §§ 37 ff. PolG ergeben.

2. Verwendung von Zufallsfunden

825 Aufgrund von **Repressivdaten** (Rn. 809) können sich gegen den Beschuldigten der Verdacht weiterer Straftaten oder Erkenntnisse ergeben, die für die Aufklärung von Straftaten anderer Beschuldigter relevant sein können. Die Verwendung von diesen sog. **Zufallsfunden** in anderen Strafverfahren ist wegen des sich aus § 152 II StPO ergebenden Legalitätsprinzips grundsätzlich zulässig. Sie wird jedoch durch § 477 II 2 StPO eingeschränkt. Danach dürfen die durch eine strafverfahrensrechtliche Maßnahme, die nur bei bestimmten Straftaten zulässig ist, erhobenen personenbezogenen Daten ohne Einwilligung des Betroffenen **zu Beweiszwecken** in anderen Strafverfahren nur zur Aufklärung solcher Straftaten verwendet werden, zu deren Aufklärung eine solche Maßnahme hätte angeordnet werden dürfen (sog. **Gedanke des hypothetischen rechtmäßigen Ermittlungsverlaufs**).

Beispiele:
Bei einer gegen B nach § 100a I und II Nr. 7a StPO wegen des Verdachts des gewerbsmäßigen Handelns mit Betäubungsmitteln rechtmäßig durchgeführten TKÜ zeigt sich, dass B eine Erpressung begangen hat. Bei einer gegen C nach § 100f StPO angeordneten Überwachung seines Pkw wird ein Gespräch zwischen C und D abgehört, aus dem sich ergibt, dass E einen Betrug begangen haben könnte. Im ersten Fall liegen die Voraussetzungen von § 477 II 2 StPO vor. Wegen der Erpressung hätte eine TKÜ angeordnet werden können. Dagegen sind die Voraussetzungen von § 477 II 2 StPO in dem zweiten Fall nicht erfüllt. Wegen eines einfachen Betruges hätte kein kleiner Lauschangriff gemäß § 100f StPO gegen E durchgeführt werden können.

826 § 477 II 2 StPO beschränkt jedoch nur die Verwendung von Zufallsfunden **zu Beweiszwecken**. Sie dürfen daher als **Spurenansatz** und zur Ermittlung des

---

14 BVerfG NJW 2008, 1505 (1513).

Aufenthaltsortes des Beschuldigten verwendet werden.[15] Bei **Repressivdaten aus einer Wohnraumüberwachung nach § 100c StPO ist § 100d V Nr. 1 StPO** zu beachten. Diese Regelung ist gemäß § 477 II 4 StPO eine Spezialvorschrift zu § 477 II 2 StPO.

V. Die Verwendung von Repressivdaten zur Gefahrenabwehr und vorbeugenden Bekämpfung von Straftaten

1. Regelung des § 481 StPO

§ 481 StPO ist die allgemeine strafverfahrensrechtliche Regelung für die polizeiliche Verwendung von Repressivdaten zur Gefahrenabwehr. Gemäß § 481 I 1 StPO dürfen Polizeibehörden nach Maßgabe der Polizeigesetze personenbezogene Daten aus Strafverfahren verwenden. Polizeibehörden i. S. v. § 481 I 1 StPO sind alle Behörden, die polizeiliche Aufgaben wahrnehmen, also auch der Polizeivollzugsdienst.[16] Nach § 481 I 2 und 3 StPO dürfen Strafverfolgungsbehörden zum Zweck der Gefahrenabwehr personenbezogene Daten aus Strafverfahren an Polizeibehörden übermitteln. § 481 II StPO stellt klar, dass die Verwendung von Repressivdaten zur Gefahrenabwehr unzulässig ist, soweit bundesgesetzliche oder entsprechende landesgesetzliche Verwendungsregeln entgegenstehen. Hierzu gehören insbesondere § 477 II 3 Nr. 1 StPO und die bei einer Wohnraumüberwachung geltende speziellere Regelung des § 100d V Nr. 2 StPO. Aus § 477 II 3 Nr. 1 StPO ergibt sich, dass die aus einer verdeckten strafverfahrensrechtlichen Maßnahme stammenden Repressivdaten nur zur Abwehr einer erheblichen Gefahr für die öffentliche Sicherheit verwendet werden dürfen. Eine **erhebliche Gefahr** für die öffentliche Sicherheit liegt immer dann vor, wenn die Verwirklichung eines Straftatbestandes droht.[17]

Beispiel:
Gegen B wird wegen des Verdachts des Einschleusens von Ausländern eine TKÜ gemäß § 100a I und II Nr. 5a StPO durchgeführt. Dabei erfährt der Polizeivollzugsdienst, dass B einen Raub plant. Nach § 481 I 1 StPO kann der Polizeivollzugsdienst die Erkenntnisse aus dem Strafverfahren zur Verhinderung des Raubes und damit zur Gefahrenabwehr grundsätzlich nutzen. §§ 481 II und 477 II 3 Nr. 1 StPO stehen dem nicht entgegen, da der bevorstehende Raub eine erhebliche Gefahr für die öffentliche Sicherheit darstellt. Zur Verhinderung des Raubes könnte der Polizeivollzugsdienst B z. B. gemäß § 22 I Nr. 1 und III PolG längerfristig observieren.

2. Regelung des § 484 III StPO

Die Verwendung personenbezogener Daten, die für Zwecke künftiger Strafverfahren von der Polizei gespeichert sind oder werden, richtet sich gemäß § 484 III StPO ebenfalls nach dem Polizeigesetz. § 484 III StPO betrifft die Vorsorge für die Verfolgung künftiger Straftaten. Die Vorsorge für die Verfolgung künftiger Straftaten bezweckt die Sicherung von Beweisen für künftige Strafverfah-

---
15 Meyer-Goßner/Schmitt § 477 Rn. 5a.
16 Meyer-Goßner/Schmitt § 481 Rn. 1.
17 Zeitler/Trurnit Rn. 215.

ren.[18] Neben der Verhinderung von Straftaten ist die Vorsorge für die Verfolgung künftiger Straftaten Bestandteil der sog. **vorbeugenden Bekämpfung von Straftaten.**[19]

3. Regelung des § 38 PolG

829 § 481 I 1 und § 484 III StPO fungieren als Öffnungsklauseln für die nähere Ausgestaltung der Verwendung von Repressivdaten zur Gefahrenabwehr und vorbeugenden Bekämpfung von Straftaten durch den Landesgesetzgeber. § 38 PolG knüpft an § 481 I und § 484 III StPO an und gestaltet die Verwendung von Repressivdaten zu polizeirechtlichen Zwecken näher aus (sog. **Modell der doppelten Tür).**[20]

830 a) § 38 I PolG. Nach § 38 I 1 StPO kann der Polizeivollzugsdienst personenbezogene Daten, die ihm im Rahmen von Ermittlungsverfahren bekannt geworden sind, speichern, verändern und nutzen, soweit und solange dies zur **Abwehr einer Gefahr** oder zur **vorbeugenden Bekämpfung von Straftaten** erforderlich ist. Die Speicherung, Veränderung und Nutzung von Repressivdaten zur Abwehr einer Gefahr ist **erforderlich**, wenn ohne sie die polizeiliche Aufgabenerfüllung nicht, nicht sachgerecht oder nur mit erheblicher zeitlicher Verzögerung wahrgenommen werden kann.[21]

Beispiel:
Im Rahmen eines Strafverfahrens wird ein Brief nach §§ 94 ff. StPO beschlagnahmt, aus dem sich ergibt, dass der A den B töten will. Die Erkenntnisse können nach § 481 I 1 StPO i. V. m. § 38 I 1, 1. Alt. StPO zur Verhinderung der Straftat des A verwendet werden.

831 § 38 I PolG ist eine im Verhältnis zu § 37 II 1 PolG spezielle Regelung für die Zweckänderung.[22] § 38 I PolG bezieht sich nur auf die Daten von Verdächtigen. Die Speicherung, Veränderung und Nutzung von Daten Nichtverdächtiger ist in § 38 VI PolG geregelt. Auf der Grundlage von § 38 PolG wird in Baden-Württemberg das **Polizeiliche Auskunftssystem (POLAS)** betrieben.[23] Die in § 38 I 1 2. Alt. PolG enthaltene Erstreckung der polizeilichen Aufgabe auf die vorbeugende Bekämpfung von Straftaten ist kompetenzrechtlich unbedenklich. Zwar hat der Bund die Gesetzgebungskompetenz für die Strafverfolgungsvorsorge (Art. 74 I Nr. 1 GG). § 484 III StPO befugt die Länder jedoch dazu die weitere Verarbeitung von Präventivdaten für zukünftige Straftaten in ihren Polizeigesetzen zu regeln.[24]

832 § 38 I 1 PolG wird durch § 38 I 2 PolG eingeschränkt. Danach dürfen Daten, die aus einer akustischen Wohnraumüberwachung nach § 100c StPO stammen, nur zur Abwehr einer Gefahr für den Bestand oder die Sicherheit des Bundes

---

18 BVerfG NJW 2005, 2603 (2605 f.).
19 VwV PolG Ziff. 1 zu § 1.
20 WHT § 6 Rn. 162.
21 VwV PolG Ziff. 1 zu § 37 III.
22 Stephan/Deger § 38 Rn. 1.
23 Stephan/Deger § 38 Rn. 1.
24 Trurnit VBlBW 2011, 458 (462).

oder eines Landes oder für Leben, Gesundheit oder Freiheit einer Person gespeichert, verändert oder genutzt werden. § 38 I 2 PolG nimmt damit die Vorgaben von § 100d V Nr. 1 StPO auf.[25] Auch § 38 I 3 PolG schränkt § 38 I 1 PolG ein. Nach § 38 I 3 PolG dürfen Repressivdaten aus einer Maßnahme nach § 100a StPO nur zur Abwehr einer Gefahr für den Bestand oder die Sicherheit des Bundes oder eines Landes oder für Leben, Gesundheit oder Freiheit einer Person oder zur vorbeugenden Bekämpfung von Straftaten mit erheblicher Bedeutung (§ 22 V PolG) gespeichert, verändert oder genutzt werden. § 38 I 3 PolG entspricht damit der bundesgesetzlichen Regelung des § 477 II 3 Nr. 1 StPO.[26] Nach § 38 I 4 PolG sind die Daten zu löschen, wenn die Voraussetzungen für die Speicherung entfallen sind. Hierbei handelt es sich um eine speziellere Regelung im Verhältnis zu § 46 I PolG.[27]

b) Erforderlichkeit der weiteren Datenverarbeitung zur vorbeugenden Bekämpfung von Straftaten (§ 38 II und III PolG). Nach § 38 II 1 PolG ist die Speicherung, Veränderung und Nutzung personenbezogener Daten zur **vorbeugenden Bekämpfung von Straftaten** bis zu einer Dauer von **zwei Jahren** erforderlich, wenn aufgrund tatsächlicher Anhaltspunkte der Verdacht besteht, dass die betroffene Person eine Straftat begangen hat. Gemäß § 38 II 2 PolG besteht dieser Verdacht nicht, wenn die betroffene Person im Strafverfahren rechtskräftig freigesprochen, die Eröffnung des Hauptverfahrens gegen sie unanfechtbar abgelehnt oder das Verfahren nicht nur vorläufig eingestellt worden ist und sich aus den Gründen der Entscheidung ergibt, dass die betroffene Person die Straftaten nicht oder nicht rechtswidrig begangen hat.

Beispiel:
A ist wegen eines Diebstahls verurteilt worden. Gemäß § 38 II 1 PolG ist die Speicherung seiner personenbezogenen Daten zur vorbeugenden Bekämpfung von Straftaten bis zu einer Dauer von zwei Jahren erforderlich. Wenn A in dem Strafverfahren freigesprochen worden ist, ist eine Speicherung seiner personenbezogenen Daten zur vorbeugenden Bekämpfung von Straftaten nicht erforderlich.

Gegen die sog. **Prüffallregelung** des § 38 II PolG werden verfassungsrechtliche Bedenken geäußert. § 38 II PolG führe dazu, dass Repressivdaten allein schon aufgrund des Verdachts einer Straftat für die maximale Dauer von zwei Jahren verarbeitet werden dürften. Mit dieser Regelung werde in inakzeptabler Weise in das Recht auf informationelle Selbstbestimmung eingegriffen.[28] Diesen Bedenken kann dadurch Rechnung getragen werden, dass lediglich die vorsätzliche Begehung einer Straftat und nicht die fahrlässige Begehung zur Aufnahme in POLAS führt. Eine über die Frist des § 38 II 1 PolG von zwei Jahren hinausgehende weitere Verarbeitung personenbezogener Daten zur vorbeugenden Bekämpfung von Straftaten ist gemäß § 38 III 1 PolG zulässig, wenn tatsächliche Anhaltspunkte vorliegen, dass die betroffene Person zukünftig eine Straftat be-

---

25 LT-Drs. 14/3165 S. 72 f.
26 LT-Drs. 14/3165 S. 72 f.
27 BMKS § 38 Rn. 20.
28 Ruder Rn. 548; BMKS § 38 Rn. 16.

gehen wird (**Wiederholungsgefahr**). Tatsächliche Anhaltspunkte für die Wiederholungsgefahr können sich gemäß § 38 III 2 PolG insbesondere aus Art, Ausführung und Schwere der Tat ergeben. Wenn solche Anhaltspunkte im Zeitpunkt der Speicherung der personenbezogenen Daten noch nicht vorlagen, dürfen die Daten nach § 38 III 3 PolG zur vorbeugenden Bekämpfung von Straftaten über die Dauer von zwei Jahren hinaus nur dann weiter verarbeitet werden, wenn aufgrund tatsächlicher Anhaltspunkte der Verdacht besteht, dass die betroffene Person während des Laufs dieser zwei Jahre eine weitere Straftat begangen hat.

835 c) **Überprüfung der Erforderlichkeit gemäß § 38 IV und V PolG.** § 38 IV und V PolG regeln die **Überprüfung der Erforderlichkeit** der Speicherung personenbezogener Daten. Gemäß § 38 IV 1 PolG hat der Polizeivollzugsdienst in regelmäßigen Zeitabständen zu überprüfen, ob die Speicherung erforderlich ist. § 38 IV 2 bis 4 PolG regelt, welche Fristen dabei nicht überschritten werden dürfen. Offen bleibt, welche Überprüfungsfristen konkret gelten. Einzelheiten hierzu ergeben sich aus § 5 DVO PolG. Ergibt sich für den Polizeivollzugsdienst bei der Sachbearbeitung vor Ablauf der Überprüfungsfrist, dass die Voraussetzungen für die Speicherung nicht mehr vorliegen, sind die gespeicherten Daten bereits zu diesem Zeitpunkt zu löschen.[29] § 38 V PolG bestimmt den Beginn der Überprüfungsfristen und die Anforderungen für die weitere Verarbeitung der Daten nach Ablauf der Fristen. Der mit dem ÄndG 2012 eingefügte § 38 V 2 PolG stellt klar, dass für alle Speicherungen gemeinsam die Frist gilt, die als letzte endet, wenn über dieselbe Person innerhalb der Fristen weitere personenbezogene Daten gespeichert werden. Damit soll dem polizeilichen Bedarf Rechnung getragen werden, im Rahmen der Gefahrenabwehr und vorbeugenden Bekämpfung von Straftaten Kenntnisse über die „kriminelle Karriere" eines Betroffenen zu erhalten.[30]

836 d) **Weitere Verarbeitung von Daten Nichtverdächtiger gemäß § 38 VI PolG.** Nach § 38 VI 1 PolG können Daten der in § 20 III Nr. 2 bis 5 PolG genannten Personen vom Polizeivollzugsdienst, auch wenn sie ihm im Rahmen von Ermittlungsverfahren bekannt geworden sind, in automatisierten Dateien gespeichert, verändert und genutzt werden, wenn dies zur vorbeugenden Bekämpfung von Straftaten mit erheblicher Bedeutung (§ 22 V PolG) erforderlich ist. § 38 VI 1 PolG ist eine speziellere Regelung als § 37 II 1 PolG für die Datenverarbeitung in automatisierten Dateien. Die Speicherung, Veränderung und Nutzung der Daten von Personen nach § 20 III Nr. 2 bis 5 PolG in nicht-automatisierten Dateien richtet sich nach § 37 PolG.[31] Die Dauer der Speicherung beträgt nach § 38 VI 2 PolG höchstens zwei Jahre. Für die Berechnung der Frist und die Löschung der Daten verweist § 38 VI 3 PolG auf § 38 V PolG. Die Speicherung kann nach § 38 VI 4 PolG im Einzelfall höchstens zweimal durch eine schriftliche und begründete Anordnung der in § 22 VI PolG genannten Personen um jeweils weitere zwei Jahre verlängert werden. Insgesamt können damit die

---

29 Stephan/Deger § 38 Rn. 10.
30 LT-Drs. 15/2434 S. 35.
31 Zeitler/Trurnit Rn. 808.

personenbezogenen Daten von Nichtverdächtigen zur vorbeugenden Bekämpfung von Straftaten mit erheblicher Bedeutung maximal sechs Jahre in automatisierten Dateien gespeichert werden.

VI. Verwendung rechtswidrig erhobener Daten

Wenn die Polizei personenbezogene Daten rechtswidrig erhoben hat, stellt sich die Frage, ob diese zur Strafverfolgung oder Gefahrenabwehr genutzt werden können.

1. Die Lehre von den Beweisverboten im Strafverfahrensrecht

Im Strafverfahrensrecht ist für die Beantwortung der Frage nach der Zulässigkeit der Verwendung rechtswidrig erhobener Daten zur Strafverfolgung die Lehre von den **Beweisverboten** entwickelt worden.[32]

a) **Beweisverbote.** Die Lehre von den Beweisverboten unterscheidet zwischen **Beweiserhebungs-** und **Beweisverwertungsverboten**. Ein Beweiserhebungsverbot zwingt die Ermittler bei der Gewinnung von Beweisen zur Einhaltung des Strafverfahrensrechts. Es beantwortet die Frage, ob es rechtlich zulässig ist, einen bestimmten Beweis zu gewinnen.[33]

Beispiele:
Aus § 163a IV i. V. m. § 136 StPO ergibt sich für die Polizei das Verbot eine Beschuldigtenvernehmung ohne Belehrung durchzuführen. Aus § 81a I 2 StPO ergibt sich das Verbot zur Entnahme einer Blutprobe durch eine Person, die nicht Arzt ist. Aus § 105 I StPO ergibt sich das Verbot eine Durchsuchung grundsätzlich nicht ohne richterliche Anordnung durchzuführen.

Ein **Beweisverwertungsverbot** zwingt das Gericht dazu, ein vorliegendes Beweismittel bei der Überzeugungsbildung in der Hauptverhandlung nicht zu berücksichtigen.[34] Beweiserhebungs- und Beweisverwertungsverbote sind deswegen von einer **eigenartigen Tragik** gekennzeichnet. Sie sichern die Rechtsstaatlichkeit des Verfahrens auf Kosten einer energischen Strafrechtsverwirklichung.[35] Beweisverwertungsverbote sind auch im Ermittlungsverfahren in vollem Umfang vom Ermittlungsrichter, der Staatsanwaltschaft und der Polizei zu beachten.[36]

Beispiele:
Besteht ein Beweisverwertungsverbot kann dieses nicht zur Begründung eines Tatverdachts oder der Anordnung einer Zwangsmaßnahme nach der StPO verwendet werden. Erkenntnisse, die einem Beweisverwertungsverbot

---
32 Ausführlich zu den Beweisverboten z. B. Burhoff Rn. 1014 ff; Kramer Rn. 161 ff.; Roxin/Schünemann § 24 Rn. 13 ff.; Heghmanns/Scheffler/*Dallmeyer* II Rn. 381 ff.; Pawlik JZ 2010, 693 ff.; Bruns StraFo 2008, 189 ff.; Mitsch NJW 2008, 2295 ff.
33 Kramer Rn. 162.
34 Meyer-Goßner/Schmitt Einl. Rn. 55; Kramer Rn. 162.
35 Mitsch NJW 2008, 2295.
36 BGH NJW 1996, 405.

unterliegen, dürfen dem Beschuldigten bei einer polizeilichen Vernehmung nicht vorgehalten werden.

841 b) **Beweiserhebungsverbote.** Beweiserhebungsverbote werden in **Beweisthemenverbote, Beweismittelverbote** und **Beweismethodenverbote** unterschieden.[37] Ein **Beweisthemaverbot** verbietet es, bestimmte Tatsachen aufzuklären.[38]

Beispiel:
Über getilgte oder tilgungsreife Vorverurteilungen dürfen nach § 51 BZR keine Feststellungen getroffen werden.

842 Ein **Beweismittelverbot** untersagt die Benutzung bestimmter Beweismittel.[39]

Beispiel:
Ein Zeuge, der zuvor nicht ordnungsgemäß nach §§ 52 II und 55 StPO belehrt worden ist, darf nicht befragt werden.

843 Ein **Beweismethodenverbot** untersagt eine bestimmte Art und Weise der Beweisgewinnung.[40]

Beispiel:
Bei Vernehmungen dürfen die in § 136a I 1, 3 und II StPO aufgeführten verbotenen Vernehmungsmethoden nicht angewandt werden.

844 c) **Beweisverwertungsverbote.** Im Strafverfahrensrecht zieht der Verstoß gegen ein **Beweiserhebungsverbot** nicht zwingend ein **Beweisverwertungsverbot** nach sich. Beweisverwertungsverbote sind Eingriffe in die richterliche Wahrheitsfindung und müssen auf Ausnahmefälle beschränkt bleiben. Dem Strafverfahrensrecht ist ein allgemein geltender Grundsatz, dass jeder Verstoß gegen Beweiserhebungsvorschriften ein strafprozessuales Verwertungsverbot nach sich zieht, fremd.[41] Ein Beweisverwertungsverbot kommt zum einen in Betracht, wenn es sich aus dem Wortlaut der Vorschrift ergibt (sog. **ausdrückliches Beweisverwertungsverbot**).[42]

Beispiele:
§§ 136a III, 100a IV 2, 100c V 3, 252 StPO, § 51 BZR.

845 Wenn kein ausdrückliches gesetzlich geregeltes Beweisverwertungsverbot besteht, kann sich ein Beweisverwertungsverbot zum anderen auch durch Auslegung der verletzten Vorschrift ergeben (sog. **ungeschriebenes Beweisverwertungsverbot oder auch Beweisverwertungsverbot durch Auslegung**). Dabei sind nach dem Bundesgerichtshof jeweils die **Umstände des Einzelfalls**, insbesondere nach der **Art des Verbots** und **dem Gewicht des Verstoßes** unter **Abwägung** der widerstreitenden Interessen zu berücksichtigen (sog. **Abwägungslehre**).[43]

---

37 LR/*Gössel* Einl. L Rn. 14 ff.
38 Meyer-Goßner/Schmitt Einl. Rn. 52; LR/*Gössel* Einl. L Rn. 134.
39 Meyer-Goßner/Schmitt Einl. Rn. 53; LR/*Gössel* Einl. L Rn. 138.
40 Meyer-Goßner/Schmitt Einl. Rn. 54; LR/*Gössel* Einl. L Rn. 140.
41 BGH NJW 2007, 2269 (2271) m. w. N.
42 BGH NJW 2007, 2269 (2271) m. w. N.
43 BGH NJW 2007, 2269 (2271) m. w. N.

Beispiele:
Der Bundesgerichtshof nimmt bei einem bewussten Verstoß gegen einen Richtervorbehalt gemäß § 105 I 1 StPO, ein Beweisverwertungsverbot an. In diesem Zusammenhang hat der Bundesgerichtshof entschieden, dass dem zur Einschränkung der Annahme von Beweisverwertungsverboten entwickelten Aspekt eines möglichen **hypothetischen rechtmäßigen Ermittlungsverlaufs** bei der Verkennung eines Richtervorbehalts keine Bedeutung zukommt. Die Einhaltung der durch Art. 13 II GG und § 105 I 1 StPO festgelegten Kompetenzregelungen könnte bei Anerkennung des hypothetischen rechtmäßigen Ersatzeingriffs in diesen Fällen stets unterlaufen und der Richtervorbehalt sogar letztlich sinnlos werden.[44] Nach der Rechtsprechung führen auch Verstöße gegen §§ 52 III[45] und 97 StPO[46] grundsätzlich zu Beweisverwertungsverboten. Auch ein Unterlassen der nach §§ 163a, 136 I 2 StPO erforderlichen Belehrung über die Aussagefreiheit oder über die mögliche Verteidigerkonsultation führt grundsätzlich zu einem Beweisverwertungsverbot. Allerdings setzt das Beweisverwertungsverbot nach der Rechtsprechung voraus, dass der verteidigte Angeklagte der Verwertung der Aussage in der Hauptverhandlung bis zu dem in § 257 StPO genannten Zeitpunkt widerspricht (sog. **Widerspruchslösung**).[47]

Im Übrigen können sich Beweisverbote sich auch unmittelbar aus der Verfassung ergeben (sog. **selbstständige Beweisverwertungsverbote von Verfassungs wegen**).[48]

Beispiele:
Ein durch eine akustische Überwachung aufgezeichnetes Selbstgespräch ist unverwertbar, weil hierdurch in den durch Art. 2 I i. V. m. Art. 1 I GG absolut geschützten Kernbereich der privaten Lebensgestaltung eingegriffen wird.[49] Schriftliche Aufzeichnungen, wie Tagebücher, gehören nach der Rechtsprechung zwar nicht zum absolut geschützten Kernbereich der privaten Lebensgestaltung, sind jedoch zur Strafverfolgung nur unter Beachtung des Grundsatzes der Verhältnismäßigkeit zur Verfolgung schwerer Straftaten verwertbar.[50] Unverwertbar sind dagegen schriftliche Aufzeichnungen des Beschuldigten, die der Verteidigung dienen.[51]

d) Fernwirkung von Beweisverboten. Fraglich ist, ob der Verstoß gegen ein Beweiserhebungsverbot zu einem Beweisverwertungsverbot für die dadurch mittelbar erlangten Beweise führt. Im Gegensatz zum US-amerikanischen Recht, wo zur Disziplinierung der Polizei die sog. **fruits of the poisonous tree-doctrine** gilt, ist man in Deutschland mit der Bejahung einer sog. **Fernwirkung** eines Beweiserhe-

---
44 BGH NJW 2007, 2269 (2273) m. w. N.
45 BGH NStZ-RR 1996, 106.
46 BGHSt 18, 227 ff.
47 BGH StV 2007, 450 ff.
48 Burhoff Rn. 1024; Heghmanns/Scheffler/*Dallmeyer* II Rn. 402; BGH NStZ 2012, 277 f. m. w. N.
49 BGH NStZ 2012, 277 f.
50 BVerfG NJW 1990, 563 ff.
51 BGHSt 44, 46 ff.

bungsverbotes zurückhaltend.⁵² Der Bundesgerichtshof hat dies damit begründet, dass ein Verfahrensfehler, der ein Verwertungsverbot für ein Beweismittel herbeiführt, nicht ohne weiteres dazu führen darf, dass das gesamte Strafverfahren lahmgelegt ist.⁵³ Eine Fernwirkung ist aber zumindest bei schwerwiegenden, bewussten oder willkürlichen Verfahrensverstößen, bei denen die grundrechtlichen Sicherungen planmäßig oder systematisch außer Acht gelassen worden sind, geboten.⁵⁴

Beispiel:
Bei einer Vernehmung gibt B, gegen den wegen des Verdachts des Totschlags ermittelt wird, das Versteck der Tatwaffe Preis. Die Ermittler haben B zuvor nicht ordnungsgemäß über sein Schweigerecht belehrt. An der aufgefundenen Waffe werden DNA-Spuren sichergestellt. Grundsätzlich können die DNA-Spuren in dem Strafverfahren gegen B zu Beweiszwecken verwertet werden, es sei denn, die Ermittler haben bewusst gegen §§ 163a IV, 136 I 2 StPO verstoßen.

2. Die Zulässigkeit der Nutzung rechtswidrig erhobener Daten zur Gefahrenabwehr

848 Das Polizeigesetz äußert sich nicht ausdrücklich zu der Frage, ob rechtswidrig erlangte Daten zur Gefahrenabwehr weiter verarbeitet werden dürfen. Aus § 46 I Nr. 1 PolG ergibt sich lediglich, dass der Polizeivollzugsdienst rechtswidrig erhobene Daten nicht speichern darf. Damit bleibt offen, ob die Polizei an rechtswidrig erhobene Daten weitere Maßnahmen zur Gefahrenabwehr anknüpfen kann. Im Strafverfahren, bei dem der Schaden an einem Rechtsgut durch die Begehung einer Straftat in der Regel schon eingetreten ist, erscheint ein Verwertungsverbot aufgrund der strengen Formalisierung des Strafverfahrens eher möglich als im Bereich der Gefahrenabwehr. Außerdem ist ein Verwertungsverbot rechtswidrig erhobener Daten für die Gefahrenabwehr nicht mit der staatlichen Schutzpflicht für die Grundrechte zu vereinbaren. Insgesamt ist die Verwertbarkeit rechtswidrig erhobener Daten zur Gefahrenabwehr daher unter Beachtung des **Grundsatzes der Verhältnismäßigkeit** zulässig.⁵⁵

Beispiel:
Aufgrund einer unter Verstoß gegen § 22 I Nr. 1 und III PolG durchgeführten längerfristigen Observation erhält der Polizeivollzugsdienst Kenntnis davon, dass der Adressat der Maßnahme A eine Straftat gegen B plant. In dieser Situation sind die Erkenntnisse aus der Observation verwertbar, um die Straftat zu verhindern und der Schutzpflicht der Polizei für die Grundrechte des B zu genügen.

VII. Datenabgleich

849 Der Datenabgleich ist eine besondere Form der Datennutzung. Es wird überprüft, ob die aus einem anderen Anlass (z. B. einer Personenkontrolle) erhobe-

---

52 Ausführlich hierzu Harris StV 1991, 313 ff.
53 BVerfG NJW 2011, 2417 (2418 ff.); BGHSt 34, 362 (364) m. w. N.
54 BVerfG NJW 2011, 2417 (2419). Ebenso z. B. Kramer Rn. 165a; Eisenberg Rn. 408.
55 Zeitler/Trurnit Rn. 794.

nen Personendaten bereits in polizeilichen Dateien gespeichert sind. Der Datenabgleich zur Gefahrenabwehr ist in §§ 39 und 40 PolG (Rn. 566 f. und 572 ff.) geregelt. Die Rechtsgrundlagen für einen Datenabgleich zur Strafverfolgung sind §§ 98a ff. StPO (Rn. 578 f. und 575 ff.).

VIII. Datenübermittlung

Die **Datenübermittlung** ist nach § 3 II Nr. 4 LDSG das Bekanntgeben personenbezogener Daten an einen Dritten in der Weise, dass die Daten an den Dritten weitergegeben werden oder der Dritte zur Einsicht oder zum Abruf bereitgehaltene Daten einsieht oder abruft. **850**

Beispiele:
Weitergabe, Akteneinsicht oder Abruf im Online-Verfahren.

Die Übermittlung personenbezogener Daten, die von der Polizei zum Zweck der Gefahrenabwehr erhoben worden sind, ist in §§ 41 ff. PolG geregelt. §§ 476 ff. StPO enthalten wichtige Regelungen über die Übermittlung personenbezogener Daten aus Strafverfahren. Weitere Befugnisse zur Datenübermittlung ergeben sich z. B. aus §§ 131 ff. und 163 StPO. Das unbefugte Übermitteln von personenbezogenen Daten und die Erschleichung der Übermittlung personenbezogener Daten durch unrichtige Angaben sind Ordnungswidrigkeiten gemäß § 40 I Nr. 1a und 2 LDSG i. V. m. § 48 OWiG. Unter den Voraussetzungen von § 41 LDSG besteht eine Strafbarkeit. **851**

1. Datenübermittlung gemäß §§ 41 ff. PolG

§ 41 PolG enthält allgemeine Regeln für die Datenübermittlung. Die Befugnisse für die Datenübermittlung ergeben sich aus §§ 42 bis 44. Diese Vorschriften sind durch das ÄndG 2012 neu geordnet worden. **852**

a) Allgemeine Regeln der Datenübermittlung nach § 41 PolG. Nach § 41 I 1 PolG trägt die übermittelnde Stelle bei der Übermittlung personenbezogener Daten die **Verantwortung für die Zulässigkeit**. Der Empfänger der Daten hat die zur Überprüfung erforderlichen Angaben zu machen, wenn er um die Datenübermittlung ersucht (§ 44 I 2 PolG). Ersucht eine öffentliche Stelle des Bundes oder eines Landes um die Übermittlung, prüft die übermittelnde Stelle grundsätzlich nur, ob die Daten zur Erfüllung der Aufgaben der ersuchenden Behörde erforderlich sind (§ 44 I 3 PolG). § 41 II PolG normiert den **Grundsatz der Zweckbindung** bei der Übermittlung von Präventivdaten. § 42 II 1 PolG bestimmt, dass die übermittelnden personenbezogenen Daten nur zu dem Zweck verarbeitet und genutzt werden dürfen, zu dem sie auch übermittelt worden sind. Eine verschärfte Bindung an den Übermittlungszweck besteht gemäß § 41 II 2 und 3 PolG, wenn die Daten einem Berufs- oder besonderen Amtsgeheimnis unterliegen (vgl. § 203 StGB). Hier wirkt die vom Geheimnisträger, z. B. vom Arzt, festgelegte Zweckbindung für den Empfänger fort. Eine **Zweckänderung** ist jedoch mit Zustimmung des Geheimnisträgers zulässig (§ 34 II LDSG). Eine **Protokollierungspflicht** besteht bei der Datenübermitt- **853**

lung grundsätzlich nicht.[56] Werden Daten schriftlich übermittelt, ist eine Durchschrift des Vorganges zu den Akten zu nehmen. Im automatischen Abrufverfahren (§ 42 III und V PolG) muss jedoch nach § 7 DVO PolG stichprobenartig protokolliert werden.

854 b) **Überblick über §§ 42 ff. PolG.** § 42 PolG steuert die **Datenübermittlung innerhalb der Polizei sowie an öffentliche nationale Stellen.**

Beispiele:
Der Polizeivollzugsdienst übermittelt die Daten eines gewalttätigen Ehemannes gemäß § 42 I PolG an die Polizeibehörde, damit die Polizeibehörde einen Wohnungsverweis gemäß § 27a III PolG verfügen kann. Der Polizeivollzugsdienst teilt der zuständigen Abfallbehörde nach § 42 II 1 PolG den Namen und die Adresse von A mit, der auf seinem Grundstück Abfälle illegal gelagert hat. Der Polizeivollzugsdienst teilt einer Schule den Namen eines von ihr als gefährlich angesehenen Schülers nach § 42 VII Nr. 2 PolG mit, damit die Schule entsprechende Vorkehrungen schaffen kann.

855 § 43 PolG regelt die **Datenübermittlung an ausländische Stellen sowie an über- und zwischenstaatliche Stellen.** Dabei erfasst die Vorschrift auch Datenübermittlungen an Mitgliedstaaten der Europäischen Union sowie an Schengenassoziierte Staaten, sofern hierfür nicht die spezielleren Regelungen der §§ 43a oder 43c PolG zur Anwendung kommen. § 43b PolG legt die Voraussetzungen für die Verarbeitung von Daten fest, die im Rahmen der polizeilichen und justiziellen Zusammenarbeit in Strafsachen zwischen den Mitgliedstaaten der Europäischen Union übermittelt worden sind.[57]

Beispiel:
Die Polizei übermittelt gemäß § 43 I Nr. 2 PolG Daten eines gewaltbereiten Ausländers an eine Polizeidienststelle seines Herkunftsstaates, um von dieser weitere Informationen über den Betroffenen zu erhalten.

856 Die **Datenübermittlung an Personen oder Stellen außerhalb des öffentlichen Bereichs (Private)** ist in § 44 PolG geregelt.

Beispiele:
Die Polizei sucht einen verschwundenen Jugendlichen. Um Informationen zu erhalten, wendet sich die Polizei an Freunde des Jugendlichen und teilt diesen dabei nach § 44 I Nr. 1 PolG den Namen des Jugendlichen mit. Nach einem Verkehrsunfall, der von der Polizei aufgenommen worden ist, meldet sich der Geschädigte und teilt mit, er habe den Zettel mit dem Namen und der Anschrift des Unfallverursachers verloren. Deswegen bittet er die Polizei um Mitteilung dieser Daten. Die Polizei kann ihm die Daten nach § 44 II Nr. 1 PolG übermitteln. Auf telefonische Anfrage eines besorgten Familienmitglieds bei dem Polizeivollzugsdienst, ob der nicht rechtzeitig nach Hause gekommene Angehörige in einen Ver-

---

56 VwV PolG Ziff. 4 zu § 41.
57 LT-Drs. 15/2434 S. 26.

kehrsunfall verwickelt worden sei, wird dem Anrufer dies gemäß § 44 II Nr. 2 PolG bestätigt und es werden ihm die Schwere und die Art der Verletzung und das Krankenhaus, in das der Verletzte eingeliefert wurde, mitgeteilt.

2. Datenübermittlung nach der Strafprozessordnung

Eine Übermittlung personenbezogener Daten zur Strafverfolgung kann zunächst im Rahmen von Fahndungsmaßnahmen nach § 131 StPO (Rn. 604 ff.) oder § 163 I StPO (Rn. 121) erfolgen. Von den Rechtsgrundlagen der Strafprozessordnung für die Datenübermittlung sind für den Polizeivollzugsdienst ansonsten insbesondere §§ 163 II, 161 I, 479, 482, 487 und 492 ff. StPO praxisrelevant. Diese Vorschriften regeln die Datenübermittlung von der Polizei und an die Polizei zur Strafverfolgung. **857**

a) Datenübermittlung von der Polizei. Nach § 163 II StPO hat der Polizeivollzugsdienst seine Verhandlungen (alle entstandenen Ermittlungsvorgänge) der Staatsanwaltschaft zu übersenden. Erscheint die unverzügliche Vornahme richterlicher Untersuchungshandlungen erforderlich, so kann die Übersendung unmittelbar an das Amtsgericht erfolgen. Da in den Ermittlungsvorgängen regelmäßig viele personenbezogene Daten enthalten sind, ist § 163 II StPO die Rechtsgrundlage für eine umfassende Datenübermittlung von der Polizei an die Staatsanwaltschaft bzw. an den Ermittlungsrichter. Im Übrigen dürfen Polizeidienststellen nach § 479 StPO von Amts wegen personenbezogene Daten aus Strafverfahren an andere Strafverfolgungsbehörden und Strafgerichte für Zwecke der Strafverfolgung sowie an die zuständigen Behörden und Gerichte für Zwecke der Verfolgung von Ordnungswidrigkeiten übermitteln, wenn dies erforderlich ist. Die Übermittlung ist auch zulässig für die Strafvollstreckung, den Vollzug freiheitsentziehender Maßnahmen und andere Entscheidungen in Strafsachen, insbesondere über die Strafaussetzung zur Bewährung oder deren Widerruf, in Buß- oder Gnadensachen. Zu diesen Zwecken ergibt sich aus § 487 StPO die Rechtsgrundlage zur Übermittlung gespeicherte Daten durch den Polizeivollzugsdienst an die in § 479 StPO genannten Stellen. **858**

b) Datenübermittlung an die Polizei. Die Befugnis der Staatsanwaltschaft zur Übermittlung verfahrensrelevanter personenbezogener Daten an die Polizei ergibt sich aus der Ermittlungsgeneralklausel des § 161 I StPO. § 482 StPO verpflichtet die Staatsanwaltschaft zur Benachrichtigung der Polizei über den Ausgang des Verfahrens. Diese Benachrichtigungspflicht wird durch Nr. 1 MiStra näher ausgestaltet. Nach § 492 III StPO dürfen der Polizei als Strafverfolgungsbehörde für Zwecke eines Strafverfahrens **Auskünfte aus dem länderübergreifenden staatsanwaltlichen Verfahrensregister** erteilt werden. Das beim Bundesamt für Justiz auf der Grundlage von §§ 492 ff. StPO geführte Register soll die Funktionstüchtigkeit der Strafrechtspflege verbessern, indem es die Ermittlung überörtlicher Täter oder Mehrfachtäter erleichtert und das frühzeitige Erkennen von Tat und Täterverbindungen fördert. Die Übermittlung der Daten aus dem staatsanwaltlichen Verfahrensregister erfolgt im Wege eines automatisierten Abrufverfahrens (§ 494 StPO). **859**

IX. Berichtigung, Löschung und Sperren

1. Berichtigung

860 Die **Berichtigung** ist die Richtigstellung falscher, ungenauer oder unvollständiger personenbezogener Daten. Wenn vom Polizeivollzugsdienst in Dateien gespeicherte personenbezogene Daten unrichtig sind, müssen sie berichtigt werden. Für Präventivdaten folgt dies aus § 48 PolG i. V. m. § 22 LDSG und für Repressivdaten aus § 489 I StPO. Bei personenbezogenen Daten, die vom Polizeivollzugsdienst zur **vorbeugenden Bekämpfung von Straftaten** gespeichert werden, ist bei der Berichtigung § 46 II PolG zu beachten. Danach findet eine Berichtigung dieser personenbezogenen Daten nicht statt, wenn der Betroffene die Richtigkeit der gespeicherten Daten bestreitet und sich weder die Richtigkeit noch die Unrichtigkeit feststellen lässt.

2. Löschung

861 Das **Löschen** ist gemäß § 3 II Nr. 7 LDSG das Unkenntlichmachen gespeicherter personenbezogener Daten.

Beispiele:
Schwärzen, Überschreiben, Ausradieren, Überkleben, physische Vernichtung oder Löschen von Bändern und Zerstörung von Disketten.

Die Löschung personenbezogener Daten beendet den mit der Datenverarbeitung verbundenen Eingriff in das Recht auf informationelle Selbstbestimmung gemäß Art. 2 I i. V. m. Art. 1 I GG.[58] Die Löschung der vom Polizeivollzugsdienst zur Gefahrenabwehr gespeicherten personenbezogenen Daten richtet sich nach § 46 I PolG i. V. m. § 23 LDSG. Spezielle Löschungsansprüche sind in §§ 21 V 2, 22 V II, 22a III und IV, 23 V und VII, 23a VIII, 25 III, 36 III, 38 I 5 sowie 40 IV PolG geregelt. Die Löschung von Repressivdaten richtet sich nach § 489 II StPO. Diese Norm findet keine Anwendung in den Fällen von §§ 483 III, 484 IV und 485 4 StPO. Hier gilt § 46 I PolG i. V. m. § 23 LDSG. Als gemeinsame Merkmale von § 46 I PolG i. V. m. § 23 LDSG und § 489 II StPO ergibt sich, dass der Polizeivollzugsdienst die in von ihm geführten Dateien gespeicherten personenbezogenen Daten zu löschen hat, wenn die Speicherung unzulässig oder nicht mehr erforderlich ist. Unzulässig ist die Speicherung dann, wenn sie rechtswidrig ist.[59]

Beispiel:
Gegen B ist eine rechtswidrige ED-Behandlung durchgeführt worden. Die dabei erhobenen personenbezogenen Daten sind zu löschen.

Bei der Prüfung der Erforderlichkeit der weiteren Speicherung gelten gesetzliche Fristen (§ 46 I 1 Nr. 2 PolG und § 489 IV StPO). Außerdem sind vor der Löschung von personenbezogenen Daten archivrechtliche Bestimmungen zu beachten.

3. Sperren

862 Das **Sperren** personenbezogener Daten ist nach § 3 II Nr. 6 LDSG die Einschränkung ihrer weiteren Verarbeitung. Bei einer Sperrung personenbezogener

---
58 Ruder Rn. 603.
59 VGH BW DVBl. 1995, 367 (369).

Daten bleiben diese weiterhin gespeichert. Deswegen besteht das Recht des Betroffenen auf Auskunft, Berichtigung und Löschung fort. Die weitere Verwendung ist jedoch grundsätzlich unzulässig. Die Voraussetzungen einer Sperrung personenbezogener Daten durch den Polizeivollzugsdienst sind in § 46 II PolG i. V. m. § 24 LDSG bzw. § 489 VII StPO geregelt.

X. Auskunftsansprüche

Aus dem Recht auf informationelle Selbstbestimmung (Art. 2 I i. V. m. Art. 1 I GG) ergibt sich ein Anspruch des Betroffenen gegen den Staat auf **Auskunft** über die von ihm durch den Staat gespeicherten personenbezogenen Daten.[60] Diese verfassungsrechtlichen Vorgaben setzen § 45 PolG polizeirechtlich und § 491 StPO strafverfahrensrechtlich um.

1. Auskunftsanspruch gemäß § 45 PolG

Gemäß § 45 PolG erteilt der Polizeivollzugsdienst nach § 21 LDSG Auskunft über die von ihm zur Gefahrenabwehr gespeicherten personenbezogenen Daten. Wichtig ist in diesem Zusammenhang insbesondere Folgendes: Zuständig für die Auskunftserteilung ist gemäß § 21 I und VII LDSG i. V. m. § 11 Nr. 3 DVO PolG das Landeskriminalamt. Dem Betroffenen steht ein Anspruch auf Auskunft zu, der unentgeltlich zu gewähren ist und durch ein Akteneinsichtsrecht ergänzt wird.[61] § 45 PolG erfasst nur den Anspruch des Betroffenen auf Auskunft der vom Polizeivollzugsdienst gespeicherten Daten (§ 45 i. V. m. § 23 III 5 LDSG). Wenn ein in einem Verwaltungsverfahren Beteiligter gegenüber dem Polizeivollzugsdienst einen Anspruch auf Akteneinsicht geltend machen will, richtet sich dieser nach § 29 LVwVfG.

2. Ansprüche auf Auskunft und Akteneinsicht nach der Strafprozessordnung

Für den strafverfahrensrechtlichen Auskunftsanspruch verweist § 491 I 1 StPO auf § 19 BDSG, soweit keine spezielleren Regelungen bestehen. Spezielle Regelungen i. S. v. § 491 I 1 StPO sind die Rechte der Verfahrensbeteiligten auf **Akteneinsicht des Verteidigers** gemäß § 147 StPO und **des Geschädigten** gemäß § 406e StPO. Wichtig ist, dass über die Gewährung von Akteneinsicht im Ermittlungsverfahren die Staatsanwaltschaft und nicht die Polizei zu entscheiden hat (vgl. §§ 147 V 1, 406e IV 1 StPO). Anträge auf Akteneinsicht, die bei der Polizei eingehen, sind an die Staatsanwaltschaft weiterzuleiten. Die Erteilung von **Auskünften und die Akteneinsicht für verfahrensübergreifende Zwecke** sind in §§ 474 bis 478 StPO geregelt. Diese Ansprüche stehen Justizbehörden und anderen öffentlichen Stellen nach § 474 StPO sowie Privatpersonen und anderen Stellen gemäß §§ 475 und 476 StPO zu. Zuständig für die Erteilung von Auskünften und die Gewährung von Akteneinsicht ist gemäß § 478 I 1 und 2 StPO grundsätzlich die Staatsanwaltschaft. Eine Entscheidung der Staatsanwaltschaft ist nicht erforderlich für die Informationsübermittlung zwi-

---

60 BVerfG NJW 1984, 419 (422).
61 Näher hierzu Zeitler/Trurnit Rn. 881 ff.

schen Behörden des Polizeidienstes (§ 478 I 5 StPO). Die Staatsanwaltschaft kann die Behörden des Polizeidienstes zur Erteilung von Auskünften an und zur Gewährung von Akteneinsicht durch Privatpersonen und nichtöffentliche Stellen ermächtigen (§ 478 I 3 StPO). Ohne eine solche Ermächtigung ist die Polizei nicht dazu befugt, in einem Strafverfahren Akteneinsicht zu gewähren und Auskünfte zu erteilen.

Stichwortverzeichnis

Die angegebenen Stichworte beziehen sich auf die entsprechenden Randnummern.

Abgeordneter 295
absoluter Richtervorbehalt 245, 247
Abstammungsuntersuchungen 226
abstrakte Gefahr 36
Abwägungslehre 845
additiver Grundrechtseingriff 657
Adressat 40 f.
Adressat der Vollstreckung 528
agent provocateur 761, 794
AKLS 601
Akteneinsicht
– des Geschädigten 865
– des Verteidigers 865
– für verfahrensübergreifende Zwecke 865
Alarmschüsse 550
allgemeine Befugnis 95
allgemeine Generalklausel 94
allgemeiner Verhältnismäßigkeitsgrundsatz 120, 444, 497, 576, 692, 714, 752
amtliche Inverwahrnahme 276
an über- und zwischenstaatliche Stellen 855
andere körperliche Eingriffe 211
Andere Stellen 87, 92
Androhung 511, 523
Androhung des Schusswaffengebrauchs 544, 552
Anfangsverdacht 25 f., 28, 120, 169, 203
Anfechtungsklage 465
Angeklagter 44
Angemessenheit 15, 101
Angeschuldigter 44
Anhalten 167, 172, 200, 203, 394, 475 f.
Annäherungsverbote 103
Annexkompetenz 726
Ansammlung 625
Anscheinsgefahr 37
Anscheinsstörer 187
Antrag des Berechtigten 50
Arrestforderung 319
Arrestgrund 319
Auf frischer Tat betroffen 431
Auf frischer Tat verfolgt 431

aufenthaltssteuernde Maßnahmen 105, 473, 502
Aufenthaltsverbot 495 ff.
Auffinden von Beweismitteln 360
Auffindungsvermutung 361, 370
Aufklärungsfunktion 238, 523
Augenscheinsbeweis 720
Augenscheinsgehilfe 138
ausdrückliches Beweisverwertungsverbot 844
Auskunft 863 f.
Auskunftsanspruch 865
Auskunftspflicht 163
Auskunftsrecht 233
Auskunftsverweigerungsrecht 164
Aussagefreiheit 43
Aussagegenehmigung 802
Aussagepflicht 134, 139
Aussageverweigerungsrecht 140
Ausschluss des gesetzlichen Vertreters 228
Ausschreibung 564, 592
– zur Aufenthaltsermittlung 604, 608
– zur Festnahme 604 f.
– zur polizeilichen Beobachtung 593
Aussichtslosigkeit 777
aussichtslose Ermittlungen 123, 731, 787
aussichtslose Feststellung d. Identität eines Zeugen 610
Aussichtslosigkeit 621, 666, 710
Auswahlermessen 23, 527
Ausweispapiere 200
automatisierte Datei 804
automatisiertes Auskunftsverfahren 746

Bande 775
Beamte des Polizeivollzugsdienstes 19
Befragung 124, 158 f., 762
Befugnis
– zum Festhalten 166
– zur Durchsuchung von Personen und Sachen 199
Befugnisse an der Kontrollstelle 583
Begründungspflicht 84, 90
behördeninterne Fahndungssysteme 606

307

Stichwortverzeichnis

Behördenleitervorbehalt 66, 574, 600, 647, 677
Belehrungspflicht 43, 135, 164, 176, 181, 228
Benachrichtigungspflicht 68 f., 181, 664, 779
Berechtigungsschein 202 f.
Berichtigung 860
Berufsgeheimnisträger 74, 712
Berufshelfer 77
Beschlagnahme 276, 278, 314
– von Führerscheinen 287
– von Zufallsfunden 369
Beschlagnahmeverbot 290 f., 360
beschleunigtes Verfahren 450
Beschuldigter 42, 169, 242
Beseitigungsgewahrsam 458
besondere Bedeutung der Tat 778
besonderes Gefährdungsrisiko 627 f.
besonders gefährdete Objekte 192
besonders schwere Straftat 682, 687
Bestandsdaten 706
Bestimmtheitsgrundsatz 14, 658
Betreten 350, 524
Betreten einer Wohnung 350, 412
Betretungsrecht 233, 769
Betroffene 40
Beugefunktion 510
Beurteilungsspielraum 26, 120
Bewegungsbild 592
Beweisantragsrecht 135
Beweiserhebung 798
Beweiserhebungsverbot 839, 844
Beweismethodenverbot 841, 843
Beweismittel 280, 360
Beweismittelverbot 841 f.
beweissichernde Beschlagnahme 277
Beweissicherungsverfahren 228
Beweisthemaverbot 841
Beweisverwertungsverbot 144, 218, 839 f., 844
Beweisverwertungsverbot durch Auslegung 845
Beweiswert 220, 235, 259, 265
Beweiszweck 825 f.
Blutentnahme 211
Blutprobenentnahme 226
Body-Cam 638a

Cloud Computing 390
Cold-Case-Technik 770
Computer 359
Computergestützte Fahndungsmaßnahmen 563

Datei 804
Datenabgleich 565
Datenerhebungs- und verarbeitungsverbot 78
Datenträger 359
Datenübermittlung 803, 850
– an ausländische Stellen 855
– an öffentliche nationale Stellen 854
– an Private 856
– an über- und zwischenstaatliche Stellen 855
Datenübermittlung innerhalb der Polizei 854
Datenveränderung 803, 805
Datenverarbeitung 803
Dauer der längerfristigen Observation 664
Dauer des Gewahrsams 466
dinglicher Arrest 314
DNA (Desoxyribonukleinsäure)-Analyse 234
DNA-Analyse 204, 206, 235, 246
DNA-Analyse-Datei 240, 246
DNA-Identifizierungsmuster 247
DNA-Identität 258
DNA-Identitätsfeststellung für künftige Strafverfahren 235
DNA-Identitätsfeststellung in künftigen Strafverfahren 240
DNA-Identitätsmuster 244
Dokumentation 222
Dokumentationsfunktion 238
Dokumentationspflicht 73, 84, 90, 713
Dolmetscher 446, 720
Dominanzentscheidung 56 f.
doppelfunktionale Maßnahmen 55
dreistufige Subsidiarität 57
dringende Gefahr 36
dringender Tatverdacht 25, 31, 207, 437
Dritte 41 f.
Drohen mit der Schusswaffe 434
Drohung 144
Drohung mit einer unzulässigen Maßnahme 144
Durchgangsstraßen 198
Durchsicht 389
Durchsicht elektronischer Speichermedien 390
durchsucht 200
Durchsuchung 172, 174, 179, 211, 346
– bei Nichtverdächtige 363
– einer Wohnung 347, 350, 412
– von Fahrzeugen und mitgebrachter Sachen 195

Stichwortverzeichnis

– zur Eigensicherung 401
Durchsuchungsobjekte 358, 365
Durchsuchungszeugen 379
dynamische IP-Adresse 745 f., 748

Echtzeitüberwachung 690, 714
ED-Behandlung 172, 179, 251 f., 257, 259 f., 262, 269, 273
ED-Behandlung zur Identitätsfeststellung 266
ED-Maßnahmen 270
EDV-Anlagen 359
ehemalige Sicherungsverwahrte 676
Eidespflicht 139
Eilzuständigkeit 81, 85, 91, 97
– der Polizei 85 f.
– der Staatsanwaltschaft 85
– des Polizeivollzugsdienstes 81
Einbau- und Auswertungsmaßnahmen 658
einfache Auskunftspflicht 163
Einfache körperliche Untersuchung 210
einfache Sicherstellung 278
einfache Untersuchungen 204
einfache Verbringung 471
einfachen Datenabgleich 565
Eingriff 2, 204
Eingriffsrecht 1
Eingriffsschwelle 25
Einkesseln 428, 455
Einlassungen des Beschuldigten 137
Einsatz
– automatischer Kennzeichenlesesysteme 601
Einsatz des IMSI-Catchers
– zur Gefahrenabwehr 751
– zur Strafverfolgung 751
Einsatz sonstiger besonderer für Observation bestimmter technischer Mittel 665
Einsatz von Vertrauenspersonen 122
einsatzbedingte Straftaten 770
Einschätzungsspielraum 89
Einschränkungen der Auskunftspflicht 164
Einsperren 428
Einstellung der Vollstreckung 524
einstweilige Beschlagnahme 305
einstweilige Unterbringung 443
Einwilligung 3, 215 f., 225, 266, 270
Einzelbildvorlage 265
Einziehung 311
Entbindung von der Schweigepflicht 294
Entführung 421

Entnahme der Körperzellen ohne schriftliche Einwilligung 245
Entschließungsermessen 23
Erfolgsaussicht 594
Erfolgserwartung 582
Erfolgsprognose 621, 666
Erforderlichkeit 15, 101, 249, 340, 822
Erforderlichkeit der ED-Behandlung 272
Ergreifen 360
Ergreifen des Verdächtigen 360
Ergreifungsdurchsuchung 349, 366
erheblich weniger Erfolg versprechende Aufenthaltsermittlung 606
erhebliche Erschwerung der Aufgaben des Polizeivollzugsdienstes 641, 675, 783
erhebliche Gefahr 36, 500, 628, 641, 827
Erhebung von Standortdaten in Echtzeit 732
erkennungsdienstliche Behandlung 274
erkennungsdienstliche Maßnahmen 175, 251 f., 271
erkennungsdienstliche Maßnahmen zur Identitätsfeststellung 269
erkennungsdienstliche Unterlagen 260
Ermessen 23
Ermessensfehlgebrauch 23 f.
Ermessensfehler 23
Ermessensnichtgebrauch 23 f.
Ermessensreduzierung auf Null 24
Ermessensüberschreitung 23 f.
Ermittlung des Aufenthaltsortes 826
Ermittlung seiner persönlichen Verhältnisse 134
Ermittlungsdurchsuchung 349, 366
Ermittlungsgeneralklausel 94, 118
Ermittlungsverfahren gegen Unbekannt 27
Ermüdung 149
Ersatzvornahme 513 f.
Ersatzzwangsmittel 512
Erscheinenspflicht 139
Ersttäter 598
Erteilung von Auskünften 865
Erzwingungsfrist 523

Fahndung 194, 563, 580
– zur Gefahrenabwehr 564
– zur Strafverfolgung 564
Fahndungsmaßnahmen 121, 563
Fernmeldegeheimnis 707
Fernwirkung 156, 847
Fesselung 541

309

Stichwortverzeichnis

Festhalten 167, 172 f., 200, 394, 475 f.
Festnahme 430
Festnahmemittel 434 f.
Festnahmerecht 435
Festnahmezweck 434
Festsetzung 511
Feststellung verfahrenserheblicher Tatsachen 212
Film- und Fotografierverbote 108 f.
finaler Rettungsschuss 559
Flagranzfestnahme 431
Flucht 438
Fluchtgefahr 439
Fluchtverdacht 433
Formen des polizeilichen Handelns 46
förmliche Sicherstellung 285
förmliches Gesetz 429
Fortsetzungsfeststellungsklage 465
Fragen nach Personalien und Ausweisen 172
Freiheit der Person 428 f., 462
Freiheitsbeschränkung 126, 167, 200, 205, 428, 484
Freiheitsentziehung 167, 200 f., 205, 428, 476
Freiheitsrechte 5
freiwillige Selbstgefährdungen 100
Freiwilligkeit 3
Fremdvornahme 513
Fristverlängerung um höchstens zwei Wochen 499
fruits of the poisonous tree-doctrine 847
Funkzellenabfrage 734, 736, 742

Gebäude 421
Gebäudedurchsuchung 368, 377
Gebäudegruppe 421
Gebot der effektiven Gefahrenabwehr 527
Gedanke des hypothetischen rechtmäßigen Ermittlungsverlaufs 819, 825
Geeignetheit 15, 101
Gefahr 25, 99, 830
Gefahr der Enttarnung 801 f.
Gefahr im Verzug 36, 84, 89, 196, 217, 245, 285, 287, 371, 376, 423, 436, 525, 584, 611, 622, 701, 743, 753, 779
Gefährderansprache 103 f., 502
gefährdete Objekte 632
gefährdeter Ort 399, 408
Gefährdung
– der Aufgaben des Polizeivollzugsdienstes 641, 675, 783

– der polizeilichen Aufgabe 115
– des VE 785
– Unbeteiligter 555
Gefahrenprognose 37
Gefahrenverdacht 739
gefährlicher Ort 190, 398, 407
Gegenstände 280
Gegenüberstellung zum Wiedererkennen 220
gegenwärtige Gefahr
– einer schwerwiegenden Verletzung der körperlichen Unversehrtheit 559
– für das Leben 559
Geheimhaltung der Identität des VE 780
gemeine Gefahr 415, 738
Gemengelage 55 f.
Generalklausel 94, 98
Generalklausel zur Informationsgewinnung 111
genetischer Fingerabdruck 234
geplante Festnahme 463
gesteigerte Auskunftspflicht 163
Gesundheitliche Nachteile 213
Gewahrsam 294, 454
Gewalttaten 561
Gewerbsmäßigkeit 775
gewohnheitsmäßig 775
gezielte Schüsse 435, 558
gezielter Rettungsschuss 559
gezielter Schusswaffengebrauch 434
gezielter Todesschuss 558 f.
Grenzen eines Lockspitzeleinsatzes 796
grenzüberschreitende Kriminalität 198
großer Lauschangriff 619, 682, 687
Grundrecht auf Gewährleitung der Integrität und Vertraulichkeit informationstechnischer Systeme 725
Grundrechte 5
grundrechtssichernde Verfahrensregelungen 591, 667
Grundsatz der Bestimmtheit 666
Grundsatz der freien Gestaltung des Ermittlungsverfahrens 21, 117
Grundsatz der Gesetzmäßigkeit der Verwaltung 13
Grundsatz der Offenheit 114
Grundsatz der Rechtsbelehrung 114
Grundsatz der Selbstbelastungsfreiheit 126, 763, 787
Grundsatz der Selbsttitulierung 509
Grundsatz der Selbstvollstreckung 522
Grundsatz der Subsidiarität 621
Grundsatz der Unmittelbarkeit 114

Stichwortverzeichnis

Grundsatz der Verhältnismäßigkeit 16, 29, 75, 123, 209, 282, 288, 302, 348, 362, 367, 395, 420, 429, 434 f., 451, 481, 527, 529, 558, 604, 652, 660, 682, 787
Grundsatz der Zweckbindung 703, 853
Grundsatz des fairen Verfahrens 796
Grundsätze der Datenerhebung 114
Grundsätze der Subsidiarität 666
Grundsatzes der freien Gestaltung des Ermittlungsverfahrens 773
Grundsatzes der Selbstbelastungsfreiheit 43, 134
Grundsatzes der Subsidiarität 721
Grundsatzes der Verhältnismäßigkeit 15, 229, 459, 550, 560, 848

Haftgrund der Wiederholungsgefahr 442
Haftgründe 437
Hauptverhandlungshaft 450
Herausgabepflicht 288
Hilfsmittel der körperlichen Gewalt 536
hinreichender Tatverdacht 25, 32
Höhe des Zwangsgeldes 511
Hörfalle 145, 721
Hypnose 152
hypothetisch rechtmäßiger Ermittlungsverlauf 845
hypothetisch rechtmäßiger Ersatzeingriff 378

Identifizierung des Beschuldigten 264
Identifizierungsmaßnahmen 254 f.
Identität des NoeP 788
Identität einer Person 433
Identitätsfeststellung 167, 170 f., 187, 189, 196
Identitätsfeststellung Verdächtiger und Unverdächtiger 168
Identitätsgewahrsam 270, 461
IMSI-Catcher 659
„in anderer Weise organisiert" 775
Inanspruchnahme von Nichtstörern 41
Informant 122, 790
Informationsrecht 134
informationstechnisches System 725
informatorische Befragung 34, 121, 131 f.
Inhaltsdaten 706
INPOL-Dateien 566
INPOL-Sachfahndung 601
Intensivtäter 598
Internet-Telefonie 726

Jahren 170
Jedermanns-Recht 431
Je-desto-Formel 37
Jugendliche unter 14 170
Justizverwaltungsakte 46

Kamera-Monitor-Prinzip 612
Katalogtat 196, 694, 710, 718
Kaution 448
Kennzeichnung 68
Kennzeichnungspflicht 595, 664, 779
Kernbereich der privaten Lebensgestaltung 10 f., 63, 682
Kinder 170, 227, 257, 271, 356
kleine Rasterfahndung 565
kleiner Lauschangriff 619, 685
Konfrontation 221
konkrete Gefahr 36, 186, 738
konsularische Vertretung 446
Kontaktpersonen 666
Kontaktverbote 103
Kontrollbereich 196, 409 f., 579, 586
Kontrolle 202 f.
Kontrollort 195, 197 f.
Kontrollstelle 194 f., 199, 267, 409 f., 579, 581 f., 585
körperliche Untersuchung 204, 211, 346
körperliche Unversehrtheit 204
körperlicher Eingriff 147, 213, 225, 252
Kriminalitätsbrennpunkt 635 f.
Kriterien für die Dominanzentscheidung 56
künstlich verursachter Stau 106
Kurzfristige Freiheitsbeschränkungen 205
kurzfristige Observation 122, 656, 658, 660, 669 f.
kurzfristiges Festhalten 167
kurzfristiges Festhalten einer Person 347

längerfristige Observation 656, 658
längerfristige polizeirechtliche Observation 672
Lebensgefahr 415
Legalitätsprinzip 21, 772
Legende 756 f., 764 f., 767 f., 774
Lehre von den Beweisverboten 838
Leitungs- und Weisungsbefugnis der Staatsanwaltschaft 533
Lichtbildvorlage 264
Lockspitzel 122, 761, 794
Löschen personenbezogener Daten 803, 861
Löschung der Daten 577

Stichwortverzeichnis

Löschungspflicht 68, 73, 595, 664, 713, 779

manuelle Anfertigung 640
manueller Datenabgleich 121
manuelles Auskunftsverfahren 746
Massengentest 247
Massenscreening 247, 249
Maßnahmen, die das Erinnerungsvermögen oder die Einsichtsfähigkeit des Beschuldigten beeinträchtigen 144
Maßnahmen des Erkennungsdienstes 256
Meldeauflage 105, 485, 502
Menschenmenge 561
Menschenwürde 6 f., 62
milieubedingte Straftaten 770
Minusmaßnahmen 612
Mischdateien 824
Misshandlung 147
Mitarbeiter von Presse und Rundfunk 296
Mitnahme zur Dienststelle 394
Mitteilungspflicht 181
mobile Fahndungsmaßnahmen 199
Modell der doppelten Tür 829
molekulargenetische Reihenuntersuchung 235, 247 f.
molekulargenetische Untersuchung 236, 244 f.
molekulargenetische Untersuchung von Vergleichsmaterial und Tatortspurenmaterial 235

Nachschau 350
Nachtzeit 372, 415, 422
Negativbescheinigung 384
negative Kernbereichsprognose 689, 700, 713
Negativprognose 242
nemo-tenetur-Grundsatz 126
nicht automatisierte Datei 804
nicht offen ermittelnder Polizeibeamte 122, 756, 786
Nichtöffentlich 620, 687
Nichtstörer 41, 187
Nichttrefferfall 601
Nichtverdächtige 177
NoeP 757, 762
Notrechtsvorbehalt 562
Notwendigkeit 259 f.
Nutzen personenbezogener Daten 803, 806
Nutzugsdaten 737

Nutzung der personenbezogenen Daten 264

Objektbezug 632
Observation 656 f.
Observationen zur Gefahrenabwehr 658
Observationen zur Strafverfolgung 658
offene polizeiliche Maßnahmen 60
offenen Ermittlungsmaßnahmen 121
Offenkundigkeit 630
öffentliche Ordnung 36, 99
öffentliche Sicherheit 36, 99
öffentliches Interesse 100
Öffentlichkeitsfahndung 606
öffentlich-rechtliche Verstrickung 276
öffentlich-rechtliches Verwahrungsverhältnis 276, 327
Online-Durchsuchung 352, 725
Opportunitätsprinzip 23, 101
Orte der Kontrollstelle 581
Ortshaftung 41, 191, 193, 195, 199, 398 f.

Parallelzuständigkeit 98, 232
partielles Schweigen 137
Personalien 167, 185
Personenbezogene Daten 803
Personenfeststellung 167, 183, 186, 188, 196
Personenkontrollen 193
persönliche Identitätsmerkmale 588
Pfändung 320
Pflicht zum Erscheinen 134
Pflicht zur Angabe der Personalien 139
Pflicht zur Benachrichtigung 595
pflichtgemäßes Ermessen 23, 101
physisch wirkende Mittel 144
Platzanweisung 472, 501
Platzverweis 490, 493
POLAS 566, 831
Polizei 19
Polizeibehörden 19, 827
Polizeifestigkeit des Versammlungsrechts 455
polizeifremde Dateien 566
polizeiliche Befragung 127
polizeiliche Beobachtung 592
polizeiliche Bild- und Tonaufzeichnungen 612
polizeiliche Dateien 566
polizeilichen Aufgaben 811
Polizeiliches Auskunftssystem 566, 831
Polizeipflicht 41
Polizeirecht 1

Stichwortverzeichnis

polizeirechtliche Einziehung 343
polizeirechtliche Kontrollstellen 586
polizeirechtliche Sicherstellung 277
Polizeispitzel 145
Polizeiverfügungen 46
Polizeiverordnungen 46
Polizeizwang 503, 505
Postbeschlagnahme 300
Postexpositionsprophylaxe 232
potentielle Beweisbedeutung 280
Präventivdaten 809
präventiver Aufgabenbereich 17
präventiv-polizeiliche Wohnraumüberwachung 697
Pre-Recording 638
privates Recht 48
privates Wissen eines Polizeibeamten 30
Prognoseentscheidung 500
Protokolldaten 817
Protokollierungspflicht 853
Prüffallregelung 834
Prüfungsmerkmale 248
psychisch wirkende Mittel 536
Putativgefahr 37

Quälerei 148
Quantensprung 796
Quellen-TKÜ 726

Raster 570
Rasterfahndung 570
Rasterung 570
Razzia 191
Razzia-Ort 190
Realakt 46, 506
Recht auf Beiziehung eines Verteidigers 134
Recht auf informationelle Selbstbestimmung 125, 808
Recht auf Konsultation eines Verteidigers 135
Recht auf Schutz 141
Recht auf Verteidigerkonsultation 43
Recht des ersten Zugriffs 19, 116
Recht zur Beantragung entlastender Beweise 134
Rechte des Beschuldigten 43
Rechtskreistheorie 140
Rechtsschutz 52
Rekognition 220
relatives Beweiserhebungsverbot 75
Repressivdaten 809, 825 f.
repressiver Aufgabenbereich 17
richterliche Vorführung 449

Richtervorbehalt 66, 83, 230, 285, 373, 448, 463, 577, 584, 591, 715
Ringalarmfahndung 580
Rückgabe der Datenträger 577
Rückkehr- und Annäherungsverbot 498
Rund-um-die-Uhr-Überwachung 12
Rundumüberwachung 12, 657

Sachdienliche Angaben 162
Sache 335, 403
Sachleitungsbefugnis 116
Sachverständiger 143
sachverständiger Zeuge 138
Scheingefahr 37
Schengener Informationssystem 566
Schleierfahndung 197, 199
schlichte Bitte der Polizei 485
Schriften 324
Schriftformerfordernis 238
schriftliche Einwilligung 238, 247
Schuldfähigkeit 207
Schusswaffengebrauch 435, 550, 553
– gegen eine Menschenansammlung 543
– gegen eine Menschenmenge 561
– gegen Sachen 553
– gegenüber Personen 556
Schutz der Berufsgeheimnisträger 164, 700
Schutz des Kernbereichs der privaten Lebensgestaltung 8 f., 67, 71, 621, 682, 689, 692, 700, 713 f.
Schutz des Schamgefühls 402
Schutz privater Rechte 48, 188
Schutz von Berufsgeheimnisträgern 67, 71
Schutzgewahrsam 460
Schweigerecht 134 f.
Schwere der Tat 441
schwere Gesundheitsgefahr 415
schwere Straftat 710
Schwerpunkt der Maßnahme 58
Selbstfestlegungseffekt 222
Selbstgespräch 11
selbstständige Beweisverwertungsverbote von Verfassungs wegen 846
selbsttätige Anfertigung 640
Selbstvornahme 513
sequentielle Wahlgegenüberstellung 222
Sicherheitsleistung 448
Sicherstellung 276, 278, 327
Sicherung von Tatspuren 121
Sicherungshaft 442
Sicherungshypothek 320
Sichtungsverfahren 387

313

Stichwortverzeichnis

Signalschüsse 550
SIS-Sachfahndung 601
Sistierung 167, 200, 475, 477
Software 725
sonstige Fahndungsmaßnahmen 563
Speichern 803 f.
Speicherung von ED-Unterlagen 263
Sperren 803, 862
Sperrerklärung 299, 798 f.
spezielle Datenverarbeitungsregeln 821
spezielle Fälle des unmittelbaren Zwangs 547
Spontanäußerungen 130
Spontanfestnahme 463
Spurenansatz 820, 826
Spurengrundsatz 224, 226
Spurenmaterial 239
Spurensicherung 614
staatsanwaltliches Verfahrensregister 859
Standardmaßnahmen 504
Stealth-Ping-Verfahren 732
Stellung der Polizei 19
Stille SMS 732
Störer 41, 187, 199
Störung 99
Straftaten gegen die sexuelle Selbstbestimmung 241
Straftaten von erheblicher Bedeutung 76, 123, 241, 576, 594, 606, 608, 610, 666, 674, 721, 730, 775, 787, 791
Strafverfahrensrecht 1
strafverfahrensrechtliche Vernehmung 128
Strafverfolgungsvorsorge 240, 262
Strafzumessung 797
subjektiver Gefahrenbegriff 37
Subsidiarität 594, 621, 666, 777
Subsidiaritätsgrundsatz 123, 617, 675, 783
Subsidiaritätsklausel 49, 65, 594, 641, 699, 710
Suspensiveffekt 518
Suspensivinteresse 519

Tagebücher 298
Täter-Opfer-Ausgleichs 135
Täuschung 151
Telekommunikation 705
Telekommunikationsanlagen 705
Telekommunikationsbestandsdaten 745
Telekommunikationsverkehrsdaten 727
Telekommunikationsverkehrsdatenerhebung 727
Telemedien 737

Theorie der unmittelbaren Verursachung 41
Tiere 336, 553
tödlicher Fehlschuss 559
tödlicher Rettungsschuss 559
Totalüberwachung 12, 657, 678
Trefferfall 601

Überprüfung der Erforderlichkeit 835
Überwachung von E-Mails 724
Umschlag 389
Unbrauchbarmachung 345
under-cover-agent 761
unechter Gewahrsam 460
ungeschriebenes Beweisverwertungsverbot 845
unmittelbar bevorstehende Gefahr 698, 755
unmittelbar bevorstehende Störung 337
unmittelbare Ausführung 506, 514
unmittelbare Gefahr 36
unmittelbarer Zwang 166, 230, 534 f., 537 f., 545
– Art und Weise der Anwendung 532
unmittelbarer Zwang gegen Personen 540
unrichtige Personalien 178
Unterbrechung oder Verhinderung der Telekommunikation 755
Unterbrechungspflicht 690
Unterbringung 206
Unterbringung des Beschuldigten 207
Unterbringungsbefehl 443
Unterrichtungspflicht 767
Untersuchungen
– am Körper 225
– anderer Personen 206
– des Beschuldigten 209
– des Spurenmaterials 237
– zur Gefahrenabwehr 206, 232
– zur Strafverfolgung 206
Untersuchungshaft 437
Untersuchungsverweigerungsrecht 227
Unverdächtige 266
Unverletzlichkeit der Wohnung 679
unvertretbare Handlungen 511, 527
unverzügliche Richtervorführung 181
Urkundenbeweis 137, 142, 720

VE 762, 764 ff., 770 ff.
VE-Einsatz zur Gefahrenabwehr 781
Venezianischer Spiegel 222
Verabreichung von Mitteln 150
Veranstaltung 624

Stichwortverzeichnis

Verantwortlichkeit 41
Verantwortung für die Zulässigkeit 853
Veräußerungsverbot 279, 318
verbotene Vernehmungsmethoden 127, 144
Verbringungsgewahrsam 469, 502
Verbunddatei 246
Verdächtiger 42, 169, 266, 357
Verdachtsmomente 37
verdeckt ermittelnde Person 756, 759, 762
verdeckte Alkoholtestkäufe 795
verdeckte Befragung 762 f.
verdeckte Ermittlungsmaßnahmen 122
verdeckte Informationsgewinnung 61
verdeckte Maßnahmen 62
verdeckter Ermittler 756
verdecktes Verhör 787
Verdunkelungsgefahr 440
Verfahren auf vorläufigen Rechtsschutz 520
Verfall 311 f.
Verfolgung auf frischer Tat 371
Vergleichsdaten 569
Verhaltensstörer 41, 187
Verhältnis wechselseitiger Exklusivität 18, 55
Verhältnismäßigkeit 207, 666
Verhältnismäßigkeit im engeren Sinne 15
Verhandlungsfähigkeit 207
Verhinderungsgewahrsam 457
Verhütung von Straftaten 38
verkehrsbezogene Maßnahmen 106, 182
Verkehrsdaten 706
Verkehrseinrichtungen 519
Verkehrskontrollen 182
Verkehrszeichen 519
Verletzungen des Schamgefühls 230
Vermutungen 37
Vernehmung 35, 124, 127, 131, 762
– des Beschuldigten 127
– eines Sachverständigen 127
– von Zeugen 127
vernehmungsähnliche Befragung 129
Vernehmungsfähigkeit 133
Vernehmungsgegenüberstellung 221
Vernichtung 345
Vernichtung der Identifizierungsunterlagen 181
Veröffentlichung von Abbildungen 604, 610
verrufener Ort 190
Versammlung 455, 612, 649

Versetzen oder Abschleppen von Kraftfahrzeugen 508
Versprechen eines gesetzlich nicht vorgesehenen Vorteils 144
Versprechen von gesetzlich nicht vorgesehenen Vorteilen 155
Verstöße gegen die Belehrungspflichten 136
Verstrickungsregelung 77, 80
Verteidigerpost 302
Vertrauenspersonen 756
Vertraulichkeitszusagen 122
vertretbare Handlungen 511, 513, 527
Verursachung 41
Verurteilte 44
Verwaltungshelfer 790
Verweigerung der Mitwirkung 250
Verwenden personenbezogener Daten 807
Verwendungsregeln 70
Verwendungsverbot 73
Verwertung 345
Vollstreckbarkeit 518
Vollstreckung polizeilicher Maßnahmen 503 f.
Vollstreckung von Polizeiverfügungen durch unmittelbaren Zwang 546
Vollstreckung von Zwangsmaßnahmen 531
Vollstreckungsauftrag 524
Vollstreckungsfähigkeit 516
vollstreckungssichernde Beschlagnahme 277
Vollstreckungsverfahren aus einem Guss 509
Vollzugsinteresse 519
Voraussetzungen der Untersuchungshaft 437
Voraussetzungen des Schusswaffengebrauchs 550
Vorbehalt des Gesetzes 13
vorbeugende Bekämpfung von Straftaten 25, 38 f., 113, 269, 271, 641, 670, 789, 828, 830, 833, 860
vorbeugende Bekämpfung von Straftaten mit erheblicher Bedeutung 782
Vorermittlungen 34
Vorfeld eines Anfangsverdachts 34
Vorfeldermittlungen 34
Vorführung 166, 487
Vorladung 166, 233, 269, 485
Vorladung eines Beschuldigten 488
vorläufig absichernde Maßnahmen 51
vorläufig sichernde Maßnahmen 92

315

Stichwortverzeichnis

vorläufige Festnahme 430 f., 433, 450 f.
Vorrang des Gesetzes 13
Vorrang des Zeugenbeweises 137, 142
Vorratsdatenspeicherung 728
Vorsorge für die Verfolgung künftiger Straftaten 38
VP 758, 762, 790

Waffen 536
Wahl der Rechtsgrundlage 56
Wahlgegenüberstellung 121, 222
Wahllichtbildvorlage 121, 265
Wahrheitspflicht 134, 139
Wahrsagerin 145
Warnfunktion 523
Warnschüsse 550, 552
Warnung 107
Wegnahme 547 f.
weitere Datenverarbeitung 803
weniger Erfolg versprechende Maßnahmen 576, 610
wesentlich erschwert 606
wesentlich erschwerte Aufenthaltsermittlung 610
wesentliche Erschwerung 123, 576, 594, 621, 666, 710, 777, 787
Widerspruch 465
Widerspruchslösung 845
wiederholte Anwendung von Zwangsmitteln 530
wiederholte Begehung sonstiger Straftaten 241

Wiederholungsgefahr 242, 260, 271, 776, 834
Wohnraumüberwachung zur Strafverfolgung 679, 686, 826
Wohnung 347, 412, 612, 681, 698, 759, 768 f., 779, 788

Zeuge 138
Zeuge vom Hörensagen 137 f., 142, 802
Zeugengrundsatz 224, 226
Zeugnisfähigkeit 138
Zeugnisverweigerungsrechte 140
zufällige Betroffenheit 73
Zufallsfunde 304 f., 309 f., 385, 718, 821, 825
zugelassene Schusswaffen 550
zukünftige Verkehrsdaten 744
Zusage der Vertraulichkeit 791
Zusicherung der Vertraulichkeit 798
Zustandsstörer 41
Zwang 144, 153, 161
Zwangsgeld 166, 511
Zwangshaft 512
Zwangsmaßnahmen 504
Zwangsmittel 510
Zwangsräumung 547
zwangsweise Sicherstellung 276
Zweck der Durchsuchung 366
Zweckänderung 814, 853
Zweckbindungsgebot 812